Descubriendo la Biblia llena un vacío muy necesario en el estudio bíblico contemporáneo. No sólo es un comentario muy legible y práctico sobre toda la Biblia, sino que también es una guía útil y sensible para el lector sobre la profecía bíblica y la esperanza mesiánica que encuentra cumplimiento en Jesucristo. Su diseño y uso de códigos claramente marcados para el estudio de la Biblia lo convierten en una contribución única a la biblioteca de los laicos y de los estudiantes serios".

JOHN H. SAILHAMER, PHD, ex profesor de hebreo y
Antiguo Testamento, Seminario Teológico
Bautista del Sur, Wake Forest, Carolina del Norte

"Gordon Addington está empapado de la Biblia. Este cirujano y exmisionero llora con los afligidos y aplaude con los jubilosos. *Descubriendo la Biblia* nos llama constantemente a la responsabilidad y permite que las Escrituras interpreten las Escrituras".

WARREN S. BENSON, PHD, ex profesor titular de
educación y liderazgo cristianos, The Southern
Baptist Theological Seminary, Louisville, Kentucky

"Estoy interesado en cualquier herramienta que lleve a las personas a la Palabra de Dios y les ayude a comprender la verdad de Dios en sus vidas. En *Descubriendo la Biblia*, el Dr. Addington nos ha brindado un medio eficaz para comprender el gran alcance de la revelación de Dios".

WAYNE PEDERSON, ex enlace ejecutivo de
Far East Broadcasting (FEBC); ex presidente y presidente de
National Religious Broadcasters (NRB); ex presidente, Reach Beyond;
ex presidente, Lausana, Estados Unidos.

DESCUBRIENDO
la
BIBLIA

TU COMPAÑERO DE LECTURA BÍBLICA DIARIA

GORDON L ADDINGTON
REVISADO Y ACTUALIZADO POR DAVID W ADDINGTON

Unabridged Truth es un ministerio sin fines de lucro con sede en los EE. UU. cuya misión es encender la pasión por la Biblia entre todas las personas. Esto se logra a través de eventos internacionales y publicaciones relevantes que ensalzan la grandeza de Dios y la confiabilidad de la Biblia. Unabridgedtruth.org

ISBN 979-8-9919475-3-4 (Paperback)
ISBN 979-8-9919475-4-1 (ePub)

Editado por Roberto Lloyd G.

Diseño de portada por KUHN Design Group | kuhndesigngroup.com

1 2 3 4 5 6 7 8 / 13 12 11 10 09

A mis nietos,
con profundo cariño y amor
orando para que la Palabra de Dios continúe
siendo una parte vital de sus vidas, no sólo
entendiendo el mensaje, sino viviendo
con las mismas prioridades del Señor Jesús
demostradas mientras andaba por los caminos
y sendas de nuestro planeta.

CONTENTS

PREFACIO

La Biblia es la historia de la redención realizada por Dios. Desde el comienzo de Génesis hasta el final de Apocalipsis, el texto de la Biblia se centra en este tema. Es la historia de Jesucristo y su misericordioso y asombroso plan para redimirnos y a personas de todas las tribus, naciones, pueblos e idiomas.

En Lucas 24 tenemos el relato de un notable estudio bíblico. Ocurrió justo después de la resurrección. Dos discípulos anónimos, que habían oído el rumor de la resurrección, pero no estaban convencidos de la veracidad de la historia, caminaban hacia la aldea de Emaús. Jesús se unió a ellos mientras caminaban, "pero no lo reconocieron, pues sus ojos estaban velados." (v.16). Preguntó acerca de su conversación: ¡una conversación sobre la pérdida de Jesús mismo! Estaban confundidos en cuanto a por qué las cosas resultaron como lo hicieron. En ese momento Jesús comenzó a explicarles cómo las Escrituras del Antiguo Testamento hablaban de su venida. Explicó su muerte y resurrección a partir de las Escrituras. La implicación de lo que Jesús dijo a los discípulos es que hay muchas referencias similares (Lucas 24:27). Su explicación excitó sus mentes y corazones (Lucas 24:32). Entendieron las Escrituras de una manera nueva y también vieron al Señor Jesús bajo una nueva luz. ¡Para ellos, las Escrituras se habían convertido en la poderosa historia de la redención!

Ese estudio bíblico, realizado en un camino polvoriento de Israel, es intrigante. ¡Qué maravilloso era haber estado allí para escuchar a Jesús contar esta historia! Pero sí tenemos el canon completo de la Biblia. De modo que es posible, al leer la Biblia, buscar las referencias de las que Jesús podría haber hablado. No sabemos qué pasajes específicos de las Escrituras explicó Jesús. Sin embargo, sí sabemos que cuando Jesús abrió la Biblia a los discípulos ese día, cubrió las porciones principales del Antiguo Testamento (Lucas 24:27).

Es interesante que muchas de las referencias a Jesús (el Mesías) en el Antiguo Testamento hablen sobre la segunda venida, o el regreso de Jesús a la tierra y el llamado de su pueblo al cielo. Esto enfatiza que la cruz es el punto central de la historia, y que hay un punto final muy importante en la historia redentora que nos lleva a la gloria con Cristo Jesús.

Hablando en términos muy generales, durante demasiado tiempo la iglesia moderna ha descuidado el Antiguo Testamento. Tengo la más profunda esperanza de que muchos descubran la Biblia de una manera nueva, permitiendo que la Palabra de Dios hable por sí misma. Al hacer esto, creo que el lector verá que toda la Biblia es la historia de la redención, y que Jesús es la clave y el centro de esa historia redentora.

Estoy profundamente en deuda con el Dr. John Sailhamer, profesor de hebreo y Antiguo Testamento en el Seminario Teológico Bautista Southeastern, por revisar el libro. Al repasar la obra en su conjunto, y particularmente las referencias al Mesías venidero, fue a la vez alentador y muy de acuerdo con la forma en que el libro aborda la cuestión central de la esperanza mesiánica del Antiguo Testamento.

GORDON ADDINGTON

PREFACIO A LA SEGUNDA EDICIÓN

Como han pasado veinte años desde la última revisión de *Descubriendo la Biblia*, se ha realizado un esfuerzo para refrescar el lenguaje y mejorar la legibilidad. Estamos en deuda con nuestra editora, Julia Heller, por su inestimable ayuda, que fue mucho más allá de su tarea de edición e incluyó nuevas ideas que harían que el libro fuera más valioso. En esta revisión, se ha hecho más explícito el seguimiento de la promesa mesiánica a medida que se desarrolla progresivamente a lo largo del Antiguo Testamento, se ha introducido la doctrina de la Trinidad y se han añadido una serie de nuevas ideas. Con el fin de preparar *Descubriendo la Biblia* para traducciones a nuevos idiomas, ha sido necesario abordar ciertas expresiones, modismos e ilustraciones que son exclusivas del inglés. Tenemos la esperanza de que estos cambios mejoren la eficacia y el alcance de *Descubriendo la Biblia* y enciendan la pasión por la Biblia entre todos los que la leen.

DAVID ADDINGTON
Noviembre 2024

INTRODUCCIÓN

Cuando comienzas a leer la Biblia, ¡te embarcas en un viaje gratificante que tiene el potencial de cambiar tu vida! Ningún libro puede transformar nuestras mentes y corazones como lo hace la Palabra de Dios. Junto con los ricos e inherentes beneficios de leer las Escrituras, las notas adjuntas en *Descubriendo la Biblia* brindan una mayor comprensión de toda la Palabra de Dios, tanto del Antiguo como del Nuevo Testamento, con su mensaje continuo sobre la necesidad del hombre y el plan de redención de Dios a través de Jesucristo. Leer sistemáticamente la Palabra de Dios y aplicar su verdad a la vida diaria es un viaje que vale la pena todo esfuerzo, incluso si implica cambiar su horario para hacerlo posible. Hay recompensas eternas que recibirá el estudiante, joven o viejo, que asuma tal compromiso. Si eres lector experimentado de la Biblia o estás a punto de embarcarte en ese viaje por primera vez, el programa de lectura y las notas de *Descubriendo la Biblia* te ayudarán a comprender la Biblia y te sugerirán aplicaciones para tu vida durante todo el año.

El plan de lectura y las notas de *Descubriendo la Biblia* están diseñados para ayudar al lector a comprender y apreciar los temas principales de la Biblia: la promesa de la venida del Salvador, el desarrollo del plan de redención y cómo Dios lo llevó a cabo, y los eventos a los que apuntan todas estas piezas: la culminación de las promesas con la segunda venida de Cristo. Si entendemos cómo encajan las partes de la Biblia y cómo todas apuntan a un final glorioso, elevaremos nuestro corazón con gozo por lo que Dios ha hecho y ante la perspectiva del futuro.

EMPEZANDO

Comienza tu programa de lectura inmediatamente. No es necesario esperar hasta el 1 de enero. Simplemente comienza con la fecha de hoy en el cronograma de lectura. Si dedicas de veinte a treinta minutos cada día, completarás una lectura de toda la Biblia en un año. Si lo prefieres, comienza a leer al comienzo del programa *Descubriendo la Biblia,* independientemente de la fecha en que comiences, y marca la lectura de cada día a medida que avanzas. La ventaja relativa es que esta opción te llevará desde el comienzo de la Biblia a través del desarrollo de la historia de la redención.

Notarás que el horario de lectura sigue un orden único. En lugar de comenzar con Génesis y continuar directamente hasta el Apocalipsis, *Descubriendo la Biblia* te guía a través del Antiguo y el Nuevo Testamento simultáneamente e incluye lecturas diarias de Salmos y Proverbios. Esto permite que las lecturas diarias del Nuevo y Antiguo Testamento se complementen entre sí, resaltando el tema de la redención. Además, muchos eventos se cubren en orden cronológico, encajando las lecturas proféticas en el contexto de los relatos históricos. Las lecturas poéticas se reemplazan con secciones breves de profecías del Antiguo Testamento relacionadas con la venida del Mesías y pasajes de cumplimiento del Nuevo Testamento, lo que conduce a una celebración de adviento rica y reflexiva.

Han surgido varias sugerencias útiles de lectores que han utilizado el programa de lectura y las notas de *Descubriendo la Biblia* durante todo un ciclo de un año:

- Selecciona una versión de la Biblia para usar durante todo el año, ya sea una copia física o una determinada versión en una aplicación o en línea. Al leer cada parte de la Biblia en un ejemplar específico, te familiarizarás con dónde se encuentran los distintos libros de la Biblia. Esto hará que el uso de la Biblia en otros entornos sea más fácil y significativo.

- Lee primero las lecturas bíblicas programadas y luego lee las notas correspondientes en *Descubriendo la Biblia.* Si tienes poco tiempo, trata de leer al menos las porciones de las Escrituras del día.

- Si es posible, reserva el mismo tiempo todos los días para leer la Biblia. Esto es útil para cumplir con el cronograma.

- Lleva un diario de nuevas ideas, convicciones y aplicaciones, así como de las preguntas que puedas tener. Busca un amigo que conozca bien la Biblia y habla con él sobre estas preguntas. Revisa las verdades que has identificado para aplicarlas a tu vida y seas responsable de estas ideas.

- Sé responsable ante otros que también están leyendo la Biblia. Si no conoces a nadie más en tu área que esté usando el programa de lectura *Descubriendo la Biblia*, desafía a un amigo a que lo acompañe. Un mensaje de texto rápido o una llamada cada semana puede ser un incentivo eficaz para cumplir con el cronograma. Varios participantes encontraron especialmente valioso reunirse semanalmente para discutir las lecturas de la semana anterior.

- Ora diariamente para que el Espíritu Santo te dé una idea de las verdades de la Palabra, en especial aquellas que necesitas personalmente en tu vida, y te ayude a aplicar estas verdades en tu vida diaria.

- Si pierdes la lectura por un día o por unos días, no abandones el horario de lectura. Si sigues el método de lectura del calendario, probablemente sea mejor avanzar hasta el día de hoy y seguir leyendo desde allí, ya que tratar de ponerse al día puede resultar desalentador. Si empezaste desde el inicio del estudio en un horario diferente al 1 de enero y no estás siguiendo el calendario, continúa leyendo donde lo dejaste.

¡Leer las Escrituras tiene beneficios increíbles! Aprendemos sobre el plan de Dios para las naciones, cómo Dios ve el pecado, cómo encajan el Antiguo y el Nuevo Testamento, cómo la muerte y resurrección del Señor Jesús son los eventos centrales de la historia, cómo obtener la vida eterna, cómo relacionarnos con otros, y cómo vivir a la luz de la segunda venida de Jesús. Esta es información vital que Dios nos ha revelado, y el Señor usará esta lectura sistemática de su Palabra para cambiar nuestros patrones de pensamiento y nuestra visión del mundo.

El objeto del estudio de la Biblia no es principalmente llegar a ser gran conocedor bíblico. La verdadera meta y el beneficio final provienen de aplicar intencionalmente la verdad de Dios a nuestras vidas. Si nos comprometemos a incorporar fielmente la verdad bíblica en nuestras vidas, Dios puede usarnos de maneras que no podemos imaginarnos. Con esto en mente, procura leer de manera reflexiva. Ponte en escena y escucha lo que el escritor bíblico le dice a su audiencia. Únete a los reunidos en torno al Señor Jesús mientras él enseña o conversa. Si pensamos en aplicaciones a la vida en este proceso, habrá cambios reales en nuestras vidas. *Lee para ver cómo Dios puede estar hablándote desde el texto.* Si escuchamos a Dios de esta manera, nuestra lectura será una consideración reflexiva y decidida de las Escrituras.

Utilizando este tipo de enfoque para leer las Escrituras, comprométete en los próximos doce meses a "No se contenten solo con oír la palabra, pues así se engañan ustedes mismos. Llévenla a la práctica." (Santiago 1:22). Comienza el viaje a través de la Palabra de Dios—*hoy*.

ALGUNAS CARACTERÍSTICAS ESPECIALES DE *DESCUBRIENDO LA BIBLIA*

El primer par de iconos señalan las numerosas promesas de la venida de Jesús, tanto en su primera como en su segunda venida. Están marcados al principio y al final con estos símbolos: ☑y ⇦. Muchas de estas referencias en las porciones proféticas del Antiguo Testamento se refieren a un tiempo de gobierno universal de Dios en la tierra, cuando la paz y la justicia impregnarán las relaciones entre los individuos y las naciones. Estas profecías se presentan aquí como un período de tiempo posterior al glorioso regreso de Jesucristo, cuando reinará físicamente sobre la tierra durante un período de mil años. Esta interpretación de las profecías milenaristas es coherente con lo que se conoce como una visión premilenial del regreso de Jesucristo. También hay otras posibles interpretaciones del milenio, y éstas se abordan en las notas del 29 de diciembre sobre Apocalipsis 20.

Un segundo punto destacado que ayudará al lector a ver el desarrollo del plan de redención de Dios para el mundo es buscar formas en que Dios tomó medidas específicas para este fin. Estas instancias se han identificado con un segundo conjunto de íconos: → y ←. Algunos ejemplos de estas acciones de Dios son el llamado de Abraham en Génesis 12:1-3, enviar a José a Egipto para preparar el camino para que los israelitas fueran a Egipto (Génesis 45:5-7) y dar los Diez Mandamientos en Monte Sinaí (Éxodo 20:1-17). Seguir la historia del pueblo de Dios de esta manera te ayudará a apreciar que estos acontecimientos y los tratos de Dios con su pueblo no son aleatorios ni fortuitos. Están conectados para dar una trama coherente a las Escrituras, señalando tanto la primera venida de Jesús como luego los trascendentales acontecimientos finales de la historia mundial cuando él regresará con gran poder y gloria.

Un tercer punto destacado es señalar dónde Jesús deja claro, explícita o implícitamente, que él es el Mesías prometido, el Hijo de Dios. Dicho texto se identifica con un tercer conjunto de iconos: ➲ y ➾. Es notable cuántas veces y de cuántas maneras el Señor Jesús dejó clara su identidad divina. Las personas que no están familiarizadas con la Biblia a veces afirman que Jesús nunca afirmó realmente ser el Hijo de Dios. Esto simplemente no es cierto, como dejará claro el texto. Estos íconos también aparecen en ciertos casos donde el texto declara firmemente que Jesús es el Hijo de Dios. Un ejemplo de esto es Juan 1.

La Biblia es el relato de la intervención de Dios en los asuntos humanos para traer salvación a la humanidad, poner fin al pecado y al dolor en este mundo y traer un final glorioso a toda la historia con un cielo y una tierra nuevos. Este plan de lectura y las notas que lo acompañan son un esfuerzo cuidadoso para ayudar a quienes desean entender la Biblia a desarrollar una nueva apreciación de lo que Dios ha hecho por nosotros. Los lectores primerizos de la Biblia verán el cuadro, pero las lecturas repetidas de la Biblia con esta perspectiva traerán más y más bendiciones al estudiante de la Palabra de Dios. ¡Que el Señor Jesús te bendiga ricamente en este viaje!

ENERO

La Ley del Señor es perfecta:
infunde nuevo aliento.
El mandato del Señor es digno de confianza:
da sabiduría al sencillo.
Los preceptos del Señor son rectos:
traen alegría al corazón.
El mandamiento del Señor es claro:
da luz a los ojos.

SALMO 19:7-8

ENERO

1	☐ Lucas 1:1-38	☐ Génesis 1-2	☐ Salmo 1
2	☐ Lucas 1:39-80	☐ Génesis 3-4	☐ Salmo 2
3	☐ Lucas 2:1-20	☐ Génesis 5-6	☐ Salmo 3
4	☐ Lucas 2:21-52	☐ Génesis 7-8	☐ Salmo 4
5	☐ Lucas 3:1-20	☐ Génesis 9-10	☐ Salmo 5
6	☐ Lucas 3:21-38	☐ Génesis 11-12	☐ Salmo 6
7	☐ Lucas 4:1-30	☐ Génesis 13-14	☐ Salmo 7
8	☐ Lucas 4:31-44	☐ Génesis 15-16	☐ Salmo 8
9	☐ Lucas 5:1-26	☐ Génesis 17-18	☐ Salmo 9
10	☐ Lucas 5:27-39	☐ Génesis 19-20	☐ Salmo 10
11	☐ Lucas 6:1-26	☐ Génesis 21-22	☐ Salmo 11
12	☐ Lucas 6:27-49	☐ Génesis 23-24	☐ Salmo 12
13	☐ Lucas 7:1-35	☐ Génesis 25-26	☐ Salmo 13
14	☐ Lucas 7:36-50	☐ Génesis 27-28	☐ Salmo 14
15	☐ Lucas 8:1-21	☐ Génesis 29-30	☐ Salmo 15
16	☐ Lucas 8:22-56	☐ Génesis 31-32	☐ Salmo 16
17	☐ Lucas 9:1-36	☐ Génesis 33-34	☐ Salmo 17
18	☐ Lucas 9:37-62	☐ Génesis 35-36	☐ Salmo 18
19	☐ Lucas 10:1-24	☐ Génesis 37-38	☐ Salmo 19
20	☐ Lucas 10:25-42	☐ Génesis 39-40	☐ Salmo 20
21	☐ Lucas 11:1-36	☐ Génesis 41-42	☐ Salmo 21
22	☐ Lucas 11:37-54	☐ Génesis 43-44	☐ Salmo 22
23	☐ Lucas 12:1-34	☐ Génesis 45-46	☐ Salmo 23
24	☐ Lucas 12:35-59	☐ Génesis 47-48	☐ Salmo 24
25	☐ Lucas 13:1-21	☐ Génesis 49-50	☐ Salmo 25
26	☐ Lucas 13:22-35	☐ Éxodo 1-2	☐ Salmo 26
27	☐ Lucas 14:1-24	☐ Éxodo 3-4	☐ Salmo 27
28	☐ Lucas 14:25-35	☐ Éxodo 5-6	☐ Salmo 28
29	☐ Lucas 15	☐ Éxodo 7-8	☐ Salmo 29
30	☐ Lucas 16:1-18	☐ Éxodo 9-10	☐ Salmo 30
31	☐ Lucas 16:19-31	☐ Éxodo 11-12	☐ Salmo 31

ENERO 1

Nuestro apasionante viaje por el Nuevo Testamento comienza con el Evangelio de Lucas y los primeros y extraordinarios acontecimientos de la era del Nuevo Testamento. En nuestras lecturas del Antiguo Testamento en los próximos meses, rastrearemos las profecías en desarrollo del asombroso plan de redención de Dios, todas las cuales apuntaban a la venida del Mesías, Jesús. Aquí, al comenzar nuestras lecturas del Nuevo Testamento, nos adelantamos a esas profecías para comenzar a ver su cumplimiento en el nacimiento, la vida, la muerte y la resurrección de nuestro Señor Jesús.

Lucas 1:1-38

Cuando Lucas comienza el relato de la vida de Jesús, afirma que todo lo que pone por escrito ha sido cuidadosamente verificado por relatos de testigos oculares (vv. 1-4). Ten en cuenta también que los relatos de los nacimientos de Juan el Bautista y Jesús estaban vinculados a otras personas y eventos históricamente verificables (v. 5). ¡Estos eventos realmente sucedieron!

Tanto Elisabet como Zacarías eran personas piadosas que pertenecían a la división sacerdotal de Abías (véase 1 Crónicas 24:10). El ángel Gabriel fue enviado desde la presencia de Dios (v. 19) como mensajero tanto para Zacarías como para María sobre los próximos nacimientos de Juan el Bautista y Jesús. Dentro de varios meses veremos que Gabriel también fue el ángel que entregó el mensaje de Dios a Daniel (véase Daniel 8:16; 9:21).

Es importante que consideremos estos notables encuentros con Zacarías y María en el contexto de la historia profética. Habían pasado cuatrocientos años desde que Dios habló a través del último profeta del Antiguo Testamento, Malaquías. Éste había hablado de un mensajero venidero que prepararía el camino para el Mesías prometido (véase Malaquías 3:1). Ahora, de repente, el ángel Gabriel se le apareció a Zacarías, sorprendido, y le anunció que él y Elisabet tendrían un hijo en su vejez, y que este hijo sería el mensajero del que hablaba Malaquías. Esto marca el evento inaugural de la era del Nuevo Testamento.

Imagínate estar en el lugar de María con el ángel de pie delante de ella (vv. 26-38). ☑ El mensaje del ángel fue absolutamente asombroso: vinculaba la profecía de las Escrituras con el niño que ella daría a luz. No sólo sería llamado Hijo de Dios, sino que también se sentaría en el trono de David en un reino que nunca terminaría (Isaías 9:6-7). ¡El hijo que ella daría a luz también sería su Mesías prometido! Pero dadas las implicaciones de un niño concebido fuera del matrimonio, este mensaje también habría sido inquietante de escuchar (véase Isaías 7:14). ⇔ La respuesta de María en el versículo 38 indica una profunda confianza en lo que Dios hacía en su vida.

El ángel Gabriel había entregado mensajes notables tanto a Zacarías como a María. ¿Cómo compararías sus respuestas?

Génesis 1-2

Génesis es el primer libro escrito por Moisés: el libro de los comienzos. Registra la creación del universo, los seres vivos y la humanidad. De cara a la lectura de mañana, el pecado entra en la experiencia humana en el capítulo 3, con la consiguiente expulsión del jardín del Edén. Incluso a través de estos trágicos acontecimientos, encontramos que Dios obra en amor. Las primeras promesas de la redención se encuentran en estos primeros capítulos de la Biblia. Estas promesas, y la acción temprana de Dios en la experiencia humana, establecen el tema de toda la Biblia. Ese tema unificador es la santidad de Dios y la salvación que él promete, realiza y ofrece a todas las personas.

La historia está comprimida en estos capítulos. Los acontecimientos trascendentales se cuentan de forma sucinta. La lectura de esta semana en Génesis abarca más años que cualquier otra porción de la Biblia.

Al leer el relato de la creación, observa cuántas veces se menciona el nombre de Dios. Para él es importante que sepamos que es el creador de todas las cosas. Cuando lleguemos al Nuevo Testamento, veremos que Jesús mismo es identificado como el creador en Juan 1:1-3 y Hebreos 1:2.

Al reflexionar sobre la asombrosa obra de creación de Dios, ¿en qué se diferencia su creación del hombre y la mujer de todas las demás cosas creadas? ¿Qué revelan estos versículos acerca de nuestro valor para Dios?

Cuando Dios terminó la obra de la creación, descansó el séptimo día y lo consagró como santo (Génesis 2:2-3). Esto fue afirmado en el cuarto mandamiento (Éxodo 20:8-11). Dios también estableció el matrimonio como un vínculo de por vida entre un hombre y una mujer (Génesis 2:24). Tanto la observancia del sábado como el matrimonio se conocen como ordenanzas de la creación y preceden a la entrega de los Diez Mandamientos.

Introducción A Los Salmos

Los Salmos son voces del corazón. Muchos son muy personales; algunos están relacionados con acontecimientos históricos; algunos son mesiánicos; algunos son proféticos y predicen acontecimientos futuros; algunos son apocalípticos, relacionados con el fin de los tiempos; y algunos están destinados a ser utilizados en la adoración colectiva. Algunos salmos fueron escritos en desesperación y otros en momentos de increíble alegría y júbilo. Abarcan todo el espectro de emociones y experiencias humanas, hablando directamente con Dios y con otras personas.

Los Salmos contienen mucha teología. Los salmistas continuamente atraen al lector a la verdad. A menudo se contrasta la verdad con la distorsión de la verdad o con las mentiras descaradas del Maligno, o con la obra del Maligno tal como se expresa a través del sistema mundial. A veces, no seguir a Dios conduce a las consecuencias, muchas veces negativas, de seguir el propio camino.

Además, aprendemos acerca de Dios en su poder, su actividad creativa, su soberanía, su misericordia, su amor y fidelidad y sus juicios. Vemos la preocupación de Dios por la justicia y la equidad. Al leer los Salmos en esta y las próximas semanas, está atento a estos y otros atributos de Dios.

El idioma de los Salmos, así como el de la mayor parte del Antiguo Testamento, es el hebreo. Una característica del idioma hebreo es el uso frecuente de imágenes de palabras para comunicar conceptos. Esto contrasta con el griego del Nuevo Testamento y con muchos idiomas actuales, que a menudo son de naturaleza más filosófica. Nota las imágenes dibujadas con palabras en el Salmo 1: un árbol parado cerca de agua que fluye, el fruto del árbol, hojas siempre verdes, paja esparcida por el viento.

Si las buscas, hay literalmente cientos de palabras en el Antiguo Testamento que te traen a la mente imágenes visuales. Esta característica del hebreo es útil para comprender la naturaleza de Dios y las obras de él.

David es el escritor más identificado de los Salmos (73). Hay otros seis autores nombrados, además de cincuenta salmos sin atribución. Piensa en el salmista mientras lees. Quizás estaba sentado en la ladera de una colina mientras expresaba sus pensamientos personales en palabras. Esas palabras han sido cuidadosamente preservadas para nosotros durante miles de años y traducidas a nuestro propio idioma. ¡Absolutamente asombroso!

Finalmente, mientras lees los Salmos, busca formas específicas en que Dios, a través del Espíritu Santo, te impulsa a cambiar tu vida. Puedes pedirle que realice un cambio necesario de actitud, forma de pensar o comportamiento específico.

Salmo 1

Al leer este salmo, busca las bendiciones que recibe la persona que sigue la voluntad de Dios. La característica más importante de esta persona es la atención a la Palabra de Dios, que revela el amor y el respeto de esa persona tiene por el Señor (v. 2). Esta atención resulta en decisiones que protegen a la persona y conducen a bendiciones (vv. 1, 3, 6a). En contraste, observa el resultado en las vidas de aquellos que eligen ignorar a Dios (vv. 4-5, 6b).

Nota la actitud de esta persona. El versículo 1 describe a aquel que sigue a Dios, que se niega a encontrar compañerismo o satisfacción con los impíos y que no permite que su perspectiva sea formada por las personas que lo rodean (véase Salmo 26:4-5).

ENERO 2

Lucas 1:39-80

Cuando María pronunció el *Magníficat* (vv. 46-55), un cántico magnífico, cuyas palabras contenían una verdad tal vez incluso más allá de su propia comprensión. El Señor había elegido utilizar a una joven humilde, María, para traer bendición a todas las generaciones, ¡y todas las generaciones la llamarían bienaventurada! ☑ El nacimiento del hijo de María sería un acto de misericordia para Abraham y quienes lo siguieron (vv. 54-55). Sus palabras vinculan el nacimiento del niño con la promesa hecha a Abraham (Génesis 12:2-3). Este mismo niño, al traer la redención, cumpliría la promesa de Dios de que todas las naciones del mundo serían bendecidas. ⇔

☑ Lee las palabras de Zacarías acerca de Jesús, el Mesías, que iba a nacer (vv. 67-75). Así como María reconoció que la promesa hecha a Abraham se cumpliría en su hijo, Zacarías la afirmó (vv. 69, 72-73). Su nacimiento también estuvo ligado a la redención (vv. 68-69) y a las Escrituras del Antiguo Testamento (v. 70). El ministerio de Juan, hijo de Zacarías, sería el de profeta: ir delante del Salvador y predicar el perdón mediante el arrepentimiento (vv. 76-77; véase Isaías 40:3). ⇦

Génesis 3-4

¡Cuán rápidamente el pecado entra al mundo y cambia profundamente la experiencia humana! Mientras lees acerca de la caída, observa los pasos que usó Satanás para llevar a Eva al pecado. Primero, Satanás cuestionó la palabra de Dios (3:1b). Segundo, Satanás tergiversó la verdad de Dios (vv. 4-5). Eva escuchó la mentira de Satanás y Adán se convirtió en cómplice del pecado (v. 6). El resultado: Adán y Eva ahora entendieron el significado del pecado y supieron que su comunión con el Señor se había roto (v. 8). ¡Qué amarga comprensión debe haber sido!

Observa los resultados específicos del pecado en las vidas de Adán y Eva (vv. 16-19). La vida nunca será la misma. Piensa en su dolor cuando Caín mató a Abel. Perdieron a un hijo por la muerte y al otro por el exilio y destruyeron las relaciones familiares. El pecado cobra un alto precio. Recuerda que las artimañas engañosas de Satanás siguen siendo las mismas, y los resultados del pecado siguen siendo muerte y angustia.

☑ La primera promesa de redención venidera se registra en Génesis 3:15. Esto es muy importante para nuestra comprensión del plan y los propósitos de redención de Dios porque marca un momento clave en el misericordioso y asombroso plan de Dios para redimir a la humanidad. Cuando Dios habló con Satanás, dijo que habría enemistad entre la mujer y la serpiente (Satanás), y entre su descendencia y la descendencia de la serpiente. Luego, en la última mitad del versículo, Dios le dice a Satanás que *él* (género masculino y singular en hebreo; una persona masculina que es descendiente de la mujer) aplastaría *tu* cabeza (la de Satanás). Además, *él* (la serpiente, Satanás) golpearía *su* talón (el Mesías). Esta referencia espera la venida del Salvador-Redentor, el Señor Jesús, quien derrotaría a Satanás en la cruz (véase Colosenses 2:14-15). Veremos que esta promesa temprana de un Salvador continuará desarrollándose a medida que se desarrolle el Antiguo Testamento. ¡Compara esto con 1 Pedro 1:18-20 para ver que Jesús, como pago por el pecado, estaba en el plan de Dios desde el principio! ⇦

El relato de Caín y Abel es una lección sobre cómo acercarse a Dios. ¿Cuál fue el pecado de Caín? Nota la advertencia de Dios a Caín sobre su actitud (4:6-7). En ese momento Caín tuvo la capacidad de arrepentirse de su pecado y volverse a Dios, pero se negó a escuchar al Señor. Al seguir el linaje de Caín, observa el pecado en la vida de Lamec (4:19-24). Lamec era un hombre malvado y violento. Nota su canción de arrogancia y odio en los versículos 23-24.

Jesús vino a través del linaje de Set. Génesis 4:26 registra el primer relato de la adoración colectiva.

Salmo 2

☑ El Salmo 2 es un salmo mesiánico. Está escrito sobre la venida de Cristo. Hechos 4:25-26 identifica a David como el escritor y Hechos 13:33 también cita este salmo para mostrar que David hablaba de Jesús. También se cita en Hebreos 1:5 y 5:5 para mostrar que Jesús fue enviado por Dios con su autoridad.

Al leer este salmo, busca cómo se describe a Cristo (vv. 2b, 6, 7-9) y dónde el escritor identifica claramente al Hijo como Cristo. Ten en cuenta que el Hijo de Dios gobernará el mundo entero (vv. 8-9; véase Apocalipsis 2:27; 19:15). Busca el carácter de los reyes y las naciones del mundo. ¿Qué razones prácticas se dan para servir a Dios y a su Hijo con todo el corazón (vv. 10-12)? ⇦

ENERO 3

Lucas 2:1-20

Las amadas palabras de Lucas 2 nunca envejecen. ☑ Cada acontecimiento confirma la misión del Señor Jesús como Salvador: el nacimiento del niño en Belén, profetizado por el profeta Miqueas (Miqueas 5:2); el mensaje de los ángeles a los pastores de que había nacido el Salvador, Cristo; la visita de los pastores al recién nacido en la localidad de Belén. Todos estos eventos son un mosaico que encajan para hacer que este relato sea poderoso y memorable. ⇦

El texto vincula estos eventos con la historia. Nos encanta la historia porque significa mucho para nosotros, pero además de evocar emoción, estos eventos sucedieron en un momento verificable de la historia (2:1-2).

Génesis 5-6

En la época de Noé, él y su familia eran las únicas personas justas que quedaban en la tierra (6:9). La verdad había sido transmitida a través de cada uno de los individuos del linaje de Set mencionado en Génesis 5. Pero era un linaje de fe muy estrecho. El resto del mundo había sucumbido a las malvadas mentiras del Maligno.

El juicio de Dios sobre el mundo mediante el diluvio se presenta como un hecho histórico. Dios estaba afligido por el pecado que impregnaba su mundo (6:5-6; véase Salmo 14:1-3). Al leer el capítulo 6, observa que el pecado se caracteriza como una afrenta genuina a Dios. A él le importa nuestro comportamiento. Se preocupó lo suficiente como para juzgar a aquellos que se rebelaron contra su ley. → Dios también se preocupó lo suficiente como para otorgar la gracia de la liberación a Noé y su familia y a los representantes de todos los seres vivientes del mundo animal. A través de la familia de Noé, el Señor traería redención al mundo. ←

Salmo 3

Las circunstancias que rodearon la escritura de este salmo se registran en 2 Samuel 15-18. David tuvo que huir para salvar su vida cuando Absalón intentó quitarle la corona a su padre.

Se corrió la voz de que Dios no libraría a David (v. 2). Algunos miraban para ver a David destruido. David, sin embargo, tenía un firme control de la verdad y creía que Dios era su escudo (v. 3). Gracias a esto, pudo dormir en paz (v. 5) y avanzar sin temor (v. 6). Como muestra el registro de 2 Samuel, David fue liberado y le dio a Dios la gloria (v. 8). ¿Qué podemos aprender de David cuando enfrentó un desafío tan abrumador?

ENERO 4

Lucas 2:21-52

Dios tiene su propio pueblo especial a quien coloca en el lugar correcto en el momento correcto. Puede que el mundo no los reconozca como importantes, pero están llenos del Espíritu. Simeón (v. 25) y Ana (v. 36) eran esas personas.

¿No es sorprendente que el Señor haya revelado a Simeón y a Ana de forma independiente que Jesús era el Mesías prometido? ☑ Las palabras de Simeón vincularon al niño Jesús con el Salvador prometido en las Escrituras (vv. 25-33). ⇦ Sus palabras debieron haber confirmado y alentado a María y José, quienes llevaron a Jesús al templo para cumplir los requisitos de la ley. Ponte en el lugar de Simeón y Ana y piensa en su emoción al ver y hablar sobre el Mesías tan esperado. ¡Qué experiencia tan indescriptible debe haber sido para Simeón tener al bebé Mesías en sus brazos!

El sacrificio requerido para la purificación (vv. 22-24) se especifica en Levítico 12 como un cordero, pero si la familia no podía costear un cordero, dos tórtolas o dos palomos serían suficientes. María y José eligieron este último, indicando que no podían permitirse comprar un cordero.

¡A la edad de doce años, Jesús era experto en el uso de las Escrituras (v. 47)! Parece que las enseñanzas de sus padres y la presencia del Espíritu Santo llevaron a Jesús a una edad temprana a una comprensión inusual (y eventualmente perfecta) de la Palabra de Dios. ➲ El grado de comprensión de Jesús respecto de su propia identidad se refleja en su respuesta a sus padres: entendió que su responsabilidad era atender a "los asuntos de mi Padre" (v. 49). Esta es la primera referencia a la comprensión de Jesús de que era el Hijo de Dios. ☯

Génesis 7-8

Piensa en la extraordinaria tarea que Dios le dio a Noé. Construir un arca enorme donde no había agua ciertamente fue un acto notable de obediencia y fe. El escritor de Hebreos diría: "Por la fe Noé, advertido sobre cosas que aún no se veían, con temor reverente construyó un arca para salvar a su familia. Por esa fe condenó al mundo y llegó a ser heredero de la justicia que viene por la fe." (Hebreos 11:7). El Señor había dicho de Noé: "Pero Noé contaba con el favor del Señor." (Génesis 6:8). Que nosotros también tengamos ese tipo de piedad y fe extraordinarias.

Salmo 4

Dios es el que habla en el versículo 2. Piensa en esto en relación con el mundo que te rodea. El mundo *ama* los engaños y *busca* dioses falsos. Nota la bendición del que pertenece al Señor (v. 3: véase Efesios 1:11; Tito 2:14; 1 Pedro 1:1-5).

Dios bendice a quienes confían en él, y en el versículo 7 podemos vislumbrar el gozo y la paz internos que acompañan un caminar con el Señor. Este gozo es independiente de las circunstancias externas y es un regalo invaluable de Dios que el mundo no puede igualar.

ENERO 5

Lucas 3:1-20

En el momento elegido por Dios, y en un momento vinculado a acontecimientos históricos específicos (vv. 1-2), Juan el Bautista comenzó su ministerio. ☑ Lee la sinopsis del mensaje de Juan en los versículos 4-6, ya que cumplió la profecía de Isaías (Isaías 40:3-5). Ten en cuenta que las palabras cubren el ministerio de Juan en relación con la venida del Salvador y se extienden hasta el momento en que el Mesías regresará nuevamente en gloria (v. 6; véase Mateo 24:30; Apocalipsis 1:7). ⇦

Piensa detenidamente en el significado del arrepentimiento tal como lo presentó Juan. El arrepentimiento no es algo que murmuramos en una oración como una mera formalidad religiosa. Tiene resultados prácticos en nuestras vidas y nuestras relaciones. Literalmente, arrepentimiento significa dar media vuelta, ir en una dirección diferente y correcta. El arrepentimiento significaba que la vida de uno sería diferente (v. 8). Significaba compartir con los necesitados (v. 11). Para los recaudadores de impuestos, el arrepentimiento requería honestidad (vv. 12-13), y para los soldados, significaba que no podían aprovechar su poder (v. 14).

Juan también señaló a Jesús como Salvador (vv. 15-16) y advirtió a sus oyentes que prestaran atención al mensaje de arrepentimiento mientras hubiera tiempo (vv. 17-18). Las consecuencias de no hacerlo tienen implicaciones eternas (v. 17).

Génesis 9-10

Cuando Noé y su familia salieron del arca, recibieron la bendición de Dios mientras lo adoraban. Después del diluvio, Dios cambió el orden de la naturaleza al agregar carne a la dieta humana (9:3; véase 1:29-30). Es interesante notar que, en el futuro, en el tiempo del Mesías, se restablecerá el orden original (Isaías 11:1-9). Los animales carnívoros volverán a comer plantas.

A pesar de la bendición de Dios, incluso con la gran liberación de Dios del diluvio, el pecado siguió siendo una realidad. La falta de respeto de Cam hacia su padre trajo una maldición sobre él y sus descendientes (vv. 25-27). En los orígenes de las naciones descritas en el capítulo 10, Cam fue el padre de los cananeos, Sem fue el padre de los pueblos semitas y Jafet de aquellos que se convirtieron en pueblos marítimos y se trasladaron hacia el oeste, y probablemente poblaron Europa. Veremos en el capítulo 12 que es a través del linaje de Sem que vino Abraham, y a quien se le dio la promesa. Es a través de Abraham que vendría el Salvador del mundo.

Salmo 5

Los versículos 4-6 revelan varios hechos acerca de Dios. Es peligroso ignorar la voluntad de Dios y vivir de manera mala. Es peligroso actuar con arrogancia ante el Dios vivo.

El versículo 9 describe a los que son malos. Encuentra los hechos específicos enumerados aquí, luego compáralos con la verdad de los versículos 4-6. Estas personas son ciertamente culpables, sus planes son su perdición (v. 10a) y su futuro es la separación de Dios (v. 10b).

Ahora observa los hechos acerca de la persona que confía y obedece al Señor (vv. 11-12). Si consideramos el contraste entre los dos, ¿podríamos elegir sensatamente la rebelión?

ENERO 6

Lucas 3:21-38

Cuando Jesús fue bautizado, Dios bondadosamente dio su señal de afirmación: el Espíritu Santo descendió sobre él como una paloma visible (v. 22).

Nota también la presencia y afirmación de Dios Padre: "Se oyó una voz que desde el cielo decía: 'Tú eres mi Hijo amado; estoy muy complacido contigo'" (v. 22). Los tres miembros de la Trinidad están claramente identificados como presentes en el bautismo de Jesús: Padre, Hijo y Espíritu Santo. Esto nos introduce a la importante doctrina de la Trinidad.

La doctrina de la Trinidad es fundamental para la fe cristiana. Da forma a nuestra comprensión de cómo es Dios, cómo se relaciona con nosotros y cómo debemos relacionarnos con él. A diferencia de muchos otros preceptos de las Escrituras que podrían revelarse en gran medida en un solo texto, la doctrina de la Trinidad se revela a lo largo de la Biblia en diferentes lugares. Cuando consideramos todos estos pasajes juntos, aprendemos lo que las Escrituras revelan acerca de esta importante enseñanza.

La doctrina de la Trinidad significa que hay un Dios que existe eternamente como tres personas distintas: el Padre, el Hijo y el Espíritu Santo. Dicho de otra manera, Dios es uno en esencia (véase Santiago 2:19) y tres personas. Estas definiciones expresan tres verdades importantes: (1) el Padre, el Hijo y el Espíritu Santo son personas distintas, (2) cada persona es plenamente Dios, (3) hay un solo Dios.

La Biblia habla del Padre como Dios (véase Filipenses 1:2), de Jesús como Dios (véase Tito 2:13) y del Espíritu Santo como Dios (véase Hechos 5:3-4). Cada Uno es plenamente Dios. La Biblia también revela que existen como personas distintas. Dado que el Padre envió al Hijo al mundo (véase Juan 3:16), él es una persona diferente al Hijo. Asimismo, después de que el Hijo regresó al Padre (véase Juan 16:10; Juan 20:17), el Padre y el Hijo enviaron al Espíritu Santo al mundo (véase Juan 14:26, Hechos 2:33).

Las Escrituras también son claras en cuanto a que hay un solo Dios (véase 1 Timoteo 2:5; Isaías 44:6; 43:11).

Si bien los tres miembros de la Trinidad son plenamente Dios y, sin embargo, personas distintas, son idénticos en atributos. Son iguales en poder, amor, misericordia, justicia, santidad, fidelidad, conocimiento y todos los demás atributos. Además, nunca hubo un momento en que una de las personas de la Deidad no existiera. Todos son eternos.

Si esto es imposible de comprender plenamente, ¿por qué es importante para nosotros la doctrina de la Trinidad? Comprender todo lo que la Biblia revela acerca de Dios es importante porque él es honrado cuando buscamos comprender más completamente cómo es él. A medida que crecemos en nuestro conocimiento del Señor, nuestra adoración se vuelve más significativa. Esto es importante porque existimos para adorar a Dios.

¡Algún día sabremos mucho más acerca de nuestro incomparablemente grande Dios! Moisés habló de esto: "Lo secreto pertenece al Señor nuestro Dios, pero lo revelado nos pertenece a nosotros y a nuestros hijos para siempre" (Deuteronomio 29:29). Muchas verdades sobre la doctrina de la Trinidad permanecen secretas, pero podemos aceptar humildemente lo que se nos ha revelado.

Las palabras expresadas por el apóstol Pablo parecen apropiadas aquí: "¡Qué profundo es el conocimiento, la riqueza y la sabiduría de Dios! ¡Qué indescifrables sus juicios e impenetrables sus caminos! «¿Quién ha conocido la mente del Señor o quién ha sido su consejero?». «¿Quién primero dio algo a Dios, para que luego Dios le pague?». Porque todas las cosas proceden de él, y existen por él y para él. ¡A él sea la gloria por siempre! Amén." (Romanos 11:33-36).

Aquí en Lucas 3:23-38 encontramos una de las dos genealogías de Jesús; la otra se registra en Mateo 1:1-17. La genealogía de Mateo es la del padre terrenal de Jesús, José, mientras que ésta parece ser la de María. Ambos se remontan a su ancestro común David; María a través de Natán, el hijo de David, y José a través de Salomón, el hijo de David. Tanto José como María eran de la casa y el linaje de David. Esta genealogía en Lucas rastrea el linaje de Jesús hasta Adán, lo que demuestra la identificación de Jesús con la raza humana.

Génesis 11-12

Cuando los hombres construyeron la torre de Babel (11:1-9), su arrogancia era claramente evidente. Dios no estaba en ninguna parte en estos planes. Como resultado, Dios confundió y dispersó al pueblo cambiando sus idiomas.

☑ El llamado de Abraham es increíblemente significativo: Dios ahora ponía en marcha específicamente el plan que finalmente traería a Jesús y la salvación al mundo. Dios le prometió a Abraham que llegaría a ser una gran nación y que su nombre sería grande (v. 2). Sin embargo, también hay una promesa de vital importancia que nos concierne a todos. Dios le dijo a Abraham que en él serían benditas todas las naciones de la tierra (v. 3). ¡Esta es la promesa del Mesías venidero que traerá la bendición de la salvación a todos los pueblos (véase Gálatas 3:8)! Si bien aprendimos en Génesis 3:15 que vendría un Salvador, ahora aprendemos que este Mesías vendría a través de un descendiente de Abraham. ⇦Nota la respuesta de Abraham al llamado de Dios. Él obedeció a Dios—aunque no perfectamente—y aprendió a confiar en Dios en circunstancias difíciles.

Salmo 6

¿Hay momentos en que te sientes completamente desanimado? Esta fue la emoción de David al escribir estas palabras (vv. 2-3, 6-7). Observa cómo, en medio de este sentimiento de aplastamiento, trajo la verdad a su mente y a su corazón (vv. 8-10). A pesar de cómo nos sentimos, la verdad acerca de Dios es inmutable y poderosa. Esto es importante porque todos en ocasiones enfrentamos circunstancias difíciles o nos sentimos deprimidos. Cuando esto sucede, podemos permitir que Dios transforme nuestra perspectiva meditando en su verdad.

ENERO 7

Lucas 4:1-30

Jesús ayunó durante los cuarenta días de su tentación (v. 2). Esto indica cuán profundamente sintió Jesús la necesidad de una dependencia total y una comunión estrecha con el Padre durante este tiempo crucial.

Satanás tentó a Jesús de varias maneras. Apeló a las necesidades y apetitos físicos de Jesús (v. 3) y le ofreció un reino fácilmente adquirido (vv. 5-7). Jesús sabía que los reinos de este mundo ciertamente serían suyos, pero en el tiempo de Dios y después de su muerte por el pecado: un proceso doloroso. En cada tentación, Satanás usó las Escrituras en su apelación, pero lo hizo incorrectamente (v. 10). Jesús contrarrestó cada tentación citando correctamente las poderosas palabras de las Escrituras.

Después de ser tentado en el desierto, Jesús regresó a Nazaret y fue a la sinagoga en sábado. Fue aquí donde Jesús anunciaría la inauguración de su ministerio público. A Jesús le entregaron el rollo del profeta Isaías y le pidieron que leyera la porción de las Escrituras del día. ☑Jesús pasó al capítulo 61 de Isaías y leyó el versículo 1 y la primera parte del versículo 2. Este pasaje es de naturaleza mesiánica, y los comentarios de Jesús después de la lectura declararon claramente que él era el Mesías: "Hoy se cumple esta Escritura en presencia de ustedes" (v. 21). ¡Qué maravilloso hubiera sido estar allí ese día! Es significativo que Jesús dejó de leer después del versículo 2a de Isaías 61. El versículo 2b habla del Mesías trayendo juicio. Esto no sucedió en la primera venida de Jesús, pero se cumplirá en la segunda venida. ⇦

Génesis 13-14

Ambos capítulos revelan la fe creciente de Abraham. Le habría resultado fácil decirle a su sobrino Lot que tomara la tierra desértica mientras él tomaba el bien regado valle del Jordán. En cambio, su fe y carácter le permitieron actuar generosamente con Lot. → Después de esta decisión, el Señor se apareció nuevamente a Abraham y le prometió a él y a sus descendientes la tierra de Canaán (13:14-17). ←

En el capítulo 14, después de que Abraham rescatara a Lot y su familia, observa la respuesta de Abraham a la oferta de pago del rey de Sodoma (vv. 21-24). Abraham quedó verdaderamente satisfecho con lo que el Señor le había dado; más importante aún, quería que todo lo que poseía fuera lo que Dios mismo había dado y provisto.

Salmo 7

Aquí se retrata tanto el carácter del mundo como la fe de David. El carácter del mundo se ve en el versículo 2, la esperanza del siervo de Dios en los versículos 10 y 17. Fuerzas destructivas, nunca lejos de la superficie, esperan para destrozar a los que son vulnerables. La fe de David es clara en el versículo 1. En Dios encontró su fuerza y refugio.

Hay transparencia en la forma en que David se acercó al Señor. Puso su vida abierta al escrutinio de Dios. Sin lugar a duda, el Señor nos ve tal como somos de todos modos, pero David le *llamó* la atención del Señor hacia los detalles de su vida (vv. 3-5). Dijo que, si era culpable en sus relaciones personales, estaba dispuesto a que Dios lo tratara como se le merecía.

Considera en tu propia vida el carácter de tu fe. ¿Es una fe que te lleva a caminar siempre en rectitud y obediencia? ¿O es una fe de conveniencia, que debe ejercerse según lo requiera la ocasión? La fe de David debería ser un ejemplo poderoso para todos nosotros. Su relación con Dios era íntima y su fe firme.

ENERO 8

Lucas 4:31-44

Jesús demostró la autoridad de Dios al enseñar (v. 32), al expulsar demonios de las personas afligidas (vv. 35-36) y al sanar (vv. 38-41). Los demonios lo reconocieron y se vieron obligados a someterse a su autoridad (vv. 33-34, 41). El pueblo estaba encantado con su enseñanza, diferente a la que escuchaban de las autoridades religiosas, y con la demostración del poder de Dios (v. 36). También sintieron la compasión de Dios en sus vidas a través de la curación.

Ten en cuenta que en el versículo 43, Jesús dijo que se sentía obligado a seguir adelante para compartir las buenas nuevas del reino con otros para cumplir su misión ministerial.

Génesis 15-16

Cuando el Señor se le apareció nuevamente a Abraham, confirmó las promesas anteriores de su presencia y cuidado sobre él y dijo que le daría un hijo (15:1, 4). Nota la reacción de Abraham y el resultado (v. 6). El versículo 6 es fundamental para nuestra comprensión del concepto bíblico de la gracia de Dios. ☑En esta primera parte de la Biblia, se ve claramente que el don de la justicia depende de la fe y no de ganarlo de alguna otra manera. Génesis 15:6 presagia la redención que Jesús trajo al mundo. Este es el mismo don de justicia de que habla Pablo en Romanos 3:21-22 y en Romanos 4. La gracia de Dios vino a Abraham por la fe, aunque Jesús aún no había pagado el precio de la gracia en la cruz (véase Romanos 3:25-26). Todos los que han sido salvos, desde los primeros tiempos hasta el día de hoy, han sido salvos de la misma manera: por la fe, sobre la base del sacrificio de Jesús en la cruz. ⇦

El pacto que Dios estableció para ratificar sus promesas a Abraham en 15:9-21 se hizo según la antigua costumbre. Por lo general, ambas partes llegaban a un acuerdo pasando entre las mitades de los animales que se habían partido. En este caso, la promesa era sólo del Señor. Él era el garante y pasaba solo entre las partes de los animales. Observa cómo Dios le habló a Abraham acerca de la esclavitud egipcia en el contexto de su plan y cuidado de la nación (vv. 13-16).

Salmo 8

Las palabras de los salmos suelen ser una inspiración para la música de adoración. Este salmo alaba el poder creativo de Dios. Observa que los versículos 1 y 9 son iguales: enfatizan la maravilla, la grandeza y la majestad del nombre de Dios.

☑ Cuando los líderes religiosos confrontaron a Jesús durante la entrada triunfal a Jerusalén, lo reprendieron porque los niños lo alababan como el hijo de David (el Mesías, Mateo 21:15-16). Jesús respondió citando el versículo 2 de este salmo. Al hacerlo, declaró que él era el Señor, aquel acerca de quien se escribió el salmo. ⇦

Es sorprendente que el Señor se preocupe tanto por nosotros (vv. 3-4). Y aún más, el Señor nos ha dado una posición exaltada en su creación, haciéndonos sólo un poco más bajos en función e importancia que los seres celestiales (v. 5) y dándonos autoridad sobre gran parte de la creación (vv. 6-8). Y mientras observamos cómo continúa desarrollándose el asombroso plan de redención de Dios, somos nosotros a quienes el Mesías, a través de su asombrosa gracia, vino a redimir.

ENERO 9

Lucas 5:1-26

Observa cómo Jesús aprovechó la oportunidad no sólo para predicar a las multitudes que lo seguían, sino también para instruir a Pedro, Santiago y

Juan. Jesús predicó desde la barca de Pedro y luego demostró su poder a los tres con su gran pesca (vv. 6-7). Pedro estaba aterrorizado ante esta demostración de poder, tanto que quería alejarse de Jesús. Pedro se vio a sí mismo en relación con la justicia de Jesús. Reconoció el pecado en su vida (v. 8). Escucha las amables palabras de aliento de Jesús (v. 10b). En ese momento, Pedro, Santiago y Juan dejaron todo y siguieron a Jesús (v. 11).

⮌ Cuando Jesús sanó al leproso y al paralítico, nuevamente ejerció su autoridad sobre la enfermedad, pero extendió esta autoridad al área más crucial del perdón de los pecados. El versículo 21 lo deja claro: nadie excepto Dios puede perdonar el pecado. Por tanto, Jesús declaró claramente que era el Hijo de Dios. Nota la diferencia entre las reacciones de la gente común que observa este evento y las de los líderes judíos. ⮌

Génesis 17-18

→ Al establecerse el pacto de la circuncisión, Dios reafirma sus promesas a Abraham (17:3-8). Estas son las promesas de la tierra a los descendientes de Abraham y del Señor como Dios de este pueblo. La parte de Abraham en el pacto era circuncidar a todos los descendientes varones tanto en ese momento como para todas las generaciones venideras (vv. 9-14). Ten en cuenta que la promesa de un hijo se hace nuevamente, específicamente un hijo que les nacerá a Abraham y Sara (17:19, 21; 18:10-15). Sería a través de ese hijo—Isaac—que vendría el Mesías y se cumpliría el pacto de Dios (17:19). ←

¿Le importa al Señor el pecado en el mundo? Ciertamente lo hace, y Génesis 18 nuevamente ilumina esto. La atención del Señor se había dirigido específicamente a las prácticas pecaminosas de Sodoma y Gomorra. Abraham estaba muy preocupado por la inmediatez del juicio de Dios ya que Lot y su familia estaban en Sodoma. Sigue atentamente la oración de Abraham por las ciudades y la respuesta del Señor. Cuando el pueblo de Dios ora, el Señor escucha y responde (Santiago 5:16b).

☑ En Génesis 18:18, el Señor una vez más afirmó la bendición universal que vendría al mundo a través de Abraham (Génesis 12:3). Esta es la bendición específica de la redención a través del Salvador, que va más allá de las promesas personales y nacionales que Dios le había dado a Abraham en Génesis 12:1-7. ⇦

Salmo 9

El salmista se regocijó en los maravillosos atributos de Dios. Busca las características de Dios: quién es él y cómo trata a sus hijos y a los pecadores (vv. 4-6). Nota los atributos de Dios en los versículos 7-10: Dios, que es eterno (v. 7); Dios, el gobernante justo (v. 8); Dios, protector de los necesitados (v. 9); Dios, que es fiel (v. 10).

ENERO 10

Lucas 5:27-39

Al leer los versículos 27-32, comprende que Leví (Mateo), como recaudador de impuestos, era considerado un *pecador* y no era respetado por los judíos religiosos. A menudo los recaudadores de impuestos solicitaban más de lo que exigía la ley y se quedaban con la diferencia. Para empeorar las cosas, un recaudador de impuestos judío era un agente de los romanos, actuando así para un gobierno extranjero en lo que los judíos consideraban territorio judío. Entonces Mateo fue doblemente maldecido. Se había vendido a los extranjeros (cobrando los impuestos de Roma) y estaba robando el dinero de sus compañeros judíos, recaudando más de lo que debería. Jesús vio a Leví con una perspectiva redentora diferente a la de los demás.

Este alcance de nuestro Señor es el modelo que necesitamos. Para Leví no era fácil tratar con los judíos incrédulos, pero necesitaba arrepentimiento y perdón. En nuestros propios esfuerzos evangelizadores, nos resulta mucho más fácil hablar con personas con que nos sentimos cómodos, pero nuestra responsabilidad, a través del ejemplo de Jesús, es mucho más amplia (vv. 31-32). Nadie está fuera del alcance de la redención y la gracia de Dios. Y lo significativo de Leví, y del pueblo que el Señor tiene para que alcancemos, es que él estaba listo para el encuentro. Tenía un corazón preparado y estaba listo para responder a Jesús.

Génesis 19-20

Cuando los ángeles llegaron a Sodoma, recibieron la hospitalidad de Lot. Cuando los hombres malvados de la ciudad llegaron a la puerta de Lot con sus demandas, los ángeles le revelaron su urgente misión. Los hombres que estaban comprometidos en matrimonio con las hijas de Lot se negaron a creer y se quedaron para compartir el juicio del Señor sobre la ciudad.

Abraham tuvo fe, pero no fue perfecta. Temía por su vida mientras estaba en Guerar porque Sara era una mujer hermosa, y si admitía que ella era su esposa, alguien podría matarlo y llevársela. En lugar de reconocerla como su esposa, dijo que era su hermana, lo cual era una media verdad (vv. 11-12). El rey de esta ciudad-reino la recibió en su casa con la intención de hacerla su esposa. → Dios tenía otros planes. Había prometido a Abraham y a Sara un hijo, el hijo a través del cual las naciones serían bendecidas (12:3; 18:18). ← Dios protegió tanto a Sara como a Abraham del peligro para ella comunicándose directamente con el rey.

Salmo 10

En el salmo anterior, el énfasis estaba en el carácter de Dios. En este salmo tenemos un bosquejo del carácter de la maldad. El escritor ve el mal a su alrededor y pregunta: "¿Por qué, Señor, te mantienes distante? ¿Por qué te escondes en momentos de angustia?" (v. 1)?

Nota las características del hombre malvado: arrogancia (v. 2), jactancia (v. 3), orgullo (v. 4), engaño al creer una mentira satánica (v. 6), malas palabras (v. 7), violencia (vv. 8-10), mentir acerca de Dios (v. 11). Lo extraño y frustrante es que los hombres malvados parecen salirse con la suya (v. 5).

En el versículo 14 hay una transición y el escritor mira la verdad. Cuando las cosas a nuestro alrededor se ven oscuras, qué bendición conocer al Dios eterno y santo, el Dios que se preocupa, que es Rey por los siglos de los siglos, que escucha y contesta las oraciones, y que arreglará todas las cosas (vv. 14-18).

ENERO 11

Lucas 6:1-26

Lee atentamente los comentarios de Jesús sobre el sábado. Aunque Jesús afirmó la ley Mosaica (Mateo 5:17-20), trató el sábado de manera diferente a como lo hacían los judíos ortodoxos observantes. En resumen, Jesús se sintió libre, como Señor del sábado, para hacer la obra del reino tanto en el sábado como en cualquier otro día. ➲ Ten en cuenta que al decir que era "Señor del sábado," Jesús se declaró igual a Dios. ➲ Observa la reacción de los líderes (vv. 2, 11). Piensa en la *razón por qué* Jesús violó lo que los líderes religiosos consideraban apropiado para el sábado. ¿Nuestra observancia del día del Señor se ajusta al concepto rígido de los líderes religiosos judíos, o al más flexible de Jesús, con límites dictados por las circunstancias, o a ninguno de los dos? Si no, ¿qué principio seguimos?

Compara los versículos 20-26 con Mateo 5:1-12. Considera los ayes que Jesús pronunció. Ésta no es nuestra forma natural de pensar. ¿Cómo debería esto hacernos cuidadosos y en qué debería ser nuestro estilo de vida diferente al del mundo?

Génesis 21-22

¡La promesa de un hijo se cumple (21:1-5)! El nacimiento de un hijo de una pareja físicamente incapaz de tener hijos había ocurrido tal como el Señor lo había prometido. ☑ Además, este era el hijo por medio de quien vendría la promesa (vv. 12-13; véase 17:19). ⇦

Desde una perspectiva humana, el destierro de Agar e Ismael parece injusto. Sin embargo, el Señor tenía planes para Ismael, prometiéndole que él también llegaría a ser una gran nación (v. 13), así que Dios proveyó para el niño y su madre.

La mayor prueba de la fe de Abraham se produjo en la orden del Señor de sacrificar a Isaac en un monte en la región de Moria (capítulo 22). Abraham estaba dispuesto a obedecer al Señor, creyendo que el Dios que le había dado el hijo podía resucitarlo de entre los muertos, y lo haría, si era sacrificado (Hebreos 11:17-19). La obediencia de Abraham nació en el crisol de la experiencia previa con el Señor: obedecerlo y ver su fidelidad de primera mano. Significativamente, fue aquí en Moria donde David construyó más tarde un altar al Señor después de comprar tierras a Arauna el jebuseo (1 Crónicas 21:18-25). Posteriormente, este se convirtió en el sitio del templo que David preparó y Salomón construyó (2 Crónicas 3:1-2). Esta misma parcela se encuentra entre las tierras más disputadas del mundo actual.

Salmo 11

Mientras David está rodeado por los malvados planes de los impíos, declara que su refugio está en el Señor (v. 1). Se recuerda a sí mismo que el Señor lo ve todo: "El Señor está en su santo Templo, en los cielos tiene el Señor su trono y atentamente observa al ser humano; con sus propios ojos lo examina. El Señor examina a justos, pero aborrece a malvados y a los que aman la violencia." (vv. 4-5).

Anímate hoy porque el Señor ve cada obra de justicia que haces. Él toma nota cada acto de bondad; cada palabra de aliento; toda resolución para agradarle. "Porque el Señor es justo y ama la justicia, los rectos contemplarán su rostro." (v. 7).

ENERO 12

Lucas 6:27-49

Lo que Jesús enseña en los versículos 27-36 es radical, para aquel día y para hoy. Esta profunda diferencia de actitud y estilo de vida distingue a los creyentes del resto del mundo y es un testimonio poderoso de la gracia divina.

Lee los comentarios de Jesús sobre juzgar a los demás (vv. 37-38) junto con los versículos 43-45, donde Jesús habla sobre el fruto. Como hijos de Dios, no debemos tener un espíritu crítico hacia los demás (vv. 37-42), pero debemos ejercer discernimiento sobre los demás según el fruto que dan. Lo que una persona es por dentro se demostrará por cómo actúa (vv. 43-45; véase Mateo 7:15-20).

Nota los comentarios de Jesús sobre la obediencia en los versículos 46-49. Cuando aplicamos las palabras de Jesús a nuestras vidas y le obedecemos, construimos una base sólida para nuestras vidas y demostramos que hay vida espiritual.

Génesis 23-24

Cuando Sara murió, Abraham la enterró en Hebrón (23:19). Recuerda el nombre, porque el lugar aparecerá con frecuencia en la historia del pueblo de Dios. El rey David gobernó desde Hebrón durante los primeros siete años de su reinado. La ciudad permanece aún hoy y el lugar de enterramiento de Sarah todavía está identificado.

Era el firme deseo de Abraham que Isaac no se casara con alguien de la cultura pagana de Canaán, sino que su esposa viniera de su propia familia. Es impresionante el relato del viaje que hizo el siervo de Abraham y su fe en el Dios de Abraham. Lee la oración de fe del siervo con sus condiciones aparentemente imposibles (24:12-14). También es notable la fe de Rebeca al dejar a su familia y viajar cientos de millas con un sirviente extraño para casarse con un hombre al que nunca había visto. La mano de Dios fue claramente evidente en el viaje.

La bendición con que su familia despidió a Rebeca fue ciertamente profética: "Hermana nuestra: ¡que seas madre de millares! ¡Que tus descendientes conquisten las ciudades de sus enemigos!" (Génesis 24:60).

Salmo 12

David está angustiado por el mal que ve a su alrededor. Nota la deshonestidad (v. 2), la arrogancia y el orgullo (vv. 3-4) y la opresión de los débiles y necesitados (v. 5a). A pesar de cómo parezcan las cosas, Dios no está muerto y protegerá a su pueblo (vv. 5b-7). Piensa en la verdad del versículo 8. Piensa también en el pueblo de Dios en medio de un mundo pecaminoso en relación con Mateo 5:13-16.

ENERO 13

Lucas 7:1-35

En los versículos 1-17 hay dos relatos de sanidad. En los relatos de los evangelios, parece haber varias razones por las que Jesús sanó. A veces fue para demostrar su autoridad y autenticar que era el Mesías prometido, como cuando sanó al paralítico en Lucas 5:17-26. Otras veces la curación fue una respuesta de fe, como en los versículos 1-10, la curación del siervo del centurión, y en Marcos 7:24-30 cuando la mujer cananea le suplicó a Jesús que sanara a su hija. En ocasiones, Jesús sanó sin que se lo pidieran debido a su compasión, como cuando resucitó de entre los muertos al hijo de la viuda en los versículos 11-17.

El hilo conductor en cada caso es la autoridad del reino que Jesús usó para traer gloria al Padre.

☑ Compara la respuesta de Jesús a los discípulos de Juan el Bautista (vv. 18-23) con Isaías 29:18-19; 35:5-6; 42:6-7; 61:1-2. Jesús estaba llamando su atención sobre estas profecías del Mesías en Isaías que validarían quién era él. ⇦

Génesis 25-26

Como Abraham antes que él, Isaac fue un hombre de fe. Cuando Rebeca no tuvo hijos, oró y Dios respondió (25:21). Nota que incluso cuando Dios ha decidido hacer algo—en este caso proporcionando descendientes de Abraham a través de Isaac,—a veces espera para actuar hasta que el pueblo de Dios ore. También es aquí donde se nos presenta por primera vez a Jacob, y él aparecerá durante toda la segunda mitad de Génesis. → Mientras el Señor escogía la línea humana a través de la cual Jesús vendría, observa su mensaje a Rebeca acerca de los gemelos que tendría (v. 23). El cumplimiento de la profecía del Señor acerca de los niños comenzó cuando Esaú vendió su primogenitura (vv. 29-34). Nota el comentario sobre el significado de esto en el versículo 34b. ←

☑ El Señor bondadosamente afirmó a Isaac la promesa hecha a Abraham (26:3-4, 24). A través de Isaac, estas promesas, incluida la bendición del Salvador para todo el mundo, se harían realidad. ⇦ Isaac era un hombre de fe, pero también muy humano, como vemos en su temor a los hombres de Guerar (26:7). El Señor ya le había dicho a Isaac que lo protegería y bendeciría (v. 3a). A pesar de la falta de fe e integridad de Isaac, el Señor lo protegió a él y a Rebeca (26:7-29).

Salmo 13

¿Alguna vez has tenido la angustiosa experiencia de orar fervientemente por algo, pero no escuchas respuesta y parece que Dios ni siquiera escucha? Ciertamente lo he hecho. Cuando esto suceda, ¿cómo debemos proceder? Esta fue precisamente la experiencia de David mientras escribía este maravilloso salmo, y podemos aprender mucho de él.

Nota la transparencia de David hacia el Señor en los versículos 1-4. ¿Te identificas con las palabras y la experiencia de David? El Señor acoge con agrado las expresiones de cómo nos sentimos, incluso cuando se relacionan con oraciones sin respuesta. Nota entonces su transición para alabar a Dios en los versículos 5-6. David aún no ha recibido su respuesta, pero está alabando a Dios. ¿Cuál es su base para hacerlo? ¿Qué podemos aprender del ejemplo de David?

ENERO 14

Lucas 7:36-50

Nota cómo Jesús rompió con la hipocresía de los fariseos con respecto a la mujer que ungió sus pies. Simón mantuvo a Jesús a distancia para proteger su propia justicia, que no era verdadera justicia en absoluto. ⊃ La mujer, que conocía su necesidad, confesó su fe con sus acciones y recibió la verdadera justicia, el don de la fe (v. 48). Jesús nuevamente dejó claro que tenía la autoridad para perdonar el pecado y conceder la salvación. ☯

Génesis 27-28

El concepto de bendición fue significativo y trascendente, y lo veremos a menudo en nuestro recorrido por las Escrituras. Las bendiciones a menudo incluían elementos proféticos. Cuando Isaac le dio la bendición a Jacob (27:27-29), había poco más que pudiera darle a Esaú (vv. 39-40). Estas bendiciones fueron ciertamente proféticas y expresaron lo que Dios haría en las vidas de estos dos hermanos. En el caso de Jacob, fueron proféticos para sus descendientes. → Nota que en la bendición a Jacob, Isaac incluyó la misma promesa que Dios le había dado a Abraham y a él (v. 29b). ← A pesar del engaño de Rebeca y Jacob, Dios obraba. No hay absolutamente nada que pueda impedir que Dios cumpla sus propósitos soberanos (véase Job 42:1-2).

Jacob comenzó el largo viaje solitario hacia Padán Aram, al hogar de la familia de Abraham y Rebeca. ☑ El Señor bondadosamente reafirmó a Jacob las promesas de la tierra y de bendiciones para todos los pueblos de la tierra, incluida la promesa del Mesías (28:10-15). La aparición de Dios a Jacob se convirtió en un momento decisivo en su vida (vv. 20-22). ⇐

Salmo 14

Los versículos 1-3 se citan en Romanos 3:10-12. ¿Quién es realmente tonto en este mundo? Son aquellos que ignoran al Señor o afirman que no hay Dios (v. 1). De hecho, la profundidad de la maldad en el mundo se describe en los versículos 1-3. Todos compartimos la naturaleza pecaminosa y David lo reconoció.

¿Dios ve? De hecho, lo hace (v. 2). ¿Le importa a Dios? Él es el refugio de los pobres (v. 6b). Como creyentes, debemos alinear nuestros esfuerzos para conformarnos a las preocupaciones divinas.

☑ Finalmente, toma nota de la oración de David en el versículo 7. La salvación ciertamente vendría al pueblo de Dios en la persona del Mesías. ⇦

ENERO 15

Lucas 8:1-21

En la parábola del sembrador, Jesús presentó toda la respuesta humana a la verdad del evangelio. Es importante que miremos cuidadosamente nuestras propias vidas y consideremos una vez más cómo reaccionamos personalmente a la verdad de la Palabra de Dios cuando la escuchamos.

La parábola incluye tanto la dimensión humana de la elección como la dimensión espiritual de la oposición demoníaca. Ambos son reales y, a veces, es difícil separarlos. En un camino muy transitado, el suelo es duro y no apto para que las semillas echen raíces y crezcan. Esto es como la persona cuyo corazón se ha endurecido tanto que no hay posibilidad de que germine una semilla de verdad. Además, vienen los pájaros y arrebatan la semilla, simbolizando la obra de Satanás. El suelo pedregoso es como la persona que está dispuesta a escuchar, pero se aleja cuando se pone a prueba su fe. La tierra con espinas describe a muchos en nuestro mundo. Están demasiado ocupados y distraídos con los detalles de la vida para permitir que la verdad crezca hasta alcanzar la madurez. De los cuatro ejemplos, sólo la semilla en buena tierra dio fruto. La evidencia de la vida espiritual es el fruto (véase Mateo 7:16-20).

Oremos para que el Señor suavice continuamente la tierra de nuestros corazones, para que podamos recibir su Palabra y dar frutos abundantes.

Génesis 29-30

El Señor protegió a Jacob (28:15) en el largo viaje a Padán Aram y Jacob fue bienvenido en la casa de su tío. Recuerda la instrucción que Isaac le dio a Jacob cuando partió hacia Padán Aram: Ve a la familia de tu madre y busca esposa entre las hijas de Labán, hermano de tu madre (28:1-2). Así como Abraham tenía fuertes convicciones de que su hijo no se casaría con alguien de la cultura cananea (24:3-4), Isaac también las tenía. Durante los años que Jacob pasó con Labán, se casó con las hijas de Labán, Lea y Raquel.

Salmo 15

En este salmo que invita a la reflexión, David hace una pregunta relevante para todos: ¿Quién podrá morar contigo, Señor? ¿Quién puede tener comunión contigo y disfrutar de tus bendiciones?

La respuesta se encuentra en los versículos 2-5. Dios desea hombres y mujeres de verdad, buena voluntad y rectitud (v. 2). Él desea a aquellos que son justos y equitativos (v. 3), que están con el pueblo de Dios (v. 4a) y que cumplen su palabra (v. 4b). Es el deseo de Dios que tengamos un espíritu generoso (v. 5a). ¿Alguno de estos te llama la atención hoy? Nota la maravillosa promesa en el versículo 5 para aquellos que viven de esta manera.

ENERO 16

Lucas 8:22-56

Mientras lees esta sección, piensa en términos de la autoridad de Jesús. Jesús demostró su poder (autoridad del reino) sobre la naturaleza (vv. 22-25) y sobre los demonios que poseían al hombre (vv. 26-33). En ambos casos Jesús tenía autoridad para actuar. El poder de Jesús que expulsó a los demonios del hombre trajo miedo a la gente del pueblo; tanto miedo que le pidieron a Jesús que se fuera después de sanar a este hombre (v. 37). Simplemente no sabían cómo lidiar con este tipo de poder. Quizás también les preocupaba la pérdida económica de los cerdos. Cualquiera que fuera su motivación, cuando le pidieron a Jesús que abandonara su pueblo, él así lo hizo.

La demostración más dramática de autoridad aquí fue cuando Jesús resucitó a la hija de Jairo de entre los muertos. Jairo debe haber estado angustiado y ansioso mientras esperaba que Jesús llegara a su casa (vv. 40-56). La única condición que Jesús puso para la curación de la hija fue de la fe. Jesús reconoció la fe en el corazón de los padres y honró esa fe al devolverle la vida a su hija, ¡aunque estaban asombrados por lo que Jesús hizo! ➲ Ya fuera autoridad sobre elementos naturales como la tormenta, sobre espíritus que acosaban a las personas, sobre enfermedades físicas o incluso sobre la muerte, los actos de Jesús demostraron claramente su autoridad como Hijo de Dios. ☙ A partir de estas poderosas demostraciones del poder de Jesús, podemos consolarnos de que el Señor es mucho más poderoso que cualquier problema que enfrentamos o podamos enfrentar. ¡Nada es imposible para Dios (véase Lucas 2:37)!

Génesis 31-32

Había llegado el momento de que Jacob regresara con su familia y sus posesiones a Canaán. El Señor había prometido proteger a Jacob y traerlo de regreso a la tierra que le había prometido. Las relaciones con Labán se habían vuelto tensas, y el Señor le dijo a Jacob que regresara (31:1-3). Sin embargo, la manera en que Jacob se fue no fue honorable y Labán tenía motivos para estar enojado con él (31:19-21). A pesar de esto, el Señor protegió a Jacob diciéndole a Labán que no lo tocara ni le hiciera daño (31:24). Como resultado, antes de partir hicieron un pacto formal de no hacerse daño unos a otros (vv. 43-55).

Mientras Jacob anticipaba encontrarse con Esaú, estaba justificadamente asustado porque Esaú había prometido matar a Jacob (27:41). Jacob se preparó para apaciguar a su hermano. El encuentro de Jacob con el visitante celestial lo dejó con una cojera permanente, tal vez como un recordatorio de la visita del Señor (32:22-32). Cuando Jacob salió de Canaán hacia Padán Aram, el Señor se le apareció (28:12-15). Ahora, a su regreso, nuevamente tuvo la seguridad de la presencia y el propósito de Dios para él. Tenemos esas mismas seguridades de Dios en sus promesas a nosotros a lo largo de las Escrituras.

Salmo 16

En el versículo 1, David vio a Dios como su único lugar seguro. En un mundo incierto, donde nadie puede ser completamente consciente de todos los peligros, necesitamos la seguridad del Señor Dios. Siendo realistas, ¡no hay otro lugar a donde acudir!

El secreto del contentamiento se encuentra en los versículos 5 y 6. La fe y el conocimiento de David de que Dios le había asignado su lugar y su camino le dieron una herencia deliciosa. Esto también se expresa en el Nuevo Testamento en 1 Timoteo 6:6-8. Elegir seguir al Señor y estar contento con lo que él proporciona es tanto una iniciativa personal por parte del creyente como un regalo del Señor.

Nota también la mentalidad del versículo 8a: "Siempre tengo presente al Señor". Esta mentalidad trajo bienestar espiritual, emocional y físico (v. 9). Compara esto con Romanos 8:5-8.

☑ En el mensaje de Pedro a las multitudes el día de Pentecostés, hizo referencia a los versículos 8-11 y explicó cómo este pasaje habla del Señor Jesús (Hechos 2:25-28). Nota también cómo Pablo usó este pasaje en Hechos 13:35 al hablar de la resurrección. ⇦

ENERO 17

Lucas 9:1-36

➲ Cuando Jesús envió a sus discípulos para representar el reino, los envió con poder y autoridad y les encargó predicar y sanar (vv. 1-6). ¿Quién podría delegar la autoridad y el poder de Dios sino el Hijo mismo? ☚ Dejó en claro que el ministerio de ellos debía tener un solo propósito. No debían imponerse a nadie (v. 5) ni permitir que ninguna actividad extraña los distrajera.

Al leer los versículos 1-6 y 23-26, piensa nuevamente en la condición para ser discípulo de Jesús: la elección diaria de hacer la voluntad de Dios en lugar de la nuestra. La idea es radicalmente diferente del tono de autorrealización del mundo. Necesitamos que el Espíritu Santo nos ayude a cambiar nuestra forma de pensar para ministrar bajo este nuevo patrón (véase Romanos 12:1-2).

➲ Cuando Pedro, Santiago y Juan fueron con Jesús al monte donde él se transfiguró, Moisés y Elías aparecieron y hablaron con Jesús acerca de su pasión venidera (vv. 29-31). La aparición de estos dos tuvo un significado especial. Moisés representó la ley y Elías los profetas. La muerte y resurrección venideras de Jesús cumplirían las profecías del Antiguo Testamento (Lucas

24:27). ☙ Piensa en cómo Pedro, Santiago y Juan debieron haber recordado la transfiguración y haber visto el cuadro completo, entendiéndolo a la luz del plan de redención de Dios y de las Escrituras.

Génesis 33-34

El encuentro entre los hermanos no pudo haber ido mejor. Esaú recibió amablemente a su hermano y su relación se sanó. → La mano de Dios es evidente en esta relación restaurada, ya que le había prometido a Jacob que lo traería de regreso sano y salvo (véase Génesis 28:15). ←

Los acontecimientos del capítulo 34 ocurrieron después de que al menos algunos de los hijos de Jacob alcanzaron la edad adulta. Simeón y Leví fueron el segundo y tercero de los hijos de Jacob. Las emociones de la familia en torno a la violación de Dina fueron intensas. → Aunque la familia probablemente no entendió esto, el plan de los siquenitas de asimilar a la familia de Jacob no encajaba con el plan de Dios de mantener a los descendientes de Abraham separados de los cananeos (34:21-23; véase Deuteronomio 7:1-6). ← Lee la respuesta de Simeón y Leví a Jacob en el versículo 31.

Salmo 17

Este salmo retrata claramente a David en profunda angustia y necesitado de que Dios escuche su oración. Necesitaba una reivindicación personal. Quizás David había sido acusado injustamente o sus enemigos lo perseguían injustamente.

En este tipo de situación, es instructivo para nosotros ver cómo reaccionó David. Estaba dispuesto a dejar la vindicación en manos de Dios (v. 2a; véase Romanos 12:17-21). Como había decidido vivir de manera agradable a Dios (v. 3b), y según las instrucciones de la Palabra de Dios (v. 4), confiaba en la respuesta de Dios (v. 6). Contrasta esta actitud con la forma en que los impíos viven y tratan a los demás (vv. 10-12).

David identificó una diferencia básica. La recompensa de la persona del mundo está en esta vida, y eso es todo (v. 14a). En contraste, la herencia del creyente no está sólo en este mundo, donde hay comunión con el Señor, sino que también se encuentra en las muchas promesas que Dios ha hecho sobre el futuro (vv. 14b-15). ¡Qué gran diferencia hay entre estos dos!

ENERO 18

Lucas 9:37-62

La intensidad de la batalla espiritual se ilustra en el relato del niño con un espíritu maligno en los versículos 37-43. Tanto el poder destructivo como la tenacidad del mal son evidentes. A los discípulos se les había dado autoridad sobre los espíritus, pero no pudieron expulsar ese espíritu (v. 40). Jesús sanó al niño ante el asombro de la gente que miraba (v. 43). En los relatos paralelos de Mateo (17:14-21) y Marcos (9:14-29), los discípulos le preguntaron a Jesús por qué no podían ordenarle al demonio que abandonara al niño. Jesús respondió que era por su falta de fe y oración. Debemos recordar que a los que creemos en Cristo se nos ha dado la tarea de enfrentar el poder del mal. No debemos rehuir la tarea, sino que debemos estar preparados y proceder de la manera correcta.

Los comentarios de Jesús, motivados por la discusión de los discípulos sobre cuál de ellos sería el mayor en el reino, son significativos porque nuevamente enfatizan la diferencia entre los caminos del mundo y el reino de Dios (vv. 46-48). La ilustración que Jesús hace del niño pone esto de relieve (v. 48). La preocupación de los discípulos era la posición personal. El punto de Jesús fue que su preocupación debería ser por las personas a su alrededor que tenían menos poder y mayor necesidad de protección. El cuidado de los impotentes será importante en la forma en que Dios nos ve en el reino.

Lee atentamente los comentarios de Jesús sobre el costo de seguirlo (vv. 57-62). La obra del reino es urgente, pero la persona que se embarca en esta obra debe calcular el costo (v. 58). Nuestro tiempo de decisión es ahora (vv. 59-60), y después de comenzar, debemos perseverar (vv. 61-62).

Génesis 35-36

El Señor volvió a hablarle a Jacob diciéndole que se mudara a Betel. Jacob destruyó todos los dioses falsos de su casa (35:2-4). Dios protegió a la familia de Jacob de un ataque, atemorizando a la gente de los alrededores (35:5).

☑ En Betel, el Señor se le apareció a Jacob y una vez más confirmó las promesas que le había hecho cuando partía hacia Padán Aram (28:10-15): la tierra que había prometido a Abraham y a Isaac, que se convertiría en una gran multitud, y que por medio de ellos serían benditas todas las familias de la tierra. Por lo tanto, Jacob (rebautizado como Israel) sería la persona a través de quien se realizarían las promesas a Abraham. ⇦

Salmo 18

El prólogo de este salmo explica su escenario. David lo compuso cuando fue liberado de sus enemigos. Describe a Dios, aspectos de su carácter y cómo liberó a David.

Piensa en las seis metáforas que David usa para describir al Dios de la seguridad en el versículo 2. ¿Qué significa esto para ti hoy?

Sigue las formas en que David describe a Dios en el salmo. Dios es poderoso y temible (vv. 7-15), fuerte libertador (vv. 16-19), alguien que obra con justicia (vv. 20-23, 26). Nota la consoladora promesa en el versículo 30.

Así como David afirmó a su gran Dios de fortaleza y seguridad en los versículos 1-3, el salmo termina con una gran alabanza a Dios por sus actos poderosos y su liberación (vv. 46-50).

ENERO 19

Lucas 10:1-24

En este punto de su ministerio, Jesús envió un grupo más grande de discípulos para presentar el mensaje del reino. Esto fue en parte para prepararlos para el momento en que Jesús ya no estaría con ellos y se les confiaría la obra duradera de evangelización y ministerio.

Jesús enfatizó la necesidad de trabajadores para la mies (v. 2): ¡hay mucho que hacer y pocos para hacer el trabajo! Hay una verdadera urgencia en la obra del reino. Además, existe peligro. Nota los comentarios de Jesús en el versículo 3 donde utiliza la ilustración de corderos entre lobos. El peligro reside en tratar de utilizar los métodos del mundo para realizar la obra del reino. El mundo se opondrá al mensaje del evangelio con calumnias, medios legales (como veremos cuando leamos Hechos y el relato de la iglesia primitiva), técnicas deshonestas de relaciones públicas y cualquier otro medio diseñado para frenar la obra de Cristo. El trabajador del reino no tiene otro método que el poder de la oración, la verdad acerca de Jesús y la cruz, y el amor (véase 2 Corintios 10:3-5). Si dejamos la protección de la voluntad de Dios para intentar utilizar los métodos del mundo, corremos un gran peligro.

Nota también las reglas del ministerio que Jesús dio a los trabajadores cuando salían (vv. 5-12). Jesús advirtió contra el intento de mejorar su alojamiento personal (vv. 5-7) y los instruyó en un estilo de vida sencillo, aceptando lo que la gente les ofrecía (v. 8). Su ministerio validaría el hecho de que el reino, tan esperado, había llegado a quienes lo oyeron (v. 9). Además, advirtió que, aunque no todas las personas aceptarían el mensaje, su responsabilidad era presentarlo fielmente (vv. 10-12).

➲ Piensa en los comentarios de Jesús en los versículos 21 y 22 y alégrate de que el Señor todavía se revela a la gente hoy en día. ⊂ Cada uno de nosotros que conocemos a Dios a través de Cristo hemos llegado a través de esta gracia. Nota también la bendición de la Palabra de Dios que nos ayuda a comprender el mensaje del evangelio (vv. 23-24). Tenemos entre manos lo que muchos en el pasado desearon, pero no entendieron.

Génesis 37-38

Dios eligió a los antepasados del Mesías desde Adán, pasando por Set hasta Noé, pasando por Sem, el hijo de Noé, hasta Abraham, Isaac y Jacob. Judá, el hijo de Jacob, llevaría el linaje del Mesías, pero toda la familia de Jacob ahora se convertiría en la nación del pueblo de Dios a través de quien él obraría.

→ Los sueños de José eran del Señor, pero enojaron a sus hermanos (Génesis 37). Los sueños fueron proféticos respecto al lugar y posición que José tendría en Egipto. Incluso la venta de José como esclavo fue parte del plan soberano de Dios (37:28; véase Génesis 45:7-8; Salmo 105:17-19). Dios usaría a José de una manera extraordinaria para traer a toda la familia a Egipto, donde se convertirían en una nación fuerte, separada de otros pueblos. Recuerda que Dios le habló a Abraham acerca de esta estancia, que incluiría ser afligido durante cuatrocientos años, en Génesis 15:13-16. El tiempo en Egipto, incluyendo su esclavitud, fue parte del plan de Dios de traer al Redentor a través de su pueblo. ←

En el capítulo 38, Judá había pecado contra Tamar al no permitir que su hijo menor se convirtiera en su marido para darle hijos, como lo exigía la costumbre (véase Deuteronomio 25:5-10). Los dos hijos mayores de Judá habían desagradado a Dios como maridos de Tamar, y Dios les había quitado la vida. Ahora Tamar se disfrazó de prostituta y quedó embarazada de Judá. Estaba dispuesto a hacer que la quemaran, ¡hasta que ella demostró dramáticamente que él era el padre de los hijos gemelos que ella tendría! El propio pecado y doble norma de Judá es claro. La Biblia retrata con precisión a hombres y mujeres,—incluso a las personas imperfectas, que Dios usará—tal como son. Es a través de la línea de uno de los gemelos de esta unión (Fares) que nacería Jesús (véase Mateo 1:3).

Salmo 19

Dios se ha revelado a la humanidad de dos maneras. La primera—revelación general—es lo que pueden saber acerca de Dios todos los que consideran la creación. Romanos 1:19-20 habla de esto, específicamente del poder eterno de Dios y su naturaleza divina. Estos, afirma Pablo, son obvios y se han entendido a partir de lo que Dios ha hecho. Isaías 40:26 también afirma esta verdad. Estamos rodeados por la maravilla de la creación de Dios. Esto es suficiente para convencernos de que Dios existe. En el Salmo 19, la revelación general se describe en los versículos 1- 6. Selecciona las formas en que la proclamación silenciosa de Dios muestra su grandeza y habla al mundo entero en un lenguaje no verbal.

El segundo tipo de revelación—especial—es más específica y nos ha llegado a través de las Escrituras y la persona de Jesús. En esta revelación, aprendemos mucho más acerca de Dios, incluyendo su asombroso plan para redimir a la humanidad. Los versículos 7-11 hablan de las innumerables bendiciones que se encuentran al meditar en la revelación especial que se encuentra en su Palabra. Identifica las siete formas específicas enumeradas aquí en que nos beneficia la revelación especial de las Escrituras.

ENERO 20

Lucas 10:25-42

Mientras lees la parábola del buen samaritano, consulta las notas de Lucas 9:46-48 sobre las prioridades del reino. En Lucas 9 la ilustración fue el niño.

Aquí hay un hombre herido. El Señor tiene un corazón compasivo con los necesitados. En esta parábola, quienes deberían haber ayudado al hombre golpeado no estaban dispuestos a comprometer su pureza. El mensaje del Señor es que debemos abrir los ojos a las necesidades que nos rodean, tanto físicas como espirituales. Si vamos a seguir las enseñanzas de Jesús, representaremos el reino con valentía, sin importar lo que otros puedan pensar.

¿Alguna vez has descubierto que tu tiempo con el Señor se ve ocupado por tareas urgentes? Reflexiona por un momento sobre las profundas palabras de Jesús a Marta en los versículos 38-42. ¿Podría ser que estas palabras de Jesús que invitan a la reflexión se apliquen a nosotros también?

Génesis 39-40

Al leer el relato de José después de que sus hermanos lo vendieran, vemos a un hombre comprometido a vivir una vida justa. El texto es claro en que, después de que Potifar compró a José de los ismaelitas, le dio a José el puesto de mayordomo principal de su casa porque "este se dio cuenta de que el Señor estaba con José y lo hacía prosperar en todo." (39:3). El carácter piadoso de José era evidente. La prueba que enfrentó en la casa de Potifar fue continua y difícil. Sin embargo, Dios lo fortaleció para decir no a la tentación (vv. 6b-12).

Encarcelado injustamente, José mantuvo su integridad y, de hecho, se le dio una posición de autoridad en prisión bajo la mano de Dios (vv. 20b-23). Piénsalo: ¿Cómo habrías respondido si lo vendieran como esclavo y luego lo encarcelaran injustamente? ¿Cómo habrías respondido a la tentación que enfrentó José? Su comportamiento demuestra una fe profunda en lo que Dios hacía, aunque no entendía completamente la importancia de lo que le había sucedido (más tarde, sí entendió lo que Dios hacía; véase 45:5-7). Como hizo con Daniel, el Señor le dio a José la capacidad de interpretar sueños (capítulo 40). → Todos estos eventos cumplían la promesa que Dios le dio a Abraham. ←

Salmo 20

Este salmo nos anima a buscar la respuesta de Dios en nuestra angustia. No parece haber nada urgente en el momento de escribir este salmo. Más bien, el salmo es una expresión de fe y confianza en el Dios vivo. El escritor dijo que el pueblo de Dios alabaría públicamente a Dios por sus victorias (v. 5). Dios *es* la esperanza de su pueblo (v. 6).

El versículo 7 es una verdad duradera para recordar personalmente, como familia o como iglesia. El Señor es el único digno de nuestra confianza.

ENERO 21

Lucas 11:1-36

Cuando los discípulos le pidieron a Jesús que les enseñara a orar, les dio a ellos—y a nosotros—un modelo de oración que se alinea con sus prioridades.

Al reflexionar en esta breve oración de los versículos 2-4, observa que la oración está dirigida a Dios Padre, cuyo nombre es santo y debe ser reverenciado. Luego, el Señor identifica cuatro peticiones de oración que reflejan sus prioridades: que venga el reino de Dios; para las necesidades diarias; por el perdón; y para protección del maligno.

Jesús concluye pidiendo perseverancia en la oración y recordándonos de su corazón bueno y generoso (vv. 5-13).

Al pensar en las enseñanzas de Jesús sobre la oración, ¿qué te llama la atención hoy?

Génesis 41-42

La posición de José dio un giro pronunciado cuando interpretó los sueños de Faraón: ¡de prisionero a primer ministro! Ten en cuenta que cuando Faraón llamó a José para que interpretara el sueño, José primero le dijo al rey que sería imposible para él, pero que Dios le daría el significado a Faraón (41:16). → Esta fue la mano de Dios sobre José para preparar el camino para que Jacob y su familia vinieran a Egipto y para comenzar a cumplir la profecía que el Señor le había dado a Abraham en Génesis 15:13-16. A medida que se desarrolle el relato del pueblo de Dios, se hará evidente que este traslado a Egipto fue una parte integral del cumplimiento de todas las promesas dadas a Abraham en 12:1-3 y 7. Aproximadamente a los treinta años de edad, José ← había alcanzado la cima del poder en una de las naciones más grandes del mundo.

Mientras tanto, la familia de Jacob seguía en apuros en Canaán a causa del hambre. Cuando los hermanos de José vinieron a comprar grano a Egipto, José insistió en que trajeran a Benjamín con ellos cuando regresaran por más grano. Benjamín era el único hermano completo de José, los demás eran medio hermanos. Aunque Jacob inicialmente se resistió a permitir que Benjamín acompañara a sus hermanos a Egipto, la necesidad finalmente obligó a la cuestión, como veremos en el capítulo 43.

Salmo 21

☑ Mientras David escribía este salmo, miró mucho más allá de su propio reinado, hacia el del Mesías. Los versículos 8-13 ciertamente hablan de la segunda venida y del día del Señor, el día en que Dios traerá juicio sobre las personas y las naciones malvadas del mundo. ⇦ Compara los versículos 9-10 con 2 Pedro 3:9-10. Nota la inutilidad de intentar oponerse al Señor (v. 11) y compáralo con Salmo 2:1-6. ¡Dios *será* exaltado en su fuerza!

ENERO 22

Lucas 11:37-54

En estos versículos Jesús entabló una intensa conversación con líderes religiosos y abogados. Aunque religiosos en acción, sus corazones estaban lejos de Dios. Jesús los desafió por su hipocresía (vv. 39-42, 46), orgullo (v. 43), por las cargas innecesarias que imponían a las personas (vv. 46), por oponerse a la obra de Dios (vv. 47-51), por no entrar ellos mismos al reino (v. 52a), y por estorbar a los que entraban (52b).

¿Qué revela esta conversación acerca de Dios?

Génesis 43-44

Cuando la hambruna en casa se agravó, Jacob cedió y envió a Benjamín con sus otros hijos de regreso a Egipto. El trato especial que recibieron cuando llegaron, incluida la pregunta a José sobre su padre, los sorprendió y confundió. ¿Por qué un funcionario del rango de José estaría interesado en su anciano padre? Luego estaba la disposición de los asientos durante la cena: estaban sentados por orden de nacimiento. ¿Cómo podría saberse esto?

Fue un momento conmovedor para José cuando vio a Benjamín y escuchó acerca de su padre (43:29-30). Cuando se encontró la copa de plata de José en el costal de grano de Benjamín (44:12), se puede sentir la emoción cuando Judá suplicó ser esclavizado en lugar de Benjamín (vv. 18-34). Judá había garantizado que Benjamín regresaría con su padre (43:8-9). Ahora estaba dispuesto a renunciar a su libertad para cumplir su promesa.

Salmo 22

Si alguna vez te has preguntado si Dios conoce y se preocupa por tu condición, David compartió ese sentimiento al escribir este salmo. Aún más significativo es que Jesús citó este salmo al hacer esta dolorosa pregunta en la cruz: "Dios mío, Dios mío, ¿por qué me has abandonado" (Mateo 27:46)? ☑ Por lo tanto, aunque escrito por David, este notable salmo es mesiánico y ofrece una vista previa del sufrimiento de Jesús mil años antes de la cruz. El lenguaje específico es sorprendente por la forma en que refleja con tanta precisión la experiencia de Jesús tal como se registra en los evangelios (Mateo 27:27-50). Nota el cumplimiento específico del versículo 18 (véase Juan 19:23-24). En Hebreos 2:10-12 el autor habla de los muchos que han venido y vendrán al Señor a través de su muerte. Al hacerlo, cita el Salmo 22:22, dejando claro que los redimidos son las mismas personas sobre que escribía el salmista. El salmo también espera la gloria final cuando Jesús reinará y todos lo reconocerán (v. 27; véase Filipenses 2:9-11; Apocalipsis 15:3-4). ⇦

Estamos juntos a una larga fila de personas de fe que han sido probadas y no han sido decepcionadas por la fidelidad de Dios (vv. 4-5). A veces puede parecer que nuestros problemas son únicos o están ocultos al Señor; puede resultar reconfortante recordar que no lo son. Dios conoce nuestros dolores y desafíos más profundos y ha estado apoyando a los fieles desde el principio de los tiempos. El salmo termina con una nota de tremenda esperanza. Se acerca el día en que Dios arreglará todas las cosas y todas las familias de la tierra se postrarán ante él.

ENERO 23

Lucas 12:1-34

Esta sección habla de prioridades, y todos vivimos según las prioridades. Estas marcan nuestra dirección en la vida. Incluso si nunca hemos enumerado nuestras prioridades ni siquiera hemos pensado en ellas, la forma en que gastamos nuestro tiempo y dinero está determinada por nuestras prioridades.

Jesús habló de prioridades de varias maneras. Le dijo a la gente que estuviera en guardia y que cuidara de sus vidas. Advirtió sobre la hipocresía (v. 1; véase también el capítulo 11) y dio razones de peso para evitarla. Todo lo que distorsionamos u ocultamos se hará público cuando Jesús venga (vv. 2-3). Haz de la verdad en el discurso y en la vida una alta prioridad. ➲ Considera cuidadosamente los versículos 8 y 9. La lealtad a Jesús debe ser nuestra máxima prioridad, ¡porque Jesús es el Hijo de Dios! Este no es el momento de ser tímidos. ☾

Sigue la parábola del rico tonto y observa las prioridades retorcidas que lo atraparon justo cuando pensaba que su vida estaba en orden (vv. 13-21). Ese hombre es como muchos (quizás la mayoría) en nuestro mundo: vive para sí mismo, atrapado en adquisiciones, esperando el ocio y la abundancia. La pregunta que debemos afrontar es: ¿cómo quiere el Señor que usemos nuestros bienes materiales? El versículo 31 resume cómo debemos ordenar nuestras vidas. Si vivimos para el reino, lo demás se cumplirá (véase Mateo 6:33).

Génesis 45-46

→ En el conmovedor encuentro con sus hermanos, observa cómo José dio gloria al Señor por haberlo traído a Egipto (45:4-8). José les dijo a sus hermanos que el Señor lo había enviado a Egipto, y el motivo era preservar a la familia de Jacob. ← No había ningún indicio de arrogancia o de deseo de tomar represalias contra sus hermanos cuando estaba unido a ellos. Incluso en esa reunión inicial, quedó claro que José planeaba traer a su familia a Egipto debido a la hambruna. Su tiempo en Egipto se extendería a un total de 430 años, los últimos 400 de los cuales serían esclavos (véase Génesis 15:13; Éxodo 12:40-41).

→ Dios bondadosamente se apareció una vez más a Jacob, asegurándole que debía ir a Egipto y afirmando que Dios haría una gran nación de sus descendientes mientras estuvieran en Egipto (46:3; véase 27:28-29; 35:9-13). Lee nuevamente la profecía que el Señor le dio a Abraham acerca de Egipto (Génesis 15:12-16). ← En total, sesenta y seis personas hicieron el viaje cuando la familia se mudó a Egipto. Incluyendo a José, su esposa y sus dos hijos, eran setenta en total.

Salmo 23

Es maravilloso memorizar este salmo, el más conocido y amado de todos. Es una expresión de profunda confianza en Dios para todo en esta vida y para la vida después de la muerte.

Dios nos guía por caminos rectos por amor de su nombre (v. 3b). Esto es algo para reflexionar, porque cuando tomamos el nombre de Dios y declaramos que somos suyos, el nombre del Señor está en juego al mostrar nuestras actitudes y comportamiento al mundo. Nota la verdad: porque Dios es el pastor, nada de lo que necesito me faltará (v. 1). Esto incluye provisión para las necesidades físicas, así como tranquilidad y restauración para nuestras almas (vv. 1-4). La Palabra de Dios proporciona nuestra guía (vv. 3-4).

David reconoció que hay momentos difíciles en la vida, incluso momentos en que estamos cerca de la muerte. El conocimiento de la presencia de Dios nos sostiene y consuela en esos tiempos (v. 4b). En los momentos buenos y difíciles, la bondad, el amor y la misericordia de Dios nos dan paz. Y cuando la vida humana termina, tenemos vida con el Señor (v. 6). Qué palabras tan profundas y reconfortantes encontramos en este salmo asombroso.

ENERO 24

Lucas 12:35-59

¡Jesús viene pronto (véase Apocalipsis 22:7,12, 20)! Piensa en esto mientras lees los versículos 35-48. Nota el estímulo a la vigilancia en los versículos 35, 37, 38, 40 y 43. Jesús repite la amonestación cinco veces y fortalece las advertencias con ilustraciones. Ese tipo de énfasis debería atraer nuestra atención.

¿No es Jesús el Príncipe de la Paz? ➲ Aquí Jesús habla de ser alguien que trae división, porque como Hijo de Dios, él representa el reino (vv. 49-53). De hecho, el mismo mensaje de gracia y perdón que establece la paz con Dios también nos separa de la mentalidad del mundo y su gente. Jesús declaró esto claramente en Juan 17:14-19. Este antagonismo estaba implícito en las palabras de Jesús cuando envió a los setenta y dos en su misión de predicación (10:3). Si vivimos para Cristo, la hostilidad será una realidad en la vida (Juan 15:20). ☙

Génesis 47-48

Cuando la familia llegó a Egipto, siguieron el consejo de José cuando fueron recibidos por Faraón. Recibieron un lugar separado para vivir y cuidar sus rebaños, ya que los pastores eran considerados una abominación para los egipcios (Génesis 46:31-34). → Este arreglo era extremadamente importante para la familia y, en última instancia, parte del plan de salvación. Continuaron cuidando su ganado, prosperaron, se hicieron numerosos y fuertes y nunca fueron asimilados a la cultura egipcia. Cuando salieron de Egipto unos cuatrocientos años después, probablemente eran dos millones (seiscientos mil hombres, además de mujeres y niños, (véase Éxodo 12:37). Entraron en Egipto una familia; salieron como una nación. ¡Dios obraba y la promesa dada a Abraham estaba en proceso de cumplirse (Génesis 12:2; 15:4-5)! ←

Jacob, ahora un abuelo anciano, bendijo a los dos hijos de José, Manasés y Efraín, antes de morir. Estos hijos le nacieron a José antes de que su familia extendida se reuniera con él en Egipto. Aunque los descendientes de José,—uno de los doce hijos de Jacob,—Manasés y Efraín más tarde llegaron a funcionar como dos de las diez tribus cuando Josué dividió la tierra. Uno representaba a José y el otro a Leví. A la tribu de Leví no se le asignó tierra porque los levitas estaban apartados para el Señor de una manera especial y vivirían dispersos entre las otras tribus.

Salmo 24

Aunque toda la creación es del Señor y todas las personas son en última instancia del Señor, porque él es el Señor del universo (v. 1), no todas las personas pueden afirmar que conocen al Señor. No todos son bienvenidos a la presencia de Dios. La pregunta acerca de quién *puede* venir a la presencia de Dios se plantea en el versículo 3 y se responde en el versículo 4. Pero ¿cómo podemos tener manos limpias y un corazón puro? El apóstol Pablo lo resume bien: "Porque por gracia ustedes han sido salvados mediante la fe. Esto no procede de ustedes, sino que es el regalo de Dios y no por obras, para que nadie se jacte." (Efesios 2:8-9). Sólo cuando recibimos el perdón del Señor mismo recibimos manos limpias y un corazón puro.

ENERO 25

Lucas 13:1-21

Mientras lees los versículos del 1-9, piensa en el arrepentimiento en relación con una vida cambiada. La parábola de Jesús que contó aquí enfatiza la necesidad de un cambio genuino. Si hay vida en el árbol, vendrán frutos. Compara esto con Mateo 3:7-10 y 7:15-20. Piensa en la verdad expresada aquí en Lucas 13:8-9. La gracia extiende el tiempo para que aparezcan los frutos, pero hay límites.

Recordando las palabras de Jesús que leemos en Lucas 3:7-14, el fruto en nuestras vidas aparece de muchas formas. En esos versículos, la honestidad, la generosidad, la compasión y la bondad se destacan como ejemplos del fruto de vidas cambiadas. En su carta a los Gálatas, Pablo enumera frutos adicionales que deberían ser evidentes en nuestras vidas como resultado del Espíritu de Dios: "En cambio, el fruto del Espíritu es amor, alegría, paz, paciencia, amabilidad, bondad, fidelidad, humildad y dominio propio." (Gálatas 5:22-23). Cuando estos se vuelven cada vez más evidentes en nuestras vidas, señalan el crecimiento saludable del fruto y la obra del Espíritu de Dios.

Ten en cuenta que un espíritu maligno causó que la mujer quedara lisiada en la columna vertebral en los versículos 10-13. La obra destructiva de Satanás se presenta de muchas formas. Esta implacable aflicción de Satanás, que hemos visto varias veces en Lucas, es verdaderamente destructiva. La astuta estrategia de Satanás es mentir y engañar (véase Juan 8:44), y su objetivo es robar, matar y destruir (véase Juan 10:10). Siempre necesitamos desesperadamente la Palabra, la presencia y la protección de Dios.

Génesis 49-50

Recuerda la bendición que Jacob recibió de Esaú (Génesis 27). Jacob ya dio la bendición a Efraín y Manasés, y ahora se la da a sus hijos.

☑ La bendición para Judá se refiere a la promesa que vendrá a través de Jesús el Mesías (49:10-12). Por lo tanto, en este punto del registro bíblico, se identifica que la promesa del Mesías venidero vendrá a través del linaje de Judá. Recuerda que Dios le había prometido a Abraham que "¡por medio de ti serán bendecidas todas las familias de la tierra!" (Génesis 12:3). El Mesías, prometido por primera vez en Génesis 3:15, vendría de uno de los descendientes de Abraham. Ahora aprendemos más específicamente que este Mesías vendrá a través del linaje del bisnieto de Abraham, Judá. La referencia al cetro y al cayado se relaciona con el reinado de Jesús como Rey de toda la tierra y con el cumplimiento del reino en la segunda venida de Cristo. Compara el versículo 10 con Salmo 2:6-9; 110:1-3 y Apocalipsis 19:11-16. ⇦ En la bendición a José, observa cómo Jacob reconoce la mano de Dios sobre este hijo (vv. 22-26).

Después de que Jacob murió y fue sepultado en Mamré (Hebrón, 50:12-14), José nuevamente aseguró a sus hermanos que la mano de Dios lo trajo a Egipto y que no necesitaban temerle (vv. 15-21). Tómate un momento para reflexionar sobre la profunda verdad que se encuentra en 50:20: "es verdad que ustedes pensaron hacerme mal, pero Dios transformó ese mal en bien". Piensa por un momento en qué forma te hayan tratado de manera injusta o malvada. Ahora reflexiona sobre la forma en que Dios transformó ese mal en bien. ¿Qué estímulo puedes recibir de esta verdad acerca de la soberanía de Dios sobre tales circunstancias?

Salmo 25

Aquí podemos vislumbrar el corazón interior de David. Lee el salmo buscando la motivación interna de David. Luego observa los versículos 4 y 5. ¿Tu corazón está abierto a la dirección y enseñanza de Dios?

Los versículos 14 y 15 contienen dos consejos de sabiduría que son ampliamente aplicables. En el versículo 14, observa que Dios da perspicacia a quienes le temen. (Un paralelo de esto en el Nuevo Testamento se encuentra en Juan 14:21. Jesús se revela a aquellos que lo aman y obedecen.) En el versículo

15, obedecer a Dios es el único camino hacia la seguridad en este mundo y el único camino hacia la libertad. Compara esto con Juan 8:31-32, 34-36.

ENERO 26

Lucas 13:22-35

Jesús aconseja a sus oyentes que hagan todo lo posible para entrar por la puerta estrecha. ¿En qué sentido es estrecha la puerta a la salvación (v. 24)? En verdad, la puerta de la salvación es lo suficientemente amplia como para admitir a personas de toda tribu, nación, pueblo y lengua (Apocalipsis 5:9; 7:9), pero uno no puede mediante esfuerzo humano abrir el camino hacia el reino (Efesios 2:8- 9). Quizás una comprensión útil del significado sería la siguiente: Ten mucho cuidado de entrar por la puerta correcta: la que conduce a la salvación.

Sin embargo, el camino es angosto en el sentido de que la salvación es *sólo* a través del Señor Jesús y *sólo* por la fe. La mayoría de las personas sienten la necesidad de ganarse la salvación por mérito propio. ¡Nunca podrán! Debemos estar absolutamente seguros de que tenemos la verdadera vida nueva que viene con la salvación. Jesús lo dijo (Mateo 7:14); lo dijo Juan el Bautista (Mateo 3:8); el apóstol Juan lo dijo (1 Juan 2:3-6); lo dijo el escritor a los Hebreos (Hebreos 4:11); Pablo lo dijo (Filipenses 2:12-13). Cuando Jesús regrese, muchas personas trágicamente decepcionadas se darán cuenta de que no tienen la salvación que asumieron que era suya (vv. 25-30).

Éxodo 1-2

Después de la muerte de José, surgió un nuevo rey en Egipto que no conocía a José. A medida que los hebreos se multiplicaban enormemente, el rey egipcio se sintió amenazado por su creciente número y poder. Y no es de extrañar: bajo la bendición de Dios, su pueblo se había vuelto increíblemente numeroso, pero vivía separado de los egipcios. También se volvieron físicamente fuertes como esclavos. →El Señor los preservaba y aumentaba su número para el tiempo en que regresarían a Canaán (Génesis 15:13-16). ← Después de haber sido tratados como esclavos durante cuatrocientos años, ese momento se acercaba.

El padre y la madre de Moisés eran ambos de la tribu de Leví (2:1). →El Señor protegió la vida de Moisés cuando Faraón ordenó que todos los varones hebreos recién nacidos fueran asesinados (2:1-10; véase 1:22). Moisés creció siendo privilegiado en la corte de Faraón, pero huyó cuando se puso del lado de un hebreo que estaba siendo maltratado por un egipcio. Dios continuó protegiendo a Moisés y también escuchó los clamores de los israelitas en su opresión (2:23-25). Recuerda la promesa de Dios a Abraham y el pacto con Abraham, Isaac y Jacob (véase Génesis 12:1-3; 15:13-16). ←

Salmo 26

¿Cuán abiertos estamos a la verdad sobre nuestra vida interior? La respuesta a esa pregunta da una idea de nuestro carácter. Si bien es fácil estar a la defensiva, observa la actitud y el corazón de David en el versículo 2. Su deseo era que el reflector del conocimiento perfecto de Dios se dirigiera a su propio corazón y mente, tanto a sus emociones como a su intelecto. En otro salmo, deja claro que este examen es más que un simple ejercicio de la mente (Salmo 139:23-24). Está destinado a cambiar tu vida. ¡Esto significa no sólo conocer la verdad, sino también aplicarla! Tenemos mucho que aprender del ejemplo de David.

ENERO 27

Lucas 14:1-24

Uno de los problemas clave que los líderes religiosos tuvieron con Jesús fue su conducta en el sábado (vv. 1-6). Jesús afirmó la ley mosaica (Mateo 5:17-20), pero no dudó en hacer la obra del reino en sábado.

Jesús usó la comida a la que asistió para enseñar acerca de la actitud del corazón. Cuando sanó al hombre que padecía una enfermedad crónica, los líderes religiosos lo observaban atentamente. Jesús desafió a los fariseos señalándoles que ciertamente atenderían a uno de sus hijos o a uno de sus animales en problemas en sábado (vv. 5-6). La cuestión era que el hombre enfermo debería tener mayor prioridad que sus animales.

Jesús también pidió humildad genuina (vv. 7-11). Si nuestras prioridades son correctas, no maniobraremos para posicionarnos. Nota lo que dice en el versículo 11: en lugar de buscar honor para ti mismo, permite que Dios te dé el honor apropiado. Nuestra preocupación debe ser por los desfavorecidos (vv. 12-13).

Al leer los versículos 15-24, observa las excusas que impiden que las personas actúen según la invitación de Jesús a la vida eterna. A la luz de sus implicaciones eternas, ¿hay algo más importante en la vida?

Éxodo 3-4

En el capítulo 3, puede resultar útil subrayar las palabras "Yo soy" y "Yo tengo" cada vez que el Señor las dice. Cuando el Señor declaró sus intenciones, Moisés luchó con lo que él veía como la realidad de regresar a Egipto. El Señor se identificó como *El Dios que es* (v. 14). ¡Él es el Dios que está vivo! → El Señor iniciaba el plan para sacar a su pueblo de Egipto a Canaán como le había prometido a Abraham (3:16-17; véase Génesis 15:16). ← En el proceso, tanto los israelitas como los egipcios aprenderían acerca del gran poder del Dios de Israel (vv. 19-22).

La renuencia de Moisés a ser el portavoz del Señor fue persistente (4:1-17). El Señor respondió a cada objeción y finalmente se exasperó con Moisés (vv. 11-16). Dios envió a Aarón a encontrarse con Moisés (vv. 14, 27), y los dos hermanos fueron donde estaban los ancianos de Israel (vv. 29-31). Si bien es fácil notar la renuencia de Moisés a hacer lo que Dios le pide, ¿hay algún área en tu vida en que se estás absteniendo de hacer lo que Dios te ha instruido claramente en su Palabra?

Salmo 27

Al leer este capítulo, observa todas las formas en que Dios obra. Luego observa las afirmaciones de David sobre su confianza en el Señor. Lee el versículo 4 como preparación para el versículo 5. Vendrán días de angustia. Si hemos amado y seguido a Dios, entonces podemos tener confianza en la presencia de Dios cuando enfrentamos pruebas.

Ten en cuenta que David habla con el corazón en 8a y con resolución intelectual en 8b. Esto retrata con precisión nuestra composición humana de emociones e intelecto. Necesitamos ambos mientras amamos y servimos a Dios.

Finalmente, aplica el versículo 14 a tu vida. Espera a que Dios actúe incluso cuando los días parezcan oscuros. Espera pacientemente a que Dios ponga orden cuando la vida parezca confusa.

ENERO 28

Lucas 14:25-35

¿Cuál es el costo del discipulado, el costo de decidirse por Jesús? Jesús dijo que no debemos decidir seguirlo a menos que estemos dispuestos a hacer cambios radicales en nuestras vidas,—un cambio de prioridades de lo que *quiero* a lo que Jesús desea (v. 33). Lee atentamente los comentarios de Jesús. Si no estamos dispuestos a pagar el precio de la lealtad al Señor Jesús, no es un verdadero compromiso de fe. Las declaraciones de Jesús no apoyan un enfoque casual de la fe. ¿Qué cambios en tu vida hace la fe en Cristo?

Éxodo 5-6

A veces el método de Dios crea dificultades iniciales para demostrar su grandeza. Ciertamente, este fue el caso cuando Moisés y Aarón fueron por primera vez ante el Faraón. No sólo fueron rechazados, sino que la opresión de los israelitas aumentó (5:2, 6-9). Su confianza inicial en Moisés y Aarón se convirtió en rechazo y preocupación (vv. 20-21; 6:9).

Como lo hizo en el capítulo 3, considera subrayar cada vez que el Señor use el pronombre personal *yo* seguido de un verbo. ¿Tenía el Señor planes para el pueblo? ¿Los libraría el Señor de la esclavitud y los traería a Canaán como lo había prometido mucho antes? Al buscar y reconocer las formas en que el Señor se identificó y anunció sus intenciones, verás que no hay dudas sobre lo que Dios haría. → Nota cómo el Señor relaciona la liberación de los israelitas de Egipto con sus promesas a Abraham, Isaac y Jacob (6:8; véase Génesis 12:3,7; 15:13-14; 22:17-18; 26:3-4; 28:13-14). Comprende también que esta liberación de Egipto y la entrada a la tierra prometida fue un vínculo vital en el plan de Dios de usar a su pueblo como canal para la salvación (véase Romanos 9:4-5). ←

Salmo 28

En medio de problemas abrumadores, David ve al Señor como su roca y fortaleza. Mientras lees, mira su oración (vv. 1-4). Nota la confianza en los versículos 6-7. Dios es fortaleza para afrontar las dificultades y protección como
escudo del creyente. ¡Regocíjate en los versículos 8 y 9! Dios se preocupa por
su pueblo. Dios realmente es nuestra fortaleza. Dios es nuestro pastor y salvará a su pueblo.

ENERO 29

Lucas 15

En las tres parábolas de este capítulo, Jesús da una idea del corazón implacable y compasivo de Dios al buscar a los perdidos. ¡Debemos entender cómo
el Señor ama a los perdidos considerando lo lejos que ha llegado para brindarles salvación! En estas parábolas, Jesús usó ilustraciones que transmiten
parcialmente la profundidad de su amor con las que podemos identificarnos.
Nos preocupamos por la propiedad perdida (vv. 3-10). La pérdida de un hijo
sería más profundamente emocional (vv. 11-32). Nuestra lección aquí es que
Dios se preocupa por los perdidos. Sus prioridades deben ser las nuestras. Gracias a Dios por la imagen de gracia y amor en esta parábola.

Éxodo 7-8

Dios ahora envió a Moisés y Aarón a la presencia de Faraón con su mensaje.
La intención de Dios es clara en 7:1-5. → El Señor liberaría a su pueblo y
traería gran gloria a su nombre en el proceso. Además, traería a los israelitas
de regreso a la tierra prometida a Abraham para sus propósitos específicos de
redención. Esto sería una lección para el mundo, y especialmente para los
israelitas, del poder soberano de Dios. ←

Al leer los relatos de las plagas, observa que los magos de la corte inicialmente pudieron igualar los milagros de Moisés (7:11, 22; 8:7). Pero después
de las plagas de sangre y ranas, los magos ya no pudieron duplicar los milagros
y admitieron ante Faraón que era la mano de Dios (8:19). Los magos estaban

trabajando con el poder de Satanás, que no era rival para el poder de Dios. Hay un lado humorístico en la capacidad de los magos para duplicar lo que hizo Moisés. Aunque pudieron convertir sus bastones en serpientes, los perdieron cuando la serpiente de Moisés se los comió. Aunque podían convertir el agua en sangre y producir ranas, sólo aumentaron la calamidad de los egipcios. No pudieron hacer desaparecer la sangre ni las ranas. Su poder era inadecuado comparado con el poder ilimitado y abrumador de Dios.

Salmo 29

El gran poder y la gloria de Dios se transmiten ricamente en este salmo. El escritor llama a sus lectores a reconocer la gloria, la fuerza y la santidad de Dios (vv. 1-2) y a adorar al Señor con estas verdades en mente (v. 2b).

Los versículos 3-9 hablan del asombroso poder y la majestad de la voz de Dios. Al leer acerca de los relámpagos (v. 7; véase Éxodo 9:23-24) y el temblor del desierto (v. 8; véase Éxodo 19:16-19), comprende que estos versículos surgieron de la vida diaria de los israelitas. ¡Este recuerdo mueve a su pueblo a clamar: "¡Gloria!" (v. 9b)!

Nota las dos verdades maravillosas en los versículos 10-11. El Señor es nuestro Rey eterno y gobierna con majestad (v. 10). Además, este Dios maravilloso se preocupa por su pueblo, dándole fuerza y paz. ¡Qué privilegio pertenecer a la familia de Dios!

ENERO 30

Lucas 16:1-18

A medida que nos acercamos a esta parábola, puede resultar útil repasar el propósito y la naturaleza de las parábolas en los evangelios. Las parábolas eran muy comunes en los días de Jesús. Una parábola es una historia sencilla diseñada para transmitir una verdad. Jesús usó parábolas frecuentemente para transmitir verdades espirituales.

Los personajes y objetos dentro de una parábola a menudo tienen poco significado aparte de llevar a los oyentes a comprender el propósito de la historia. En el capítulo anterior, Jesús contó la parábola de una mujer que había perdido una de sus diez monedas de plata. Jesús podría haber dicho lo mismo si la mujer—o alguien más—hubiera perdido un objeto diferente. Las monedas, la lámpara y la escoba eran meros objetos en una historia diseñada para transmitir la verdad espiritual del corazón implacable de Dios para perseguir a los perdidos.

En esta parábola parece que cada uno de los personajes y objetos tampoco tiene relevancia aparte de ser parte de una historia que transmite una simple verdad espiritual. Un hombre rico despide a su gerente después de descubrir que ha administrado mal los recursos. El despedido piensa inmediatamente en cómo asegurar su futuro, ya que está a punto de quedarse sin ingresos. Rápidamente desarrolla un plan estratégico con su futuro en mente: llama a las personas que están endeudadas con su empleador y reduce drásticamente lo que deben. Parece que aprovecha astutamente los recursos que se le deben a su empleador con la esperanza de crear buena voluntad, un nuevo empleo y un futuro seguro.

El punto de Jesús es que los impíos de este mundo son a menudo más prudentes y sabios al prepararse para su futuro terrenal que los piadosos al prepararse para su futuro eterno. Jesús nos llama a invertir y asignar nuestros recursos para propósitos eternos: "más bien, acumulen para sí tesoros en el cielo, donde ni la polilla ni el óxido carcomen, ni los ladrones se meten a robar." (Mateo 6:20). Jesús nos implora a servir a Dios con nuestro dinero.

La ubicación de la parábola es intencional ya que prepara el escenario para las palabras muy directas de Jesús sobre el dinero que siguen inmediatamente (vv. 16:10-13). Estos son cuatro versículos que invitan a la reflexión y concluyen con "ningún sirviente puede servir a dos señores, pues menospreciará a uno y amará al otro o querrá mucho a uno y despreciará al otro. Ustedes no pueden servir a la vez a Dios y a las riquezas" (v. 13).

Éxodo 9-10

→ A medida que Egipto continuó sufriendo el juicio de Dios a través de las plagas, la tierra fue progresivamente devastada. Dios usaba la negativa de Faraón de dejar salir a los israelitas para demostrar su poder al mundo y especialmente a los israelitas. El pueblo de Dios necesitaba ver de primera mano lo que su Dios podía hacer y haría en su nombre (10:2). Recuerda que en ese momento no tenían Escritura para abrir y aprender de Dios y sus caminos.

A medida que su angustia aumentaba, los asesores de Faraón se convencieron de que lo mejor era someterse al Dios de los israelitas (10:7). La base económica del país se estaba arruinando. Aún más importante, los consejeros de Faraón estaban viendo que este Dios tenía un poder incomparablemente grande. Esa es precisamente la lección que Dios quería que el mundo aprendiera. El Señor preparaba el camino para que los israelitas entraran en Canaán, cumpliendo la promesa a Abraham (Génesis 15:16) y haciendo que toda la región temiera su poder (Josué 2:9-11). ←

Salmo 30

¿Experimentas momentos en los que Dios parece estar lejos? David habla aquí de esos tiempos (v. 7b). Trata de identificarte con su experiencia en los versículos 8-10. Siente cómo se enfrenta al desastre directamente en la cara. Luego observa su alabanza por la mano liberadora de Dios (vv. 1-3, 11-12). Con esto en mente, lee Colosenses 1:13.

Dios mira la realidad que vive la persona que le sigue y le cuida. ¿Puedes unirte a David en su alabanza por la liberación de Dios en los versículos 1-3 y 11-12?

ENERO 31

Lucas 16:19-31

La parábola del rico y Lázaro debería hacernos reflexionar. ¿Dice esta parábola que, si el hombre rico hubiera hecho buenas obras, se habría ganado la salvación? Esto no encajaría con el resto de las enseñanzas de Jesús ni con el resto de la Biblia con respecto a la entrada al reino.

Sin embargo, Jesús y las Escrituras hablan específicamente de los cambios en la vida que acompañan a la salvación. Las buenas obras son el resultado de conocer a Dios. Dar a los necesitados se asumía para aquellos que conocían a Dios (véase Mateo 6:2-4). Jesús condenó una actitud indiferente ante las necesidades de los demás (véase Mateo 25:41-46). El objetivo de amar a nuestro prójimo es estar tan preocupados por sus necesidades como por las nuestras (véase Santiago 2:12-17). El hecho de que el hombre rico no hubiera sido misericordioso con una persona obviamente necesitada que estaba presente era evidencia suficiente de que no tenía una relación real con el Señor. Como hijos de Dios, es esencial que midamos nuestras vidas con las Escrituras regularmente para asegurarnos de que reflejen su voluntad.

Éxodo 11-12

Ahora Dios preparó a su pueblo para la última de las plagas, la que los liberaría. ☑ Al hacerlo, el Señor Dios instituyó la Pascua, que previó cómo el Cordero de Dios (Jesús, véase Juan 1:29) daría su vida para traer perdón y vida a todos los que creen. La noche en que se sacrificaba el cordero de la Pascua, los israelitas untaban con su sangre los marcos de las puertas de sus casas. Si la sangre era presente, el ángel que traería la muerte a los primogénitos en todos los hogares de Egipto pasaría por ese hogar; de ahí el nombre de *Pascua*. De manera similar, aquellos que han confiado en Jesús para recibir perdón reciben ese perdón porque Jesús murió por sus pecados (1 Pedro 3:18). Jesús compró nuestra salvación con su sangre (1 Pedro 1:18-19). Jesús se refirió a esto cuando habló a los discípulos durante la Cena del Señor (Mateo 26:27-28). Finalmente, recuerda que Jesús fue crucificado en la Pascua. ⇦

Cuando los israelitas partieron esa misma noche, los egipcios les dieron valiosos regalos, porque el Señor los impulsó a hacerlo (12:36). Este era el plan de Dios para su pueblo (3:21; véase Génesis 15:14). Mientras obedecieron a Dios y pidieron los regalos a los egipcios, éstos respondieron con favor.

Salmo 31

Lee este salmo para comprender las circunstancias de David y cómo se sentía. Luego léelo nuevamente, notando las amenazas que enfrentó (vv. 4, 13, 20).

Ahora observa cuán real es Dios en la vida del creyente (vv. 1-3). Nota el carácter de Dios y su intención para aquellos a quienes ama (vv. 5, 19-20, 23a). Finalmente, ve lo que esto hace por el hijo de Dios (vv. 7-8, 15-17a, 19-20, 23). Pero ten en cuenta cuidadosamente que la seguridad del creyente tiene sus raíces únicamente en la persona de Dios (vv. 14-17). ¡Es *por* Dios! Considera la actitud y la fe del escritor en los versículos 5, 14-15a y 23-24. Regocíjate en el versículo 19.

FEBRERO

Sin duda, la palabra de Dios es viva, eficaz y más cortante que cualquier espada de dos filos. Penetra hasta lo más profundo del alma y del espíritu, hasta la médula de los huesos, y juzga los pensamientos y las intenciones del corazón.

HEBREOS 4:12

FEBRERO

1	☐ Lucas 17:1-19	☐ Éxodo 13-14	☐ Salmo 32
2	☐ Lucas 17:20-37	☐ Éxodo 15-16	☐ Salmo 33
3	☐ Lucas 18:1-17	☐ Éxodo 17-18	☐ Salmo 34
4	☐ Lucas 18:18-43	☐ Éxodo 19-20	☐ Salmo 35
5	☐ Lucas 19:1-27	☐ Éxodo 21-22	☐ Salmo 36
6	☐ Lucas 19:28-48	☐ Éxodo 23-24	☐ Salmo 37
7	☐ Lucas 20:1-26	☐ Éxodo 25-26	☐ Salmo 38
8	☐ Lucas 20:27-47	☐ Éxodo 27-28	☐ Salmo 39
9	☐ Lucas 21:1-19	☐ Éxodo 29-30	☐ Salmo 40
10	☐ Lucas 21:20-38	☐ Éxodo 31-32	☐ Salmo 41
11	☐ Lucas 22:1-46	☐ Éxodo 33-34	☐ Job 1
12	☐ Lucas 22:47-71	☐ Éxodo 35-36	☐ Job 2
13	☐ Lucas 23:1-25	☐ Éxodo 37-38	☐ Job 3
14	☐ Lucas 23:26-56	☐ Éxodo 39-40	☐ Job 4
15	☐ Lucas 24:1-12	☐ Levítico 1-2	☐ Job 5
16	☐ Lucas 24:13-53	☐ Levítico 3-5	☐ Job 6
17	☐ Hechos 1	☐ Levítico 6-7	☐ Job 7
18	☐ Hechos 2	☐ Levítico 8-9	☐ Job 8
19	☐ Hechos 3	☐ Levítico 10-11	☐ Job 9
20	☐ Hechos 4	☐ Levítico 12-13	☐ Job 10
21	☐ Hechos 5	☐ Levítico 14-15	☐ Job 11
22	☐ Hechos 6	☐ Levítico 16-17	☐ Job 12
23	☐ Hechos 7	☐ Levítico 18-19	☐ Job 13
24	☐ Hechos 8	☐ Levítico 20-21	☐ Job 14
25	☐ Hechos 9	☐ Levítico 22-23	☐ Job 15
26	☐ Hechos 10	☐ Levítico 24-25	☐ Job 16
27	☐ Hechos 11	☐ Levítico 26-27	☐ Job 17
28	☐ Hechos 12	☐ Números 1-2	☐ Job 18
29	☐ Salmo 19:7-11		

FEBRERO 1

Lucas 17:1-19

Estos versículos están llenos de ideas prácticas. Se nos advierte sobre las tentaciones y se nos enseña sobre el perdón, la fe, el servicio, la humildad y la gratitud. ¿Cuál de estos te llama la atención hoy?

Éxodo 13-14

La Pascua se estableció como una fiesta que debía observarse en la vida de la comunidad israelita. En memoria de la Pascua, Dios también ordenó que todo primogénito varón, tanto animal como persona, sería dedicado al Señor (13:1-16).

Los versículos 17 y 18 del capítulo 13 brindan un ejemplo de cómo Dios trató con su pueblo. En esta situación, Dios guio al pueblo a una experiencia que podían manejar y mediante la cual aprenderían. También proporcionó evidencia visible de su presencia a través de la columna de nube y la columna de fuego (vv. 21-22).

→ Cuando Dios sacó al pueblo de Egipto, la fe de ellos fue rápidamente puesta a prueba cuando se encontraron atrapados entre el ejército egipcio y el mar. Reflexiona sobre el sorprendente acto de liberación del Señor (14:21-31). ← ¡Este es sin duda uno de los eventos más memorables de la Biblia!

Salmo 32

La mayoría de los creyentes ha luchado con pecados no confesados. Este salmo es el encuentro de David con ese problema. Este salmo intensamente personal está lleno de verdades espirituales.

☑ Los versículos 1 y 2 nos brindan una lección importante: la bendición viene a través del perdón. El camino del perdón es el camino hacia la paz con Dios. La bendición llega a quienes han elegido abrirse a Dios (confesión) y a los demás (ausencia de engaño). Romanos 4:7-8 cita el inicio de este salmo y nos muestra que la bendición del perdón viene a través de la fe en Cristo. Incluso antes de Cristo, el perdón venía por la fe en Dios (véase Génesis 15:6). El punto de Romanos es que Jesús pagó el precio por el pecado y ese pago es retroactivo para las personas de fe que vivieron incluso antes de la muerte de Cristo (véase Romanos 3:21-26; Hebreos 9:15). ⇐

Por el contrario, lee acerca de la carga del pecado en los versículos 3-4. El dolor emocional afecta nuestro bienestar físico. Dios nos diseñó para estar en comunión con él. Cuando esta comunión se rompe, pagamos el precio. Esto es especialmente cierto en el caso de aquellos que conocen la verdad y saben que están haciendo mal. La única solución es estar bien con Dios. El testimonio de David está en el versículo 5, y su consejo está en el versículo 6. Confiesa ahora mientras hay tiempo (v. 6a), y antes de que vengan grandes problemas (v. 6b). Este es un mensaje importante también para nosotros.

Sigue las bendiciones de la comunión con Dios tal como David las enumera en los versículos 7-10.

FEBRERO 2

Lucas 17:20-37

Los fariseos que preguntaban sobre la venida del reino buscaban el reino político visible que esperaban (v. 20). Jesús señaló el reino al que entramos por la fe; Dijo que el reino estaba dentro de ellos (v. 21). Aquellos que dieron lealtad a Jesús y vivieron bajo su autoridad eran parte del reino espiritual.

⊃ Sin embargo, al hablar de esto a sus discípulos, Jesús dejó claro que ciertamente habría un reino visible (v. 24). La venida de Jesús en gloria como el Mesías prometido sería repentina y visible, pero no sucedería hasta algún tiempo después de que Jesús hubiera sido rechazado por la generación que entonces vivía (v. 25). Sin embargo, cuando regrese, será con el juicio prometido y predicho en las Escrituras del Antiguo Testamento (vv. 26-35). ⊂

Jesús advirtió a sus seguidores que vivieran con cuidado: La clave es estar preparados para la venida del Maestro. Para ilustrar su punto, Jesús habló de los incrédulos que se burlaron de Noé y de los que vivían en Sodoma. En ambos casos, la vida siguió como de costumbre, con la gente ajena al peligro que se cernía sobre ellos como una nube negra. Cuando se acabó el tiempo, ya no hubo oportunidad de arrepentirse. En el curso normal de la vida diaria, con dos personas trabajando lado a lado, una estará lista para ir con Jesús a su regreso y la otra no (vv. 34-35). ¡Necesitamos estar preparados para la venida del Maestro!

Éxodo 15-16

Después de la asombrosa liberación de Egipto y del ejército egipcio, el pueblo hizo una pausa para alabar al Señor en este magnífico cántico. Incluso hoy, entre las comunidades judías, este significativo poema se utiliza para celebrar y recordar este acontecimiento trascendental. La Torá hebrea—desde Génesis hasta Deuteronomio—formatea la escritura de esta canción de manera diferente a todos los demás textos del Antiguo Testamento. Estaban decididos a no olvidar nunca este acto tan sorprendente de la intervención del Señor en su historia.

A pesar de todo lo que habían visto a Dios hacer, el pueblo se quejó cuando se enfrentó a su próxima prueba (vv. 22-24). Nota la provisión del Señor y sus instrucciones (vv. 25-26). Nota lo que el Señor tiene que decir acerca de las quejas en el versículo 16:8.

Nota la referencia en Elim a doce manantiales y setenta palmeras (15:27; véase Números 33:9). ¿Por qué la gente habría notado este hecho? Sin duda, este fue un momento de reconocimiento de que Dios seguramente cumplía su promesa a Abraham: "Mira hacia el cielo y cuenta las estrellas, a ver si puedes. ¡Así de numerosa será tu descendencia!" (Génesis 15:5). Jacob, el nieto de Abraham, tuvo doce hijos. Ellos y sus familias, que ascendían a setenta, habían ido a Egipto (véase Génesis 46:26-27). Ahora, 430 años después, ciertamente eran más de 2 millones cuando acamparon en Elim. El censo de esa época contaba con 603.550 hombres de veinte años en adelante que podían ir a la guerra (Números 1:45-46). De doce hijos a un clan de setenta, su número mientras estaban en Egipto se había multiplicado mucho más de lo que podría haberse imaginado. Este fue un momento para recordar que Dios cumple sus promesas. El Señor se deleita cuando recordamos, contamos y nos deleitamos en su fidelidad y extraordinaria bondad para con nosotros.

Nota la gracia de Dios y la provisión de alimentos para ellos. El Señor milagrosamente proporcionó alimento para todo el pueblo, y continuaría haciéndolo durante los siguientes cuarenta años (16:35; véase Josué 5:12).

Salmo 33

Este extraordinario salmo describe muchas de las características de Dios. Tomemos nota de la fidelidad, la verdad, la rectitud, la justicia y el amor de Dios (vv. 4-5). Vemos la omnipotencia de Dios (poder ilimitado) en la creación (vv. 6-9). Su soberanía se revela en su gobierno sobre los hombres y las naciones (vv. 10-11, 16-17). La omnisciencia de Dios (conocimiento completo de todo en todo momento) explica su conocimiento del comportamiento y la condición del corazón de todos los hombres (vv. 13-15). A través de todo esto, Dios vela por aquellos que confían en él (vv. 18-19). ¡Esta última verdad debería conmover nuestros corazones para clamar a Dios en adoración! Dios busca aquellos que confiarán en él (2 Crónicas 16:9a).

FEBRERO 3

Lucas 18:1-17

Jesús enseña muchas lecciones vitales sobre la oración. Aquí, en los versículos 1-14, utiliza dos parábolas para instruirnos a abordar la oración con perseverancia, fe y humildad. Al reflexionar sobre ellas, ¿qué te destaca?

Los discípulos estaban seguros de que Jesús no consideraría una prioridad pasar tiempo con los bebés y los niños. ¡Ellos estaban equivocados! De hecho, Jesús usó a los niños para enseñarles una lección profunda sobre la necesidad de acercarse a Dios con la fe sencilla y confiada de un niño (v. 17).

Éxodo 17-18

A pesar de los espectaculares milagros que la gente acababa de presenciar, observa con qué rapidez y frecuencia se quejaron contra el Señor. Cuán lentos somos para confiar en el Señor por su provisión y gracia.

El Señor les dio a los israelitas su primera victoria en la batalla contra los amalecitas (vv. 8-15). Con cada nueva experiencia, el Señor enseñó a su pueblo que podían confiar en él.

Salmo 34

En este salmo, observa el testimonio intensamente personal de David. Había aprendido, a través de la experiencia, a confiar en Dios y, sobre esta base, llamó a otros a unirse a él en alabanza (v. 3).

Busca las formas específicas en que Dios bendice a quienes le temen y le sirven. Los versículos 4 y 5 hablan de la curación que Dios trae a quienes confían en él. Nota la liberación del miedo. Esto trae estabilidad emocional, y se manifiesta (v. 5).

No debemos pensar en esto a la ligera. El escritor proporciona pasos definidos para recibir la bendición de Dios. El versículo 8 nos invita a probar y ver que el Señor es bueno. El versículo 9 nos implora que temamos a Dios. Esto significa admirar a Dios y no tratarlo descuidadamente. El versículo 13 nos dice que debemos hablar la verdad. El versículo 14 nos aconseja arrepentirnos del mal y optar por hacer el bien. El versículo 16 es aterrador para aquellos que eligen pecar. Es la otra cara del versículo 15.

☑ Cuando las piernas de Jesús no fueron rotas en el momento de la crucifixión, el escritor del evangelio entendió esto como un cumplimiento de las Escrituras (v. 20; véase Juan 19:31-37). Recuerda que Jesús fue el cumplimiento del cordero pascual, y los huesos del cordero no debían ser quebrados (Éxodo 12:46). ⇦

FEBRERO 4

Lucas 18:18-43

Cuando el gobernante rico vino a preguntarle a Jesús acerca de entrar al reino, Jesús rápidamente fue al meollo del asunto (vv. 18-22). Las leyes relativas al adulterio, el asesinato, el robo, la mentira y el honor del padre y la madre eran importantes (¡y todavía lo son!). Sin embargo, estas áreas no fueron lo que impidió que el gobernante entrara en el reino. Su corazón estaba ocupado con sus riquezas, como queda claro por su respuesta posterior a Jesús (v. 23; véase Mateo 6:19-24). Las cosas materiales y temporales en la vida del joven se interponían en el camino de su salvación. Lee nuevamente los comentarios de Jesús sobre el costo del discipulado (14:25-35). No debemos ignorar el significado de las palabras de Jesús o los ejemplos que tenemos de su inte-racción con la gente.

También debemos entender que los pecados que nos alejan del Señor tie-nen un control tenaz sobre nosotros, y necesitamos la ayuda del Señor incluso para venir a él (18:24-27; Juan 6:44). Si hay algo que se interpone en el camino de tu relación con el Señor, confiesa tu pecado y busca en el Señor la capaci-dad de seguirlo por completo.

⮑ En los versículos 31-33, Jesús declaró que iría a Jerusalén, donde sufriría y sería asesinado y resucitaría de entre los muertos al tercer día. Es importante que Jesús vincule estos eventos con el mensaje de los profetas en las Escritu-ras. La tan esperada promesa de redención estaba a punto de cumplirse. Fue una declaración clara de que él era en verdad el Redentor, el Hijo de Dios. ⮐

Éxodo 19-20

Nota la condición de la bendición de Dios en 19:3-6 y la respuesta del pue-blo en el versículo 8. Nota que el pueblo se preparó y vistió apropiadamente para estar en la presencia del Señor (19:10-11). Nota también los límites que Dios puso (19:12-13) y visualiza el encuentro de Dios con el pueblo. True-nos, relámpagos, toques de trompeta, humo que se elevaba desde la mon-taña y un terremoto (vv. 16-19) precedieron a la promulgación de la ley. La gente tembló de miedo y asombro. Dios ayudaba al pueblo a comprender su asombrosa presencia y la importancia de sus palabras. Lo que pasó en el Sinaí nunca será olvidado.

Lee los Diez Mandamientos. Este fue el primer conjunto de Escrituras que el Señor proporcionó para su pueblo. → Y es un acontecimiento de impor-tancia crucial en la revelación progresiva de Dios a los israelitas y al mundo. Dios declaró aquí lo que es de suma importancia para él. Es una ventana para comprender el carácter moral de Dios. Revela el estándar de la justicia divina. Jesús afirmó la ley (Mateo 5:17-19), al igual que Pablo (Romanos 3:31). Es el instrumento en la mano de Dios para ayudarnos a saber que somos pecado-res y para llevarnos a Dios a través de Cristo (Gálatas 3:24). La entrega de la ley es una parte vital para traer la redención al mundo. Estableció la realidad de nuestro pecado y nuestra necesidad de la venida del Salvador. ←

Salmo 35

¿Alguna vez te has sentido decepcionado y herido por la duplicidad de amigos, compañeros de trabajo o empleadores? Este salmo aporta perspectiva, porque habla de la realidad de la esperanza en Dios (vv. 9-10, 17-18, 27-28) frente a los engañadores (vv. 15, 19-21). Aquí está Dios en el mundo real de nuestras vidas; en casa, en la escuela, en el mercado y donde compramos. Con la perspectiva correcta, ve cómo el escritor es capaz de alabar a Dios en medio de las dificultades (vv. 9-10, 28).

FEBRERO 5

Lucas 19:1-27

Zaqueo es el tema favorito de los cuentos para niños. Si podemos ir más allá del hombrecito del gran árbol ilustrado en los libros para niños, encontraremos a un hombre que, como recaudador de impuestos, no recibió ningún respeto por parte de los judíos religiosos. Pero Zaqueo quería ver y oír a Jesús. Debemos señalar que Jesús ignoró las convenciones aceptadas de pasar tiempo con este recaudador de impuestos, con resultados sorprendentes. ¡Aquí hay un hombre a quien veremos en el reino! Una vez más, debemos aprender de Jesús a ver en nuestra experiencia diaria a hombres y mujeres que necesitan a Dios, y a estar dispuestos a aprovechar incluso la curiosidad para presentarles a Cristo.

La parábola de las diez minas (vv. 11-27) es una lección sobre mayordomía. Es razonable que el Señor espere que regresemos al reino ejerciendo los dones que nos ha dado. No hacerlo es irresponsable. En una parábola similar de Mateo 25:14-30, el siervo que enterró el talento es considerado infiel y arrojado a las tinieblas de afuera. Esta parábola nos llama a ocuparnos de los asuntos del Maestro. Ignorar esa responsabilidad pone en duda el lugar del siervo en el reino.

Éxodo 21-22

Los siguientes capítulos del Éxodo están ambientados en el monte Sinaí. Después de las impresionantes manifestaciones de la presencia de Dios que aterrorizaron al pueblo (Éxodo 19:16-19; 20:18-19), Dios le dio a Moisés los Diez Mandamientos y las demás regulaciones que leeremos. Los capítulos 21 y 22 ofrecen una variedad de leyes sociales que tienen una base moral. Hay una profunda corriente de justicia en las leyes, que se basan en la justicia de Dios.

Mientras lees, observa los delitos que requieren la pena de muerte (21:12-17, 29; 22:18-20). Todos estos son crímenes morales, profundamente ofensivos para Dios. Aunque muchas personas sentirían de manera muy diferente acerca de algunos de estos crímenes, debemos recordar la norma divina.

Observa cómo Dios exigió que el individuo asumiera la responsabilidad de su crimen. Está atento al principio de restitución (22:1, 5). Nota las salvaguardias para los extranjeros, las viudas y los huérfanos (vv. 21-22) y para los pobres (vv. 25-27). Piensa en cómo estas regulaciones se basan en el carácter de Dios.

Salmo 36

Al leer este salmo, contrasta el corazón de los malvados con el carácter y la bondad de Dios. Lo que distingue a los impíos es su falta de temor de Dios (v. 1). No respetan a Dios, no lo entienden y no les importa su verdad. Además, el orgullo los engaña, ocultando incluso la realización de su propio pecado (v. 2; véase Eclesiastés 5:1).

En los versículos 5 y 6, sigue el amor, la fidelidad, la rectitud, la justicia y el cuidado de Dios. Nota el amor invaluable descrito en el versículo 7a y cómo tenemos vida y luz en el versículo 9.

FEBRERO 6

Lucas 19:28-48

☑ Cuando Jesús entró en Jerusalén montado en un asno, se cumplió Zacarías 9:9. Cuando el pueblo recitó el Salmo 118:26 (v. 38), estaban reconociendo a Jesús como el Mesías (el Salmo 118 es mesiánico). Los fariseos que estaban presentes lo entendieron claramente, porque pidieron a Jesús que reprendiera a la gente por lo que decían. Es significativo que Jesús no sólo se negó a hacerlo, sino que dijo que *era necesario* decir sus palabras. ⇦

Al leer los versículos 41-44, observa la gran compasión de Jesús por el pueblo de Jerusalén. Vio que no se daban cuenta del gran peligro que corrían. En el año 70 d.C., la ciudad fue destruida y la profecía que Jesús habló aquí se cumplió.

Éxodo 23-24

Dios está comprometido con la bondad y la justicia (23:1-9). La verdadera justicia requiere la aplicación igualitaria de la ley, independientemente del estatus. Al leer estos versículos, piensa en nuestro sistema judicial actual. Si queremos pensar los pensamientos de Dios como él los piensa, debemos tener las mismas preocupaciones y trabajar por la justicia en la tierra y en el mundo. Está atento a esta preocupación por la justicia por parte del Señor a medida que continúas leyendo.

Lee atentamente las promesas de 23:20-33. Puede resultar útil subrayar las palabras "Yo soy," "Tengo" y "Haré" cada vez que aparezcan, buscando el mensaje que sigue.

En 24:4 se nos dice que Moisés escribió todo lo que Dios le había dicho. ¡Dios le pidió que hiciera esto por los israelitas y por nosotros (véase 1 Corintios 10:1-6)! Luego, después de ofrecer sacrificios, Moisés leyó el libro al pueblo. En una respuesta colectiva, el pueblo prometió aceptar la palabra de Dios tal como la oyera (v. 7). Mientras Moisés subía a la montaña por orden del Señor, los israelitas vieron la gloria del Señor aparecer como un fuego consumidor (v. 17).

Salmo 37

Contrasta la persona de fe con la impía. El escritor había luchado con el éxito del impío. La persona malvada ignoró a Dios y su trato con los demás fue engañoso. Este salmo nos enseña mucho sobre las bendiciones del creyente y el destino de los impíos.

Este salmo incluye muchas maneras de responder al Señor. ¿Cuál de estos te llama la atención hoy? Además, observa las bendiciones específicas que el Señor tiene para su pueblo.

FEBRERO 7

Lucas 20:1-26

☑ En los versículos 1 y 2 los sacerdotes y maestros de la ley plantearon la cuestión crucial de la autoridad de Jesús. Esto era vital porque si Jesús hablaba con la autoridad divina, era en verdad el Mesías, y los líderes estarían obligados a escuchar y responder. Jesús se negó a responder directamente a los líderes porque no tratarían con él directamente. En cambio, respondió a su pregunta en la parábola de los inquilinos. Mientras contaba esta historia, con su referencia al Mesías (Salmo 118:22), los sacerdotes y los maestros entendieron claramente lo que Jesús decía. ⇦ Su respuesta fue tratar de encontrar una manera de arrestarlo.

Éxodo 25-26

Dios le dijo a Moisés que moraría con los israelitas y que le harían un tabernáculo (Éxodo 25:8-9). Para hacer esto, se pidió al pueblo que diera de sus recursos según el impulso de su propio corazón (vv. 1-7).

Las instrucciones para el tabernáculo y los artículos que contenía eran muy específicas. Estas instrucciones escritas complementaron el modelo que Dios le mostró a Moisés en la montaña (25:40). Al leer sobre artículos específicos, puede ser útil consultar Éxodo 40:17-33 para poder visualizar dónde se colocaron esos artículos en el tabernáculo.

El Lugar Santísimo donde estaba colocada el arca estaba separado del resto de la tienda (el Lugar Santo) con una cortina (26:31-34). Ten en cuenta qué elementos se colocaron en el Lugar Santo y en el Lugar Santísimo.

Salmo 38

Este salmo se le atribuye a David y su corazón es aquí completamente transparente. Esta es la oración registrada de su emoción más profunda mientras lucha con la culpa (v. 4). Nota su actitud en el versículo 15 y su corazón abierto en el versículo 18.

Las palabras de David también están llenas de perspicacia. En el versículo 4 dice que el peso de la culpa es demasiado pesado para soportarlo, y enumera seis consecuencias físicas de su sufrimiento emocional y espiritual: llagas que no sanan (v. 5), espalda encorvada (v. 6), dolor de espalda (v. 7), cansancio general (v. 8a), depresión (v. 8b) y ansiedad (v. 10a). Algunas de ellas pueden ser figurativas, pero no hay duda de que los problemas físicos pueden surgir de inquietudes emocionales y espirituales.

FEBRERO 8

Lucas 20:27-47

Los saduceos no creían que habría una resurrección; por eso intentaron engañar a Jesús con sus preguntas sobre la mujer que tenía, sucesivamente, siete hermanos como marido.

La discusión surgió de la práctica en Israel de que si el marido de una mujer moría antes de que la pareja tuviera un hijo varón, el hermano del marido muerto debía casarse con la viuda para darle un hijo que llevaría el nombre de su ex marido (Deuteronomio 25:5-6). La base de esta práctica era la importancia de los niños. Una viuda sin hijos estaba sin protección ni seguridad y, además, las tierras tribales pasaban a las generaciones siguientes a través de la línea masculina.

Jesús usó hábilmente su pregunta para enseñar acerca de la vida después de la muerte humana. Las relaciones en el cielo no se basarán en el matrimonio y la unión sexual como en la tierra (vv. 34-36). Aunque las personas conservarán su identidad, serán como ángeles en términos de matrimonio. ¡Jesús también les dijo que la resurrección siempre había sido afirmada en las Escrituras! Dios se llamó a sí mismo el Dios de Abraham, Isaac y Jacob cuando se encontró con Moisés en el desierto (Éxodo 3:6), y Dios es el Dios de los vivos (vv. 37-38).

☑ Jesús demostró que incluso David entendía que el Mesías venidero, que sería su descendiente, sería más grande que él (vv. 41-44; véase Salmo 110:11). David habló del Señor hablando con su Señor: es decir, Dios hablando con el Mesías de David. Es posible que las notas del 8 de junio sobre el Salmo 110 te resulten útiles para comprender este importante texto. ¡Jesús declaraba claramente que era ese Mesías! ⇐

Éxodo 27-28

Las vestiduras de los sacerdotes eran muy específicas. Como los sacerdotes debían representar al pueblo ante Dios, debían vestirse según sus instrucciones. Había dignidad en las formas de culto; no se podía acercar a Dios descuidadamente.

El efod (28:6-14) fue un recordatorio para el pueblo del lugar especial que ellos y sus divisiones tribales tenían con el Dios poderoso que los había librado de Egipto. Aarón y sus sucesores llevaban las dos piedras grabadas con los doce nombres de las tribus mientras conducían en adoración ante el Señor.

El pectoral (vv. 15-30) era un recordatorio visual de que la guía y la decisión provenían del Señor. Los otros artículos específicos (en el resto del capítulo 28) que Aarón usó también fueron recordatorios para el pueblo de su relación con el Señor.

Salmo 39

El versículo 6 es un cuadro preciso de la vida terrenal. Hay presión para adquirir cosas. Se nos dice que la seguridad está ligada a la posesión de riquezas. ¡Qué inútil es todo eso! Con todo el esfuerzo por adquirir más, no hay garantía de que alguien disfrute de alguno de los beneficios (6b).

La persona de Dios mira la vida de una manera completamente diferente. La vida no dura para siempre (vv. 4-5); con el Señor en la vida de uno, es posible mirar ese hecho cara a cara. Además, en lugar de fe en sus bienes, el hijo de Dios tiene su esperanza fundada en Dios (v. 7). También reconoce que necesita el perdón del Señor (vv. 8-10). Con la mentalidad del versículo 7, compara Salmo 16:8.

FEBRERO 9

Lucas 21:1-19

La forma en que Jesús veía el ofrendar era muy diferente de cómo lo percibimos la mayoría de nosotros (vv. 1-4). Claramente, Jesús vio lo que la viuda daba como una proporción de lo que tenía y no como una cantidad grande o pequeña de dinero. Las Escrituras a menudo nos instruyen a ser generosos al dar.

Desde los tiempos de Jesús, la gente se ha preguntado sobre el momento de su regreso (v. 7). Jesús habló de esto en Lucas 21. Aunque es imposible fijar fechas específicas para el regreso de Cristo, hay varias razones que sugieren que será pronto. El ritmo del cambio en nuestro mundo ha aumentado dramáticamente en los últimos años. Los viajes y el conocimiento han aumentado exponencialmente (Daniel 12:4b). La fe y los valores cristianos están bajo ataque y las costumbres de la sociedad han cambiado significativamente (Lucas 21:12-13; véase 2 Timoteo 3:1-5). Los medios digitales han hecho posible comunicar valores comprometidos de una manera que no se imaginaba hace apenas unos años. Israel vuelve a ser una nación después de dos mil quinientos años y está rodeada de ejércitos (v. 20). Cada uno de estos sugiere que se acerca el tiempo de su regreso.

Al leer este capítulo, observa las amenazas que traerá el fin de los tiempos a los cristianos (vv. 12-18) y piensa en cómo debemos estar preparados (v. 19). Necesitamos conocer la Palabra de Dios para comprender los problemas que enfrentamos, orar por discernimiento en situaciones difíciles y mantener un caminar cercano con nuestro Señor Jesús en el Espíritu. Como cristianos, tenemos una perspectiva diferente a la del resto del mundo. De eso se trata la vida en el Espíritu (Romanos 12:2).

Éxodo 29-30

La ordenación de los sacerdotes debía realizarse según las instrucciones del Señor (capítulo 29) con sacrificios y rituales durante un período de siete días. Este fue un reconocimiento formal de su posición ante Dios y el pueblo.

Considera el efecto combinado que el ritual y el tabernáculo con su sacerdocio habrían tenido sobre el pueblo. Todas estas cosas eran recordatorios del lugar y la presencia de Dios. Había ceremonias, visiones, olores de los sacrificios, vestimentas especiales, el sábado y celebraciones recurrentes. Recuerda que estas personas no tenían la Biblia en sus manos. Dios en su gracia les dio estos recordatorios sensoriales y rituales como formas de comprender la bendición de su presencia.

Salmo 40

Este hermoso salmo contrasta las realidades de nuestro propio pecado y del mundo que nos rodea (vv. 12), con la esperanza expectante que podemos tener en el Señor. David decidió esperar pacientemente al Señor con confianza y expectativa (v. 1). Nota las bendiciones específicas que recibieron David y el pueblo de Dios (vv. 2-5).

Compara el versículo 6 con Deuteronomio 15:16-17. David había entregado irrevocablemente su vida al Señor (vv. 6-8), y lo reconoció abiertamente (vv. 9-10).

☑ Hebreos 10:5-7 vincula los versículos 6-8 con el Señor Jesús (véase Mateo 26:39). Salmo 22:25 (un salmo mesiánico) también es paralelo al Salmo 40:9. Aunque este salmo refleja el corazón y la vida de David, también espera la promesa de redención en el Señor Jesucristo. ⇐

FEBRERO 10

Lucas 21:20-38

En los versículos 20-28, Jesús habló de los acontecimientos que rodearían su gloriosa segunda venida. Los versículos 20-24 pueden referirse principalmente a la destrucción de Jerusalén en el año 70 d.C., pero también se refieren a la tribulación, cuando el Anticristo presionará al pueblo de Dios para que le sirva y adore. En contraste con la presión del Anticristo, el día del Señor es el gran juicio de Dios sobre el mundo en la venida de Cristo (vv. 25-27). Isaías 24 y Joel 1:1-2:11; 3:1-2a y 11-17 son representativos de pasajes del Antiguo Testamento que hablan del día del Señor. Además de Lucas 21 y otros relatos del evangelio relacionados, el libro de Apocalipsis habla de este juicio venidero. ⮕ Será durante estos eventos que Jesús regresará en gloria (v. 27). Cuando él venga, reunirá a los creyentes para que estén con él, y vendrá el día del Señor (vv. 25-28; véase Mateo 24:27-31). ⮘

Existe una amplia gama de opiniones y convicciones entre los creyentes —incluso entre teólogos prominentes— en cuanto al momento, la naturaleza y el orden de los acontecimientos del fin de los tiempos, incluyendo el regreso de Cristo, la tribulación y el reinado milenario de Jesús (tratados por separado en las notas del 29 de diciembre sobre Apocalipsis 20). En la providencia de Dios, estas no son cuestiones teológicas sobre las que las Escrituras ofrezcan total claridad. Lo que la Biblia sí deja totalmente claro es que en el momento preciso de Su elección, Jesucristo regresará con poder y gran gloria, pondrá fin a esta era presente, juzgará a todos los pueblos y naciones, desterrará la muerte y el mal para siempre, recompensará a Sus santos e inaugurará Su reino eterno en los Cielos Nuevos y la Tierra Nueva.

La Biblia también dice claramente que el Señor tiene un conocimiento completo de todas las cosas: pasadas, presentes, futuras y posibles. Esto significa que incluso antes de que el Señor nos diera la Biblia, Él ya era plenamente consciente de que los creyentes a través de los siglos llegarían a una variedad de conclusiones sobre la naturaleza precisa y los plazos de las cosas por venir. Si hubiera sido importante para el Señor que los creyentes llegaran a un consenso exacto sobre estas cuestiones, las habría dejado sin ambigüedades. En la buena providencia de Dios, Él eligió de antemano no hacerlo. De hecho, en sus respectivas visiones de los acontecimientos del fin de los tiempos, tanto Daniel como el apóstol Juan recibieron instrucciones específicas de ocultarnos ciertos detalles (Daniel 12:4; Apocalipsis 10:4).

Por lo tanto, es seguro concluir que los muchos pasajes bíblicos sobre el regreso de Cristo no se nos han dado principalmente con el propósito de determinar un calendario preciso de los acontecimientos del fin de los tiempos. Por el contrario, nos han sido dados para nuestro propio aliento (cf. I Tesalonicenses 4:13-18) y como fuerte motivación para vivir vidas vigilantes, piadosas e intencionales de fe y obediencia hasta ese inminente y glorioso día. "¡Miren que vengo pronto! Traigo conmigo mi recompensa y le pagaré a cada uno según lo que haya hecho" (Apocalipsis 22:12).

Éxodo 31-32

Dios dio habilidades especiales a individuos para la preparación del tabernáculo. Bezalel y Aholiab recibieron el poder especial del Espíritu Santo para realizar un trabajo complejo (31:1-11).

Al leer el relato del pecado del pueblo en el capítulo 32, quizás te preguntes cómo pudo suceder esto. Después de ver la gloria del Señor y su asombroso poder y presencia, ¿cómo podría el pueblo adorar un objeto de oro? ¿Cómo podría Aaron ser parte de esto? Este relato demuestra que todas las personas tienen una inclinación interior hacia el mal y que es peligroso para cualquiera de nosotros ser descuidado o complaciente. Este fue un acontecimiento perverso en la historia de Israel. Este relato también subraya nuestro deseo inherente de tener algo que adorar. Recuerda Éxodo 32:19: Después de que Moisés llevó las tablas de piedra con los mandamientos de Dios escritos con su propia mano, yacían en fragmentos al pie de la montaña mientras Moisés y Josué veían la práctica idólatra de los israelitas.

Salmo 41

Muchas veces la Biblia habla de la preocupación de Dios por los débiles. El versículo 1 afirma la bendición de Dios sobre quienes se preocupan por ellos. Las bendiciones específicas de liberación, protección, sanidad y restauración se enumeran en los versículos 2 y 3.

Cuando Dios habla de la viuda, el huérfano y el extranjero, se refiere a los débiles. Estos grupos tenían menos derechos que otros en el mundo de esa época y no tenían a nadie que los protegiera. Los pobres caen en la misma categoría. La misericordia es la cualidad de ser sensibles y receptivos a las necesidades que nos rodean. Con eso en mente, lee Miqueas 6:8. Mira también Proverbios 19:17. Esté atento a esta preocupación de Dios a medida que continúa leyendo la Biblia. Te impresionará la cantidad de veces que ocurre.

☑ Jesús llamó la atención sobre el versículo 9 cuando estuvo con los discípulos en la última cena de Pascua. Él vinculó específicamente este versículo con su traición por parte de Judas (véase Juan 13:18). ⇦

FEBRERO 11

Lucas 22:1-46

La Pascua había sido instituida en Egipto unos mil quinientos años antes, cuando el Señor estaba a punto de liberar a su pueblo de esa tierra. Vuelve a leer Éxodo 12:1-11 junto con Lucas 22. Un cordero fue sacrificado, asado y comido, y su sangre se untó en los marcos de las puertas de las casas. El ángel del Señor pasó por alto los hogares así marcados, pero los primogénitos de todos los demás hogares murieron. Jesús, sabiendo que él era el auténtico cordero pascual, se preparó para comer esta comida pascual por última vez en la tierra. Los discípulos, ignorantes de lo que vendría, hicieron los preparativos teniendo en cuenta la tradición. ⮑ Los comentarios de Jesús sobre el pan y el vino claramente lo distinguen como el Hijo de Dios y como el cumplimiento de las imágenes de la Pascua (vv. 17-22). ☯ ☑ Nota la referencia de Jesús a Isaías 53:12, afirmando que esta profecía fue escrita acerca de él y estaba a punto de cumplirse (v. 37). ⇦

Jesús analiza la base para la obra en el reino en los versículos 24-30. Los discípulos, contagiados por la filosofía del mundo que los rodeaba, formularon la pregunta cercana a todos los que buscan el éxito en el mundo: "¿Quién de nosotros es el más importante?" La respuesta de Jesús pone patas arriba la filosofía del éxito del mundo. El éxito no es estar a cargo, sino servir. El ejemplo es Jesús mismo (v. 27). Mira la recompensa para el que es leal en el reino (vv. 28-30).

Éxodo 33-34

En estos capítulos, observa a Moisés, el hombre de Dios. Considera cómo pudo acudir a Dios con peticiones. Como veremos, fue abogado del pueblo en varias ocasiones. Considera que Moisés pudo hablar con Dios cara a cara (Éxodo 33:11).

Éxodo 33 es una porción clave de la Biblia ya que nos deja claro lo importante que es vivir en la presencia de Dios. Moisés entendió esto. Cuando surgió la pregunta de si el Señor acompañaría al pueblo en su viaje, Moisés estaba convencido de que, si Dios no iba con ellos, ellos no irían en absoluto (33:1-3, 15). Además, Moisés practicó una relación íntima con el Señor. Su rostro se volvió radiante cuando estuvo en la presencia de él (34:33-35). En verdad, no podemos hacer nada importante a los ojos de Dios sin su presencia y poder.

Observa cada vez que Dios dice "yo haré" o "yo soy" en estos capítulos. Nota 34:6-7. Aquí Dios está hablando de su compasión, gracia, amor, paciencia, fidelidad, perdón y justicia. Esta es una imagen asombrosa de quién es Dios y la encontramos aquí en el Antiguo Testamento.

En cuanto a los dioses e ídolos extranjeros, debían ser quebrantados, destrozados y talados (34:13). No debía haber lugar para otros dioses ni para la adoración de ídolos entre el pueblo de Dios.

¿Qué tan especial es Dios en tu vida? ¿Entiendes que nuestro Dios es santo y temible? ¿Temes a Dios de manera reverente? ¿Hay ídolos en tu vida que necesitan ser talados, quebrantados y destrozados? Si es así, toma acción y deja que Dios traiga nueva alegría y bendición a tu vida. Él es el Dios de compasión, gracia, amor, fidelidad, paciencia, perdón y justicia; pero no ignora el pecado (34:6-7).

Job 1

En este punto haremos una pausa en nuestra lectura de los Salmos para considerar a Job. La mayoría de los eruditos fechan a Job en una fecha muy temprana de la historia, tal vez en la época de Abraham, por lo que este es un buen lugar para estudiar su vida. El programa de lectura volverá a los Salmos cuando se complete Job.

El libro de Job tiene algunas lecciones importantes para nosotros que no son evidentes con una lectura casual. El registro de este hombre de Dios habla de la batalla espiritual en que estamos como pueblo de Dios aquí en la tierra. Como tal, nos enfrentamos al enemigo, pero en muchos casos no tenemos el panorama general de estos eventos.

Entendemos en términos generales que nuestra responsabilidad como pueblo del reino de Dios es traerle gloria. Sin embargo, no entendemos por qué a la gente buena le suceden cosas malas. Queremos creer que, si obedecemos a Dios, su bendición siempre allanará nuestro camino y encontraremos felicidad y éxito inagotables en cada paso de la vida. Pero sabemos por experiencia que ésta no es la forma en que se desarrolla la vida. Nos tratan injustamente, nuestro negocio fracasa o recibimos un informe angustioso del médico. Cuando experimentamos estos y otros desafíos, ¿cómo debemos entenderlos a la luz del plan soberano de Dios? ¿Le importan a Dios estos detalles de nuestras vidas? ¿Es él siquiera consciente de ellos?

El libro de Job aborda estos temas profundos de una manera que no se encuentra en ningún otro lugar de la Biblia. Job soportó sufrimiento físico, pérdidas financieras y relaciones devastadoras y malentendidas. La integridad de Job estaba en juego, pero igual de real, la integridad de Dios fue puesta en duda. Dios había hecho una obra de gracia en el corazón de Job que fue probada con el sufrimiento más severo, tanto físico como emocional, que Satanás pudo reunir. Job no sabía nada de esto. La batalla estaba fuera del entendimiento de Job. Leemos sobre esta batalla en Efesios 6:10-18.

Nos parece extraño que Satanás tuviera acceso a la presencia de Dios. Este parece ser el caso también en Lucas 22, donde Jesús le dijo a Pedro: "Simón, Simón, mira que Satanás ha pedido zarandearlos a ustedes como si fueran trigo. Pero yo he orado por ti, para que no falle tu fe." (Lucas 22:31-32). Este es un concepto profundo, y hay muchas cosas sobre él que no entendemos, pero también se ve en Zacarías 3:1-2 y Apocalipsis 12:10. En la última referencia, a Satanás se le llama acusador de los hermanos y finalmente es desterrado de la presencia de Dios, muy probablemente después de la victoria de Cristo en la cruz (véase Colosenses 2:13-15). Debido a este conflicto espiritual, es crucial que tengamos a Jesús para representarnos ante el Padre (1 Juan 2:1-2).

Job no sólo no entendía la razón de su sufrimiento, sino que sus amigos sacaron lo que para ellos era la conclusión obvia: que Job debía haber estado en pecado, o Dios nunca habría permitido que le sucedieran estas tragedias. Recuerda su error, porque es fácil hacer juicios igualmente equivocados sobre las personas en nuestro propio corazón.

Con estas cosas en mente, lee el capítulo 1. Mientras lo haces, colócate en la posición de Job y reflexiona sobre cómo podrías reaccionar.

Satanás es el padre de la mentira y maestro de la distorsión. En Juan 8 Jesús dice de Satanás: "Desde el principio este ha sido un asesino, y no se mantiene en la verdad, porque no hay verdad en él. Cuando miente, expresa su propia naturaleza, porque es un mentiroso. ¡Es el padre de la mentira!" (Juan 8:44). Satanás desafió a Dios cuando cuestionó el motivo de la fidelidad de Job a Dios (v. 9). Con el permiso de Dios, Satanás destruyó todas las posesiones y la familia de Job, con excepción de su esposa, pensando que eso aplastaría a Job. Pero Dios conocía bien a Job. La respuesta de Job fue un ejemplo piadoso para cada uno de nosotros y fue una reprensión para el Maligno (vv. 20-22).

El Señor estuvo con Job cuando enfrentó esta prueba, y también está siempre con nosotros. "El Señor recorre con su mirada toda la tierra y está listo para ayudar a quienes le son fieles." (2 Crónicas 16:9).

FEBRERO 12

Lucas 22:47-71

Mientras lees el relato del arresto y juicio de Jesús, recuerda los comentarios de Jesús a Pedro en los versículos 31-34 y compáralos con los versículos 54-62. Este fue un momento amargo para Pedro y debe ser un recordatorio para cada uno de nosotros de que debemos caminar muy cerca del Señor y depender sólo de él.

Sigue a Jesús a través de la traición y la prueba. Mostró gran dignidad y mando a medida que se desarrollaban los acontecimientos. Nota los versículos 39-44. Fue en el huerto en oración donde se estableció la obediencia de Jesús al Padre. ➲ Nota la declaración de Jesús de que él en verdad es el Hijo de Dios (vv. 66-71). ☙

Éxodo 35-36

Aquí encontramos las instrucciones finales y los preparativos para la construcción del tabernáculo. Ten en cuenta que el tabernáculo debía construirse con contribuciones de aquellos que estuvieran dispuestos a dar (35:5-9). Este es el modelo para el sostenimiento de la obra de Dios (véase 2 Corintios 8:12). Cuando Dios mueve los corazones de su pueblo a dar, habrá suficiente para realizar su obra. En este caso las contribuciones excedieron la necesidad (36:4-7). Aquellos con habilidades y un corazón dispuesto debían presentarse para hacer el trabajo (35:10; 36:2). Estas habilidades procedían del Señor (35:30-35; 36:2).

Job 2

Satanás cuestionó la integridad de Job ante Dios por segunda vez. Nuevamente, a Satanás se le dio permiso para tocar a Job, esta vez con problemas físicos que podrían llegar al borde de quitarle la vida. Job sufrió lesiones dolorosas en todo su cuerpo.

Nos resulta difícil imaginar el sufrimiento de Job. No tenía ninguno de los medicamentos que podríamos usar para aliviar el dolor. Incluso su esposa perdió la esperanza de su recuperación y le sugirió que maldijera a Dios y muriera. Su conclusión errónea fue que Dios era el enemigo de Job.

La respuesta de Job demostró que entendía la soberanía de Dios: que Dios tenía control en su vida, e incluso que Dios podría haberle enviado la aflicción (viendo el lado espiritual, sabemos que esto no es cierto, pero Dios permitió su sufrimiento). Job se negó a ver que su condición fuera causada por la crueldad de parte de Dios. Aceptó que Dios tenía sus propias razones y se negó a apartar su rostro de su Dios.

En el versículo 11, los amigos de Job llegan al lugar. Seguiremos de cerca las conversaciones de Job con estos hombres. Sus comentarios son profundamente filosóficos y muy parecidos a los que podríamos escuchar hoy de quienes intentan explicar el sufrimiento. Sus suposiciones y las conclusiones resultantes son una mezcla de verdad y error. Debido a que se equivocaron en cuanto a la razón de los problemas de Job, fueron muy duros con él. Haríamos bien en aprender de Job y de los hombres que lo visitaron, para evitar los mismos errores al tratar con aquellos que se encuentran en dificultades.

FEBRERO 13

Lucas 23:1-25

Los líderes judíos habían oído lo suficiente para condenar a Jesús cuando declaró que era el Hijo de Dios (22:70-71). Estando bajo el dominio romano no tenían autoridad para ejecutar a una persona, tuvieron que convencer a Pilato para que ordenara la ejecución. Los versículos 1-25 dan este relato.

Pilato vio que Jesús podía haber causado problemas a los judíos, pero no era culpable de un crimen que mereciera la muerte según la ley romana (vv. 4, 14-15, 22). ➲En el versículo 2 los líderes judíos acusaron a Jesús de afirmar ser el Mesías: "el Cristo, un rey". Cuando Pilato le hizo la pregunta directamente, Jesús claramente le dijo a Pilato que él era esa persona. ☾A Pilato se le encargó velar por que se llevara a cabo la justicia, tal como la definía el derecho romano. Además, Pilato estaba perturbado por la propia afirmación de Jesús de ser el Hijo de Dios y su negativa a responder a las falsas acusaciones contra sí. Ante la muerte, Jesús permaneció impasible. Se puede especular que Pilato recordaba estos acontecimientos a menudo y pensaba en ellos, especialmente cuando llegó a sus oídos el informe de la resurrección. Pero su acción no pudo revertirse más tarde. La presión política fue demasiada. Pilato capituló ante las demandas de los líderes judíos.

Éxodo 37-38

Después de todas las instrucciones y la recolección de contribuciones y recursos, se inició la construcción del tabernáculo. Parece sorprendente que esto se pudiera hacer en el desierto con sólo los recursos que habían sacado de Egipto. Las habilidades requeridas vinieron del Señor (35:30-36:1), pero observa las cantidades de oro, plata y bronce que se usaron (38:21-31). Esta fue realmente una empresa importante.

Job 3

En su tormento, Job deseó que la fecha de su nacimiento pudiera ser eliminada del calendario si ésta pudiera borrar su nacimiento (v. 3). Se sentía tan miserable que anhelaba la paz de la muerte (vv. 11-19). Todo el mundo teme que le sobrevenga algo insoportable, y Job no fue la excepción (v. 25). Sin embargo, esta no era razón para quejarse contra Dios (2:10).

Job sí cuestiona los caminos de Dios al no permitirle morir cuando se encuentra en tanta miseria (vv. 20-21). Su suposición es que Dios lo había rodeado (v. 23). Job, como la mayoría de nosotros, había pensado en la posibilidad de que la vida le traería problemas y dolores que serían difíciles de soportar (v. 25). La vida simplemente no tenía tranquilidad ni paz cuando él sufría tanto dolor (v. 26).

FEBRERO 14

Lucas 23:26-56

Escucha a Jesús cuando fue llevado para ser crucificado. Tuvo tiempo para hablar con quienes se preocupaban por él (vv. 27-31) y ofreció oración por los mismos que clavaron los clavos en su cuerpo (v. 34).

→ Este fue el momento del cumplimiento de Isaías 53. Nota particularmente Isaías 53:3-6. La redención se cumplió; el precio del pecado fue pagado (véase 1 Pedro 1:18-20). Repasa el Salmo 22 mientras lees los versículos 33-37.

Es sorprendente la precisión con que el Salmo 22 describe la muerte de nuestro Señor. Nota los versículos 44-45. Cuando Jesús murió, el velo del templo se rasgó en dos, simbolizando que la muerte del Hijo sin pecado de Dios expió el pecado y abrió el camino para que las personas de fe vinieran a la presencia misma de Dios (véase Hebreos 10:19-22; 1 Pedro 1:18-20). ←

➲ Nota cuidadosamente la esperanza que tuvo el criminal condenado en los versículos 40-43 cuando Jesús le ofreció vida eterna, algo que sólo Dios podía hacer. ⊂ Nótate también el coraje de José de Arimatea. Era miembro del consejo judío y no había consentido ni estado de acuerdo con la decisión de buscar la muerte de Jesús, y ahora honró a Jesús con un entierro.

Éxodo 39-40

Una vez que se completó el tabernáculo, la estructura era exactamente lo que Dios había ordenado. Sigue el texto y las iteraciones o variaciones de la frase "como se lo *mandó* el SEÑOR a Moisés." Esto se ve nueve veces en el capítulo 39 y ocho veces en el capítulo 40.

Cuando la obra estuvo terminada, Dios demostró su aceptación con su presencia y gloria (40:34-35). Anteriormente, la nube había estado con los israelitas (Éxodo 13:21-22), pero ahora la presencia de Dios, en forma de nube, se posó sobre el tabernáculo (40:38; Números 9:15-23).

Job 4

Los amigos de Job hicieron declaraciones definitivas sobre el motivo de la condición de Job; pero ellos, al igual que Job, no conocían los hechos detrás de los problemas de Job.

Mientras habla Elifaz el temanita, busca lo que es verdad y lo que no es verdad. Lo que dice en el versículo 6 es verdad. Lo que dice en los versículos 7-11 no lo es. ¿Han perecido inocentes? ¡Por supuesto! ¿Han muerto inocentemente y antes de la vejez? ¡Por supuesto! Lee atentamente los versículos 12-16. Estos describen lo que suena como un encuentro espiritual y, al leer los versículos 17-21, considera el mensaje del espíritu. Si es cierto, no habría esperanza para ningún ser vivo. La gracia y el perdón de Dios están totalmente ausentes de la perspectiva de Elifaz.

FEBRERO 15

Lucas 24:1-12

→ Quédate asombrado al leer acerca de la resurrección. Los acontecimientos más significativos de toda la historia son la muerte y resurrección de Jesús. El sacrificio de expiación en la cruz trae perdón a todos los creyentes (Romanos 3:21-26). La resurrección declara para siempre que Jesús es el Hijo de Dios sin pecado que *pudo pagar* y *pagó* por el pecado (Romanos 1:4). La tumba no pudo contener al Hijo sin pecado de Dios. Este evento hizo un espectáculo público de los poderes malignos de Satanás (Colosenses 2:15). ←

Si te imaginas con aquellos que fueron a la tumba esa mañana de Pascua, es fácil imaginar su confusión al encontrar quitada la pesada piedra que cerraba la tumba. ¡Imagínate su sentimiento cuando los ángeles aparecieron y proclamaron que Jesús estaba vivo! Fue entonces cuando los acontecimientos empezaron a tener sentido. Recordaron las palabras de Jesús sobre la crucifixión y la resurrección (vv. 6-8). Viaja con las mujeres mientras regresaban apresuradamente para contarles a los apóstoles la noticia de que Jesús estaba vivo. Siente su frustración cuando nadie les cree (v. 11). ¡Pero fue así! Jesús realmente estaba vivo, como pronto descubrirían el resto de los discípulos.

Levítico 1-2

Levítico es la sección del Pentateuco (los cinco libros de Moisés) en que Dios describió muchas de las regulaciones sociales y de adoración que los israelitas debían observar. Estas prácticas diferenciaron a los israelitas de las otras naciones entre las que vivían.

Las ofrendas fueron la forma especial que Dios les dio a los israelitas para pedir perdón tanto por los pecados conocidos como por los desconocidos. También brindaron la oportunidad de agradecer a Dios por sus bendiciones y su comunión con él y entre nosotros.

Había cuatro variedades de sacrificio de animales, y un sacrificio que se presentaba sin sangre: la ofrenda de cereal. Comprender estos sacrificios y lo que significaron para los israelitas proporciona una idea tanto del Antiguo como del Nuevo Testamento. Desde la perspectiva del Nuevo Testamento, y especialmente después de la muerte sacrificial y la resurrección de Jesús, tenemos una mejor comprensión del significado más profundo de los requisitos de la Ley.

En cada uno de los sacrificios de animales, se sacrificaba un animal inocente en nombre de otro ser vivo (una persona): la sangre era presentada en el altar, y en algunos casos dentro del Lugar Santo del tabernáculo. Dios vio el sacrificio de sangre y perdonó el pecado de aquellos en cuyos nombres se realizó el sacrificio. Ahora sabemos que la sangre de estos animales o aves no tenía el poder de traer perdón (Hebreos 10:4). Sólo la sangre de Jesús tiene esa capacidad (Hebreos 10:8-10). Dios honró la fe y la obediencia del pueblo en su sacrificio hasta el momento en que Jesús, el sacrificio real y perfecto, realmente pagó la pena por sus pecados (véase Romanos 3:25-26; Hebreos 9:15).

Mientras se sacrificaba el animal, quienes realizaban el sacrificio colocaban sus manos sobre la cabeza del animal para simbolizar la transferencia de su pecado al animal inocente. En todos los casos, se derramaba la sangre y la grasa se quemaba completamente sobre el altar.

A continuación, se incluyen comentarios sobre los tipos de sacrificios que se encuentran en los capítulos 1 y 2. La lectura de mañana abordará los otros tres.

El holocausto lo debía hacer el sacerdote cada mañana y cada tarde en nombre de todo el pueblo y debía dejarse ardiendo continuamente. Un individuo también podía presentar un holocausto. Nota en 1:4 que la ofrenda hizo expiación por la persona que la trajo. Esta fue la única ofrenda que fue quemada en su totalidad.

La ofrenda de cereal fue ofrecida como regalo al Señor. Era grano cultivado, elaborado sin levadura. Después de retirar y quemar la porción conmemorativa, el resto se le daba al sacerdote para que lo comiera.

Job 5

Nota la mentira de Satanás en 5:1. Este fue el ataque directo de Satanás (a través de Elifaz) a Job a nivel emocional y espiritual. Escucha la descripción de la condición humana sin gracia en los versículos 2-7.

Lo que Elifaz dijo en los versículos 8-27 es generalmente cierto. Sin embargo, lo que realmente dijo fue que Job había pecado y necesitaba arrepentirse

(4:8-10). Si esto no fuera cierto, dio a entender, Dios no permitiría este dolor. Elifaz sugirió que Dios estaba disciplinando a Job (v. 17) e insinuó que, si Job admitía su pecado, Dios lo trataría con gracia. De hecho, ni Elifaz ni Job entendieron la razón del problema de Job, pero como veremos, Job no creyó que se debía al pecado en su vida.

Es muy importante que no saquemos conclusiones precipitadas sobre los problemas de otra persona. Por supuesto, algunas cosas están claras. Una persona puede gastar tontamente todo su dinero y encontrarse en dificultades. Ése es un problema que una persona se trae a sí misma. Es cierto que Dios disciplina a una persona cuando se necesita corrección (Hebreos 12:5-6). Pero también es cierto que Dios permite que lleguen circunstancias difíciles para ayudarnos a crecer (1 Pedro 1:6-7). No debemos hacer suposiciones sobre los tratos de Dios con otra persona cuando no tenemos todos los hechos.

FEBRERO 16

Lucas 24:13-53

Dos discípulos caminaban hacia la ciudad de Emaús ese primer día de Pascua discutiendo los acontecimientos de los últimos días. Su estado de ánimo era sombrío cuando Jesús se unió a ellos en el camino. Curiosamente, mientras Jesús caminaba con ellos, no lo reconocieron como su Maestro. ☑ Cuando Jesús les preguntó de qué hablaban y comenzó a explicar los acontecimientos a la luz de las Escrituras, sus corazones ardían dentro de ellos (v. 32). Jesús fue, y es, el cumplimiento literal de las profecías sobre la redención venidera. No fue hasta que estaban comiendo juntos que se dieron cuenta de que éste era en verdad el Señor (vv. 30-31). ¡Este es el estudio bíblico al que a todos nos hubiera encantado asistir! Qué emocionante hubiera sido que el Señor mismo explicara las porciones mesiánicas de la Biblia.

Nota cómo Jesús relacionó todo lo que le había sucedido con las Escrituras (vv. 27, 44-47). Dios no había cometido un error en su plan para los siglos; lo que había sucedido había sido la santa voluntad de Dios de redimir al mundo. Ahora, la responsabilidad de llevar ese plan hasta su final se pasó a la iglesia (vv. 46-49), cuando Jesús explicó que el arrepentimiento y el perdón se predicarían a todas las naciones. ⇦

Lo que había sido una esperanza destrozada se convirtió en motivo de adoración y gozo (vv. 52-53). Aquellos que habían estado con Jesús fueron transformados para siempre, ¡y nosotros también!

Levítico 3-5

En estos capítulos se presentan las ofrendas de comunión, por el pecado y por la culpa.

El sacrificio de comunión Ofrenda de Paz fue un acto de agradecimiento y adoración. Ciertas porciones del animal fueron quemadas en el altar como sacrificio al Señor (capítulo 3). El sacerdote debía tener el pecho y el muslo derecho del animal como su parte (7:31-36).

El sacrificio de perdón de pecados era, en la mayoría de los casos, para expiar los pecados no intencionales: del sacerdote, del líder, de los individuos y de la asamblea del pueblo.

El sacrificio por la culpa es similar a la ofrenda por el pecado, pero también incluye el pecado intencional. Cuando algo había sido sustraído con engaño, había que hacer restitución.

En los dos últimos sacrificios, después del derramamiento de la sangre, la grasa se quemaba sobre el altar. La piel, la cabeza y los intestinos fueron quemados fuera del campamento, en un lugar limpio (4:8-12). Luego la carne del animal era entregada al sacerdote para que la comiera en el área del tabernáculo (6:24-30). Sin embargo, si el sacrificio era para un sacerdote (4:3-12) o para toda la comunidad (vv. 13-21), la carne del animal era completamente quemada fuera del campamento.

Job 6

Cuando Job respondió a sus amigos, su perspectiva estaba sesgada. En 6:4, afirmó erróneamente que las flechas de Dios estaban causando su sufrimiento. De hecho, eran las flechas de Satanás. Job quería morir (vv. 8-9) antes de negar al Señor (v. 10). No tenía esperanza ni fuerzas para seguir con la vida (vv. 11-13). Además, ni siquiera sus amigos le ofrecieron el aliento que necesitaba.

FEBRERO 17

Hechos 1

El libro de los Hechos es el sorprendente relato de la iglesia primitiva. Con la venida del Espíritu Santo, la iglesia se convirtió en el único instrumento para cumplir el propósito de redención de Dios en el mundo. La iglesia bajo el Espíritu Santo es lo que Dios usará hasta que Jesús regrese. Al leer Hechos, busca las características distintivas de la iglesia. Permite que Dios moldee tu propia vida y piensa en estas verdades. → Mateo 28:18-20 y Hechos 1:8 son las órdenes de marcha y el modelo para la obra de la iglesia. ←

Mientras lees los versículos 9-11, ponte con los discípulos mientras veían a Jesús subir al cielo. Piénsalo. Jesús fue al cielo en una nube y volverá de la misma manera (véase Apocalipsis 1,7). Ascendió mientras algunos de los discípulos observaban; cuando regrese, todos lo verán (véase Apocalipsis 1:7; Mateo 24:30). Recuerda también que Jesús prometió regresar pronto (Apocalipsis 22:7, 12, 20).

Levítico 6-7

El principio de restitución es claro en casos de robo o extorsión (6:1-7).

Los sacerdotes y sus familias obtenían su alimento de los diezmos y ofrendas que se traían al Señor (7:28-36). Si los diezmos no se pagaban como exigía la ley, la obra del Señor quedaba comprometida (véase Nehemías 13:10-13).

Job 7

Lee la expresión de miseria de Job en los versículos 1-6 y su queja al Señor en los versículos 7-21. Job también se preguntó si había pecado en su vida (vv. 20-21), pero si era así, no sabía cuál podría ser.

Los comentarios de Job al Señor en los versículos 7-21 demuestran cuán humano era. Perdió la esperanza (v. 6). Se quejó de que Dios lo tenía bajo vigilancia y le traía malos sueños cuando podía dormir (vv. 13-15). En esto se equivocó ya que fue Satanás y no el Señor quien lo perturbó. Le preguntó a Dios por qué lo había convertido en su blanco (v. 20b). Lo alentador es que el Señor no castigó a Job por su falta de comprensión o sus conclusiones equivocadas. Dios comprende nuestras debilidades.

FEBRERO 18

Hechos 2

Si Mateo 28:18-20 y Hechos 1:8 articulan la misión de la iglesia hasta el regreso del Señor, es el don del Espíritu Santo que mora en nosotros que capacita y fortalece a la iglesia para llevar a cabo esta misión. De hecho, el Espíritu Santo había estado presente en el mundo anteriormente, equipando a ciertas personas para realizar tareas específicas, pero ahora, con el nacimiento de la iglesia, a cada creyente se le ha dado el don del Espíritu Santo que mora en nosotros (v. 38; 1 Corintios 12:7; Juan 14:26; Efesios 1:13-14).

→ El momento de la venida del Espíritu Santo fue crucial. En Pentecostés se reunieron en Jerusalén judíos de toda la tierra geográfica, incluidos otros países. Pentecostés, conocida como la Fiesta de las Semanas en el Antiguo Testamento, era una de las tres veces al año en que a todos los hombres de Israel se les ordenaba reunirse para adorar al Señor (Deuteronomio 16:16). Cuando vino el Espíritu Santo, los creyentes milagrosamente pudieron hablar los idiomas de estos visitantes, lo que resultó en una inmediata exposición generalizada del mensaje del evangelio. ←

Lee atentamente el sermón de Pedro (vv. 14-36) y recuerda que apenas unas semanas antes había negado haber estado alguna vez con Jesús (Lucas 22:54-62). ☑ Observa cómo Pedro usó las Escrituras del Antiguo Testamento, con que los oyentes pudieron identificarse de inmediato, para validar que Jesús era en realidad el Mesías venidero: el que se sentaría en el trono de David. ⇦ Habló poderosamente, llamando a los oyentes al arrepentimiento, y los sorprendentes resultados están registrados para nosotros en el versículo 41.

Levítico 8-9

Cuando Aarón y sus hijos fueron ordenados y apartados para el ministerio de ayudar en la adoración, el pueblo siguió las normas dadas para la ordenación de Aarón y sus hijos en Éxodo 29, que duraron siete días.

El acontecimiento significativo cuando se instituyeron las ofrendas fue que el Señor aprobó visiblemente enviando fuego para consumir la ofrenda en el altar (9:23-24). El Dios fuerte que los libró de Egipto había aceptado su ofrenda. ¡Esto es impresionante!

Job 8

Ahora Bildad, el amigo de Job entró en la conversación. Como el último amigo, habló una mezcla de verdad y error. Bildad comenzó asegurándole a Job que estaba equivocado ante Dios (v. 2). La suposición era que Dios sería injusto al permitir el sufrimiento de Job a menos que hubiera algo malo en su vida (v. 3). Su primera declaración en el versículo 3 fue absolutamente cierta, pero su conclusión sobre los hijos de Job fue absolutamente errónea (v. 4). Su declaración en los versículos 5-7 era cierta, pero su suposición (Job, estás en pecado, y si te enderezas, la bendición de Dios vendrá a ti) era errónea.

Bildad apeló a la ley natural para reforzar su argumento (vv. 11-19). El hombre que se olvida de Dios es como el papiro y la caña que necesitan agua (la provisión de Dios) para crecer, pero se marchitan rápidamente cuando el agua se seca. La ley natural es correcta y se aplica en última instancia a los hombres que se olvidan de Dios, ¡pero Job no se había olvidado de Dios!

Finalmente, observa la verdad en los versículos 20-22 tal como se le aplica a Job. La suposición errónea de Bildad fue que la bendición vendría sólo cuando Job enderezara su vida y su forma de pensar.

FEBRERO 19

Hechos 3

Imagínate por unos momentos como el hombre lisiado de nacimiento. La vida en el mundo antiguo no era amable con una persona con una discapacidad importante. Se vio obligado a mendigar para mantenerse con vida. Después de haber vivido así durante muchos años, tenía pocas o ninguna esperanza de que algo fuera diferente. Su expectativa mientras hablaba con Pedro y Juan era una muestra de bondad de su parte: una contribución de dinero que duraría poco tiempo.

Continúa poniéndote en su lugar. Pedro pronunció palabras extrañas (v. 6), muy probablemente ininteligibles para el hombre cojo (¿había oído siquiera hablar de Jesús?), y lo ayudó a ponerse de pie. ¡Fue sanado (v. 7)! Las piernas y los tobillos que nunca habían funcionado ahora recibieron fuerza y lo sustentaron, ¡incluso para caminar y saltar (v. 8)! No es de extrañar que alabara a Dios. El hombre había sido sanado milagrosamente en el nombre de Jesús de Nazaret.

El revuelo entre la gente que conocía al hombre le dio a Pedro la oportunidad de hablar sobre el Señor resucitado a la multitud. ☑ Sigue de cerca su explicación al pueblo al vincular la muerte y resurrección de Jesús con las profecías del Mesías del Antiguo Testamento (v. 18). Responsabilizaba a la gente por la muerte de Jesús (v. 15), pero dijo que sabía que actuaban por ignorancia (v. 17). Pedro declaró que Jesús fue profetizado por Moisés en Deuteronomio 18:15. Nota también cómo Pedro relacionó la muerte y resurrección de Jesús con la voluntad de Dios en la redención (vv. 18-19) y con la promesa a Abraham (vv. 25-26; véase Génesis 12:3), y afirmó que Jesús regresaría al final de los tiempos en cumplimiento de la profecía (v. 21). ⇦ Entonces Pedro los llamó al arrepentimiento y a la fe (v. 19). Mira hacia el 4:4 para ver el resultado de la predicación: el Espíritu Santo obraba.

Levítico 10-11

Recuerda que al cerrar el capítulo 9, vino el fuego del Señor y consumió el sacrificio. Esta fue una prueba llena de gracia de que Dios había aceptado la ofrenda del pueblo; las cosas empezaron bien.

→ Sin embargo, inmediatamente después, Dios mató abruptamente a Nadab y Abiú, los hijos de Aarón (10:1-2). Estos hijos acababan de ser ordenados y apartados para el sacerdocio. Lo que hicieron les pareció bien, pero iba más allá de los mandatos de Dios. Dios usó esto para hacer que su pueblo entendiera la gravedad de la desobediencia y la importancia de hacer las cosas exactamente como él les había instruido. A menos que mantuvieran el patrón exacto, se alejarían *del* plan de Dios y *se acercarían a* las prácticas de las naciones paganas que desplazarían en Canaán. ← En ese momento, justo después del establecimiento del sacerdocio, tanto los sacerdotes como el pueblo quedaron fuertemente impresionados con la importancia de seguir los rituales de adoración exactamente a la manera que Dios mandó.

La lección para todos nosotros es que no podemos ser apáticos en cuanto a seguir a Dios (véase Hechos 5:1-11). Dios ve y se preocupa por nuestras acciones. Su gracia nos permite seguir viviendo, pero no debemos presumir de su gracia.

El capítulo 11 y los siguientes describen muchas de las leyes sociales bajo las cuales vivían los israelitas. Éstas se conocen como ordenanzas levíticas.

A los israelitas se les dieron dos tipos generales de leyes. Las leyes morales de Dios vinieron directamente de su carácter. Estas leyes, como los Diez Mandamientos y las regulaciones que son una extensión de estos mandamientos, se aplican para todos los tiempos. Las leyes sobre el culto y las ofrendas surgieron directamente de la ley moral. Eran la manera en que Dios proveyó para que la humanidad se relacionara con él y simbolizaban cómo Dios finalmente resolvería el problema del pecado y la culpa en la cruz. Las ofrendas cesaron para la iglesia con la resurrección de Cristo y la venida del Espíritu Santo: el simbolismo del sacrificio repetido de animales fue reemplazado por la realidad: el sacrificio una vez y para siempre del santo Hijo de Dios, Jesús.

El segundo tipo de ley les fue dada a los israelitas para su vida social. Estas leyes no son directamente aplicables a todos los tiempos ni a todos los pueblos, como lo son las leyes morales. Las leyes de los alimentos limpios e inmundos y de la purificación son ejemplos de leyes sociales. Estas leyes diferenciaron a los israelitas de las otras naciones y se convirtieron en un canal para recibir lecciones (1 Corintios 10:6), para la transmisión de las Escrituras (Romanos 9:4) y para la venida del Salvador (Romanos 9:5).

Estas leyes claramente sociales dejaron de aplicarse después de la resurrección de Jesús. Recuerda que las leyes de las carnes limpias e inmundas y la ley de la circuncisión fueron vistas de manera diferente después de la venida del Espíritu Santo (Hechos 15). Las leyes morales, sin embargo, siguen siendo un reflejo del carácter de Dios (Romanos 3:31).

Job 9

Mientras Job respondía a Bildad, observa su profundo conocimiento acerca del carácter y la obra de Dios (v. 4). Al contemplar a Dios, Job lo vio como el creador y sustentador del universo (vv. 8-9). Es interesante que hace tanto tiempo se reconocieron las constelaciones en el cielo (v. 9) y conservamos sus nombres.

En este punto, Dios le parecía tan lejano a Job que le parecía imposible que pudiera aprender de Dios la verdadera naturaleza de su problema (vv. 14-16). ☑Aunque esta no es una profecía directa de la venida del Salvador, Job anticipó con precisión la obra redentora del Señor Jesús en los versículos 33-35. Job anhelaba que alguien actuara como árbitro entre él y Dios. El Señor Jesús es precisamente esa persona: él es nuestro abogado y sumo sacerdote (véase Hebreos 10:19-22; 1 Juan 2:1; Romanos 3:21-25; 1 Timoteo 2:5). ⇦

FEBRERO 20

Hechos 4

Pedro y Juan causaron revuelo con su fuerte testimonio acerca de Jesús, y fueron arrestados por los sacerdotes y la guardia del templo. Esto les dio la oportunidad de dar testimonio ante otro grupo: los líderes religiosos hostiles. ☑En este contexto, Pedro testificó que Jesús era el Cristo y el hecho de la resurrección. En respuesta a los líderes religiosos, Pedro se refirió a la promesa mesiánica en el Salmo 118:22 para dejar claro que Jesús era en verdad el prometido. ⇦El valor de Pedro y Juan fue muy evidente para los líderes religiosos, especialmente porque sabían que Pedro y Juan habían estado con Jesús (v. 13). Querían detener la predicación sobre Jesús y la resurrección. Nota su advertencia (v. 18) y la respuesta de Pedro y Juan (vv. 19-20).

Lee el emocionante relato de su informe a la iglesia y la notable oración de respuesta de la iglesia (vv. 23-31). ☑En la oración de la iglesia, la identidad de Jesús como el Mesías se relaciona nuevamente con la promesa del Antiguo Testamento (vv. 25-26). ⇦¿Habrías orado por tener valentía continua después de haber sido advertido por las personas que acababan de tramar la muerte de tu Maestro? ¿O había sugerido que no deberíamos decir mucho hasta que las cosas se calmaran? Nota la respuesta del Señor a su oración (v. 31; véase Salmo 138:3). Obviamente, el Espíritu Santo estuvo de acuerdo con su corazón e intención.

Levítico 12-13

Recuerda que María siguió las normas del capítulo 12 después del nacimiento de Jesús (Lucas 2:22-24). Un detalle interesante es que María y José no podían permitirse un cordero, por lo que trajeron las aves como sacrificio (12:8; véase Lucas 2:24).

Algunas de las leyes sociales, como aislar a una persona con una infección drenante, eran médicamente válidas. Quizás algún día comprendamos mejor cómo todas estas regulaciones fueron buenas para el pueblo de Dios.

Job 10

Está claro que Job malinterpretó su condición, atribuyéndola al Señor (v. 3). Job derramó su corazón a Dios en su oración. Job creía que era inocente en cuanto al pecado específico que habría causado su sufrimiento (9:21) y no podía entender lo que suponía era la mano dura de Dios sobre su vida.

La solución de Job para un momento de paz en realidad no fue solución alguna (vv. 20-22). Pero ¿ha habido un registro del estado mental y emocional de alguna otra persona, excepto la de Jesús al enfrentarse a la muerte, que se sintió tan distanciado y privado de contacto con el Dios vivo? Job había conocido una verdadera comunión con el Señor y este sufrimiento le hizo sentirse abandonado por él. No es de extrañar que estuviera desesperado.

FEBRERO 21

Hechos 5

La iglesia crecía rápidamente. Para entonces, el número de personas en la iglesia había aumentado a cinco mil (4:4), y tenían todo en común (4-32). Pero una pareja intentó engañar tanto al Señor como a la iglesia, lo cual era imposible y tonto. Dios usó este incidente para enseñar a la iglesia la importancia de la honestidad. La verdad refleja el carácter de Dios. Cualquier cosa menos es de Satanás (Juan 8:44). El resultado de sus muertes fue que un gran temor invadió a toda la iglesia (v. 11). Necesitaba aprender la lección: ¡No le mientas a Dios!

La oposición motivada por los celos creció contra el mensaje y los poderosos actos de los líderes de la iglesia resultó en el arresto de los apóstoles una vez más (vv. 17-18). Después de su arresto, Dios envió un ángel que abrió las puertas de la prisión (vv. 19-20). Una vez más, los apóstoles hablaron con poder por orden del Señor. Una vez más fueron arrestados, respondieron a las autoridades con sabiduría y coraje, fueron advertidos y esta vez azotados. Nota su respuesta (vv. 29-32, 41-42).

Levítico 14-15

Estas regulaciones detalladas deben haber sido difíciles de seguir y, a veces, una carga. Imagínate en el lugar de una persona considerada impura. Al leer 15:25-30, recuerda a la mujer que tocó el manto de Jesús y fue sanada de una hemorragia que había durado doce años (Mateo 9:20-22). ¡Había estado impura durante tanto tiempo! Además, ella se había arruinado buscando una cura (Marcos 5:26). Es difícil imaginar su gratitud y libertad cuando se fue no sólo sanada sino también perdonada.

Job 11

Zofar ahora tuvo su turno. A medida que avanzaba la conversación, los amigos de Job se exasperaban cada vez más con sus respuestas. Observa cómo Zofar abrió sus comentarios (vv. 2-6). Creía que Job necesitaba represión (v. 3b) y que era arrogante y estaba equivocado en sus afirmaciones sobre su fe y comprensión de Dios (v. 4). Sin embargo, Job tenía razón (véase 1:8 y 2:3). Zofar también sugirió que Dios no había castigado lo suficiente a Job (v. 6b). ¡Cuán desalentador debe haber sido esto para Job!

Todo lo que Zofar dijo en los versículos 7-11 era verdad. Subestimó el poder de Dios y su Palabra para cambiar a los hombres (v. 12; véase Proverbios 1:4). La conclusión de Zofar fue que Job necesitaba arrepentirse y cuanto antes mejor (vv. 13-20).

El discurso de Zofar completó una ronda de comentarios de los amigos de Job. Cada uno de ellos había asumido que conocía la mente de Dios en relación con Job, y cada uno había asumido que podía evaluar correctamente el corazón de Job. Gran parte de lo que dijeron era correcto, pero sus suposiciones eran incorrectas y sus conclusiones respecto a Job eran erróneas. En este conflicto espiritual entre Dios y Satanás (1:12; 2:6), ¿podrían estos tres hombres estar representando sin darse cuenta el punto de vista de Satanás en su intento de hacer que Job pecara? ¡Tal vez!

FEBRERO 22

Hechos 6

El desacuerdo se infiltró en la vida de la iglesia primitiva a medida que se veía afectada por la diversidad étnica. Algunos sintieron que no los trataban justamente (v. 1). Para resolver el problema y liberar a los apóstoles para la oración y el ministerio, se seleccionaron siete diáconos para servir en la iglesia (vv. 1-4). Los requisitos para su selección son instructivos. Estos hombres necesitaban estar llenos del Espíritu y de sabiduría para servir en lo que parecían tareas más bien mundanas (v. 3). En realidad, no existen tareas mundanas en la obra de la iglesia. Cualquiera que sea la responsabilidad, es una empresa espiritual.

Uno de los hombres elegidos fue Esteban, quien además de ayudar en la administración de la iglesia también se ocupaba con el ministerio de extensión (v. 8). Nota cómo reaccionaron los judíos ante su ministerio (vv. 9-14; véase 2 Corintios 10:3-4).

Levítico 16-17

Mientras lees 16:1-2, piensa en las lecciones que se enseñaron a través de las muertes de Nadab y Abiú. Esta vez la advertencia de Dios no habría caído en oídos sordos.

El día de la Expiación fue el sacrificio más importante para los israelitas en todo el año. Era la única vez en el año que el sumo sacerdote llevaba la sangre de los sacrificios al interior del tabernáculo para expiar por sí mismo y por el pueblo. El aposento exterior estaba separado del aposento interior del tabernáculo por una cortina. Este patrón se siguió en el templo que construyó Salomón y en el templo reconstruido en la época de Jesús.

En el día de la Expiación, Aarón sacrificó un toro como ofrenda por el pecado de sí mismo y su casa, llevando un poco de la sangre al Lugar Santísimo y rociándola frente a la cubierta expiatoria del arca. Además, Aarón ofreció un carnero en holocausto delante del Señor. Después de esta ofrenda para él y su casa, Aarón tomó dos machos cabríos como ofrenda para el pueblo. El primer macho cabrío era una ofrenda por el pecado. Una vez más, llevó la sangre al Lugar Santísimo y la roció delante del propiciatorio, luego roció un poco de ella sobre la tienda de reunión y sobre el altar delante de la entrada del tabernáculo. Esto era para hacer expiación por los pecados del pueblo. Luego, Aarón tomó el segundo macho cabrío, el macho cabrío vivo, y, con sus manos sobre la cabeza del macho cabrío, confesó el pecado y la rebelión del pueblo, transfiriendo simbólicamente su culpa al macho cabrío. Luego llevaron a esta cabra a un lugar solitario lejos del campamento y la liberaron.

Estos dos machos cabríos son importantes para cada creyente. Todo pecado fue pagado y toda culpa fue quitada. Simbólicamente, el pecado del pueblo fue pagado con la ofrenda por el pecado del macho cabrío, y la sangre fue llevada a la presencia de Dios (el Lugar Santísimo). No sólo eso, sino que el macho cabrío vivo simbolizaba la eliminación del pecado: no volver nunca más al campamento de los israelitas.

☑ El día de la Expiación iba a ser una ordenanza duradera para los israelitas. Este día, recordado cada año, recordaba al pueblo que necesitaban la gracia y el perdón y que no podían encontrar el perdón sin un sustituto. Ese sustituto sería el Salvador venidero, que, por supuesto, todavía no entendían. Además, el pecado y la culpa serían eliminados por completo (véase Salmo 103:12; Miqueas 7:18-19). La solemnidad de la celebración subrayó su pecado y su necesidad de limpieza, pero también la total suficiencia de la manera de Dios de tratar el pecado.

Recuerda que la cortina del templo se rasgó de arriba hacia abajo en el momento en que Jesús murió (Mateo 27:51). La cortina rasgada simboliza el acceso directo a la presencia de Dios, que el creyente ahora tiene debido a la muerte de Cristo (Hebreos 10:9-10, 19-20). En estos versículos de Hebreos, observa cómo el escritor relaciona específicamente los rituales y la observancia del día de la Expiación con el sacrificio del Señor Jesús por nosotros. ⇦

Job 12

Antes de mirar el capítulo 12 en detalle, lee rápidamente los capítulos 12-14 para obtener una descripción general de la respuesta de Job. También está exasperado (vv. 2-6). No es divertido que los amigos lo malinterpreten y lo reprendan. Es fácil aprovecharse de alguien que pasa por malos tiempos (vv. 5-6). Nota que Job nuevamente afirmó que era justo e irreprensible (v. 4b).

Cuando Job comenzó su respuesta, reveló un conocimiento asombroso de Dios (capítulo 12). Prueba los versículos 10 y 13-25 con tu conocimiento de las Escrituras y ve qué tan bien le fue a Job. Aunque afirmó que era justo, Job entendió correctamente que Dios estaba consciente de su difícil situación (vv. 9-10). Job describió al Dios soberano y lo hizo con precisión (vv. 13-25).

FEBRERO 23

Hechos 7

Esteban se convirtió en el primer mártir de la iglesia. Recuerda que fue arrestado a causa de su ministerio: estaba lleno de gracia y de poder, y hacía grandes prodigios y señales milagrosas (6:8). Cuando estuvo ante el Sanedrín, su rostro parecía angelical (6:15). Sigue su defensa razonada. Comenzando con Abraham, usó a José (v. 9), Moisés (vv. 23-29, 40), los profetas (vv. 51-52) y Jesús (vv. 52-53) como ejemplos de cómo los judíos habían rechazado constantemente a los mensajeros de Dios. Además, habían rechazado a Dios mismo (vv. 51-53). Observa cuán directo y beligerante fue Esteban en los versículos 51-53 (al igual que lo habían sido Pedro y Juan) y cómo Dios estuvo presente cuando Esteban murió (vv. 55-56). Nota también que Saúl estuvo presente ese día. Esta es la primera mención de aquel que sería salvado milagrosamente (capítulo 9) y designado por el Señor como apóstol de los gentiles.

Tanto la defensa de Esteban como su ejemplo son instructivos. A menudo nos sentimos tentados a hacer que un mensaje difícil del Señor suene menos ofensivo. Los apóstoles siguieron el ejemplo de los profetas del Antiguo Testamento, Juan el Bautista y Jesús, al hablar directamente.

Es peligroso rechazar el mensaje del Señor. Cuando el pueblo se alejó de él, Dios se alejó de ellos (vv. 39-42; véase Romanos 1:24, 26, 28).

Levítico 18-19

En el capítulo 22 de Mateo, un fariseo le hizo a Jesús una pregunta muy perspicaz: "'Ama al Señor tu Dios con todo tu corazón, con toda tu alma y con toda tu mente'—respondió Jesús. Este es el primero y el más importante de los mandamientos. El segundo se parece a este: 'Ama a tu prójimo como a ti mismo'. De estos dos mandamientos dependen toda la Ley y los Profetas" (Mateo 22, 36-40). Cuando Jesús añadió el segundo gran mandamiento, estaba citando nuestro texto de hoy, Levítico 19:18: "Ama a tu prójimo como a ti mismo".

Si tenemos en cuenta los muchos mandamientos que se dieron al pueblo—incluidos los Diez Mandamientos—casi todos ellos encajan en uno de estos dos mandamientos. Por eso Jesús añadió: "De estos dos mandamientos dependen toda la Ley y los Profetas" (Mateo 22:40).

Job 13

Mientras Job continuaba respondiendo a Zofar, anhelaba hablar con el Señor (v. 3). Expresó este deseo con gran fe (v. 15) y sintió profundamente la incomprensión de sus amigos (vv. 4-5). Job les dijo que no tenían derecho a hablar en nombre de Dios, y que, si el Señor los examinara con el mismo criterio que habían usado contra él, estarían en problemas (vv. 7-11). En este punto, sin embargo, Job declaró que incluso si Dios le quitara la vida, todavía confiaría en él (v. 15). Aunque no entendía lo que le pasaba, aún mantenía una fe profunda en el Dios vivo.

Job pasó de hablar con Zofar a hablar con el Señor en el versículo 20 y continuó dirigiéndose al Señor hasta el final del capítulo 14. Es obvio que Job carecía de perspectiva, y esto le causó un gran dolor emocional. ¡Él asumió que la mano de Dios estaba contra él (v. 21) y que Dios lo consideraba su enemigo (v. 24)!

FEBRERO 24

Hechos 8

→ La tensión en Jerusalén que resultó en la muerte de Esteban también trajo una gran persecución a la iglesia. Como resultado, todos los cristianos, excepto los apóstoles, fueron esparcidos por Judea y Samaria (v. 1). Lee nuevamente Hechos 1:8. El testimonio de la iglesia debía comenzar en Jerusalén y luego extenderse por toda Judea y Samaria. ¿Fue esta persecución un revés para la iglesia? En absoluto: Dios obraba. Dios muchas veces ha usado la oposición a la iglesia para extender su ministerio. Los que fueron esparcidos predicaban con valentía las buenas nuevas dondequiera que fueran, (v. 4).

Felipe fue otro de los siete diáconos (véase Hechos 6:5-6). Fue a Samaria, predicando y realizando milagros (vv. 4-25). Como resultado, los samaritanos se convirtieron en creyentes por primera vez, una extensión significativa de la iglesia, ya que los judíos no aceptaban a los samaritanos. Al dispersar la iglesia y mediante la predicación de Felipe entre los samaritanos, el Señor extendía el alcance del evangelio. La iglesia fue expulsada de la zona de confort de los miembros, pero el Señor estaba cumpliendo su propósito.

El ministerio de Felipe al etíope, bajo la dirección del Espíritu Santo, también fue una extensión significativa del evangelio (vv. 26-40). Este hombre era un alto funcionario en Etiopía y se llevó las buenas nuevas a su país después de su conversión. ←

Levítico 20-21

El llamado a la santidad se ve dos veces en este pasaje (20:7, 26). Dios lo ordena por su nombre y persona; debido a quién es Dios y lo que él representa, el pueblo fue llamado a un estilo de vida diferente al de las naciones circundantes. Ten en cuenta los pecados por los que se prescribió la pena de muerte. Estos son pecados morales y nos dicen cuán en serio Dios los toma.

Los sacerdotes fueron llamados a un modo de vida aún más estricto (capítulo 21). Nuevamente, ten en cuenta que el llamado a la santidad se basaba en la persona y el carácter de Dios, a quien representaban los sacerdotes (vv. 6-8, 15, 23).

Job 14

Repasa los capítulos 12-14 para comprender la secuencia de los comentarios de Job. Hay dos convicciones importantes en el pensamiento de Job cuando habla con Dios en el capítulo 14.

Primero, Job creía en la resurrección de entre los muertos en el momento del llamado de Dios (vv. 10-15). Si se tala un árbol, puede volver a brotar desde las raíces. No es así con la gente. Cuando alguien muere, no volverá a vivir, *hasta que Dios lo llame* (v. 15).

Segundo, ☑ Job creía que sus pecados serían perdonados cuando se enfrentara a Dios en la resurrección (vv. 15-17). Job expresó gran fe en Dios en estas declaraciones sobre la resurrección y la redención. ¡Esto sólo podría ser cierto con la venida del Salvador! Incrustada en la declaración de fe de Job está la promesa de la redención. ⇦

FEBRERO 25

Hechos 9

→ Dios eligió a Pablo (Saulo) para que fuera su testigo no sólo ante su propio pueblo, sino también ante los gentiles (v. 15). ¡Qué elección tan improbable! Saulo había estado persiguiendo a los creyentes y había sido uno de los testigos que consintieron en la muerte de Esteban (8:1). Cuando Saulo se dirigía a cazar creyentes, el Cristo resucitado lo encontró dramáticamente en el camino (vv. 3-6). La elección de Dios de Saulo como su portavoz aumentó significativamente el evangelismo y el alcance misionero de la iglesia primitiva. ← Necesitamos recordar que nadie está más allá del alcance y poder milagroso del evangelio.

El encuentro de Saulo con Jesús cambió su vida a partir de ese momento. Imagina sus pensamientos mientras esperaba que el mensajero del Señor lo encontrara en Damasco. Cuando el Señor le ordenó a Ananías que fuera a ver a Saulo, Ananías tuvo problemas para creer que esto pudiera ser cierto (vv. 13-14). Sin embargo, el Señor soberano le dijo una vez más que se reuniera con Saulo, y él obedeció. Después de poner sus manos sobre Saulo (Ananías se dirigió a él como "Hermano Saulo"), recuperó la vista. Ten en cuenta que casi de inmediato Saulo comenzó a ministrar para el Señor en las sinagogas; al conocer las Escrituras, comprendió de inmediato que Jesús era en verdad el Mesías prometido, y se fue solo cuando su vida estuvo en peligro (vv. 20-25). Al leer el resto del libro de Hechos, observa cómo Dios usó a Pablo de maneras especiales.

El poder milagroso del Espíritu Santo continuó siguiendo a los apóstoles. Pedro sanó a Eneas en Lida (vv. 32-35) y resucitó a Dorcas de entre los muertos en Jope (vv. 36-43).

Levítico 22-23

A los sacerdotes se les dijo que trataran con respeto las ofrendas presentadas al Señor (22:2) y que observaran cuidadosamente las leyes del Señor. Si no prestaban cuidadosa atención a estas regulaciones, trataban las leyes de Dios con desprecio (es decir, con descuido, 22:9).

Considera 22:31-33. No guardar los mandamientos del Señor profanó su nombre. No estamos bajo las mismas regulaciones, pero obedecemos al Señor porque él es Dios. Debemos vivir en santidad porque Dios ha llamado a su pueblo a vivir de manera diferente al mundo.

→ Las reuniones y festivales anuales descritos en el capítulo 23 recordaron a la gente lo que era importante. El sábado les recordó a Dios en la creación (v. 3). La Pascua recordó a la nación la gracia de la liberación de Dios (vv. 4-8). La fiesta de las Primicias y la fiesta de las Semanas fueron recordatorios de la mano de Dios en la provisión (vv. 9-22). El día de la Expiación recordó al pueblo su necesidad de perdón (vv. 26-32), y la fiesta de las Enramadas fue un recordatorio de su estancia en el desierto al salir de Egipto (vv. 33-43).

Las fiestas eran un tiempo de regocijo, acción de gracias, ayuno, y perdón. Todos ellos vincularon al pueblo directamente con el Señor y su bondad y provisión. Estas fiestas también separaron a los israelitas de otras naciones, preservando su identidad para el propósito redentor de Dios. ←

Job 15

Cada uno de los amigos de Job tuvo la oportunidad de hablar una vez. Ahora comenzaron una segunda ronda de conversaciones. Como antes, Elifaz abrió el camino. Cuando empezó, parecía que le había resultado difícil esperar su turno. Le dijo a Job que era un pecador y que lo que decía no era más que palabrería (vv. 1-5). De hecho, dijo que Job estaba tan equivocado que difícilmente valía la pena que un hombre sabio dedicara tiempo a responder (v. 2).

Elifaz dijo que las propias palabras de Job lo condenaron: Job se negó a reconocer que su pecado era la razón de su sufrimiento. De hecho, Elifaz le preguntó a Job si había estado en la presencia de Dios para escucharlo acerca de estas cosas (vv. 8-9). Job ciertamente conocía algo, o más bien alguien, que sus amigos no conocían: ¡Dios mismo!

Nota las palabras de Elifaz en los versículos 14-16. Ha perdido por completo el sentido de la obra de Dios en la vida de una persona. Es verdad que ninguna persona puede ser pura en sí misma. Pero Job era tan puro como puede serlo una persona. No estaba libre de pecado, y él mismo lo entendía (14:16-17), pero conocía la realidad del perdón que traía pureza ante Dios. ¡Esa fue la obra de la gracia! Elifaz también pregunta: ¿Dios confía en alguien (vv. 15-16)? ¡Por supuesto! Dios confiaba a Job la tarea más difícil. El concepto de Elifaz sobre la obra de Dios en la vida humana no entendió lo importante.

En los versículos 17-35 Elifaz también pasó por alto cómo Dios trata con los pecadores. Su tesis era que los pecadores cosecharán el fruto de sus acciones pecaminosas en esta vida. Que las personas experimentarán las consecuencias de sus decisiones es en última instancia cierto, pero ciertamente no siempre es cierto en la vida terrenal del pecador. A muchas personas pecadoras les va muy bien según los estándares de este mundo. Su juicio espera el juicio final de todos los pueblos (Apocalipsis 20:11-15).

FEBRERO 26

Hechos 10

→ Este capítulo describe el momento monumental y crucial en la vida de la iglesia primitiva cuando los apóstoles se dieron cuenta de que el poder y el alcance del evangelio se extendían plenamente a los gentiles. Esto tendría implicaciones de gran alcance tanto para la rápida difusión del evangelio como para la composición de la iglesia. Si bien algunos gentiles ya habían llegado a la fe,—como el eunuco etíope (véase Hechos 9:26-39),—los apóstoles aún no reconocían que el alcance del evangelio se extendía a *todos* los que creyeran. Dios preparó a Pedro para esta sorprendente comprensión (vv. 9-16). Mientras Dios trataba con Pedro, también se le apareció a Cornelio y le dijo que enviara a buscar a Pedro (vv. 1-8). El carácter de Cornelio era importante: era un hombre temeroso de Dios que oraba con regularidad y daba a los necesitados.

Pedro estaba en Jope cuando tuvo la visión del Señor, y llevó consigo a los creyentes para ver a Cornelio (v. 23b). Con el nuevo entendimiento recibido del Señor, Pedro ahora se dio cuenta de que esto era efectivamente lo que Jesús enseñaba (vv. 35-36). Usando esa idea, Pedro habló simplemente acerca de Jesús como Aquel que trae el perdón de los pecados mediante la fe en su nombre (vv. 34-43).

El Espíritu Santo había preparado el camino: Mientras Pedro todavía explicaba la verdad de Jesús como el Salvador, el Espíritu Santo fue derramado sobre los oyentes, ante el asombro de los creyentes que habían venido con Pedro desde Jope (vv. 45-46). La evidencia del Espíritu Santo fue convincente, ya que los nuevos conversos hablaron en lenguas, convenciendo a Pedro y sus compañeros de que Dios aceptaba incluso a los gentiles. ←

El camino estaba abierto para que todos vinieran a Cristo. La salvación no era exclusivamente para los judíos, como algunos habían supuesto, sino que también los gentiles estaban entrando al reino. El plan de redención divina, abierta a todo el mundo, iba según lo previsto. Esto cumplió la promesa a Abraham de que a través de él (a través de Jesús que vino a través de la descendencia de Abraham) el mundo entero sería bendecido (Génesis 12:3). Esa bendición de la redención ahora estaba abierta a todos (véase Apocalipsis 5:9-10).

Nota que el propio Pedro continuaba creciendo en su comprensión del Señor, las Escrituras y su plan para redimir a personas de toda tribu, nación, pueblo y lengua. En su mensaje de Pentecostés (Hechos 2:14-36), Pedro citó Joel 2 "Y todo el que invoque el nombre del Señor será salvo," (v. 21). ¡Pero no es hasta ahora en el capítulo 10 que Pedro llegó a comprender que "todo" incluía hasta a los gentiles!

Levítico 24-25

Mientras lees 24:10-16, considera la santidad del nombre de Dios. ¿Crees que el castigo fue duro para el joven que blasfemó el nombre de Dios? Podríamos pensar que sí. Sin embargo, el Señor demostraba su énfasis en el uso apropiado y cuidadoso de su nombre. El Padrenuestro también lo subraya (véase Mateo 6:9). Cuando nos asociamos con otros, no podemos controlar cómo tratan ellos el nombre de Dios, pero sí podemos controlar cómo tratamos nosotros a Dios y su nombre.

→ Aquí, como en el capítulo 10 en el ejemplo de Nadab y Abiú, el Señor enseñaba al pueblo una lección importante: debemos tratar las instrucciones de Dios con cuidado y respeto. ¿Se aplican las mismas instrucciones morales a nosotros en esta época? Consulta los comentarios de Jesús sobre el Antiguo Testamento en Mateo 5:17-19. ←

En el capítulo 25, sigue las instrucciones sobre las relaciones interpersonales. Nota el énfasis en el trato justo y cómo esto se relaciona con nuestro respeto por Dios (v. 17). Observa la preocupación de Dios por los desfavorecidos y los pobres de la tierra (v. 35; véase 24:22). ¿Cómo debería afectarnos esto? Nota también que Dios le dio a su pueblo la tierra como un fideicomiso, pero le pertenecía a Dios (vv. 23-24). En años posteriores, el pueblo no siguió las regulaciones de este capítulo, e Isaías habló de esto en Isaías 5:8.

Job 16

Cuando Job respondió a Elifaz, claramente estaba exasperado (vv. 1-3). Señaló que, si las cosas cambiaran, trataría de animar a sus amigos en lugar de condenarlos (v. 5). Teniendo en cuenta la perspectiva espiritual subyacente que tenía Job, esto probablemente sea cierto y sea un modelo para nosotros en nuestras relaciones con los demás.

Como no entendía lo que sucedía, Job asumió que Dios había traído este sufrimiento (vv. 6-17). Era cierto que Dios permitió que sucediera. Pero fue Satanás quien provocó la miseria de Job.

☑ Toma nota de la notable declaración de Job en los versículos 19-21 y compárala con 1 Juan 2:1-2. Job estaba a oscuras sobre muchas cosas, pero tenía una comprensión inusual de que Dios de alguna manera estaba obrando a su favor. Esto es nada menos que una declaración de la obra de Jesús a favor del creyente. ⇦

FEBRERO 27

Hechos 11

Cuando la iglesia en Jerusalén se enteró de lo que sucedió con los gentiles, criticaron a Pedro por tener algo que ver con ellos (vv. 2-3). Sin embargo, cuando Pedro explicó en detalle lo que había sucedido, ellos también tuvieron que aceptar que Dios extendía la membresía en el reino a los gentiles. → La iglesia de Antioquía fue la siguiente en ver a los gentiles venir a Cristo (vv. 19-21). Este era el plan del Señor, pero no necesariamente el plan de la iglesia. Dios mismo hacía una declaración significativa a los apóstoles y a la iglesia. Bernabé fue enviado desde Jerusalén para animar a estos nuevos creyentes en la fe (vv. 22-23). ←

Observa en la última oración la palabra *animar* en relación con Bernabé. Desde Antioquía, Bernabé fue a Tarso para encontrar a Saulo y traerlo de regreso a Antioquía (vv. 25-26). Allí ministraron juntos durante un año. Bernabé tenía fama de ser un alentador. Fue Bernabé quien defendió a Saulo en la iglesia cuando llegó por primera vez a Jerusalén (9:26-27). Ahora Bernabé involucró a Saulo en el ministerio en Antioquía. Más tarde, Bernabé y Pablo se separarían en el ministerio porque Bernabé quería darle a un joven trabajador una segunda oportunidad en el ministerio (15:36-41).

Nos resulta difícil comprender cuán significativa fue para los cristianos judíos la extensión de la iglesia a los gentiles. Desde la más tierna infancia a los judíos se les había enseñado que los forasteros (gentiles) no eran ni podían ser parte del reino. Que los gentiles pudieran experimentar la gracia de Dios era una idea revolucionaria.

Levítico 26-27

El lenguaje dramático del capítulo 26 enfatiza la importancia de obedecer los mandamientos de Dios. Los versículos 3-13 describen la genuina abundancia de vida que Dios prometió al pueblo si seguían sus mandamientos. Los versículos 14-39 describen la miseria y el hambre en la tierra y en el alma: una advertencia de lo que sucedería si ignoraran los mandamientos del Señor. Ten en cuenta que cada vez que Dios dice: "Yo haré," es una promesa de bendición por la obediencia o una predicción de juicio por el descuido al seguir al

Señor. Teniendo esto en cuenta, ¿cómo podrían optar por no prestarle atención a Dios? ¿Cómo podemos? Nota que, a pesar de todo esto, Dios en su misericordia prometió preservarlos por causa del pacto (vv. 44-45).

La verdad central del capítulo 27 es que se deben respetar las promesas hechas al Señor. La declaración de los versículos 28 y 29 no se refiere a cosas prometidas al Señor por un individuo, sino al botín de guerra dedicado a la destrucción por orden del Señor. Se encuentran ejemplos de esto en Josué 6:21 y 1 Samuel 15:2-3, cuando el Señor ordenó a los israelitas que mataran a todo el pueblo de cierta zona. Véase también Deuteronomio 7:2.

Job 17

☑ Job hizo una petición en el versículo 3 que sólo Dios podía cumplir. Pidió que el Señor lo defendiera en su necesidad. Esta es la única esperanza para cualquiera de nosotros, y es notable que Job tuviera esta idea. El Salmo 49 plantea el mismo punto: Nuestra necesidad es tal que ningún hombre podrá pagar a Dios su carga de deuda (vv. 7-9). Con nuestra percepción del Nuevo Testamento, vemos la respuesta (Romanos 3:21-26; 5:6-8). Aunque Job no entendió el método que Dios usaría, su petición y su fe nos llevan directamente al Señor Jesús y a la cruz. ⇐

FEBRERO 28

Hechos 12

Santiago, el hermano de Juan, que había dejado sus redes para seguir a Jesús, se convirtió en el segundo mártir de la iglesia (v. 2; véase Mateo 4:21-22). Pedro estaba en camino de convertirse en el tercero, firmemente encadenado y custodiado por el gobierno romano, hasta que Dios lo liberó de la prisión y de los guardias que lo tenían encadenado (vv. 4, 6-11).

Es interesante que mientras la iglesia oraba por Pedro (v. 5), Dios respondió, ¡pero la iglesia no podía creer que Pedro estaba a la puerta (v. 15)! A pesar de las señales y milagros que habían visto, les costaba creer que Dios contestaría su oración por Pedro. ¿Alguna vez te has sorprendido cuando Dios respondió una de tus oraciones?

La arrogancia de Herodes finalmente provocó el juicio de Dios (v. 23). La paciencia de Dios es larga, pero llega el momento del ajuste de cuentas. La copa de iniquidad de Herodes estaba llena y se había rebosado.

Números 1-2

Al comienzo de Números, había pasado un año y un mes desde los memorables acontecimientos del éxodo de Egipto (v. 1). Excepto quizás uno o dos meses por los acontecimientos de Deuteronomio, los 39 años restantes entre el éxodo y la entrada a la Tierra Prometida tendrán lugar en el libro de Números. En este libro seremos testigos de grandes altibajos—, milagros, decepciones, quejas, pecado, viajes por el desierto, afirmación de promesas, el anuncio de Josué como sucesor de Moisés y las muertes de Aarón y Miriam. El libro lleva el nombre de los números del censo que se encuentran aquí en el capítulo 1.

El capítulo 2 incluye un orden prescrito sobre cómo acamparon los israelitas alrededor del tabernáculo. Los hijos de José, Efraín y Manasés fueron contados como tribus (véase Génesis 48:5-6), y José fue representado a través de ellos. Leví no fue contado como una tribu porque esa tribu pertenecía al Señor de una manera especial (Números 3:5-13).

Job 18

El discurso de Bildad a Job contenía mucha verdad, pero una aplicación enteramente errónea. Primero, Bildad reprendió a Job por su impertinencia y arrogancia al afirmar (por implicación) su justicia (vv. 2-4). Luego, sin embargo, pasó a señalar que la injusticia de los malvados será la trampa que les traerá lo que merecen. La verdad general de su discurso es válida, pero la aplicación a Job fue totalmente inapropiada. Esta debería ser una buena lección para cada uno de nosotros. Es fácil tomar la verdad y aplicarla erróneamente a otra persona cuando no entendemos todas las circunstancias. Cuando eso sucede, no estamos representando al Señor. Debemos Tener Cuidado Al Emitir Juicios.

FEBRERO 29

Salmo 19:7-11

En lugar de nuestras lecturas habituales de las Escrituras de hoy, ¿considerarías memorizar estos cinco versículos reveladores del Salmo 19? En ellos, David articula muy bien el inmenso valor de las Escrituras para nuestras vidas. Incluso si la memorización de las Escrituras no ha sido una práctica habitual para ti, puedo asegurarte que serás bendecido si aprendes de memoria estos maravillosos versículos.

MARZO

HORARIO Y NOTAS DE LECTURA DE LA BIBLIA

Que habite en ustedes la palabra de Cristo con toda su riqueza

COLOSENSES 3:16A

MARZO

1	☐ Hechos 13	☐ Números 3-4	☐ Job19
2	☐ Hechos 14	☐ Números 5-6	☐ Job 20
3	☐ Hechos 15	☐ Números 7-8	☐ Job 21
4	☐ Hechos 16	☐ Números 9-10	☐ Job 22
5	☐ Hechos 17	☐ Números 11-12	☐ Job 23
6	☐ Hechos 18	☐ Números 13-14	☐ Job 24
7	☐ Hechos 19	☐ Números 15-16	☐ Job 25
8	☐ Hechos 20	☐ Números 17-18	☐ Job 26
9	☐ Hechos 21	☐ Números 19-20	☐ Job 27
10	☐ Hechos 22	☐ Números 21-22	☐ Job 28
11	☐ Hechos 23	☐ Números 23-24	☐ Job 29
12	☐ Hechos 24	☐ Números 25-26	☐ Job 30
13	☐ Hechos 25	☐ Números 27-28	☐ Job 31
14	☐ Hechos 26	☐ Números 29-30	☐ Job 32
15	☐ Hechos 27	☐ Números 31-32	☐ Job 33
16	☐ Hechos 28	☐ Números 33-34	☐ Job 34
17	☐ Marcos 1	☐ Números 35-36	☐ Job 35
18	☐ Marcos 2	☐ Deuteronomio 1-2	☐ Job 36
19	☐ Marcos 3	☐ Deuteronomio 3-4	☐ Job 37
20	☐ Marcos 4	☐ Deuteronomio 5-6	☐ Job 38
21	☐ Marcos 5	☐ Deuteronomio 7-8	☐ Job 39
22	☐ Marcos 6:1-29	☐ Deuteronomio 9-10	☐ Job 40
23	☐ Marcos 6:30-56	☐ Deuteronomio 11-12	☐ Job 41
24	☐ Marcos 7	☐ Deuteronomio 13-14	☐ Job 42
25	☐ Marcos 8:1-26	☐ Deuteronomio 15-16	☐ Salmo 42
26	☐ Marcos 8:27-38	☐ Deuteronomio 17-18	☐ Salmo 43
27	☐ Marcos 9:1-32	☐ Deuteronomio 19-20	☐ Salmo 44
28	☐ Marcos 9:33-50	☐ Deuteronomio 21-22	☐ Salmo 45
29	☐ Marcos 10	☐ Deuteronomio 23-24	☐ Salmo 46
30	☐ Marcos 11	☐ Deuteronomio 25-26	☐ Salmo 47
31	☐ Marcos 12	☐ Deuteronomio 27-28	☐ Salmo 48

MARZO 1

Hechos 13

→ Los capítulos 13 y 14 dan cuenta del primer esfuerzo misionero organizado de la iglesia. Mientras la iglesia de Antioquía en Siria estaba adorando, ayunando y orando, el Espíritu Santo les dijo: "Apártenme ahora a Bernabé y a Saulo para el trabajo al que los he llamado" (v.2). Ten en cuenta el patrón. Pablo y Bernabé fueron apartados para el ministerio por la iglesia bajo la instrucción del Espíritu Santo (v. 2). La iglesia los envió después de un servicio de comisión con ayuno y oración (v. 3). Cuando regresaron del deber, se presentaron en la misma iglesia local (14:27). ←

En la sinagoga de Antioquía de Pisidia encontramos el primer sermón registrado de Pablo. ☑ Se dirigió a los judíos en sábado, presentando poderosamente a Jesús como el cumplimiento de las profecías del Antiguo Testamento sobre la venida del Mesías (vv. 16-41). ⇦ El sábado siguiente, casi toda la ciudad judía se reunió para escuchar a Pablo y Bernabé. Los líderes judíos se volvieron celosos (vv. 44-45), y cuando los misioneros comenzaron a ministrar entre los gentiles (v. 46), Dios movió en muchos corazones a aceptar la verdad (v. 48). Compara los versículos 49-52 con Mateo 5:11-12 y Juan 15:20-21.

Números 3-4

Los levitas estaban divididos en tres familias: los guersonitas, los coatitas y los meraritas. Nota las responsabilidades específicas y detalladas que el Señor asignó a cada uno de estos grupos familiares cuando se trasladó el tabernáculo. El texto no explica todas las razones por las cuales el Señor ordenó que cada uno de estos detalles se llevara a cabo de estas maneras específicas. Lo que sí indica el texto es que Dios dio instrucciones claras y específicas sobre cuál era su voluntad. De la misma manera, es posible que no siempre entendamos completamente por qué el Señor nos indica que hagamos o no ciertas cosas. Él no siempre nos da las razones, pero al igual que los levitas aquí, podemos confiar plenamente en él. Él siempre tiene en cuenta nuestros mejores intereses.

Job 19

Job se sintió aplastado por las palabras de Bildad (vv. 2-3). Si era cierto que su problema se debía a su pecado, dijo, entonces era sólo su preocupación. Estaba cansado de escuchar a estos *amigos*.

Los comentarios de Job en los versículos 7-20 sobre la forma en que Dios lo trataba son los más fuertes hasta este momento. Nota cómo asumió que el Señor había tocado específicamente su vida para causar su miseria. Dios no le había respondido cuando llamó. Dios (desde la perspectiva de Job) había bloqueado su camino. Job asumió cosas que no eran ciertas. Pero Dios no había causado el sufrimiento de Job. Satanás causó el sufrimiento, con permiso del Señor. Lo que estaba en juego, lo que Satanás había cuestionado, era la integridad de la obra de Dios en la vida de Job. La prueba de Job demostraría a Satanás que el sufrimiento no puede sacudir la auténtica obra de Dios en la vida de una persona de fe.

¿Qué pasa con la fe de Job? Job confiaba en el perdón y la resurrección (14:14-17). ☑Nuevamente afirmó esto en los versículos 25-27. Aquí estaba un hombre que conocía a Dios. Su esperanza estaba en un Redentor que aún no había venido, pero reconocía la verdad acerca de Jesús el Mesías en su declaración. ¡Es emocionante darnos cuenta de que estaremos con Job ante el Señor resucitado en la eternidad! ⇦Su extraordinario deseo expresado en los versículos 23 y 24 se cumplió literalmente con la llegada de la imprenta y la difusión de la Biblia por todo el mundo hasta el día de hoy.

MARZO 2

Hechos 14

El patrón del avance de la iglesia bajo el poder del Espíritu Santo y la resultante oposición de los líderes religiosos se repite en este viaje misionero. Los misioneros realizaron señales y prodigios, pero los incrédulos tramaron conspiraciones y peligros (vv. 2-5). Incluso existía el peligro de que fueran proclamados dioses (vv. 11-13). Es muy probable que después de que Pablo fue apedreado, fuera el Señor quien lo resucitó cuando la multitud lo había dado por muerto (vv. 19-20). La multitud sabía cuándo alguien estaba vivo o muerto, y su intención era dejarlo muerto. Contrasta los corazones alegres de los que creyeron con la intransigencia de la oposición. Sigue la ruta del viaje en un mapa para ver el alcance completo de sus experiencias.

Números 5-6

Se exigía confesión y restitución por los agravios cometidos contra otra persona. Además, un mal contra otro se consideraba infidelidad al Señor (5:5-7). Las relaciones interpersonales son importantes en la compañía de los creyentes.

La prueba para determinar la infidelidad del capítulo 5 parece extraña a nuestros oídos. Era la manera en que Dios sacaba a la luz la verdad y protegía a mujeres inocentes. El texto afirma que, si la mujer es culpable, la maldición se hará evidente: la mano de Dios lo hará realidad. Por sí solo, en circunstancias normales, no habría ningún efecto adverso al beber agua con un poco de polvo y tinta añadidos.

El voto del nazareo apartaba a una persona por un período específico como un acto de devoción a Dios (Números 6). En los casos de Sansón y Juan el Bautista, el Señor les ordenó que se apartaran como nazareos incluso antes de nacer (Jueces 4:1-7; Lucas 1:15).

Job 20

Ahora es el turno de Zofar de hablar. Lee el capítulo 20 y observa que, si bien lo que dice Zofar es en su mayor parte cierto, se aplica incorrectamente a Job. El razonamiento es algo así como lo siguiente: Job está pasando por un sufrimiento intenso. Nadie puede salirse con la suya sin sufrir las consecuencias. Puesto que Job está sufriendo, debe ser a causa de su pecado; por lo tanto, está engañado y equivocado. Esto, por supuesto, era incorrecto.

Podemos preguntarnos: ¿sufren los justos sin causa? ¡Por supuesto! Job es un ejemplo. Por el contrario, ¿prosperan los injustos? Muchos lo hacen por un tiempo en esta vida (véase Salmo 73:3-12), pero al final pagarán el precio por su pecado (véase Salmo 73:27).

MARZO 3

Hechos 15

Hechos 11 relata la crítica a Pedro por ir a casa de hombres incircuncisos y comer con ellos (11:2-3). Esto se resolvió en la iglesia de Jerusalén después de que Pedro y sus compañeros explicaron cómo Dios los había guiado (11:18). La obra del Espíritu Santo fue inconfundible (11:15-17). Nadie podría argumentar que el Espíritu Santo no había venido a los gentiles.

Ahora la pregunta era si los creyentes gentiles debían circuncidarse observando la ley. Este punto de vista lo sostenían los cristianos judíos que habían sido fariseos (vv. 1, 5). Curiosamente, Pablo había sido fariseo, pero no quiso tener nada que ver con esa idea. Tanto Pablo como Bernabé argumentaron firmemente que la regulación no debería aplicarse a los creyentes gentiles (vv. 2, 12).

→ Varios miembros de la iglesia de Antioquía llevaron el asunto a la iglesia de Jerusalén (vv. 2b-4). Nota el razonamiento de ambos lados del argumento cuando el tema fue considerado en Jerusalén (vv. 6-21). Nota lo que dijo Pedro. Santiago, quien resumió las cosas, era medio hermano de Jesús. El apóstol Santiago ya había sido martirizado (véase Hechos 12:1-2). Santiago usó las Escrituras del Antiguo Testamento para demostrar la promesa de Dios de que los gentiles serían incluidos en la salvación (vv. 16-18). Esta fue una decisión trascendental, porque reiteró que la salvación vino por la fe y solo por la fe, a través de la gracia del Señor Jesús. ¡La promesa hecha a Abraham en Génesis 12:3b—que "por medio de ti serán bendecidas todas las familias de la tierra"—se estaba cumpliendo! Toda la iglesia resolvió la cuestión y la carta a las otras iglesias de la zona comunicó su decisión. Quizás porque era tan importante, se eligió a hermanos de Jerusalén para que regresaran a Antioquía con los que habían sido enviados a Jerusalén, lo que oficializó esta conclusión crítica. ←

Números 7-8

Los actos finales en preparación para la adoración en el tabernáculo fueron las ofrendas del pueblo, la dedicación de los instrumentos de adoración y la ordenación de los levitas.

Los levitas eran el diezmo que se entregaba a Dios (8:16-18). Todo primogénito de las vacas y de los rebaños pertenecía a Dios y era ofrecido a Dios. Los levitas ocuparon el lugar de los primogénitos del pueblo; no fueron contados como una de las tribus. Aunque Leví era uno de los doce hijos de Jacob, ni Leví ni José fueron designados como tribus. En cambio, los levitas fueron apartados para el servicio de Dios, y los dos hijos de José (Efraín y Manasés) reemplazaron a Leví y a José, formando así las doce tribus.

Job 21

Job respondió elocuentemente a Zofar desde su experiencia común. Es evidente que a muchos no les importa Dios, pero les va bien en la vida (vv. 7-15). Todo lo que hacen parece prosperar. En su opinión, no tienen necesidad de Dios (v. 15).

Job señaló que su prosperidad realmente no está en sus manos (v. 16). Nuestra idea de justicia no puede comprender los caminos divinos (vv. 17-21). El Señor puede permitirles terminar sus vidas sin traer juicio sobre ellos, pero Dios tendrá su día (vv. 22-26). A menudo el hombre malo termina bien su vida desde el punto de vista humano y celebra un gran funeral (vv. 27-33).

El punto de Job: ¡Mire a su alrededor y vea el mundo real! No me molestes con tus tonterías. Les dijo que, basándose en su razonamiento incorrecto, no podían sacar conclusiones sobre su condición.

MARZO 4

Hechos 16

Sigue en un mapa a Pablo y sus compañeros en este segundo viaje misionero (15:40-18:22). Pablo y Silas se encontraron con Timoteo en Listra (v. 1) y se lo llevaron. Aunque la madre de Timoteo era judía, él no había sido circuncidado cuando era niño. Antes de empezar juntos, Pablo hizo circuncidar a Timoteo. Lo hizo no porque fuera necesario como cristiano, sino porque quería evitar que el pueblo judío le preguntara a quién ministraría (véase 1 Corintios 9:19-23).

→ En relación con Hechos 1:8, un hecho significativo cambió los planes del grupo. El Espíritu Santo guio específicamente al grupo de extensión al primer ministerio evangelístico en Europa (vv. 6-10). ← Nota también que en este punto el autor, Lucas, escribió en primera persona (v. 10), indicando que se había unido al grupo.

Filipos fue la primera ciudad importante que visitaron. Lidia conoció al Señor y abrió su casa al grupo de trabajadores. Ella y su casa fueron bautizados (vv. 14-15). Nota cómo llegó la oposición en Filipos. Cuando Pablo enfrentó los demonios en la esclava, librándola de la opresión, surgieron los problemas (vv. 16-21). El poder de Dios al liberar a esta joven del mal eliminó la capacidad de su dueño de usarla para obtener ganancias financieras. En el mundo, el dinero suele considerarse mucho más importante que las personas (véase Lucas 8:34-37); en contraste, Dios considera a las personas como realmente importantes, ¡hechas a su imagen (véase Génesis 1:27)! Sin embargo, Dios usó este evento para llevar el evangelio a los encarcelados con Pablo y Silas, así como al carcelero. Cuando el Señor liberó a Pablo y Silas de la cárcel, el carcelero y su familia escucharon el evangelio y se convirtieron (vv. 25-34).

Números 9-10

Una vez terminado y levantado el tabernáculo, el Señor ordenó a los israelitas que celebraran la Pascua (9:1-3). Surgió un problema cuando algunos de los israelitas, debido a que eran ceremonialmente impuros, no pudieron observar la Pascua (vv. 6-7). Recuerda que celebrar la Pascua no era una opción: era un mandato del Señor. Moisés acudió al Señor con el problema y él le proporcionó una solución. Los que estaban impuros podían celebrar la Pascua un mes después. Ten en cuenta, sin embargo, que si una persona fuera simplemente negligente, sería excluida de los israelitas (v. 13).

Una de las grandes bendiciones de los israelitas fue la presencia visible del Señor, tanto de día como de noche (v. 15). La nube representó la dirección visible de Dios para toda la asamblea. Cuando la nube se movió, ellos se movieron. Cuando la nube se asentó, acamparon (vv. 17-23).

En el capítulo 10, la nación se preparó para actuar. Desde el momento del éxodo de Egipto hasta este punto en Números capítulo 10, habían pasado sólo dos años (vv. 11-12). Los 38 años restantes de su experiencia en el desierto tendrán lugar desde aquí en el capítulo 10 hasta el final de Números (Números capítulo 36). Ten en cuenta especialmente los versículos 35 y 36. Moisés oró pidiendo la bendición de Dios mientras se movían y la bendición de Dios sobre ellos cuando acamparon.

Job 22

Cuando Elifaz comenzó su tercera conversación con Job, es evidente que su posición se había endurecido. Toda su comunicación con Job en este capítulo se basa en tres premisas falsas. Primero, la justicia de una persona no es ningún beneficio para Dios (vv. 2-3). Segundo, la miseria de Job fue el resultado de su pecado (vv. 4-11). En tercer lugar, si Job se arrepintiera y aceptara la verdad de Dios, él lo restauraría (vv. 21-30). Elifaz habló desde la perspectiva de la lógica humana y el conocimiento limitado.

MARZO 5

Hechos 17

He aquí un poderoso mensaje de Pablo, dirigido a los filósofos de Atenas. Adaptó su presentación del Evangelio a la forma de razonar común en Atenas, ¡incluso citando a sus propios poetas! Pablo presentó poderosamente a Jesús, la necesidad del arrepentimiento y la realidad del juicio venidero. Tenemos mucho que aprender de Pablo sobre la evangelización eficaz.

Hay una idea adicional del mensaje de Pablo que no debemos pasar por alto. Recordemos el relato de la lapidación de Esteban en Hechos 7. Fue allí donde se nos presentó por primera vez a Pablo, entonces conocido como Saulo. Fue allí donde se nos presentó por primera vez a Pablo, entonces conocido como Saulo. Mientras apedreaban a Esteban, "Los acusadores encargaron sus mantos a un joven llamado Saulo… Y Saulo estaba allí, aprobando la muerte de Esteban" (Hechos 7:58; 8:1). Sería lógico suponer que el mensaje de Esteban aquel día no tuvo ningún efecto sobre Pablo. Pero en su mensaje aquí en Atenas, Pablo cita el sermón de Esteban. Esteban dijo: "Sin embargo, el Altísimo no habita en casas construidas por manos humanas" (Hechos 7:48). En el mensaje de Atenas, Pablo dijo: "El Dios que hizo el mundo y todo lo que hay en él es Señor del cielo y de la tierra. No vive en templos construidos por hombres" (Hechos 17:24). También hay otras similitudes entre los dos sermones. Cuando compartimos el Evangelio, a veces puede parecer que no está teniendo ningún impacto. Sin embargo, el Espíritu Santo puede estar obrando poderosamente de maneras que no podemos ver.

Números 11-12

Dos veces en el capítulo 11, una en Taberá y otra en Quibrot Hatava, las quejas resultaron en juicio de Dios. Quejarnos de nuestras circunstancias es en realidad quejarnos del cuidado de Dios (v. 20b). Lee ambos relatos atentamente. Una lección importante aquí es que si insistimos en algo que deseamos, Dios puede concedernos la petición (es decir, la carne), pero no es lo mejor para nosotros y podemos sufrir (11:18-20, 31-34). Es mucho mejor estar contentos con lo que el Señor nos da (1 Timoteo 6:6).

Números 11 ilustra una razón importante para prestar atención al Antiguo Testamento: encontramos vívidos ejemplos de comportamiento humano e ilustraciones de cómo Dios trata con las personas. Estos principios casi siempre se aplican a nosotros hoy. Los comentarios de Pablo sobre las Escrituras del Antiguo Testamento en 1 Corintios 10:1-13 ponen esto de relieve. Véase también Romanos 15:4. Dios ha incluido estos ejemplos para que no caigamos en los mismos patrones pecaminosos.

Incluso Miriam y Aarón fueron presuntuosos en su queja (12:1-2), y Dios respondió. ¿Puedes sentir la vergüenza de Miriam? Desde una perspectiva humana, su queja tenía un tono de validez: "¿Acaso solo por medio de Moisés ha hablado el Señor? ¿No ha hablado también por medio de nosotros?" (v.2)? Sin embargo, no se dieron cuenta de que fue Dios quien había puesto a Moisés en su posición. En ambos casos, cuando los israelitas se quejaron de su comida (capítulo 11) y cuando Miriam y Aarón desafiaron a Moisés (capítulo 12), el problema subyacente fue el descontento con los planes y provisiones de Dios. En última instancia, indicó una falta de confianza en Dios mismo. Moisés respondió orando por la curación de Miriam (12:11-13). Nota la plegaria misma. Fue poderosa, efectiva y, sin embargo, solo tenía una oración gramática. El Señor siempre nos escucha cuando oramos, ya sean oraciones largas o cortas (véase Nehemías 2:4-5).

Job 23

En respuesta a Elifaz, la confianza de Job en Dios es una maravillosa expresión de fe: confiaba en que, si podía encontrarse cara a cara con el Señor, sería vindicado (vv. 4-7). Estaba seguro de que, aunque no podía encontrar a Dios, Dios lo tenía delante de sus ojos y conocía su corazón (vv. 8-10). Dios conocía su carácter y que su vida había sido piadosa (v. 11). Específicamente, Job había guardado los mandamientos de Dios y seguido su palabra (v. 12). Sin embargo, a pesar de esta confianza, Job no podía entender los tratos de Dios con él, y parecía que una espesa oscuridad lo cubría (v. 17).

MARZO 6

Hechos 18

El tiempo que Pablo pasó en Atenas y Corinto nos da una idea de la amplia naturaleza de su ministerio. En Atenas habló con los filósofos en sus propios términos. En Corinto se dedicó al evangelismo personal con Aquila y Priscila, quienes más tarde estuvieron activos en el ministerio (vv. 1-3). ¿Eran creyentes cuando se conocieron? No sabemos, pero es probable que sí. Pablo usó las Escrituras para dar un poderoso testimonio a los judíos (vv. 4-5). Cuando no quisieron escuchar, se volvió hacia los gentiles y efectivamente les llevó el evangelio (v. 6). Con el aliento del Señor, Pablo permaneció en Corinto dieciocho meses enseñando la Palabra (vv. 9-11).

Nota lo que el Señor usó en estos primeros días de la iglesia para difundir el evangelio. Cuando llegó la persecución, la iglesia se extendió por todas partes (véase Hechos 8:1). Cuando surgió la oposición de los judíos, el evangelio se extendió a los gentiles. Dios es soberano sobre todas las cosas y nada puede frustrar sus propósitos soberanos (véase Job 42:2).

Sigue a los misioneros mientras regresaban a Asia Menor y regresaban a su base en Antioquía. Después de un período en su iglesia local donde informaron sobre su ministerio, una vez más partieron en un tercer viaje misionero a Asia Menor, donde alentaron a los creyentes y presentaron con valentía el mensaje del evangelio.

Números 13-14

Para explorar la tierra que Dios había prometido a Abraham y a los israelitas, se seleccionaron y enviaron doce líderes (13:3-16). Al regresar el informe mayoritario habló de la buena tierra, pero también de la imposibilidad de derrotar a los habitantes y tomarla (13:26-33). Este informe cuestionó la promesa de Dios para ellos como nación (Génesis 12:7; 15:16; Éxodo 6:6-8) y la capacidad de Dios para hacer lo que había prometido hacer. Caleb y Josué no estuvieron de acuerdo con esta evaluación (13:30; 14:6-9), pero muchos creyeron el informe pesimista.

El descontento del pueblo equivalía a una rebelión contra el liderazgo y, en última instancia, contra Dios (14:1- 4). El pueblo incluso consideró apedrear a Caleb y Josué por su informe, pero mientras hablaban, sucedió algo extraordinario: la gloria del Señor se hizo visible a la asamblea (v. 10). Los israelitas corrían gran peligro de sufrir el juicio de Dios (vv. 10-12), pero Moisés actuó como su abogado (vv. 13-19). El Señor no destruyó a toda la compañía, pero los diez que trajeron el informe despectivo e incrédulo murieron inmediatamente a manos de Dios (vv. 36-38). Otros hicieron caso omiso de las instrucciones de Moisés e intentaron avanzar para tomar la tierra, pero fueron rechazados por los amalecitas y los cananeos (vv. 41-45).

Job 24

Job deseaba que Dios tuviera un tiempo definido para juzgar a los impíos (v. 1). ¿Por qué, preguntó, las personas que conocen a Dios deberían tener que esperar aparentemente en vano a que Dios actuara, mientras que otros parecen salirse con la suya cometiendo una grave injusticia? Desde nuestro punto de vista, con las Escrituras en la mano, sabemos que Dios *ha* fijado tal tiempo y ciertamente habrá tal día (Hechos 17:31).

Sigue la lista de Job sobre cómo las personas oprimen a otros desafiando la ley de Dios y se salen con la suya (vv. 2-4) y la difícil situación de los pobres (¿A quién le importa? ¿Quién es su abogado? ¿Dónde está Dios? vv. 5-12). También denuncia las malas intenciones de la gente que durante la noche que utilizan la oscuridad para cubrir sus actos pecaminosos (vv. 13-17). Sin embargo, Dios ve a todos y conoce cada corazón. Él tratará con ellos a su manera y en su propio tiempo (vv. 18-24).

Job hizo la pregunta correcta en el versículo 1. Ha evaluado correctamente la sociedad en los versículos 2-17. Su conclusión de que Dios ve y ciertamente arreglará las cosas al final (vv. 18-24) revela la profunda fe y confianza de Job en Dios.

MARZO 7

Hechos 19

Pablo había sido invitado previamente a enseñar en Éfeso (18:19-21), y ahora regresó y pasó más de dos años enseñando diariamente (vv. 8-10). Tanto en Corinto como en Éfeso, donde Pablo pasó largos períodos enseñando, las iglesias tenían un número significativo de griegos conversos. Mientras que los judíos conversos tenían un trasfondo importante en las Escrituras, los griegos no, y Pablo tuvo que establecer confianza en la Palabra de Dios.

Cuando algunos intentaron imitar el trato de Pablo con los demonios, experimentaron una poderosa lección (vv. 13-16). A medida que la gente se enteró de esto, respetaron aún más el poder de Jesús.

El evangelio afectó a la sociedad de Éfeso de dos maneras significativas. Los que habían estado involucrados en hechicería quemaron sus valiosos rollos (vv. 18-19). Debido a que los fabricantes de ídolos perdieron ingresos, se produjo un disturbio en la ciudad (vv. 23-34).

Números 15-16

El desafío a Dios, sin tener en cuenta lo que sabemos que es el mandato o la voluntad expresa de Dios, se aborda en 15:30-31. Es aleccionador darse cuenta de que ese pecado deliberado es lo mismo que blasfemia: en realidad, despreciar la palabra del Señor (véase 1 Samuel 15:22-23). Un ejemplo se encuentra en los versículos 32-36, cuando un hombre fue apedreado por desobedecer el mandamiento del Señor con respecto al sábado. Hoy cuestionaríamos la severidad de este castigo. Lee nuevamente el principio al comienzo de este párrafo y recuerda que los versículos 30-31 son la revelación de Dios para nosotros. Compara este incidente con Hebreos 10:26-31. El Nuevo Testamento plantea el mismo punto.

El relato de la rebelión de Coré, Datán y Abirán (capítulo 16) también es aleccionador. Estos hombres no eran la chusma que incitaba al pueblo a quejarse del alimento que Dios había provisto en 11:4. Estos hombres, y quienes se unieron a ellos, eran líderes de la comunidad. Su argumento podría ser popular hoy en día: "¿No cuenta cada persona? ¿Por qué, Moisés, te pones por encima del resto de nosotros? ¡No está bien! No supieron apreciar un hecho vital: el Señor mismo había puesto a Moisés en su posición. Sigue el enfrentamiento ocurrido y el juicio que vino del Señor. Casi quince mil murieron como resultado de su desafío. Es peligroso rebelarse contra Dios.

Job 25

Bildad expresó la verdad en los versículos 2 y 3, pero luego sacó conclusiones incorrectas de esta verdad. En respuesta a la pregunta de Bildad en el versículo 4, observa la lógica de Job en 23:11-12. En apoyo de la declaración de Job, véase Salmo 15; Isaías 1:16-20; y Miqueas 6:8. Cuando una persona ama a Dios y pone fe en él, su estilo de vida lo demuestra. Dios tenía su pueblo en el mundo que le servía, y Job era uno de esos siervos.

Sin embargo, más allá del comportamiento y las acciones de Job, había otra obra de Dios que Job parecía entender, al menos en parte. Había hablado con confianza de la realidad de su Redentor viviente (19:25-27). Bildad tenía razón al afirmar que el hombre, en sí mismo, no podía ser verdaderamente justo (v. 4). Job, sin embargo, estaba en una larga fila de hombres y mujeres que, por su fe, eran justos (Génesis 15:6). Aunque Job no entendía qué método usaría Dios, sí entendió que había un Redentor y una resurrección, y que Dios perdonaría sus pecados (14:17). Incluso entendió que tenía un abogado ante Dios que hablaba por él como intercesor (16:18-21).

MARZO 8

Hechos 20

Cuando Pablo salió de Éfeso, cruzó nuevamente el mar Egeo hacia Macedonia. Nuevamente visitó a los creyentes en Grecia y Macedonia (vv. 1-3).

Cuando Pablo emprendió su viaje de regreso a Jerusalén, pasó por Mileto, que era el puerto de Éfeso. Desde allí llamó a los ancianos de la iglesia de Éfeso para que se reunieran con él. En su mensaje a los ancianos de la iglesia en los versículos 17-37, podemos comprender el corazón pastoral de Pablo en su preocupación por la iglesia. Él creía que su ministerio entre ellos había terminado y que la iglesia enfrentaría el ataque de Satanás tanto desde afuera (v. 29) como desde adentro (v. 30). Judas vio lo mismo en el versículo 4 de su breve carta. Mira cuidadosamente el encargo de Pablo a los ancianos (vv. 28-31). Los llamó a cuidar sus propias vidas y las vidas de aquellos a quienes Dios había puesto a su cuidado. Esta fue una reunión muy emotiva entre Pablo y los ancianos de la iglesia.

Números 17-18

Después del desastre de la rebelión instigada por Coré, Datán y Abirán, el Señor bondadosamente dio una señal para dejar claro a quién había elegido para guiarlos (capítulo 17). Un líder de cada tribu le dio un bastón a Moisés. Aarón también dio un bastón para la tribu de Leví. Cuando las doce varas estuvieron delante del Señor en la tienda del Testimonio por un día, la vara de Aarón floreció y produjo almendras. Esto se mantuvo como recordatorio de que Dios había elegido el sacerdocio entre Aarón y sus hijos. El pueblo se llenó de asombro y temor (vv. 12-13).

El capítulo 18 describe los deberes de Aarón ante el Señor. Aarón tenía una gran responsabilidad en nombre del pueblo. Los diezmos traídos por las otras tribus serían el sustento de los levitas. Toma nota del versículo 20: Dios mismo iba a ser la herencia de los levitas. Los deberes eran pesados, pero Dios era su compensación.

Job 26

Cuando Job respondió a Bildad, le hizo una pregunta importante. ¿De dónde surgió el razonamiento de Bildad? ¿Qué espíritu impulsó estos comentarios (vv. 1-4)? Vuelva a 4:12-21 y repase el encuentro espiritual que tuvo Elifaz. Debemos entender que nuestra perspectiva refleja la de Dios (el Espíritu de Dios) o la del mundo (el espíritu del Anticristo, 1 Juan 4:1-3). La pregunta de Job iba muy al grano. Satanás hacía todo lo que estaba a su alcance para confundir a Job y apartar su corazón del Señor.

Sigue los comentarios de Job sobre Dios en los versículos 6-14. Job tenía un conocimiento profundo acerca del poder y la mano sustentadora de Dios. Incluso añadió que todo lo que podía ver del poder de Dios era sólo el margen exterior de sus obras (v. 14).

MARZO 9

Hechos 21

Mientras Pablo y el grupo viajaban de regreso a Jerusalén, se reunieron con los creyentes y los alentaron a lo largo del camino. En el relato del tercer viaje misionero, especialmente cuando Pablo regresaba a Jerusalén, pareció comprender que se avecinaba un cambio (20:22-23; 21:13). El Señor también revelaba esto a otros (vv. 10-11). La respuesta de Pablo indica que estaba listo para cualquier cosa que pudiera enfrentar (v. 13).

Cuando Pablo llegó a Jerusalén, los líderes de la iglesia se preocuparon por cómo veían a Pablo los cristianos judíos que todavía eran celosos de la ley. Las controversias sobre la ley en relación con los creyentes gentiles, aunque resueltas por la iglesia en Jerusalén (capítulo 15), todavía afectaban a muchos judíos conversos (vv. 20-21). Pablo tenía reputación con respecto a estos temas, y fue por esta razón que los líderes le pidieron que tomara alguna medida para demostrar que no era hostil a la ley (vv. 20-25).

Aunque Pablo obedeció (v. 26), los acontecimientos avanzaron muy rápidamente hacia su arresto. Las emociones en la ciudad eran explosivas. Esto marcaría el comienzo de un largo proceso legal con los judíos y el gobierno romano, que Dios usaría para lograr sus propósitos (23:11).

Números 19-20

La muerte de María se registra en 20:1. El pueblo volvió a quejarse en Cades porque no había agua (vv. 2-5). Esto, por supuesto, fue una crisis genuina, pero una que Dios podría resolver si se lo pidieran. En cambio, hubo casi un motín cuando el pueblo se reunió en oposición a Moisés y Aarón.

Moisés recibió instrucciones del Señor, pero al leer la respuesta de Moisés al pueblo, casi se puede escuchar su exasperación (20:10). Cuando Moisés tomó el bastón como Dios le había ordenado, se desvió de la obediencia: golpeó la roca en lugar de hablarle. Aunque el Señor respondió dando agua al pueblo, Moisés fue severamente reprendido (v. 12). No se le permitiría ir con el pueblo a la tierra que Dios le había prometido. Es muy importante que prestemos atención a los detalles de la obediencia. Quizás no siempre sepamos por qué el Señor pide que las cosas se hagan de cierta manera, pero debemos confiar plenamente en él y responder en obediencia.

Los israelitas querían pasar por tierras pertenecientes a los edomitas, y cuando Moisés se dirigió al rey edomita, habló de los israelitas como "tu hermano Israel" (20:14). Recuerda que la nación edomita surgió de Esaú, el hermano de Jacob, por lo que hubo una relación fraternal entre las dos naciones (véase Génesis 36).

Aarón también recibió una parte del castigo por su desobediencia (vv. 23-24). Murió en el monte Hor, después de que Moisés tomó sus vestiduras sacerdotales y se las puso a Eleazar, tal como el Señor se lo había ordenado.

Job 27

Job continuó su respuesta a Bildad. Se nos ofrece una visión del carácter de Job y de su comprensión de lo que es importante en la vida.

Nota el carácter de Job en los versículos 3-4. Dijo que, pase lo que pase, seguirá reconociendo a Dios. Lee su descripción de los malvados en los versículos 8-23. No tienen esperanzas reales para el futuro y sólo pueden esperar desilusión ante la muerte.

MARZO 10

Hechos 22

Cuando Pablo fue arrestado, la turba se volvió tan violenta que los soldados tuvieron que llevarlo a un lugar seguro (21:35-36). A petición de Pablo, el comandante le permitió dirigirse a la multitud reunida, que había estado pidiendo su muerte.

Pablo se identificó como un judío celoso, entrenado bajo Gamaliel (v. 3; véase 5:34), y perseguidor de los cristianos hasta su encuentro con Jesús. Habló de su visión de Jesús en el camino a Damasco para arrestar a los cristianos bajo la autoridad de los líderes judíos (vv. 2-11). La multitud escuchó a Pablo hasta que él les dijo que el Señor le había dicho que predicaría a los gentiles (v. 21); ante esto, no querían escuchar más. Los militares romanos estaban a punto de azotarlo cuando Pablo se identificó como ciudadano romano, después de lo cual recibió un trato más civilizado.

Números 21-22

Al llegar a la conquista de las naciones, es importante recordar que estos pueblos estaban siendo conquistados debido a su abominable pecado. Adoraban a dioses paganos y sus prácticas incluían el sacrificio de niños, el incesto, el adulterio, la prostitución en los templos y otros actos despreciables. Como escribiría Pablo en su carta a los Romanos, "la paga del pecado es muerte" (Romanos 6:23). Cuando el Señor prometió la tierra a Abraham, dijo de la descendencia de Abraham: "Cuatro generaciones después, tus descendientes volverán a este lugar, porque antes de eso no habrá llegado al colmo la iniquidad de los amorreos." (Génesis 15:16). Llega un momento en que el Señor—el Dios santo—trae juicio por el pecado, y este fue el momento en que el Señor determinó hacerlo para estas naciones paganas. Como hemos visto, el propio Israel no escapó del juicio de Dios por sus propios pecados.

La serpiente de bronce (vv. 4-9) permaneció con los israelitas hasta la época de Ezequías. Para entonces, se había convertido en objeto de adoración para el pueblo, y Ezequías lo destruyó (2 Reyes 18:4).

Las noticias sobre las proezas militares de los israelitas llegaron al pueblo moabita y los llenaron de miedo. Esto llevó a Balac, rey de Moab, a contactar a Balán para maldecir a los israelitas. El nombre de Balán aparece en la literatura del Medio Oriente en el momento de estos eventos, describiéndolo como un hechicero muy conocido. Dios le habló a Balán, diciéndole que no fuera a Moab (22:12), pero Balán nuevamente cuestionó al Señor cuando llegó otra oferta con un enviado para buscarlo. Dios le permitió ir, pero le dio al asna de Balán la capacidad de hablarle (vv. 28-30). Luego, el ángel del Señor le dijo a Balán que dijera sólo lo que el Señor quería que dijera (v. 35).

Balán lidiaba con un poder espiritual ajeno a él y mucho más poderoso que cualquier cosa que hubiera encontrado anteriormente.

Job 28

Lee los comentarios de Job sobre hasta dónde llegarán los hombres para encontrar tesoros (vv. 1-11). Están dispuestos, incluso poniendo en riesgo sus vidas, a buscar minerales y piedras preciosas en minas oscuras y peligrosas. En contraste, la verdadera sabiduría vale mucho más de lo que el dinero puede comprar (vv. 12-22). Sólo Dios puede guiar al hombre hacia la sabiduría (vv. 23-28). Esta verdad, en una cápsula, se encuentra en el versículo 28. Job conocía a Dios. Job había escuchado al Señor y le había obedecido.

MARZO 11

Hechos 23

Pablo fue llevado ante el Consejo por orden del ejército romano (22:30). El Consejo había interrogado previamente a algunos de los apóstoles (5:27-42). En esa audiencia anterior, el Consejo no pudo obligar a los apóstoles a dejar de hablar en el nombre de Jesús.

Pablo explotó las diferencias religiosas entre las dos facciones del grupo: los fariseos y los saduceos (divididos en cuanto a la resurrección, comenzando con el versículo 6). En verdad, la resurrección de Jesús fue un hecho importante que debía afrontarse. Esto creó tanta confusión dentro del grupo que no pudo continuar. El Señor bondadosamente animó a Pablo diciéndole que estaba en los acontecimientos que se estaban desarrollando y que llevaría su testimonio a Roma (v. 11).

El Señor protegió la vida de Pablo cuando hubo una conspiración para matarlo (vv. 12-19), y Pablo fue trasladado a Cesarea.

Números 23-24

El relato de Balac, rey de Moab, y Balán es intrigante. A pesar de todo lo que Balac hizo para que Balán maldijera a los israelitas, no pudo hacerlo.

En cambio, Dios habló a través de Balán con profecía. Lee los cuatro oráculos de Balán y ve la promesa de bendición y futuro que Dios le dio. ☑Mientras Balán mira hacia el futuro lejano en la visión que Dios le dio, cita la promesa de Dios a Abraham en Génesis 12:3a (24:9b). ¡El pueblo de Dios *será* bendecido! Cuando Dios anunció esta promesa a Abraham en Génesis 12:3, fue una conversación solo entre Dios y Abraham. Ahora, cuando los israelitas están a punto de entrar en Canaán, ¡esta promesa de un pueblo bendito es proclamada desde las cimas de las montañas y por los paganos! Ahora todos sabían que se trataba de un pueblo único, bendecido por Dios. El Mesías se menciona claramente en 24:17-19. La estrella y el cetro son claras referencias a Jesús. La promesa de redención vendría a través del pueblo de Dios. ⇦Es sorprendente que Dios confirmó su promesa de redención a través de este hechicero pagano. El Señor puede usar cualquier cosa y a cualquiera para lograr sus propósitos soberanos.

Job 29

Job anhelaba los días en que la bendición de Dios sobre él fuera evidente (vv. 2-6). Toma nota del versículo 4 donde Job habló de la íntima amistad de Dios con él. Job conocía a Dios. Había sido respetado (vv. 7-11). Se ganó el respeto, porque claramente era bondadoso y justo con los necesitados (vv. 12-17). Había esperado que este respeto continuara hasta la vejez y que moriría en su propia casa (vv. 18-25). Todo eso pareció destrozarle porque Job no entendía su sufrimiento. De hecho, estaba al servicio del Señor Dios.

MARZO 12

Hechos 24

Para Pablo comenzó entonces un proceso judicial prolongado. Era tan humano como nosotros y necesitaba recordar con frecuencia la palabra del Señor registrada en 23:11. Dios se estaba saliendo con la suya en la vida de Pablo y estaba a su lado.

Félix era el gobernador del área de Cesarea donde los militares habían llevado a Pablo para su protección. Con la ayuda de un abogado, los líderes judíos no perdieron tiempo en presentar su caso contra Pablo. Su caso, por lo que deducimos del texto, no contenía ninguna verdad. Actuando en su propia defensa, Pablo destacó este punto y volvió a hablar sobre la resurrección (vv. 10-16). También afirmó claramente que era un creyente en el Camino, entendido tanto por los judíos presentes como por Félix en el sentido de que creía en Jesús, el Señor resucitado.

Félix conocía bien el Camino (v. 22). Al concluir esta sesión, el resultado parecía depender de la información que el comandante militar traería al procedimiento cuando llegara (v. 22b).

Más tarde, ante Félix y su esposa Drusila, Pablo habló sobre la vida y la muerte, la fe y el juicio (vv. 24-25). ¡Pablo fue atrevido! El mensaje de Cristo trajo miedo al corazón de Félix, pero como esperaba un soborno, habló a menudo con Pablo (v. 26). Félix fue un hombre con una oportunidad incomparable de conocer la verdad y responder; en cambio, no sólo se alejó, sino que comprometió la confianza depositada en él, provocando injusticia.

Números 25-26

El trágico episodio de la historia de los israelitas registrado en el capítulo 25 provocó la muerte de veinticuatro mil personas. La inmoralidad fue el resultado de una seducción planificada por parte de las mujeres moabitas, una estrategia emprendida por consejo de Balán (31:16). Esto era exactamente sobre lo que Dios había advertido al pueblo (Éxodo 34:10-16). La acción decisiva y valiente de Finés contuvo la crisis.

Más tarde, cuando el Señor dio la victoria a los israelitas sobre los moabitas, Balán fue asesinado (véase Números 31:1-18). Aunque en sus oráculos hablaba sólo lo que el Señor le decía, era un hechicero pagano que causaba grandes problemas a los israelitas.

Los israelitas ahora estaban cerca de Canaán, y había pasado suficiente tiempo para que la generación de hombres que no habían seguido el buen consejo de Caleb y Josué de creer a Dios y tomar la tierra ahora había muerto (26:63-65).

Job 30

En el capítulo 29 leimos sobre el anhelo de Job por los días previos a su aflicción. En el capítulo 30 vemos su perspectiva sobre lo que enfrentaba.

Los hijos de los hombres a quienes Job no habría contratado para cuidar de sus perros se estaban burlando de él (vv. 1-15). Mientras su vida parecía decaer, sus clamores a Dios quedaron sin respuesta (vv. 16-20). A Job le pareció injusto porque había ayudado a los afligidos cuando tenía el poder para hacerlo (vv. 24-31).

MARZO 13

Hechos 25

Festo sucedió a Félix como gobernador. Sigue los intentos detrás de escena de influir en Festo en su conducción de los procedimientos judiciales de Pablo (vv. 2-3). Nota también por qué los judíos querían que Pablo fuera trasladado a Jerusalén (v. 3b). Nada bueno ocurría en el fondo. Añádese a eso el deseo de Festo de ganarse el favor de los judíos (v. 9). Pablo, comprendiendo las implicaciones de la pregunta de Festo sobre su disposición a ir a Jerusalén, se negó y, con privilegios como ciudadano romano, apeló a Roma (vv. 10-11).

Pablo dijo que estaba dispuesto a morir si eso era lo que merecía. Según la ley romana, los judíos tenían autoridad para ejecutar a una persona que hubiera profanado el templo, y de eso lo acusaban (21:27-29). Si podían ponerle las manos encima, eso es lo que pretendían hacer.

Ahora el caso llegó ante el rey Agripa y su esposa, Berenice. Cuando Festo le contó a Agripa sobre el caso, presentó los hechos tal como se relacionaban con la ley, lo cual parecía técnico y bastante insignificante (vv. 16-21). Dio a entender que no había mucho caso, diferente de lo que ocurría en el fondo.

Números 27-28

Las cinco hijas de Zelofejad plantearon a Moisés una pregunta legal sobre la propiedad de su familia (27:1-11). Como no había hermanos, esto requirió una decisión especial. La situación era lo suficientemente inusual como para que se mencione tres veces en Números y también en Josué. La respuesta del Señor a Moisés apoyó la petición de las cinco hijas de recibir la propiedad de su padre. Hasta ese momento, la propiedad se había transmitido sólo a los hijos varones cuando sus padres morían.

El Señor le informó a Moisés que moriría después de subir a una montaña para ver la tierra que Dios les daba a los israelitas (27:12-14). Moisés, comprendiendo las necesidades del pueblo, le pidió a Dios que nombrara una persona adecuada para guiar a los israelitas (vv. 15-17). → En respuesta, el Señor le dijo a Moisés que encargara a Josué la responsabilidad (vv. 18-19). Luego Josué fue comisionado ante el sacerdote Eleazar y todo el pueblo para la tarea que tenía por delante. ←

Poco antes de entrar en la tierra que Dios había prometido, los israelitas recibieron un recordatorio de las ofrendas y las fiestas (capítulos 28 y 29).

Job 31

El capítulo 31 es un poderoso testimonio de la fidelidad de Job. Su comportamiento correcto y sus relaciones con los demás se basaron en su decisión de agradar a Dios (vv. 1-4). Esto resultó en moralidad (vv. 1, 9-12), honestidad (vv. 5-8, 33-34), justicia (vv. 13-15, 21-23), misericordia (vv. 16-20, 29-30), generosidad (v. 31) y hospitalidad (v. 32) en su vida. También se negó a confiar en sus riquezas (vv. 24-25) y guardó su corazón de la idolatría (vv. 26-27). Job es un ejemplo inusual de una vida que trajo gloria al Señor.

MARZO 14

Hechos 26

De pie ante Festo y Agripa, Pablo simple pero elocuentemente dio testimonio tanto de su propia experiencia como de la verdad del evangelio. Declaró que lo sucedido cumplía la promesa de las Escrituras (vv. 6-7, 22b-23). Una vez más, enfatizó la resurrección como central (v. 8); Cristo resucitó y, debido a que vive, el perdón y la vida ahora están disponibles para todos (v. 23). Pablo afirmó su propia fidelidad al llamado del Señor Jesús (vv. 19-20). También desafió a estos dos funcionarios romanos a admitir que sabían que muchas de estas cosas se hicieron (vv. 24-27).

La ironía es que, cuando fueron despojados de los intereses especiales que mantenían el proceso en el limbo (24:9, 26-27), Festo y Agripa reconocieron que Pablo era inocente y podría haber quedado en libertad, si no había apelado a César (vv. 30-32).

Números 29-30

Al leer las regulaciones sobre las ofrendas que los israelitas hacían durante el año (capítulos 28 y 29), considera cómo se estructuraban sus vidas en torno a estas observancias. Las vistas y los olores de estas prácticas formaban parte de la estructura misma de sus vidas. Nunca faltaban más de doce horas para los holocaustos habituales, y las celebraciones especiales reunían a todo el pueblo en adoración, contemplación y regocijo.

Respecto a los votos en el capítulo 30, nótate que se requería el consentimiento del padre en el caso de una mujer soltera, y la aprobación del marido en el caso de una casada. La mujer viuda o divorciada no tenía tal protección y era responsable, sin reservas, de sus propias promesas.

Job 32

Los tres amigos de Job, Elifaz, Bildad y Zofar, ahora guardan silencio. Han hecho todo lo posible para convencer a Job de que su pecado era la razón de su sufrimiento. Sus palabras fueron en vano.

Entonces habló un hombre más joven, Eliú. La costumbre le prohibía hablar hasta que los mayores guardaran silencio. Según su testimonio, le resultó difícil guardar silencio. Estaba frustrado porque no estaba de acuerdo con muchas de las convicciones expresadas por los tres amigos, y también estaba frustrado con Job por seguir justificándose. Su discurso contenía una mezcla de verdad y error, el mismo problema que tenían los otros tres amigos.

Job nunca respondió al discurso de Eliú. Cuando él terminó, fue el turno del Señor de hablar. Es interesante que el Señor les dijo a los tres amigos que fueran a ver a Job, quien sacrificaría holocaustos por ellos, pero no mencionó a Eliú. Debían pedirle a Job que orara por ellos para que pudieran recibir el perdón.

MARZO 15

Hechos 27

Doscientas setenta y seis personas compartieron la bendición de la liberación de la tormenta gracias a Pablo (vv. 23-24, 37). Como evidencia del respeto que se tenía a Pablo, observa cómo el comandante militar escuchó el consejo de Pablo cuando algunos miembros de la tripulación intentaron escapar del barco (vv. 27-32). Gracias a Pablo, los prisioneros a bordo no fueron asesinados y se les permitió escapar del barco (vv. 42-43).

Números 31-32

Por orden de Dios, Israel derrotó a los madianitas. Éstos y los moabitas juntos habían reclutado a Balán para maldecir a los israelitas (22:4-7). Recuerda que fueron las mujeres moabitas y madianitas quienes sedujeron a los hombres de Israel, trayendo juicio del Señor sobre ellos (25:1-2, 6). Balán era de Madián y fue asesinado en ese momento (31:8). Esta fue una de las últimas batallas en el lado este del río Jordán antes de que los israelitas cruzaran a Canaán.

El plan original había sido que todas las tribus cruzarían el río Jordán y ocuparían Canaán. Sin embargo, la tierra al este del Jordán era atractiva y adecuada para una vida permanente, por lo que los rubenitas, los gaditas y la media tribu de Manasés propusieron quedarse al este del Jordán y establecer allí su hogar (32:1-5). Sigue su propuesta, el desacuerdo (vv. 6-15) y la solución aceptable (vv. 16-22). La resolución se produjo una vez que ambas partes escucharon atentamente los problemas y luego respondieron. ¡Podemos aprender de este patrón!

Job 33

Eliú creía que Job era inconsistente porque decía que era inocente (v. 9), pero también dijo que el Señor consideraba a Job su enemigo (vv. 10-11). Esto no era cierto, pero así le pareció a Job. Lo que Job había anhelado era la oportunidad de hablar con Dios y argumentar su caso.

A la luz de lo anterior, sigue la línea de pensamiento de Eliú. Dios habla a las personas de varias maneras (vv. 14-18), animándolas a apartarse del pecado (v. 18). A veces Dios castiga a las personas a través de la adversidad, y el ángel de Dios está a su lado, trayendo gozo a la persona que es restaurada (vv. 19-28). La misericordia se extiende con el perdón. Si bien todo esto es cierto, no se aplica a Job.

Ten en cuenta que Eliú también vio la necesidad de un rescate pero no habló de un redentor como lo hizo Job. Dijo que un ángel podría encontrar un rescate para el pecador (vv. 23-24). ☑¿Quién podría ser sino el Salvador Redentor, el Señor Jesús (véase 16:19-21; 19:25-27)? ¡Job estaba un paso por delante de Eliú! ⇐

MARZO 16

Hechos 28

Pablo aprovechó cada oportunidad para testificar a los que estaban fuera del reino y animar a los creyentes. Aunque no había planeado visitar Malta, se apresuró a ministrar a los que vivían allí (vv. 7-9). ¡Estemos atentos a oportunidades ministeriales no planificadas! Aunque la estancia de Pablo en la isla fue corta, su ministerio fue poderoso y aún hoy lo conmemoran los ciudadanos de Malta. La bahía donde desembarcaron hoy se llama Bahía de San Pablo y el país celebra una festividad anual en memoria de Pablo.

Pablo finalmente llegó a Roma. Lo animaron los miembros de la iglesia romana que vinieron a su encuentro (v. 15). Predicó mientras esperaba el juicio (v. 23). Durante dos años habló a todos los que quisieron escucharlo (vv. 30-31; véase Hechos 23:11). Recibimos información adicional en la carta que escribió a la iglesia de Filipos desde Roma (Filipenses 1:12-14). La característica que se destaca en Pablo es que era resuelto, audaz y fiel. ¡Que Dios nos ayude a seguir su ejemplo!

Números 33-34

Al leer el capítulo 33, con el registro de todos los lugares a los que fueron los israelitas y el número de veces que se mudaron, piensa por un momento en lo que eso implicó. Las familias empacaron repetidamente sus cosas y caminaron de un lugar a otro. Considera el trabajo manual que implica desmontar

y volver a montar el tabernáculo. Acuérdate también de las quejas, de la rebelión del pueblo y del juicio de Dios sobre el pueblo. Gran parte de la historia se resume en estos versículos.

Nota las advertencias gráficas a los israelitas en los versículos 50-56. Casi
se puede sentir el dolor en los ojos y en los costados. Lee Jueces 3:5-6.

El Señor fue muy específico acerca de los límites de la tierra que le estaba
dando al pueblo (capítulo 34). También especificó los hombres que super-
visarían la división de la tierra. Era importante que esta división fuera justa
para todos.

Job 34

Eliú continuó su discurso y cayó en el mismo error que los otros tres amigos. En los versículos 5 y 6 citó a Job diciendo que era inocente y que Dios
le negaba la justicia. De hecho, esto era cierto. Dios permitía una situación
que no parecía justa por sus propios motivos. Eliú acusó a Job de pecado en
los versículos 7-9 y argumentó que si Job fuera justo, Dios no permitiría tal
injusticia (vv. 10-12).

La ironía de la situación de Job es obvia en el versículo 21. Dios ciertamente había visto cada paso de Job, y por eso permitió que Satanás probara
a Job: ¡debido a su justicia!

La declaración de Eliú sobre Job en el versículo 35 es parcialmente incorrecta
(Job *no* tenía perspicacia perfecta, pero sí habló con perspicacia acerca de la misericordia de Dios). La acusación de Eliú contra Job es totalmente falsa (v. 37).

MARZO 17

Marcos 1

El relato del evangelio de Marcos avanza rápidamente, enfatizando la confrontación entre la autoridad de Dios y el poder de Satanás. Al leer el texto,
observa cuántas veces ves la autoridad de Dios en la sanidad, la expulsión de
demonios y la capacidad de perdonar pecados, así como su autoridad sobre
la naturaleza y la muerte. →El comienzo del libro (vv. 1-3) inmediatamente
presenta al lector cómo Dios actuó específicamente para prepararle para el

ministerio de Jesús. Juan, el hijo de Zacarías e Elisabet, es identificado como quien cumpliría las profecías tanto de Malaquías (Malaquías 3:1) como de Isaías (Isaías 40:3). Su ministerio fue un llamado al arrepentimiento que prepararía a quienes respondieran al mensaje que Jesús traería. ←

Como notamos anteriormente en el relato paralelo del bautismo de Jesús en Lucas 3, cada uno de los tres miembros de la Trinidad,—el Padre, el Hijo y el Espíritu Santo,—fue identificado como presente (Marcos 1:9-11).

Jesús habló de Juan el Bautista como si fuera tan grande como cualquier hombre nacido (Lucas 7:28). Juan predicó y compartió con valentía la verdad que la gente necesitaba escuchar para preparar sus corazones para lo que Jesús diría. Su trabajo era urgente y su estilo de vida sencillo. Habló con la autoridad de Dios y también vivió bajo ella. Su urgencia y sencillez son ejemplos para nosotros hoy. Si las personas que nos rodean están perdidas, debemos compartir urgentemente la verdad de Cristo, y un estilo de vida sencillo nos liberará para la obra del reino.

El relato del primer ministerio de Jesús comienza en el versículo 14. Alertó a sus oyentes que el reino, la autoridad de Dios, estaba cerca, y llamó a sus primeros discípulos. La gente reconoció que su enseñanza tenía autoridad (v. 22), y él ordenó que un demonio saliera de un hombre en la sinagoga (vv. 23-26). Observa cómo Jesús sanó a muchos (vv. 29-34, 40-42) y cómo le respondieron los demonios (vv. 23-26, 34b).

Muy temprano en su ministerio, Jesús estableció la práctica de tomar tiempo lejos de las multitudes, e incluso de los discípulos, para la oración solitaria (vv. 35-37). Si Jesús necesitaba esta práctica, ¡ciertamente nosotros también la necesitamos!

Números 35-36

Los levitas no heredaron bienes raíces como lo hicieron las otras tribus (un territorio que podían llamar suyo), por lo que se les asignaron ciudades para vivir que estaban esparcidas por toda la tierra (capítulo 35). Seis de estas ciudades también fueron designadas como ciudades de refugio, donde una persona que había matado involuntariamente a otra podía ir a vivir con seguridad. Nota las limitaciones al usar estas ciudades como refugio (vv. 22-28).

Una persona no podía utilizarlas como refugio a menos que la muerte fuera verdaderamente involuntaria. Tres de estas ciudades estaban al este del Jordán y tres al oeste.

Los líderes de la tribu de Manasés ahora anticiparon un problema con respecto a su tierra si las hijas de Zelofejad se casaban fuera de su tribu (capítulo 36; véase 27:1-11). Lee sobre el problema y la solución. Era importante que cada tribu conservara la porción de tierra que le había sido asignada.

Job 35

La declaración de Eliú en los versículos 6 y 7 implica que cualquier cosa que hace Job no supone ninguna diferencia para Dios. (Eliú estaba equivocado). Si Job vive rectamente (v. 7), no le da nada a Dios (Nuevamente, Eliú se equivocó). Si bien es cierto que bajo algunas circunstancias Dios no escucha la súplica de los hombres malvados (vv. 12-13; Isaías 59:1-2; Proverbios 1:24-28), Dios escuchaba a Job (v. 14).

MARZO 18

Marcos 2

El ministerio de compasión de Jesús fue poco común y rápidamente se vio rodeado de necesitados y curiosos (vv. 1-2). Jesús había demostrado su gran comprensión de las Escrituras (1:21-22), autoridad para expulsar demonios (1:23-28, autoridad sobre el mundo de los espíritus) y la capacidad de sanar (1:34, autoridad para intervenir en el mundo físico). ➲Ahora, Jesús proclamó con valentía que era el Hijo de Dios al perdonar el pecado. Autenticó su autoridad para perdonar al sanar públicamente al paralítico (vv. 3-12). Además, Jesús declaró que era Señor del sábado, lo que lo hacía igual al Dios que había establecido el sábado (v. 28). ➳ Sus acciones trajeron alabanza a Dios por parte del pueblo (v. 12), pero fueron criticadas por los maestros de la ley (vv. 6-7). Este conflicto con los líderes religiosos seguiría a Jesús hasta la cruz.

Deuteronomio 1-2

Deuteronomio es un registro de las instrucciones finales de Moisés a los israelitas y los últimos acontecimientos antes de que cruzaran el río Jordán hacia la Tierra Prometida. La Ley había sido dada al pueblo en el monte Sinaí en el tercer mes después del éxodo (Éxodo 19:1-6). Para la época de Deuteronomio, habían pasado casi 40 años desde ese evento. Durante esos años toda la generación de adultos había perecido en el desierto. Si bien no se menciona ningún período de tiempo específico para los acontecimientos de Deuteronomio, todos podrían haber tenido lugar en unas pocas semanas, seguidos de treinta días de duelo después de la muerte de Moisés.

La palabra Deuteronomio proviene del griego y significa *segunda ley* o *ley repetida*. Fue una recitación de la Ley para todos, incluidos aquellos que eran jóvenes o aún no habían nacido cuando la Ley fue dada por primera vez en el Monte Sinaí. El libro es rico en interpretación espiritual de los acontecimientos de la vida de la nación. Este libro, más que los otros libros de Moisés, recopila las leyes que Dios dio, con advertencias e instrucciones apropiadas para el pueblo. Jesús citaba a menudo el Antiguo Testamento y, aparte de los Salmos, citaba Deuteronomio más que cualquier otro libro. Mientras lees, busca las prioridades del Señor y los principios que da para gobernar la vida. Moisés tenía ahora 120 años (Deuteronomio 31:2) y esta recitación y copia de la Ley fueron las últimas asignaciones que el Señor le dio. Después de una vida larga, eficaz y llena de acontecimientos, leeremos sus conmovedoras palabras finales.

Job 36

Eliú continuó hablando. Su idea de cómo Dios trata con los hombres es un plan mecanicista en el que Dios responde automáticamente al comportamiento de los hombres. Debido a estas suposiciones erróneas, sus conclusiones son erróneas. Obviamente, no comprende el sufrimiento de Job, y esto se suma a sus conclusiones erróneas sobre Job.

Sin embargo, la comprensión que tiene Eliú del poder de Dios (incluso de algunas leyes naturales que Dios ha diseñado) es bastante notable. Habla de la grandeza de Dios (vv. 22-26), el proceso de la lluvia (vv. 27-28), la provisión de alimento de Dios para los pueblos de la tierra (v. 31) y el poder de Dios demostrado en el trueno y relámpagos (vv. 32-33).

MARZO 19

Marcos 3

Los líderes religiosos trataron de sorprender a Jesús violando su estricta interpretación de la ley del sábado (v. 2). Lee atentamente cómo Jesús respondió a esta crítica. De hecho, Jesús no dejó de respetar el sábado, sino que usó el día para hacer la obra del reino. Este era un problema tan grande para los fariseos que después de que Jesús sanó al hombre, comenzaron a planear cómo matar a Jesús (v. 6).

La gente común se sintió muy atraída por Jesús (vv. 7-8). Vieron en Jesús a una persona que se preocupaba por ellos y podía satisfacer sus necesidades. El testimonio de su auténtica autoridad provino incluso de los espíritus malignos (v. 11).

Luego Jesús nombró a los doce discípulos (vv. 13-19). En el resto del libro, sigue el ministerio de Jesús a estos hombres. Su plan era que ellos tuvieran su autoridad para realizar la obra del reino (vv. 14-15). En los meses que Jesús estuvo con ellos, los preparó para su ministerio después de la resurrección. Cada día que estuvieron juntos, Jesús usó el tiempo para capacitación en el trabajo. Comenzaron a aprender de inmediato, enfrentando la pregunta de si la autoridad de Jesús provenía de Satanás o del Dios vivo (vv. 20-30). ⮌En Marcos, la afirmación de Jesús de la autoridad de Dios está implícita (vv. 23-27). En el relato paralelo de Mateo, la declaración de Jesús es aún más directa y explícita (Mateo 12:22-32). Jesús afirmó que con esta demostración de la autoridad de Dios, los discípulos estaban presenciando la venida del reino. Era inequívoco que afirmaba ser el Mesías prometido. ⮌

Deuteronomio 3-4

Como hemos visto, el libro de Deuteronomio fue el repaso e instrucción final de Moisés a los israelitas antes de que cruzaran el Jordán hacia Canaán. Aunque Moisés quería cruzar el río con ellos hacia la tierra prometida a la nación, no pudo hacerlo debido a su pecado cuando golpeó la roca en lugar de hablarle (3:23-29). Bien pudo haber sido porque no podía cruzarse con ellos que se tomó el tiempo para escribir estas instrucciones finales. Revelan a un líder que amaba a su pueblo y que quería que evitaran los problemas que traería el pecado. Debido a este énfasis, es una de las partes más provocativas y útiles de la Biblia.

Nota el énfasis en la obediencia a los mandamientos de Dios en el capítulo 4. Moisés dice que sus vidas dependían de la atención a estos mandamientos (4:1). Ten en cuenta también que estas leyes y mandamientos eran únicos entre las naciones (4:8). Su obligación era recordar, obedecer y enseñar a sus hijos a hacer lo mismo (4:9-10). Este énfasis en la obediencia no se limita al Antiguo Testamento: Jesús enseñó lo mismo en Mateo 5:17-20 y Juan 14:21. Mira también 1 Juan 2:3-6.

Tómate el tiempo para reflexionar sobre el capítulo 4:32-40. Este es un poderoso relato de la grandeza de Dios y sus asombrosos actos a favor de su pueblo. ¡Este es el mismo Dios maravilloso al que servimos y adoramos! Teniendo esto en cuenta, concéntrate especialmente en los versículos 39-40.

Job 37

Sigue el discurso de Eliú sobre el poder de Dios. Desde 36:27 hasta el final del capítulo 37, habla de la majestad y el poder del Señor.

Hay lecciones para nosotros en las conversaciones de Job con sus amigos. Tenemos la ventaja de tener una idea de lo que Dios y Satanás hacían en segundo plano. Al igual que Job, nuestra responsabilidad es traer gloria al Señor cualesquiera que sean nuestras circunstancias. Una vida recta no necesariamente trae consigo una gran recompensa obvia en esta vida. Alguien que sufre no necesariamente está fuera de la voluntad de Dios (Juan 9:1-3). De hecho, Dios puede estar usando la adversidad por razones que desconocemos. Debemos tener cuidado de no sacar conclusiones sobre las personas a menos que su comportamiento las distinga en pecado. Ora por los necesitados y acompáñalos en el sufrimiento. Al hacerlo, estaremos haciendo la obra de Dios en su nombre, cualquiera que sea el motivo de su sufrimiento.

MARZO 20

Marcos 4

Incluso para aquellos que se consideran firmemente dentro de la comunidad y la fe cristiana, la parábola del sembrador es un desafío. ¿Existen impedimentos para el crecimiento de la fe y la fecundidad en nuestras vidas? ¿Cómo respondemos al versículo 19? Recuerda que los que caminan con el Señor *darán* frutos (Juan 15:5). Mira el comentario de Jesús en el versículo 9.

Considera también la ilustración de la luz (vv. 21-23). Si hay vida, habrá luz. Luego mira el versículo 24. Somos responsables de lo que se nos ha confiado. El trabajo es serio y convincente y es responsabilidad de cada cristiano. Las parábolas del reino (la semilla que crece y la semilla de mostaza) enfatizan la obra de Dios en el crecimiento del reino. La obra de Dios se revela en el individuo (donde hay vida, habrá luz, vv. 21-22) y en el crecimiento del reino (la semilla, vv. 26-29, y el tamaño del árbol, vv. 30-32). Donde hay vida, hay una sinergia entre la obra de Dios y la respuesta del individuo.

Incluso los discípulos quedaron asombrados cuando Jesús apaciguó la tormenta que los amenazaba en el mar de Galilea (vv. 35-41). ¡Conocían el poder del viento sobre esta masa de agua, y la autoridad de Jesús sobre la naturaleza no sólo los impresionó, sino que los aterrorizó (v. 41)!

Deuteronomio 5-6

Moisés dio una fórmula para el éxito en la vida espiritual al comienzo del capítulo 5. Llamó al pueblo a *escuchar* los mandamientos de Dios, *aprenderlos* y *obedecerlos* (v. 1). Moisés también enfatizó que estos mandamientos no provenían de archivos polvorientos, sino que eran actuales y válidos para todos los israelitas (vv. 2-4).

Recuerda nuevamente la asombrosa presencia de Dios en el Sinaí, reseñada en el capítulo 5:22-27. Dios descubrió su corazón al compartir con Moisés su deseo por el pueblo y su bienestar (5:28-29). Escucha el corazón de Moisés (5:32-33). La vida, la prosperidad y la duración de los días en la tierra están ligadas al respeto y la obediencia al Señor.

El mensaje del capítulo 6 es uno de los puntos culminantes de la Biblia.

Los versículos 4 y 5 son los que todos debemos memorizar. Durante siglos, muchos judíos han considerado esta oración—conocida como Shemá—como la oración más importante del Antiguo Testamento, e incluso hoy en día los judíos devotos ofrecen esta oración todas las mañanas y todas las noches. Jesús identificó este como el mandamiento más grande (Mateo 22:37) y representa todo el propósito de nuestras vidas. Memoriza estos dos versículos y permíteles ser tu brújula en cada etapa de la vida.

También en este capítulo se incluye una declaración clara de la buena voluntad de Dios para su pueblo y lo que deben hacer para recibir la bendición de su mano. Si cumplen con estas condiciones, las bendiciones se extenderán por generaciones (v. 2). Estos mandamientos son tan importantes que deben tener la máxima prioridad y estar en el centro mismo de la vida (vv. 4–9). Moisés imploró al pueblo que hiciera todo lo necesario para recordarlos y tomarlos en serio. Compara esto con la vida en el Espíritu como se describe en Romanos 8:5. ☑ Compara también 6:25 con Romanos 3:21-26. Incrustada en este versículo está la promesa de la expiación de Jesús por los creyentes, que trae el don de la justicia. La fe se expresa en la obediencia. ¿Por qué alguien que no creía verdaderamente obedecería tan completamente (y cómo podría hacerlo)? ⇦

Job 38

La prueba había terminado. El silencio de Dios terminó y el Señor habló a Job (capítulos 38-41). Para nosotros, las palabras de Dios pueden parecer duras. El mismo Job, a medida que comprendió más acerca del poder y la soberanía de Dios, se arrepintió de su cuestionamiento. Puedes mirar hacia adelante a la respuesta de Job en 40:3-5 y 42:1-6. Sin embargo, está claro que Job pasó la prueba. A pesar de sus preguntas, a pesar de su anhelo de enfrentar al Señor y defender su caso, mantuvo su confianza en Dios y su compromiso con la justicia.

Al leer hoy el capítulo 38, sigue la revelación del Señor a Job acerca de su sabiduría soberana en la creación y su poder sustentador en la naturaleza. La forma en que el Señor le hizo a Job una serie de preguntas le mostró a Job cuán poco comprendía realmente al maravilloso Dios a quien adoraba.

MARZO 21

Marcos 5

En este capítulo, concéntrate en dos cosas. Primero, piensa en la terrible condición del hombre poseído por un espíritu que vivía entre las tumbas y lo que Jesús hizo por él. El hombre no tenía esperanzas ni amigos, sólo la oscuridad del mal interior, rodeado por la muerte y la perspectiva del infierno. Jesús cambió profundamente su vida (v. 15). ⮑ Nota cuidadosamente la autoridad específica y absoluta de Jesús sobre los demonios, y su petición de que se les permitiera entrar en los cerdos. Sabían con quién trataban (v. 7), y Jesús no cuestionó la afirmación de que él era en verdad el Hijo de Dios. ⮐

En segundo lugar, presta atención a la familia en crisis con una niña con una enfermedad terminal (vv. 22-24, 35-43). Jesús respondió al pedido urgente de Jairo, pero llegó a su casa aparentemente demasiado tarde. En verdad, Jesús había llegado justo a tiempo. Jesús respondió a su fe (v. 36) y la niña volvió a la vida.

Considera a las personas en este capítulo cuyas vidas cambiaron para siempre debido a su contacto con Jesús. ¡La obra del reino es asombrosa y convincente! Nos pertenece a cada uno de nosotros.

Deuteronomio 7-8

→ El Señor instruyó específicamente a los israelitas cómo relacionarse con las naciones que entonces vivían en Canaán (7:1-4). Consulta nuevamente lo que el Señor le dijo a Abraham acerca de estas personas (Génesis 15:16). El pecado de estas naciones fue la razón de su destrucción (Levítico 18:24-25). Había un peligro real para Israel al alinearse con cualquiera de ellas y era esencial que permanecieran separadas (7:4).

Nota las medidas extremas requeridas al manipular ídolos, identificadas por los cuatro imperativos dramáticos en 7:5: *derribarlos, desmenuzarlos, cortarlos* y *quemarlos*. ¿Por qué los ídolos debían ser tratados de manera tan radical y decisiva? Los ídolos son una afrenta al Señor y se abordan específicamente en los dos primeros de los Diez Mandamientos: "No tengas otros dioses además de mí. No te hagas ninguna imagen, ni nada que guarde semejanza con lo que hay arriba en el cielo, ni con lo que hay abajo en la tierra, ni con lo que hay en las aguas debajo de la tierra. No te postres delante de ellos ni los adores. Yo, el Señor tu Dios, soy un Dios celoso. Cuando los padres son malvados y me odian, yo castigo a sus hijos hasta la tercera y cuarta generación." (Éxodo 20:3-5).

¿Qué es exactamente un ídolo? En la Biblia, la idolatría se define como cualquier cosa en nuestras vidas que es más importante que Dios. Si algo absorbe nuestro corazón y nuestra imaginación más que Dios es un ídolo. Jesús identificó las posesiones como un ídolo para algunos (véase Mateo 6:24; 19:16-22). Pablo mencionó el orgullo, el egocentrismo, la avaricia y la gula como ídolos para los demás (Filipenses 3:19). En nuestro caso, la idolatría puede ser una relación, una cuenta bancaria, nuestro tiempo, trabajo, lo que vemos o nuestro uso de las redes sociales. Si Jesús se sentara contigo hoy y hablara sobre la idolatría en tu vida, ¿qué crees que diría?

Job 39

Mientras el Señor continuaba con Sus preguntas a Job, ahora recurrió a Su sabiduría para crear diversidad en el mundo animal. Desde la cabra montesa hasta el asno, el avestruz y el caballo, el Señor incorporó en cada uno las características de su especie. A Job se le hizo comprender cuán amplias son las preocupaciones y la obra del Señor.

MARZO 22

Marcos 6:1-29

Era hora de que los discípulos comenzaran su ministerio sin la presencia física de Jesús. En los meses que Jesús tuvo con los discípulos, los preparaba para el tiempo en que ya no estaría con ellos. Al salir por orden de Jesús, tuvieron la oportunidad de poner en práctica lo que habían aprendido y presenciado en el ministerio de Jesús. Las instrucciones de Jesús para el ministerio son significativas (vv. 8-11): no llevar equipaje extra, no hacer maniobras para acomodarse y no perder tiempo si el mensaje es rechazado. Su predicación pedía arrepentimiento. Su ministerio con los heridos era sanar enfermedades y liberarlos de la posesión demoníaca (vv. 12-13).

El relato de la muerte de Juan el Bautista demuestra la profundidad del pecado humano. El rencor de Herodías (vv. 17-19) encontró oportunidad en la tonta promesa que Herodes hizo frente a una multitud de invitados (v. 23, y egoístamente le quitó la vida a Juan para no perder la cara).

Deuteronomio 9-10

El Señor aquí le recuerda al pueblo otra verdad importante. No expulsaba a las naciones de Canaán por la justicia de los israelitas (9:5), sino porque esas naciones habían pecado (vv. 4-6; véase Génesis 15:16). La tarea de tomar la tierra parecía abrumadora para el pueblo, pero Dios los animó en lo que los había llamado a hacer (vv. 1-3).

Tiene sentido recordar nuestros errores. No se trata de insistir en el pasado, sino de recordar las lecciones aprendidas (9:7-29). La sabiduría viene al aplicar esas lecciones a nuestras vidas.

Presta especial atención a las palabras de Moisés en 10:12-22. Los mandamientos de Dios no están diseñados para restringirnos, sino que son para nuestro bien (v. 13; véase 1 Juan 5:3). Sólo el Señor sabe lo que es mejor para nosotros, Él siempre tiene en cuenta nuestro bien y seguir sus caminos siempre nos conducirá a una vida de la mayor alegría y paz. Puede que no siempre entendamos por qué nos ha dado sus mandamientos, pero siempre podemos confiar en su corazón bueno.

Nota cómo el Señor se preocupa mucho por los desfavorecidos (vv. 18-19). Este es un tema que veremos a menudo (véase Santiago 1:27), y su bienestar también debe ser una prioridad nuestra. Cuando cuidamos de aquellos que son menos capaces de cuidar de sí mismos, nos volvemos más como Cristo.

Job 40

Una pregunta clave para cada uno de nosotros está en el versículo 8. Quizás Job estuvo cerca de esto. Debemos cuidar nuestra actitud. Cuando nos quejamos, cuestionamos la bondad y el plan de Dios para nuestras vidas y ministerios. Las quejas de los israelitas demuestran este principio (1 Corintios 10:9-10).

MARZO 23

Marcos 6:30-56

Cuando los discípulos regresaron de su ministerio, Jesús sugirió que se alejaran de la multitud para informar y reflexionar sobre lo que habían aprendido (vv. 30-31), pero la multitud tenía otras ideas (vv. 32-33).

Jesús es un modelo para nosotros al responder a la decepción de los planes frustrados. Tuvo compasión del pueblo (v. 34). Los vio tal como eran espiritualmente: ovejas sin pastor. Él satisfizo sus necesidades, enseñándoles acerca del reino y sanando a los enfermos (v. 34; véase Lucas 9:11). Alivió su hambre multiplicando los escasos recursos disponibles (vv. 38, 41-42). Luego, Jesús envió a los discípulos a Betsaida en una barca y a la multitud a casa, y é fue a un lugar solo para orar (vv. 45-46). Aunque podríamos caminar sobre el hielo, Jesús alcanzó a sus discípulos caminando sobre el agua y continuó su ministerio cuando llegaron a la orilla (vv. 53-56).

Deuteronomio 11-12

Si algunos de los mandatos de Moisés al pueblo parecen redundantes, es porque ellos (y nosotros) necesitábamos recordatorios. Subraya cada uno de los verbos que exigen acción en el capítulo 11. Quedarás impresionado con la cantidad de maneras en que Moisés animó al pueblo a prestar atención a las cosas importantes de la vida. La bendición de los campos productivos estaba ligada a la obediencia del pueblo (vv. 13-15). Si estás atento, verás este principio varias veces en el Antiguo Testamento. La bendición de Dios o su maldición es la elección en los versículos 26-28. ¿Quién en su sano juicio elegiría esto último?

Nota nuevamente lo que Dios ordena para los dioses extranjeros que el pueblo encontrará (12:2-3): destruir completamente, derribar sus altares, destrozar sus piedras sagradas, quemar sus postes de Aserá, talar los ídolos, borrar sus nombres. Sin lugar a duda, se trata de una acción radical y sigue siendo un buen consejo. Necesitamos evitar cualquier cosa que pueda llevarnos en la dirección equivocada.

El énfasis en un lugar de adoración era evitar que la gente se dejara seducir por las prácticas de adoración de las naciones que los rodeaban (capítulo

12). Era vital que los israelitas nunca asociaran la adoración de Dios con la adoración o prácticas de otras naciones.

Job 41

A partir de 40:15 y continuando hasta el capítulo 41, el Señor llevó a Job a considerar los grandes animales que había creado. Los animales descritos en los capítulos 40 y 41 son enormes y poderosos. El punto del Señor es que él puede acercarse a cualquiera de ellos, mientras que Job en su humanidad no puede hacer tal cosa. Y si no podemos hacer frente a las criaturas de su creación, ¿cómo lo haremos contra él (vv. 10b-11)? El punto parece ser que Job necesitaba ser cauteloso en sus conclusiones. No tenía el conocimiento suficiente para tener todas las respuestas ni podía controlar las criaturas que Dios había creado.

MARZO 24

Marcos 7

Las preguntas de los fariseos y maestros de la ley sobre el lavado de manos ceremonial le dieron a Jesús la oportunidad para abordar su inconsistencia e hipocresía. En los versículos 6-8, Jesús llegó al meollo del asunto. Sus palabras fueron un comentario revelador sobre aquellos que se suponía eran maestros y modelos de la verdad. Lo que dijeron no reflejaba sus corazones y habían abandonado la Palabra de Dios por la tradición. De hecho, sus racionalizaciones y trampas religiosas (v. 9) tergiversaron la verdad (v. 13).

No debemos perder la lección. Es fácil conformarse con prácticas religiosas que no se centran en las prioridades del Señor para nuestras vidas, para la iglesia y para aquellos que no lo conocen. La manera de mantener el rumbo es seguir permitiendo que la Palabra de Dios informe nuestras mentes y haga *lo* que sabemos que es su voluntad.

Medita en la ironía que se encuentra en los versículos 24-30. Mientras que aquellos que conocían las Escrituras se negaron a reconocer a Jesús, la mujer extranjera sin educación y sin acceso a las Escrituras vino a él con fe profunda (vv. 24-30).

Deuteronomio 13-14

En el capítulo 13 se advierte al pueblo sobre algunas de las formas en que podrían alejarse del único Dios verdadero. Podemos aprender de estas advertencias sobre las formas en que nosotros mismos podríamos sentirnos tentados a alejarnos de él. Ten en cuenta que en la teocracia de Israel cada persona era responsable de guardar la doctrina y la adoración pura (capítulo 13).

→ Las regulaciones contenidas en 14:1-21 fueron diseñadas para separar a los israelitas de las otras naciones. La razón era que eran un pueblo santo para el Señor. Eran su posesión (v. 2). El Señor usaría a su pueblo como el canal a través del cual su Palabra sería preservada para el mundo y a través del cual vendría el Redentor. Por estas razones, era de vital importancia que el pueblo de Dios no perdiera su identidad (Romanos 9:4-5). ← Compara esto con Tito 2:14. ¡Dios tiene un propósito de vital importancia para cada creyente hoy!

Job 42

Job respondió a Dios con una nueva perspectiva. El Señor se había revelado a Job de una manera nueva, y Job fue humillado (vv. 1-6). En el versículo 2, Job revela dos ideas poderosas que había aprendido de su terrible experiencia: Dios puede hacer todas las cosas; y ningún propósito soberano del Señor puede ser frustrado. No hay ningún poder o circunstancia en ningún lugar que pueda impedir que Dios realice lo que desea hacer, incluso en nuestras vidas. Incluso cuando nosotros, como Job, no podemos entender lo que Dios está orquestando detrás de escena, podemos estar seguros de que Dios ve y sabe todo, y nada puede impedirle cumplir sus propósitos divinos. ¡Qué estímulo debería ser esto para nosotros! Y a pesar de las preguntas de Job, qué maravilloso era que hubiera pasado la prueba que el Señor le había puesto.

Dios extendió gracia a los tres amigos de Job. Su sacrificio por orden de Dios y la oración de Job abrieron el camino para su comunión con el Señor. Aunque el texto no nos lo dice, sin duda al final fueron humillados.

Hay dos lecciones importantes que debemos aprender del libro de Job. Primero, no podemos saber todo lo que Dios hace en nuestras vidas. Sin embargo, si caminamos en la luz como él está en la luz (1 Juan 1:7), podemos estar seguros en nuestra relación con Dios y no debemos cuestionar lo que viene. El panorama es mucho más amplio de lo que entendemos actualmente. Nuestra responsabilidad es traer gloria a Dios. Una segunda lección es que no podemos saber completamente lo que Dios hace en la vida de otro cristiano. A menos que alguien sea obviamente desobediente, no debemos intentar asignar razones de lo que sucede. Los amigos de Job fracasaron estrepitosamente en esta prueba. Debemos hacerlo mejor.

Detrás de estos acontecimientos, estaban en juego el poder y el honor de Dios. El Señor puso gran confianza en Job al permitir que Satanás lo probara. Cuando hemos tomado el nombre de Jesús como Salvador, nuestro comportamiento también se refleja en él. Aprendamos de las ideas que surgen de este libro profundo y vivamos con cuidado ante el mundo que nos observa.

MARZO 25

Marcos 8:1-26

Jesús se acercó a la gente con compasión de muchas maneras. En este caso, fue para alimentar a cuatro mil que lo habían seguido para escuchar su mensaje en un lugar donde no había comida disponible (vv. 1-9). Nos centramos correctamente en la alimentación milagrosa del pueblo, pero pensamos también en lo que impulsó al pueblo a seguir al Señor hasta un lugar tan remoto. El mensaje y la autoridad de Jesús fueron notablemente convincentes. La gente corría el riesgo de tener hambre y sed al escuchar a este hombre que hablaba un mensaje diferente al de sus líderes religiosos y, a diferencia de ellos, hablaba con autoridad (véase Marcos 1:22). Habló al corazón con un mensaje del reino que cambió vidas radicalmente.

Los tiempos han cambiado desde que Jesús caminó sobre la tierra, pero el hambre de respuestas reales y las necesidades de la vida son igualmente relevantes hoy. Cuando el mensaje de Jesús se presenta claramente, es convincente y hay interés. Necesitamos el discernimiento del Señor para comprender a las personas que nos rodean, y el coraje y la audacia para extender la mano con compasión para satisfacer las necesidades y compartir a Cristo.

Deuteronomio 15-16

La cancelación de las deudas y la liberación de los siervos garantizaban que ninguno de los israelitas se endeudaría irremediablemente ni sería esclavo de por vida (a menos que así lo decidieran, 15:16-17). Algunas personas tienen el don natural de acumular dinero y otras, por naturaleza, están perpetuamente necesitadas. Estas regulaciones no impedían que una persona ganara y gastara, pero en una sociedad agrícola sí imponían límites naturales a cuánto se podía ganar. Además, recordemos que era imposible acumular tierras de forma permanente mediante su compra; en una sociedad agrícola, la tierra representa riqueza y poder. La tierra pertenecía al Señor (Levítico 25:23) y cualquier compra era devuelta al poseedor original en el año del jubileo (Levítico 25).

Moisés hace una declaración notable en 15:4 cuando dice que ninguno del pueblo debería ser pobre. El año de condonación de deudas y el año del jubileo fueron redes de seguridad, pero había más. Moisés les dijo que fueran generosos con los necesitados (vv. 7-11), y que Dios bendeciría tal generosidad (véase Proverbios 14:31; 19:17).

Salmo 42

Una frase o afirmación recurrente suele indicar importancia. Teniendo esto en cuenta, observa los versículos 5 y 11. Parece claro que el escritor sufría angustia emocional. Pero nota que durante su angustia todavía estaba poniendo su esperanza en Dios. Además, enfrentó sus emociones con honestidad (v. 5b). Debido a que su alma estaba abatida, deliberadamente dirigió sus pensamientos a recordar al Señor.

Considera el corazón del salmista en los versículos 1 y 2. Aquí había un individuo que seguía fielmente a Dios. Dios escucha y responde a gritos como estos.

MARZO 26

Marcos 8:27-38

⮑ La conversación de Jesús con los discípulos en Cesarea de Filipo fue significativa ya que fue la primera vez que llevó a los discípulos a comprender plenamente su identidad como el Mesías. Su pregunta sobre su identidad provocó la respuesta de Pedro de que Jesús era el Cristo. Jesús afirmó la confesión de Pedro al afirmar que esta declaración era del Padre (Mateo 16:17). Con este fundamento, Jesús construye dos áreas clave de mayor conocimiento para los discípulos.

Primero, Jesús les dijo que sería rechazado por las autoridades religiosas, asesinado y resucitaría de entre los muertos al tercer día (v. 31). Esto llevó a Pedro a decir que esto no podía ser así (v. 32). Esta fue una declaración perfectamente comprensible ya que esperaba que el Mesías se convirtiera en su líder nacional como lo habían predicho las Escrituras. Lo que Pedro no entendió fue que esto ocurriría en la segunda venida de Cristo. La cruz y la redención debían ser lo primero. Jesús identificó la declaración de Pedro sobre este atajo a la gloria como proveniente de Satanás (v. 33) y similar al atajo anterior con el que Satanás tentó a Jesús (Mateo 4:8-9).

En segundo lugar, Jesús les dijo a los discípulos que el discipulado significaba la abnegación y la cruz. Piensa en estas condiciones. Entiende que sólo el Mesías, el Hijo de Dios, podría poner tales condiciones. ¿Y tú? ¿Estás dispuesto a renunciar a tu ambición personal y ganar dinero para seguir a Jesús? ¿Estás dispuesto a defender plenamente a Jesús sin hacer concesiones (vv. 34-38)? Hacerlo es ser un discípulo genuino de Jesús. ☙

Deuteronomio 17-18

Es importante comprender las reglas para el pueblo de Dios sobre la pena capital. Ésta era obligatoria para ciertos pecados morales, como la adoración de dioses falsos. El método de castigo también era importante y especificado. Los testigos de tales pecados estaban obligados a tirar las primeras piedras. Luego toda la compañía debía participar en la lapidación (17:7). La intención era mantener una asamblea pura.

Compara 17:8-13 con Mateo 23:1-3. La autoridad recaía en los sacerdotes, pero en la época de Cristo, los sacerdotes estaban defectuosos tanto por su pecado como porque ignoraban la intención de la ley. En cuanto a sus líderes políticos, cualquier rey elegido para los israelitas debía escribir una copia de las Escrituras para sí mismo y leerlas diariamente (vv. 18-20). ¡En las Escrituras guardar el tiempo regular de lectura bíblica es muy importante! Además, observa las normas relativas al estilo de vida del rey (vv. 16-20). Mientras lees 17:17, mira 1 Reyes 10:14-25 y 11:1-6. Es significativo que cinco años después de la muerte de Salomón, el oro y el tesoro que David y Salomón habían acumulado desaparecieron (2 Crónicas 12:2, 9).

En 18:9-13 se describe una clara prohibición de involucrarse con el mundo de los espíritus. Los sacrificios humanos se relacionaban con la adoración de los espíritus. Nota la advertencia sobre no prestar atención a los profetas de Dios y la prueba para los verdaderos profetas que se encuentra en el capítulo 18. El ☑ versículo 15 contiene la promesa de que Dios levantaría un profeta como Moisés y que el mensaje del Mesías sería el propio mensaje de Dios al pueblo. Cualquiera que no le escuche tendrá que rendir cuentas ante Dios. Pedro vinculó esta promesa al Señor Jesús, llamando a sus oyentes a entender que Jesús es el Cristo y, por lo tanto, a arrepentirse (Hechos 3:17-23). ⇦

Salmo 43

En muchos manuscritos hebreos, los Salmos 42 y 43 son un solo salmo. Ten en cuenta que el versículo 5 repite 42:5 y 11. El tema de la depresión en el Salmo 42 reaparece en el Salmo 43.

El salmista piensa la verdad a pesar de sus emociones. En el versículo 2 se recuerda a sí mismo que Dios es su protector. Es muy importante que recordemos la verdad de Dios. En el versículo 3 pide la luz y la verdad de Dios como guía. Nuestra necesidad es la Palabra de Dios, tal como lo fue para el escritor. La verdad nos guía a la presencia de Dios (vv. 3b, 4). ¡Nuestro viaje a través de las Escrituras es tan valioso!

MARZO 27

Marcos 9:1-32

➲ Cuando acompañaron a Jesús a la montaña y presenciaron la transfiguración, Pedro, Santiago y Juan tuvieron un anticipo de la gloria de Cristo; Jesús estaba tan deslumbrante que estaban desorientados (v. 6). Esta nueva revelación de Jesús como el Cristo siguió a la conversación sobre la identidad de Jesús

(8:27-30). La voz de Dios afirmó que Jesús era en verdad su Hijo (v. 7). Además, la conversación de Jesús con Moisés y Elías fue sobre su muerte venidera en Jerusalén (v. 4; véase Lucas 9:31). Recuerda que a Moisés y Aarón no se les permitió acompañar a los israelitas a la Tierra Prometida debido al incidente del golpe contra la roca en las aguas de Meribá (Números 20:10-12). ¡Pero aquí en la transfiguración vemos que Moisés finalmente llegó a la Tierra Prometida!

Es significativo que Moisés (representante de la ley) y Elías (representante de los profetas) se reunieran para hablar con Jesús (véase Lucas 24:26-27). El calendario del cielo para traer la salvación al mundo estaba en cuenta regresiva. ¡Esto cumpliría la promesa de redención! ☾ Aunque los discípulos estaban confundidos, después de la resurrección reconocieron esto como una poderosa afirmación de Jesús como el Cristo, quien trajo la expiación mediante su muerte.

Considera la fuerza destructiva del mal (vv. 14-32). Este niño había sido atormentado por un espíritu maligno y Jesús intervino para expulsarlo. Nota el vínculo con el poder que Jesús identifica en el versículo 29.

Deuteronomio 19-20

Al proporcionar ciudades de refugio, Dios reconoció que no todos los asesinatos eran planeados o maliciosos. Pero debido a posibles abusos, las ciudades tuvieron que ser reguladas cuidadosamente. Nota también las reglas para los testigos en los versículos 15-21. La pena por perjurio fue medida y apropiada (v. 19). La intención era la justicia y el control del mal (v. 20).

El capítulo 20 da instrucciones sobre cómo confiar en Dios en la batalla. La mano de Dios es la que decide el resultado (v. 4; Proverbios 21:31).

Salmo 44

No siempre entendemos los tratos de Dios con nosotros, tal como lo presenciamos en la experiencia de Job. Dios claramente había estado con su pueblo en el pasado (vv. 1-3), y aunque el salmista no había puesto su esperanza en el falso Dios del poder militar (vv. 5-7), parecía que Dios le había dado la espalda sobre su pueblo (vv. 9-16). Pero su dificultad no se debió al pecado o la rebelión (vv. 17-18). A pesar de las apariencias, el salmista no abandonó su confianza en Dios.

El Señor es lo suficientemente grande como para permitirnos hacer las preguntas difíciles. Todavía podemos confiar en él cuando no entendemos lo que hace (v. 26).

Si estamos sufriendo, debemos considerar si hay algún pecado en nuestra vida que confesar, porque a veces el Señor usa la adversidad para recordarnos la desobediencia. Si no, debemos confiar en que Dios sabe lo que hace. Él no permitirá que vengan situaciones que no podamos manejar (Éxodo 13:17; 1 Corintios 10:13). Si bien es difícil, la adversidad es una oportunidad para aprender más acerca de la fidelidad de Dios y darle gloria a él.

Pablo cita el versículo 22 de este salmo en Romanos 8:36. Jesús afirmó que el sufrimiento sería normal para sus seguidores (Juan 15:18-21). Hechos 5:41-42 afirma que los apóstoles se regocijaron porque habían sido considerados dignos de sufrir afrenta por causa del nombre de Jesús. ¿Has experimentado sufrimiento debido a tu testimonio de Cristo? Cuando lo hacemos, somos bendecidos por el Señor (véase Mateo 5:10-12).

MARZO 28

Marcos 9:33-50

Jesús puso patas arriba la sabiduría convencional cuando habló de la grandeza personal en el versículo 35. El mundo valora el poder; Jesús llamó a la humildad. El mundo valora la autoridad sobre los demás; Jesús llamó al servicio. Seguir a Jesús significa servir humildemente a los demás tanto en nuestras relaciones personales como en las de la iglesia.

Jesús destacó a un niño para demostrar a sus discípulos que los niños son de inmenso valor y ocupan un lugar especial en su corazón (vv. 36-37). Cuando servimos a un niño, estamos sirviendo a Jesús mismo. Tanto en nuestra vida personal como en nuestras iglesias, hagamos de los niños una prioridad y, como lo hizo Jesús, demostremos visiblemente el inmenso valor que le damos a cada uno.

Jesús también pide una acción radical para evitar la práctica pecaminosa en nuestras vidas (vv. 43-48). Él no nos llama a cortar literalmente miembros, sino que está usando esta ilustración para mostrar cuán cuidadosos debemos ser para evitar el mal. Quien juega con el pecado corre peligro de ir al infierno. Aquellos que induzcan a un niño a pecar enfrentarán un juicio severo (v. 42).

Deuteronomio 21-22

En 21:1-9, el Señor enfatizó la gravedad del asesinato. El asesinato es especialmente una afrenta a Dios porque él nos hizo a su propia imagen y como el pináculo de su creación: "Si alguien derrama la sangre de un ser humano, otro ser humano derramará la suya, porque el ser humano ha sido creado a imagen de Dios mismo." (Génesis 9:6). Por lo tanto, en el caso de un asesinato sin resolver, se disponía que la ciudad más cercana a la persona asesinada hiciera expiación por el crimen.

Había salvaguardias para la mujer tomada cautiva en la batalla (vv. 10-14) para evitar abusos. La equidad se aborda en los versículos 15-17. Habría sido fácil, y probablemente tentador, pasar por alto al verdadero primogénito en favor del hijo de una esposa más favorecida.

En 22:1-4 y 8, observa la protección de la propiedad y la vida. Los versículos 21, 22 y 24 usan la misma frase para referirse a la limpieza del mal del pueblo con respecto a los pecados sexuales.

Salmo 45

☑ Aunque el prefacio afirma que es un canto de bodas, los versículos 2-7 también son mesiánicos. Compara estos versículos con Apocalipsis 19:11-16. Vuelve a leer también Salmo 2:9. Nota lo que el versículo 4 revela acerca de las prioridades del Mesías. Al Señor le preocupan la verdad, la humildad y la justicia. Hebreos 1:8-9 cita los versículos 6-7 y los relaciona específicamente con el Señor Jesús como Hijo de Dios. Su gobierno será eterno (v. 6) y se caracterizará por la justicia (v. 6b). Él ama la justicia y odia la maldad (v. 7), y Dios lo ha puesto por encima de todos los demás (v. 7b). Compara estos versículos con Efesios 1:20 -23 y Hebreos 1:1-4. ⇦

MARZO 29

Marcos 10

Compara los comentarios de Jesús sobre el divorcio (vv. 1-9) con Malaquías 2:13-16 y Mateo 5:31-32. Dios cree en el compromiso del matrimonio y diseñó la relación matrimonial como un vínculo permanente, que muchas personas no aprecian hoy en día (vv. 6-9).

Jesús nuevamente afirmó la importancia de los niños (vv. 13-16). ¡Jesús tuvo tiempo para que los niños pequeños—incluso los abrazaban (9:36-37; 10:16)! En esta ocasión Jesús utilizó la naturaleza de un niño para ilustrar la fe sencilla que salva. Debemos recibir el regalo de la salvación con la fe sencilla y confiada de un niño.

La conversación de Jesús con el gobernante rico ilustra cómo el mundo puede interponerse en nuestra relación con Cristo (vv. 17-31). Este joven había guardado cuidadosamente las condiciones externas de la ley, pero algo le impedía amar a Dios totalmente y confiar plenamente en él. Jesús ve claramente el corazón y sabe lo que es para cada uno de nosotros. Jesús identificó las posesiones como el obstáculo para muchos (véase Mateo 13:22). Piensa en la respuesta de Jesús (v. 21) y observa lo que Jesús les dijo a los discípulos en el versículo 27. Necesitamos el poder de Dios para ver las cosas como realmente son.

⮌ Cuando Jesús volvió a hablar a los discípulos de su muerte y resurrección venideras, afirmó que era el Hijo de Dios, el Mesías prometido (vv. 32-34). ⮍

Santiago y Juan acudieron a Jesús con una petición inusual (vv. 35-37). Al leer esta conversación, observa especialmente los versículos 43-45. El resultado final del reino es el servicio, y Jesús es nuestro ejemplo (v. 45). Compara los versículos 38-39 con Hechos 12:1-2. En muy poco tiempo Santiago se convertiría en el segundo mártir de la iglesia.

Deuteronomio 23-24

Deuteronomio 23:1-6 excluye a ciertas personas de la asamblea. Los moabitas y los amonitas eran descendientes de los hijos de la hija de Lot, nacidos después de la destrucción de Sodoma y Gomorra. Los edomitas (vv. 7-8) eran descendientes de Esaú.

Al leer 24:1-4, consulta Mateo 5:31-32 y 19:1-9. En el capítulo 24, busca los imperativos morales que se dan como reglas para la vida. Estas son cuestiones de justicia, equidad, generosidad y misericordia. Éstas son altas prioridades para el Señor y deben ser también nuestras prioridades.

Salmo 46

Este salmo describe los acontecimientos del fin de los tiempos y el reinado del Señor en la tierra. El versículo 1 nos da un principio a seguir en tiempos de problemas, especialmente durante eventos extraordinarios (véase vv. 2-3): Dios es nuestro refugio, fortaleza y ayuda en los problemas. Éstas son palabras muy reconfortantes para recordar cuando surgen problemas.

Compara los versículos 2 y 3 con Apocalipsis 8:8. El lenguaje de los versículos 2-3, 6 y 8 es bastante similar a lo que Juan vio en Apocalipsis durante el derramamiento de la ira de Dios sobre la tierra en el juicio sobre las naciones cuando Jesús regrese.

La morada de Dios dentro de su ciudad se describe en los versículos 4-5 (véase Isaías 65:17-25; Apocalipsis 21:1-4). Respecto al río que fluye desde la ciudad, compáralo con Ezequiel 47:1-12; Joel 3:18; Zacarías 14:8; y Apocalipsis 22:1-2.

☑ En 46:8-47:9 se ve un tiempo de paz sin precedentes bajo el gobierno de Dios (el reinado milenial de Cristo). Miqueas 4:1-5 e Isaías 2:1-5 también hablan de este tiempo de paz en que Dios reinará. Véase también Isaías 9:6-7; 11:1-9. ⇐ El milenio se aborda en las notas del 29 de diciembre sobre Apocalipsis 20.

MARZO 30

Marcos 11

Lee el relato de la última semana de la vida de Jesús con el corazón abierto para recordar nuevamente el amor de Dios por nosotros en la redención.

La última semana de Jesús comenzó con la entrada triunfal a Jerusalén. ☑ Cuando el pueblo gritó alabanzas a Jesús, claramente lo reconocían como el Mesías (vv. 9-10; véase Salmo 118:25–26; Zacarías 9:9). La referencia al reino venidero de David expresó su expectativa de que Jesús cumpliría las profecías del Antiguo Testamento de un reino terrenal restaurado en ese momento. No se dieron cuenta de que la primera venida cumpliría las profecías de Isaías 53, con Jesús tomando sobre sí sus pecados, y la venida en poder y gloria no sería hasta la segunda venida. ⇐

Las autoridades volvieron a plantear la cuestión de la autoridad de Jesús (v. 28). Jesús evitó la pregunta y, a su vez, hizo una pregunta a los principales sacerdotes (vv. 29-30). Esto colocó a los líderes judíos en una posición imposible y expuso su hipocresía. La gente común estaba convencida de que Juan el Bautista era legítimo. Si Juan era legítimo, entonces también lo era Jesús porque Juan había declarado claramente que Jesús era el Mesías venidero.

Deuteronomio 25-26

En las regulaciones dadas aquí, está atento al principio subyacente de justicia. Con referencia a los azotes en 25:2-3, recuerda que Pablo recibió treinta y nueve azotes cinco veces de parte de los judíos (2 Corintios 11:24). Pablo citó el versículo 4, aplicando el principio en el sentido de que los trabajadores cristianos deben ser compensados por sus esfuerzos (1 Corintios 9:9-10).

El capítulo 26 aborda las ofrendas de los israelitas al Señor en relación con su bondad al liberarlos y proveerles. Cada vez que trajeran las primicias al Señor, debían declarar oralmente la bendición de Dios para ellos y recordar los actos poderosos de Dios al traerlos a la tierra (vv. 12-13). Ten en cuenta que los diezmos debían ser dirigidos a los levitas, al extranjero, al huérfano y a la viuda. Nota también la relación de pacto declarada en los versículos 16-19.

Salmo 47

☑ Este salmo es una extensión natural del salmo anterior y alaba el reinado del Señor y su triunfo sobre las naciones en el día venidero del Señor. Al contemplar estos versículos, piensa en el Señor en el trono y en las naciones reunidas ante él (véase Isaías 2:1-5; Zacarías 14:16). ⇦

MARZO 31

Marcos 12

Cuando Jesús contó la parábola de los inquilinos, los líderes religiosos identificaron correctamente cada personaje de la parábola. Conocían bien las Escrituras del Antiguo Testamento y rápidamente reconocieron que Jesús volvía a contar la conocida y profundamente emotiva parábola de los labradores registrada en Isaías 5:1- 7. En ese relato, Dios se identifica claramente como el dueño de la viña. Cuando Jesús volvió a contar la parábola aquí, los líderes religiosos entendieron que Jesús los señalaba como los vergonzosos labradores de viñas (v. 12). Al mismo tiempo, reconocieron que Jesús se identificaba como el hijo del dueño de la viña. Como ya sabían que el dueño de la viña era Dios, era inequívoco que Jesús afirmaba ser el Hijo de Dios, y buscaron una oportunidad para arrestarlo (v. 12). Esta fue una declaración clara ➲ de Jesús de que era el Hijo de Dios, el Mesías. ☮

La pregunta a Jesús sobre cuál es el mandamiento más grande (v. 28) es central para todos los tiempos, tan aplicable a nosotros como a sus oyentes en ese día. De hecho, la respuesta de Jesús (vv. 29-31) es una que cada uno de nosotros debería memorizar porque resume la voluntad de Dios para toda nuestra vida. Jesús está proporcionando una brújula y una declaración de propósito para la vida. En su respuesta, Jesús cita tanto Deuteronomio 6:4-5 como Levítico 19:18. Tampoco lo es una cita directa de los Diez Mandamientos. La cita de Deuteronomio siguió a un llamado al pueblo de Dios a obedecer todos sus mandamientos. De la misma manera, la cita de Levítico 19:18 siguió un llamado a tratar a los demás de manera justa y honorable. Estos dos mandamientos resumen tanto los Diez Mandamientos como las muchas otras regulaciones dadas al pueblo. Vivir de acuerdo con estos dos mandamientos es vivir una vida agradable al Señor. Toma nota de memorizar Marcos 12:29-31 y de reflexionar con frecuencia sobre estas palabras de Jesús.

Al leer los versículos 41- 44, evalúa tu propia contribución a la obra del Señor. En este momento de enseñanza, Jesús nos enseñó a sus discípulos—y a nosotros—una notable lección sobre mayordomía y generosidad al observar a quienes ponían dinero en la caja de las ofrendas. Los discípulos quedaron impresionados por todo lo que dieron; Jesús por todo lo que sobró. Cuando le damos al Señor lo que significa mucho para nosotros, también significa mucho para Dios. El rey David vivió según este principio, y lo expresó muy bien con estas profundas palabras: "No voy a ofrecer al Señor mi Dios holocaustos que nada me cuesten." (2 Samuel 24:24).

Deuteronomio 27-28

Moisés ordenó a los israelitas que construyeran un altar en el monte Ebal después de haber cruzado el Jordán hacia Canaán (capítulo 27). Esta ceremonia tenía el propósito de recordar a todo el pueblo que debía obedecer al Señor y guardar sus mandamientos. La mitad de las tribus debían estar en el monte Ebal y la otra mitad en el monte Guerizín; los del monte Ebal debían pronunciar maldiciones sobre el pueblo si no obedecían a Dios, y los del monte Guerizín debían pronunciar las bendiciones que vendrían con la obediencia.

Lee las bendiciones y las maldiciones en los capítulos 27-28. Ponte en el lugar del pueblo mientras escuchaba el asombroso contraste entre las bendiciones de la obediencia y las consecuencias de la desobediencia. ¿Cómo podría alguien optar por no obedecer? ¿Quién elegiría enfermedades (28:21-22a), cosechas fallidas (vv. 22b-24), derrota por enemigos (v. 25)—y más—en lugar de una vida ricamente bendecida por Dios? El pueblo estaba decidido a agradar al Señor y se comprometieron tanto con Moisés como con Josué a hacerlo (véase Éxodo 24:7; Josué 1:16-17). Sin embargo, al mirar hacia el camino que tomarán después de llegar a la tierra, veremos que rápidamente se olvidaron del Señor, ignoraron sus caminos y cosecharon las mismas consecuencias que habían prometido evitar, incluido el exilio final. ¿Cómo podría ser esto?

Hoy tenemos la ventaja de estar de este lado de la cruz y tenemos el beneficio de un conjunto completo de Escrituras. Lo que sabemos es que por mucho que uno trabaje para agradar a Dios, es imposible hacerlo sin la ayuda del Espíritu Santo. Un corazón pecaminoso siempre alejará a la gente del Señor. Lo que la gente necesitaba eran corazones completamente nuevos y el Espíritu de Dios morando dentro de ellos.

Posteriormente, el profeta Ezequiel anunciaría esta increíble noticia del Señor: "Les daré un nuevo corazón y derramaré un espíritu nuevo entre ustedes; quitaré ese corazón de piedra que ahora tienen y les pondré un corazón de carne. Infundiré mi Espíritu en ustedes y haré que sigan mis estatutos y obedezcan mis leyes." (Ezequiel 36:26-27).

¡Somos los destinatarios de esta gloriosa promesa! El nuevo pacto fue inaugurado con la obra de Jesús en la cruz. Todos los que vienen a Dios con fe reciben corazones nuevos y el Espíritu Santo de Dios que mora en ellos (véase

Juan 14:16-17; Hechos 2:2-4; Efesios 1:13-14; Romanos 8:9-11). No necesitamos enfrentar las maldiciones del Monte Ebal; ¡Han sido llevados completamente por nosotros por Jesús en la cruz (véase Colosenses 2:13-14)! En cambio, aunque todavía no estamos completamente libres del pecado, el Espíritu de Dios nos permite vivir una vida piadosa: "En verdad, Dios ha manifestado a toda la humanidad su gracia, la cual trae salvación y nos enseña a rechazar la impiedad y las pasiones mundanas. Así podremos vivir en este mundo con dominio propio, justicia y devoción, mientras aguardamos la bendita esperanza, es decir, la gloriosa venida de nuestro gran Dios y Salvador Jesucristo. Él se entregó por nosotros para rescatarnos de toda maldad y purificar para sí un pueblo elegido, dedicado a hacer el bien." (Tito 2:11-14). ¡Alabado sea el Señor!

Salmo 48

Este maravilloso salmo es uno de los once atribuidos a los hijos de Coré, un grupo de levitas que el rey David había asignado para dirigir la música en la adoración. Esto fue más de 300 años después de que un grupo de sus antepasados muriera en la rebelión de Coré contra Moisés (véase Números 16:1-35).

Para los judíos, Jerusalén era el centro del mundo, física, emocional y espiritualmente. Esto se refleja claramente en este hermoso salmo de alabanza y adoración. ¿Qué aspectos del carácter de Dios encuentras en este salmo? ¿Qué promesas se identifican y qué esperanzas se expresan?

ABRIL

HORARIO Y NOTAS DE LECTURA DE LA BIBLIA

Dichosos los que van por caminos intachables,
los que andan conforme a la Ley del Señor.

SALMO 119:1

ABRIL

1	☐ Marcos 13	☐ Deuteronomio 29-30	☐ Salmo 49
2	☐ Marcos 14:1-42	☐ Deuteronomio 31-32	☐ Salmo 50
3	☐ Marcos 14:43-72	☐ Deuteronomio 33-34	☐ Salmo 51
4	☐ Marcos 15:1-20	☐ Josué 1-2	☐ Salmo 52
5	☐ Marcos 15:21-47	☐ Josué 3-4	☐ Salmo 53
6	☐ Marcos 16	☐ Josué 5-6	☐ Salmo 54
7	☐ Romanos 1:1-17	☐ Josué 7-8	☐ Salmo 55
8	☐ Romanos 1:18-32	☐ Josué 9-10	☐ Salmo 56
9	☐ Romanos 2:1-16	☐ Josué 11-12	☐ Salmo 57
10	☐ Romanos 2:17-29	☐ Josué 13-14	☐ Salmo 58
11	☐ Romanos 3:1-20	☐ Josué 15-16	☐ Salmo 59
12	☐ Romanos 3:21-31	☐ Josué 17-18	☐ Salmo 60
13	☐ Romanos 4	☐ Josué 19-20	☐ Salmo 61
14	☐ Romanos 5:1-11	☐ Josué 21-22	☐ Salmo 62
15	☐ Romanos 5:12-21	☐ Josué 23-24	☐ Salmo 63
16	☐ Romanos 6:1-14	☐ Jueces 1-2	☐ Salmo 64
17	☐ Romanos 6:15-23	☐ Jueces 3-4	☐ Salmo 65
18	☐ Romanos 7:1-13	☐ Jueces 5-6	☐ Salmo 66
19	☐ Romanos 7:14-25	☐ Jueces 7-8	☐ Salmo 67
20	☐ Romanos 8:1-17	☐ Jueces 9-10	☐ Salmo 68
21	☐ Romanos 8:18-39	☐ Jueces 11-12	☐ Salmo 69
22	☐ Romanos 9	☐ Jueces 13-14	☐ Salmo 70
23	☐ Romanos 10	☐ Jueces 15-16	☐ Salmo 71
24	☐ Romanos 11:1-10	☐ Jueces 17-18	☐ Salmo 72
25	☐ Romanos 11:11-24	☐ Jueces 19	☐ Salmo 73
26	☐ Romanos 11:25-36	☐ Jueces 20-21	☐ Salmo 74
27	☐ Romanos 12:1-8	☐ Rut 1-2	☐ Salmo 75
28	☐ Romanos 12:9-21	☐ Rut 3-4	☐ Salmo 76
29	☐ Romanos 13	☐ 1 Samuel 1-2	☐ Salmo 77
30	☐ Romanos 14	☐ 1 Samuel 3-4	☐ Salmo 78

ABRIL 1

Marcos 13

Jesús habló a los discípulos sobre el fin de la era cuando él regresaría en gloria para tomar a los suyos para estar con él y juzgar a las naciones por sus pecados (vv. 26-27). Los tiempos y el orden de los acontecimientos del final de los tiempos se abordan en las notas del 10 de febrero sobre Lucas 21.

La Biblia nos dice que estos días antes de la venida de Cristo serán difíciles (2 Timoteo 3:1-5). ⊃ Cuando Jesús explicó estos asuntos a los discípulos, era obvio que hablaba de sí mismo como el Hijo de Dios, aquel que regresaría en gloria. Habrá una gran presión para denunciar la fe en Jesús como el Hijo de Dios (vv. 9-13; Mateo 24:12-13), y necesitaremos discernimiento para distinguir lo verdadero de lo falso (vv. 5, 22-23). Al leer este capítulo, observa que Jesús les dice a los discípulos siete veces: "Tengan cuidado," "ustedes cuídense," "¡Estén alerta!" y "manténganse despiertos." La manera de mantenerse alerta es conocer la Palabra de Dios, ser obediente y continuar en oración, pidiendo al Señor fortaleza y discernimiento. No debemos ser complacientes ante un mundo hostil y seductor. ⊂

Deuteronomio 29-30

En ese momento, justo antes de que Josué se convirtiera en el líder del pueblo, el pacto fue renovado y Moisés dio advertencias finales. Nota cuán importante era seguir completamente todo lo que el Señor había dicho. Nota especialmente 29:18-21. Compara el versículo 18 con Hebreos 3:12-15; 12:15. Nota el autoengaño en el versículo 19 y considera que la acción deshonesta también tuvo consecuencias para los demás (v. 19b). La rebelión secreta es un pecado grave. Compara esto con Hebreos 10:26 y los versículos que siguen.

Considera que los tratos de Dios son abiertos (vv. 22-23), predecibles (vv. 24-29) y misericordiosos (30:1-10). Algunas cosas simplemente no las entenderemos, pero esto no debería causarnos problemas (29:29). Dios nos ha dado todo lo que necesitamos saber en su Palabra. Podemos confiar en Dios en asuntos que no entendemos.

Lo que necesitamos saber de Dios no es complicado ni distante (30:11-14).

Es en la Biblia que tenemos en la mano. En la Biblia encontramos todo lo que necesitamos saber para amar a Dios completamente y confiar plenamente en él. Al leer los versículos 15-20, también tenemos la maravillosa oportunidad de amar a Dios, escuchar su voz, aferrarnos a él y comprender que él es nuestra vida (v. 20).

Salmo 49

La pregunta que se aborda aquí es: ¿En qué debo confiar? Aunque es tentador confiar en las posesiones, ¿es esto suficiente?

Mira las respuestas: *(1)* No podemos pagar lo suficiente para comprar nuestra relación con Dios (vv. 7-9). *(2)* Todos moriremos (vv. 10-14). No hay excepciones a esto, a menos que Jesús regrese antes de que muramos. *(3)* No nos llevaremos nada de nuestra riqueza acumulada cuando muramos (vv. 16-20). *(4)* ☑ El creyente será redimido por el Señor (v. 15). Esto anticipa la venida del Salvador-Redentor y es la respuesta a los versículos 7-9. ¡Lo que ningún hombre puede hacer, Jesús lo hará! ⇦

ABRIL 2

Marcos 14:1-42

Satanás estaba activo tanto en Judas como en los principales sacerdotes a medida que se acercaba la Pascua (vv. 10-11). Los sacerdotes y maestros de la ley habían estado buscando una manera de matar a Jesús (vv. 1-2). Sus percepciones de la ley del Antiguo Testamento estaban terriblemente distorsionadas y sus vidas personales eran una violación de la verdad (Mateo 15:1-14). La falta de integridad es una puerta abierta para Satanás. Lo mismo ocurrió con Judas. Este hombre había pasado muchos meses con Jesús, había participado en el ministerio de Jesús, había escuchado las enseñanzas de Jesús e incluso había ido con otro discípulo cuando los discípulos fueron enviados de dos en dos. Sin embargo, en el fondo fue deshonesto (Juan 12:4-6). La deshonestidad es un punto de apoyo que Satanás puede usar (véase Efesios 4:27).

Pedro era una persona fuerte, decidida a no repudiar a Jesús (vv. 29, 31). Por fuerte que fuera, esta fue una batalla espiritual en que Satanás apuntó a Pedro (Lucas 22:31). Hubiera sido mejor para Pedro depender menos de su propia determinación y más del poder de Dios. ¡A menudo somos como Pedro en este sentido!

Una lucha espiritual se agitaba en el corazón del Señor Jesús mientras oraba en el huerto (vv. 32-42). Jesús era humano. Enfrentó la muerte, que no merecía, con el peso del pecado de la humanidad. A diferencia de Judas y Pedro, Jesús agonizó en oración y recibió la fuerza y la claridad de visión que necesitaba para la prueba que se avecinaba.

⮱ Hay varias maneras aquí en que Jesús declara que él es el Mesías. Cuando la mujer ungió a Jesús con perfume, sus palabras sólo podían significar que él era el Hijo de Dios (vv. 6-9). Las palabras de Jesús a los discípulos en la cena de Pascua revelaron la misma verdad (vv. 22-25). Finalmente, la oración de Jesús en el huerto tiene sentido sólo porque Jesús comprende su papel como Redentor (vv. 35-36, 41). ↻ ☑ Ten en cuenta también que Jesús usó la cita de una profecía mesiánica en Zacarías 13:7, aplicándosela a sí mismo y a la dispersión de los discípulos cuando moriría en la cruz (v. 27). ⇦

Deuteronomio 31-32

El cambio de mando de Moisés a Josué se registra en el capítulo 31. Moisés animó al pueblo a confiar en la fidelidad de Dios y prestar atención a su Palabra (vv. 1-6, 9-13). Animó a Josué a ser un líder valiente (vv. 7-8). El Señor, sabiendo lo que vendría, predijo la desobediencia del pueblo (vv. 16-18). Lee las últimas palabras de Moisés (vv. 24-29).

En el mensaje poético dado a Moisés por el Señor, él habla de la obra de Dios en el mundo y especialmente en la vida de los israelitas (capítulo 32; véase 31:9). Puedes ver las consecuencias de alejarte de Dios, comenzando en el versículo 19. Nota la raíz del mal (v. 32a) y el resultado de beber el vino de Satanás (vv. 32-33). En contraste, la Palabra de Dios protegerá al hijo de Dios y será su vida (vv. 45-47).

Salmo 50

Mientras lees este salmo, piensa en la grandeza de Dios. ☑ Dios, en la persona de su Hijo, el Mesías, vendrá con poder para juzgar a los pueblos de la tierra. Nota su grandeza en los versículos 1, 2 y 4 y su poder en el versículo 3. Compara el versículo 3 con Sofonías 3:8; Malaquías 4:1; y 2 Pedro 3:10. Aunque habrá un gran juicio, el pueblo de Dios no debe temer (vv. 5-6). Dios tiene autoridad para convocar a toda la tierra, desde el oriente hasta el occidente (v. 1). Y juzgará la tierra mientras protege a su propio pueblo (v. 5). ⇦

Es importante ver, sin embargo, que Dios no se refería a todo Israel como "los que me son fieles" en el versículo 5. Más bien, se refería a aquellos israelitas que lo adoraban en verdad. En el versículo 7 Dios se queja ante aquellos que contaban con sus sacrificios en lugar del culto del corazón (véase v. 23). Era perfectamente posible realizar las *funciones externas* de la adoración y aun así perder la bendición de la comunión con Dios (vv. 7-22). Necesitamos tomarnos esto en serio. Lo externo sólo es importante cuando va acompañado de un corazón para amar a Dios.

Compara la palabra de Dios al pueblo en los versículos 14-15 y 23 con Hebreos 13:15-16.

ABRIL 3

Marcos 14:43-72

⮑ Cuando Jesús fue arrestado, dijo que esto sucedía porque las Escrituras debían cumplirse. La venida del Mesías y su misión redentora fueron predichas tanto en la Ley como en los Profetas (v. 49; véase Isaías 53:5-7; Lucas 24:25-27). ⮐ Sigue a Jesús al salón del Sanedrín donde fue juzgado inicialmente. El plan de los líderes religiosos era ejecutar a Jesús (v. 55). Para ello, tenía que haber una apariencia de justicia. Pedro observó cómo avanzaba el proceso (v. 54).

Testigos falsos intentaron implicar a Jesús, pero no pudieron ponerse de acuerdo (v. 56). Algunos testificaron de lo que Jesús había dicho, pero se equivocaron en la historia, por lo que su testimonio no se mantuvo (vv. 57-59; véase Juan 2:19). ⮑ Finalmente, cuando el sumo sacerdote interrogó directamente a Jesús, afirmó que él era en verdad el Cristo (vv. 61-62). Observa el comentario de Jesús al sumo sacerdote de que él (el sumo sacerdote) vería a Jesús en gloria, y compara esto con Apocalipsis 1:7. Por su declaración veraz, Jesús fue condenado a muerte (véase Isaías 53:8). ⮐

Aprende de la experiencia de Pedro (vv. 66-72). En la batalla que enfrentamos (y estamos *en* la batalla) nuestra propia fuerza simplemente no es suficiente.

Deuteronomio 33-34

La bendición de las tribus recuerda la bendición de Jacob a sus doce hijos en Génesis 49, justo antes de su muerte. Ciertamente Moisés había sido como un padre para la nación de Israel, y estas fueron sus últimas palabras al pueblo. Nota particularmente las palabras finales de los versículos 26-29. No hay nadie como el Dios de Israel. Él cuida de su pueblo (v. 27a) y va delante de ellos (v. 27b).

Hay tristeza porque Moisés no pudo ir a Canaán. El pecado tiene consecuencias, incluso cuando es perdonado. Sin embargo, lee 34:10-12 y alégrate de que Dios use a aquellos que no son perfectos. Nota también la provisión de Dios para Josué y el pueblo en el versículo 9.

Salmo 51

Aunque David era un hombre conforme al corazón de Dios, hubo un período después de su relación adúltera con Betsabé en que se alejó del Señor. El Salmo 51 es su confesión al Señor de su pecado. El salmo es instructivo porque habla de la agonía que sintió cuando su pecado no fue perdonado.

Después de que el profeta Natán confrontó a David con su pecado, David derramó su corazón en confesión al Señor (véase 2 Samuel 12:1-12). Salmo 32:3-4 también describe el sufrimiento que trae el pecado no confesado. En el Salmo 51, David es muy consciente de la profunda necesidad de su corazón y de que sólo el Señor puede limpiarlo y restaurar el compañerismo. La confesión abierta y escrita de David le quita el miedo y la deshonestidad de ocultar su pecado. Sin nada que ocultar y con el perdón del Señor, se restablecen las relaciones, tanto espirituales como humanas.

☑David necesitaba perdón. Sabía que el sacrificio que Dios deseaba era un corazón arrepentido (v. 16). Le pidió a Dios que lo limpiara, lo lavara y borrara su pecado (vv. 7-8). David tenía fe en que Dios ciertamente haría esto en su nombre, y aunque David no entendía el método que Dios usaría, en esta petición está incorporada la promesa del sacrificio de Jesús en su nombre. ⇦

ABRIL 4

Marcos 15:1-20

Todo el liderazgo colectivo (los jefes de los sacerdotes, ancianos, maestros de la ley y todo el Sanedrín) decidió pedir la pena de muerte para Jesús y lo llevó ante Pilato (v. 1). ⟳Aquí, en respuesta a la pregunta directa de Pilato, Jesús declaró quién era, pero no respondió a las acusaciones de los sacerdotes (vv. 2-3). ⟲Pilato enfrentó un dilema. No había evidencia que justificara la ejecución de Jesús, pero los líderes religiosos judíos insistieron (v. 10a). Para satisfacer a los judíos, y en contra de su propio juicio, Pilato aceptó la muerte de Jesús (v. 15). Aunque Jesús dijo sólo la verdad y la pena de muerte era claramente inmerecida, Jesús fue sentenciado a ser crucificado (véase 14:49b). Este fue un día oscuro para la justicia, pero fue la culminación del maravilloso plan de Dios para traer salvación al mundo (véase Zacarías 12:10; Hechos 3:18; 1 Pedro 2:24). Imagina al Señor Jesús en el tribunal y compara la escena con Isaías 53:7-8a.

Josué 1-2

Dios habló directamente a Josué con fuertes palabras de aliento (1:1-9). Josué fue elegido por el Señor para guiar a los israelitas a Canaán, donde vivirían como el pueblo elegido de Dios. Los versículos 7-9 son promesas poderosas que debemos mantener cerca del corazón y repasar con frecuencia. Cuando Josué comenzó su liderazgo bajo la dirección de Dios, observa cómo respondió el pueblo (vv. 16-18). ¡Fue un buen comienzo!

El Señor les dijo a los israelitas que haría que los cananeos les tuvieran miedo (Deuteronomio 2:25). La noticia había llegado a Jericó sobre la liberación de Egipto y la derrota más reciente de Sijón y Og (2:10-11). Rajab era una mujer extranjera que se convirtió en predecesora de Jesús (véase Mateo 1:5). También se la menciona en el salón de la fe en Hebreos 11:31. Nota sus palabras de fe en el Dios vivo en 2:11b. A diferencia de los espías anteriores (Números 13), estos hombres que examinaron la tierra dieron un informe positivo (2:23-24).

Salmo 52

¿Alguna vez has visto el orgullo de una persona como una vergüenza para Dios? Esto se afirma en el versículo 1. Ten en cuenta también que la violencia de las personas (v. 2), la falta de verdad (v.3) y el engaño (v. 4) conducen al juicio (v. 5). Es muy fácil buscar seguridad en el lugar equivocado (v. 7). La verdadera seguridad proviene de conocer a Dios (vv. 8-9).

ABRIL 5

Marcos 15:21-47

→ Colócate en la crucifixión y sigue a cada persona que estuvo presente. La muerte de Jesús fue el plan de Dios para traer salvación al mundo. Jesús fue el Cordero de Dios, elegido para pagar el precio del pecado (1 Pedro 1:18-20). ← Escucha los insultos de los que pasaban (vv. 29-30) y de los líderes religiosos (vv. 31-32). Una oscuridad inusual cubrió la tierra mientras Jesús agonizaba (v. 33). Se difundió la noticia de que el velo del templo se había rasgado de arriba a abajo en el momento de su muerte (v. 38). Piensa en cómo se sintieron los líderes religiosos y Pilato mientras se desarrollaban estos acontecimientos. Piensa en el dolor de Pedro (14:72). Finalmente, pensemos en Judas, que había negado a Jesús de la manera más espantosa, que terminaría muerto por su propia mano y pronto se enfrentaría a Dios (véase Mateo 27:1-5). Nota la acción audaz de José de Arimatea al pedir el cuerpo de Jesús y luego colocarlo en una tumba (vv. 42-46). Era un miembro del consejo gobernante que se había convertido en creyente (Mateo 27:57) y no había estado de acuerdo con la decisión del consejo de dar muerte a Jesús (Lucas 23:50-51).

Josué 3-4

→ Para cumplir su promesa a Abraham, Dios estaba trayendo a su pueblo de regreso a la tierra que les había prometido. Después de más de cuatrocientos años, la familia que fue a Egipto regresó como una nación poderosa (véase Génesis 12:7; 15:13-16). De la misma manera que los israelitas cruzaron el mar Rojo, cruzaron el Jordán mientras el flujo era alto durante su etapa de inundación. Este fue un mensaje para los israelitas (3:10-13) y también para la gente del país circundante, ya que el agua del río retrocedió para permitir que la gente cruzara (3:15-16; 4:24). ¡Dios estaba obrando! Dios también estaba afirmando a Josué como su líder (3:7; 4:14). ←

En el lado occidental del Jordán se colocó un monumento permanente al cruce, construido con rocas del lecho del río (4:2-3, 20-24).

Salmo 53

Los versículos 1-3 de este salmo se citan en Romanos 3. Al leer estos versículos, observa la descripción del corazón corrupto de los impíos, sin importar cómo puedan parecer. ¡Es increíble que Dios realmente ve a cada persona en esta tierra! Él busca a aquellos que están comprometidos con él (2 Crónicas 16:9), pero también ve la violencia, la idolatría y el orgullo de los impíos (vv. 1-4).

Este salmo nos ayuda a comprender cuán mal erramos como el blanco de la justicia de Dios. Tendemos a pensar que algunas personas son buenas incluso si no confiesan fe en Dios. Pero Dios ve y evalúa el corazón de cada persona. El mundo entero necesita desesperadamente una obra de Dios en sus corazones.

☑ Nota la súplica de David de que la salvación para Israel vendría de Sión y su anticipación de que Dios actuaría en nombre de su pueblo (v. 6). La salvación salió de Sión, y Dios ha actuado y actuará en nombre de su pueblo a través del Señor Jesús. ⇐

ABRIL 6

Marcos 16

→ La resurrección fue y es el sello de aprobación de Dios sobre la obra redentora de Jesús. Nota el testimonio del ángel en la tumba: el mensaje misericordioso del Señor de la vida directamente desde la tumba (v. 6). La resurrección de Jesús es la piedra angular de la fe cristiana (1 Corintios 15:20-23); sin la resurrección, no tenemos una fe viable (1 Corintios 15:17-19). De hecho, quinientos testigos presenciales dieron fe de la resurrección (1 Corintios 15:5-6). Es la garantía de que Jesús es en verdad el Hijo de Dios, Cristo nuestro Señor (Romanos 1:4). Su poder de resurrección es nuestro poder para la vida cristiana (Efesios 1:19-20).

El período de tres días que abarca la muerte y resurrección de Jesús es el punto central de la historia. Todo, desde la caída en el jardín del Edén, condujo a este evento. En la cruz se resolvieron las cuestiones eternas y se abrió el camino para que viniéramos a Cristo por fe. En la cruz, Satanás fue derrotado (Colosenses 2:13-15). Toda la historia desde la cruz mira hacia atrás, a ese evento y hacia el futuro regreso de Cristo. ←

Josué 5-6

El pacto de la circuncisión fue reinstituido antes de la conquista de Canaán (5:2-3). Mientras acampaban al oeste del Jordán antes de tomar Jericó, el pueblo celebró la Pascua y al día siguiente comió del producto de la tierra. A partir de ese momento, cesó el suministro de maná (5:10-12).

El Señor tuvo una manera única de entregar Jericó a los israelitas. Ponte en la ciudad detrás del muro. A la luz de lo que los habitantes sabían acerca de la obra de Dios para los israelitas, piensa en cómo se sintieron durante siete días mientras el ejército marchaba alrededor de la ciudad (Josué 2:8-11). Considera también lo que esto significó para los israelitas. Nota los mandatos específicos de Dios sobre el pueblo y el botín (6:17-19; véase Génesis 15:16). Rajab y su familia fueron los únicos sobrevivientes de la ciudad, porque ella tenía fe (vv. 22-25; véase Hebreos 11:31).

Salmo 54

Los acontecimientos que motivaron este salmo se encuentran en 1 Samuel 23. David huía de Saúl, quien intentaba matarlo. Los zifitas que vivían en el área donde se escondía David le dijeron a Saúl dónde estaba, lo que llevó a Saúl a ir tras él. A pesar de los problemas que enfrentó, observa el enfoque de David en Dios y su carácter en el versículo 4 y la alabanza de David en los versículos 6-7. Dios libró a David de los malvados planes de Saúl.

ABRIL 7

Romanos 1:1-17

La carta teológicamente rica de Pablo a la iglesia en Roma se diferenciaba de sus otras epístolas en que aún no había visitado Roma. Como tal, sentó cuidadosamente por escrito las mismas bases que había hecho personalmente en los otros lugares. Esto nos beneficia hoy, porque en ningún otro lugar de la Biblia hay una presentación tan lógica de la teología de la salvación y la vida cristiana.

Los versículos 1-17 pueden considerarse una introducción. Pablo afirma que fue apartado para el evangelio (v. 1). Este evangelio trata sobre Jesús, que era descendiente de David (vv. 2-3, genuinamente humano) pero que demostró ser el Hijo de Dios mediante la resurrección (v. 4, verdaderamente Dios). Ahora observa que cada creyente es llamado a base de los hechos anteriores (vv. 5-6). Somos llamados a la obediencia y a ser santos (v. 7).

Cada uno de nosotros debería memorizar los versículos 16 y 17. El evangelio revela la justicia de Dios. Esto volverá a surgir en el libro y es clave para entender la salvación. La justicia es lo que cada uno de nosotros necesita para poder presentarnos ante Dios sin incurrir en su ira. Esta justicia viene a nosotros por la fe: Abraham es nuestro ejemplo (Génesis 15:6).

Josué 7-8

Desde las alturas del júbilo hasta las profundidades de la desesperación. Qué confusión cuando los israelitas fueron derrotados por la relativamente pequeña ciudad-reino de Hai. Josué se dirigió a Dios para preguntarle el motivo de la derrota (7:6-9).

Como Dios respondió en los versículos 10-12, escucha su tono. Esta respuesta es instructiva. Recuerda que un hombre pecó. Pero Dios habló de pecadores, en plural. Lo que hace el individuo afecta a todo el cuerpo. Dios dijo que los israelitas habían *violado* el pacto, *tomado*, *robado* y puesto los artículos robados en el campamento. No menos de cinco verbos describen este pecado. Y recuerda que murieron treinta y seis hombres (vv. 4-5). Este fue un alto precio a pagar por el pecado de un hombre.

Ahora bien, los israelitas estaban en el lugar mencionado en Deuteronomio 27, y Josué llevó a cabo las instrucciones del Señor leyendo las bendiciones y las maldiciones en el monte Ebal y el monte Guerizín (8:30-35). Al entrar en la tierra prometida, esta recitación fue un fuerte recordatorio de que la obediencia al Señor era la clave de su bienestar.

Salmo 55

Vivimos en un mundo de conflictos. David luchó con esto. La fea realidad de la batalla es obvia en los versículos 9-11. En la ciudad reinan la violencia, los conflictos, la malicia y el abuso. ¿Es esto real? ¡Por supuesto! Vemos esto en nuestro mundo hoy. Estas fuerzas destructivas (v. 11) son obra de Satanás.

Algo extremadamente difícil de afrontar para un creyente es cuando el problema es el resultado de la aparente deslealtad de un amigo (vv. 12-14, 20-21). La respuesta a estos tiempos difíciles no se encuentra en las relaciones humanas sino en Dios (vv. 16-19). Regocíjate en la promesa del versículo 22 y observa la decisión consciente, inteligente y decidida del escritor en el versículo 23b.

ABRIL 8

Romanos 1:18-32

Aquí aprendemos mucho sobre la libertad que Dios ha dado a las personas, los efectos del pecado y la respuesta de Dios a la rebelión de las personas.

Está claro que, aunque hay pruebas suficientes en la creación para demostrar que existe un Dios, muchos ignoran esta evidencia y siguen su propio camino (vv. 19-21). Dios ha permitido que estas personas hagan esto, pero al hacerlo quedan bajo su ira (v. 18). Al alejarse de Dios, nublan su capacidad de discernir el bien del mal (v. 21). En su voluntaria independencia, neciamente han elegido adorar las cosas que Dios ha creado en lugar del Dios vivo (vv. 22-23).

Su rebelión ha tenido consecuencias nefastas. Nota la frase "Dios los entregó" que se repite en los versículos 24, 26 y 28. Y nota también las consecuencias que resultaron de estos actos de rebelión contra Dios. Dios ha permitido que las prácticas pecaminosas sigan su curso en las vidas de aquellos que han elegido mal, y sus vidas se han vuelto cada vez más depravadas. Como seres humanos tenemos libertad, pero si abusamos de esa libertad, las consecuencias son horribles.

Este no sólo es un estado terrible durante la vida, sino que los pecadores sufrirán la ira de Dios en el juicio eterno (v. 18). Jesús describió este juicio como un castigo consciente y eterno (Mateo 25:46; Marcos 9:48). Estamos completamente indefensos sin la esperanza y el poder del evangelio.

Josué 9-10

El pánico se apoderó de los cananeos. Nota lo que dijeron los gabaonitas en 9:9. No era al ejército ni a Josué a lo que temían, sino a la mano de Dios (vv. 14-15; véase Éxodo 23:31-33; 34:12-16; Deuteronomio 20:16-18). Dios había sido muy específico en sus instrucciones a los israelitas con respecto al pueblo de Canaán. Su error fue no pedirle al Señor guía sobre cómo tratar con los gabaonitas (v. 14b). Los gabaonitas se entregaron a la misericordia de los israelitas a la luz de las promesas que los israelitas les habían hecho (vv. 22-27). Es significativo que los líderes insistieran en honrar el tratado porque fue hecho en el nombre del Señor (vv. 18b-21).

Ahora comenzó la principal campaña para asegurar la tierra al oeste del río Jordán (capítulo 10). Los gabaonitas fueron considerados traidores por las otras ciudades-reino y fueron atacados por los ejércitos circundantes. Como los gabaonitas habían quedado bajo la protección de los israelitas, pidieron a los israelitas que los defendieran. Nota 10:9-11: la victoria fue de Dios. En la primera gran batalla de la campaña, Dios bondadosamente dio una señal adicional de su mano al retrasar el movimiento del sol durante aproximadamente un día completo (vv. 12-14). Ve la gloria dada a Dios en el versículo 42. Fue el Señor Dios quien peleó por Israel.

Salmo 56

Los acontecimientos que dieron origen a este salmo pueden ser los registrados en 1 Samuel 21:10-15. Nota la duplicidad de aquellos que iban detrás de David (v. 5), tal vez sus compatriotas que lo expulsaron al campamento de los filisteos. Mira la solución de David en los versículos 3-4, 10-11. El versículo 13 es un cuadro de la redención: liberación de la muerte para caminar en la luz (véase Colosenses 1:13).

ABRIL 9

Romanos 2:1-16

En Romanos 1, Pablo abordó el peligro que corrían aquellos que negaban a Dios (vv. 18-32). En esta sección, Pablo habla de la persona religiosa. Dios evalúa a las personas de manera justa. Muchos religiosos cometen los mismos pecados que los descritos en 1:18-32, y Dios tratará con ellos en consecuencia (vv. 6, 11). No es la profesión religiosa lo que Dios reconoce, sino la vida espiritual a través de la fe, evidenciada por una vida cambiada (vv. 7, 13).

Jesús advirtió que muchos de los que asumen que tienen una relación con él se sentirán amargamente decepcionados (Mateo 7:21-23) cuando finalmente lo encuentren. Dijo que aquellos que hayan hecho la voluntad del Padre entrarán en el reino de los cielos. Compara Mateo 7:21-23 con Romanos 2:10,13. En palabras de Jesús, la obediencia a la voluntad del Padre evidencia una verdadera relación con Dios. Pablo dijo que la evidencia es la obediencia a la ley de Dios (v. 13), y eso es exactamente lo que dijo Jesús. La ley es la norma de la voluntad de Dios (Mateo 7:21).

¿Significa esto que somos salvos al guardar la ley y vivir según un conjunto de reglas? No, este no es el caso. Sin embargo, de lo que dijeron Jesús y Pablo se desprende claramente que seguir el camino de Dios es realmente importante. Vivir con cuidado para obedecer a Dios es la evidencia de que crees y honras a Dios y a su Hijo, el Señor Jesús.

La clave está en los versículos inmediatamente anteriores a Mateo 7:21-23. En los versículos 17-20, Jesús señala que un buen árbol da buenos frutos y un árbol malo, malos frutos. Es una ley de la naturaleza y es una ley espiritual. *La raíz determina el fruto.* La evidencia de la vida espiritual es la preocupación por la voluntad del Padre, las leyes de Dios. Veremos a medida que se desarrolla el libro de Romanos que la nueva vida a través de la fe trae consigo una nueva perspectiva, caracterizada por preocupaciones que coinciden con las de Dios. El resultado es que hacer la voluntad del Padre (Mateo 7:21) y respetar la ley de Dios (Romanos 2:13) será algo natural. Es la obra de Dios a través del Espíritu Santo en conjunto con nuestra propia voluntad. Es la evidencia de una nueva vida en Cristo.

Como seres humanos pecadores, es fácil racionalizar nuestro desprecio por los mandamientos de Dios. Esto es sobre lo que nos advierte la lectura de hoy. Debemos tener cuidado de no condenar a aquellos que exteriormente rechazan las leyes de Dios y al mismo tiempo ignoramos las leyes de Dios en nuestras propias vidas mientras afirmamos ser seguidores de Cristo (1:18-32).

Josué 11-12

Josué fue un gran estratega militar. Durante la lectura de hoy, marca en tu Biblia cada referencia a la mano del Señor en el resultado de las batallas. Comprende la clave de la bendición en 11:15: Josué llevó a cabo todo lo que el Señor le había ordenado hacer. Dios tuvo su mano en la decisión de las naciones de luchar contra los israelitas (v. 20). Incluso el esfuerzo cooperativo de varios ejércitos no fue rival para Josué y el Señor (vv. 1-9).

También era el plan de Dios dar las ciudades, con todos sus edificios y posesiones, a los israelitas (véase Deuteronomio 6:10-11). Esto se cumplió cuando tomaron el territorio (vv. 13-14).

Salmo 57

El prefacio de este salmo lo relaciona con la ocasión en que David se escondió de Saúl en una cueva, registrada en 1 Samuel 24. Mientras David y sus hombres se escondían en la cueva, Saúl entró solo. A David le habría resultado fácil matar a Saúl en ese momento. Con el rey muerto, David podría haber llegado a ser rey. Tenía el apoyo popular entre la gente para hacer precisamente eso.

David, sin embargo, no quiso matar a Saúl. Era una medida de su carácter y su dependencia de Dios el hecho de que sentía fuertemente que, dado que Dios había hecho rey a Saúl, Dios debería destituirlo antes de que David asumiera el trono. Incluso en ese momento David sabía que llegaría a ser rey de Israel.

Con esto en mente, lee el Salmo 57. Escucha el clamor desesperado de David pidiendo misericordia en el versículo 1. David entendió que su seguridad no estaba en matar a Saúl sino en "la sombra de tus alas": Fue en Dios mismo en quien David se refugió. A la luz del conocimiento de David de que Dios lo haría rey, lee sus palabras en el versículo 2. Dios cumpliría su propósito en la vida de David. Esta es una fe que obra: fe cuando la realidad de la muerte estaba presente.

ABRIL 10

Romanos 2:17-29

En esta sección Pablo no se dirige a la persona religiosa en general, sino al judío practicante. Pablo conocía el territorio; él había estado allí. Sabía que uno podía decir todas las cosas correctas (vv. 18, 20, 21) e incluso enseñar a otros, aunque personalmente perdiera la gracia de Dios. Todo lo que dicen los primeros dieciséis versículos del capítulo acerca de la persona religiosa se aplica aquí al judío religioso. Jesús habló de esto en Mateo 5:20. La justicia de los fariseos y de los maestros de la ley era inadecuada.

Es cierto que es posible que algunos de los ejemplos de los versículos 17-24 no se hayan representado abiertamente. Basta la intención y el anhelo del corazón (Mateo 5:28). Dios nos ve por lo que realmente somos. Las racionalizaciones no serán suficientes en ese último día (Mateo 7:22-23). Si la hipocresía ha sido una forma de vida, eso será evidente. Gracias a Dios porque hay un camino diferente: el camino de una nueva vida por la fe en Jesús (Romanos 3:22).

Josué 13-14

Recuerda que los límites de la nación fueron establecidos mientras Moisés aún vivía (Números 34). Dios ahora le dijo a Josué cómo dividir la tierra. Estos límites marcarían el territorio de las tribus durante los siguientes cientos de años.

Habían transcurrido varios años, ya que Josué era anciano (13:1). El Señor le recordó a Josué que todavía quedaban grandes áreas por adquirir: tierras que Dios había designado para su pueblo. Después del impulso militar inicial, los israelitas aparentemente relajaron sus esfuerzos. Una de las naciones que ya debería haber sido desposeída eran los filisteos (v. 2). En los pasajes siguientes, observa cuántas veces los filisteos causan problemas a los israelitas.

Caleb y Josué fueron los únicos que trajeron un buen informe cuando Moisés envió representantes de las tribus a explorar la tierra (Números 13). Debido a esto, Caleb y Josué fueron los únicos hombres de esa generación que llegaron a la tierra Prometida. Mire el testimonio de Caleb en 14:6-12. Le habían prometido Hebrón y ahora, con la ayuda del Señor, estaba listo para recibirlo. Y lo hizo (15:14-15). Incluso a los ochenta y cinco años era un hombre vigoroso y valiente. Hebrón era la ciudad donde vivía Abraham cuando él y Lot se separaron (Génesis 13:18) y fue la ciudad desde la cual el rey David gobernó durante siete años antes de ir a Jerusalén, casi mil años después de Abraham (2 Samuel 5:1-5). Todavía existe hoy.

Salmo 58

El prefacio de este salmo sitúa los acontecimientos en el mismo contexto que los Salmos 57 y 59. Así podemos entenderlo a la luz de la persecución injusta de David por parte de Saúl. Esto explica los versículos 1 y 2, donde David ve injusticia en el gobernante: la intención de Saúl de perseguirlo y matarlo.

En este breve pasaje, David usa imágenes de ocho palabras para ilustrar la inutilidad de oponerse a Dios. Con estas imágenes en mente, observa su conclusión en el versículo 11. Hay un Dios en el cielo que juzga la tierra y a quienes están en ella. Dios está vivo a pesar de lo que parece ser una injusticia abrumadora respaldada por los sistemas políticos.

ABRIL 11

Romanos 3:1-20

Después de los comentarios sobre los judíos religiosos en 2:17-29, algunos podrían sentirse tentados a preguntar si había algo por lo que estar agradecido por ser judío. De hecho, lo hubo (vv. 1-2). Eran el conducto a través del cual las palabras de Dios habían llegado al mundo y tenían la Palabra de Dios en sus manos. Dios también usó a su pueblo para traer al Salvador al mundo (Romanos 9:4-5). Muchos de ellos eran personas de fe y verdadera vida espiritual que respondieron a la verdad de Dios.

Lee atentamente los versículos 9-18. Aquí está el resumen de la condición humana. *Todas* las personas caen bajo la condenación de Dios. Nadie es lo suficientemente bueno. El hombre, tanto en su interior (vv. 10-12a) como en sus obras (vv. 12b-18), es un fracaso.

Los versículos 19 y 20 son una transición importante. Le hablan a la persona que trata de ser buena (según lo medido por la ley), señalándole que si así es como esperamos alcanzar la justicia, fracasaremos. La gente en sus propios esfuerzos está indefensa.

Así, en el versículo 20, Pablo ha establecido que el impío, el religioso, el gentil, el judío y la persona que intenta ser buena están todos bajo la condenación de Dios. Si el libro terminara en este punto, no habría esperanza. Pero hay *más*. ¡Gracias a Dios, él ha provisto el camino!

Josué 15-16

A pesar de las grandes victorias que Dios había dado y de la tierra que había sido ocupada, algunas comunidades cananeas permanecieron (15:63; 16:10).

Salmo 59

Este salmo también fue escrito mientras Saúl perseguía a David. Lee la oración de David pidiendo la protección y liberación de Dios (vv. 1-2). En los versículos 3-5, David describe su vida entre personas de malas intenciones. Él ve claramente su necesidad de la protección de Dios.

Los versículos 6 y 14 contienen una descripción gráfica de hombres violentos. Sus acciones y actitudes son una afrenta a Dios (v. 7). Lee la conclusión de David en los versículos 16-17.

ABRIL 12

Romanos 3:21-31

Hasta este punto en Romanos, Pablo ha demostrado lógicamente que *todos* son pecadores ante Dios y están bajo su juicio. Además, como pecadores no hay forma posible de presentarnos ante un Dios santo. Pero ahora, comenzando con el versículo 21, Pablo describe el plan radicalmente diferente de Dios, no basado en los esfuerzos del hombre, que son inherentemente inadecuados e inútiles, sino a través de la propia solución de Dios: la muerte de su Hijo como sacrificio por los pecados de todas las personas.

La sección comienza hablando de una justicia de Dios para todos (v. 21). La justicia es necesaria para tener comunión con un Dios justo y santo. Esta justicia es un regalo de Dios, dado en respuesta a la fe (v. 22) de que Jesús pagó completamente por nuestro pecado en la cruz (v. 25). Esto hace lo que nosotros nunca podremos hacer; cada uno de nosotros, sin excepción, es pecador (v. 23). Cuando Jesús se convirtió en el sacrificio expiatorio por nuestro pecado, abrió el camino a una comunión genuina con el Dios vivo.

Nota los versículos 25 y 26. Durante toda la historia, hasta la muerte de Jesús, Dios retuvo el juicio por el pecado de aquellas personas de fe *por lo que Jesús haría en la cruz.* No hay otra base. La muerte y resurrección de Jesús demostraron la justicia de Dios, su base legal para perdonar estos pecados. El perdón de todos los pecados de las personas de fe *después* de la cruz también está cubierto por la muerte de Jesús. Dios es justo: insiste en que se pague el castigo por el pecado. Él es el justificador de quienes ponen su fe en Jesús: les da el don de la justicia (v. 26). La única condición es la fe en Jesús, el portador de los pecados, el Redentor, el Salvador (vv. 22, 25, 26).

Josué 17-18

Cuando las tribus de Efraín y Manasés se quejaron ante Josué de que no tenían suficiente espacio (17:14-16), observa la respuesta de Josué (vv. 15-18).

Josué instó al pueblo a tomar el resto de la tierra que el Señor les había dado (18:3). Su inacción debió haberlo decepcionado. Siguiendo instrucciones suyas, al menos inspeccionaron el resto de la tierra. Siete de las tribus todavía no habían recibido sus tierras (v. 2).

Salmo 60

En 2 Samuel 10, Joab enfrentó a los arameos y amonitas con probabilidades desfavorables. Se vio obligado a entrar en batalla en dos frentes al mismo tiempo (vv. 8-10). La nota introductoria del salmo menciona este evento. En los versículos 11 y 12, Joab revela su fe en la capacidad y la bondad de Dios ante el peligro.

Este salmo es una expresión poética de hombres que enfrentan una batalla contra fuerzas mayores que las suyas. Reconocen el peligro, pero también reconocen la obra soberana de Dios en su pueblo (vv. 6-8). Las otras naciones son como palangana o sandalia para usar en sus propósitos (v. 8). Presta especial atención a la oración de los versículos 11-12.

ABRIL 13

Romanos 4

Para ayudar al judío religioso a comprender que la salvación es un regalo de Dios, basado únicamente en la gracia de Dios y obtenido por la fe, Pablo usó a Abraham como ejemplo. Si alguien hubiera podido ser aceptable ante Dios por sí solo, ese habría sido Abraham, el padre de los judíos (vv. 1-2). Pero Pablo señala que Abraham también fue reconciliado con Dios por la fe (v. 3; véase Génesis 15:6). Es más, recibió el don de la justicia antes de que se instituyera la circuncisión (v. 10) y no mediante la ley (v. 13). Es obvio que Dios aceptó a Abraham no por estas acciones externas de que dependía el judío observante. Pablo destaca este punto para demostrar que la salvación no se consigue haciendo cosas ni siendo bueno, sino por la fe (vv. 3-5).

De manera crucial, Pablo señala que los judíos no son los únicos hijos de la fe. Todos los que creen, judíos o gentiles, son verdaderos hijos de Abraham (vv. 16-17). ¡El significado de Abraham es que creyó a Dios y como resultado recibió el don de la justicia (v. 3)! Todo esto se basa en la muerte y resurrección del Señor Jesús (v. 25). El don de la justicia dependía (y todavía depende) de la promesa cumplida en la venida del Salvador.

Josué 19-20

Josué era de la tribu de Efraín (Números 13:8) y recibió la ciudad de Timnat Sera dentro del área designada para la tribu de Efraín a petición suya (19:49-50).

Se designaron seis ciudades de refugio, como Dios había ordenado a los israelitas, donde un individuo que había matado a otra persona sin darse cuenta podía buscar refugio. Tres de ellos estaban al lado oriental y tres al lado occidental del Jordán.

Salmo 61

Qué maravilloso saber que dondequiera que estemos, incluso en los confines de la tierra, Dios nos escucha cuando lo llamamos (v. 2). Él es roca, refugio y torre fuerte para los que en él confían. Imagínate protegido bajo el poder de

Dios, con alas protectoras. Este salmo debería animar mucho a quienes trabajan para el Señor en circunstancias difíciles y, a veces, solitarias.

ABRIL 14

Romanos 5:1-11

Pablo conecta claramente estos pensamientos con la teología que ha expuesto en los capítulos anteriores. Hay inmensas bendiciones para nosotros como creyentes debido a lo que Cristo ha hecho. Hemos sido justificados por la fe (3:21-24; 4:5; 5:1), y por lo tanto tenemos el don de la paz con Dios (v. 1), el don de la gracia y el gozo (v. 2), y el don de la perspectiva que nos permite regocijarnos incluso en el sufrimiento (v. 3; véase 1 Pedro 1:6-9). Tenemos una esperanza sólida y el amor de Dios en nuestros corazones a través del Espíritu Santo (v. 5). Dios ha provisto redención mediante la muerte de su Hijo (en el momento justo, vv. 6-8), y gracias a la muerte de Jesús, tenemos perdón y salvación (vv. 9-11). ¡Qué maravillosos regalos nos han prodigado!

Josué 21-22

→ Alaba a Dios por su fidelidad mientras lees 21:43-45. Cuatro veces en estos tres versículos, el texto enfatiza que fue el Señor quien le dio la tierra al pueblo. ← Dios no ha cambiado. Dios es tan fiel a sus hijos hoy como lo fue a los israelitas.

Una vez que la mayor parte de su conquista quedó atrás, a las tribus que habían elegido vivir al este del río Jordán se les permitió regresar a sus tierras y familias. El Jordán era una división importante entre ellos, ya que no había puentes, y Josué les dio algunas instrucciones especiales antes de partir (22:5).

Cuando los rubenitas, los gaditas y la media tribu de Manasés se marcharon, hubo un gran malentendido entre ellos y las nueve tribus y media del lado occidental del río. Lee sobre el problema (22:10-20) y la resolución (vv. 21-34). Incluso los mejores motivos pueden malinterpretarse y generar conflictos. La comunicación honesta traerá resolución si ambas partes están abiertas, como lo estuvieron aquí.

Salmo 62

En este salmo, David implora a su alma que espere tranquilamente en Dios y la salvación que sólo él puede traer. Una vez más se enfrenta a oposición (v. 3). ¿Qué verdades recuerda David acerca de Dios que lo ayudan a enfrentar estos desafíos? ¿Cómo deberían estas verdades cambiar tu forma de pensar y tu vida hoy?

ABRIL 15

Romanos 5:12-21

Sólo dos personas a lo largo de la historia tuvieron el verdadero potencial para vivir una vida sin pecado y traer grandes bendiciones al mundo. El primero, Adán, cayó en pecado y arrastró consigo a todos los hombres (v. 12). El segundo, Jesús, trajo el don de la gracia y la vida de Dios ofrecidos a todas las personas a través de su obediencia (v. 19). Esto resume lo que Pablo ha estado explicando en los primeros cinco capítulos. Todas las personas son pecadoras, sin excepción. Compartimos el pecado de Adán. Jesús, plenamente humano y plenamente Dios, es la respuesta de Dios al problema, y su sacrificio es suficiente para todos.

Josué 23-24

Cuando Josué afrontaba el final de su vida, dio a los israelitas las instrucciones finales y el desafío de seguir a Dios, tal como lo había hecho Moisés. Las últimas palabras expresan convicciones y sentimientos profundos. Para Josué, como para Moisés, estas últimas palabras estaban respaldadas por una vida de integridad y eran consistentes con la forma en que había vivido y seguido a Dios.

Josué le dio crédito a Dios y su fidelidad por todo lo que había sucedido (23:3, 9-10, 14). Les dijo a los israelitas que siguieran a Dios sin vacilar (v. 6) y que evitaran a toda costa asociarse con el pueblo de Canaán y sus dioses, lo que los subvertiría (vv. 7, 12-13, 16). → Sigue el desafío que hizo Josué y la renovación del pacto en el capítulo 24. Mientras Josué repasó lo que Dios había hecho por los israelitas, ve que desde la época de Abraham hasta la historia de los patriarcas, la esclavitud en Egipto y el Éxodo, Dios trabajaba para y en su pueblo. Durante el tiempo en el desierto y en la toma de Canaán, Dios estuvo con su pueblo. ¡Dios se estaba moviendo en la historia y en las vidas de su pueblo para lograr la redención! ←

Josué es un modelo de liderazgo inquebrantable: observa en 24:31 la diferencia que hizo el liderazgo de este hombre. Que Dios nos ayude a vivir como Josué llamó a su pueblo a vivir en 23:6, sin desviarnos ni a derecha ni a izquierda, sino trazando un rumbo recto para amar y servir a Dios.

Salmo 63

David escribió este salmo mientras se escondía de Saúl. Los hombres lo perseguían para matarlo por orden del rey. ¡Este era un peligro genuino! En este escenario, vemos vívidamente retratado el corazón de David. He aquí un hombre que ha visto y conocido a Dios (v. 2) y busca fervientemente su presencia. David daría su vida antes que dejar de adorar a Dios, y mientras esté vivo, continuará ese proceder (vv. 3-4). David pasó sus momentos de vigilia durante la noche atesorando a Dios en su corazón (v. 6). Nota su confianza en los versículos 7-8.

¿Es de extrañar que Dios llamara a David un hombre conforme a su corazón? ¡Qué Dios haga su buena obra en nuestras vidas para darnos estas mismas cualidades!

ABRIL 16

Romanos 6:1-14

Romanos 1:18-5:21 describe la teología de la salvación. Este pasaje explica por qué necesitamos la intervención de Dios para traernos la paz con él y cómo lo ha hecho. Romanos 6-8 trata de la teología del caminar cristiano. Aquí podemos aprender cómo Dios ha provisto los recursos para que vivamos la vida cristiana victoriosamente.

El bautismo en los versículos 3 y 4 es el bautismo espiritual que tiene lugar cuando ponemos nuestra fe en el Señor Jesús. Estamos identificados con Cristo en su muerte y resurrección. El bautismo en agua simboliza esto, descender al agua (muerte) y levantarse del agua (vida).

El resultado de esta identificación se explica con más detalle en los versículos 5-7: Nuestra vieja vida muere con Jesús en la cruz, y tenemos vida nueva porque él resucitó de entre los muertos. Esa es la nueva vida del versículo 4. Mira cuidadosamente el versículo 7. Sabemos por el resto de las Escrituras que todavía no estamos libres de pecado y que continuamos errando el blanco de la justicia de Dios mientras estamos en esta vida (1 Juan 1 :8-10). Sin embargo, lo que esto *quiere decir es que estamos libres de la obligación de pecar en nuestras elecciones conscientes* (véase 1 Corintios 10:13, tanto en el mensaje del versículo como en el contexto de 1 Corintios 10). ¡Dios, a través de la muerte y resurrección de su Hijo Jesús, nos ha dado la capacidad de decir no al pecado! (véase Tito 2:11-12) Esto distingue al cristiano del mundo de una manera muy práctica.

Cuán práctico es evidente en los versículos 8-10 y 11-14. Pablo no pide lo imposible cuando anima a cada cristiano a elegir decir no al pecado y sí a la sumisión al Señor Jesús. Obtener esta victoria sobre el pecado es mediante una elección consciente. Dios ha proporcionado el camino y el poder para la victoria; depende del cristiano elegir hacer realidad el versículo 14.

Jueces 1-2

El período de los jueces narra la tumultuosa historia de los israelitas entre los notables líderes Moisés y Josué y el nombramiento de Saúl como su primer rey, un lapso de más de 300 años. Había un total de catorce jueces. Los primeros doce están narrados en el libro de Jueces y los dos últimos: Elí y Samuel, siguen en 1 Samuel (véase 1 Samuel 4:18; 7:6,15-17).

El libro de Jueces relata el dolor y la agitación que resultan cuando las personas se desvían de las instrucciones eternas y la verdad de la Palabra de Dios y, en cambio, trazan su propio camino. El pueblo de Israel había experimentado el asombroso poder, la bondad y la provisión de Dios desde su liberación de Egipto hasta su llegada a Canaán. Pero entonces, en ausencia de un líder piadoso fuerte y de la firme guía de la verdad de la Palabra de Dios, el pueblo rápidamente se extravió. Sin embargo, debido a que Dios es inmutable, el libro también narra la paciencia implacable y la gracia inmutable de Dios para este pueblo afligido. Cada vez que clamaron al Señor, él bondadosamente nombró un juez para rescatarlos.

El versículo resumen del libro de Jueces aparece dos veces: "En aquella época no había rey en Israel; cada uno hacía lo que le parecía mejor" (17:6; 21:25).

Lee el libro no simplemente como historia o con un corazón crítico, sino atento a sus lecciones y consciente de que tenemos las mismas inclinaciones. El pecado en nuestros corazones es tenaz. Mientras lees, recuerda que no había ninguna Biblia que la gente de esa época pudiera tomar y leer. Se nos exigirá un estándar más alto debido a nuestras muchas ventajas,—incluida la Biblia completa en nuestro propio idioma.

Salmo 64

En un mundo pecaminoso siempre habrá engaño e injusticia. David a menudo enfrentó peligros generados tanto por los celos como por la intriga que rodeaba a la monarquía.

No hay manera de que podamos protegernos adecuadamente de todas las falsedades y planes secretos de otros para dañarnos a nosotros y a nuestra reputación. Pero Dios puede protegernos. Lo importante es que el Señor es un refugio seguro para su hijo (v. 10). La respuesta erudita del cristiano debe ser confiar en Dios y regocijarse en él. Muchas veces ni siquiera seremos conscientes del peligro del que hemos encontrado protección.

En esta descripción de la maldad y el engaño, presta atención al versículo 9. ☑ Se acerca el tiempo en que todos los hombres se presentarán delante del Señor y le darán gloria (véase Isaías 40:5; Filipenses 2:10). ⇦ ¿Cuánto más sabio sería adorarlo y servirle ahora y confiar en la perfecta justicia de Dios (v. 10)?

ABRIL 17

Romanos 6:15-23

El tema aquí es la esclavitud. En nuestro mundo, la independencia personal es a menudo una insignia de honor y la idea de que cada uno de nosotros es un esclavo no es popular. Sin embargo, la esclavitud es una realidad espiritual (v. 16). Para decirlo de otra manera, vivimos bajo la autoridad de Jesús o de Satanás. La protección del cristiano es permanecer cuidadosamente bajo el paraguas de la autoridad del reino. Bajo esa autoridad, somos esclavos de la justicia (vv. 17-18). El poder de la resurrección nos permite vivir de acuerdo con las prioridades de Dios.

Jueces 3-4

El comportamiento que preparó el escenario para las dificultades de los israelitas durante este período y en el futuro se encuentra en 1:27-36; 2:10-19; y 3:5-6. Repasa Levítico 18:1-5; Números 33:55-56; y Deuteronomio 7:1-6. El ciclo de desobediencia y adoración a dioses extranjeros, con la resultante disciplina del Señor, comenzó rápidamente (vv. 3:7-11), tal como el Señor había prometido. Los jueces fueron los instrumentos de ayuda y liberación de Dios para los israelitas durante este período.

El relato de Débora (capítulo 4) es uno de notable valor de su parte, fidelidad de Dios y cobardía de parte del líder de su ejército, Barac.

Salmo 65

Este salmo de alabanza describe las muchas bendiciones que recibimos regularmente del Señor. ☑Central es el don de la redención. Aquí en el Antiguo Testamento está la declaración de que el Señor expía nuestras transgresiones y la promesa de la venida del Salvador-Redentor (vv. 3, 5b; véase Génesis 2:3; Romanos 5:6-8). ⇦

Nota las otras provisiones del Señor: oración contestada (v. 2a), maravillosas obras de justicia (v. 5), el cuidado de Dios por la tierra durante la lluvia y los productos (vv. 9-13). Recibimos cosas buenas en la casa del Señor (v. 4). Eso era cierto en los días de David y sigue siendo cierto hoy.

ABRIL 18

Romanos 7:1-13

En los versículos 1-6, Pablo demuestra cómo la muerte cambia las obligaciones legales y cómo este principio se aplica a nuestra identificación personal con la muerte de Jesús en la cruz.

La muerte de uno de los cónyuges en un matrimonio anula el contrato matrimonial. El cónyuge vivo ya no está legalmente obligado con el que ha fallecido. En nuestra vida espiritual, cuando nos identificamos con la muerte de Jesús en la cruz, ya no estamos legalmente obligados a las exigencias de la ley para nuestra salvación; Jesús pagó el precio por nuestras transgresiones de la ley. El cristiano es liberado a una nueva vida (v. 6; véase 6:4).

¿Es entonces mala la ley misma? Si bien es una pregunta lógica, la respuesta es no. La ley revela el estándar de justicia de Dios y, al hacerlo, nos hace conscientes de nuestra gran necesidad (vv. 7-8).

Pablo hace una declaración curiosa sobre su propia relación con la ley en el versículo 9. ¿Cuándo estuvo Pablo libre de la ley? Creció en un hogar aprendiendo derecho desde sus primeros años. Esto podría referirse a la época en que era demasiado joven para ser consciente del bien y del mal. Sería la única vez que no estaba consciente de la ley o no intentaba guardarla (Hechos 23:1; 24:16). Nota el resultado de su conocimiento de la ley en los versículos 9-12 y la conclusión de su encuentro con la ley en el versículo 13. La santa ley de Dios produjo la muerte espiritual: Pablo tomó conciencia—dolorosamente—de la muerte espiritual.

Jueces 5-6

Al leer el capítulo 5, observa cómo Débora le da gloria a Dios. En el versículo 2, observa cómo el buen liderazgo y las personas dispuestas alaban a Dios.

La historia de Gedeón cuando Dios lo tocó es un relato de valentía. La condición del pueblo y de la tierra es evidente en 6:1-10. Lee el mensaje del profeta (vv. 7-10).

Dios llamó a Gedeón para que trajera alivio al pueblo y suavemente lo llevó al lugar de servicio. Después de que el ángel se le apareció, Gedeón siguió el mandato del Señor de derribar el altar de su padre y hacer un sacrificio apropiado al Señor (vv. 25-27). Este acto requirió un valor extraordinario, ya que podría haberlo llevado a la muerte (vv. 30-31).

Gedeón pidió una señal de que el Señor estaría con él para librar a Israel de los madianitas. Dios fue misericordioso al dar la señal, no una, sino dos veces (vv. 36-40).

Recuerda la situación de Gedeón cuando pidió las señales. Dios le dio las señales a Gedeón en su gracia, pero no debemos pensar que esta es la norma para el pueblo de Dios. Dios puede dar una señal como ésta incluso hoy, pero ya sea con señales o sin ellas, Dios espera que le obedezcamos, haciendo lo que sabemos que *es* su voluntad simplemente porque sabemos que *es* su voluntad. Gedeón vivió en una época en que había poco para verificar la voluntad de Dios, mientras tenemos la Palabra de Dios en la mano y el Espíritu Santo que mora en nosotros. Jesús rechazó a quienes pedían una señal (véase Mateo 12:39; Marcos 8,12) . Detrás de su negativa estaba el hecho de que quienes preguntaron ya tenían la información adecuada que debería haberles hecho creer.

Salmo 66

Mientras lees, nota la referencia al Éxodo en los versículos 5-6. Este es un tema común en el Antiguo Testamento. El escritor pasa a la gracia y el poder sustentador de Dios para Israel (vv. 8-12) y luego al testimonio personal (vv. 16-20). Nota que el escritor entiende la necesidad espiritual de un corazón limpio para abrir el canal de la oración (v. 18).

☑ Toma nota del versículo 4. Toda la tierra aún no se había inclinado ante Dios. Sin embargo, existe la promesa de que esto sucederá (véase Isaías 45:23-24; Romanos 14:11). Estas referencias bíblicas sitúan el tiempo de este reconocimiento universal como el juicio final ante Dios. Filipenses 2:6-11 deja claro que el mundo entero se postrará ante Jesús y lo reconocerá como Señor. ⇦

ABRIL 19

Romanos 7:14-25

Este pasaje ha suscitado mucho debate entre los eruditos bíblicos en cuanto al significado que pretendía Pablo. En los versículos 14-20 y 25b, Pablo expresa una frustración considerable por no poder resistir el pecado y hacer lo correcto, aunque desea desesperadamente hacerlo. En estos versículos, ¿Pablo se refiere a su experiencia actual en la vida cristiana, o está dando un testimonio personal sobre su frustración y dolor agudo antes de la conversión como judío practicante, al buscar sin éxito guardar toda la ley? Ésta es la esencia del debate sobre el significado pretendido de estos versículos.

Cuando nos encontramos con pasajes desafiantes como este, es importante considerarlos en el contexto de toda la Escritura porque la Biblia nunca se contradirá a sí misma. En este caso, ¿qué dicen otros pasajes del Nuevo Testamento acerca de la victoria sobre el pecado en la vida del creyente?

El apóstol Juan deja claro que, aunque hemos sido redimidos por el Señor y ahora somos bendecidos con el Espíritu de Dios que mora en nosotros, todavía estamos en el camino hacia la santificación. Hasta que seamos completamente santificados en nuestra redención final, todavía poseemos una naturaleza pecaminosa y aún no estamos completamente libres del pecado. Cuando pecamos, el Señor es nuestro Abogado misericordioso, y "Si confesamos nuestros pecados, Dios, que es fiel y justo, nos los perdonará y nos limpiará de toda maldad." (1 Juan 1:9; véase 1:8-10). Pero si todavía poseemos una naturaleza pecaminosa, ¿significa esto que cuando nos enfrentamos a la elección de pecar o no pecar, somos incapaces de resistir la tentación? Si la respuesta es sí, entonces parecería indicar que somos esclavos del pecado y que en estos versículos Pablo puede estar refiriéndose a su experiencia en la vida cristiana.

Pero en ningún otro lugar presenta la Biblia tal impotencia para el cristiano. De hecho, ocurre todo lo contrario, y debido a esto se nos insta constantemente a vivir vidas fructíferas de obediencia a Cristo (véase 1 Tesalonicenses 2:10-12; 4:1-8). El mismo Pablo indica lo mismo en otra parte del libro de Romanos: nuestros corazones han sido gloriosamente liberados y, por lo tanto, ya no somos esclavos del pecado. Acaba de expresar esto en el capítulo 6, en 7:1-6, y en el capítulo 8 nuevamente argumentará enfáticamente que "pues por medio de él la ley del Espíritu de vida te ha liberado de la ley del pecado y de la muerte." (v. 2; véase 8:9-11).

Pablo expresó este mismo mensaje victorioso en su carta a Tito, enfatizando que actualmente estamos fortalecidos por la gracia de Dios para vivir una vida piadosa: "En verdad, Dios ha manifestado a toda la humanidad su gracia, la cual trae salvación y nos enseña a rechazar la impiedad y las pasiones mundanas. Así podremos vivir en este mundo con dominio propio, justicia y devoción," (Tito 2:11-12). De manera similar, Pablo escribe a la iglesia en Corinto: "Ustedes no han sufrido ninguna tentación que no sea común al género humano. Pero Dios es fiel y no permitirá que ustedes sean tentados más allá de lo que puedan aguantar. Más bien, cuando llegue la tentación, él les dará también una salida a fin de que puedan resistir." (1 Corintios 10:13; véase Efesios 6: 10-20). Consistente con esta enseñanza, el apóstol Pedro indica que hemos recibido poder para resistir al diablo: "Practiquen el dominio propio y manténganse alerta. Su enemigo el diablo ronda como león rugiente, buscando a quién devorar. Resístanlo, manteniéndose firmes en la fe, sabiendo que los creyentes en todo el mundo soportan la misma clase de sufrimientos." (1 Pedro 5:8-9). Si no nos fuera posible mantenernos firmes y resistir al diablo, habría sido inútil que Pedro nos implorara que lo hiciéramos.

Si bien el punto de vista presentado aquí parece ser más consistente con el contexto y la teología de todo el Nuevo Testamento, hay buenos teólogos que difieren sobre cuál es la intención de Pablo con este pasaje. Seamos caritativos con quienes han llegado a otras conclusiones.

Jueces 7-8

Gedeón se preparó para enfrentar a los madianitas con los hombres que habían respondido a su llamado como comandante: treinta y dos mil hombres estaban preparados para pelear por Israel. Dios, sin embargo, decidió mostrar su poder de manera inequívoca. Dios redujo el ejército a un número tan pequeño que quedaría claro para todos que la victoria fue obra del Señor. El Señor le ordenó a Gedeón que disculpara a todos los que estaban asustados (v. 3). ¡Entonces Dios envió a casa novecientos mil setecientos soldados más (vv. 4-8a) y usó trescientos hombres para hacer lo imposible (v. 22)! No hay límites a lo que Dios puede hacer, ya sea con muchos o con pocos.

Nota el carácter de Gedeón cuando los hombres lo pidieron para que los gobernara (8:22-23), pero también cómo Gedeón tropezó cuando recogió oro para un efod (vv. 24-27). El pueblo tenía tendencia a la idolatría, una trampa que los llevó al mal.

Salmo 67

Se podría titular este salmo como un llamado a la adoración colectiva. Los versículos 3 y 5 son un llamado repetido a "todos los pueblos" a alabar al Señor. Hay gozo en el versículo 4 por la justicia del Señor. La cosecha es el resultado de la adoración correcta en el versículo 6.

ABRIL 20

Romanos 8:1-17

Hay una nota triunfante en 8:1-4. Jesús, en su muerte y resurrección, "pues por medio de él la ley del Espíritu de vida te ha liberado de la ley del pecado y de la muerte." (v. 2). Esa ley nos sentenció a muerte porque como humanos todos somos pecadores (Romanos 5:17). Pero considera la notable declaración en el versículo 4. Para aquellos que conocen al Señor Jesús, los justos requisitos de la ley se cumplen plenamente debido a nuestra identificación con Jesús en la cruz (6:2-3, 6).

Luego, Pablo contrasta la perspectiva del cristiano y del no cristiano (vv. 5-8). Pablo dice que los que viven para sí mismos no tienen la mentalidad del Espíritu (v. 5) y, si este es el caso, no pertenecen a Cristo (v. 9b). Los que son obedientes al Espíritu tienen una mentalidad diferente (la del Espíritu, v. 5b) y pertenecen a Cristo (v. 9a).

La mentalidad del Espíritu trae libertad y control. Hay libertad para no hacer el mal y libertad para hacer lo correcto. También existe el suave control del Espíritu Santo para ayudarnos a conocer la voluntad de Dios y cómo lograrla. Esto ocurre en los acontecimientos ordinarios de cada día. La conciencia del Señor Dios está al frente de la mente del creyente, lo que hace que las perspectivas de esa persona sean diferentes de las que tenía antes de que Cristo entrara en su vida (v. 5).

Nota nuevamente que, como cristianos, "Por tanto, hermanos, tenemos una obligación, pero no es la de vivir conforme a la carne." (v. 12). Por el contrario, tenemos la obligación de vivir por el Espíritu (vv. 12-14), y esto nos distingue como hijos de Dios. Repasa nuevamente Romanos 6:7. Nuestra muerte con Cristo en la cruz ha eliminado la obligación de seguir los dictados de la naturaleza pecaminosa.

El resultado es que tenemos el estatus de hijos en relación con Dios (v. 15), y el Espíritu nos lo deja claro.

Jueces 9-10

El relato de Abimélec en el capítulo 9 nos da una idea de los tiempos tumultuosos de los jueces. La violencia política era común y Abimélec consideró conveniente matar a todos sus medio hermanos. Jotán, el único hermano que escapó, gritó al pueblo de Siquén que habían elegido un líder inútil (una zarza en lugar de un árbol útil, v. 15). Sigue este relato hasta la muerte de Abimélec.

Los israelitas se habían desviado de Dios y ahora estaban desesperados por su intervención (10:6-10). Cuando clamaron al Señor, observa la misericordiosa respuesta del Señor en los versículos 11-14. Dios muestra su corazón compasivo en el versículo 16. ¡Gracias a Dios por su misericordia!

Salmo 68

El poder y la liberación de Dios son prominentes en este salmo. Su ternura y compasión por los necesitados también son evidentes (vv. 5-6, 10). Los impíos son como cera derretida y humo (v. 2).

Alabado sea Dios con el salmista en la verdad de los versículos 19-20. Dios nos salva. El Señor lleva nuestras cargas. El Señor Soberano libra de la muerte. Dios juzgará a los injustos. Asómbrate ante Dios tal como lo describe el versículo 35.

☑ Parece haber, dentro de este salmo, una visión de un reinado más grande y amplio del Señor Dios sobre la tierra (vv. 24-35). Se trata de los reyes de la tierra que traerán sus ofrendas al Señor en Jerusalén. Esto parece corresponder al reinado del Mesías después del día del Señor, cuando las naciones vendrán a buscar el rostro y el favor del Señor (véase Isaías 2:1-5; Zacarías 14:16-19). ⇦

ABRIL 21

Romanos 8:18-39

Toda la creación espera el momento en que el pecado finalmente sea desterrado (vv. 18-21). El pecado trae consecuencias incluso a la naturaleza (Oseas 4:1-3 y muchas otras referencias del Antiguo Testamento). No sólo la naturaleza, sino todo el pueblo de Dios disfrutará de todas las bendiciones de la redención (vv. 22-25). El Espíritu Santo tiene un ministerio poderoso al ayudarnos a orar eficazmente (vv. 26-27).

Al leer los versículos 28 y 39, regocíjate en la obra de Cristo en nuestras vidas. Como debes elegir un bando en el conflicto cósmico que nos rodea,

¿no es maravilloso elegir a Dios? ¡Parece imposible que alguien elija la muerte (la esclavitud al pecado) en lugar de la vida!

Jueces 11-12

Jefté era un hijo ilegítimo, rechazado por la familia de su padre (11:1-2). A pesar de sus antecedentes, el pueblo necesitaba la destreza militar de Jefté y lo llamó a liderar (vv. 4-11). Dios lo bendijo y el resultado fue la liberación.

La narración que sigue a esta victoria militar se encuentra ciertamente entre los textos más intensos y apasionados del Antiguo Testamento. Estamos consternados de que Jefté siquiera pensara en sacrificar a su hija. Incluso si Jefté hubiera hecho un voto tonto a Dios, ¿cómo podría pensar que estaría agradando a Dios al ofrecer un sacrificio que Dios había prohibido expresa y repetidamente, y que Dios había señalado como un acto atroz y abominable?

Tradicionalmente se busca entender este incidente y quizás parcialmente justificarlo en el contexto de los tiempos turbulentos del período de los jueces: "En aquella época no había rey en Israel; cada uno hacía lo que le parecía mejor." (Jueces 17:6; 21:25). Además, las copias de las Escrituras eran escasas en aquella época, por lo que quizás Jefté desconocía la prohibición de los sacrificios humanos. Jefté había hecho un voto a Dios y por ello procedió a cumplirlo sacrificando a su hija.

Hay algunos elementos en este conmovedor relato que apoyan una comprensión alternativa del sacrificio de la hija de Jefté. Si bien es cierto que las copias de las Escrituras pueden haber sido raras en ese momento, el líder de Dios ciertamente habría estado consciente de las fuertes y repetidas prohibiciones contra los sacrificios humanos (Levítico 18:21; 20:2-5; Deuteronomio 12:31; 18:10 -12). Esto, junto con ciertos elementos técnicos que se encuentran en el texto hebreo, ha llevado a varios eruditos del Antiguo Testamento a concluir que el sacrificio de Jefté de su hija fue para servir toda la vida en el templo de la misma manera que Samuel fue ofrecido como sacrificio por su madre: "yo te lo entregaré para toda su vida" (1 Samuel 1:11). Este punto de vista parece consistente con la petición de la hija de Jefté de "Pero concédeme esta sola petición—añadió—. Ya que nunca me casaré, dame un plazo de dos meses para retirarme a las montañas y llorar allí con mis amigas." (11:37). El llanto no era para lamentar su muerte inminente, sino un lamento por su virginidad permanente y la consiguiente extinción del linaje de su padre. Esta cuestión de permanecer virgen es tan central en la narración que se menciona tres veces en un lapso de tres versículos (vv. 37, 38, 39). Por el contrario, no se menciona ni se lamenta que estuvo a punto de perder la vida.

Cualquiera que sea la comprensión correcta de este sacrificio, ¡está claro que la hija anónima de Jefté era verdaderamente una joven extraordinaria! Cuando la encontremos en el cielo, tendremos la oportunidad de escuchar el resto de la historia.

Salmo 69

Este salmo retrata a una persona quebrantada. Línea tras línea, la angustia es evidente cuando David derrama su corazón ante el Señor. Pero David apela a la fidelidad y al amor inquebrantable de Dios: "Pero yo, Señor, elevo a ti una oración en el tiempo de tu buena voluntad. Por tu gran amor, oh Dios, respóndeme; por tu fidelidad, sálvame." (v. 13). A pesar de la angustia, a pesar del quebranto, he aquí un hombre con una convicción clara sobre dónde depositar su confianza. La conclusión de los versículos 30-36 pone las cosas en perspectiva: Dios lo sabe. A Dios le importa. Dios escucha a los necesitados. ¡Todos necesitamos este estímulo!

☑ En Juan 15, Jesús retoma el tema de la hostilidad del mundo hacia él y sus discípulos, como se ve en el versículo 4 (véase Juan 15:18-25) y afirma que esta hostilidad cumplía las Escrituras. Los discípulos relacionaron el versículo 9 con la limpieza del templo por parte de Jesús en Juan 2:13-17. Además, el versículo 21 parece estar relacionado con la crucifixión de Jesús (véase Mateo 27:34, 48; Juan 19:29). ⇐

ABRIL 22

Romanos 9

Muchos en la audiencia de Pablo eran judíos. Tenían los mismos prejuicios hacia los gentiles que tenía Pablo antes de conocer a Cristo. Los capítulos

9-11 se escribieron pensando en el pueblo judío. Cada uno de estos tres capítulos comienza con un comentario sobre los israelitas.

En el capítulo 9, Pablo aborda la cuestión de las decisiones soberanas de Dios. Desde el punto de vista judío, parecía bastante sencillo; Dios escogió a los israelitas, y Dios no escogió a los gentiles. Con estos dos supuestos en mente, lee el capítulo. Pablo señala cuidadosamente, en formas que sus compatriotas judíos no podrían discutir, que no todos los hijos de Abraham, o de Isaac, fueron elegidos por Dios. Por otro lado, Pablo usa porciones proféticas de Oseas e Isaías para mostrar que los no judíos recibirán la bendición de Dios. Finalmente, en los últimos versículos de Romanos 9, Pablo deja claro que no es por guardar la ley sino por la fe que uno debe venir a Dios (vv. 30-33).

Jueces 13-14

Aquí se registra el conmovedor relato de un ángel que le llevó un mensaje de esperanza a la esposa estéril de Manoa (13:2-5). Es un mensaje de esperanza no sólo para ella, sino para los israelitas que habían estado bajo el dominio de los filisteos durante cuarenta años (v. 1). Cuando su esposa le contó a Manoa sobre la visita, él inmediatamente buscó la confirmación del Señor. En medio de la impiedad, aquí estaba un hombre que sabía volverse a Dios. Dios en su gracia respondió la oración de Manoa y envió al ángel para confirmar el mensaje (v. 9). Como nazareo, al niño nunca se le cortaría el cabello (v. 5; 16:17).

Cuando Sansón les dijo a sus padres que quería casarse con una mujer filistea, se angustiaron, ya que esto violaba el mandamiento de no casarse con los cananeos (Deuteronomio 7:1-4). Sin embargo, cuando él insistió, los padres tomaron medidas para arreglar el matrimonio. Al final, el matrimonio nunca se llevó a cabo (14:20). Dios usó esto para comenzar a traer liberación a los israelitas (capítulo 15). Esto inició veinte años de liderazgo de Sansón (véase 14:4; 15:20).

Salmo 70

La perspectiva necesaria del hijo de Dios se encuentra en los versículos 4 y 5. A pesar de la perspectiva humanamente sombría que enfrentó David, él sabía que el Señor era su esperanza de liberación y suplicó al Señor que no se demorara. Ésta es una perspectiva muy importante. El resultado de cada situación está en la mano del Dios que cuida de los suyos.

ABRIL 23

Romanos 10

El capítulo 10 continúa con la preocupación de Pablo por los judíos. Pablo no deseaba nada más que los judíos como un pueblo entero vieran la verdad. Utilizando las profecías del Antiguo Testamento como documentación, Pablo desafió al serio compañero hebreo a ver el plan de Dios para traer salvación al mundo.

Romanos 9:30-10:4 afirma que el problema no es la falta de sinceridad sino el tratar de acercarse a Dios de manera equivocada, y esto es cierto tanto para los judíos como para los gentiles. La gente supone que, si se esfuerzan lo suficiente por hacer cosas buenas y cumplir todas las reglas, será suficiente. Pablo declara que este no es el caso, como también lo hizo en Romanos 2-3. Tanto los judíos como los gentiles deben venir por fe (vv. 9-12; véase 1:16-17).

Pablo cita una vez más los Salmos, Deuteronomio e Isaías para exponer su punto de una manera que a los amigos judíos les resultaría difícil discutir. El punto es que, aunque Israel rechazó el mensaje de la gracia, se abrió el camino a aquellos que no eran parte de la nación (v. 19), ¡y los gentiles fueron introducidos en la asamblea de la fe (vv. 18-20)! Esto se aclarará específicamente en el capítulo 11.

Jueces 15-16

Después del infeliz cortejo de Sansón a la mujer filistea, causó estragos entre los filisteos, arruinó sus cosechas y los derrotó él solo en la batalla (capítulo 15). Como resultado, fue líder y juez de los israelitas durante veinte años (v. 20).

El sórdido relato del capítulo 16 habla de su relación ilícita con Dalila. Dios le dio tiempo para arrepentirse antes de que le quitara sus fuerzas. Pero el corte de su cabello rompió su voto nazareo y le quitó las fuerzas. Fue capturado y humillado sacándole los ojos. Dios honró su oración para que recuperara sus fuerzas; con su último acto vengó la pérdida de la vista incluso cuando murió con los filisteos.

La lección para nosotros es clara: es una locura jugar con el Señor. Dios no está obligado a demostrar misericordia y paciencia, pero en su gracia lo hace abundantemente.

Salmo 71

Los versículos 1-13 revelan el desánimo del escritor, no sólo por su avanzada edad (v. 9), sino porque el peligro estaba cerca. La gente esperaba aprovecharse de él (vv. 4, 10-11, 13).

A través de estos peligros se puede ver la profunda fe del escritor en los versículos 1-3. Dios era el refugio al que siempre podía acudir. Dios, sobre la base de su justicia, pudo rescatar y liberar.

Vemos la perspectiva del escritor aún mejor en los versículos 14-24. Siempre tendría esperanza y siempre alabaría a Dios por sus muchos atributos maravillosos, desde la juventud hasta la vejez. En el versículo 18, dijo que su responsabilidad no terminaría hasta que hubiera enseñado a la siguiente generación acerca del gran Dios al que servía.

En el versículo 20, el escritor vio la mano de Dios y su gracia incluso en los momentos difíciles de la vida, expresando: "Me has hecho pasar por muchas angustias y males,". En tiempos difíciles aprendemos acerca de la bondad y la provisión de Dios (vv. 20b-21). ¿Tienes esta mentalidad? Es una forma de pensar que puede sostenernos incluso en la decepción. Dios es soberano incluso en tiempos desalentadores.

ABRIL 24

Romanos 11:1-10

En el capítulo 10, Pablo señaló a partir de las Escrituras que la mayoría de los judíos habían rechazado el mensaje de Dios, pero el mensaje del evangelio había llegado a los no judíos (vv. 18-21). Recuerda que el pueblo judío fue el elegido del Señor. ¿Significa esto que el Señor ha rechazado a su pueblo? Ésa es la pregunta que plantea Pablo en el versículo 1.

La respuesta es un rotundo, ¡no! Los israelitas todavía eran los hijos del pacto. Dios usó a los israelitas para traer bendición al mundo entero (Génesis

12:3). Fue a través de los israelitas que vinieron las Escrituras, los profetas y el linaje ancestral de Jesús (Romanos 9:4-5). Sin embargo, a lo largo de la historia del Antiguo Testamento hubo quienes creyeron y quienes estaban lejos de la verdad. Elías pensó que era el único creyente que quedaba entre los israelitas (1 Reyes 19:10), pero había siete mil que habían permanecido fieles y eran conocidos de Dios (1 Reyes 19:18). Lo mismo sucedió en los tiempos de Pablo. Pablo señala que es a la vez un judío étnico y un creyente. Dios no había abandonado a su propio pueblo, pero no todos los descendientes de Abraham recibieron la gracia. ¡Esa bendición viene sólo a través de la fe!

Es un hecho aleccionador que el pecado endurece el corazón (vv. 7-10). Recuerda las palabras de Pablo en Romanos 1:18-32. Cuando la gente elige el pecado, hay consecuencias. Dios permite a cada persona la libertad de elegir su propio camino, pero elegir el pecado tiene graves consecuencias. Hacerlo resulta en esclavitud al pecado debido a una conciencia embotada y menos sensibilidad al mal.

Jueces 17-18

Un ejemplo vívido del alejamiento del mundo del Señor se encuentra en la fundición del ídolo en el capítulo 17 y el nombramiento de un levita como sacerdote. Dios había dado instrucciones claras de que sólo los hijos de Aarón debían servir como sacerdotes. Además, Dios había dado una prohibición clara en los Diez Mandamientos de adorar una imagen tallada (Éxodo 20:4). Que un levita actuara como sacerdote y liderara la adoración de una imagen tallada era doblemente opuesto al plan de Dios. Es apropiado que encontremos aquí el versículo que resume esta época tumultuosa de la historia de los israelitas: "En aquella época no había rey en Israel; cada uno hacía lo que le parecía mejor." (17:6). Esto es lo que sucede en cualquier época cuando se ignoran las verdades de las Escrituras. En aquella época no había rey en Israel; cada uno hacía lo que le parecía mejor.

En el capítulo 18 tenemos otro incidente más de personas que ignoran los mandamientos de Dios. Los danitas no habían expulsado a los cananeos de la tierra que les había sido asignada (1:34), por lo que buscaban tierras disponibles para establecerse (capítulo 18). Robaron el ídolo de Micaías y se llevaron al levita con ellos (vv. 14-21; véase 17:5), derrotaron a Lais y establecieron ellos mismos la adoración de ídolos (vv. 30-31).

Salmo 72

Este es uno de los dos salmos atribuidos a Salomón, el otro es el Salmo 127. Al leer 1 Reyes y el relato del reinado de Salomón, puedes ver las bendiciones que recibieron los israelitas debido a la sabiduría y la justicia de Salomón.

☑ Este salmo también es mesiánico en el sentido de que va mucho más allá de David hasta el reinado del Mesías. Este concepto de que un pasaje profético puede aplicarse a dos eventos diferentes se llama "la ley de la sugestión profética." Hay una aplicación en las personas y la historia del momento general en que se escribió, y otra mucho más profunda en el futuro.

Al leer este maravilloso salmo, busca las bendiciones del gobierno recto y equitativo (v. 2), la prosperidad de la tierra fértil (v. 3), la naturaleza eterna del gobierno del rey (v. 5) y la prosperidad mundial y alcance del reino (vv. 8-11). Nota la preocupación por los débiles y los pobres y la liberación de la opresión y la violencia (vv. 12-14). Finalmente, veamos cómo el reinado de este rey cumplirá la promesa de Génesis 12:3 (v. 17). Ésta es la promesa del Mesías venidero: la promesa de redención y su reinado justo. El mundo entero será lleno de su gloria (v. 19b). ⇦

ABRIL 25

Romanos 11:11-24

→ En este pasaje Pablo revela que la caída de los judíos ha traído salvación a los gentiles (v. 11). Está claro que este era el plan de Dios desde hace mucho tiempo (10:19-20). Tanto Moisés como Isaías profetizaron que los gentiles llegarían a la gracia de Dios. ← Sin embargo, esto no significa que los judíos hayan sido completamente rechazados (vv. 15-16).

Al leer estos versículos, quédate asombrado ante el misterio de la obra de Dios. Él, en su voluntad y gracia, ha extendido la salvación a todos al injertar a los gentiles en la raíz de Abraham (la raíz del olivo, v. 17). Sin embargo, comprende que esto no es motivo de arrogancia o complacencia. Considera cuidadosamente los versículos 20-24. Dios tratará la incredulidad y la desobediencia en las vidas de aquellos injertados (los gentiles) de la misma manera que ha tratado a los del árbol nativo (los israelitas). Por eso es tan importante que cada uno de nosotros lea el Antiguo Testamento para ver exactamente cómo trató Dios a su pueblo (véase 1 Corintios 10:1-13).

Jueces 19

Mientras lees el capítulo 19, mira nuevamente 17:6. La lámpara de la verdad y la justicia se apagaba en la tierra. Observa también 18:1 y 19:1. Nadie estaba haciendo cumplir las normas adecuadas. Cuando el levita partió con su concubina para regresar a su casa, se detuvo en Guibeá para pasar la noche. Cuando un extraño llegaba a una ciudad, los habitantes tenían el deber de proporcionarle un lugar seguro. Que nadie respondiera inmediatamente a su necesidad de refugio fue una violación del honor de la ciudad. El ataque a la casa del hombre que los acogió también lo fue.

Es difícil entender la disposición del dueño de casa de enviar a su hija afuera con estos hombres malvados (vv. 22-24) y del levita que hizo lo mismo con su concubina (v. 25). Este relato resalta cuán malvada se había vuelto esta sociedad en ausencia de las Escrituras y el temor del Señor. El levita estaba tan indignado por el asesinato de su concubina que determinó que cada tribu supiera, de la manera más gráfica, lo que había sucedido en esta ciudad benjamita.

Salmo 73

Este salmo fue escrito por asaf, el líder de adoración de David. Relata cómo él perdió la perspectiva cuando reflexionó sobre la prosperidad de los malvados. ¡A pesar del orgullo (v. 6a), la violencia (v. 6b), el pecado (v. 7a), el autoengaño (v. 7b) y la arrogancia (vv. 8, 11), Los impíos parecen tener éxito (v.12)! ¿Dónde está Dios en todo esto (versículos 13-14)? Con estas cosas en mente, comprende el corazón del escritor en los versículos 15-28. El escritor estuvo a punto de traicionar a Dios y al pueblo de Dios (v. 15). Sin embargo, fue sólo en la presencia de Dios que recuperó su perspectiva (v. 17). En los versículos restantes del salmo, observa la peligrosa posición de los impíos (vv. 18-20), El arrepentimiento del escritor (vv. 21-22) Y su perspectiva recuperada (vv. 23-26). Memorizar estos cuatro versículos (23-26) traerá bendiciones inconmensurables y la perspectiva necesaria cada día.

ABRIL 26

Romanos 11:25-36

Aquí Pablo nos da una idea de la obra soberana y el plan de Dios para su pueblo: el del pacto. Hay una línea de tiempo en la obra de Dios. ☑ Dios en su gracia está dando tiempo hasta que haya entrado la plenitud de los gentiles, y entonces Israel como pueblo será salvo (vv. 25-27). La referencia en los versículos 26-27 proviene de Isaías 59:20-21, una profecía mesiánica. El libertador, que es Cristo, abrirá los ojos de su pueblo. Llegarán a comprender que Jesús realmente es el Mesías (véase Jeremías 31:31-34; Ezequiel 36:24-32; Zacarías 12:10). Esto sucederá cuando Dios le dé a su pueblo entendimiento y corazón para creer, tal como se lo ha dado a los gentiles. ⇔

Veremos más sobre el momento de estos eventos a medida que leamos a los profetas del Antiguo Testamento. Recuerda que los judíos, el pueblo del pacto, serán salvos (vv. 25-27). La majestuosidad del concepto y los acontecimientos mueven al apóstol Pablo a un estallido de alabanza (vv. 33-36), como bien podrían hacerlo. Al contemplar estos versículos, ¿te imaginas cómo se cumplirá esta extraordinaria profecía?

Jueces 20-21

Cuando las tribus se enteraron del terrible suceso en Guibeá, reunieron fuerzas y vinieron a pelear contra la tribu de Benjamín. Como resultado, casi toda la tribu de Benjamín pereció. En el intento de restablecer la tribu, nota la forma inquietante en que se consiguieron esposas para los hombres supervivientes (21:15-23). Con toda esta agitación que experimentaron los israelitas, es apropiado que el libro termine una vez más con el versículo resumido: "En aquella época no había rey en Israel; cada uno hacía lo que le parecía mejor." (21:25).

Salmo 74

A veces parece que todo ha salido mal, y que Dios ni siquiera escucha cuando llamamos. Ese es el trasfondo de este salmo (vv. 1-11). No hay señales ni profecías para animar al pueblo (v. 9).

Pero incluso sin una señal externa de la presencia de Dios, el salmista tiene fe. En los versículos 12-17, el escritor utiliza eventos pasados para recordar que Dios es en verdad soberano, vivo y receptivo incluso sin señales externas de su presencia. Es sobre esta base que el escritor puede creer y pedirle al Señor que sea fiel a quienes lo invocan (vv. 18-23). ¡Este es un modelo para nuestras vidas hoy! Dios está vivo y es real.

ABRIL 27

Romanos 12:1-8

A la luz de las profundas verdades teológicas que Pablo ha presentado en los capítulos 1-11, ahora pasa a la instrucción práctica sobre cómo debemos vivir.

Todos deberíamos memorizar los versículos 1 y 2. Como adoración espiritual, le debemos a Dios nuestras vidas (v. 1). Necesitamos que se nos recuerde que no debemos conformarnos con la forma de pensar y vivir de este mundo. Nuestras mentes deben ser continuamente transformadas por el Espíritu Santo a través de la Palabra de Dios. Sigue la progresión en estos versículos. Si estamos dispuestos a seguir el camino de Dios, seremos capaces de discernir la voluntad de Dios.

Pablo también enfatiza la comunión del pueblo de Dios, en que cada uno de nosotros contribuye con los dones que Dios nos ha dado al ministerio colectivo (vv. 3-8). Compara esta sección con 1 Corintios 12:4-11 y Efesios 4:11-13. Cada cristiano tiene al menos un don para el ministerio, dado para que la obra total de la iglesia sea completa y equilibrada. Cada uno de nosotros debemos dar humildemente nuestro esfuerzo allí donde tengamos talento (v. 3). Esto se hace principalmente en el contexto de una iglesia local. Esto crea un hermoso mosaico de la obra de Dios en la comunidad fe y se extiende a la comunidad que queremos alcanzar.

Rut 1-2

Este conmovedor relato que tiene lugar durante la época turbulenta de los Jueces jugará un papel clave en el cumplimiento de la promesa mesiánica. Narra el misericordioso cuidado y provisión del Señor para una viuda en apuros. La profunda desesperación dará paso a la esperanza y al nacimiento de un niño que será el abuelo de David y antepasado de Jesús.

Salmo 75

En este maravilloso salmo, Asaf exalta al Señor por su poder, justicia y rectitud. El tiempo y la justicia están en las manos del Señor (v. 2). Dios da estabilidad al mundo (v. 3). El Señor juzga la tierra (v. 7) y da la copa de juicio a las naciones (v. 8). El pueblo de Dios le da gracias por sus maravillosas obras (vv. 1, 9-10).

ABRIL 28

Romanos 12:9-21

Haz una lista de cada uno de los verbos en los versículos 9-21. Estas palabras de acción tienen que ver con las relaciones unos con otros y con el Señor. ¡Hay más de veinte! Piensa en cómo tomar estas acciones cambiaría tu utilidad en la iglesia y tus relaciones con los demás.

Una verdadera prueba de madurez espiritual es la forma en que respondemos cuando nos tratan de manera injusta o mala (vv. 17-21). Llevar esas situaciones al Señor en oración y confiar en que él las arreglará es a menudo un desafío. Pero con frecuencia resolverá estos problemas de maneras extraordinarias que van más allá de lo que nosotros mismos podríamos haber hecho.

Rut 3-4

Cuando Noemí se enteró de que Booz estaba prestando atención a Rut, formuló un plan. Viviendo estrictamente bajo la autoridad de Noemí, Rut siguió el plan y se convirtió en la esposa de Booz. Ten en cuenta que este arreglo seguía la ley (Levítico 25:25; Deuteronomio 25:7-10). De esta unión nació

Obed, el abuelo de David. Aunque Rut había sido extranjera, pasó a formar parte del linaje de Jesús. ¡Esta es una imagen tan hermosa de lo que el Señor ha hecho por cada uno de nosotros! Al igual que Rut, nosotros también éramos extranjeros y excluidos de la familia de Dios. Pero a través de su asombrosa gracia y bondad hacia nosotros, nos ha adoptado para ser parte de su gloriosa familia para siempre (Efesios 1:3-6).

Salmo 76

Este salmo continúa con el tema del Salmo 75 sobre el justo juicio de Dios sobre la maldad de los hombres. Se proclama la santidad y majestad de Dios (v. 4). El juicio de Dios salvará a los justos (v. 9) y castigará a los impíos (v. 10). La ira de Dios contra los hombres le trae alabanza (v. 10). Esto se debe a que Dios demuestra su justicia y rectitud cuando ejerce su ira sobre los malvados. Nota versículo 11: ¿Qué votos sería apropiado hacerle a Dios hoy?

ABRIL 29

Romanos 13

Mientras Pablo hablaba de la autoridad delegada a los gobiernos, ten en cuenta que la autoridad proviene de Dios. La conclusión a que llegamos es que nosotros, como cristianos, estamos obligados a honrar a Dios con nuestra obediencia a nuestros gobernantes. Esto incluye la obligación de vivir de acuerdo con las leyes que el gobierno ha promulgado. Pablo menciona específicamente la obligación de pagar impuestos.

Un problema diferente surge cuando es evidente que las leyes del gobierno entran en conflicto con la voluntad de Dios. Debemos tener cuidado al elegir cuáles leyes desobedeceremos, pero en casos como estos tendremos que obedecer a Dios y luego estar dispuestos a enfrentar las consecuencias de desobedecer la ley (véase Hechos 4:13-20; 5:27-29).

Sigue el razonamiento de los versículos 8-14. Si seguimos la "regla del amor" en nuestras relaciones interpersonales, agradaremos a Dios. Hay un mayor impulso para hacerlo porque el tiempo pasa y la venida de Cristo está cerca (vv. 11-14).

1 Samuel 1-2

Los libros de 1 y 2 Samuel fueron originalmente un solo libro y juntos comprenden un poderoso relato de Israel durante la época de sus dos últimos jueces y sus primeros dos reyes. Muestran tanto un coraje y una fe notables como los efectos generalizados y devastadores del pecado.

El libro comienza con un conmovedor relato del dolor y la fe inquebrantable de la extraordinaria mujer, Ana. Ella confió en Dios y creyó plenamente que él escucha y contesta las oraciones. Sigue su conmovedora historia, la respuesta del Señor a su ferviente oración y la entrega de su hijo al Señor. Finalmente, tendrás la bendición de detenerte en su perspicaz oración en el capítulo 2.

Elí el sacerdote y juez tenía dos hijos que, aunque sacerdotes, eran malvados. Elí había reprendido a sus hijos por sus pecados, pero ellos ignoraron a su padre (2:22-25). Dios envió su mensaje a Elí porque no había restringido a sus hijos del mal (vv. 27-36) a pesar de que estaban cumpliendo deberes de adoración a Dios. El Señor consideró que esta fuera una burla hacia él (v. 29).

Salmo 77

En medio de los problemas (vv. 1-3), cuando parecía que no había esperanza (vv. 4-9), recordar la fidelidad de Dios (vv. 10-12) generó una perspectiva piadosa y muy necesaria (vv. 13-15). Nota el asombroso poder de Dios en los versículos 16-19 y la alusión al Éxodo. Nota también la compasión de Dios en el versículo 20. ¡Todos los cristianos deben memorizar los versículos 13-15!

ABRIL 30

Romanos 14

Aquí Pablo proporciona dirección sobre cómo proceder en situaciones donde los compañeros creyentes difieren en temas que no se abordan explícitamente en las Escrituras. Algunos pueden creer que ciertas prácticas son aceptables, mientras que otros no. Esto puede aplicarse a comer o beber, o podría aplicarse fácilmente a un problema de estilo de vida diferente. Entre los creyentes en Roma había desacuerdo sobre si era aceptable que los cristianos comieran carne sacrificada a los ídolos. En tales casos, ¿cómo deben proceder los creyentes?

Pablo indica que ambos grupos deben seguir sus conciencias en cuanto a lo que agradaría al Señor, pero no deben juzgar a quienes tienen una convicción diferente sobre el tema. Sin embargo, si otro creyente se sintiera ofendido o su fe potencialmente dañada por la participación de uno, entonces debe abstenerse por deferencia hacia esa persona. Esta directriz es consistente con otras instrucciones de Pablo: "les ruego que vivan de una manera digna del llamamiento que han recibido, siempre humildes y amables, pacientes, tolerantes unos con otros en amor. Esfuércense por mantener la unidad del Espíritu mediante el vínculo de la paz." (Efesios 4:1-3; véase 2 Corintios 13:11; Filipenses 2:1-4).

1 Samuel 3-4

Cuando Samuel aún era niño, Dios lo llamó a una vida de servicio. El Señor se deleita en utilizar personas disponibles de todas las edades. Samuel sería el decimocuarto y último juez de Israel, y ungiría a Saúl como el primer rey de la nación, y posteriormente a David como el segundo. Fue piadoso, valiente y tuvo un profundo impacto tanto en la nación como en sus reyes.

El mensaje que Dios le dio a Samuel para Elí fue esencialmente el mismo que el del profeta anónimo anterior a él (3:11-14; véase 2:27-36). No se nos dice el intervalo entre las dos advertencias, pero ciertamente la entrega repetida del mensaje enfatizó su importancia. El mensaje de Dios a Elí se cumplió cuando el arca del pacto fue capturada, los dos hijos de Elí murieron en la batalla y Elí mismo murió a causa de una fractura de cuello (capítulo 4).

Samuel es un ejemplo para cada uno de nosotros en su hábito de escuchar atentamente todas las palabras de Dios, como se registra en 3:19. El resultado está en los versículos 20-21.

Salmo 78

Este salmo de Asaf es un relato extenso de cómo Dios había mostrado su asombroso poder a Israel. Los primeros ocho versículos introducen el motivo de esta revisión. Recordar los hechos ayudaría a Israel a no elegir la rebelión como lo hicieron sus padres. Asaf llama a la nación a recordar y a contarle a las generaciones presentes y venideras para que ellas también puedan aprender y beneficiarse del trato de Dios con el pueblo (v. 4).

Este salmo proporciona un poderoso recordatorio de lo importante que es estudiar el Antiguo Testamento. Este relato no es sólo para los israelitas; 1 Corintios 10:1-13 nos relata estos mismos acontecimientos hoy. De hecho, sin esta atención al Antiguo Testamento, tenemos una visión incompleta de Dios y su manera de tratar con las personas.

MAYO

Horario y notas de lectura de la Biblia
Les aseguro que mientras existan el cielo y la tierra,
ni una letra ni una tilde de la Ley desaparecerán
hasta que todo se haya cumplido.

MATEO 5:18

MAYO

1	☐ Romanos 15:1-13	☐ 1 Samuel 5-7	☐ Salmo 79
2	☐ Romanos 15:14-33	☐ 1 Samuel 8-9	☐ Salmo 80
3	☐ Romanos 16	☐ 1 Samuel 10-11	☐ Salmo 81
4	☐ Juan 1:1-28	☐ 1 Samuel 12-13	☐ Salmo 82
5	☐ Juan 1:29-51	☐ 1 Samuel 14-15	☐ Salmo 83
6	☐ Juan 2	☐ 1 Samuel 16-17	☐ Salmo 84
7	☐ Juan 3:1-21	☐ 1 Samuel 18-19	☐ Salmo 85
8	☐ Juan 3:22-36	☐ 1 Samuel 20-21	☐ Salmo 86
9	☐ Juan 4:1-26	☐ 1 Samuel 22-23	☐ Salmo 87
10	☐ Juan 4:27-54	☐ 1 Samuel 24-25	☐ Salmo 88
11	☐ Juan 5:1-30	☐ 1 Samuel 26-27	☐ Salmo 89
12	☐ Juan 5:31-47	☐ 1 Samuel 28-29	☐ Salmo 90
13	☐ Juan 6:1-24	☐ 1 Samuel 30-31	☐ Salmo 91
14	☐ Juan 6:25-59	☐ 2 Samuel 1-2	☐ Salmo 92
15	☐ Juan 6:60-71	☐ 2 Samuel 3-4	☐ Salmo 93
16	☐ Juan 7:1-24	☐ 2 Samuel 5-6	☐ Salmo 94
17	☐ Juan 7:25-52	☐ 2 Samuel 7-8	☐ Salmo 95
18	☐ Juan 8:1-30	☐ 2 Samuel 9-10	☐ Salmo 96
19	☐ Juan 8:31-59	☐ 2 Samuel 11-12	☐ Salmo 97
20	☐ Juan 9	☐ 2 Samuel 13-14	☐ Salmo 98
21	☐ Juan 10:1-21	☐ 2 Samuel 15-16	☐ Salmo 99
22	☐ Juan 10:22-42	☐ 2 Samuel 17-18	☐ Salmo 100
23	☐ Juan 11:1-44	☐ 2 Samuel 19-20	☐ Salmo 101
24	☐ Juan 11:45-57	☐ 2 Samuel 21-22	☐ Salmo 102
25	☐ Juan 12:1-19	☐ 2 Samuel 23-24	☐ Salmo 103
26	☐ Juan 12:20-50	☐ 1 Crónicas 1-2	☐ Salmo 104:1-9
27	☐ Juan 13:1-17	☐ 1 Crónicas 3-4	☐ Salmo 104:10-18
28	☐ Juan 13:18-38	☐ 1 Crónicas 5-7	☐ Salmo 104:19-26
29	☐ Juan 14:1-14	☐ 1 Crónicas 8-10	☐ Salmo 104:27-35
30	☐ Juan 14:15-31	☐ 1 Crónicas 11-12	☐ Salmo 105:1-11
31	☐ Juan 15:1-17	☐ 1 Crónicas 13-14	☐ Salmo 105:12-36

MAYO 1

Romanos 15:1-13

Este pasaje continúa el tema del capítulo 14. Como cristianos, tenemos una responsabilidad mutua unos con otros (vv. 1-2). El ejemplo de este comportamiento es el Señor Jesús (v. 3). El resultado es un espíritu de unidad entre los creyentes que verdaderamente proviene del Señor (v. 5). Es el deseo y la voluntad de Dios que estemos llenos de gozo y paz (v. 13).

Mira cuidadosamente el versículo 4. Cuando Pablo habla de "todo lo que se escribió en el pasado," habla de las Escrituras del Antiguo Testamento. Las ventajas para nosotros de leer y aplicar estas Escrituras son instrucción, perseverancia, estímulo y esperanza.

☑ Los versículos 7-12 afirman de las Escrituras que el Señor Jesús cumplió la promesa de traer salvación a todos los pueblos (véase Génesis 12:3). Este pasaje también afirma la promesa de que Jesús vendrá nuevamente para gobernar sobre las naciones (v. 12; véase Isaías 11:10). ⇦

1 Samuel 5-7

Los filisteos tomaron el arca y la pusieron en el templo de su dios (5:1-2). Esta costumbre en el Antiguo Cercano Oriente demostraba que los dioses de los pueblos sometidos eran más débiles que los dioses de los vencedores. Pero Dios les dio a los filisteos un mensaje de dos maneras: su dios Dagón fue quebrantado por la presencia del arca, y el pueblo enfermó (5:3-6).

Nota la asombrosa presencia de Dios en 6:19-20. Recuerda que sólo los descendientes directos de Aarón, el sacerdocio, podían tocar el arca. Después de haber preparado el arca para su traslado, los coatitas llevaron con varas el arca cubierta (Números 4:15). Estos hombres de Bet Semes no deberían haber tocado el arca. Nota el liderazgo de Samuel en 7:2-9 y cómo Dios respondió su oración de una manera impresionante en los versículos 10-11.

Salmo 79

Este salmo fue escrito durante una gran angustia nacional: la tierra había sido subyugada por invasores (vv. 1-4). Asaf pidió al Señor que ayudara a Israel por tres razones. *Primero*, se necesitaba la misericordia de Dios para perdonar el pecado del pueblo (v. 8). *En segundo lugar*, el nombre del Señor estaba en juego. Con su pueblo sufriendo bajo la mano de otra nación (vv. 9-10), las naciones llegarían a la conclusión de que los israelitas, que se suponía eran guiados por el Dios del cielo, ¡en realidad no tenían Dios (v. 10)! *En tercer lugar*, Asaf pidió la misericordia del Señor porque el pueblo sufría (v. 11). Le recordó al Señor que este pueblo era las ovejas de su prado y que, con liberación, alabarían a Dios, tanto en ese momento como en las generaciones futuras (v. 13).

MAYO 2

Romanos 15:14-33

Pablo declaró su misión y ministerio a los gentiles (vv. 14-16). Hay mucho que aprender del enfoque de su ministerio en los versículos 17-22. Aunque Pablo podía reclamar crédito por muchas cosas, dijo que hablaría sólo de lo que Dios había logrado a través de él (v. 18). Lo que logró fue por el poder del Espíritu, acompañado de señales y milagros (v. 19). La ambición personal de Pablo quedó completamente capturada por esta misión (v. 20).

→ Pablo fue un pionero. Predicó, siempre que fue posible, a aquellos que aún no habían oído el evangelio (v. 20). Al hacerlo, Pablo ayudó a cumplir las Escrituras de que el ministerio de Jesús iría a aquellos que no habían oído, es decir, a los gentiles. Llegaron a comprender la gracia y el amor de Dios mediante la predicación de las buenas nuevas (v. 21). ←

No tenemos conocimiento de ninguna visita que Pablo haya hecho a España (vv. 24, 28), pero sí visitó Roma. Dios le dio la oportunidad que deseaba, pero no exactamente como la había imaginado.

1 Samuel 8-9

A medida que Samuel envejecía, era natural que nombrara a sus hijos para que asumieran sus responsabilidades. Pero el aprecio que el pueblo tenía por Samuel no se extendió al aprecio por sus hijos. Era de conocimiento común que sus hijos no vivían según los mismos estándares que Samuel (8:3). Esto llevó a los ancianos de Israel a pedirle a Samuel un rey que los gobernara (vv. 4-5).

A Samuel le angustiaba que el pueblo pidiera un rey. Dios, sin embargo, le dijo a Samuel que siguiera adelante con la elección de un rey. El comentario de Dios a Samuel de que el pueblo lo había rechazado al pedir un rey es muy significativo. Sigue en el capítulo 9 la dirección del Señor en las vidas de Samuel y Saúl que confirmó a Samuel su elección de Saúl.

Salmo 80

Este hermoso salmo es una oración al Señor por restauración y avivamiento. Se desglosa de la siguiente manera. *(1)* Escúchanos porque eres un gran Dios que guía a su pueblo (vv. 1-2). *(2)* Restáuranos, Señor (v. 3). Hemos sufrido tu mano disciplinaria, y nuestros enemigos se burlan de nosotros (vv. 3-6). *(3)* Restáuranos porque somos tu pueblo a quien libraste de Egipto y plantaste en esta tierra (vv. 7-11). *(4)* Vuelve a nosotros porque somos tu pueblo (vv. 14-18). ☑Presta atención a la referencia a la esperanza mesiánica en "¡Es el vástago que has criado para ti!" (vv. 15b, 17). ⇦ *(5)* Revívenos para que podamos invocar tu nombre (v. 18). *(6)* Restáuranos para que seamos salvos (v. 19).

MAYO 3

Romanos 16

Hay varias ideas notables incluso en los comentarios finales de Pablo. Sus saludos indican una relación amplia y profunda entre los cristianos del primer siglo. Realmente trabajaron juntos y se apoyaron el uno al otro. Sufrieron por su testimonio cristiano. Ten en cuenta la frecuencia de las alusiones al trabajo. La iglesia estaba viva y trabajando en el mundo pagano.

Lee atentamente los versículos 17-27. Es algo grave causar división en el cuerpo de Cristo (vv. 17-18). Aunque las personas que causan tales problemas pueden hablar con tranquilidad, su comportamiento demuestra que realmente no son del reino. El versículo 19 es clave. Es importante que *no* conozcamos muchas áreas de conducta pecaminosa. Pero necesitamos ser sabios para entender lo que Dios considera bueno. Ve la esperanza en el versículo 20.

1 Samuel 10-11

Si fueras Saúl, ¿necesitarías alguna confirmación de que realmente serías rey? Samuel, bajo la dirección del Señor, le dio a Saúl tres señales inequívocas para ayudarlo a comprender (10:1-7). Mira el detalle de las señales que se cumplieron, particularmente el versículo 9. Dios cambió el corazón de Saúl para darle lo que necesitaba para liderar a su pueblo.

La vida siguió como de costumbre hasta que Samuel reunió al pueblo e identificó a Saúl como el que el Señor había elegido para ser rey. No hubo aprobación universal de la elección (v. 27).

Saúl entró en el ámbito del liderazgo en la crisis del ataque de los amonitas (11:1-2) y condujo al pueblo a una victoria militar (v. 11). La clave de su valentía se encuentra en el versículo 6. El Espíritu de Dios transformó a este joven en un líder. ¡Sin lugar a duda, este fue un buen comienzo! El resultado fue una confirmación popular de Saúl como rey y una gran celebración (vv. 12-15).

Salmo 81

Aquí hay un consejo oportuno para el hijo del Señor. Alabado sea el Señor (v. 1) y recuerda sus milagros a favor nuestro (v. 7). Aprende de aquellos que no siguieron al Señor (vv. 8-12). Piensa en el versículo 12 y relaciona esto con Romanos 1:24, 26 y 28. Si ignoramos lo que sabemos que es la voluntad de Dios, no podemos presumir de Dios cuando estemos en dificultades. Comprende que el Señor ama a su pueblo y obrará a favor de quienes lo siguen (vv. 13-16).

MAYO 4

Juan 1:1-28

El evangelio de Juan se diferencia de los otros tres evangelios en que no siempre registra los acontecimientos cronológicamente. Su razón para escribir este evangelio es clara: "Pero estas se han escrito para que ustedes crean que Jesús es el Cristo, el Hijo de Dios, y para que al creer en su nombre tengan vida." (Juan 20:31). El libro presenta continuamente a Jesús como el Hijo de Dios y como el Salvador. La verdad de Jesús como el Cristo se revela en los otros evangelios (Mateo, Marcos y Lucas) a medida que avanza el relato de la vida de Jesús. En Juan está presente de manera más evidente desde el mero principio.

⮑ En este primer capítulo, Jesús es presentado como el Verbo (v. 1, véase Apocalipsis 19:13), eterno (v. 2) y creador (vv. 3-4). Él es vida y luz de Dios (vv. 4, 5, 9), aquel a través de quien las personas pueden entrar en la familia de Dios (vv. 12-13), y Dios que ha venido en forma de hombre (v. 14). Jesús también es identificado por Juan el Bautista como el Cordero de Dios (vv. 29, 35) y el Hijo de Dios (v. 34). Las verdades son abrumadoras. ⮐

Mira nuevamente los versículos 12 y 13. Compara esto con Juan 3:3. Los hijos de Dios nacen en su familia: por fe. Venir a Jesús por fe significa que tenemos una conexión familiar espiritual. Esto nos ayuda a entender nuestra relación con Dios como real y permanente (Juan 10:27-30). Un niño no siempre se siente necesariamente como si estuviera en una familia, pero el sentimiento no cambia el hecho de la relación. Lo mismo ocurre con el hijo de Dios.

Piensa en el versículo 18. Si quieres conocer a Dios Padre, conoce a Jesús. Es Jesús quien revela a Dios Padre. Si quieres saber si Jesús es de Dios, sigue sus mandamientos (7:17), luego pon tu fe en él (v. 12). Esta es la manera en que Dios nos permite conocerlo, y no hay absolutamente ninguna otra manera de conocer a Dios excepto a través del Señor Jesús (14:6).

Juan el Bautista testificó acerca de Jesús. Su comprensión de su propio lugar especial en la historia de la redención es notable: vinculó su ministerio con la profecía de Isaías acerca del que prepararía el camino para el Mesías (v. 23; véase Isaías 40:3-5).

1 Samuel 12-13

Tal como lo habían hecho Moisés y Josué, Samuel tuvo las últimas palabras para Israel. No sólo palabras: Samuel le pidió a Dios que enviara truenos y lluvia (12:16-18). Samuel llamó al pueblo a servir a Dios con todo su corazón (v. 20), y él mismo prometió orar por Israel (v. 23).

Saúl enfrentó una prueba de carácter después de que su hijo Jonatán provocó a los filisteos (13:3) y Saúl se preparó para la batalla. Samuel debía venir y ofrecer sacrificios al Señor antes de la batalla, y a Saúl se le había dicho que lo esperara (v. 8). Al ver que sus hombres comenzaban a alejarse atemorizados, el mismo Saúl ofreció el sacrificio (vv. 5-9). Debido a su desobediencia y falta de fe, el Señor le dijo a Saúl que el reino no seguiría siendo suyo (vv. 13-14).

Salmo 82

En este salmo encontramos una súplica apasionada a Dios, el juez de la tierra, para que rescate a los débiles y necesitados. Nota las prioridades en los versículos 3-4 que el Señor identifica para nuestras vidas. Compara estos versículos con Proverbios 21:13 y 31:8-9. La justicia genuina está profundamente arraigada en el carácter de Dios (Deuteronomio 1:16-18). Lo que es importante para Dios debería volverse importante para nosotros a medida que crecemos en nuestro conocimiento y experiencia como creyentes

MAYO 5

Juan 1:29-51

El testimonio de Juan el Bautista sobre Jesús continúa aquí. Jesús nació *después de* Juan el Bautista, pero Juan entendió que Jesús *existía* antes de que Juan existiera (v. 30). Juan entendió que Jesús era eterno. Declaró que Jesús es el Hijo de Dios (v. 34).

Observa el llamado de los primeros discípulos. Jesús impresionó tanto a estos hombres que dejaron lo que hacían y lo siguieron. Presta atención a cómo les contaron a sus familiares y amigos acerca de Jesús (identificado como el Mesías, vv. 41, 45). ☑Felipe, hablando con Natanael, relacionó esto con la promesa de la ley de Moisés y los profetas (v. 45). ⇦Jesús ya estaba seleccionando a aquellos a quienes ministraría mientras estuviera en la tierra, aquellos a quienes confiaría la obra del reino cuando ya no estuviera con ellos. ➲Al hablar con Natanael, Jesús se declaró el Hijo prometido de Dios (v. 51). ☚

1 Samuel 14-15

Jonatán demostró valor cuando atacó a los filisteos sin ayuda de nadie. Su fe en Dios es impresionante (14:6). Él salió y Dios respondió sembrando el pánico entre los filisteos (v. 15). Sigue la disputa entre Saúl, Jonatán y el ejército.

Anteriormente, Samuel le había dicho a Saúl que había actuado neciamente (13:13), y lo hizo una vez más al decretar que nadie debía comer (14:24).

En la batalla con los amalecitas (capítulo 15), Saúl volvió a demostrar que tenía poco respeto por Dios y sus instrucciones. Después de que Saúl desobedeciera la orden del Señor en la batalla, el Señor habló con Samuel (vv. 10-11). Dios se entristeció y Samuel se turbó; de hecho, pasó la noche en oración (v. 11b). Cuando Samuel enfrentó a Saúl, observa el marcado contraste entre estos dos hombres. Samuel demostró sumo valor al enfrentarse a Saúl y decirle la verdad, y Saúl se negó a aceptar cualquier responsabilidad por el mal. Cuenta cuántas veces Saúl se justifica en el versículo 20. Luego, en el versículo 21 Saúl culpa a su ejército por tomar los artículos prohibidos, pero luego busca justificar su desobediencia diciendo que fueron llevados para sacrificar al Señor.

Debemos estar alerta ante la dramática espiral descendente de la vida de Saúl. Recuerda que Saúl mostró humildad cuando Samuel reveló que sería rey (1 Samuel 9:21). Entonces le fue dado el Espíritu de Dios (9:9- 11). Cuando llegamos al capítulo 15, Saúl había rechazado por completo la palabra del Señor y no aceptaría responsabilidad por sus acciones. Lo que comenzó con acciones aparentemente insignificantes creció hasta convertirse en una rebelión total contra Dios.

La respuesta de Samuel revela palabras poderosamente perspicaces acerca de lo que Dios quiere de nosotros: "¿Qué agrada más al Señor: que se le ofrezcan holocaustos y sacrificios o que se obedezca lo que él dice? El obedecer vale más que el sacrificio, y prestar atención, más que la grasa de carneros. La rebeldía es tan grave como la adivinación, y la arrogancia, como el pecado de la idolatría. Y como tú has rechazado la palabra del Señor, él te ha rechazado como rey." (vv. 22-23). Cada uno de nosotros debería memorizar estos dos versículos y meditar en ellos con frecuencia.

Salmo 83

El contenido de este salmo es tan actual que podría haberse escrito hoy con un cambio en los nombres de los enemigos. Las hostilidades contra el pueblo de Dios todavía son muy reales. ¡Pero no para siempre! En última instancia, todos sabrán que sólo Dios, cuyo nombre es el Señor, y es el Señor sobre toda la tierra (v. 18; véase Zacarías 2:8-13).

MAYO 6

Juan 2

En las bodas de Caná, nótate que la madre de Jesús, ya entendiendo algo de su poder, le pidió que solucionara el problema de la escasez de vino. ➲ El milagro que siguió demostró la gloria de Jesús proveniente de Dios y llevó a los discípulos a poner más fe en él (v. 11). A medida que los discípulos interactuaban con Jesús, aprendían más acerca de él cada día. Pero no fue hasta después de la resurrección que armaron el cuadro completo, viéndolo como el Mesías y el cumplimiento de las Escrituras (vv. 17, 22). ☉

➲ Jesús reaccionó ante el comercialismo irrespetuoso contra Dios en el templo expulsando a los vendedores (vv. 13-16). ¡Qué caos debe haber sido esto! Aquellos que cuestionaron su autoridad (v. 18) sabían que sólo a alguien con autoridad divina se le habría permitido hacer esto. La respuesta de Jesús (v. 19) dejó confundidos a los que preguntaban, y no fue hasta después de la resurrección que los discípulos comprendieron completamente la respuesta. Sin embargo, esto también afirmaba que él actuaba bajo la autoridad de Dios y que él era el Mesías. ☉

1 Samuel 16-17

Cuando el Señor rechazó a Saúl, Samuel recibió instrucciones de ungir a un nuevo rey (16:1). El Señor tenía cualidades especiales que buscaba en el nuevo rey (v. 7). Después de que David fue ungido, el Espíritu de Dios descendió sobre él con poder (v. 13). Debido a que Dios había rechazado a Saúl, su Espíritu ya no estaba con él (v.14). No está claro qué significa exactamente cuando el texto dice que un espíritu maligno enviado por el Señor lo atormentaba, pero ciertamente Saúl estaba deprimido. La salida de la presencia de Dios *sería* deprimente. Es en este contexto que David entró al servicio del rey.

El orden cronológico de los capítulos 16 y 17 puede no ser exacto, porque Saúl no parece conocer a David cuando se ofrece a luchar contra Goliat. Considera la fe y el coraje de David cuando enfrentó al gigante. Mientras luchaba, lo que estaba en juego era la reputación de Dios, más que la de David (17:26, 45-47).

Salmo 84

Cuando el escritor habla de la morada del Señor, se refiere al templo, pero también a su relación con el Señor (v. 12). Los israelitas amaban el templo como nosotros, como cristianos, amamos la iglesia. Asociamos la iglesia con un edificio; pero lo más significativo es que la iglesia, como organismo vivo, conecta al pueblo de Dios entre sí y con él.

Al leer esta porción, sustituye la palabra *presencia* por la palabra *casa* y busca las bendiciones que reciben quienes siguen al Señor. Los versículos 4 y 5 describen a la persona que desea permanecer lo más cerca posible de Dios. ¿Puedes identificarte con el escritor de los versículos 10 y 11? ¿Elegirías un empleo menos deseable y se alinearías con la voluntad de Dios en lugar de alinearte con los impíos en actividades impías?

MAYO 7

Juan 3:1-21

En este capítulo, Jesús usó dos ilustraciones para explicar verdades difíciles. En Juan 1:12, Juan afirmó que, mediante la fe en Cristo, llegamos a ser hijos de Dios. Aquí Jesús dijo lo mismo: Nacemos en la familia (v. 3). Además, es a través de la obra del Espíritu Santo (vv. 5-8), aunque no entendamos completamente la transacción. La forma en que Jesús habla del Espíritu Santo es instructiva. Podemos sentir el viento y ciertamente podemos ver sus efectos, pero no podemos verlo. La obra del Espíritu es similar. Sentimos la presencia del Espíritu y podemos ver los resultados, pero en realidad no vemos al Espíritu Santo. Esto es especialmente cierto en el caso de nuestra entrada al reino. Es en retrospectiva que podemos ver cómo Dios, a través del Espíritu, nos ha conducido a la fe y a la vida.

➲ La segunda ilustración de Jesús a Nicodemo fue la serpiente que Moisés levantó en el desierto (v. 14; véase Números 21:8-9). Al mirar la serpiente que Dios le había ordenado a Moisés que hiciera, el pueblo fue sanado. La analogía con Jesús en la cruz es clara. Jesús le decía a Nicodemo que sólo mirando a él se podía encontrar sanación y vida espiritual. Jesús decía directamente que él era el Salvador.

Luego, Jesús añadió tres hechos significativos sobre nuestra condición humana y la misericordiosa provisión de Dios para nosotros. *Primero*, Dios ama tanto a las personas que nos proporcionó una manera de llegar a él (v. 16a). *Segundo*, el camino a Dios es a través de la fe en su Hijo (vv. 16b-18). *En tercer lugar*, todas las personas por naturaleza aman las tinieblas más que la luz de la verdad de Dios (v. 19). Con la perspectiva de estos tres hechos, toma nota cuidadosa del versículo 36. ☉

1 Samuel 18-19

Al leer los libros históricos del Antiguo Testamento, y particularmente la era de los reyes, a menudo resulta evidente la intriga, el peligro y la violencia en los altos círculos del gobierno. Vemos aquí que los celos y el temor de Saúl hacia David se hicieron más pronunciados debido a la creciente popularidad de David (18:10).

En contraste, sigue la confianza de David en Dios y sus tratos con el rey Saúl. La mano de Dios obviamente estaba sobre David, lo que a su vez provocó el temor de Saúl (vv. 12, 15, 29). El Señor protegió a David de la captura de los agentes de Saúl y luego de él mismo (19:18-24). Saúl no pudo llevar a cabo sus malvados planes; el Señor mismo frustró los esfuerzos de él.

Salmo 85

Los primeros siete versículos de este maravilloso salmo son una oración. Nota las peticiones específicas que se encuentran en los versículos 4, 6 y 7: Restáuranos (v. 4), darnos nueva vida (v. 6), muéstranos, Señor, tu gran amor (v. 7) y concédenos tu salvación (v. 7).

Esta es una oración que necesitamos todos los días: perdón por no dar en el blanco de la justicia del Señor y limpieza de la suciedad del mundo. Esta es la oración por la restauración de la plena comunión con el Señor, el lavatorio de los pies que Jesús dio a los discípulos (véase Juan 13:10).

Compara el versículo 10 con Oseas 4:1-3, donde el profeta lamenta la condición del corazón de las personas. En los días de Oseas no había fidelidad ni amor en la tierra. ☑Observa en el Salmo 85:10b que "se besarán la justicia y la paz." La única manera en que la justicia y la paz de Dios se unen es en la obra de Cristo en la cruz. La justicia de Dios exige el pago por nuestro pecado en la muerte. La paz de Dios en el perdón viene a nosotros a través de su amor: la redención a través de la cruz (Romanos 5:1). Él mismo pagó el precio. ¡La bendición de Dios a su pueblo en la era del Antiguo Testamento se basó en lo que Jesús haría en el tiempo perfecto de Dios (Romanos 3:25-26; Hebreos 9:15)! ⇦

MAYO 8

Juan 3:22-36

El notable testimonio de Juan el Bautista sobre la autenticidad de Jesús como Hijo de Dios lo dice todo. Juan declaró que él mismo no era el Cristo (vv. 28-30), sino que Jesús es del cielo (v. 31), habla de cosas celestiales (v. 32), tiene el Espíritu de Dios (v. 34), tiene la autoridad de Dios, es el Hijo de Dios (v. 35) y es el único camino a la vida eterna (v. 36).

Mira cuidadosamente el versículo 36. Las opciones son claras: vida o muerte, culpa por el pecado o liberación de esa culpa, conocer el amor de Dios o su ira. Jesús es el camino de salvación divina. Cualquier otro camino traerá la ira y la muerte divinas.

1 Samuel 20-21

David estaba en evidente peligro. Confió en Jonatán y juntos idearon un plan para discernir las intenciones de Saúl con respecto a la vida de David. En el proceso, Jonatán provocó la ira de su padre y casi muere él mismo (20:33). Es digno de mención que Jonatán parecía saber que David se convertiría en rey y pidió la protección de David para su familia (20:14-15; 23:17). Conociendo claramente las intenciones de Saúl, David supo que tenía que huir.

Mientras huía, David se detuvo en Nob para conseguir provisiones (21:1). El sacerdote Ajimélec estaba asustado, sospechando que David estaba en problemas porque estaba solo. Sin embargo, después de la falsa explicación de David, este le dio comida y la espada de Goliat. Nótate la presencia de Doeg el edomita; más tarde le informaría a Saúl que David había estado allí (v. 7).

El engaño de David y la cuestión de la verdad son intrigantes. ¿No podría

David haber dicho la verdad y confiar en Dios para los resultados? ¿Es Dios capaz de proteger, incluso en las situaciones más difíciles, a quienes en obediencia eligen ser veraces? ¡La respuesta es sí! Ten esta pregunta en mente a medida que avanzamos en la Biblia.

Salmo 86

Este salmo es una ferviente oración de David escrita en un momento de angustia. Piensa en esto: si nunca tuviéramos dificultades, sería fácil olvidarnos de Dios. Pero en su dificultad, David se da cuenta de que necesita a Dios más que cualquier otra cosa. Observa cuántas veces David se refiere a la bondad y el amor inquebrantables de Dios. Tenemos mucho que aprender de David. Contar la bondad de Dios siempre traerá una perspectiva restaurada.

☑Compara los versículos 9-10 con Apocalipsis 15:3-4. El pasaje de Apocalipsis 15 es cantado por el pueblo victorioso de Dios que ha sido fiel durante la persecución del Anticristo. Con el regreso de Cristo el Mesías, todas las naciones vendrán y adorarán (Isaías 2:2-5). ⇐

La oración del versículo 11 describe a una persona que sigue fielmente a Dios. El corazón indiviso describe a alguien totalmente comprometido a vivir bajo la autoridad del Señor, sin buscar hacer nada que comprometa esa relación. Entendiendo al Dios del versículo 15, tiene sentido hacer la oración del versículo 11.

MAYO 9

Juan 4:1-26

La conversación de Jesús con la mujer samaritana tiene mucho que enseñarnos. Aunque estaba agotado por el viaje, rápidamente aprovechó una oportunidad ministerial. Se acercó a esta mujer cuando la mayoría no lo habría hecho (vv. 9, 27). Comenzó la interacción explorando puntos en común (v. 7), luego dirigió la conversación al tema más importante de la eternidad, como vemos a partir del versículo 10. Le ➲ habló de su profunda necesidad (vv. 17-18, 21-24) y se reveló como el Mesías prometido (v. 26). ⊂ Como resultado, la mujer creyó.

Cuando hablamos con otras personas, es muy fácil dejar que nuestras conversaciones deriven hacia temas sin importancia real. Procuremos recordar que la necesidad más profunda de todos los que conocemos es una relación personal con Jesucristo. Usando el modelo que Jesús nos ha dado aquí, estemos alerta a las oportunidades de entablar conversaciones de importancia eterna. ¿Podría ser que el Señor ya haya hecho arreglos para que alguien esta semana escuche la verdad del evangelio de nosotros?

1 Samuel 22-23

¡Las Escrituras no revelan todo lo que hay que saber acerca de Dios—que tomará toda la eternidad!—Pero dentro de sus páginas el Señor ha revelado todo lo que necesitamos saber en esta vida: creer en él, amarlo completamente y confiar plenamente en él. ¡Pero queremos saber todo lo que ha sido revelado acerca de Dios! Pedro nos desafía: "crezcan en la gracia y en el conocimiento de nuestro Señor y Salvador Jesucristo" (2 Pedro 3:18). ¡Eso es lo que sucede cuando dedicamos tiempo a las Escrituras—como lo haces tú hoy! Por lo tanto, al leer la Biblia, es importante que estemos alerta a cualquier cosa que pueda revelarse acerca de Dios y su carácter. Este pasaje revela algo sorprendente sobre el carácter de Dios y es tan importante que no lo perdamos. Tiene que ver con lo que Dios conoce: su omnisciencia. Lee el capítulo 23:1-14.

David y sus hombres estaban acorralados en la ciudad de Queila, y Saúl se acercaba con la intención de dañar o matar a David. Entonces David le preguntó al Señor: "¿Me entregarán los habitantes de esta ciudad en manos de Saúl? ¿Es verdad que Saúl vendrá, según me han dicho? Yo te ruego, SEÑOR, Dios de Israel, que me lo hagas saber.—Sí, vendrá—respondió el SEÑOR. David volvió a preguntarle:—¿Nos entregarán los habitantes de Queilá a mí y a mis hombres en manos de Saúl? Y el Señor contestó:—Sí, los entregarán. Entonces David y sus hombres, que eran como seiscientos, se fueron de Queilá y anduvieron de un lugar a otro. Cuando le contaron a Saúl que David se había ido de Queilá, decidió suspender la campaña." (vv. 11-13).

Cuando nos referimos al conocimiento de Dios (omnisciencia), significa que Dios se conoce plenamente a sí mismo y a todas las cosas pasadas, presentes y futuras. Cuando se nos pregunta dónde estábamos en un día determinado del pasado, debemos pensar en nuestras circunstancias en ese período de tiempo y luego intentar recordar ese día específico. En contraste, Dios conoce todo lo pasado, presente y futuro, y ve todo esto igualmente vívidamente ante él en cada momento (véase Salmo 139:1-6). Pero si esto no es lo suficientemente sorprendente, este pasaje de 1 Samuel revela que, además de conocer todas las cosas pasadas, presentes y futuras, el Señor también conoce todas las cosas *posibles*, es decir, todas las cosas que podrían suceder. En este caso, el Señor sabía exactamente lo que haría el pueblo de Queilá *si* Saúl llegaba a la ciudad, y con este conocimiento David pudo huir exitosamente. ¡Este es el Dios maravilloso que conocemos! Podemos tener plena confianza en que Dios cumplirá cada profecía y promesa que ha hecho, porque incluso antes de anunciar esas profecías y hacer cada promesa, ya conocía todas las cosas pasadas, presentes, futuras y *posibles*. No es de extrañar que Pablo exclamara: "¡Qué profundo es el conocimiento, la riqueza y la sabiduría de Dios! ¡Qué indescifrables sus juicios e impenetrables sus caminos! «¿Quién ha conocido la mente del Señor o quién ha sido su consejero?». Porque todas las cosas proceden de él, y existen por él y para él. ¡A él sea la gloria por siempre! Amén." (Romanos 11:33-34, 36).

Salmo 87

Este salmo trata sobre Jerusalén y el templo del Señor en el monte Moria, pero va más allá de la ciudad terrenal hasta la realidad espiritual del reino de Dios. Los ciudadanos de los países vecinos, incluso aquellos que habían oprimido a Israel, serían contados como pueblo de Dios si lo reconocieran (v. 4). Dios mismo lleva el registro del comportamiento del hombre en sus libros (v. 6). Rahab, en el versículo 4, es una referencia poética a Egipto. Por lo tanto, todas las naciones enumeradas que rodean a Israel (v. 4) tendrán personas que reconocen a Dios y están en su registro (v. 6).

MAYO 10

Juan 4:27-54

Los discípulos y Jesús parecían estar en dos mundos separados. Los discípulos pensaron en la comida; Jesús vio la cosecha (vv. 31-34). Lo que le dio energía a Jesús fue hacer la voluntad del Padre (v. 34); era lo más importante en su mente. Al ver el paisaje, vio personas perdidas y sin esperanza: ¡esa era la cosecha (v. 35)! El pueblo de Dios trabaja en conjunto. Uno siembra, otro cosecha, pero todos los que se dedican a la tarea se regocijan juntos en la cosecha (vv. 36-38).

Pensemos nuevamente en los samaritanos. La mujer que conoció a Jesús fue a su pueblo y les habló del Señor. Cuando Jesús pasó dos días con ellos, muchos creyeron. El testimonio de la mujer había despertado su curiosidad, pero su encuentro con el Señor los llevó a la fe (vv. 39-42).

➲Cuando Jesús, lejos de la casa del funcionario romano, sanó al hijo de éste, fue una evidencia poderosa de que Jesús era en verdad el Hijo de Dios (vv. 43-54). El funcionario comprendió esto fácilmente y él y su casa se hicieron creyentes. ➾

1 Samuel 24-25

El carácter de David se hizo evidente en el encuentro con Saúl en el capítulo 24. David tuvo la oportunidad de matar a su enemigo, pero respetó la posición de Saúl como ungido de Dios, a pesar de que el propio David había sido ungido por Samuel. La verdad era que Dios podía cuidar de Saúl y poner a David en el trono en el momento señalado. David estaba dispuesto a esperar a que eso sucediera.

Samuel murió (25:1). Todo Israel se lamentó, reconociéndolo como juez y profeta. Cuando David escuchó la noticia, debió dolerle no poder mostrar su respeto por Samuel con su presencia en Ramá.

En el capítulo 25, podemos comparar el carácter de tres personas clave. Nabal era grosero y mezquino. Su esposa, Abigaíl, era hermosa y sabia. David estaba muy enojado por el trato que él y sus hombres recibieron por parte de Nabal. La sabiduría de Abigaíl salvó la vida de su familia y su hogar. Cuando Dios le quitó la vida a su marido, ella se convirtió en la esposa de David.

Salmo 88

Si alguna vez has sentido una profunda desesperación, podrás identificarte con este salmo. Este es el único salmo escrito por Hemán el ezraíta. No hay ningún sentimiento de esperanza o luz en todo el salmo, *excepto* que Hemán se volvió al Señor. Ésa es la luz de la esperanza. Dios puede cambiar lo imposible y sólo Dios puede hacerlo. Nota que en su desesperación Hemán sabía que necesitaba encontrar consuelo en la oración, y ora *todos* los días, tanto de día como de noche (versículos 1, 9 y 13). ¡En muchas circunstancias nos sentiríamos mejor si pudiéramos *hacer* algo además de orar! Sin embargo, en la oración hacemos lo más eficaz para cambiar lo imposible: permitir que Dios cambie lo imposible en nuestras vidas.

A pesar de toda su desesperación, aunque el escritor no entiende lo que Dios hace, no hay quejas ni amargura con Dios. Nosotros también necesitamos aprender esta respuesta.

MAYO 11

Juan 5:1-30

⮕ Ten en cuenta que Jesús se hizo igual a Dios (vv. 16-17). Fue esta declaración que encendió el deseo de los líderes judíos de matarlo. Este punto sigue siendo un problema. Mucha gente reacciona negativamente a la idea de que Jesús, como Hijo de Dios, es el único camino a Dios. Dios es verdad (Juan 14:6). Todo acerca de su carácter y todas sus palabras son verdaderas, incluso cuando no son populares. Los versículos 19 y 30 nos brindan información notable acerca de la salvación. La vida eterna es un regalo de Jesús (v. 21). La salvación es una transacción definida en un momento determinado (aunque algunos tal vez no sepan ese momento) y se recibe por fe (v. 24). La salvación significa recibir vida de un estado *espiritualmente* muerto ahora (v. 25) y resultará en una resurrección final del estado *físicamente* muerto a vida eterna (vv. 28-29).

Observa cómo Jesús enfatizó que hacía la voluntad del Padre. Esa fue la pasión consumidora de Jesús, y estaba conectada con su afirmación de ser el Hijo de Dios (vv. 19, 26-27, 30). Teniendo esto en cuenta, considera 1 Juan 2:5b-6. ⮘

1 Samuel 26-27

David nuevamente tuvo la oportunidad de matar a Saúl y nuevamente se negó porque Saúl era el ungido del Señor (26:9-11). Como antes, cuando Saúl fue confrontado con el espíritu generoso de David, se arrepintió y se fue a casa. David, sin embargo, al darse cuenta de que las intenciones de Saúl podrían cambiar rápidamente, decidió que había llegado el momento de abandonar Israel por completo (27:1). Gat era una ciudad de los filisteos (1 Samuel 6:17), y cuando se le preguntó acerca de sus actividades (v. 10), David respondió que había luchado contra las ciudades circundantes en Israel, aunque en realidad había estado destruyendo ciudades que eran enemigas de Israel.

Salmo 89

El salmo comienza con la firme decisión del escritor de dar testimonio fiel de la grandeza y la bondad de Dios. Sigue en este capítulo mientras el salmista enumera los atributos de Dios.

Nota particularmente los versículos 14-18. La rectitud y la justicia son los cimientos del reino. Piensa en esto en relación con la verdad. Ni la rectitud ni la justicia son posibles sin la verdad. Compara esto con Juan 8:44-45.

☑Nota cómo el amor y la fidelidad se relacionan con la rectitud y la justicia (v. 14). La única manera en que el amor de Dios por las personas puede expresarse junto con su rectitud y justicia es en Jesús. La fe en Jesús nos trae el don de la justicia necesaria; Jesús derramó su sangre por nuestros propios pecados en la cruz (Romanos 5:8).

La promesa del reinado mesiánico se encuentra en los versículos 3-4, 27-29 y 35-37. Compara esto con la promesa a David (2 Samuel 7:16). ⇦

MAYO 12

Juan 5:31-47

El comentario de Jesús sobre su propio testimonio reflejó el punto de vista de los oyentes (v. 31). Éstas eran las mismas personas que habían trazado planes para su muerte porque él afirmó que en verdad era el Hijo de Dios (5:18). Se refirió a Juan el Bautista, a quien el pueblo había aceptado como procedente de Dios (vv. 33-35): Juan el Bautista había declarado que Jesús era el Hijo de Dios (3:27-36).

➲ El comentario de Jesús de que su mensaje era más importante que el mensaje de Juan es poderoso (v. 36). Juan había predicado el arrepentimiento para preparar el camino para el mensaje de Jesús. Ahora Jesús ofrecía vida del Padre (v. 24). Jesús dijo que su obra testificaba que él era el Hijo de Dios (v. 36). Las Escrituras que describían a Jesús y que estos líderes judíos conocían tan bien, también señalaban a Jesús como el Hijo de Dios, pero era un libro cerrado para ellos debido a su incredulidad (vv. 39-40). ☙

Piensa por un momento en las Escrituras del Antiguo Testamento, su mensaje de redención y el Redentor venidero. Dios tenía el plan y lo llevó a cabo. Hasta que vino Jesús, estaba escondido (1 Pedro 1:10-12). En el camino a Emaús, Jesús abrió las Escrituras a los dos discípulos con quienes caminaba (Lucas 24:13-27). Explicó cómo Moisés y los profetas predijeron la venida del Salvador, y que él era ese redentor.

Los comentarios de Jesús a aquellos que conocían las Escrituras, pero las rechazaron, son estimulantes. Les dijo que eran responsables de verlo tal como era presentado y que enfrentarían juicio por su incredulidad (vv. 45-47). Moisés los condenaría porque no creyeron ni siguieron las Escrituras del Antiguo Testamento, así como sus padres, no vivieron por fe ni siguieron los principios de una vida piadosa que se encuentran en las Escrituras del Antiguo Testamento (véase Mateo 5:17-20). Cuando la gente se arrepintió después de escuchar a Juan el Bautista, prepararon sus corazones para el mensaje de Jesús. Hacer la voluntad de Dios abre el corazón para comprender mejor la verdad acerca de él (véase Juan 7:17). La fe genuina siempre está ligada a la obediencia a la verdad de Dios (Lucas 3:7-9). La fe es una creencia que resulta en acción; no es una mera afirmación intelectual.

1 Samuel 28-29

Saúl se sentía desesperado (capítulo 28). Sabía que estaba desagradando a Dios. Su disposición a consultar el mundo de los espíritus indica que su fe y confianza en Dios estaban lamentablemente comprometidas. Al consultar el mundo de los espíritus, es muy probable que las personas llamadas de la muerte no sean las que aparecen. Sin embargo, en este caso, Dios envió a Samuel para darle a Saúl el mensaje final de su vida. La médium espiritual comprendió de inmediato que esto no era lo que esperaba. El espíritu de Samuel realmente había aparecido.

Sigue la secuencia del capítulo 29. David fue acorralado mientras acompañaba a los filisteos cuando se preparaban para luchar contra Israel (28:1-2). La solución de Dios (29:4-11) permitió a David y sus hombres evitar la batalla con su pueblo: Israel.

Salmo 90

Este es el único salmo escrito por Moisés. Varias verdades destacan. Dios es eterno (vv. 1-2). Los días de nuestra vida están en las manos del Señor (vv. 5-6). El Señor sabe todo acerca de cada uno de nosotros (vv. 8-9), y sólo con su ayuda podemos ver la vida con una perspectiva adecuada (v. 12). El Señor da sentido a nuestra vida y a nuestro trabajo (v. 17).

Es fácil para nosotros vagar a través de días y semanas, meses y años, sin darnos cuenta de que la vida de este lado de la eternidad no durará para siempre. Si en cambio vivimos cada día con la eternidad en mente, podemos recibir el maravilloso regalo de un corazón de sabiduría.

MAYO 13

Juan 6:1-24

Mientras Jesús atendía a las multitudes que por todas partes encontraban su mensaje y autoridad tan convincentes, su atención se centraba intensamente en enseñar a sus discípulos. Jesús los estaba preparando deliberadamente para el día en que dejaría el Evangelio en sus manos. Aquí en Juan 6, mientras satisfacía las necesidades físicas de los muchos que le rodeaban, Jesús enseñó una lección poderosa y memorable a sus discípulos. Les afectó profundamente. La gente también quedó impactada por el milagro de Jesús. Cuando vieron lo que había hecho, exclamaron: "En verdad este es el profeta que había de venir al mundo" (v. 14).

Muchos de los que estaban presentes ese día habrían recordado la milagrosa provisión de Dios del maná en el desierto. La impresionante demostración de poder de Jesús habría validado sus profundas palabras en el capítulo 5, en las que se proclamaba igual a Dios. También preparó el escenario para la declaración que daría al día siguiente. Pero este día aún no había terminado.

Al atardecer, los discípulos verían a Jesús caminando sobre las aguas y calmando el viento, las olas y sus ansiosos corazones.

1 Samuel 30-31

Imagínate la consternación entre David y sus hombres cuando regresaron a Siclag. La ciudad fue quemada (v. 14b), y su gente y sus posesiones desaparecieron. Nota 30:6b. David se volvió al Señor y, con guía específica, partió para rescatar todo lo que había sido tomado.

El triste relato de la muerte de Saúl en el capítulo 31 debería hacernos reflexionar. Saúl tuvo todas las ventajas después de ser ungido. Tuvo un buen comienzo. Tuvo un mal final porque no hizo caso de la santa voluntad de Dios.

Salmo 91

Este maravilloso salmo es de seguridad reconfortante siendo una promesa de protección para aquellos que confían en Dios y caminan en estrecha comunión con él (v. 1). Al reflexionar sobre estas palabras eternas, observa las muchas promesas maravillosas para nosotros, así como la forma en que el Señor protege a su pueblo. Permita que esta canción anime y nutra tu alma hoy.

MAYO 14

Juan 6:25-59

Durante el encuentro de Moisés con Dios en la zarza ardiente, le pidió que le revelara su nombre. Dios dijo a Moisés: "YO SOY EL QUE SOY" (Éxodo 3:14). Para el oyente judío del siglo I, las palabras "YO SOY" se equiparaban inequívocamente con Dios mismo. Se entendía que Dios era, es y será para siempre.

En este capítulo y en los siguientes del evangelio de Juan, Jesús hará siete profundas declaraciones YO SOY. La mayoría fueron dadas en el contexto de uno de Sus milagros. Cada una de estas declaraciones YO SOY describe algo de la naturaleza de Jesús y Su ministerio para nosotros. En ellas, Jesús se declaraba claramente igual a Dios.

➲ El día anterior, Jesús había proporcionado milagrosamente abundante pan del cielo. Ahora proclama: "Yo soy el pan de vida... El que a mí viene nunca pasará hambre y el que en mí cree nunca más volverá a tener sed" (v. 6, 35). Jesús no sólo nos proporciona el pan de cada día; sólo Él puede satisfacer las necesidades y anhelos más profundos de nuestras almas (cf. Mt 11:28-30). ☙

2 Samuel 1-2

El mensajero que llegó al campamento de David con la noticia de la muerte de Saúl pensó que traía buenas noticias. El carácter de David se muestra en su dolor por la muerte del ungido del Señor y el triste relato de la derrota de su pueblo.

David, con la dirección de Dios, regresó a Judá y fue ungido rey, y reinó durante siete años en Hebrón (2:1-4, 11). Aquí es donde vivió Abraham después de separarse de Lot unos ochocientos años antes (Génesis 13:18); también fue la ciudad dada a Caleb después de que los israelitas llegaron a la tierra (Josué 14:13-14).

Abner, hijo de Ner, era el comandante del ejército de Saúl. Después de la muerte de Saúl, él era el hombre más poderoso de Israel. Las conexiones familiares eran cruciales en el mundo antiguo. Abner era primo de Saúl (1 Samuel 14:50). Joab era el comandante de los hombres de David. Era sobrino de David, hijo de Sarvia, hermana de David. En la prueba de fuerza que tuvo lugar en el estanque de Gabaón, Asael, hermano de Joab, persiguió a Abner quien mató a Asael cuando éste se negó a abandonar la caza.

Salmo 92

Toda esta porción alaba a Dios por quién es, por lo que hace y por cómo cuida de los suyos. Nota el enfoque y la orientación del escritor hacia Dios. La vida del escritor se basa en la verdad de seguir a Dios. El escritor alaba a Dios por la mañana y por la noche (vv. 1-2). Encuentra gozo en las obras y palabras de Dios (vv. 4-5). La promesa es que tal persona de fe seguirá fresca incluso hasta la vejez (v. 14).

En contraste, aquellos que no siguen a Dios no se dan cuenta del peligro del juicio venidero (vv. 6-7). Los hijos de Dios tienen conocimiento de Dios (1 Corintios 2:12). Satanás trabaja duro para mantener a la gente ocupada con cosas triviales e inconscientes del juicio venidero.

MAYO 15

Juan 6:60-71

Estos versículos transmiten claramente la verdad de vital importancia de que Jesús es el único camino para llegar a Dios y recibir la vida eterna. Este es el asunto más importante que enfrentaremos en la vida, porque lo que decidamos sobre este único asunto determinará nuestro destino eterno. En pocos capítulos Jesús lo declarará con estas palabras definitivas: "Yo soy el camino, la verdad y la vida… nadie llega al Padre sino por mí" (Juan 14:6). Hoy, como en los tiempos de Jesús, este mensaje puede ser impopular, y muchos—por su cuenta y riesgo—se negarán a aceptar esta verdad trascendental (v. 66). Pero Jesús nunca cambió Su mensaje, fuese popular o no. Una relación personal con Jesucristo es la única manera de experimentar el perdón del pecado, la esperanza, la alegría, la paz y una gloriosa vida eterna en el cielo con Dios.

2 Samuel 3-4

Estos capítulos narran el tumultuoso período entre la muerte de Saúl y la unción de David como rey de Israel (cf. capítulo 5). Fue una época de grandes conflictos entre la casa de Saúl y la casa de David.

Salmo 93

Este maravilloso salmo abunda en atributos del carácter de Dios. Permite que estas palabras eleven tu corazón en alabanza a Él.

MAYO 16

Juan 7:1-24

Al comienzo de este capítulo queda claro que los hermanos de Jesús no entendieron que él era el Mesías. Hay una nota de sarcasmo en sus comentarios acerca de ir a la fiesta en Jerusalén (vv. 1-5). Antes de su llegada, él fue tema de mucha discusión (vv. 12-13). La pregunta subyacente era: ¿Es Jesús el Mesías?

➲ Cuando Jesús comenzó a enseñar, rápidamente declaró que sus palabras provenían de Dios (v. 16). Piensa en la declaración de Jesús en el versículo 17. Esto es tan válido hoy como lo fue cuando Jesús pronunció estas palabras. Compara esta declaración con Juan 8:31-32 y Juan 14:21. *Hacer* la voluntad de Dios, tal como la definió Jesús, confirmará en tu corazón que este es realmente el camino correcto: que Jesús viene de Dios. Esto trae libertad para vivir en el Espíritu en un mundo hostil y una comprensión más profunda de las cosas de Dios. ☾

Una cuestión que dividió a la multitud acerca de la identidad de Jesús fue que él sanaba en el sábado (v. 23b). En respuesta, Jesús les señaló las prácticas de sus propios líderes religiosos. La Ley Mosaica exigía la circuncisión de un niño varón al octavo día de su vida. Si el octavo día caía en sábado, el sacerdote lo circuncidaba en ese día, aunque era sábado e implicaba trabajo por parte del sacerdote. Jesús los desafió a pensar de la misma manera en su curación en sábado (vv. 23-24).

2 Samuel 5-6

→ David consolidó su autoridad sobre todo Israel y trasladó su administración a Jerusalén. Dios había prometido el reino a David (1 Samuel 16:1-13) y posteriormente también prometió que el trono de David sería eterno (perteneciente al Mesías, 2 Samuel 7:16). Dios ahora comenzó a cumplir esta promesa. ← Los años que siguieron, incluida la mayor parte del reinado de Salomón, fueron los mejores de la historia de Israel. David amó y siguió a Dios, y Dios lo prosperó (5:10). Observa cómo David continuó pidiéndole a Dios que lo guiara incluso desde su posición de poder humano (vv. 17-19).

Cuando llevaban el arca a Jerusalén, el Señor hirió a Uza porque lo había tocado. (6:1-7). ¡Esto fue aterrador! El Señor había dado instrucciones claras sobre cómo debía cuidarse y trasladarse el arca, y aquí se transportaba de una manera equivocada y por las personas equivocadas. Cuando los objetos de adoración debían ser trasladados, los sacerdotes que eran descendientes de Aarón debían prepararlos, y luego los coatitas (una de las divisiones de los levitas) debían transportarlos en varas (Números 3:27-32; 4:1-20; 7:9). El regreso final del arca a Jerusalén se menciona en 6:12, pero el detalle que falta está en 1 Crónicas 15:1-2 y 15. Se aprendió la lección y los levitas llevaron el arca a Jerusalén.

Salmo 94

Este salmo expresa palabras de seguridad al pueblo de Dios en medio de un mundo de maldad e injusticia. Aunque el mundo nos falle, el Señor nunca lo hará (v. 14). Se bendecido al identificar las muchas promesas del Señor que se encuentran en las palabras de este salmo.

MAYO 17

Juan 7:25-52

No parecía posible que el Mesías pudiera ser alguien cuyos antecedentes familiares fueran tan comunes (v. 27). ⊃ La respuesta de Jesús afirmó una vez más que él hacía la voluntad de Dios y hablaba su mensaje: que había sido enviado por Dios (vv. 28-29). Esta parece ser una conversación extraordinariamente conflictiva. Jesús nunca se alejó de la verdad de que él era de Dios y llevó el mensaje de Dios a sus oyentes. Les dijo que su negativa a aceptar que él venía de Dios demostraba que no conocían a Dios (vv. 28-29). En medio de esta afirmación de su identidad y autoridad, su declaración en el versículo 38 es asombrosa y sigue siendo igual de cierta hoy. ⊂

A medida que las líneas de batalla estaban más claramente trazadas, los líderes religiosos planearon arrestar a Jesús (v. 32). Fue sorprendente que los guardias del templo no arrestaran a Jesús como les habían dicho que hicieran. Su explicación por no realizar el arresto es extraordinaria, pero nos dice mucho sobre cómo Jesús afectó a las personas (vv. 45-46).

Finalmente, tomemos nota de Nicodemo (vv. 50-51; véase Juan 3:1-2). Hizo la única defensa de Jesús ante los líderes religiosos. Los instó a seguir su propia ley y escuchar a Jesús antes de condenarlo.

2 Samuel 7-8

2 Samuel 7 es uno de los capítulos más importantes del Antiguo Testamento porque se refiere a la venida del Mesías prometido. Después de que David consolidó su gobierno y construyó su palacio, quiso construir una casa para el Señor. Fue aquí donde Dios le hizo una promesa sorprendente a David:

¡En lugar de que David construyera una casa para el Señor, sería el Señor quien construiría una casa, un reino duradero, para David (7:11-13)! Esto se conoce como el Pacto Davídico. El término *casa de David* tiene su origen en este capítulo y promesa, y veremos que se hace referencia a él veintiséis veces más en el Antiguo Testamento.

☑ El Señor hablaba del Mesías venidero, que fue prometido por primera vez a Adán y Eva en Génesis 3:15. Cientos de años después, Dios se le reveló a Abraham que este Mesías sería uno de sus descendientes y que a través de él serían benditas todas las familias de la tierra (Génesis 12:1-3). Luego fue revelado por el Señor que esta promesa se cumpliría a través del hijo de Abraham, Isaac (Génesis 26:2- 4), a través del hijo de Isaac, Jacob (Génesis 28:14), y a través del hijo de Jacob, Judá (Génesis 49:8-12). Ahora, después de más de quinientos años, y tal vez de cientos de miles de descendientes de Judá, el Señor anunciaba a David, un descendiente de Judá, que el Mesías prometido vendría a través de su linaje. Además, el reinado del Mesías duraría para siempre.

Es comprensible que David se sintiera profundamente conmovido por esta promesa, como se evidencia en su oración de respuesta (7:18-29). David entendió que ésta era la voluntad soberana de Dios y que lo más importante no era lo que la promesa le traería personalmente, sino que en su cumplimiento la gloria vendría al Señor. ⇐

Salmo 95

Hay dos verdades centrales aquí que exigen nuestra respuesta: Dios es un Dios grande y rey sobre todos los demás (v. 3); somos el pueblo de su prado, el rebaño bajo su cuidado (v. 7). Esos dos hechos importantes nos llaman a la alabanza, la acción de gracias y la adoración (vv. 1-2, 6). Para alabar y adorar a Dios, necesitamos saber quién es. Para aprender de la historia (vv. 7b-11), necesitamos saber cómo trata Dios a las personas. Para ofrecer una acción de gracias apropiada a Dios, debemos reflexionar profundamente sobre lo que Dios ha hecho por nosotros. Esto incluye tanto la verdad teológica como las experiencias personales de la mano de Dios en nuestras vidas. ¡A medida que continuamos leyendo su Palabra, nuestros corazones se regocijarán y lo alabarán cada vez más!

MAYO 18

Juan 8:1-30

Aquí Jesús hace su segunda declaración YO SOY. Estaba en la Fiesta de los Tabernáculos, donde un gran candelabro brillaba intensamente en el atrio del templo. Esta luz radiante era un recordatorio tangible para los israelitas del fuego que guiaba el camino de sus antepasados en el desierto.

⮑ Jesús declaró: "Yo soy la luz del mundo. El que me sigue no andará en oscuridad, sino que tendrá la luz de la vida" (v. 12). Para quienes viven en un mundo oscurecido por el pecado, Jesús se ofrece como la luz que iluminará su camino. ⮑

2 Samuel 9-10

David había hecho un pacto con Jonatán de nunca cortar la bondad hacia Jonatán o su familia (1 Samuel 20:14-17); ahora David cumplió esa promesa al mostrar bondad hacia Mefiboset, el único hijo sobreviviente de Jonatán (capítulo 9). Es posible que la discapacidad de Mefiboset lo haya salvado, ya que no podía servir en el ejército.

David mostró su amistad al rey amonita enviando una delegación, pero la trataron con desprecio. Más tarde, los amonitas, junto con el ejército contratado de Aram, salieron a pelear contra David. Nota la estrategia de Joab, su fe y valentía (10:9-12).

Salmo 96

El pueblo de Dios y toda la tierra deben cantar al Señor (v. 1). Debemos cantar nuestras alabanzas al Señor (v. 2) y declarar su gloria a las naciones (vv. 3, 10). ¡Todas las personas necesitan oír acerca del único Dios verdadero!

☑ Los cielos, la tierra, el mar, los campos y los árboles cantarán de alegría, ¡porque Dios viene a juzgar al mundo (vv. 11-13)! Romanos 8:18-21 e Isaías 55:12 hablan de la liberación de la naturaleza cuando Dios enderece el mundo con la segunda venida de Jesús. ⇦

MAYO 19

Juan 8:31-59

⊃ Mira la promesa en los versículos 31-32. La comprensión de la verdad se logra siguiendo a Jesús y haciendo lo que él manda. Con la verdad viene la libertad de nuestra esclavitud al pecado (v. 32; véase Romanos 6:16-18). Cuando llegamos a conocer a Jesús como Salvador, somos libres para obedecerlo y somos liberados de nuestra esclavitud al pecado. ⊃

Jesús señaló que los judíos con quienes habló no tenían esta libertad. Dijeron que eran descendientes de Abraham (v. 39) e hijos de Dios mismo (v. 41). Jesús dijo que, si fueran hijos de Abraham, harían lo mismo que Abraham (vv. 39-40). Lo que marcó a Abraham como persona de Dios fue que creyó en Dios (Génesis 15:6) y obedeció a Dios (Génesis 12:1-4). Aunque Jesús les contaba fielmente el mensaje de Dios, ellos no quisieron escucharlo y, en cambio, planearon matarlo (v. 40).

Al leer los comentarios de Jesús en los versículos 42-47, busca las características de Satanás. Es un asesino y un mentiroso: el padre de la mentira. Todo lo que ensombrece la verdad no proviene de Dios sino del padre de la mentira. Compara el versículo 42 con el versículo 51. Si pertenecemos a Dios, seremos receptivos a su verdad y voluntad para nuestras vidas. Si no conocemos a Dios a través de Cristo, es imposible entender las cosas espirituales (1 Corintios 2:14).

⊃ Esta sección contiene una de las declaraciones más poderosas y claras de Jesús de que él es el Hijo de Dios. Dijo que su enseñanza y una relación con él traerían verdadera libertad (vv. 31-32, 36). Él dijo inequívocamente que era de Dios (vv. 42, 49, 54-55). Dijo que la salvación vendrá a aquellos que guarden su palabra (v. 51) y afirmó que él existió antes de Abraham (v. 58). Esta discusión con los líderes judíos fue de confrontación, pero Jesús nunca se retractó de su afirmación de que había venido en cumplimiento de las Escrituras.

Concéntrate nuevamente en el versículo 51. Jesús dijo que la persona que guarda su palabra nunca verá muerte (véase 3:16, 5:24-25). ¡Qué promesa tan asombrosa y reconfortante! ⊃

2 Samuel 11-12

La Biblia presenta a las personas como realmente son, y aquí vemos a David caer en un pecado grave. Cuando pecamos, estamos ofendiendo a Dios mismo. Un pecado a menudo conduce a pecados adicionales, y en este caso condujo a mentiras y asesinatos.

Natán valientemente confrontó a David con un mensaje del Señor (capítulo 12). Esto llevó a David a un profundo arrepentimiento, como lo demuestra su ferviente oración de confesión registrada en el Salmo 51.

Podemos aprender de este incidente. Cada uno de nosotros es vulnerable a la tentación y podemos caer en pecado a menos que mantengamos nuestros ojos en el Señor. Siempre que enfrentamos tentación, Dios bondadosamente promete proporcionarnos una vía de escape (véase 1 Corintios 10:13). Proverbios advierte específicamente sobre el atractivo y las dolorosas consecuencias del pecado sexual (Proverbios 6:20-35, 7:21-23). Cuando pecamos, la mejor manera de avanzar es confesar inmediatamente al Señor, quien es fiel y misericordioso para perdonarnos (véase 1 Juan 1:9).

En el capítulo 12 leemos estas palabras del Señor, pronunciadas a través de Natán: "—¡He pecado contra el Señor!—reconoció David ante Natán.— El Señor ha perdonado ya tu pecado y no morirás—contestó Natán—. Sin embargo, tu hijo sí morirá, pues con tus acciones has mostrado desprecio al Señor." (vv. 13-14). Dios en gracia perdonó a David, pero aún hubo consecuencias de gran alcance para David y su familia.

Cuando leemos estas palabras, parece tan injusto que el inocente hijo de David muera a causa del pecado de David. Quizás sea justo que nos sintamos indignados por esto porque nos ayuda a apreciar lo que sucedería mil años después: Jesús, el inocente Hijo de David, moriría a causa del pecado de David—y del nuestro. Nosotros también hemos despreciado completamente al Señor por nuestro propio pecado. Sólo a través de la sangre derramada de Jesús, el Hijo de David, nuestros pecados pueden ser expiados y perdonados.

Salmo 97

¿Quién manda en este mundo? ¿Te has preguntado si Dios está a cargo? Lee el versículo 1 y regocíjate. Al leer los versículos 2-7, queda asombrado ante la grandeza y el poder del Señor. Sin su gran misericordia, no habría esperanza. Alabado sea Dios por la verdad del versículo 9. ¡Dios es exaltado sobre todos los dioses!

En relación con la rectitud y la justicia del Señor, observa el llamado al pueblo de Dios en el versículo 10. Observa las muchas maneras en que la bondad de Dios toca las vidas de aquellos que lo aman (vv. 10-12).

MAYO 20

Juan 9

La curación del hombre que había sido ciego de nacimiento fue a la vez una lección para los discípulos y un acto de compasión por el hombre. La creencia de ese día era que el pecado, ya sea en la vida de este hombre (de alguna manera antes de nacer) o en sus padres, había causado su ceguera (v. 2). Jesús enderezó a los discípulos al señalar que la ceguera no se debía al pecado, sino para que la gracia de Dios pudiera ser vista en su vida (v. 3).

Al leer este relato, observa detenidamente lo que le sucedió al hombre que fue sanado, a sus padres y a los líderes religiosos. El hombre se mantuvo firme en los hechos cuando fue presionado por los fariseos, dando crédito a Jesús. Finalmente fue expulsado del templo a causa de su testimonio (vv. 17-34). ⮕ Entonces Jesús lo encontró y se reveló al hombre como el Mesías, llevándolo a la fe (vv. 35-38). ⮘ Los padres, cuando fueron presionados, eludieron responder las preguntas a pesar de que sabían la verdad. Temían a los fariseos, y su cobardía queda registrada para siempre en este capítulo (vv. 20-23). Los fariseos estaban cerrados incluso a los hechos obvios del incidente y se abstuvieron de conocer al Salvador.

No nos gusta pensar que estamos cerrados a la verdad, pero ¿nos comportamos alguna vez como lo hicieron nuestros padres, con cobardía? *Siempre* tendremos razón si defendemos la verdad.

2 Samuel 13-14

Una vez más la Biblia presenta el pecado terrible con todo detalle. Amnón fue el primer hijo de David y Absalón el tercero (2 Samuel 3:2-3). Jonadab era primo de Amnón y sobrino de David.

Tamar era una joven extraordinaria que sabía que la experiencia sexual antes del matrimonio estaba mal. También sabía que eso afectaría sus perspectivas de matrimonio. Su disposición a casarse con Amnón incluso después de soportar el trauma de la violación fue una indicación de cuán profundamente su futuro se vería afectado por esta horrible experiencia.

Este texto y los capítulos siguientes revelan que a esta tragedia le siguió una letanía de sucesos trágicos adicionales en la familia de David, incluyendo engaños, relaciones fracturadas y asesinatos. David sabía que estos acontecimientos eran consecuencia de su propio pecado (2 Samuel 12:10-12).

Salmo 98

Busca las similitudes entre este salmo y el Salmo 96. Nota que el gozo, la música, el canto y la alabanza se basan en la salvación (v. 2), el amor y la fidelidad de Dios a Israel (v. 3) y la venida de Dios a juzgar la tierra (v. 9). ¡Incluso toda la naturaleza se unirá a la alabanza (vv. 7-8)!

☑ La primera parte del salmo habla de las victorias que el Señor logró a favor de Israel. Pero puede tener un significado adicional (v. 3b). Ciertamente, los versículos 7-10 anticipan la venida del Mesías a la tierra con juicio y gobierno justo. ¡Alabado sea Dios por esta promesa segura! ⇦

MAYO 21

Juan 10:1-21

En este día, Jesús hizo dos declaraciones YO SOY muy cerca una de la otra. La audiencia de Jesús estaba muy familiarizada con las ovejas y sus costumbres. Cada noche, los pastores apiñaban a sus ovejas en recintos de piedra para protegerlas durante la noche. Como estos recintos no tenían puertas, el propio pastor se acostaba a la entrada para proteger a sus ovejas de los depredadores.

⮩ Jesús declara: "Les aseguro que yo soy la puerta de las ovejas… el que entre por esta puerta, que soy yo, será salvo. Podrá entrar y salir con libertad y hallará pastos" (vv. 10:7, 9). La única manera de entrar en la seguridad del redil de Dios es pasar por Jesús, la puerta de las ovejas.

Su segunda declaración YO SOY de ese día está ilustrada por el papel del pastor. Jesús está describiendo su amor sacrificial por aquellos que son suyos. Él declara: "Yo soy el buen pastor. El buen pastor da su vida por las ovejas... conozco a mis ovejas y ellas me conocen a mí, así como el Padre me conoce y yo lo conozco, y doy mi vida por las ovejas" (vv. 10:11, 14-15). Jesús no abandonará a sus ovejas. De hecho, se acercaba rápidamente el día en que Jesús daría literalmente su vida por todos los que acudieran a Él. ☙

2 Samuel 15-16

Absalón intentó arrebatarle el reino a su padre. Las consecuencias de gran alcance del pecado de David continuaron cobrando un alto precio para su familia.

Salmo 99

La soberanía de Dios es claramente evidente en los versículos 1-3. Él gobierna sobre las naciones, incluso cuando las naciones y los gobernantes puedan pensar que actúan de forma independiente. Lo sorprendente es que este gran Dios de soberanía y justicia se comunica con su pueblo. Él contesta la oración (v. 6) y se revela a través de su palabra (v. 7). Él perdona el pecado de su pueblo (v. 8). Sabiendo esto, nuestra respuesta debe ser adoración de corazón (v. 9).

MAYO 22

Juan 10:22-42

Cuando Jesús respondió a las preguntas en la fiesta de la Dedicación, volvió a recurrir al modelo del pastor y las ovejas.

➲ Las palabras de Jesús en esta ocasión son muy claras acerca de su identidad: dijo que era uno con el Padre, que dio vida eterna a sus seguidores y que nadie podía interrumpir esa relación (vv. 25-30). ☙ Los oyentes respondieron a las palabras de Jesús (vv. 31-32). Admitieron su intención de apedrear a Jesús por su afirmación de ser el Hijo de Dios (v. 33). ➲ Jesús les recordó que, según las Escrituras, vendría un Mesías, enviado por el Padre (v. 36), y los desafió a mirar los hechos acerca de él mismo (vv. 37-38). Para dejar explícitamente claro quién era, les dijo que era uno con el Padre (vv. 30, 38). ☙

2 Samuel 17-18

Al seguir los acontecimientos registrados en estos dos capítulos, comprende que Dios tuvo su mano en cómo se desarrollaron los acontecimientos. Dios protegió a David de la muerte y juzgó a Absalón. El capítulo 15 registra el engaño de Absalón (vv. 1-6) y sus mentiras a su padre (vv. 7-8). Su arrogancia y orgullo son evidentes en 18:18.

Aunque los otros soldados se mostraron reacios a matar a Absalón, Joab lo hizo a pesar de las órdenes de David en sentido contrario (18:9-17). David sintió un dolor abrumador por la pérdida de su hijo y debió recordar las palabras que le dijo Natán (18:32-19:4; véase 12:10).

Salmo 100

Este maravilloso salmo es un llamado vibrante para que toda la tierra adore y sirva a nuestro maravilloso Dios. El versículo 3 nos recuerda que él es nuestro creador y que nosotros le pertenecemos. El versículo 5 resume la base para ofrecerle alabanza: "Porque el SEÑOR es bueno, su gran amor perdura para siempre y su fidelidad permanece por todas las generaciones." (v. 5). Permite que estas alegres palabras refresquen tu alma hoy.

MAYO 23

Juan 11:1-44

La profunda declaración YO SOY aquí fue declarada en el contexto del dolor atroz de los afectados por la muerte de Lázaro. La muerte había traído tanto dolor y desesperación que Jesús mismo lloró ante la tumba.

⮑ En medio de esta desesperanza, Jesús declara: "Yo soy la resurrección y la vida. El que cree en mí vivirá, aunque muera; y todo el que vive y cree en mí no morirá jamás" (11:25-26). Ese día, Jesús ilustraría poderosamente esta verdad llamando a Lázaro de la tumba. Poco después, el propio Jesús resucitaría de la tumba, demostrando a todos que ha vencido a la muerte de forma decisiva. Jesús promete la vida eterna a todos los que creen en Él. ◉

2 Samuel 19-20

Con el golpe aplastante de la pérdida de su hijo, David perdió la perspectiva de la victoria que habían obtenido sus hombres. Joab habló con David, con dureza y tal vez sin darle al rey la dignidad que merecía (19:5-7). El resultado fue que David decidió nombrar a Amasá comandante del ejército (v. 13). Recuerda, Amasá también era sobrino de David, hijo de Abigaíl, la hermana de David (1 Crónicas 2:13-17), y primo de Joab, pero fue Amasá quien dirigió las fuerzas que lucharon por Absalón (17:24-25).

Cuando surgió el problema de la rebelión de Sabá y Amasá se retrasó en regresar al rey, David pasó por alto a Joab y le pidió a Abisay (hermano de Joab y primo de Amasá) que sofocara la rebelión. Joab acompañó al ejército, y cuando se encontraron con Amasá, Joab lo mató con engaño, recuperando él mismo el control del ejército (20:8-10).

Salmo 101

Cuando David comienza este salmo, su pensamiento era el amor y la justicia de Dios (v. 1). Basado en estas maravillosas verdades acerca de Dios, luego declara sus intenciones: se compromete a una integridad total, incluso lo que ven sus ojos (vv. 2-3); apoyará a los que aman a Dios (v. 6); y evitará a la gente mala (vv. 3b-5, 7-8). Estos deberían ser también nuestros compromisos.

MAYO 24

Juan 11:45-57

Después de que Jesús llamó a Lázaro desde la tumba, hubo dos reacciones ante el milagro. O la gente creía en Jesús como el Mesías (v. 45) o actuaron contra él (vv. 46-48). Es importante ver que ni la verdad ni la justicia motivaron a los principales sacerdotes y fariseos, sino el miedo y los celos. Estaban frustrados y enojados porque la gente creía en Jesús. Estaban tan frustrados que comenzaron a trazar planes para matar a Jesús (v. 53). La verdad y la justicia ciertamente no eran sus objetivos más elevados. Su reacción fue un comentario triste sobre su comprensión de Dios y sus caminos.

Mira nuevamente Juan 8:44 para conocer la verdad de lo que Jesús dijo acerca de estos líderes.

2 Samuel 21-22

Los gabaonitas vinieron a los israelitas deseando un tratado con ellos (Josué 9). Vinieron con ropas gastadas y pan duro para que pareciera que habían viajado una larga distancia. De hecho, vivían cerca y los israelitas deberían haberlos destruido. Los israelitas no buscaron el consejo de Dios y, antes de que los líderes supieran que habían sido engañados, hicieron un pacto con los gabaonitas. Por eso no pudieron tomar sus tierras y aniquilarlos. En cambio, los gabaonitas se convirtieron en siervos de los israelitas. Este texto nos dice que Saúl rompió la promesa a los gabaonitas, y por esta razón Dios trajo hambre a la tierra (21:1). El pecado de Saúl fue vengado con la ejecución de siete de sus descendientes varones.

David no era tan joven ni tan fuerte como antes (vv. 15-17). Abisay, el sobrino de David, lo rescató de una muerte inminente.

Al leer el capítulo 22 (véase Salmo 18:1-50), ve la fuerte afirmación de David de su lealtad a Dios. Los versículos 22-24 son interesantes porque no es cierto que David estuviera sin pecado como esto implica. Pero era cierto que David tenía una determinación notablemente firme de servir y agradar a Dios. Cuando pecó, respondió rápidamente al mensaje de Dios y su arrepentimiento fue completo.

Al leer esta canción, observa cómo David le da pleno crédito a Dios por todo lo que él, como rey, había logrado. Dios había hecho de David lo que era y le había dado la victoria sobre las naciones. Mientras Saúl y Absalón construyeron monumentos para sí mismos (1 Samuel 15:12b; 2 Samuel 18:18; véase 22:28), ¡David escribió salmos de alabanza a Dios!

Salmo 102

El escritor enfrentó dificultades de algún tipo, posiblemente una enfermedad grave. El ancla de esperanza en un mundo donde cada uno de nosotros enfrenta la mortalidad es el reino perdurable del Señor (v. 12). Nuestros días pueden ser como el humo (v. 3), pero Dios es real y eterno. A pesar de las dificultades, el escritor tiene esperanza para el futuro: fe en el Señor y su buena obra.

☑ Al leer los versículos 12-28, observa las formas específicas en que obrará el Señor. Nota el amor que el Señor tiene por Jerusalén (vv. 13-14) y el contenido mesiánico de los versículos 15-16. Nota su compasión por los necesitados (vv. 17-20). Compara esto con Isaías 42:7, donde Isaías habla del ministerio del Mesías. El reinado milenial de Cristo se sugiere en los versículos 21 y 22. Compara estos versículos con Isaías 2:2-4. Todas las naciones *vendrán* a Jerusalén para adorar al Señor. Tanto la creación como la consumación de la historia se mencionan en los versículos 25-27, y estos versículos se citan en Hebreos 1:10-12, relacionándolos con el Señor Jesús. ⇦

MAYO 25

Juan 12:1-19

Mientras Jesús era honrado en el hogar de María, Marta y Lázaro, sigue las corrientes de emoción entre los presentes. María ungió a Jesús porque lo amaba profundamente. Judas se opuso porque era codicioso (vv. 4-6). Y los principales sacerdotes hicieron planes para matar no sólo a Jesús sino también a Lázaro porque tenían miedo de la popularidad de Jesús (v. 10; compáralo también con Juan 11:47-48; 12:19, 37-40).

☑ Cuando Jesús entró en Jerusalén, la gente común lo identificó como el Mesías venidero citando el Salmo 118:26 (v. 13). Juan agrega que fue para cumplir Zacarías 9:9 que Jesús entró en la ciudad montado en un asno (v. 15). La gente común, quizás la misma que acudió a Juan el Bautista en arrepentimiento y para recibir el bautismo, reconoció a Jesús como el Mesías. Jesús no intentó cambiar su opinión (véase Lucas 19:38-40). ⇦

2 Samuel 23-24

En estas últimas y conmovedoras palabras de David, observa su testimonio en los versículos 2-5. Es significativo que afirma que el Espíritu del Señor habló a través de él (v. 2a). Esto es precisamente lo que creemos cuando decimos que las Escrituras son inspiradas. Dios habló a través de los escritores de la

Biblia de tal manera que lo que Dios quería que entendiéramos era exactamente lo que estaba escrito.

Mientras lees los versículos 3 y 4, piensa en el gobierno administrado en el temor de Dios. Observa las imágenes de las palabras y comprende cuán refrescante y bienvenido sería un gobierno así.

En el capítulo 24, contar a los hombres fue un acto de orgullo por parte de David. Joab lo vio así y reprendió al rey, pero fue anulado. Cuando el juicio del Señor cayó sobre el pueblo, David se arrepintió y oró para que cualquier juicio adicional cayera sobre él y su propia familia. Compró la era de Arauna el jebuseo y sacrificó en ese lugar al Señor. Este terreno que compró David es donde más tarde se construyó el templo (1 Crónicas 21:25-22:1).

No perdamos de vista el importante principio que David nos presenta aquí sobre lo que ofrecemos al Señor. Podría aplicarse igualmente a nuestro tiempo, nuestras finanzas, nuestras capacidades o nuestros dones. Fíjate en sus palabras en el versículo 24:24: "No voy a ofrecer al Señor mi Dios holocaustos que nada me cuesten". Si lo que ofrecemos a Dios significa poco para nosotros, también significará poco para Él. Cuando ofrecemos a Dios lo que significa mucho para nosotros, también significa mucho para Él (cf. Lucas 21:1-4; Juan 12:1-8).

Salmo 103

¿Alguna vez tienes días en que no tienes ganas de alabar a Dios? Es posible que David haya sentido lo mismo en ocasiones. En este maravilloso salmo, David llama a su alma a bendecir al Señor. Independientemente de sus circunstancias ese día, dirige sus pensamientos al Señor y a sus innumerables bendiciones y beneficios para su pueblo. Contar estos pensamientos resulta en una alabanza espontánea a Dios. El Señor cuida de los suyos de muchas maneras diferentes: física y espiritualmente. Ya sea que estemos dormidos o despiertos, conscientes o inconscientes, el Señor se preocupa y satisface cada necesidad real. Aunque nuestra vida aquí en la tierra es transitoria, el amor del Señor por los suyos es eterno (vv. 15-18). Al leer este salmo, toma nota de las muchas bendiciones que tenemos del Señor.

Nota también el orden y la progresión de las amonestaciones en los versículos 17-18 y siguientes. Estamos llamados a temer al Señor y a caminar en obediencia a su palabra. Finalmente, estamos llamados a unirnos a toda la creación en alabanza a nuestro maravilloso Dios (vv. 21-22). David concluye este maravilloso salmo con casi las mismas palabras y amonestación a su alma donde comenzó en el versículo 1: "Alaba, alma mía, al Señor;"; v. 22 "¡Bendice, alma mía, al Señor!"

MAYO 26

Juan 12:20-50

Piensa en los versículos 23-29 en su relación con Jesús y sus seguidores incluso hoy en día. ➲Mientras Jesús contemplaba su muerte venidera, se turbó (v. 27). Sin embargo, sabía que había venido para esto y que sólo a través de su muerte vendría la gloria al Padre (vv. 27-28). Su muerte y resurrección cumplirían la promesa de la redención (véase Colosenses 2:14-15). ☾Considera el principio de la muerte de la simiente en relación con aquellos que confiesan a Jesús. La muerte de la que habló Jesús en el versículo 25 es la muerte de la ambición personal para hacer la voluntad de Dios. Significa amar a Jesús completamente y confiar plenamente en él—en cada aspecto de nuestra vida. Morir a nosotros mismos y a nuestras ambiciones es el único camino que en última instancia traerá satisfacción: el contentamiento de un corazón y un alma llenos de la paz de Dios.

Se podría pensar que se trata de una decisión única. Hay decisiones importantes de entrega única en la vida, pero algunas decisiones deben renovarse diariamente (Lucas 9:23-26). Este es un ejercicio diario de fe. Por eso es tan importante permanecer en la Palabra de Dios: recordar constantemente la realidad y la verdad. Es aleccionador darse cuenta de que incluso entre aquellos que escucharon a Jesús personalmente, muchos no dieron el paso de la fe y, por lo tanto, están perdidos para la eternidad (vv. 37-43). Esto cumplió la profecía de Isaías sobre cómo respondería la gente a la verdad del Mesías (Isaías 53:1). No debería sorprendernos que la gente rechace a Jesús y su asombrosa oferta de vida eterna.

1 Crónicas 1-2

1 y 2 Crónicas son algo paralelos a la última parte de 1 Samuel, así como a 2 Samuel, 1 Reyes y 2 Reyes. Aunque cubren muchos de los mismos eventos, los libros de Crónicas también agregan información histórica y espiritual adicional.

En 1:13, observa que las naciones que ocuparon Canaán eran descendientes de Cam, el hijo de Noé. La tierra de Seír (v. 38) estaba ocupada por los edomitas, descendientes de Esaú (Génesis 32:3). En 2:13-17 se nombran los hijos e hijas de Isaí. Sarvia era hermana de David. Sus tres hijos fueron Abisay, Joab y Asael. Abigaíl era otra hermana, y se menciona a su hijo Amasá. Estos cuatro sobrinos de David fueron prominentes en la organización militar de David cuando era rey.

Salmo 104:1-9

El Salmo 104 es un hermoso poema que llama la atención sobre varios de los maravillosos atributos de Dios, particularmente en relación con la creación. Los versículos 1-4 mencionan su majestad y poder. El versículo 4 se cita en Hebreos 1:7 en relación con cómo los ángeles son creados para ser siervos de Dios.

Mientras lees los versículos 5-9, lee también Génesis 1:1-10. Estos versículos se refieren a la creación y al tiempo en que el agua cubría la tierra, pero Dios puso límites al agua y la separó de la tierra seca. Cuando contemplamos los tremendos volúmenes de agua y la masa de las montañas y la tierra, debemos quedar fascinados por el poder del Dios del cielo.

MAYO 27

Juan 13:1-17

Mientras se servía la cena de Pascua, Satanás obraba en Judas (vv. 2, 27). Ciertamente, Judas se había hecho vulnerable al elegir voluntariamente el mal, aparentemente de manera regular (Juan 12:4-6).

En el Cercano Oriente, en tiempos de Jesús, era costumbre que los sirvientes lavaran los pies a los invitados que entraban a una casa. ➲ Cuando Jesús (como maestro) se comprometió a lavar los pies de los discípulos, tenía una comprensión clara de sí mismo y de su relación con Dios (v. 8b). ➪ Un maestro nunca lavaría los pies de sus discípulos, lo que explica la objeción de Pedro en el versículo 8. Al asumir el papel de siervo, Jesús enseñaba humildad y servicio a los discípulos, como lo había hecho en el pasado (v. 14; Mateo 20: 24-28).

El deseo de Pedro de tener todo lo que el Señor podía darle lo llevó a pedirle a Jesús que le lavara las manos, la cabeza y los pies (v. 9). La respuesta de Jesús es instructiva, porque contiene una verdad espiritual profunda, ya que habla de la suciedad como una imagen del pecado.

Cuando ponemos nuestra fe en Jesús como Señor, recibimos el regalo de su justicia (Romanos 1:17; 3:21-22; 1 Corintios 1:30). Esta justicia, junto con el perdón, abre el camino a la comunión con Dios. Sin embargo, todavía existe la realidad del pecado en nuestras vidas en esta época (1 Juan 1:8). No somos conscientes de algunos de estos pecados, y la Biblia promete que a medida que caminamos en la luz de la Palabra de Dios y el Espíritu Santo, seremos limpiados (1 Juan 1:7). Otros pecados los conocemos y necesitamos confesarlos, pero nuevamente, está la promesa de limpieza (1 Juan 1:9).

La justicia que recibimos como regalo cuando ponemos nuestra fe en Jesús es el *baño* del que Jesús habla en el versículo 10. Perdona los pecados pasados y nos prepara para encontrarnos con Dios. El lavatorio de los pies del que habla Jesús es la limpieza del pecado diario que también es un don basado en la gracia de Dios.

1 Crónicas 3-4

En 3:10-16 encontramos a los reyes de Judá, desde Salomón hasta Sedequías, quien fue rey cuando Judá fue llevado cautivo a Babilonia en el 586 a.C. Todos los reyes desde Salomón hasta Josías estaban en la línea genealógica de Cristo como se registra en Mateo, y pertenecen al linaje de José, el esposo de María. La genealogía de Jesús registrada en Lucas (3:23-38) registra el linaje de David a través de su hijo Natán, en lugar de a través de Salomón. Esta es la genealogía de María. Por lo tanto, si bien fue María quien genéticamente le dio a Jesús su vida humana, tanto María como José eran descendientes de David: José a través de Salomón, el hijo de David, y María a través de Natán, el hijo de David.

Salmo 104:10-18

Habiendo notado el poder del Dios de la creación en los versículos 1-9, ahora se presta atención a la provisión de Dios para sus criaturas, incluidas las personas. Hay armonía en la forma en que Dios ha planeado las necesidades de los diferentes animales y aves. Hay agua en los lugares correctos. El ganado tiene pasto. Las cabras montesas salvajes prosperan y disfrutan de las alturas rocosas de las montañas.

Comprender las provisiones del Señor puede darnos, como sus hijos, una nueva apreciación del plan de Dios en la creación y de cómo esto nos trae bendición y disfrute a nosotros, y a todas las criaturas que Dios cuida.

MAYO 28

Juan 13:18-38

Jesús que compartió la última comida con sus seres queridos en lo que fue un momento solemne. Después de la comida, se turbó porque uno de sus discípulos lo traicionaría y les dijo a los discípulos que así sería (v. 21). Incluso identificó quién sería ese discípulo (vv. 26-27). ☑ Es importante destacar que Jesús colocó esta traición en el contexto del cumplimiento de las Escrituras (v. 18b; véase Salmo 41:9). Estos eventos fueron parte del plan soberano de Dios para traer la redención al mundo según la promesa. ⇦

Jesús no sólo habló de la traición, sino que también advirtió a Pedro que lo negaría esa misma noche (v. 38). Observa a Pedro en este capítulo. Amaba mucho a Jesús y tuvo un sentido de propiedad cuando al principio se negó a permitir que Jesús, como su Señor, le lavara los pies. Luego, cuando supo que era necesario lavarse, ¡quiso que le lavaran todo el cuerpo! Pero ocurría un conflicto espiritual del que Pedro no sabía nada. Más tarde lo entendería (Marcos 14:66-72; 1 Pedro 5:8), pero en ese momento su seguridad en sí mismo fue una oportunidad para que Satanás explotara su debilidad. Pedro aprendió sobre sí mismo y la naturaleza de la batalla espiritual a través de la experiencia.

1 Crónicas 5-7

Mira la mano de Dios en las vidas de los rubenitas y los gaditas en 5:18-22. Éstas fueron las dos tribus, junto con la media tribu de Manasés, que eligieron establecerse en el lado este del río Jordán, pero fueron con las otras tribus para ayudar a luchar contra los cananeos antes de que regresaran a su tierra. Dios les dio la victoria porque confiaron en él (vv. 20-22).

Nota lo que le sucedió a la media tribu de Manasés (5:23-26). Eran hombres fuertes, valientes y de estatura (v. 24), pero ellos, junto con los gaditas y los rubenitas, fueron más tarde infieles al Señor y sufrieron la disciplina de Dios. Estos son algunos de tantos ejemplos en las Escrituras de aquellos que comenzaron bien pero no terminaron bien. ¡Comprometámonos hoy a terminar bien!

Moisés y Aarón eran de la división coatita de la tribu de Leví (6:2-3). El cuidado de los santos instrumentos de adoración era responsabilidad de los coatitas (Números 4:4). Los sacerdotes de entre los levitas eran coatitas, específicamente, los descendientes de Aarón (6:49).

Salmo 104:19-26

En estos maravillosos versículos el salmista ensalza la incomparable grandeza de Dios, que se ve claramente en todo lo que ha hecho. Mientras reflexionamos sobre la perfección de su creación, unámonos al escritor del versículo 24 para declarar: "¡Oh Señor, cuán numerosas son tus obras!"

MAYO 29

Juan 14:1-14

La sexta declaración YO SOY en el evangelio de Juan fue dada a los discípulos de Jesús en un momento en el que sus corazones se encontraban grandemente perturbados. Jesús acababa de revelarles que Judas lo traicionaría, que los abandonaría y que Pedro lo negaría. Mientras Jesús trataba de consolarlos, les imploró dos veces: "No se angustien" (vv. 1, 27).

➲ Entre estas dos declaraciones, Jesús pronunciaría estas profundas palabras: "Yo soy el camino, la verdad y la vida… Nadie llega al Padre sino por mí" (v. 6). Jesús no sólo señala el camino hacia Dios; Él es el camino. Las palabras de Jesús no son una de las muchas versiones de la verdad; Él es la verdad. Él no es uno de los muchos caminos hacia Dios. Él es el único camino. Hay innumerables personas y falsas religiones que engañan a la gente afirmando que hay muchos caminos hacia Dios. Jesús es el único camino a Dios Padre y a una gloriosa vida eterna en el cielo con Él. ☙

1 Crónicas 8-10

El hecho histórico y espiritual de 9:1 debería hacernos reflexionar. Las cosas trágicas que le sucedieron a Judá sucedieron debido a su desobediencia.

A partir de 9:2, el texto habla del reasentamiento de la tierra bajo Zorobabel, Esdras y Nehemías después del exilio babilónico. La primera oleada de 42.360 exiliados regresó a Judá alrededor del año 516 a.C. bajo el liderazgo de Zorobabel.

Al leer nuevamente el relato de la muerte de Saúl, recuerda la realidad espiritual de los acontecimientos (10:13-14). Saúl murió porque le fue infiel al Señor. Era un joven muy prometedor que comenzó bien y tuvo todas las oportunidades bajo Dios para ser grande. Pero terminó mal porque su corazón fue desobediente.

Salmo 104:27-35

Dios es soberano y bueno, y siempre se preocupa por los mejores intereses de sus hijos. Gracias a estas verdades, podemos unirnos al salmista para alabar a Dios (vv. 33-35).

MAYO 30

Juan 14:15-31

Es sorprendente darse cuenta de que los cristianos pueden realizar una obra tan significativa como la de Jesús (v. 12), capacitados por el Espíritu Santo (vv. 15-17) y mediante el poder de la oración (v. 13). Jesús habla de la obra de Dios en el mundo para cada generación desde el momento de la cruz hasta su segunda venida. Esta es la tarea de llevar la verdad de la salvación a las personas en todas partes y ver a Dios obrar en sus vidas. Dios ha elegido usar a su pueblo, la iglesia, para esta misión. Es lo más importante que podemos hacer. Es el mandato final y más importante que Jesús dejó a sus seguidores (Mateo 28:19-20; Hechos 1:8). Una pregunta importante para cada uno de nosotros es cómo hemos organizado nuestras prioridades y nuestro tiempo para realizar esta tarea.

Mira el llamado a la obediencia en los versículos 15, 21 y 23-24. Es importante ver la relación entre la obediencia y nuestro amor por el Señor. Observa también cómo la obediencia conduce al crecimiento en el versículo 21. El amor al Señor se demuestra mediante nuestra obediencia. Si amamos al Señor, el Padre nos ama y Jesús también. El Señor Jesús se revelará progresivamente a nosotros a medida que lo amemos y le obedezcamos. ¿Quieres conocer mejor y más íntimamente al Señor? Esta es la manera de que eso suceda. ¡No hay atajos! A este respecto, consulta Proverbios 4:25-27. ➲ Toda esta lectura de hoy es un fuerte mensaje de que Jesús y el Padre son uno. Aunque no está físicamente presente con nosotros, prometió no dejarnos (v. 18). Porque Jesús vive, los creyentes también viviremos (v. 19b), y nosotros estamos en él (v. 20). Jesús les decía claramente a los discípulos—y a nosotros—que él es el Hijo de Dios. ☯

Una de las necesidades más profundas de la gente hoy en día es la paz: paz dentro de sí mismos, paz con otras personas y, sobre todo, paz con Dios. Sorprendentemente, el Señor da esta paz a los suyos en el versículo 27.

1 Crónicas 11-12

Esta fue una época de consolidación del poder para David. Cuando quedó claro que David efectivamente sería el rey, otras unidades militares se unieron a él. David sabiamente permitió que las unidades militares decidieran que querían alinearse con él, y cuando lo hicieron, David los recibió (capítulo 12). Esta fue una época de inestabilidad y transición, y la manera paciente con que David permitió que los diversos grupos del país acudieran a él, en lugar de tomar el poder por la fuerza, contribuyó a una transición sabia y pacífica. Nota el gozo y la unidad del pueblo bajo el liderazgo de David.

Salmo 105:1-11

Un tema recurrente en la Biblia es recordar cómo el Señor ha guiado y provisto en el pasado. Cuando lo hacemos, es mucho más fácil creer que el Señor también tiene nuestra situación actual bajo su control. Todo este salmo recuerda cómo Dios libró a su pueblo de Egipto de la manera más milagrosa.

Estos primeros versículos del salmo pueden considerarse una introducción.

Son un llamado a agradecer a Dios (v. 1), cantarle a Dios (v. 2), dar gloria a su nombre (v. 3), buscar a Dios por su fortaleza (v. 4) y recordar lo que él ha hecho por nosotros (v. 5).

Nota la identificación enfática con el Señor en el versículo 7. *¡Él es nuestro Dios!* Él recuerda sus promesas (v. 8). Él es absolutamente fiel.

MAYO 31

Juan 15:1-17

↪ La séptima y última declaración YO SOY de Jesús fue dada a Sus discípulos horas antes de Su traición y arresto: "Yo soy la vid y ustedes son las ramas. El que permanece en mí, como yo en él, dará mucho fruto; separados de mí no pueden ustedes hacer nada" (v. 5). Jesús nos llama a una relación diaria con Él, caracterizada por el amor apasionado y la obediencia. "Si obedecen mis mandamientos, permanecerán en mi amor" (v. 10). Cuando permanecemos en su amor, experimentamos una alegría verdadera y duradera. "Les he dicho esto para que tengan mi alegría y así su alegría sea completa" (v. 11). ↩

1 Crónicas 13-14

La sabiduría de David se revela en cómo logró consenso y unificó a la nación (13:1-4). David también restauró a los sacerdotes y levitas a sus roles asignados (v. 2b), permitiendo la observancia requerida de las leyes de los sacrificios.

Además, el arca del pacto representaba la presencia de Dios en la vida de los israelitas, y era correcto que la trajeran de vuelta a su dominio. La muerte de Uza debería recordarnos nuevamente que debemos tratar los mandamientos de Dios con gran respeto (ver las notas del 16 de mayo). David reaccionó con miedo y asombro cuando Uza fue derribado. Nota que el Señor bendijo a la casa de Obed Edom mientras el arca estaba dentro de su casa (v.14). Permaneció allí hasta que David construyó su casa y preparó un lugar para el arca en Jerusalén.

Salmo 105:12-36

El llamado a recordar es un aviso específico del milagro del cuidado de Dios por su pueblo desde el momento en que eran una familia en Canaán hasta que el Señor los libró de Egipto.

→ El relato histórico de Génesis y Éxodo es una narración de acontecimientos consecutivos que, al principio, puede parecer que no tienen un tema unificador. Sin embargo, el Señor orquestó cada evento en secuencia para lograr su propósito. El Señor protegió a su pueblo cuando era pequeño y vulnerable (vv. 12-15). El Señor trajo el hambre a Canaán y dispuso que José fuera vendido a Egipto, para luego convertirse en el primer ministro de Faraón (vv. 16-22). El Señor llevó a toda la familia a Egipto, guio a un faraón posterior para esclavizarlos y luego envió a Moisés para que fuera el instrumento de liberación de su pueblo (vv. 23-26). El Señor envió plagas a Egipto para devastar la tierra y convencer a los egipcios de que querían que los israelitas salieran de Egipto (vv. 27-36). En todos estos eventos, Dios obraba para cumplir las promesas hechas a Abraham y finalmente traer al Salvador a través de su descendencia. ←

Mientras los israelitas vivían estos acontecimientos, les faltaba la perspectiva para darse cuenta de que el Señor estaba presente en cada uno. ¡Pero él era! Vivir por fe significa que, aunque no siempre tenemos la ventaja de ver el resultado de lo que nos pasa, podemos confiar en que Dios está en los acontecimientos y finalmente cumplirá todos sus propósitos a través de ellos.

JUNIO

HORARIO Y NOTAS DE LECTURA DE LA BIBLIA

*De hecho, todo lo que se escribió en el pasado se escribió
para enseñarnos, a fin de que alentados por las Escrituras,
perseveremos en mantener nuestra esperanza.*

ROMANOS 15:4

JUNIO

1	☐ Juan 15:18-27	☐ 1 Crónicas 15-16	☐ Salmo 105:37-45
2	☐ Juan 16:1-16	☐ 1 Crónicas 17-18	☐ Salmo 106:1-23
3	☐ Juan 16:17-33	☐ 1 Crónicas 19-20	☐ Salmo 106:24-48
4	☐ Juan 17:1-12	☐ 1 Crónicas 21-22	☐ Salmo 107:1-22
5	☐ Juan 17:13-26	☐ 1 Crónicas 23-24	☐ Salmo 107:23-43
6	☐ Juan 18:1-27	☐ 1 Crónicas 25-26	☐ Salmo 108
7	☐ Juan 18:28-40	☐ 1 Crónicas 27-28	☐ Salmo 109
8	☐ Juan 19:1-16	☐ 1 Crónicas 29	☐ Salmo 110
9	☐ Juan 19:17- 42	☐ 1 Reyes 1-2	☐ Salmo 111
10	☐ Juan 20:1-18	☐ 1 Reyes 3-4	☐ Salmo 112
11	☐ Juan 20:19-31	☐ 1 Reyes 5-6	☐ Salmo 113
12	☐ Juan 21:1-14	☐ 1 Reyes 7-8	☐ Salmo 114
13	☐ Juan 21:15-25	☐ 2 Crónicas 1-2	☐ Salmo 115
14	☐ 1 Corintios 1:1-17	☐ 2 Crónicas 3-4	☐ Salmo 116-117
15	☐ 1 Corintios 1:18-31	☐ 2 Crónicas 5-6	☐ Salmo 118
16	☐ 1 Corintios 2	☐ 1 Reyes 9-10	☐ Salmo 119:1-32
17	☐ 1 Corintios 3	☐ 2 Crónicas 7-8	☐ Salmo 119:33-64
18	☐ 1 Corintios 4	☐ 2 Crónicas 9	☐ Salmo 119:65-96
19	☐ 1 Corintios 5	☐ 1 Reyes 11-12	☐ Salmo 119:97-128
20	☐ 1 Corintios 6	☐ 1 Reyes 13-14	☐ Salmo 119:129-152
21	☐ 1 Corintios 7	☐ 2 Crónicas 10-11	☐ Salmo 119:153-176
22	☐ 1 Corintios 8	☐ 2 Crónicas 12-13	☐ Salmo 120
23	☐ 1 Corintios 9	☐ 1 Reyes 15-16	☐ Salmo 121
24	☐ 1 Corintios 10:1-13	☐ 2 Crónicas 14-16	☐ Salmo 122
25	☐ 1 Corintios 10:14-33	☐ 2 Crónicas 17-18	☐ Salmo 123
26	☐ 1 Corintios 11:1-16	☐ 2 Crónicas 19-20	☐ Salmo 124
27	☐ 1 Corintios 11:17-34	☐ 1 Reyes 17-18	☐ Salmo 125
28	☐ 1 Corintios 12:1-11	☐ 1 Reyes 19-20	☐ Salmo 126
29	☐ 1 Corintios 12:12-31	☐ 1 Reyes 21-22	☐ Salmo 127
30	☐ 1 Corintios 13	☐ 2 Reyes 1-2	☐ Salmo 128

JUNIO 1

Juan 15:18-27

En este texto, Jesús compartió con los discípulos que el costo de ser creyente puede incluir la oposición y el odio de los demás. Esta fue la propia experiencia de Jesús, así como la de muchos profetas del Antiguo Testamento antes que Él, y la de muchos creyentes desde entonces. Cuando somos perseguidos por amar y seguir a Jesús, nos identificamos con Su propio sufrimiento (v. 18), y Él promete recompensarnos ricamente (cf. Mateo 5:11-12.) ➲ En estos comentarios a los discípulos, observa cómo Jesús se identifica con Dios Padre y cómo el rechazo del mundo coincide con las Escrituras (vv. 21-25; véase Salmo 35:19; 69:4; 109:3). ☾

El Espíritu Santo y el pueblo de Dios trabajan juntos para difundir el mensaje del evangelio (vv. 26-27). El Espíritu Santo está dentro del creyente, pero el cristiano también elige testificar de la gracia de Dios en Jesús.

1 Crónicas 15-16

Se hicieron planes para llevar el arca a Jerusalén. Considera el significado de la instrucción de David en 15:2. David se había tomado el tiempo para descubrir por qué había muerto Uza y dio instrucciones especiales a los levitas que llevaran el arca (vv. 3-15). Cuando todo estuvo en orden, el arca fue llevada exitosamente a Jerusalén (v. 15). ¡Lección aprendida! La llegada del arca estuvo acompañada de adoración planificada y música preparada (15:16-28).

El salmo de agradecimiento al Señor de David (16:8-36) es adoración, testimonio, reconocimiento de los actos de Dios y regocijo. Meditar en estas palabras y en estos asombrosos actos de Dios restaura la perspectiva. Escribe las sugerencias para el pueblo de Dios, haciendo referencia a los versículos apropiados.

Mientras David se preparaba para la adoración continua con sacrificios y ofrendas, observa que hizo todo correctamente, es decir, de conformidad con el camino revelado a Moisés (16:37-42).

Salmo 105:37-45

→ Como concluye este salmo, el relato de la mano de Dios en la liberación es muy evidente. El Señor impulsó a los egipcios a dar a los israelitas plata y oro cuando se fueran (v. 37; véase Éxodo 12:33–36). El Señor los protegió con su presencia en la nube (v. 39; véase Éxodo 13:21-22). El Señor les proporcionó alimento (v. 40; véase Éxodo 16:11-18). El Señor les dio agua de la roca (v. 41; véase Éxodo 17:1-7). Dios cumplía su promesa a Abraham de traer a sus descendientes de regreso a la tierra prometida de Canaán (v. 42; véase Génesis 15:13-16). Dios siempre cumple sus promesas y aquí vemos que Dios cumplió cada una de las promesas que les había hecho a los israelitas (Josué 21:45). ←

¡Este es el tipo de recuerdo que debemos hacer! Piensa en cómo el Señor te ha guiado en tu propia vida, primero llevándote a la verdad, luego a la fe, luego protegiéndote y guiándote hasta donde te encuentras hoy. Como lo hicieron los israelitas en este maravilloso salmo, ¡tómate un momento hoy para ofrecer gracias y alabar a Dios por sus maravillosas obras en tu vida!

JUNIO 2

Juan 16:1-16

Está claro que la venida del Espíritu Santo (el Consolador) era esencial (v. 7). El cuerpo humano de Jesús lo limitó a un lugar; el Espíritu Santo no tiene tal restricción. Además, después de la resurrección, cuando la perspectiva de los discípulos hubiera madurado, el Espíritu Santo les daría todo lo que necesitaban para el ministerio y la supervivencia en un mundo hostil (vv. 1-4). Jesús hablaba de lanzar la iglesia a través del poder del Espíritu Santo.

La verdad del versículo 11 es crucial. En la cruz, el Maligno fue juzgado y vencido. Aunque todavía está en el mundo y está decidido a subvertir la obra de Dios, el fin del poder de Satanás está asegurado y a la vista (Apocalipsis 12:10; 20:10). El poder de la cruz y la resurrección es más que adecuado para contrarrestar los ataques de Satanás a los hijos de Dios.

Otra verdad es evidente en el versículo 14. El Espíritu Santo obra a favor del Señor Jesús. Nunca llama la atención hacia sí mismo, sino hacia Jesús. ➲ La sabiduría clave en el versículo 14b es que lo que necesitamos saber de

Jesús, el Espíritu Santo nos lo dará. Todo lo que pertenece al Padre pertenece a Jesús (vv. 14-15). ☙ Con la Palabra de Dios y el Espíritu Santo que mora en nosotros, cada uno de nosotros tiene todo lo que necesitamos para enfrentar el mundo.

1 Crónicas 17-18

Después de que David consolidó su gobierno y construyó su palacio, quiso construir una casa para el Señor. Como ya hemos visto en el relato paralelo de 2 Samuel 7, fue aquí donde Dios le hizo una promesa sorprendente a David: en lugar de que David construyera una casa para el Señor, sería el Señor quien construiría una casa, una reino duradero—para David (17:10b). Esto se conoce como el Pacto Davídico.

☑ El Señor hablaba del Mesías venidero, que fue prometido por primera vez a Adán y Eva en Génesis 3:15. Cientos de años después, Dios le reveló a Abraham que este Mesías sería uno de sus descendientes y que a través de él serían benditas todas las familias de la tierra (Génesis 12:1-3). Luego fue revelado por el Señor que esta promesa se cumpliría a través del hijo de Abraham, Isaac (Génesis 26:2-4), a través del hijo de Isaac, Jacob (Génesis 28:14), y a través del hijo de Jacob, Judá (Génesis 49:8-12). Ahora, después de más de quinientos años, y tal vez de cientos de miles de descendientes de Judá, el Señor anunciaba a David, un descendiente de Judá, que el Mesías prometido vendría a través de su linaje. Además, el reinado del Mesías duraría para siempre.

Es comprensible que David se sintiera profundamente conmovido por esta promesa. En respuesta, David entendió que ésta era la voluntad soberana de Dios y que lo más importante no era lo que la promesa le traería personalmente, sino que la gloria vendría al Señor en su cumplimiento (18:23-24). ⇐

Salmo 106:1-23

¡Este maravilloso salmo es un canto gozoso de acción de gracias al Señor, "porque él es bueno, y su gran amor perdura para siempre" (v. 1)! El último versículo del salmo también llama a todo el pueblo a alabar al Señor: "¡Bendito sea el Señor, el Dios de Israel, eternamente y para siempre! Que todo el pueblo diga: «¡Amén!». ¡Aleluya! (v. 48)!"

Entre los versículos 1 y 48 se encuentra una significativa oración de confesión colectiva. Es cuando contamos el misericordioso perdón de Dios hacia nosotros que nuestros corazones se sienten impulsados a responder con alabanza genuina. En Lucas 7 Jesús declaró: "Por esto te digo: si ella ha amado mucho, es que sus muchos pecados le han sido perdonados. Pero a quien poco se le perdona, poco ama." (Lucas 7:47). Nuestro amor por el Señor se vuelve más ferviente cuando recordamos lo que él ha hecho por nosotros. Eso es lo que el pueblo de Dios hace aquí. Al leer la primera mitad de su confesión en los versículos 6-23, ¿cuáles son los pecados que te destacan? ¿Alguno de estos pecados es del que nosotros también podemos ser culpables?

JUNIO 3

Juan 16:17-33

Cuando Jesús les dijo a los discípulos que los dejaría, ellos quedaron confundidos. Estaban aún más confundidos cuando les prometió que lo volverían a ver "un poco después volverán a verme" (v. 17). Esto era algo que realmente no entenderían hasta después de que se desarrollaran los acontecimientos. ¿Cómo *pudieron* haber entendido la crucifixión y la resurrección antes del hecho?

Sin la realidad de la resurrección, no había manera de que Jesús pudiera proteger a los discípulos del llanto, el lamento y la pena que traería la crucifixión (v. 20). La promesa de Jesús, sin embargo, fue que cuando lo vieran, el dolor sería reemplazado por un gozo permanente. ⮀ Jesús dijo que había venido del Padre y que regresaría a él (v. 28). ☚

Tenemos el beneficio de conocer la realidad de la resurrección. Esperamos con ansias el gozo inconmensurable de ver a Jesús cara a cara. Tenemos esperanza y fe, pero una esperanza que aún no se ha realizado.

Jesús hizo dos promesas importantes a los discípulos durante esta conversación. Jesús prometió responder a la oración (vv. 23-24). Nota en el versículo 24 que nuestras vidas se empobrecen si no oramos. Si no vemos a Dios obrando, si no vemos la bendición de Dios, ¡puede ser porque no oramos! La segunda promesa es el don de la paz (v. 33). A pesar de las dificultades que enfrentan los creyentes, la paz de Jesús está asegurada por su victoria sobre el mundo y sus fuerzas malignas.

1 Crónicas 19-20

En este relato, observa la fe y el valor de Joab al enfrentarse a los amonitas y los arameos (19:13). Estamos tentados a pensar en estas batallas como simplemente un juego, un ejercicio en que el resultado era obvio. ¡No es así! Recuerda que esta fue una guerra real en que hombres y ejércitos estaban en riesgo y entablaban una batalla campal. Es cierto que Dios dio la victoria, pero el resultado en medio de la batalla no fue tan obvio para sus participantes como lo es para nosotros mientras leemos.

También fue en ese momento cuando se recolectó gran parte de las riquezas de Israel (18:7; 20:2-3). La acumulación continuó durante el reinado de Salomón, pero debido al pecado de los líderes y del pueblo, el oro desapareció apenas cinco años después de la muerte de Salomón (1 Reyes 10:23; 14:25-26).

Salmo 106:24-48

Volvemos a la segunda mitad de este salmo de alabanza y al resto de su oración de confesión (vv. 24-43). Es en los versículos 44 y 45 donde el salmista pasa a relatar la gracia de Dios y el amor inquebrantable por ellos. Los dos últimos versículos son una petición por el poder salvador de Dios (v. 47), y para que todo el pueblo alabe al Señor: "¡Bendito sea el Señor, el Dios de Israel, eternamente y para siempre! Que todo el pueblo diga: «¡Amén!». ¡Aleluya!" (v. 48)!

JUNIO 4

Juan 17:1-12

La oración de Jesús en el capítulo 17 se conoce como la oración del sumo sacerdote por sí mismo y sus seguidores. Es rico en información sobre el corazón de Jesús por los discípulos y la iglesia. Hay una sensación de finalización de su obra aquí en la tierra mientras mira hacia las horas venideras. El foco principal de su oración son los creyentes que habían venido a él y los que le seguirían a través de los siglos (vv. 9, 20).

Nota la definición de Jesús de la vida eterna (v. 3). ➲ Sin el conocimiento de Jesús y del Padre a través de Jesús, no hay vida eterna. Esta declaración es consistente con todo el alcance de las enseñanzas de Jesús y la identificación de Jesús como el Hijo de Dios (vv. 1-5, pero implícita en toda la sección). Ten en cuenta también que aquellos que habían venido a Jesús con fe vinieron a él a través del Padre (v. 6; véase Juan 6:44). ➾ La marca de esta fe en los creyentes es su obediencia a la voluntad del Padre (v. 6).

Los elementos de esta oración nos ayudan a comprender el corazón de Jesús y los peligros de la vida en el mundo. Vemos su preocupación por sus discípulos y por todos los que habían creído (vv. 9-10). Aunque Jesús amó al mundo entero, su preocupación por los creyentes como miembros de su familia era diferente (v. 9). Oró por su protección mediante el poder del nombre del Padre mientras permanecen en el mundo, y por su unidad unos con otros y con el Padre y el Hijo (vv. 11-12, 23).

Una verdad aquí que debería hacernos vivir con cuidado, pero también debería animarnos, es la profundidad de la preocupación de Jesús por sus seguidores en medio de los peligros que los rodean en el mundo. Esto también debería preocuparnos a nosotros y llevarnos a la protección del Padre y al poder de su nombre (v. 11).

1 Crónicas 21-22

En 21:1, el texto nos dice que Satanás incitó a David a "hacer un censo del pueblo". En el relato paralelo registrado en 2 Samuel 24:1 el texto afirma que "el SEÑOR" incitó a David a hacerlo. Santiago 1:13-15 deja claro que Dios no nos tienta a pecar y explica con más detalle la cascada que nos lleva al pecado. Romanos 1:24, 26 y 28 explican que cuando una persona ha elegido el pecado, Dios la entrega a ese pecado y al juicio que seguirá. Este fue el caso de Faraón durante las plagas, cuando Dios endureció el corazón de Faraón (Éxodo 9:12; 10:20). Faraón había elegido hacer el mal y, en el contexto de esa elección, Dios lo llevó a resistir el mensaje de las plagas para traer gloria a Dios y juicio sobre la nación.

Entonces, Satanás fue quien tentó a David a dar el paso orgulloso de hacer el censo del pueblo. Dios, disgustado con el corazón de David, no hizo ningún movimiento para obstaculizar a David una vez que su corazón fue apartado.

El juicio que vino nos enseña que nuestras propias decisiones y acciones pecaminosas a veces tienen efectos de gran alcance en muchas otras personas. En
este caso murieron setenta mil (21:14).

Nota las instrucciones específicas de David a Salomón cuando entregaba
la responsabilidad de construir el templo a su hijo (22:6-19).

Salmo 107:1-22

La aplicación de este salmo tiene aspectos tanto literales como espirituale-
les. Desde nuestra perspectiva, es más fácil hacer aplicaciones espirituales y
esto encaja bien con la verdad de las Escrituras. Estamos perdidos hasta que
el Señor nos da la dirección de venir a él. Estamos *encarcelados* hasta que el
Señor nos libere a través de su verdad. Sufrimos cuando *nos* rebelamos contra los mandamientos del Señor. No olvides, sin embargo, la aplicación literal que también se adaptará a nuestras vidas.

Esta es una expresión de acción de gracias por la bondad y la misericordia del Señor (vv. 1-3). Lee Efesios 2:1-7. Todos nosotros, sin excepción, estamos perdidos hasta que la misericordia de Dios se aplique a nuestras vidas.
Este salmo trata sobre esa misericordia.

Ahora observa los tres grupos de personas descritos en los versículos 1-22.
Algunos estaban perdidos y no tenían una idea clara del camino a la seguridad (vv. 4-9). En este caso, no se menciona ningún pecado específico como
la razón de su situación. El Señor a menudo permite dificultades en nuestras
vidas para demostrar su respuesta a nuestra fe. De esta manera aprendemos
a confiar en Dios. Algunos sufrieron porque habían pecado (vv. 11, 17). En
cualquier circunstancia, cuando acudimos al Señor, aprendemos a confiar en
él y recibir su bendición. Teniendo esto en cuenta, repasa los versículos 1-3.

JUNIO 5

Juan 17:13-26

Revisa el capítulo completo al comenzar la lectura de hoy. ¡La oración de
Jesús por sus discípulos debería darnos fuerza y aliento todos los días del año!
Fue la última oración registrada de Jesús antes de su muerte por aquellos que

creían o creerían en él. Se extiende a ti y a mí (vv. 20-21). ¡Sí, Jesús oraba por nosotros!

Piensa en lo que Jesús dice sobre la ciudadanía de los creyentes (vv. 14, 16). No debemos ser de este mundo de la misma manera que Jesús no era de este mundo. Esto se extiende a nuestro interés en las cosas de este mundo y a nuestra obligación ante las demandas de este mundo.

Mira más específicamente el contenido de la oración: lo que Jesús llevó al Padre en nombre de los creyentes. Los que creen en Jesús fueron entregados a Jesús por el Padre; tienen vida eterna y *conocen a Dios y a Jesús* (vv. 2-3). Han obedecido la Palabra de Dios (v. 6). Saben con certeza que Jesús es de Dios (v. 8). Esta oración es exclusivamente para los creyentes (v. 9). Jesús ora por nuestra protección, a través del fuerte nombre y el poder del Padre (vv. 11b, 15), contra el mal y el odio (vv. 14-15). Jesús ora por la santidad (apartación para su propósito) de los creyentes a través de la verdad de la Palabra de Dios (v. 17). Jesús ora por la unidad de los creyentes y por la gloria final de la iglesia con él (vv. 23-24). ⊃Veamos una vez más que Jesús vino del Padre y se identifica con el Padre, desde antes de la creación (vv. 8, 16, 23-24). ☯

Este es un poderoso vistazo al corazón de Jesús para cada uno de nosotros y para la iglesia. Cruza todas las fronteras del tiempo, la cultura y la geografía. Define la relación específica del creyente con Cristo y con el Dios de gloria. Al meditar en estas verdades, debemos cambiar nuestra percepción de nosotros mismos como hijos de Dios y de nuestro lugar en el reino y el mundo.

1 Crónicas 23-24

Los levitas fueron el regalo de los israelitas al Señor por realizar su obra. Algunas de estas tareas se mencionan en estos dos capítulos. Las tareas más mundanas e invisibles de cuidar el tabernáculo eran importantes, así como las tareas más visibles de sacrificar y dirigir la adoración.

Las tres ramas de los levitas—con excepción de los hijos y descendientes de Aarón—tenían la tarea de llevar el tabernáculo y los instrumentos de adoración cuando los israelitas se trasladaban de un lugar a otro. Ahora, con la construcción del templo, eso cambiaría (23:25-32). Ahora se les asignaron deberes en el templo, "Su función consistía en ayudar a los descendientes de Aarón en el servicio del Templo del Señor." (v. 28).

Lucas 1:5 nos dice que Zacarías era sacerdote en la división de Abías. En 1 Crónicas 24 se enumeran las veinticuatro divisiones del sacerdocio, siendo la división de Abías el número ocho (v. 10). ¿No es interesante que durante los mil años transcurridos entre David y la venida de Cristo, se habían observado estas divisiones y Zacarías estaba en esta línea?

Salmo 107:23-43

Si has sentido la fuerza de los mares, te identificarás con los versículos 23-32. Estar en medio de una tormenta en el mar puede ser una experiencia aterradora. Considera los versículos 26-27 para comprender la situación de estos marineros en los versículos 23-32. Luego aprende de su clamor al Señor (v. 28) y su acto de misericordia al calmar el mar (v. 29). Los discípulos tuvieron precisamente esa experiencia, registrada en Marcos 4:35-41.

Observa los versículos 33-42. El Señor adapta su trato con las personas según sus necesidades. Él nos disciplina para llamar nuestra atención y corregir lo malo. Él nos bendice cuando lo invocamos. Lee el versículo 43. Piensa en el mensaje de cada parte del salmo y agradece a Dios por su amor asombroso y firme (vv. 1, 43).

JUNIO 6

Juan 18:1-27

Al comenzar a leer sobre el arresto y el juicio, compara los versículos 4 y 11 con 12:27. Jesús sabía lo que le sucedería. No hubo sorpresas a medida que se desarrollaba el drama de todos los tiempos. Aunque Jesús fue arrestado y atado, él tenía el control de la situación. Cuando los soldados vinieron a arrestarlo y él se identificó, cayeron al suelo (v. 6). Cuando le cortaron la oreja al siervo del sumo sacerdote, Jesús la restauró (Lucas 22:51). Cuando el sumo sacerdote lo interrogó, Jesús simplemente se refirió al registro de lo que había enseñado abiertamente (vv. 19-24).

La triple negación de Pedro tampoco fue una sorpresa (13:38). Los acontecimientos ocurrían exactamente como Jesús había dicho que sucederían. ¡Él es soberano!

1 Crónicas 25-26

La música era central en el culto de la asamblea. Todo el capítulo 25 se refiere a este ministerio, pero observa especialmente los versículos 6-8. Había organización y planificación, y se dedicaba personal al ministerio.

Esto también fue cierto con los otros ministerios descritos en el capítulo 26. ¡No hay ningún ministerio u obra insignificante en el reino!

Salmo 108

Cuando enfrentamos dificultades, necesitamos perspectiva. Sin una perspectiva adecuada, todo puede parecer fuera de control. David es un buen modelo para nosotros: enfrentó dificultades obvias (vv. 10-12), pero se centró en la bondad y el poder del Señor. Nota su determinación personal (vv. 1-3). Sus ojos estaban puestos en el Señor y su corazón estaba comprometido a conocerlo. Su pensamiento era correcto (v. 4) y su deseo era lo correcto (v. 5). Esta es la perspectiva y orientación que todos necesitamos.

JUNIO 7

Juan 18:28-40

La injusticia del juicio de Jesús es sorprendente. Los líderes religiosos habían decidido previamente que Jesús debía morir. Incluso el sumo sacerdote estuvo de acuerdo (v. 14; Juan 11:49-50). Jesús les dijo que consideraran los hechos (vv. 20-21). A la pregunta de Pilato sobre los cargos, los judíos dieron una evasiva no una respuesta (v. 30). Jesús respondió las preguntas de Pilato con franqueza, y Pilato supo que no había ninguna razón válida para enviarlo a la muerte. No hay duda de que Satanás obraba en esto. Repasa la parte que tuvo el Maligno en la traición. ➲ Sin embargo, Dios obraba con su plan redentor. Nota la respuesta de Jesús a Pilato en los versículos 36-37. Jesús proclamó que era rey, y para eso había nacido. Nació para ser rey y vino al mundo para morir (Juan 12:27). El Señor Dios estaba a punto de cargar en él la iniquidad de todos nosotros (Isaías 53:6b); esto era desconocido para los gobernantes que quedaron atrapados en la red de una decisión injusta (1 Corintios 2:7-8). Al leer nuevamente este relato, ¡quédate asombrado y agradecido por el majestuoso plan de redención! ☞

1 Crónicas 27-28

En 28:4-7, David dijo que Dios le había dicho que de todos sus hijos, Salomón sería el próximo rey y que el Señor establecería su reino. ☑Por lo tanto, Salomón fue señalado como aquel a través de quien vendría el Mesías y a través de quien se cumpliría la promesa (28:4-7). La genealogía de Jesús registrada en Mateo 1 se remonta desde Salomón hasta David. Esta fue la genealogía del padre terrenal de Jesús, José. María también era descendiente de David, a través de su hijo Natán. La genealogía de María está registrada en Lucas 3:23-38.

David le dio sus últimas palabras a Salomón (vv. 9-10, 20-21). ⇦Ten en cuenta también que los planos para el templo fueron del Señor (v. 12), y David se los pasó a Salomón. También dio instrucciones específicas sobre los deberes de los levitas en el servicio del templo y detalles sobre el peso del oro que se usaría en los artículos de adoración en el templo (vv. 13-18). Éstas le habían sido reveladas a David, y él quería asegurarse de que se cumplieran exactamente (v. 19).

Cuando Salomón asumió el reinado, se comprometió a servir al Señor y recibió la bendición de Dios (29:25).

Salmo 109

Mientras David escribe este salmo, lo tratan injustamente (vv. 3-4). Sin embargo, David es un hombre de oración (v. 4b) y espera la buena mano del Señor para defender su causa. Hay un sentimiento de expectación mientras David espera la respuesta que está seguro llegará (vv. 30-31). Cuando somos tratados o acusados injustamente, este es un salmo a que podemos recurrir para obtener el aliento y la perspectiva necesarios.

JUNIO 8

Juan 19:1-16

Lee nuevamente 18:28-40 y continúa hasta 19:16. Nota el contraste entre Jesús y Pilato. Jesús tenía control de sí mismo y de toda la situación. Obviamente, Pilato se preocupaba porque lo presionaban para que emitiera un juicio. Trató de evitar la responsabilidad (18:31). Lo que preocupaba a Pilato, quien era responsable de defender la ley romana, era que no podía encontrar ninguna razón para acusar a Jesús de un crimen capital como insistían los líderes judíos (18:38; 19:4). Finalmente tuvo que decidir. La política dominaba y, por cobardía moral, Pilato permitió que se mantuviera la pena de muerte (v. 16).

1 Crónicas 29

David había acumulado enormes cantidades de oro, plata y piedras preciosas que fueron apartadas para la construcción del templo (vv. 1-5a) y desafió al pueblo a hacer lo mismo (v. 5b), y ellos respondieron generosamente (vv. 6-9).

Mientras David oraba, comprendió la persona y el poder de Dios (vv. 10-13). Ten en cuenta también que reconoció de dónde proviene la riqueza personal (vv. 14-16). Con una comprensión tan clara, ¡es más fácil dar generosamente al Señor!

Salmo 110

☑ Este asombroso salmo de David predice mucho sobre la venida de Cristo y su ministerio. Es el salmo más citado en el Nuevo Testamento, ya sea citado directamente o aludido veinticuatro veces. Si bien el salmo revela verdades profundas sobre el Mesías, el versículo 1 es difícil de traducir del idioma hebreo original al español y, por lo tanto, es fácil pasar por alto sus ideas.

En el versículo 1 hay dos palabras hebreas diferentes que se traducen al inglés como Señor: "Así dijo el SEÑOR a mi Señor: «Siéntate a mi derecha, hasta que ponga a tus enemigos por debajo de tus pies»." (Salmo 110:1).

El primer SEÑOR en el versículo 1 es la palabra hebrea Yahweh, el nombre del pacto hebreo para el Dios eterno del universo, el Gran YO SOY que se reveló a Moisés en Éxodo 3:14-15. Este Dios omnipotente habla en el Salmo 110:1 a alguien más, que también es mayor que David porque se identifica como el Señor de David. Este segundo Señor (v. 1) es la palabra hebrea adonai, que significa "señor" o "amo." Está inequívocamente claro que David identifica a dos miembros de la Deidad en una conversación entre sí. Yahweh declara que este que es identificado como el Señor de David se sentará a la diestra de Dios Padre hasta que sus enemigos sean conquistados decisivamente. El Nuevo Testamento equipara ampliamente al Señor de David en el Salmo 110:1 con Jesús, el Mesías.

Recordarás que el Señor había hecho un pacto con David de que el Mesías prometido vendría de su linaje (1 Crónicas 17:11-15; 2 Samuel 7:11-13). Por tanto, el Mesías sería llamado Hijo de David. Esto lo sabían bien los fariseos, que conocían a fondo el Antiguo Testamento.

Que Jesús procedía del linaje de David era indiscutible para todos, incluso los fariseos. De hecho, tanto María como José procedían del linaje de David, José a través de su hijo Salomón, y María a través de su hijo Natán (véase Mateo 1:1-16; Lucas 3:23-38; Lucas 2:1- 4).

En Mateo 22:41-45, en una discusión con los fariseos, Jesús cita el Salmo 110:1 para demostrar que el Hijo de David era uno y el mismo Señor de David, y que Jesús era de hecho el Hijo de David, el Cristo y el Mesías largamente prometido. Por lo tanto, Jesús era tanto el Hijo de David como el Señor de David. De manera similar, Jesús cita este salmo en los evangelios de Marcos y Lucas (véase Marcos 12:36; Lucas 20:41-44), al igual que Pedro en Hechos 2:29-36.

Al leer este salmo, observa estas verdades de gran alcance sobre el Mesías: él está sentado a la diestra de Dios (v. 1); él triunfará sobre todos sus enemigos y los gobernará (versículos 1-2); encabezará una gloriosa procesión de tropas (v. 3); será sacerdote para siempre, según el orden de Melquisedec (v. 4); tendrá poder divino para aplastar reyes, juzgar a las naciones y matar a los malvados (vv. 5-6); y encontrará refrigerio y será exaltado (v. 7).

Los versículos 2-3 y 5-7 también describen el regreso triunfal de Jesús en la batalla y el juicio. ¡Ese día está por llegar! Compárate esto con Apocalipsis 19:11-16, donde el Mesías viene como Rey en orden de batalla.

Nota también la referencia a Melquisedec en el versículo 4. Hebreos 5:6

deja claro que, al hablar de un sacerdote según el orden de Melquisedec, el salmista se refiere a Cristo. Hebreos 7 también explica cómo Jesús es como Melquisedec y que este salmo se refiere a Jesús. Para obtener antecedentes adicionales sobre Melquisedec, consulta Génesis 14:18-20. ⇐

JUNIO 9

Juan 19:17-42

Es instructivo seguir a las diferentes personas presentes en la crucifixión. Cada una añade a la imagen compuesta. Los otros evangelios dan detalles diferentes, y Juan deja al lector con la impresión inequívoca de la dignidad de Jesús incluso hasta el momento de la muerte.

Los soldados, endurecidos por la tortura y la crueldad, simplemente se hicieron cargo de los tres prisioneros condenados a muerte ese día (v. 18). ☑Apostaron por la ropa de Jesús (v. 24), cumpliendo así la profecía del Salmo 22:18. Nota la profecía cumplida de los versículos 31-33. Los cuerpos de los crucificados debían ser retirados antes del sábado (Deuteronomio 21:22-23). Para matarlos más rápidamente, se quebraban las piernas de las víctimas (v. 31). Jesús, sin embargo, ya estaba muerto, por lo que no le quebraron las piernas (v. 33; véase Éxodo 12:46), pero los soldados le traspasaron el costado (vv. 34-37; véase Zacarías 12:10). Estos eventos sucedieron para que se cumplieran las Escrituras (vv. 36-37). ⇐

Pilato, habiendo cedido ante los líderes religiosos con respecto al castigo de Jesús, se negó a que lo presionaran para cambiar el rótulo en la cruz de Jesús que lo identificaba como el Rey de los judíos. Era como si, habiendo cedido ante ellos en las cuestiones más importantes de la justicia y la vida, estuviera demostrando su autoridad en esta cuestión menor. Sin duda, aquel fue un día difícil para Pilato. Habiendo comprometido su integridad como juez, a pesar de desautorizar su responsabilidad, vivió con sangre en sus manos.

Un pequeño grupo de seguidores de Jesús cerca de la cruz incluía a su madre y al apóstol Juan. Piensa en cuán diferente era su perspectiva de la de los soldados y los sacerdotes, o incluso de la de Pilato. ¿Recordó María las

palabras de Simeón el día que llevaron a Jesús al templo para ser circuncidado más de treinta años antes (Lucas 2:34-35)? Simeón le había dicho que
"una espada te atravesará el alma" (Lucas 2:35). Nota la preocupación de
Jesús por su madre cuando le dio la responsabilidad de su cuidado al apóstol Juan (vv. 26-27).

→ Finalmente, observa que fue Jesús quien entregó su vida (v. 30). El
momento de la muerte fue su elección. No fue un momento demasiado pronto
ni demasiado tarde. Todo se había cumplido. Compara esto con Juan 10:17-
18. La redención fue completa y las fuerzas del mal fueron derrotadas en ese
mismo momento (Colosenses 2:15). ←

1 Reyes 1-2

Este relato de los últimos días de los reyes de David da una idea de la agitación política que se desarrollaba y que 1 Crónicas no proporciona. Se produjeron intrigas y casi violencia cuando Adonías, el cuarto hijo de David,
intentó suceder a su padre como rey. Algún tiempo antes, David había elegido a su hijo Salomón para sucederlo como rey, porque la palabra del Señor
había llegado a David diciéndole que lo hiciera (1 Crónicas 22:6-10; 28:5-
7). Sin embargo, Adonías obtuvo el apoyo de Joab y del sacerdote Abiatar.
Si hubiera tenido éxito, habría significado la muerte para Betsabé y Salomón (vv. 12, 21).

David, aunque débil, dejó clara su elección y Salomón fue coronado.

Adonías ahora corría peligro de perder la vida por sus maniobras políticas.
Salomón le perdonó la vida como medida de su buena voluntad.

Nota los mandamientos finales de David a Salomón (2:2-9): confiar en y
obedecer a Dios. David también encargó a Salomón a encargarse de asegurar que Joab pagara por la muerte de Abner y Amasá. Debía mostrar bondad
a los hijos de Barzilay porque éste había hecho lo mismo por David cuando
Absalón encabezó la rebelión (2 Samuel 17:27-29; 19:31-37). También debía
encargarse de que Simí recibiera justicia por el trato que había dado a David
(2 Samuel 16:5-8, 13-14).

Sigue cómo Salomón llevó a cabo estas últimas instrucciones de su padre.
Adonías, Joab y Simí murieron a causa de su traición.

Salmo 111

Este maravilloso salmo ensalza al Señor por sus maravillas. ¿Qué atributos del carácter de Dios encuentras en estos versículos? ¿Qué actos específicos de Dios se relatan? ☑Nota también el versículo 9: "Pagó el precio del rescate de su pueblo y estableció su pacto para siempre." Zacarías cita este salmo en Lucas 1:68-69 y habla de la redención y la salvación que vienen en la persona de Cristo). ⇦

JUNIO 10

Juan 20:1-18

María Magdalena experimentó un intenso dolor por la crucifixión de Jesús. Había sido liberada de siete demonios (Lucas 8:2) y amaba profundamente a Jesús. Es significativo que Jesús se le apareció en el huerto. Ella vino primero al sepulcro temprano en la mañana después del sábado. Cuando Jesús no estaba allí, ella se lo contó a otros que luego vinieron, entre ellos Pedro y otro discípulo, probablemente Juan. Después de que se fueron, María se quedó allí llorando.

→ Esta mujer, que había sufrido bajo el poder de Satanás, tuvo el privilegio de recibir el mensaje de los ángeles en la tumba, y luego fue la primera en ver a Jesús. Es difícil imaginar sus emociones. ¡El Salvador que la había librado de Satanás estaba vivo! Nota estas importantes palabras para ella: "Vuelvo a mi Padre, que es Padre de ustedes; a mi Dios, que es Dios de ustedes." (v. 17). Al conocer a Jesús como Salvador y Señor, nos identificamos con él en nuestra relación con el Padre. ←

1 Reyes 3-4

Cuando el Señor se le apareció a Salomón y ofreció darle lo que quería, Salomón pidió un corazón perspicaz, capaz de distinguir entre el bien y el mal. Si hubieras sido Salomón, ¿es esto lo que habrías pedido? Esta fue la mejor petición que Salomón pudo haber hecho. Dios respondió de una manera maravillosa. Hizo a Salomón más sabio que todos los demás hombres (4:29-34).

Salmo 112

¿Quieres una garantía de la bendición del Señor? Entonces lee este salmo. Nota que la condición para la bendición es el temor del Señor y el deleite en sus mandamientos (v. 1).

Busca este principio en el texto de este salmo: generosidad con los necesitados, justicia en el trato con los demás y donación a los pobres (vv. 5, 9). Estas son altas prioridades para el Señor. Nota también las promesas que se encuentran a lo largo de este salmo.

JUNIO 11

Juan 20:19-31

En los veinte capítulos que hemos leído del Evangelio de Juan, hemos aprendido mucho sobre Jesús: su propósito, su corazón y su misión. Lo encontramos en el pozo de Jacob, cuando le ofreció a la mujer samaritana el agua viva que tanto necesitaba: "Todo el que beba de esta agua volverá a tener sed… pero el que beba del agua que yo le daré no volverá a tener sed jamás, sino que dentro de él esa agua se convertirá en un manantial del que brotará vida eterna" (Juan 4:13-14).

Aprendimos del asombroso amor de Dios por nosotros en el capítulo 3: "Porque tanto amó Dios al mundo que dio a su Hijo único, para que todo el que cree en él no se pierda, sino que tenga vida eterna" (Juan 3:16).

A lo largo del camino, Juan describió siete milagros asombrosos, señales que Jesús dio para demostrar sin ambigüedad que Él es el Hijo de Dios. Oímos a Jesús pronunciar siete profundas declaraciones YO SOY, en cada caso declarándose igual a Dios. Escuchamos la consecuente declaración de Jesús de que Él es el único camino a Dios: "Yo soy el camino, la verdad y la vida… Nadie llega al Padre sino por mí" (Juan 14:6).

El apóstol Juan tenía un propósito deliberado e intencionado al incluir cada uno de ellos en su relato evangélico: "Jesús hizo muchas otras señales en presencia de sus discípulos, las cuales no están registradas en este libro. Pero estas se han escrito para que ustedes crean que Jesús es el Cristo, el Hijo de Dios, y para que al creer en su nombre tengan vida" (Juan 20:30-31).

1 Reyes 5-6

En los preparativos y detalles de la construcción, el Señor le dio a Salomón la sabiduría que había prometido (5:12). El Señor le dio a Salomón promesas y condiciones (6:11-13). Es interesante que se necesitaron siete años para construir el templo, ¡pero trece años para construir el palacio de Salomón (6:38b-7:1)!

Por más magnífico que fuera el templo, observa nuevamente la palabra del Señor a Salomón durante la construcción (6:11-13). Un edificio imponente no aseguraría la bendición de Dios. Fue la obediencia de Salomón y su pueblo lo que el Señor requirió para otorgar su favor.

Salmo 113

El escritor pide a los lectores que alaben al Señor cinco veces en los primeros tres versículos del salmo. Las razones se encuentran en los versículos 4-9: El Señor es Dios de gran gloria (v. 4), sin igual en el cielo ni en la tierra (v. 5), que cuida de los pobres y necesitados (v. 7) y de las mujeres no bendecidas con niños (v. 9). A Dios le importa. ¡Dios es digno de alabanza!

JUNIO 12

Juan 21:1-14

Jesús se les apareció a los discípulos por tercera vez después de que habían estado pescando toda la noche y no habían pescado ningún pez. Estando todavía en la barca, muy de mañana, Jesús vino a ellos a la orilla. Les dijo que tiraran la red al lado derecho de la barca, ¡e inmediatamente capturaron más peces de los que la red podía contener! Esta captura los llevó a concluir que se trataba del Señor resucitado (v. 7).

Es curioso que cuando llegaron a tierra y compartieron el desayuno, intuitivamente supieron que era el Señor (v. 12). El texto afirma que no se atrevieron a preguntarle si era Jesús. ¿Por qué sería esto una pregunta si su apariencia fuera exactamente la que había sido? Parece que los discípulos no estaban seguros de su identidad simplemente por su apariencia física. Parecería que su cuerpo resucitado fue cambiado al cuerpo espiritual que también será el nuestro en la resurrección (1 Co. 15:42-44).

1 Reyes 7-8

→ Cuando el templo estuvo terminado, los muebles fueron colocados en su lugar junto con el arca, la cual fue llevada por los sacerdotes al Lugar Santísimo. Como sello de la presencia de Dios, su gloria en forma de nube llenó el templo. ¡Esto debe haber sido impresionante! El discurso de Salomón proporciona un trasfondo histórico para el pueblo (8:14-21). La oración de Salomón es un modelo de adoración y petición. Salomón pidió al Señor que no olvidara su promesa a David con respecto a la permanencia del trono mesiánico (8:25-26; véase 2 Samuel 7:11b-13). Nota el énfasis de Salomón en el arrepentimiento mientras anticipa el pecado entre el pueblo (vv. 33-40). La adoración en el templo mantuvo a los israelitas separados de las otras naciones. Era un recordatorio constante de las leyes que el Señor había dado a su pueblo. Por tanto, era importante asegurar el canal a través del cual vendría el Salvador. ←

En la bendición que pronunció Salomón (vv. 54-61), reconoció la fidelidad de Dios (v. 56), anticipó la gracia de Dios en sus vidas (v. 58) y expresó la esperanza de que las vidas de los israelitas fueran un testimonio a todos los pueblos del mundo (v. 60). A la dedicación del templo siguió una gran fiesta que duró siete días. Nota el motivo del gozo y la alegría del pueblo al regresar a sus hogares (8:66).

Salmo 114

A menudo se ordenó a los israelitas que recordaran su liberación de Egipto. Cada vez que lo contaban, recordaban la grandeza de Dios y su propósito especial para ellos.

La liberación de Egipto es uno de los grandes milagros de toda la historia (v. 1). La división del mar (v. 3), la provisión del Señor para su pueblo en el desierto (v. 8) y su cruce del Jordán (v. 5) son milagrosos. ¡Dios es poderoso, y *todas las naciones* deberían temblar ante él (v. 7)!

JUNIO 13

Juan 21:15-25

Considera la preocupación de Jesús por la restauración de Pedro. No fue una conversación fácil para Pedro. No hay manera de que pudiera salir de este encuentro con una actitud arrogante respecto al pecado. Las preguntas de Jesús le hicieron pensar detenidamente en lo que implicaba el amor a Jesús. Jesús conoció el corazón de Pedro y él fue restaurado. ¿Cómo crees que se sintió Pedro al final de esta conversación?

Jesús enfatizó que cada uno de nosotros es personalmente responsable ante el Señor. No importa cómo Dios trata a otras personas. Ése es el asunto de Dios (vv. 20-22). Cada uno de nosotros tiene una tarea personal única. Nuestra responsabilidad es cumplirla fielmente.

2 Crónicas 1-2

El éxito de Salomón se basó en la bendición de Dios (1:1). Nota cómo esta bendición se expresó en la riqueza (vv. 14-17). Es fascinante que el sitio del templo fuera el terreno que David compró a Arauna (2 Samuel 24:18-25), que era el monte Moria (2 Crónicas 3:1) donde Abraham fue a ofrecer a Isaac en sacrificio (Génesis 22:2). Este sigue siendo el sitio de las ruinas del templo y uno de los terrenos más disputados del mundo actual.

Cuando Salomón adoró al Señor en el tabernáculo antes de construir el templo, el Señor se le apareció y le dijo que le pidiera lo que deseaba. El momento tanto de la adoración pública de Salomón como del ofrecimiento del Señor fue significativo, ya que fue temprano en su reinado (vv. 2-10). Cuando Salomón pidió sabiduría para guiar a su pueblo, el Señor se alegró y prometió concederle la petición, y también prometió riquezas y honores (vv. 11-12).

Salmo 115

Este salmo contrasta a los pueblos paganos y sus dioses con aquellos que adoran al Dios vivo y verdadero. Al principio, el salmista deja claro que la gloria no es del pueblo sino del Dios de amor y fidelidad. Dios está vivo, soberano y poderoso (v. 3).

Los dioses de las naciones paganas, sin embargo, son ídolos muertos que no pueden hablar, ver, oír, oler, sentir, caminar o hablar (vv. 5-7). De hecho, están muertos. Y los que los adoran, todos morirán con ellos (v. 8). Con esto en mente, escucha el fuerte llamado al pueblo de Dios a confiar en el Dios vivo (vv. 9-18). Ve en estos versículos las bendiciones que Dios te ha traído.

JUNIO 14

1 Corintios 1:1-17

1 y 2 Corintios son cartas a la iglesia que se estableció en Corinto bajo el ministerio de Pablo y sus compañeros misioneros. En su segundo viaje misionero, Pablo llegó a Europa y ministró en varias ciudades de Macedonia y Acaya. Algunos de estos lugares fueron Filipos, Tesalónica, Berea, Atenas y Corinto. Corinto era un puerto marítimo; aunque había una comunidad judía en la ciudad, el carácter predominante de la ciudad era pagano. En su primer viaje a Corinto, Pablo se quedó y enseñó durante un año y medio (Hechos 18:1, 11). Si siguió el mismo patrón que en Éfeso, encontró un lugar de reunión y enseñó diariamente. Por lo tanto, podemos suponer que muchos en la iglesia tenían un fundamento sustancial en la fe.

Cuando Pablo abre la carta, está genuinamente agradecido por la respuesta de los creyentes a la verdad del evangelio y la obra del Espíritu Santo en sus vidas (1:4-9).

Pero Pablo rápidamente identificó un problema grave en la iglesia; Se habían producido divisiones, algunos seguían a una persona y otros expresaban lealtad a otra (vv. 10-12). Sigue la lógica de Pablo en los versículos 13-17. Cuando habla de la sabiduría de Dios en este capítulo y en el siguiente, lo hace en el contexto de este problema de lealtades divididas.

2 Crónicas 3-4

Leemos aquí un relato resumido de la construcción y dedicación del templo. Se trataba de una empresa enorme, que involucró a 153.300 trabajadores durante un período de siete años (véase 1 Reyes 5:13-18). ¡Esto es difícil de imaginar!

Salmo 116-117

El testimonio de un hombre que ha recibido grandes bendiciones de Dios en tiempos de necesidad se registra en 116:1-11. Comparte la alabanza de quien recibió la bondad de Dios.

Hay un punto de inflexión en el versículo 12. El salmista pregunta cómo puede pagar la bondad de Dios. Su respuesta en los versículos 13-19 es que continuará hablando de la bondad de Dios, confiará en Dios y obedecerá a Dios.

El Salmo 117 es el capítulo más corto de la Biblia: un salmo breve con un gran mensaje. El salmo es una expresión de alabanza por dos cualidades duraderas del Señor: su amor y su fidelidad. Es un llamado a alabar a Dios por estas cualidades que están dirigidas a su pueblo. Es un llamado universal a la alabanza de todos los pueblos y naciones.

JUNIO 15

1 Corintios 1:18-31

En contraste con cualquier elocuencia o sabiduría que puedan tener los hombres, la sabiduría de Dios se revela en la cruz, que trae salvación. La gente de la iglesia de Corinto estaba enamorada de varios hombres, pero lo mejor que ofrece el mundo no es nada comparado con la sabiduría de Dios (v. 19): tiene poder para cambiar vidas (v. 18). Para el mundo, el mensaje del Señor crucificado y resucitado es una piedra de tropiezo o una locura (v. 23).

Piensa en la verdad del versículo 21. Ninguno de los sistemas filosóficos de los hombres ni ninguna sabiduría del mundo ha llevado a la gente a Dios. La sabiduría de Dios en la cruz, sin embargo, abre el camino para la vida eterna y la comunión con Dios. Además, Dios, en su gracia, ha elegido utilizar a personas comunes y redimidas para que sean sus manos y su voz en este mundo quebrantado (vv. 26-29). ¡Somos tú y yo! ¡Eso es un milagro!

Jesús, que nos trae la sabiduría de Dios, es nuestra justicia, santidad y redención (v. 30). Él es todo lo que necesitamos para la vida física y espiritual, para nuestro bienestar temporal y eterno. ¡Él es digno de toda nuestra alabanza!

2 Crónicas 5-6

El punto culminante del proyecto de construcción del templo fue trasladar al templo los muebles que se habían preparado, todo de acuerdo con las instrucciones del Señor. Cuando el arca del pacto fue colocada en el Lugar Santísimo, el mobiliario estaba completo y hubo sacrificios y música para la ocasión especial. Nota en 5:12-14 que Dios bondadosamente demostró su presencia y aceptación de la adoración al llenar el templo con una nube.

Al leer nuevamente la alabanza de Salomón a Dios y su oración de dedicación del templo, imagínalo arrodillado ante el pueblo y ante Dios y alzando su voz al Señor. Nota su alta visión de Dios y su comprensión de las condiciones de la bendición del Señor (6:16). Salomón también entendió las condiciones del perdón cuando el pueblo lo necesitaría (6:36-39).

Salmo 118

"Den gracias al Señor porque él es bueno; su gran amor perdura para siempre." (v. 1). Qué consuelo saber que no importa en qué circunstancias nos encontremos, el amor inquebrantable del Señor perdura para siempre. El salmista identifica aquí una serie de razones para dar gracias al Señor. ¿Cuáles te destacan?

☑ Este salmo es también de naturaleza mesiánica, en el sentido de que mira hacia la vida y el ministerio de Jesús, tanto en su primera como en su segunda venida. En la entrada triunfal de Jesús en Jerusalén el Domingo de Ramos, la multitud citó el versículo 26 (Lucas 19:37-38). Jesús también citó los versículos 22-23, aplicándoselos a sí mismo en Mateo 21:42. Además, muchos elementos de los versículos 10-29 anticipan la segunda venida de Jesús. ⇦

JUNIO 16

1 Corintios 2

Toma nota del testimonio de Pablo en los versículos 1-3. Tendemos a pensar que este gran apóstol no tenía miedo. Sin embargo, cuando llegó a Corinto, fue muy humano. Vino en medio de la debilidad y el temor humanos (v. 3).

Pero también vino con sabiduría y poder piadosos (v. 4). Dios usó a Pablo como canal para llevar su verdad al pueblo de Corinto.

Esta sabiduría de Dios a través del Espíritu Santo se expresa elocuentemente en los versículos 6-16. Mientras lees, agradece a Dios por este maravilloso regalo. La sabiduría de Dios en Cristo (1:30) fue planeada antes de que comenzaran los tiempos. Compara esto con 1 Pedro 1:18-21, donde Pedro escribió que Cristo, como cordero, fue elegido antes de la creación del mundo. Además, el plan se ocultó hasta que fue un hecho consumado. Era la voluntad de Dios que Jesús, como cordero, muriera por los pecados del mundo. En ese momento, el triunfo de la cruz hizo un espectáculo de Satanás y sus poderes (Colosenses 2:15).

Es crucial recordar que sólo a través del Espíritu Santo podemos entender el plan de Dios (vv. 10-12) y venir a él (vv. 14-16). Las cosas profundas de Dios sólo se entienden a través del Espíritu Santo. Contrasta la sabiduría del mundo en 1:18-22 con la sabiduría de Dios disponible para cada uno de nosotros en 2:9-16.

1 Reyes 9-10

Cuando el Señor se le apareció a Salomón después de la dedicación, se impusieron condiciones a las bendiciones prometidas. Las condiciones de obediencia no eran sólo para Salomón sino para todo Israel (9:3-9). Dios le había prometido a David un trono eterno (2 Samuel 7:11b-16). Esta fue la promesa de que el Mesías vendría a través del linaje de David y que su trono sería eterno. Esta promesa no fue condicional. La promesa a Salomón, sin embargo, tenía condiciones (6:12). Dios también puso condiciones a la nación, diciéndole a Salomón que, si los israelitas dejaban de servirle, él quitaría su bendición y exterminaría al pueblo de la tierra (vv. 6-9). Esto es exactamente lo que ocurrió muchos años después. La otra promesa hecha a David también se cumplió: Jesús vino del linaje de David, ¡y reinará para siempre!

La fama de sabiduría y esplendor de Salomón ya era conocida en la región, como lo demuestra la visita de la reina de Sabá. La cantidad de oro que recibió Salomón fue asombrosa, no sólo de la reina sino también de las excursiones regulares de sus barcos al extranjero. Mientras lees acerca del oro, la plata y los caballos y carros que adquirió Salomón, lee Deuteronomio 17:16-17. Las semillas del desastre ya estaban colocadas.

Salmo 119:1-32

El Salmo 119 es un magnífico poema que celebra la notable belleza y riqueza de la Palabra de Dios. Las 22 estrofas corresponden, en orden, a las 22 letras del alfabeto hebreo. Los ocho versos de cada estrofa comienzan todos con la misma letra. Este poema es una obra de arte asombrosa que es difícil de apreciar en las traducciones. Al abordar un salmo como este, puede resultar útil escribir las muchas verdades reveladas acerca de las Escrituras. Quizás le sorprenda saber que la Biblia tiene tantas aplicaciones y beneficios específicos. Recuerda las palabras de Jesús (Mateo 5:17-20) y de Pablo (Romanos 15:4) en su relación con las Escrituras.

JUNIO 17

1 Corintios 3

Pablo citó la división en la iglesia local como evidencia de inmadurez y mundanalidad. Siguiendo la discusión sobre la sabiduría de Dios en el capítulo 2, el contraste con aquellos que eligen bando en la iglesia es dramático. Mira cómo Pablo relaciona esto con la discusión sobre la sabiduría divina en los versículos 18-23.

Cada uno de los siervos de Dios tiene una función específica en la obra del reino que complementa la obra de otros (vv. 5-9). No compiten entre sí y todos son necesarios. Elegir seguir uno u otro pasa por alto el punto de cómo se lleva a cabo la obra de Dios.

Piensa detenidamente en los versículos 10-15. *Cada uno* de nosotros construye en el reino, y todos somos responsables ante Dios de cómo construimos. Habrá un recuento final cuando Dios mismo pruebe nuestro trabajo (2 Corintios 5:10).

2 Crónicas 7-8

Imagina la escena en que fuego descendió del cielo y consumió el holocausto después de la oración de Salomón. Eso, junto con la gloria de Dios llenando el templo, fue una dramática confirmación de que el Señor estaba en medio de ellos. Mira el mensaje de Dios a Salomón y al pueblo en esta ocasión (7:12-22). Dios bendecirá según lo prometido (vv. 12-18), pero nadie juega ni manipula a Dios. Apartarse de Dios traerá consecuencias (vv. 19-22). Ese principio sigue siendo el mismo, porque Dios no ha cambiado. Piensa en la declaración del Señor en los versículos 14-15. Si el pueblo de Dios no está siendo bendecido, ¡no es porque Dios no esté dispuesto!

Salmo 119:33-64

Como comenzamos a hacer ayer en nuestro estudio del Salmo 119, toma nota de las muchas maneras en que la Palabra de Dios puede afectar tu vida. Busca cómo Dios (el Espíritu Santo) trabaja directamente con la palabra escrita en nuestras vidas para hacernos personas diferentes. Mira la última frase en el versículo 33. Es importante permanecer fiel al Señor hasta el fin (Mateo 24:13).

La obra de Dios es evidente en los versículos 33-40. Los decretos de Dios se encuentran en la Biblia (v. 33). El salmista pide repetidamente la ayuda de Dios mientras busca cumplir su palabra. Hay un patrón similar en los versículos 34-37.

Hay esperanza (v. 49), renovación (v. 50), consuelo (v. 52), discernimiento sobre el mundo (v. 53) y coherencia de vida (v. 54) a través de la Palabra. En los versículos 57-64, observa las decisiones del salmista basadas en la Palabra.

JUNIO 18

1 Corintios 4

Pablo defendió su lugar de autoridad espiritual en la iglesia e instó a los creyentes a abandonar las facciones. Debido a la inmadurez de la iglesia, algunos no habían aceptado el mensaje de Pablo. Él era el constructor a quien Dios había puesto allí para poner los cimientos (3:10; Hechos 18:1-11). Pablo fue un apóstol y maestro constructor, y la iglesia debería haber seguido su ejemplo en servicio y humildad (vv. 9-13, 16). En cambio, algunos se habían vuelto arrogantes (v. 19). Al considerar los versículos 9-13, comprende la vida del siervo de Cristo. Compara esto con Juan 15:18-21. El modelo de Pablo en esta sección es importante para nosotros tanto por su actitud como por su comportamiento.

Se podría pensar que los apóstoles de Cristo serían tratados con honor. En cambio, Pablo y sus compañeros sufrieron ignominia a manos de personas religiosas (vv. 9-13). Esta era su suerte mientras viajaban de ciudad en ciudad llevando el mensaje del evangelio a quienes quisieran escucharlo. Esto es lo que Jesús dijo que les sucedería a sus seguidores (Juan 15:18-20). No debemos esperar que todos acepten el mensaje del evangelio.

2 Crónicas 9

El esplendor del reinado de salomón y su amplia fama son impresionantes. La descripción de su riqueza es casi incomprensible. La capacidad de salomón para responder a todas las preguntas de la reina de sabá habla de la autenticidad de su sabiduría y la riqueza de su conocimiento.

Salmo 119:65-96

Busca el ministerio de la Palabra de Dios en la vida. Busca también cómo Dios nos enseña y nos moldea a través de la Palabra. El versículo 66 menciona tanto el conocimiento como el buen juicio. El conocimiento es la adquisición de hechos; el juicio es la capacidad de utilizar esos hechos correctamente. El conocimiento proviene de la Palabra, pero el buen juicio viene cuando Dios nos ayuda (a través del Espíritu Santo) a aplicar nuestro conocimiento a la vida.

Compara el versículo 71 con los versículos 67, 75-76. A veces el Señor permite que la aflicción nos enseñe lecciones valiosas. La aflicción hace que nos volvamos al Señor y a su Palabra (v. 71), lo que a su vez nos consuela (v. 76).

Considera la verdad de los versículos 89-91. Con esta verdad en mente, ¡seamos agradecidos por un Dios tan fiel!

JUNIO 19

1 Corintios 5

El segundo problema que Pablo abordó en la iglesia de Corinto fue una cuestión moral: el pecado del incesto. De los comentarios de Pablo (v. 2) parece que la iglesia toleró la situación sin ejercer la convicción de abordarla. Puede que esto no sea muy diferente de la iglesia actual, donde los problemas del pecado a menudo no se tratan. Pablo vio esto como un problema serio en la iglesia que es responsable de la pureza moral entre los creyentes (v. 12). Tal pecado en la iglesia tiene un efecto mortal en todo el cuerpo. El pecado en la comunidad es como la levadura en la masa del pan: afecta a todo el pan (v. 6). Lo que hacemos influye en toda la iglesia.

Un ejemplo del Antiguo Testamento se encuentra en Josué 7. El pecado de Acán causó un enorme sufrimiento a los israelitas. El principio neotestamentario de nuestra interdependencia como creyentes también aparece en Romanos 14:7-8. ¿Qué se debe hacer y por qué? Pablo le dijo a la iglesia de Corinto que no debía tolerar el pecado intencional entre sus miembros. Su consejo para este problema específico fue la disciplina redentora diseñada para devolver al pecador a la comunión (vv. 4-5) por sacarlo de la iglesia (vv. 5,13). "Entreguen a este hombre a Satanás" significaba que perdería el paraguas protector del cuidado pastoral de la iglesia y se le dejaría lidiar solo con los poderes del mal.

Pablo da un principio adicional. Si un cristiano vive en pecado manifiesto, otros creyentes no deben tener comunión con esa persona (vv. 9-11). Tener comunión da el mensaje equivocado tanto a esa persona como al mundo de que todo está bien. Estas son palabras difíciles para nosotros en la iglesia hoy, debido al espíritu de permisividad que hay en el mundo. Como pueblo de Dios, debemos escuchar y aplicar la verdad de su Palabra, que siempre es para nuestro bien.

1 Reyes 11-12

Aquí se relata el lado oscuro del reinado de Salomón. ¿Cómo pudo pasar esto? La respuesta es que Salomón ignoró voluntariamente los mandamientos del Señor, provocando desastre a la nación. Leyendo 11:4, vemos a Salomón en sus últimos años como un anciano tonto. Esto sucedió a pesar de que Dios se le apareció bondadosamente dos veces (v. 9).

Hay un principio espiritual que debemos tener en cuenta. Estamos bajo la protección del Señor cuando vivimos en obediencia. Si salimos del paraguas de la protección de Dios mediante la desobediencia intencional, abrimos nuestras vidas a los problemas y la seducción de Satanás. Efesios 4:27 habla de esto. No seas casual con esto; ninguno de nosotros puede enfrentarse a Satanás sin el poder que está en el Señor Jesús.

Jeroboán tuvo todo el potencial y la oportunidad del Señor para ser un gran líder y lograr mucho bien. Nota la palabra de gracia que el Señor le dirigió (v. 38). Jeroboán, sin embargo, desperdició esta oportunidad de recibir la bendición de Dios y en su lugar instituyó la adoración pagana en Israel (12:26-33). Al hacerlo, su nombre se convirtió en sinónimo de maldad.

Salmo 119:97-128

Los versículos 97-104 son el testimonio personal del salmista. Está contando lo que la Palabra de Dios ha hecho en su vida y lo que el Señor ha hecho a través de la Palabra. Nota particularmente la sabiduría, perspicacia y comprensión que ha adquirido. Observa también cómo la Palabra le ha guardado del pecado y le ha hecho odiar lo que está mal.

La línea divisoria entre la persona que ama a Dios y la que ama al mundo es la atención a las verdades de Dios (v. 118; véase Juan 14:23-24a). Observa las peticiones específicas del salmista al Señor y la actitud con que ora, mostrando amor y respeto.

JUNIO 20

1 Corintios 6

Ahora se aborda un tercer problema que reflejaba la inmadurez de la iglesia: la cuestión de si un creyente lleva a otro a los tribunales. Pablo dijo que esta práctica es inconsistente con la naturaleza de la iglesia. Es inconsistente porque los miembros del cuerpo de Cristo son competentes para juzgar un asunto con justicia. Después de todo, dado que los santos juzgarán al mundo (v. 2) y los ángeles (v. 3), la iglesia no debe mostrar los problemas ante el mundo como si fueran insolubles (v. 6). La solución, si todo lo demás falla, es dejarse defraudar (v. 7b). Sería mejor que llevar nuestras disputas a un tribunal secular.

Pablo vuelve al tema de la inmoralidad sexual en los versículos finales. Dios ordenó que la unión sexual fuera un vínculo exclusivo y permanente entre un hombre y una mujer en el contexto del matrimonio (v. 16; cf. Génesis 2:24). Con la inmoralidad sexual, no sólo se viola la ley de Dios, sino que también se peca contra el propio cuerpo (v. 18). Además, como hijos de Dios, no somos nuestros. Debido a que pertenecemos al Señor, se nos implora que lo honremos con nuestros cuerpos (vv. 19-20).

1 Reyes 13-14

En 1 Reyes 11, el profeta Ahías se apareció a Jeroboán, hijo de Nabat, quien era uno de los funcionarios de Salomón. En aquel tiempo diez de las doce tribus fueron entregadas a Jeroboán a causa del pecado de Salomón (11:31-33). El mensaje del Señor, sin embargo, tenía condiciones (11:38-39). En ese momento, Jeroboán era un hombre lleno de potencia. Tuvo todas las oportunidades para recibir la bendición de Dios en su vida y en su gobierno.

Cuando el reino se dividió (1 Reyes 12), Jeroboán efectivamente se convirtió en rey de las diez tribus, que en adelante se llamaron Israel, mientras que las dos tribus restantes se llamaron Judá. Sin embargo, quedó claro que este hombre no tenía verdadero temor de Dios (12:26-33). Temía que, si el pueblo seguía los mandatos del Señor de adorar bajo la dirección de los sacerdotes en el templo de Jerusalén, se alejaría de él y desearía un reino unificado. Debido a esto, tomó el asunto en sus propias manos e instituyó una adoración que violaba los mandamientos del Señor.

El pecado de Jeroboán provocó una advertencia del Señor. Se envió un profeta a Jeroboán (13:1-3), pero el carácter de Jeroboán es evidente en la forma en que recibió la advertencia (vv. 4-6). Pidió oración, pero por algo equivocado. ¡Debería haberse arrepentido, pero sólo quería que le restauraran el brazo!

Jeroboán recibió un segundo mensaje en 14:1-18. Dios usó un método ingenioso para llevar su mensaje al rey y notar cómo fue confirmado (v. 17). En este punto, tanto Israel como Judá se habían alejado mucho de la verdadera adoración al Señor. Es significativo que, en cada uno de los reinos, fue el liderazgo impío de sus respectivos reyes lo que alejó al pueblo del Señor.

Salmo 119:129-152

Estos versículos siguen expresando la inmensa riqueza y el valor de las Escrituras para nuestras vidas. Al reflexionar sobre ellos, ¿cuál de estos versículos anima especialmente tu corazón hoy?

JUNIO 21

1 Corintios 7

La iglesia había planteado a Pablo la cuestión del matrimonio (v. 1). Al principio, Pablo expresa su opinión de que es mejor que la gente no se case. Tenemos alguna indicación de la razón en el versículo 26 donde escribe que debido a la crisis actual sería mejor permanecer soltero. Las presiones sobre los creyentes cuando escribió impulsaron esta precaución.

Muchos miembros de la iglesia eran conversos recientes y tenían cónyuges que no conocían a Cristo. Esto cambió la dinámica de la relación matrimonial y, por eso, Pablo les da una instrucción especial. Nota la naturaleza permanente de la relación en los versículos 10-11.

Pablo dijo que deberíamos ver la vida a la luz de lo eterno, ya sea que estemos casados o solteros (vv. 29-35). Esa debería ser nuestra forma de pensar cuando interactuamos con el mundo. La principal preocupación de la vida debe ser agradar a nuestro Señor.

2 Crónicas 10-11

El relato de Crónicas sobre la división del reino da algunos detalles que no se incluyen en el relato paralelo de Reyes. El rey Roboán y sus asesores son retratados en 10:8-11 como jóvenes, arrogantes, inexpertos y poco realistas. Eran jóvenes mimados que no habían luchado en la vida como lo había hecho la gente común. El hecho de que el rey no escuchara el consejo de hombres más sabios condujo directamente a la división de la nación en Israel y Judá.

Observa también que los sacerdotes y levitas, así como el pueblo temeroso de Dios de las tribus de Israel, abandonaron su tierra para venir a Judá para poder adorar en el templo de Jerusalén (11:13-17). Jeroboán había nombrado a otros sacerdotes e instituido formas de adoración alternativas en Israel

(v. 15; 1 Reyes 12:26-33). Esto trajo como consecuencia el juicio prometido sobre Jeroboán, su familia y la nación (1 Reyes 13:1-3; 14:1-11).

Salmo 119:153-176

Este salmo ensalza como ningún otro el inmenso valor de las Escrituras. La Palabra de Dios es la luz que guía nuestro camino, cada día, en cada desafío y en cada temporada de nuestra vida. ¡Asombroso!

JUNIO 22

1 Corintios 8

Los corintios pidieron consejo a Pablo sobre la cuestión de los alimentos sacrificados a los ídolos. Algunos en la iglesia pensaban que no había nada malo en comer este tipo de carne, mientras que otros pensaban lo contrario. Es posible que algunos de este último grupo hubieran abandonado recientemente la adoración de ídolos y, por tanto, percibían un conflicto.

Pablo indica que la verdadera cuestión aquí tiene menos que ver con comer carne, y más con cómo nuestras acciones afectan a los demás. Como hemos visto antes con una pregunta similar de la iglesia de Roma (Romanos 14), Pablo nos da instrucciones sobre cómo proceder en situaciones en las que los creyentes difieren en cuestiones que no se tratan explícitamente en las Escrituras. Algunos pueden creer que ciertas prácticas son aceptables, mientras que otros no. Esto puede aplicarse a la comida o la bebida, o podría aplicarse fácilmente a una cuestión de estilo de vida diferente. En tales casos, ¿cómo debemos proceder como creyentes?

Pablo indica que ambos grupos deben seguir sus conciencias en cuanto a lo que agradaría al Señor, pero no deben juzgar a los que tienen una convicción diferente sobre el tema. Sin embargo, si otro creyente llegase a sentirse ofendido, o su fe fuese potencialmente afectada por la participación de uno, entonces deben abstenerse en deferencia a esa persona. Esta directiva es coherente con otras instrucciones de Pablo: "Por eso yo, que estoy preso por la causa del Señor, les ruego que vivan de una manera digna del llamamiento que han recibido, siempre humildes y amables, pacientes, tolerantes unos con otros en amor. Esfuércense por mantener la unidad del Espíritu mediante el vínculo de la paz" (Efesios 4:1-3); "Cada uno debe velar no solo por sus propios intereses, sino también por los intereses de los demás" (Filipenses 2:4).

2 Crónicas 12-13

Una de las lecciones valiosas que tenemos al leer el Antiguo Testamento es ver cómo Dios trata el comportamiento del hombre. En el capítulo 12 observamos la misericordia de Dios cuando los líderes de Judá se arrepintieron de su pecado. El resultado de su pecado todavía les llegó. El pecado exige un castigo (v. 8). Si somos sabios, pensaremos en esto cuando seamos tentados a incursionar en el pecado. Fue en ese momento, y debido al pecado de la nación, que fueron tomadas las riquezas de la tierra (vv. 9-11).

En el capítulo 13, debido a que Abías confió en Dios (v. 18), Dios le dio a Judá la victoria sobre las fuerzas de Jeroboán.

Salmo 120

Los Salmos 120-134 se llaman Cánticos de los peregrinos. Cuatro de estos cánticos se le atribuyen al rey David (122, 124, 131, 133) y uno a Salomón (127), mientras que los diez restantes son anónimos.

La ciudad de Jerusalén está situada sobre una colina alta. Mientras el pueblo de Dios se dirigía a Jerusalén para las tres principales fiestas anuales, recitaba estos cánticos de adoración en el ascenso a la ciudad. Cada uno de estos maravillosos salmos les ofrecía aliento, tal como lo pueden hacer por nosotros hoy.

Este salmo es una súplica por la presencia de Dios en tiempos de angustia. Permite que estas palabras te bendigan cuando te encuentres en un momento así.

JUNIO 23

1 Corintios 9

En este capítulo obtenemos una idea del corazón de Pablo para el ministerio. También vemos algunas de las responsabilidades que los creyentes tienen hacia quienes ministran.

En Corinto era habitual que los profesores exigieran un pago a sus alumnos.

Cuanto más exigían los profesores, mayor era su estima. Esta práctica secular a veces también llegó al ministerio cristiano, pero Pablo dijo que, aunque tendría el derecho (según las Escrituras) de ganarse la vida con el ministerio del evangelio, decidió no aceptar dinero. Esto fue para que el evangelio fuera gratuito para aquellos que necesitaban escucharlo. Sin embargo, el efecto de esto fue que algunos no lo respetaban precisamente porque predicaba y enseñaba gratuitamente. Aun así, Pablo deja claro que la iglesia está obligada a apoyar a quienes les ministran (vv. 7-12).

Pablo escribe en estos versículos sobre su trabajo intencional, disciplinado y enfocado en nombre de Cristo. Nos desafía a adoptar el mismo entrenamiento riguroso y la misma disciplina que se requiere de los atletas ganadores. Esto debería ser un desafío para cada uno de nosotros a usar de manera reflexiva e intencional los dones y oportunidades ministeriales que él nos ha brindado. Y si bien los atletas pueden ser recompensados con una corona perecedera, nuestros esfuerzos por Cristo serán recompensados con una corona imperecedera.

1 Reyes 15-16

Mientras la monarquía de Judá permaneció con los descendientes de David, la corona de Israel cambió de familia varias veces, siempre de forma violenta. En 15:29 observa cómo la profecía del Señor a Jeroboán (1 Reyes 14:10-11) fue cumplida por el rey Basá después de haber matado a Nadab, el hijo de Jeroboán. En el capítulo 16, la monarquía volvió a cambiar de familia dos veces. Nota el comentario sobre Omrí en el versículo 25 y sobre Acab en el versículo 30. ¡Las cosas rápidamente fueron de mal en peor!

Salmo 121

Mientras el pueblo de Dios ascendía las magníficas colinas hacia Jerusalén, cantaba este maravilloso cántico de afirmación de que su ayuda y protección no provienen de esas colinas, sino del Dios poderoso, seguro y bondadoso quien las creó. Esta ayuda del Señor es segura y se extenderá por toda la eternidad (v. 8). Permite que estas reconfortantes palabras bendigan y enriquezcan tu alma.

JUNIO 24

1 Corintios 10:1-13

Es posible pertenecer a un grupo del pueblo de Dios sin ser hijo de Dios. Aprendemos esta verdad aleccionadora de este relato de aquellos que salieron de Egipto (vv. 1-5). El punto de Pablo es que todo el pueblo tuvo la misma liberación y recibió las mismas oportunidades, provisiones y bendiciones. Pero la mayoría no tuvo fe (v. 5).

Ten en cuenta en particular los versículos 11 y 12. ¡Pablo afirma que los relatos del Antiguo Testamento están escritos para nosotros! A través de ellos somos advertidos, aprendemos acerca del carácter de Dios y aprendemos cómo debemos vivir hoy.

En el versículo 13 encontramos esta promesa tranquilizadora: "Ustedes no han sufrido ninguna tentación que no sea común al género humano. Pero Dios es fiel y no permitirá que ustedes sean tentados más allá de lo que puedan aguantar. Más bien, cuando llegue la tentación, él les dará también una salida a fin de que puedan resistir." Sería bueno memorizar esta maravillosa promesa.

2 Crónicas 14-16

Mientras lees acerca de Asá, rey de Judá, ¡considera lo que un hombre puede lograr! Efectivamente volvió al pueblo hacia Dios, restableció la adoración adecuada y declaró públicamente su fe en el Señor. Como resultado, el Señor estuvo con él y toda la nación fue bendecida. Veremos este patrón varias veces mientras leemos los relatos de los reyes. La fidelidad de incluso una sola persona puede marcar una gran diferencia.

Aunque Asá comenzó tan bien, luego comprometió su fe al recurrir a poderes seculares para resolver sus problemas militares. Hizo esto a pesar de que previamente Dios lo había bendecido en la batalla (16:1-6; véase 14:9-15). Asá tampoco confió en Dios en su enfermedad (16:12). Esto impulsó al Señor a enviar al profeta Jananí a Asá. Sus palabras a Asá deberían ser un tremendo estímulo para nosotros cuando dudamos de que se pueda confiar en que el Señor nos ayude en un momento de necesidad: "El Señor recorre

con su mirada toda la tierra y está listo para ayudar a quienes le son fieles."
(2 Crónicas 16:9).

Salmo 122

Este Cántico de los peregrinos fue escrito por David y celebra el gozo de ir a
la casa del Señor. También es una oración por la paz de Jerusalén. Estas palabras son igualmente apropiadas para nosotros hoy.

JUNIO 25

1 Corintios 10:14-33

Aunque las prácticas de adoración actuales pueden variar respecto a las del
primer siglo, la verdad central de los versículos 14-22 no ha cambiado. No
permitas que el mundo compita por tus afectos. Como cristianos, es inconsistente participar en la mesa del Señor (el cuerpo y la sangre de Cristo, v. 16)
y tener cualquier asociación con ídolos (sistemas de adoración en competen-
cia, vv. 14, 21). Pablo señala que no es que los ídolos en sí sean otra cosa, sino
que representaban demonios: Los sacrificios de los paganos en la época de
Pablo eran ofrecidos a los demonios (vv. 19-20).

Además, sé sensible en cuanto a tu testimonio en el mundo (vv. 23-33). Si
alguna acción pudiera malinterpretarse, entonces es mejor dejarla (vv. 28-29).
La conclusión es que vivimos para agradar a Dios y sólo a él (v. 31).

2 Crónicas 17-18

Josafat confió en Dios y recibió su bendición. Su corazón era valiente en los
caminos del Señor (17:6). También reconoció la importancia de la Palabra de
Dios y estaba decidido a que todos conocieran las Escrituras. A principios de
su reinado envió líderes talentosos por toda la tierra de Judá para enseñar las
Escrituras en cada ciudad (17:7-9). ¡Qué legado tan increíble!

No debes perderte el relato del profeta Micaías en el capítulo 18. Micaías
fue un hombre de Dios extraordinario, intransigente y valiente cuando se presentó ante dos reyes y entregó fielmente una palabra del Señor que ellos no
querían escuchar. ¡Necesitamos más personas como Micaías!

Micaías también nos da una visión inusual de lo que sucedía en el cielo mientras estos dramáticos acontecimientos se desarrollaban en la tierra (vv. 18-21). Este es realmente un relato extraordinario.

Finalmente, observa cómo respondió el rey Acab al mensaje del Señor entregado por Micaías (vv. 28-34). Micaías le había anunciado a Acab que Dios había determinado que moriría en la batalla. Acab estaba seguro de que podía hacer fracasar la palabra del Señor si iba disfrazado a la batalla. Nota cuidadosamente lo que sucedió. Necesitamos recordar las palabras que Job le dijo a Dios después de haber terminado su larga prueba: "Yo sé bien que tú lo puedes todo, que no es posible frustrar ninguno de tus planes." (Job 42:2). Podemos estar completamente seguros de que cada promesa de Dios se cumplirá porque no hay ninguna persona, ningún poder o circunstancia que pueda jamás frustrar sus propósitos soberanos.

Salmo 123

Este Canto de los peregrinos alaba al Señor "cuyo trono está en el cielo" y le pide misericordia. Nosotros también podemos pedirle a nuestro Dios poderoso y bondadoso que tenga misericordia para ayudarnos en nuestros momentos de necesidad. El escritor de Hebreos lo afirma muy bien. Debido a que Jesús es nuestro gran sumo sacerdote, "… acerquémonos confiadamente al trono de la gracia para recibir la misericordia y encontrar la gracia que nos ayuden oportunamente." (Hebreos 4:16). ¿En qué área de tu vida hoy serías bendecido al tener la misericordia y la gracia del Señor?

JUNIO 26

1 Corintios 11:1-16

La sección hasta el versículo 16 es difícil. Ciertamente fue escrito dentro del contexto de Corinto del Siglo I.

No está claro si el apóstol habla del cabello como un velo para cubrirse la cabeza o si dice que una mujer debe usar algún otro velo sobre su cabeza en la iglesia.

La cuestión de la autoridad en la iglesia se menciona en los versículos 3,

7-10. Sin embargo, no se trata de que un género sea superior a otro, sino que se refiere a las funciones administrativas en la iglesia.

2 Crónicas 19-20

Josafat tomó medidas decisivas para asegurarse de que se hiciera justicia en la tierra (19:4-11). Nota el encargo que dio a los que servían en el campo (vv. 4-7; véase Deuteronomio 1:17).

El capítulo 20 registra una de las victorias militares más sorprendentes de la Biblia. Lo que es aún más impresionante es cómo Josafat llevó al pueblo a confiar en Dios en una situación peligrosa. En su oración, Josafat suplicó al Señor (vv. 6-12). Dios en su gracia le dio un mensaje a Josafat y al pueblo de que creyeran. Imagina la escena en que el ejército marchaba hacia la batalla cantando y alabando al Señor. ¡El rey había confiado en Dios públicamente y Dios había respondido! Mira el resultado en los versículos 29-30.

Salmo 124

Este Canto de los peregrinos es de David y expresa la firme afirmación de que "Nuestra ayuda está en el nombre del Señor, que hizo el cielo y la tierra." (v. 8). Incluso cuando las dificultades nos abruman, podemos consolarnos de que el Señor mismo está de nuestro lado (vv. 1-2). Dios es poderoso, siempre se preocupa por nuestros mejores intereses y podemos confiar plenamente en él para brindarnos la ayuda que necesitamos. ¡Qué verdad tan tranquilizadora para meditar hoy!

JUNIO 27

1 Corintios 11:17-34

Había un desorden evidente en la iglesia con respecto a la observancia de la cena del Señor. Algunos en la iglesia vinieron con una comida completa y suficiente vino para intoxicarse, mientras que otros estaban necesitados y vinieron sin nada para comer. Además, no había orden en el servicio: la gente empezaba a comer sin tener en cuenta lo que hacían los demás (v. 21). Pablo usa palabras fuertes para este tipo de práctica en el versículo 22.

Está claro cómo la iglesia debe observar la cena del Señor. Es un recuerdo solemne del cuerpo y la sangre del Señor Jesús, quebrantados en la cruz, entregados por todos los hombres en amor. Debe recordarse de esta manera hasta que Jesús regrese (vv. 23-26). Recordar la muerte de Jesús en el servicio de comunión devuelve a la iglesia a los elementos esenciales de la fe y a nuestra completa dependencia de la gracia de Dios cada vez que se observa.

Paul añade precauciones. Sólo aquellos que están en comunión con el Señor están calificados para participar. No dice que sólo las personas perfectas pueden sentarse a la mesa, porque entonces nadie podría venir. Más bien, quiere separar a los que viven en obediencia a Cristo de los que no son salvos o tienen pecados no confesados en sus vidas. Hay una seria advertencia en los versículos 27-30. Dios puede juzgar a aquellos que participan inapropiadamente en la observancia de la cena del Señor causándoles enfermedades o muerte prematura (v. 30).

1 Reyes 17-18

Durante el malvado reinado de Acab, rey de Israel, Dios envió a Elías para confrontarlo. Su mensaje a Acab no fue bueno para una economía agrícola (17:1): ¡no llovería durante años hasta que Elías diera la orden! Mientras continuaba la sequía, Acab buscó al profeta (18:10).

Dios ordenó a los cuervos, y más tarde a la viuda, que alimentaran a Elías (17:5-16). El profeta resultó ser una bendición en el hogar de la viuda. Seguir los mandamientos de Dios y cuidar a los demás a través de la hospitalidad es una bendición de Dios, como descubrió la viuda. Incluso en su necesidad más extrema, Dios proveyó a través de su confianza.

En el tercer año (18:1), Elías confrontó nuevamente a Acab (vv. 16-18). En ese momento, estaba claro que Elías efectivamente habló por el Señor, ya que no había llovido desde que Acab lo había visto. El encuentro con los profetas paganos fue un poderoso mensaje para el pueblo y para Acab de que el Dios de Elías era el Dios de dioses. Para probar plenamente el poder de Dios, Elías oró y ¡llovió!

Salmo 125

Este maravilloso Canto de los peregrinos es una afirmación de confianza en la poderosa protección de Dios, quien "como el monte Sión: jamás caerá y permanece para siempre." (v. 1). Este es el Dios asombroso, seguro e inmutable en que podemos confiar en cada etapa de la vida. Como muy bien lo expresa el escritor de Hebreos. "nos aferramos a la esperanza que está delante de nosotros." (Hebreos 6:18). ¿Cómo refrescan tu alma hoy estas verdades?

JUNIO 28

1 Corintios 12:1-11

Además del Espíritu Santo que mora en la vida de cada creyente (véase Juan 14:16-17, 26; Efesios 1:13-14), el Señor ha otorgado bondadosamente al menos un *don* del Espíritu Santo a cada uno (v.7). Pablo identifica dieciocho dones específicos del Espíritu Santo. Si bien los *dones* del Espíritu Santo pueden complementar las habilidades naturales, no obstante, son un don especial de Dios para su gloria y la edificación de la iglesia. Si cada creyente ejercita su(s) don(es) espiritual(es) según lo previsto, la iglesia llevará a cabo su misión de manera efectiva.

Es importante que distingamos entre los *dones* del Espíritu Santo y el *fruto* del Espíritu Santo (véase Gálatas 5:22-25). Si bien cada creyente puede tener un solo *don* del Espíritu Santo, todos deben crecer en el *fruto* del Espíritu Santo, demostrando la obra misericordiosa de Dios en sus corazones.

Algunos de los dones del Espíritu Santo son cualidades que deben estar presentes en la vida de cada creyente. Cada uno de nosotros tiene fe, está llamado a ser misericordioso, generoso y servicial, a servir y animar a los demás. Aquellos que tengan estas cualidades como dones espirituales las manifestarán en un grado superior.

Aquí se enumeran los dieciocho dones espirituales identificados por el apóstol Pablo. Los primeros trece se encuentran en este capítulo y los últimos cinco se encuentran en Romanos 12:6-8. Son *Sabiduría*: evaluar una situación y discernir el curso de acción correcto; *Conocimiento*: comprensión especial de las verdades de la Biblia; *Fe*: fe inusual en el poder y las promesas de Dios; *Curación*: habilidad inusual para sanar y restaurar a otros, incluso a través de la medicina o directamente por el Espíritu Santo; *Milagros*: la exhibición de actos inusuales de Dios; *Profecía*: hablar el mensaje de la Biblia a otros; *Discernimiento*:

capacidad de discernir la verdad del error; *Lenguas*: la capacidad de hablar en lenguas humanas no aprendidas pero conocidas, y también puede referirse a lenguas celestiales; *Interpretación de Lenguas*: comprensión e interpretación de una lengua desconocida; *Apostolado*: aquellos que habían estado con Jesús y fueron especialmente elegidos por él para este papel; *Enseñanza*: explicar eficazmente la verdad de la Biblia; *Ayudar*: ayudar a los miembros del cuerpo para que puedan ser libres de ministrar a otros; *Administración*: realizar eficientemente la labor administrativa del ministerio; *Servir*: identificar lo que hay que hacer y movilizar los recursos disponibles para satisfacer esas necesidades; *Exhortación*: brindar sabio estímulo e instar; *Generosidad*: brindar un apoyo inusual a la obra de Dios; *Liderazgo*: asumir la responsabilidad del liderazgo de la iglesia, incluso en las funciones de ancianos y diáconos; *Misericordia*: reconocer a los necesitados y ofrecer especial compasión, aliento y consuelo.

1 Reyes 19-20

Mientras lees el capítulo 19, sigue las emociones de Elías. Acababa de ver el poder de Dios demostrado de manera milagrosa, pero se desanimó por completo cuando la esposa del rey, Jezabel, amenazó su vida (v. 2). Su reacción parece desproporcionada con la amenaza, como vemos a partir del versículo 3. Elías había pasado por un momento muy difícil, y tal vez en ese momento creía que las cosas debían encajar y que la justicia reinaría. Hoy podríamos identificar el estado de Elías como agotamiento. ¿Cómo sostuvo y animó Dios a Elías durante este tiempo?

Cuando Acab, rey de Israel, se enfrentó a los ejércitos de Aram, Dios se le apareció con un mensaje de gracia. A pesar del pecado que Acab había traído a Israel, Dios prometió la victoria (20:13). Posteriormente, Dios dio grandes victorias dos veces. Una palabra de juicio vino a Acab porque no había seguido completamente la voluntad del Señor (vv. 41- 43).

Salmo 126

Este Cántico de los peregrinos celebra las grandes cosas que el Señor ha hecho por su pueblo: "Sí, el Señor ha hecho grandes cosas por nosotros y eso nos llena de alegría." (v. 3). El Señor se deleita cuando nos contamos sus muchas bendiciones. ¿Qué ha hecho el Señor hoy por ti por lo que lo alabarías?

JUNIO 29

1 Corintios 12:12-31

Esta sección contiene una explicación vívidamente descriptiva de cómo funciona la iglesia. Pablo usa el cuerpo humano para expresar su punto. Cada parte del cuerpo tiene una función. Algunos de los órganos más importantes del cuerpo son diminutos, invisibles y desconocidos para la persona, pero aun así ejercen una enorme influencia en el delicado equilibrio de la fisiología del cuerpo. El punto crítico es que, sin la función de cada órgano, el cuerpo no puede hacer todo lo que debería. La aplicación a la iglesia, tanto local como universal, es obvia. El modelo de un edificio se utiliza para resaltar el mismo punto en Efesios 2:19-22 y 1 Pedro 2:4-6.

La clara responsabilidad de cada cristiano es comprender los dones que Dios ha dado y utilizarlos para que la obra de Cristo sea completa y equilibrada. Cuando todos trabajamos juntos como Dios ha diseñado la iglesia, todo el cuerpo funcionará para completar la obra del reino en el tiempo de Dios.

1 Reyes 21-22

La injusticia que sufrió Nabot en este relato fue horrible. Lo importante a recordar es que al final Dios ajustará cuentas. Fue en este contexto que Elías nuevamente tuvo que enfrentarse a Acab. Ten presente el mensaje, ya que veremos cómo Dios cumplió la profecía.

Josafat, rey de Judá, adoró al Señor y guio a la nación en la dirección correcta. Cuando visitó a Acab, que estaba relacionado con él por matrimonio, surgió la cuestión de una empresa militar conjunta contra Aram (capítulo 22). En esta conversación, Micaías, un verdadero profeta del Señor fue llamado a dar consejos del Señor. En el versículo 11, observa el mito que el falso profeta dio a los reyes y contrasta la verdad que Micaías trajo de parte del Señor (vv. 17-23).

Salmo 127

Este Canto de los peregrinos reconoce que, sin la bendición y el favor del Señor, nuestro trabajo y esfuerzos son, en última instancia, en vano. Moisés también expresó esta verdad en el Salmo 90: "Que el favor del Señor nuestro Dios esté sobre nosotros. Confirma en nosotros la obra de nuestras manos; sí, confirma la obra de nuestras manos." (Salmo 90:17)! ¿Hay algún área de tu vida o trabajo hoy en que buscarías la bendición y el favor de Dios?

JUNIO 30

1 Corintios 13

Entre la discusión sobre los dones en los capítulos 12 y 14 se encuentra este hermoso capítulo del amor. Pablo se refiere a cómo usamos los dones que se nos han confiado. Si los dones no se usan en el contexto del amor de Dios y nuestro amor por los demás, serán inútiles (vv. 1-3).

Si tuviéramos que resumir la definición de amor aquí en una frase, podría ser así: Desear lo mejor para la otra persona en cada circunstancia. Ten en cuenta que no es principalmente un sentimiento, sino que abarca actitud y acción. Nuestras definiciones a menudo identifican el amor con una respuesta y un sentimiento emocional. Si esto no está presente, tendemos a pensar que el amor no es real. Los matrimonios se rompen en este banco de rocas. El verdadero amor se mide en acción y, por lo general, el sentimiento sigue. Esta definición bíblica del amor hace posible que cada cristiano ame por actitud y acción. Ese es un testimonio poderoso de la validez de la obra de Cristo.

Pablo hace una declaración interesante en el versículo 13: Mayor es el amor que la fe o la esperanza. De hecho, el amor seguirá presente durante la eternidad después de que la fe se realice plenamente y la esperanza se cumpla por completo.

2 Reyes 1-2

Una vez más Elías siguió el mandato del Señor al llevar un mensaje no deseado a un rey desobediente. Lo hizo fielmente y sus palabras se hicieron realidad.

Dos hombres registrados en la Biblia fueron llevados al cielo sin morir: Enoc (Génesis 5:18-24) y Elías. Eliseo sabía que el tiempo en que Elías dejaría la tierra estaba cerca. La bendición y el poder de Dios fueron conferidos a Eliseo cuando Elías fue elevado, y esto se confirmó rápidamente (2:13-14).

Salmo 128

Este Canto de los peregrinos es una afirmación gozosa de la abundante bendición de Dios sobre todos los que viven según sus caminos. ¡Cuán bendecidos somos de tener un Dios que se deleita en bendecir a su pueblo (véase Números 6:22-27)!

JULIO

HORARIO Y NOTAS DE LECTURA DE LA BIBLIA

En mi corazón atesoro tus dichos
para no pecar contra ti.

SALMO 119:11

JULIO

1	☐ 1 Corintios 14:1-25	☐ 2 Reyes 3-4	☐ Salmo 129
2	☐ 1 Corintios 14:26-40	☐ 2 Reyes 5-6	☐ Salmo 130
3	☐ 1 Corintios 15:1-34	☐ 2 Reyes 7-8	☐ Salmo 131
4	☐ 1 Corintios 15:35-58	☐ 2 Reyes 9-10	☐ Salmo 132
5	☐ 1 Corintios 16	☐ 2 Crónicas 21-22	☐ Salmo 133
6	☐ 2 Corintios 1	☐ 2 Reyes 11-12	☐ Salmo 134
7	☐ 2 Corintios 2	☐ 2 Crónicas 23-24	☐ Salmo 135
8	☐ 2 Corintios 3	☐ 2 Reyes 13-14	☐ Salmo 136
9	☐ 2 Corintios 4	☐ Oseas 1-3	☐ Salmo 137
10	☐ 2 Corintios 5:1-10	☐ Oseas 4-5	☐ Salmo 138
11	☐ 2 Corintios 5:11- 6:2	☐ Oseas 6-7	☐ Salmo 139
12	☐ 2 Corintios 6:3-18	☐ Oseas 8-10	☐ Salmo 140
13	☐ 2 Corintios 7	☐ Oseas 11-12	☐ Salmo 141
14	☐ 2 Corintios 8	☐ Oseas 13-14	☐ Salmo 142
15	☐ 2 Corintios 9	2 Crónicas 25	☐ Salmo 143
16	☐ 2 Corintios 10	☐ Joel 1	☐ Salmo 144
17	☐ 2 Corintios 11:1-15	☐ Joel 2	☐ Salmo 145
18	☐ 2 Corintios 11:16-33	☐ Joel 3	☐ Salmo 146
19	☐ 2 Corintios 12:1-10	☐ Jonás 1-2	☐ Salmo 147
20	☐ 2 Corintios 12:11-21	☐ Jonás 3-4	☐ Salmo 148
21	☐ 2 Corintios 13	☐ Amós 1-2	☐ Salmo 149
22	☐ Mateo 1:1-17	☐ Amós 3-4	☐ Salmo 150
23	☐ Mateo 1:18-25	☐ Amós 5	☐ Eclesiastés 1
24	☐ Mateo 2:1-12	☐ Amós 6	☐ Eclesiastés 2
25	☐ Mateo 2:13-23	☐ Amós 7-8	☐ Eclesiastés 3
26	☐ Mateo 3	☐ Amós 9	☐ Eclesiastés 4
27	☐ Mateo 4:1-11	☐ Miqueas 1-2	☐ Eclesiastés 5
28	☐ Mateo 4:12-25	☐ Miqueas 3	☐ Eclesiastés 6
29	☐ Mateo 5:1-12	☐ Miqueas 4	☐ Eclesiastés 7
30	☐ Mateo 5:13-32	☐ Miqueas 5-6	☐ Eclesiastés 8
31	☐ Mateo 5:33-48	☐ Miqueas 7	☐ Eclesiastés 9

JULIO 1

1 Corintios 14:1-25

Siguiendo lo que a menudo se denomina el *Capítulo del Amor*, Pablo nos insta a seguir el camino del amor, que es la preocupación por la otra persona. La profecía es hablar de la verdad y no se limita a predecir acontecimientos. Lenguas puede referirse a lenguas extranjeras no aprendidas pero reales (como fue el caso en Pentecostés) o a un habla que no es una lengua conocida pero que es dada por el Espíritu Santo para la oración y la adoración (vv. 16-17).

En la primera sección de este capítulo (vv. 1-25), Pablo instó a la iglesia a dar prioridad a la profecía, que fortalecerá, animará, consolará y edificará a la iglesia (v. 4). Es interesante que en los versículos 14, 15 y 16 Pablo identificó las lenguas como una función del espíritu del hablante y no necesariamente del Espíritu Santo. La cita del Antiguo Testamento en el versículo 21 habla de lenguas conocidas utilizadas por pueblos extranjeros.

Pablo resumió la sección en los versículos 22-25. Las lenguas pueden ser una señal para los incrédulos (como en Hechos 2), pero no para los creyentes, que ya tienen el Espíritu Santo. Por otro lado, si varios están hablando en lenguas extrañas cuando llega un incrédulo, la escena caótica lo llevará a concluir que el pueblo está desequilibrado (v. 23). Sin embargo, a través de la profecía (explicación del mensaje de Dios), el incrédulo será convencido de pecado y vendrá a Dios en arrepentimiento (vv. 24-25).

La idea central de esta sección es centrarse en el don de profecía en una asamblea colectiva para ayudar a los creyentes a desarrollar su comprensión de la verdad. Pablo quiere que presentemos esa verdad claramente. Reconoció la validez de las lenguas, pero advirtió sobre su uso público.

2 Reyes 3-4

Dios actuó nuevamente a favor de su pueblo, específicamente debido a la presencia de Josafat con el rey de Israel (3:14). Los métodos de Dios no siempre son los que esperamos, pero el resultado fue una victoria resonante para Israel (vv. 17-27).

La acción de Eliseo a favor del hijo de la mujer sunamita (4:8-37) es similar a la de Elías en 1 Reyes 17. En cada caso, Dios honró la oración del profeta, dándole vida nuevamente al niño.

Sigue los otros eventos milagrosos que rodearon a Eliseo en este capítulo. Este era un tiempo en Israel cuando el rey y la administración civil eran malos, pero Dios levantaba un grupo de profetas que le servían. Eliseo fue el más conocido y destacado de los profetas, y Dios lo usó de maneras inusuales. Quizás los milagros validaron su ministerio ante una población incrédula.

Salmo 129

Los israelitas habían experimentado períodos de aflicción implacable a manos de sus enemigos y captores. Este Canto de los peregrinos recuerda esas aflicciones y la liberación final de Dios: "Pero el SEÑOR, que es justo, me libró de las ataduras de los malvados." (v. 4). Podemos consolarnos de que el Señor seguramente traerá liberación y juicio justo en su tiempo.

JULIO 2

1 Corintios 14:26-40

Pablo fue bastante extenso en sus directrices para asegurar el orden en los cultos de la iglesia.

Sus comentarios sobre el lugar de las mujeres en las reuniones públicas de la iglesia son difíciles de escuchar en el clima actual de igualdad. Deberíamos dar fácilmente todas las oportunidades de ministerio a aquellos que sean capaces, pero tales decisiones deben sopesarse cuidadosamente a la luz del texto bíblico. El versículo 34 parece definitivo. Quizás la cuestión sea de autoridad, como se afirma en 1 Timoteo 2:11-12. De ser así, esto no requeriría un silencio absoluto por parte de las mujeres en la iglesia, sino sumisión a la autoridad de los ancianos de la congregación local.

2 Reyes 5-6

En el capítulo 5 encontramos un relato notable de la verdad de Dios llegando a un general del ejército pagano. Es aún más notable porque la presentación de Naamán a Eliseo y al poder de Dios se produjo a través de una esclava anónima que había sido tomada cautiva de su familia en Israel. El Señor usa personas disponibles sin importar su edad o estatus.

En los versículos 15 y 17-18, Naamán confesó su fe en el Dios vivo. Nota el carácter de Eliseo en el versículo 16. Eliseo no tenía ningún interés en obtener ganancias personales a través del contacto con este hombre rico. Compara esto con Guiezi, quien comprometió su vida y su ministerio por deshonestidad tanto con Naamán como con Eliseo. Como resultado, sufrió el juicio de Dios (vv. 19-27).

En 6:8-23, observa especialmente los versículos 16-17. Aquí estaba el hombre de Dios con verdadera fe en el Dios vivo y sus recursos para la situación. Qué cosa tan maravillosa es ver los caballos y los carros de fuego de Dios protegiendo a Eliseo y su siervo (véase 2:11-12). A medida que avanzaba esta confrontación, ¡nótate la caridad y misericordia de Eliseo hacia el ejército hostil! Cuando Eliseo condujo al ejército ciego directamente a Samaria, donde Israel podría haberlos matado, le ordenó al rey de Israel que, en cambio, alimentara al ejército (vv. 22-23). El resultado fue que los ataques a Israel cesaron, al menos temporalmente (v. 23b).

Salmo 130

Este Canto de los peregrinos es una ferviente oración de arrepentimiento y es una que todos necesitamos. Los versículos 3 y 4 reconocen tanto la realidad de nuestro pecado como la poderosa seguridad del perdón de Dios. ¡Cuán bendecidos somos de tener un Dios amoroso y compasivo que se deleita en perdonar los pecados! Con la seguridad del perdón, el salmista decide esperar pacientemente en el Señor: "Espero al SEÑOR, lo espero con toda el alma; en su palabra he puesto mi esperanza." (v. 5). Tómate el tiempo para meditar lentamente en este maravilloso salmo y luego vuelve a él con frecuencia.

JULIO 3

1 Corintios 15:1-34

Este capítulo ofrece la discusión más razonada y completa sobre la resurrección en toda la Biblia. El capítulo se divide en tres partes seguidas de una conclusión. La evidencia histórica de la resurrección se encuentra en los versículos 1-11, la explicación sobre por qué la resurrección corporal es una parte esencial de nuestra fe en los versículos 12-34, y la naturaleza del cuerpo resucitado (que consideraremos en la lectura de mañana) en los versículos 35-55. Aunque la sección es larga, esta verdad fundamental en el marco de nuestra fe merece nuestra cuidadosa atención.

Considera la evidencia de los testigos oculares sobre la resurrección (vv. 3-8). La afirmación de que más de quinientas personas vieron al Salvador resucitado al mismo tiempo es asombrosa. Recuerda que esto fue escrito mientras muchos de los que vieron a Cristo después de la resurrección aún estaban vivos y, por lo tanto, lo que Pablo escribió estaba abierto a verificación (v. 6).

Como cuestión secundaria, un apóstol era alguien que había estado con Cristo. El oficio de apóstol de Pablo descansa, por lo tanto, en la aparición de Jesús en el camino a Damasco (vv. 9-11).

Una preocupación que Pablo abordó en este capítulo es la resurrección de los creyentes. Algunos enseñaban que no había resurrección (v. 12). Sigue el razonamiento de Pablo en los versículos 12-34. Su discusión no sólo es lógica (vv. 12-19) sino también teológica (vv. 20-28). La piedra angular teológica de la discusión es que, sin la resurrección del Señor Jesús, no habrá resurrección para nadie (vv. 12-19).

Cuando Pablo mencionó que algunos se bautizaban por los muertos (v. 29), no estaba justificando esta práctica sino señalando su convicción subyacente: que la resurrección es un hecho.

2 Reyes 7-8

Una ciudad sitiada no era un lugar agradable. Parecía no haber esperanza de liberación. El mensaje de esperanza de Eliseo fue rechazado por el oficial del rey (v. 2); parecía demasiado imposible de aceptar. La liberación de Dios, sin embargo, fue real. ¿Podría ser que lo que oyeron los arameos (v. 6) fueron caballos y carros de fuego (6:16-17)? Al final, toda la ciudad participó de las provisiones de los arameos, excepto el oficial incrédulo del rey.

En 8:1-6, observa cómo Dios protegió los intereses de la mujer que le había dado a Eliseo una habitación para vivir. No fue una mera coincidencia que Guiezi estuviera hablando con el rey en el mismo momento en que ella vino a pedir su tierra.

En 1 Reyes 19:15-16 Dios le dijo a Elías que ungiera a Jazael rey de Aram. El relato de 8:7-15 cuenta cómo se cumplió esto. ¡Qué visión tan angustiosa le dio Dios a Eliseo en ese momento!

Joram, rey de Israel, y Ocozías, rey de Judá, fueron ambos hombres malvados que no guiaron al pueblo en los caminos del Señor (vv. 25-29). Recuerda estos dos, ya que los veremos nuevamente en 2 Reyes 9.

Salmo 131

En este Cántico de los peregrinos, David declara que su alma está tranquila y contenta delante del Señor (v. 2). La verdadera paz proviene de poner nuestra esperanza completa en el Señor (véase Romanos 15:13). David llama a todo Israel a hacerlo: "Israel, pon tu esperanza en el SEÑOR desde ahora y para siempre." (v. 3).

JULIO 4

1 Corintios 15:35-58

Mientras Pablo continúa la discusión sobre la resurrección de Jesús y de todos los creyentes, es obvio que se habían planteado preguntas sobre cómo sería el cuerpo resucitado. La respuesta de Pablo es que será al mismo tiempo igual y diferente de un cuerpo terrenal (vv. 51-52).

Será lo mismo porque nuestros cuerpos reales serán resucitados de la tumba (y cambiados), y nuestras identidades serán las mismas. Así como el mismo cuerpo que Jesús tenía cuando murió resucitó de entre los muertos (Lucas 24:36-43), nosotros también resucitaremos (v. 52). Sin embargo, en la misma semejanza está el milagro de la transformación: seremos transformados (vv. 51-54). El cuerpo natural, que era corruptible, será cambiado en un cuerpo espiritual incorruptible (véase 1 Juan 3:2).

Pablo usa varias analogías para explicar las diferencias entre el cuerpo terrenal y el resucitado. Recuerda que las analogías casi nunca son perfectas; no son explicaciones absolutas, pero nos ayudan a comprender similitudes y diferencias. Como analogía, Pablo usa la semilla plantada (el cuerpo) que muere para producir una nueva planta (vv. 37-38). En otro, señala la carne viva de hombres, animales, pájaros y peces que son semejantes, pero son diferentes. Mira particularmente los versículos 42-44. ¡Qué futuro tan maravilloso esperamos! La bendición es que tendremos el mismo tipo de cuerpo que el Señor resucitado y llevaremos su semejanza (v. 49).

Debido a la realidad y el poder de la resurrección, Pablo termina este notable capítulo implorándonos: "manténganse firmes e inconmovibles, progresando siempre en la obra del Señor, conscientes de que su trabajo en el Señor no es en vano." (V. 58). Independientemente de lo que estemos pasando hoy, Pablo nos recuerda que nuestra vida y trabajo no son en vano. ¡Necesitamos esta perspectiva todos los días!

2 Reyes 9-10

El capítulo 9 nos da los detalles de cómo Jehú se convirtió en rey de Israel, también conocido como el Reino del Norte. Esto cumplió la profecía de 1 Reyes 19:16. Jehú mató tanto a Jorán (rey de Israel) como a Ocozías (rey de Judá), luego fue a la ciudad capital y mató a Jezabel, la viuda de Acab (profetizada por Elías en 1 Reyes 21:23). Además, Jehú mató a todos los descendientes de Acab (véase 1 Reyes 21:21) y a todos los ministros malvados de Baal.

En esta encrucijada de su vida, Jehú tuvo todas las oportunidades de elegir la justicia y tener la bendición de Dios (10:30), pero en cambio guio al pueblo en la maldad (v. 31).

Salmo 132

Este Canto de los peregrinos recuerda tanto las aflicciones de David como su pasión por construir "antes de hallar un lugar para el Señor, una morada para el Poderoso de Jacob." (v. 5). David había hecho grandes provisiones para el templo, pero sería construido durante el reinado de Salomón. Los versículos 8-10 se citan en 2 Crónicas 6:41- 42 como parte de la oración de Salomón en la dedicación del templo. El salmo llama gozosamente al Señor a venir a morar con su pueblo (v. 8). ☑Encontramos la promesa del Mesías en el versículo 11 y la promesa de su reinado en los versículos 17-18. ⇦

JULIO 5

1 Corintios 16

En los primeros versículos (vv. 1- 4), Pablo da pautas para ofrendar al Señor y su obra. Nota que nuestras donaciones deben ser regulares, sistemáticas, sin presiones y proporcionales al ingreso individual (v. 2).

Podemos perder de vista el hecho de que los apóstoles eran personas reales con necesidades y relaciones reales. Lee estas peticiones y saludos personales, que nos demos cuenta de que alguien tan grande como Pablo tenía necesidades e inquietudes diarias. Ten en cuenta que a pesar de la facción que había seguido a Apolos (3:4-9), Pablo instó a Apolos a visitar nuevamente la iglesia (v. 12). En las últimas palabras de la carta, expresó su amor por cada uno de los creyentes en Corinto (v. 24).

2 Crónicas 21-22

Al leer el capítulo 21, observa el matrimonio y la vida impíos de Jorán (vv. 4-7). Dios advirtió al rey (vv. 12-15), y el juicio que Elías había profetizado se hizo realidad (vv. 16-20).

Ocozías, rey de Judá, tenía conexiones familiares en Israel que eran una mala influencia. La madre de Ocozías, Atalía, era nieta de Omrí (22:2) e hija de Acab, ambos reyes malvados de Israel (21:6). Atalía era una de las esposas de Jorán, rey de Judá (22:2). A través de estas conexiones, agentes de Israel (el Reino del Norte) se convierten en asesores del rey Ocozías de Judá (el Reino del Sur) (22:3-4).

Mientras Ocozías visitaba a Jorán, rey de Israel, Jehú (22:7-9) los mató a ambos. Dios había designado a Jehú para tomar la monarquía de Israel (1 Reyes 19:16).

En el vacío que dejó en Judá la muerte del rey Ocozías, su madre, Atalía, tomó el poder, asumiendo que había matado a todos los herederos varones de su hijo. Tenía motivos para temer por su vida con la muerte de su hijo. Los príncipes herederos al trono no eran sus hijos y habrían estado menos abiertos a la influencia de los reyes y consejeros de Israel. Sin embargo, un hijo, Joás, fue preservado gracias a los esfuerzos de la hermana de Ocozías y del sacerdote Joyadá. Observa a Joyadá a medida que se desarrolla el relato y observa su influencia sobre Judá (vv. 10-12).

Salmo 133

En este Canto de los peregrinos, David celebra la bondad del compañerismo y la unidad fraternales. El aceite de la unción de Aarón y el rocío que caía sobre los montes de Sión eran metáforas familiares y agradables. El Señor se deleita cuando su pueblo experimenta la unidad (véase Efesios 4:1-3; Filipenses 2:1-2).

JULIO 6

2 Corintios 1

La vida cristiana es una combinación de dificultades y bendiciones. Los sufrimientos que llegan a nuestras vidas son los de Cristo (v. 5). Pablo relata que en Asia estuvo bajo tal presión que él y sus compañeros desesperaron de la vida misma (vv. 8-9).

Sin embargo, de esta presión surge el consuelo y la ayuda de Dios (v. 4), que conducen al crecimiento y la confianza (vv. 9b-10). Esto nos ayuda a consolar a los demás (vv. 4-6). Este es el diseño de Dios para su pueblo. No vivimos solos sino en la comunidad del pueblo de Dios; es el diseño de Dios que todos estemos relacionados unos con otros. El sufrimiento o el gozo de un creyente está diseñado para ayudar y animar a otros.

Nota el testimonio de Pablo sobre su conducta (v. 12). Su comportamiento es un modelo para nosotros. Mostró santidad, sabiduría piadosa (a diferencia de la sabiduría mundana) y sencillez (vv. 12-14).

2 Reyes 11-12

Repasa las conexiones familiares descritas en las notas del 5 de julio en 2 Crónicas 22. Atalía gobernó Judá durante seis años. Mientras tanto, se preparaba al joven rey Joás para gobernar. Sigue cómo el sacerdote Joyadá jugó un papel decisivo en poner a Joás en el trono (11:4-12).

Cuando Atalía mató a los hijos de Ocozías, pensó que estaba destruyendo el linaje de David y Salomón. Esto habría destruido el linaje ancestral de Jesús a través de José, ¡y Dios no permitió que eso sucediera! Incluso cuando la nación fue llevada cautiva bajo Nabucodonosor, Dios preservó tanto el linaje de Salomón como el de Natán, los hijos de David a través de quienes se registró el linaje terrenal de Jesús. (véase Mateo 1:6; 1 Crónicas 3:10-16; Lucas 3:31-32).

Nota especialmente 12:2. A Joás le fue bien mientras Joyadá estuvo vivo para dirigirlo. Aun así, no eliminó todas las influencias de la adoración pagana (v. 3). Joás comenzó a recolectar dinero para reparar el templo (v. 4), y al final tuvo que presionar a Joyadá para que comenzara las reparaciones (vv. 6-7).

Ve un avance de 2 Crónicas 24:17-22 para ver qué sucedió después de la muerte de Joyadá. Nota la asombrosa influencia para bien que un hombre, Joyadá, tuvo en toda la sociedad.

Salmo 134

Este es el último del grupo especial de salmos llamado Cantos de los peregrinos. Es un llamado a los sacerdotes y levitas del templo a continuar su fiel servicio de alabanza. La canción concluye con una bendición para estos siervos del Señor: "Que desde Sión te bendiga el Señor, que hizo el cielo y la tierra." (v. 3).

JULIO 7

2 Corintios 2

Pablo ahora aborda una de las razones de esta segunda carta. En su carta anterior había hablado directamente a la iglesia acerca de su tolerancia del pecado en la comunidad, ordenando a los miembros que expulsaran de la iglesia al hombre inmoral impenitente (1 Corintios 5). La iglesia hizo esto y el hombre se arrepintió. Ahora, Pablo instruyó: perdónalo y tráelo de regreso a la comunión (vv. 6-8). De lo contrario, el hombre puede desanimarse tanto que Satanás se lo arrebatará nuevamente.

Este es el modelo bíblico para la disciplina redentora. La disciplina debe ejercerse en amor con el objetivo de restaurar al pecador a la comunión de la iglesia. Con el arrepentimiento se debe extender el perdón y restaurar la comunión.

Observa los versículos 14-17. A continuación se ofrece una explicación de cómo se recibe al cristiano que da testimonio: con gusto por quienes reciben el mensaje, pero con desdén y hostilidad por quienes no quieren escuchar. Se hace evidente el profundo abismo entre los que perecen y los que se salvan. Consulta nuevamente 1 Corintios 2:7, 12, 14-15. Aquí está la explicación: la diferencia espiritual que debemos entender. Pertenecemos a una procesión triunfal de los que conocen a Cristo (v. 14). ¡Estamos con aquellos que a través de los tiempos han puesto su fe en el Señor Jesús!

Hay dignidad en compartir las buenas nuevas (v. 17). Al hacerlo, estamos cumpliendo una comisión de Dios mismo (véase Mateo 28:19-20).

2 Crónicas 23-24

Ahora repasamos el reinado de Joás (véase notas de 2 Reyes 11-12, 6 de julio) desde la perspectiva de 2 Crónicas. Después de salvar a Joás de una muerte segura a manos de Atalía (22:10-12), pasaron seis años antes de que el sacerdote Joyadá estuviera listo para coronarlo rey. El plan ideado por Joyadá tuvo éxito y Atalía fue depuesta. Joyadá fue un líder piadoso y valiente que impactó profundamente la vida de Joás y el pueblo. Sin embargo, con su muerte, las influencias del mal rápidamente echaron raíces y el consiguiente asesinato del sacerdote Zacarías llevó a la nación a un nuevo nivel. Como resultado, la mano de Dios fue pesada sobre la tierra. El ejército arameo derrotó al ejército mucho más grande de Judá porque Dios ya no estaba con Joás (v. 24). Compara esto con la victoria de Josafat en 2 Crónicas 20:18-23, cuando Dios dio la victoria porque el rey y el pueblo confiaron en el Señor. Su propio pueblo finalmente asesinó a Joás después de que fue herido en batalla porque había matado al sacerdote Zacarías (v. 25).

Salmo 135

¡Servimos a un Dios incomparablemente grande y maravilloso! Pero existe el peligro de dar por sentado a Dios. Este salmo ayuda a poner las cosas en perspectiva. Es el Señor quien nos bendice. También es el Dios de poder (vv. 6-7), de liberación y de provisión (vv. 8-12). Derribó a los cananeos a causa de su pecado (vv. 10-12; véase Levítico 18:24-25).

Mira los dioses de aquellos que no conocen al Señor (vv. 15-18). Estos dioses son ídolos muertos y adorarlos lleva a la muerte (v. 18). El contraste de estos ídolos con el Dios vivo y verdadero debería hacer que nuestro corazón esté agradecido a nuestro Salvador. Permitamos que el contraste vuelva nuestros corazones en misericordia para llevar el mensaje del Dios verdadero a aquellos que no lo conocen.

JULIO 8

2 Corintios 3

Pablo contrasta el ministerio del antiguo pacto con el del nuevo pacto en los versículos 4-18. En términos técnicos, el pacto de la ley trajo la muerte, ya que hizo evidente la realidad del pecado a través de la ley para todos los que eran lo suficientemente serios como para pensar en ello (v. 6). El nuevo pacto, por medio del Espíritu Santo y la obra redentora de Cristo, trae vida (v. 6). ¡Tenemos el privilegio de llevar este mensaje de vida! Además, Dios, a través de su gracia, nos transforma a su semejanza (v. 18).

Antes de Cristo, bajo el antiguo pacto, ¿cómo se salvaba la gente? Por la fe, aunque Cristo y su obra redentora no habían sido revelados en esa época. Abraham fue salvo por la fe (véase Génesis 15:6; Romanos 4). El antiguo pacto, con sus exigencias imposibles (la ley), fue la revelación de Dios de su carácter y norma, preparando los corazones de todas las personas para recibir la verdadera respuesta en Cristo.

Lo que vino a través del conocimiento de Cristo—la comprensión de una relación con Dios tanto en esta vida como en la eternidad—hizo que Pablo fuera muy audaz (v. 12). La libertad del Espíritu (v. 17) permite la comunión de una nueva manera con el Señor y también libera al pueblo de Dios para reflejar su gloria al mundo que observa (v. 18).

2 Reyes 13-14

El capítulo 13 es el relato de dos reyes de Israel, ninguno de los cuales siguió al Señor. Joacaz buscó al Señor cuando estaba oprimido (v. 4) y Dios bondadosamente le dio alivio, pero su arrepentimiento fue poco entusiasta. De manera similar, su hijo Joás era malo.

Amasías fue un rey de Judá que siguió al Señor, pero desafió neciamente a Israel y fue derrotado (14:11-14). Sufrió la indignidad de regresar a Jerusalén con el victorioso Joás, quien derribó el muro de Jerusalén y se llevó muchos de los tesoros nacionales. Azarías, el hijo de Amasías, también conocido como Uzías, llegó a ser rey (v. 21). Isaías y Oseas comenzaron sus ministerios proféticos durante el reinado de Azarías.

Salmo 136

Este es un salmo escrito para la adoración. El lector público recita la primera mitad del versículo y los adoradores responden con la segunda mitad. Esta práctica era un elemento fuerte en la adoración de los israelitas. El salmo ensalza poderosamente la incomparable grandeza de Dios.

Considera los atributos de Dios: soberanía (vv. 2-3), poder creativo (vv. 4-9), liberación (vv. 10-16), promesa cumplida (vv. 17-22) y compasión (vv. 23-26). ¡Servimos a un Dios tan grande y bondadoso!

JULIO 9

2 Corintios 4

Pablo proporciona varias directivas relacionadas con una presentación piadosa del evangelio. Primero, debemos ser completamente honestos y directos al presentar el evangelio. La verdad de Dios debe presentarse simple y claramente (vv. 1-2). En segundo lugar, debemos ser conscientes del poder de Satanás para cegar a las personas ante la verdad del evangelio (vv. 3-4). La luz de Jesús puede penetrar la ceguera causada por Satanás (vv. 5-6) y Pablo estaba comprometido a predicar con valentía a Jesucristo como Señor (v. 5). En tercer lugar, recuerda que es el poder de Dios que hará efectiva la presentación del evangelio, y no nuestro atractivo, habilidad, sabiduría o métodos personales. Finalmente, la gloria eterna que nos espera hace que nuestras dificultades actuales sean intrascendentes (vv. 16-18).

Oseas 1-3

El profeta Oseas vivió en el Reino del Norte—de Israel—, pero ministró tanto a Israel como al Reino del Sur—de Judá. El profeta Isaías fue contemporáneo de Oseas y fue el principal mensajero de Dios en Judá durante este período. Gran parte de la historia de esta época se encuentra en los libros de Reyes y Crónicas.

Aquí hay una breve reseña de por qué había dos naciones,—Israel y Judá. Bajo el liderazgo de Saúl, David y Salomón, las naciones de Israel y Judá se unieron y fueron conocidas como Israel. Durante el reinado de Roboán, hijo de Salomón, el reino se dividió, quedando nueve tribus como Israel, mientras que Judá y Benjamín se convirtieron en la nación de Judá. A los levitas no se les había asignado tierra y vivían en territorio que pertenecía a ambas naciones.

Las profecías de Oseas fueron dadas durante el reinado de Jeroboán (1:1; 2 Reyes 14:23-29), unos treinta años antes de la derrota final y deportación de los israelitas por Asiria en 722 a.C. Su ministerio en Israel siguió al de Amós por unos años. Es posible que haya vivido para ver la dolorosa destrucción del país por parte de Asiria.

Puede ser útil comentar sobre el matrimonio de Oseas en el capítulo 1 y la posterior reconciliación con su esposa en el capítulo 3. Aunque varias posibilidades podrían explicar esta relación, la más probable es que Gómer no fuera adúltera cuando se casaron, y Oseas 1:2-3 le considera a ella y a su personaje retrospectivamente. Si esto es así, su infidelidad se hizo evidente después de su matrimonio. Dado que Dios había llevado a Oseas a casarse con la mujer, cuando miraba hacia atrás, decía: Dios me dijo que me casara con esta mujer adúltera. El Señor usaría este matrimonio como una lección objetiva para la nación. De la misma manera, observa en 1:4-9 que el Señor nombró a sus tres hijos y también los usó como lecciones objetivas en la profecía de Oseas.

Es en el capítulo 2 donde el matrimonio de Oseas se utiliza como lección objetiva. Israel se había comportado como una esposa adúltera. Élla (Israel) había tomado los regalos que su esposo (Dios) le había dado y los había ofrecido en una relación espiritualmente adúltera a Baal (el dios pagano, v. 8). Nota la gracia de Dios al guiar a la esposa adúltera de regreso a él (vv. 14-23). A pesar de su infidelidad, Dios no había terminado (ni ha terminado) de tratar en gracia a su pueblo. ¡Se acerca el juicio, pero aún hay amor! ☑ El cuadro de renovación en 1:10-11 y 2:14-23 aún no se ha realizado. Compara estos versículos con Ezequiel 36:24 -38, que promete la restauración del pueblo de

Dios de su dispersión entre las naciones, puramente por la gracia de Dios y para sus propósitos soberanos. De hecho, esto se cumplirá sólo con el regreso del Mesías. Nota esta misma promesa en 3:4-5. ¡El "David, su rey" a quien reconocerán será el descendiente de David, el Mesías!

Gómer, la esposa de Oseas, lo había abandonado, y Oseas tomó la iniciativa, por orden de Dios, de volverla a comprar (capítulo 3). Esto tenía un significado simbólico para la nación, ya que prometía que el Señor, por su propia iniciativa, haría que los israelitas volvieran a tener una relación con él. ⇦

Salmo 137

Los judíos exiliados en Babilonia escribieron este salmo. Sufrieron al pensar en Jerusalén ahora destruida, la ciudad que había sido el centro de su identidad y su adoración. "¡Cántennos un cántico de Sión!," exigieron sus captores (v. 3). ¿Cómo, por ejemplo, podrían cantar el Salmo 136, que detalla la liberación del Señor? Sería ridículo para los babilonios. Sin embargo, prometieron no olvidar nunca la ciudad que amaban (vv. 5-6).

JULIO 10

2 Corintios 5:1-10

Esta sección del capítulo 5 ofrece una perspectiva de la vida aquí en la tierra. Lee atentamente lo que Pablo expresa sobre la realidad de lo eterno. Vivimos en una tienda de campaña, una morada temporal, mientras nuestra morada permanente está preparada en el cielo (v. 1). Esta vida palidece en importancia cuando consideramos la realidad de la vida venidera. Pablo nos dio una verdad importante que quita el aguijón de la muerte (vv. 1-5). Dios ha preparado una morada nueva y permanente para cada uno de nosotros para reemplazar la existencia terrenal temporal, que sabemos pasará.

Esto va más allá de la seguridad de que tendremos un lugar donde vivir en el cielo. Pablo es claro en que hay dificultades para el cristiano en esta vida (v. 4; 4:16). La seguridad de la presencia de Dios en el Espíritu Santo (v. 5) da sentido a la vida presente, además de garantizar el futuro.

Esta perspectiva de la naturaleza eterna de nuestra vida y de los valores eternos domina la vida del hijo de Dios. La vida con el Señor es tan real que, aunque no podamos ver el futuro, sabemos que estaremos con él para siempre. El resultado es que los cristianos desean agradar al Señor en todo lo que hacen (vv. 6-9). Finalmente, *compareceremos* ante Dios para que nos evalúe cómo hemos gastado nuestro tiempo y recursos (vv. 9-10). Permite que esta certeza de lo eterno dé forma a tu vida.

Oseas 4-5

El capítulo 4 es una poderosa acusación de pecados específicos y adulterio espiritual. Si bien es difícil de leer, debemos recordar que el propósito de Oseas era llamar al pueblo a regresar al Señor: "¡Vengan, volvámonos al SEÑOR! Él nos ha despedazado, pero nos sanará; nos ha herido, pero nos vendará… Conozcamos al SEÑOR; esforcémonos por conocerlo. Tan cierto como que sale el sol, él habrá de manifestarse; vendrá a nosotros como la lluvia de invierno, como la lluvia de primavera que riega la tierra." (Oseas 6:1, 3). El Dios de misericordia y gracia estaba llamando fervientemente al pueblo a volver a él.

Salmo 138

¿Es de extrañar que David fuera conocido como un hombre conforme al corazón de Dios? La alabanza y la devoción llenaron su corazón (v. 1). Busca las razones que encuentra David para alabar al Señor (vv. 2-3). Dios, aunque santísimo y exaltado, ve a la persona humilde (v. 6). ¡Ésta es una verdad asombrosa!

Nota también el versículo 2b. El Señor ha exaltado sobre todas las cosas su nombre y su Palabra, los cuales son eternos. ¿Por qué su nombre? El nombre del Señor representa su persona y carácter. Recuerda que Jesús comenzó su modelo de oración pidiendo que el nombre de Dios fuera santificado (Mateo 6:9). Por otro lado, la Palabra de Dios es el canal a través del cual entendemos el nombre y el carácter de Dios. En un mundo que tiene poca consideración ni por el nombre de Dios ni por su Palabra, como pueblo suyo debemos estar activamente vigilantes para defender ambos.

JULIO 11

2 Corintios 5:11-6:2

A partir del versículo 11, Pablo establece las bases de nuestra identidad y ministerio cristianos. Porque Cristo murió por nosotros, también hemos muerto (v. 14) y, por tanto, ya no debemos vivir para nosotros mismos, sino para Cristo que murió y resucitó (v. 15). Los que están en Cristo son una nueva creación (v. 17). Esto es completamente una obra de Dios en Cristo (versículos 18, 21). Debido a que hemos sido reconciliados con Dios a través de Cristo, él ahora nos ha confiado este mismo poderoso mensaje de la reconciliación. Somos embajadores de Cristo y Dios hace su llamamiento evangélico a través de nosotros (v. 20).

→ ¡Qué asombroso es que Dios nos use para realizar su obra! El Señor intencionalmente nos ha colocado a cada uno de nosotros aquí para que seamos sus representantes en el mundo. Este es el momento que Dios ha dado para compartir y recibir estas buenas nuevas (6:1-2; Isaías 55:6). Puede que no todos tengamos el don espiritual de la evangelización, pero cada uno de nosotros puede compartir lo que Dios ha hecho por el mundo y por nosotros. Lee esta sección con atención, pensando en este mandato del Señor. ←

Oseas 6-7

Oseas pidió arrepentimiento en 6:1-3. Aunque Israel había sufrido la disciplina del Señor, él bondadosamente prometió curación si el pueblo regresaba a él.

Salmo 139

Este asombroso salmo de David da un poderoso testimonio del perfecto conocimiento de Dios. Dios conoce todas las cosas pasadas, presentes y futuras. Él sabe todas las cosas posibles. Conoce perfectamente nuestro corazón, nuestros pensamientos, cada intención secreta e incluso las palabras que estamos a punto de decir (vv. 1-4). Dios sabe dónde hemos estado y sabe lo que nos espera. No importa adónde vamos, ya sea al lugar más remoto imaginable o incluso a lo más profundo del mar, Dios está allí. La oscuridad o la luz no hacen diferencia: ve ambas por igual y con vívida claridad (vv. 5-12).

Hay aún más. Fue Dios mismo quien cuidadosamente te formó en el útero (v. 13), y "todo estaba ya escrito en tu libro; todos mis días se estaban diseñando, aunque no existía uno solo de ellos." (v. 16). Mucho antes del momento de la concepción, Dios ya conocía cada detalle íntimo de tu vida: la familia en que nacerías, el camino que tomaría tu vida, cómo llegarías a conocerlo, las formas en que él te regalaría intencionalmente cada oportunidad y desafío que enfrentarías, y que en este mismo día estarías leyendo estas palabras.

David responde de tres maneras reveladoras a este perfecto conocimiento de Dios. Primero, David no puede evitar estallar en alabanza espontánea y sincera a un Dios tan maravilloso (vv. 17-18). En segundo lugar, se identifica con el corazón de Dios (vv. 19-22). Finalmente, le ruega a Dios que escudriñe su corazón y le muestre qué pensamientos y caminos le desagradan (vv. 23-24). ¡Que hagamos lo mismo!

JULIO 12

2 Corintios 6:3-18

Pablo continúa con el tema de los capítulos anteriores en los versículos 3-13. Los corintios no aceptaron a Pablo como deberían haberlo hecho, probablemente debido a la humildad de Pablo. Como se mencionó anteriormente, los docentes eran respetados, al menos en parte, por sus honorarios. Los profesores distinguidos cobraban mucho. Pero Pablo se negó a aceptar dinero para su ministerio, especialmente cuando llevó el evangelio a una zona por primera vez. Lo consideraba un ministerio espiritual, diferente al de los maestros seculares, distinción que muchos de sus oyentes no entendían. Su firme política era hacer que el evangelio fuera predicado gratuito para quienes quisieran escucharlo.

Pero si Pablo no cobraba por enseñar y predicar, sí tenía otras credenciales más impresionantes (vv. 3-10): el sacrificio y las dificultades que soportó por causa del evangelio y un ministerio de amor, honestidad y poder. Estas marcas del verdadero siervo de Dios son un ejemplo para nosotros. Observa cómo Pablo demostró sus credenciales. Luego observa particularmente el versículo 7. El poder de Dios y las armas de justicia acompañaron estas credenciales (véase 2 Corintios 10:3-5).

Como veremos en el capítulo 7, Pablo continuó hablando de su relación con la iglesia. Los versículos 14-18 también deben verse en el contexto de esta discusión. Pablo pone en duda la naturaleza espiritual de los maestros que cobraban por su predicación. Incluso los llama falsos apóstoles en 11:13. Su mensaje es que la iglesia no debe aceptarlos. A menudo usamos estos versículos como razón para no contraer matrimonio o cerrar relaciones comerciales con incrédulos, y esto también es legítimo. Aun así, no debemos olvidar su significado principal.

Finalmente, observa cómo Pablo usa el principio del Antiguo Testamento de la separación del pueblo de Dios de las naciones paganas y lo aplica a la comunidad cristiana. ¡Somos diferentes! Tenemos una visión diferente de la vida (5:15) y de las personas que nos rodean (5:16-17). Tenemos una visión diferente del trabajo para Cristo (vv. 4-10). Esto debería traducirse en una comunidad que sea obviamente diferente: una comunidad redentora en un mundo quebrantado. La motivación adicional para esta diferencia se ve en 7:1 cuando Pablo concluye esta sección.

Oseas 8-10

Estos capítulos continúan relatando la necesidad del pueblo de regresar al Señor. Nota estas palabras de invitación en el capítulo 10: "¡Siembren para ustedes justicia! ¡Cosechen el fruto del amor inagotable y abran surcos en terrenos no labrados! ¡Ya es tiempo de buscar al SEÑOR!, hasta que él venga y les envíe lluvias de justicia." (v. 12). Estas palabras pronunciadas por Oseas son igualmente relevantes para nosotros hoy. Dios está listo para bendecir a todos los que lo buscan.

Salmo 140

Este salmo de David es una ferviente oración de protección. David estaba rodeado de hombres violentos (vv. 1-2), engañosos (v. 3) y otros con planes malvados (v. 5). Si bien nuestro contexto puede diferir del de David, el mundo que nos rodea también refleja la agenda de Satanás y necesitamos constantemente la protección del Señor. Observa que las súplicas de protección de David están arraigadas en la fuerza del carácter y las promesas de Dios (vv. 6-7, 12). El Señor se deleita cuando recordamos quién es él y lo que ha prometido.

JULIO 13

2 Corintios 7

Al leer los versículos 2-7, observa nuevamente el testimonio de Pablo al detallar su ministerio en Corinto. En el versículo 2 observa cómo pudo decir sin reservas que su obra e influencia entre ellos solo había sido para bien. Nota las emociones de Pablo en los versículos 5-7. Tenía miedo cuando se enfrentaba al peligro. Es significativo que el Señor envió consuelo a través de Tito, un hermano menor en el Señor.

Pablo nuevamente nota el dolor que sentían los corintios por el pecado en la iglesia (v. 8). Un principio importante se desprende de esto en el versículo 10. La iglesia experimentó tristeza según Dios. Esto se contrasta con la tristeza mundana, que trae muerte en lugar de salvación. La tristeza según Dios viene porque entendemos que hemos entristecido a Dios y acompaña al arrepentimiento. La tristeza mundana viene cuando nuestro pecado queda al descubierto y tiene poco que ver con el arrepentimiento. Dios ve la diferencia.

Oseas 11-12

Nota que Dios llamó a su Hijo desde Egipto (v. 1). ☑ Esto se refiere a los israelitas y cómo el Señor los libró de la esclavitud. Sin embargo, en Mateo 2:15 esto también se refiere al Señor Jesús en su infancia. Debido a la amenaza de Herodes, el Señor ordenó a José que llevara a María y al niño a Egipto. El Señor los trajo de regreso en su propio tiempo. ⇦La buena mano de Dios trajo bendición a Israel (11:1-4), pero la rechazaron (vv. 2, 3b). Como resultado, vendría la disciplina divina (vv. 5-6). ☑Pero no sería una destrucción final. Dios todavía tenía (y tiene) un corazón por su pueblo (vv. 8-11) y los traería de regreso a la tierra después de su dispersión entre las naciones (vv. 10-11; véase 9:17). Compara esto con Amós 9:11-15. ⇦

Salmo 141

En este salmo, David se encuentra rodeado de maldad (vv. 9-10). En respuesta, deliberadamente vuelve sus ojos al Señor y busca refugio en él (v. 8). Ten en cuenta cada una de sus peticiones de oración mientras busca pasar con seguridad este momento difícil.

JULIO 14

2 Corintios 8

Los capítulos 8 y 9 abordan el tema de las donaciones financieras. Aunque Pablo no pidió que la iglesia le donara personalmente, dejó claro que tenían la responsabilidad de dar para la obra del Señor y compartir con sus compañeros creyentes necesitados. En este caso era la gente de la iglesia en Jerusalén que estaba necesitada, habiendo sufrido persecución.

Para animar a la iglesia a dar generosamente, Pablo usó dos ilustraciones. Les recordó el entusiasmo de las iglesias en Macedonia (Filipos, Tesalónica, Berea), al norte de Corinto, por compartir con los necesitados (vv. 1-5). También les recordó al Señor Jesús, quien se entregó por ellos (y por todos nosotros, v. 9).

El principio que Pablo establece aquí es que cuando una parte de la iglesia está en apuros, como lo estaba Jerusalén en este caso, otra parte de la iglesia debe enviar ayuda. Pablo también usó la ilustración del maná para los israelitas; cada uno que recogió maná tuvo suficiente porque Dios proveyó (v. 15).

Oseas 13-14

☑ En Oseas 13:14 encontramos una vez más una nota de gracia. ¡Dios rescatará a su pueblo de la tumba y los redimirá de la muerte! Estas palabras de promesa *esperan* con ansias la venida del Salvador. *Al recordar* la obra redentora de Cristo, Pablo cita este versículo en 1 Corintios 15:55 como una nota de alabanza para explicar nuestra victoria en la muerte y resurrección de Cristo, y nuestra esperanza segura en un cuerpo resucitado que es imperecedero. ⇦

Al cerrar Oseas (14:1-3), el profeta ruega a la nación que regrese a Dios: "Vuélvete, Israel, al Señor tu Dios. ¡Tu maldad te ha hecho caer! Piensen bien lo que dirán y vuélvanse al Señor" (vv. 1-2). Estas palabras captan bien el propósito final del ministerio profético de Oseas.

☑ La amable y hermosa oferta de curación del Señor que se encuentra en los versículos 4-8 es una promesa de una restauración aún por venir. ⇦

Salmo 142

Este salmo recuerda el período en que David huía de Saúl y se escondía en cuevas. Qué bendición tener la confianza de que el Señor conocía sus circunstancias (v. 3).

El salmo expresa el clamor del corazón de David a Dios durante este peligro. En la confusión de la época, observa con qué claridad David ve a Dios (vv. 3a, 5) como quien podría liberarlo de su abrumadora sensación de impotencia (v. 7).

JULIO 15

2 Corintios 9

En los versículos 1-5, Pablo completó los arreglos para recolectar donativos para los necesitados en Jerusalén.

Un principio notable de dar se encuentra en el versículo 6. ¡Dios bendice a quienes dan para que, como pueblo de Dios, podamos dar aún más! Pero si somos reacios o no estamos dispuestos a dar, Dios asegura que la cosecha también será escasa.

Piensa detenidamente en el mensaje de los versículos 7-11. Si somos generosos, Dios puede satisfacer cada necesidad que tengamos y lo hará. Además, a los generosos les llegará algo mucho más significativo que la provisión financiera: la cosecha de justicia (v. 10). El texto no dice que al dar cosecharemos recompensas financieras, sino que nuestras necesidades serán satisfechas y la bendición de Dios será nuestra.

2 Crónicas 25

Amasías comenzó bien, pero observa en el versículo 2 que su devoción al Señor no fue incondicional; tenía una puerta abierta para llegar a un acuerdo.

Parte de su falta de confianza en Dios fue evidente en su decisión de contratar israelitas para aumentar su propio ejército cuando se enfrentó a Edom en la batalla (v. 6). El Señor bondadosamente trajo a un profeta para desafiar esta decisión, y hay que reconocer que Amasías dio marcha atrás a pesar del dinero que había pagado por los mercenarios (vv. 7-10). Desafortunadamente, Amasías terminó mal porque recurrió a la adoración pagana después de derrotar a Edom (vv. 14-15). Dios lo derribó cuando desafió a Israel en batalla y fue derrotado. Fue asesinado y su hijo Uzías, también conocido como Azarías, comenzó su reinado.

Podemos aprender una lección importante de Amasías. Aunque comenzó bien, su devoción al Señor no fue incondicional y, como resultado, terminó mal. Seamos personas comprometidas cada día en seguir al Señor con todo nuestro corazón.

Salmo 143

David siguió firmemente a Dios. Anhelaba al Señor en lo más profundo de su corazón (v. 6). Naturalmente, en los problemas, recurría a Dios.

Observa la confianza que David puso en su oración por liberación. Se acordó de todo lo que el Señor había hecho en el pasado (v. 5). Sólo sobre esa base, podía esperar que Dios actuara. Sin embargo, hay más. El amor inagotable de Dios es un hecho (v. 8). La justicia de Dios es un hecho (v. 1). La misericordia de Dios es también parte del carácter mismo de Dios. Debido a estas verdades fundamentales del carácter de Dios, David oró con confianza total (v. 2). ¡Nosotros también podemos!

JULIO 16

2 Corintios 10

En los capítulos 10 y 11 Pablo nuevamente defendió la legitimidad de su ministerio como apóstol. Colocó el argumento directamente en el ámbito espiritual al que pertenece: primero, por el ejemplo de Cristo en mansedumbre y gentileza (que Pablo demostró, y por el cual fue criticado, v. 1), y luego por el recordatorio de que la batalla es diferente para el cristiano (vv. 3-5).

El cristiano tiene un libro de reglas completamente diferente al del mundo cuando se trata de conflictos. Estos son versículos que todo cristiano serio haría bien en memorizar y repasar periódicamente.

Sigue el razonamiento de Pablo a lo largo del capítulo y luego piensa en su conclusión en los versículos 17-18. Pregúntate quién es tu audiencia principal cada día: ¿el Señor Jesús o el mundo que te rodea?

Joel 1

El mensaje del profeta Joel fue dirigido a Judá y se cree que fue escrito alrededor del 835 a.C., probablemente en la época del reinado de Joás y sus reformas (2 Reyes 12; 2 Crónicas 24). El tema del libro es el juicio de Dios sobre Judá y las naciones, pero también hay claramente un mensaje de la compasión y misericordia de Dios.

Una frase clave y recurrente en el libro es *el día del Señor*, que es el día en que Dios llama al mundo entero a rendir cuentas por el pecado. En Joel, hay un significado inmediato de juicio por el pecado de Judá, pero también hay una aplicación obvia más adelante en el libro al juicio final de Dios sobre las naciones y el mundo entero. Finalmente, está la promesa de que Dios restaurará a su pueblo y habitará con ellos, trayendo gran bendición a la tierra de Israel y al pueblo de la promesa.

El capítulo 1 incluye la profecía del juicio y una ferviente súplica de arrepentimiento (vv. 13-14), evidenciada por la humilde oración y el ayuno.

Salmo 144

El salmo comienza exaltando la grandeza de Dios y contrastándola con la naturaleza transitoria del hombre (vv. 1-4). Esta es la cruda verdad. Nos gusta pensar que nuestra vida aquí en la tierra durará para siempre. ¡No así! En el esquema eterno, nuestras vidas aquí son como vapor (v. 4; véase Santiago 4:14).

☑ Compara los versículos 5-8 con Zacarías 14. Aunque David pensaba en su propia necesidad de liberación, la imagen que trae a la mente sugiere el regreso del Señor. De hecho, cuando regrese, Dios tocará las montañas y dispersará a sus enemigos, trayendo bendiciones a su pueblo. Cuenta y nombra estas bendiciones en el resto del Salmo 144. ⇔

JULIO 17

2 Corintios 11:1-15

Pablo tenía una visión específica para la iglesia: debe tener una sola lealtad. Usó el modelo del matrimonio, diciendo que la iglesia debería tener un solo esposo: Cristo (v. 2). Le preocupaba que, si la iglesia escuchaba a otros maestros, se alejaría del Señor. Para aclarar este punto, usó a Eva como ejemplo (v. 3). Lo que la serpiente le dijo a Eva sonó atractivo, pero escuchar a Satanás condujo a la muerte. Otros maestros predicaban un mensaje diferente, probablemente distorsionado de manera sutil, del que Pablo les había enseñado (v. 4). Pablo admitió que, aunque quizás no fuera un orador hábil, conocía la verdad (v. 6).

La cuestión que hizo que los corintios descartaran la autoridad docente de Pablo fue, al menos en parte, cultural; Pablo no cobraba por su enseñanza, aunque era costumbre hacerlo. Por principio, Pablo nunca cobró por predicar el evangelio. En cambio, después de que se estableciera una iglesia, esperaba que esa iglesia ayudara a apoyar la obra de extender el evangelio (v. 8). Sin embargo, el resultado fue que al menos algunos en la iglesia de Corinto concluyeron que él no era un gran maestro, porque no cobraba por su ministerio.

Finalmente, Pablo expuso a quienes distorsionaban el mensaje de Cristo como falsos maestros con un mensaje de Satanás (vv. 13-15). El hecho de que los profesores parecieran competentes y el mensaje pareciera válido no significaba que lo fuera. Satanás es lo suficientemente inteligente como para envolver su mensaje con atractivos velos. La pregunta crucial es siempre si lo que se enseña se alinea con lo que Dios dice en las Escrituras.

Joel 2

☑ El día del Señor se menciona en 1:15 y en 2:1-2. Este término se usa a menudo para referirse al juicio de Dios sobre las naciones cuando Cristo regrese. La calamidad descrita en 2:1-9 habla de ese tiempo, al igual que las referencias específicas al temblor de la tierra (v. 10) y los cambios en los cuerpos celestes (v. 10b; véase Mateo 24:29-31). Nota la referencia al Señor a la cabeza de su ejército (v. 11; véase Apocalipsis 19:11-16). ⇦

☑ En 2:28-29 se hace referencia a la venida del Espíritu Santo en el día de Pentecostés, y en ese día Pedro cita estos versículos (véase Hechos 2:14-21). Hablando de la venida del Mesías, el Señor le había prometido a Abraham que "¡por medio de ti serán bendecidas *todas las familias de la tierra!*" (Génesis 12:3). Ahora Joel anuncia que "*todo* el que invoque el nombre del SEÑOR será salvo" (v. 32). Observa también en la profecía de Joel que la primera y la segunda venida de Cristo no están separadas. La venida del Espíritu Santo se menciona junto con los acontecimientos del fin de los tiempos (vv. 30-32; véase Mateo 24:29-31). ⇦

Salmo 145

En este inspirador salmo, David declara: "Te exaltaré, mi Dios y Rey; por siempre bendeciré tu nombre. Todos los días te bendeciré; por siempre y para siempre alabaré tu nombre. Grande es el SEÑOR y digno de toda alabanza; su grandeza es insondable." (vv. 1-3). A medida que se desarrolla el salmo, observa los atributos específicos de Dios que enumera David. ¡Qué Dios tan maravilloso tenemos! Permite que tu alma se refresque hoy mientras te unes a David para ensalzar a nuestro Dios incomparablemente grande.

JULIO 18

2 Corintios 11:16-33

Una de las partes más elocuentes del Nuevo Testamento se encuentra en los versículos 22-29. Además de la persecución que soportó Pablo, considera los versículos 28 y 29. ¿Quién elegiría humanamente ser apóstol? ¡Estas condiciones parecen imposibles! Sin embargo, Pablo no exige condiciones laborales favorables como estipulación del empleo. Más bien, le preocupa la salud y la pureza de la iglesia. Pablo tenía un solo propósito en su devoción a Cristo y su amor por la iglesia. Su sufrimiento contrastaba marcadamente con el de los profesores que intentaban ganarse la vida con su enseñanza.

Gracias a Dios por quienes han puesto las bases para cada uno de nosotros. Dios ha usado personas que hicieron grandes sacrificios para llevar el evangelio a cada generación e idioma. Al leer la Biblia este año, permite que el Espíritu Santo te muestre que cada uno de nosotros comparte esta gran responsabilidad.

Joel 3

☑ Incluso cuando Dios juzgue a las naciones, habrá un futuro para Israel (vv. 1-3). Los versículos 9-14 describen la batalla de Armagedón. Ten en cuenta que el Señor mismo atraerá a las naciones a esta gran batalla cuando él mismo traerá un juicio poderoso sobre el mundo. Compara Joel 2:10-11, 30-31 y 3:15 con Ezequiel 32:7-8; Isaías 13:9-13; y Lucas 21:25-28.

Los tratos de Dios con Israel serán tiernos, como se describe en los versículos 17-18. El pueblo de Dios comprenderá la identidad del Mesías (v. 17). Será un tiempo de bendición (v. 18a). El agua que fluye de la casa del Señor también se menciona en Salmo 46:4; Ezequiel 47; Zacarías 14:8; y Apocalipsis 22:1. ⇦

Salmo 146

¿Dónde depositas tu confianza? Este salmo ofrece buenos consejos y un maravilloso ejemplo. No confíes en las personas. No pueden salvar y morirán junto con sus planes (vv. 3-4). El salmista resolvió confiar en Dios durante toda su vida (v. 2). Tenía motivos para hacerlo. El Señor creó todo lo que vemos y reina para siempre (vv. 6, 10). Además, la justicia y la gracia liberadoras del Señor llegan a todos (vv. 7-9).

Los versículos 7-9 revelan varias cosas que apasionan al Señor. Al reflexionar sobre ellas, ¿qué tan bien se alinean con ellas tus prioridades y las de tu iglesia?

JULIO 19

2 Corintios 12:1-10

Los eruditos bíblicos creen que cuando Pablo habló de la persona que había sido arrebatada al paraíso, estaba hablando de sí mismo (vv. 2- 4). No sabemos cuándo fue, pero la experiencia claramente cambió su vida. ¡Algún día experimentaremos una gloria que el lenguaje actual no puede expresar adecuadamente (véase 1 Corintios 2:9)!

Esa visión, junto con su visión anterior en el camino a Damasco, moldeó profundamente el ministerio de Pablo, su visión de la santidad de Dios y su comprensión de la deslumbrante gloria que aún estaba por venir (véase

Romanos 8:18; 1 Corintios 4:17). ¿Podría Dios haber librado a Pablo del aguijón del que habla (v. 7)? Ciertamente. Pero Dios, en su sabiduría, permitió que esta implacable aflicción continuara para que Pablo pudiera entender mejor la provisión de Dios para él. Ciertamente es legítimo pedirle a Dios que cambie nuestras circunstancias, pero es posible que nuestros deseos no se alineen con los suyos. En esos momentos debemos recordar que el Señor siempre es bueno y que podemos confiar plenamente en él incluso cuando no entendemos sus respuestas o sus caminos (véase Isaías 55:8-9).

Jonás 1-2

Este breve libro narra un relato sorprendente del poder, la soberanía, la compasión y el corazón de Dios por las naciones. Aunque lleva el nombre del profeta Jonás, este escrito trata en realidad de nuestro Dios poderoso, misericordioso e incomparable.

El pueblo de Nínive era despiadado y malvado, sin interés en el Señor ni en sus caminos. Pero nadie está fuera del alcance de la gracia salvadora de Dios, y el corazón del Señor por las personas es mucho más grande de lo que podemos imaginar. Es el deseo del Señor que todos los pecadores sean salvos (véase 1 Timoteo 2:4; 2 Pedro 3:9; Ezequiel 18:23). Jonás conocía lo suficiente la compasión del Señor como para saber que, si predicaba al pueblo malvado e indigno de Nínive y se arrepentían, Dios les mostraría misericordia. No quería que esto sucediera, por lo que decidió evitarlo huyendo en dirección contraria.

Al leer estos dos capítulos, presta mucha atención a cada una de las cosas que hace el Señor. ¿Qué revelan acerca de Dios?

Nota también la oración de Jonás, y especialmente su aguda perspicacia en el versículo 8.

Salmo 147

Concéntrate en el versículo 1. Considera la verdad de que es agradable y apropiado alabar al Señor. ¡Qué bueno es cantar alabanzas a nuestro Dios! Gracias a Dios por la oportunidad que tenemos de reunirnos en alabanza corporativa, usando tanto la palabra como el canto.

Desde el restablecimiento de Israel como nación, los versículos 2 y 3 tienen un significado especial. Incluso durante las guerras posteriores en Tierra Santa, Dios ha protegido a Israel y la nación permanece intacta. Se han reunido en Israel exiliados de todo el mundo.

La verdad contenida en los versículos 10 y 11 es una bendición especial para el pueblo de Dios. ¡La persona que teme a Dios y espera en él es el deleite del Señor! Esto puede incluir a los jóvenes y a los mayores, a los bellos y a los no tan bellos. Puede incluir a personas superdotadas y corrientes. De hecho, esta verdad es la genialidad del mensaje de la Biblia. A los ojos de Dios, todas las personas son increíblemente valiosas y especiales. ¡Él nos ha hecho a su propia imagen! ¡Alabado sea el Señor!

JULIO 20

2 Corintios 12:11-21

Lee el versículo 12. Cuando Pablo llegó a Corinto, tenía evidencia legítima de ser un verdadero apóstol, incluidas señales, prodigios y milagros. Pablo perseveró en su trabajo. La mano de Dios estuvo sobre él en su ministerio a los corintios.

Implícito está el temor de Pablo de descubrir durante su visita que la iglesia, o al menos algunos en la iglesia, se habían desviado de la verdad de Cristo, causando una confrontación dolorosa. También le preocupaba que, aunque llegó a la iglesia con la autoridad de un apóstol, algunos en la iglesia pudieran sentirse decepcionados con él.

Pablo tenía un legítimo orgullo por la obra de Dios entre los corintios. Si algunos hubieran persistido en el camino equivocado, habría sido doloroso y humillante para él (v. 21).

Jonás 3-4

El capítulo 3 muestra el corazón de Dios por las naciones, el poder de la Palabra de Dios y el milagro de vidas cambiadas. Al final del capítulo 3 hemos visto muchas vidas transformadas: el pueblo de Nínive (véase 3:5-9), su rey y los hombres en el barco (véase 1:16). Sólo Jonás permaneció impasible.

Es en el capítulo 4 donde el Señor bondadosamente desafía a su profeta.

¿Puedes identificar los problemas que enfrentaba Jonás? Observa que el libro cierra sin revelar el final de la historia.

Hay muchísimas lecciones profundas que extraer de este relato. Aquí hay varios que no debemos perdernos. Primero, el corazón compasivo del Señor se muestra claramente, ya sea por los hombres en el barco, el pueblo malvado e indigno de Nínive o su profeta descarriado. En segundo lugar, todas las personas, incluidos Jonás, los ninivitas y nosotros mismos, somos completamente indignos de la gracia salvadora de Dios (véase Romanos 3:23; 6:23; Efesios 2:8-9). En tercer lugar, no hay nada que pueda impedir que Dios cumpla sus propósitos soberanos (véase Job 42:2). El Señor había decidido salvar al pueblo de Nínive y la huida de Jonás en dirección opuesta no pudo detenerlo. El Señor siempre cumplirá lo que ha determinado hacer. Cuarto, es inútil tratar de huir de la presencia de Dios. Él siempre sabe dónde estamos, qué hacemos y los pensamientos e intenciones más profundas de nuestro corazón (véase Salmo 139; 2 Crónicas 16:9). Finalmente, hemos visto en este breve texto que el Señor tiene dominio total sobre el viento (1:4; 4:8), las olas (1:4, 11, 13, 15), las criaturas marinas (1:17, 2: 10), plantas (4:6) y gusanos (4:7). Cada uno de ellos escucha y responde a la voz de Dios (véase Mateo 8:27). Haz una pausa para alabar a nuestro maravilloso e incomparable Dios.

Salmo 148

¿Cómo puede la naturaleza alabar al Señor? El salmista invocó a la naturaleza en diversas formas para alabar a Dios. La variedad, las formas y la fuerza de la naturaleza traen alabanza a Dios que las creó (véase Salmo 96:11-12).

El escritor comenzó con los seres celestiales, pasó a la naturaleza inanimada, pasó a los acontecimientos dinámicos de la naturaleza y de allí pasó a los seres vivos. En la cima de los seres vivos, exhorta a todas las personas a alabar a Dios.

JULIO 21

2 Corintios 13

Al terminar esta carta, Pablo dijo que trataría con firmeza a cualquiera que viviera en pecado. Quizás tenía en mente aquellos que habían sido culpables de la impureza y el pecado sexual que mencionó en 12:21, quizás los falsos maestros, o quizás aquellos que cuestionaban la legitimidad de Pablo y su condición de apóstol. Es posible que algunos de los que causaron problemas en realidad no estuvieran en la fe (v. 5). ¿Cómo puede uno ponerse a prueba de esta manera? 1 Juan 2:3 y los versículos siguientes ofrecen tal prueba. Demostramos que verdaderamente pertenecemos al Señor al prestar atención a sus deseos para nosotros.

Amós 1-2

El profeta Amós vivió en la época de Jeroboán, hijo de Joás, rey de Israel, y de Uzías (también conocido como Azarías), rey de Judá (2 Reyes 14:23-15:7). La fecha de este libro probablemente fue entre 760 y 753 a.C. Amós era de Judá y era un pastor que también cuidaba higueras sicómoros (Amós 7:14). Dios lo llamó y le dio un mensaje para Israel (7:15).

Ninguno de los reyes de Israel había sido piadoso. Sin embargo, Dios tenía a los suyos en Israel
(1 Reyes 19:18) y tuvo compasión del pueblo, que sufría amargamente (2 Reyes 14:26-27). Dios usó a Jeroboán para traer alivio a Israel, y fue durante su reinado que Amós profetizó.

Al comienzo del libro, Amós trae un mensaje para varios de los reinos que rodean a Israel, y concluye con una profecía para Israel. La presentación es casi humorística. Como Israel habría escuchado las profecías dirigidas a Damasco (Aram) al norte, Gaza (Filistea) al suroeste, Tiro (Fenicia) al noroeste, Amón al este, Moab al sureste y Judá al sur, la gente habría estado de acuerdo con entusiasmo en que ciertamente todo lo que Dios decía sobre estos lugares estaba justificado. Probablemente habría habido crecientes aplausos de la multitud cuando uno por uno sus enemigos fueron seleccionados para ser juzgados.

Para estas naciones paganas, las acusaciones fueron falta de misericordia, violencia, derramamiento de sangre, avaricia y, en el caso de Edom, no recordar su hermandad con el pueblo de Dios. La acusación contra Judá fue la del adulterio espiritual (2:4).

Pero para Israel los cargos eran más detallados e incluían avaricia (v. 6b), opresión y denegación de justicia (v. 7a), incesto (v. 7b) y violación de la Ley Mosaica (v. 8). No más aplausos del público cuando esto llegue cerca de casa.

El Señor recuerda al pueblo que debe aprender de la historia. Dios liberó al pueblo durante las campañas cananeas registradas en Jueces (v. 9) y de Egipto (v. 10). Aunque el Señor les envió profetas y otras personas dedicadas (v. 11), los rechazaron y persiguieron (v. 12). Ahora el juicio vendría y no habría escapatoria (vv. 13-16). Amós usó vívidas ilustraciones en estos versículos.

Salmo 149

¿Por qué debemos alabar al Señor? Los versículos 4 y 5 nos dan algunas razones. El Señor da salvación a los humildes; ¡él se deleita en su pueblo! Ésta es la razón para que cantemos un cántico nuevo (v. 1). Este es un honor por el cual nos regocijamos (v. 5a). Al leer el versículo 6a, compáralo con Hebreos 13:15. ¡Nuestra alabanza es un sacrificio al Señor! Al leer el versículo 6b, compara esto con Efesios 6:17. Nuestra espada es la Palabra de Dios. Nuestras armas son más poderosas que las del mundo (2 Corintios 10:3-5).

☑ Se acerca un día de juicio y venganza en que el Señor hará que las naciones, los reyes y los pueblos del mundo rindan cuentas por sus pecados (vv. 6-9; véase Isaías 61:2; 62:1). Esto es motivo de alabanza (v. 6a). Será el día del Señor. Compara los versículos 6-9 con Apocalipsis 19:11-16. ⇦

JULIO 22

Mateo 1:1-17

Este primer capítulo de Mateo rastrea el linaje de Jesús hasta Abraham. En la tradición hebrea, el linaje de una persona generalmente se trazaba a través del padre. Por lo tanto, el linaje legal de Jesús fue a través de José, aunque Jesús fue concebido por el Espíritu Santo y no tuvo un padre humano. Lucas 3:23-38 traza el linaje de Jesús—a través de David, Judá, Jacob, Isaac y Abraham—hasta Adán. Es probable que la genealogía de Lucas sea la de María y, por tanto, sea la genealogía genética humana de Jesús. Por esto, tanto José como María son de la casa y el linaje de David; José a través del hijo de David, Salomón, y María a través del hijo de David, Natán.

Es interesante leer que Rajab (Josué 2) de Jericó fue la madre de Booz (Mateo 1:5) y es parte de la ascendencia humana de Jesús. Booz era el esposo de Rut (la moabita que regresó a Israel con Noemí durante el período de los jueces, véase Rut 1:22; 4:13-22). Por lo tanto, la ascendencia humana de Jesús incluía genes tanto de cananeos como de moabitas, de aquellos que eligieron convertirse en judíos.

Amós 3-4

Mientras Amós continuaba con su profecía, utilizó varias ilustraciones de la vida cotidiana para fortalecer su mensaje. En 3:2, profetiza acerca del juicio venidero y lo repite en los versículos 11-15. Sigue el razonamiento de Amós. Dos personas caminan juntas por una razón (v. 3). Un león ruge por una razón (v. 4). Un pájaro es atrapado porque se ha tendido una trampa (v. 5). Suena la trompeta en una ciudad porque hay una razón para hacer sonar la alarma (v. 6). Dios ha hablado por una razón (v. 8). Dios no trae juicio sin previo aviso (v. 7), ¡así que escucha! Diles incluso a los extranjeros que vengan y vean cómo peca la gente (v. 9). Sigue los detalles del juicio venidero en los versículos 11-15.

En el capítulo 4, Amós se dirigió a los ricos, que mantenían su estilo de vida oprimiendo a los pobres (vv. 1-3). Amós les dice a estas personas degeneradas que sigan adelante, que sigan pecando (v. 4a), que continúen incluso ofreciendo sacrificios y diezmos (vv. 4-5), pero estos gestos huecos no significarán nada para Dios a menos que se combinen con un arrepentimiento genuino.

En los versículos 6-11, Amós destaca cinco formas en que Dios ha tratado de llamar la atención de su pueblo (vv. 6, 7, 9, 10, 11). Pero como se han negado a responder, ¡será mejor que se preparen para encontrarse con Dios, el Dios de poder (vv. 12-13)!

Salmo 150

Este último salmo es un final apropiado para el libro. Es una expresión de alabanza por la majestad, el poder, y la grandeza de Dios. Es un llamado a utilizar toda nuestra energía para alabar a Dios y a que todo ser vivo alabe a Dios.

Piensa en este exquisito libro. Los salmos son *realistas* porque retratan con precisión el rico espectro de emociones que enfrentamos en esta vida. También describen de manera realista a las personas de este mundo: algunas íntegras y muchas engañosas y mentirosas. Pero los salmos siempre nos reorientan hacia la realidad, devolviéndonos a la verdad sobre Dios y a una respuesta adecuada a Dios. Viviremos una vida mejor para el Señor si dedicamos tiempo a reflexionar sobre los Salmos con regularidad.

JULIO 23

Mateo 1:18-25

Piensa en ti mismo en el lugar de José cuando se enteró de la llegada del hijo de María. En la cultura de Israel de esa época, casarse con una mujer que no era pura tenía consecuencias sociales. Romper su compromiso requeriría una disolución formal del acuerdo matrimonial que constituía el compromiso. Para proteger a María, José decidió hacerlo en silencio (vv. 18-19).

En este punto, el Señor intervino con un mensaje especial para José, diciéndole que procediera con el matrimonio y que el hijo que María iba a tener era del Espíritu Santo. → Dios se movía para traer al Redentor al mundo. ← ☑ Era absolutamente evidente en el mensaje del ángel que este niño sería el Mesías (vv. 20-21). La forma en que Mateo relacionó esto con Isaías 7:14 también confirma este cumplimiento de la promesa del Mesías venidero. ⇐ El carácter de José es evidente en cómo respondió a María y luego al mensaje del Señor. Trató a María con respeto y obedeció al Señor cuando le dio instrucciones.

Amós 5

Al comenzar este capítulo, observa la profunda tristeza por la condición de Israel (v. 2). El pueblo de Dios había sido reducido a una mera sombra de lo que era cuando obedecían al Señor. Las cosas iban tan mal que el país nunca volvería a ser una potencia importante. Todo esto fue a causa de su pecado.

El pecado que Dios aborda específicamente en estos versículos es el de la justicia denegada, tanto en los tribunales como en el mercado. El pueblo había pisoteado la justicia (v. 7). Lo hicieron con odio hacia aquellos que dicen la verdad en los tribunales (v. 10), opresión de los pobres (v. 11) y opresión de aquellos que tratan de defender la justicia (v. 12). Era tan malo que era más seguro no hacer preguntas, ya que hacerlo sólo traería problemas (v. 13).

En el cascarón vacío de su vida religiosa, el pueblo incluso esperaba públicamente el día del Señor, el día en que el Señor juzgaría a las naciones (v. 18). Amós señaló correctamente que el pueblo mismo experimentaría este gran juicio. Lejos de ser un día de liberación, sería un día de horror del cual no habría escapatoria (vv. 18-20). El Señor dijo claramente lo que sentía acerca de sus sacrificios y reuniones religiosas (vv. 21-23).

Ahora mira el llamado de Dios al cambio. Incluso en esa última fecha de su historia nacional, todavía valía la pena volverse a Dios en arrepentimiento (vv. 4-6, 14-15, 24). Nota especialmente las formas prácticas en que Dios pidió el fruto del arrepentimiento. Dios no pedía palabras huecas, sino un cambio de comportamiento. No dejes este capítulo sin pensar en nuestro mundo y nuestras propias vidas. Es fácil que nuestros ejercicios religiosos queden vacíos. Dios llama a nuestros corazones. Él quiere que vivamos en verdad, rectitud y justicia. Cualquier otra cosa no alcanza el objetivo del deseo de Dios para sus hijos (véase Tito 2:11-14). ☑ Además, recuerda lo que dijo el profeta sobre el día del Señor: no sólo el juicio venidero de Dios sobre Israel, sino también el juicio cuando venga el Mesías (vv. 18-20). El juicio llegó a Israel en el año 722 a.C., unos años después de que Amós predicara. La próxima vez que vendrá el día del Señor a este mundo será cuando Jesús juzgue a las naciones. Entonces la profecía del versículo 24 se cumplirá literalmente. La justicia de Dios se extenderá por toda la tierra mientras Jesús, el Mesías, reine. ⇦

Eclesiastés 1

Salomón escribió los libros de Eclesiastés y el Cantar de los Cantares, junto con gran parte del libro de Proverbios. En Eclesiastés, Salomón comparte algunas de las formas en que luchó con el significado de la vida. Comparte su pensamiento mientras explora los límites de la sabiduría humana; al igual que con cualquiera de nuestras percepciones, que pueden estar equivocadas de alguna manera, sus pensamientos pueden no ser la verdad absoluta.

Lo que Salomón parece decir en este capítulo es que no importa cuánto aprendamos, termina en la frustración de una existencia sin sentido. Los ciclos de la naturaleza se repiten una y otra vez (vv. 3-7). Además, hay un anhelo insatisfecho en el alma de cada persona (v. 8). La vida es un ciclo recurrente (vv. 9-10). Después de la muerte, la persona es olvidada; la vida parece no tener un significado permanente (v. 11).

Como rey y como persona sabia, Salomón consideró estas cosas profundamente (vv. 12-13). Lo que vio es que la mayor parte de la vida es una rutina (v. 14). Además, parece que no aprendemos del pasado y el carácter defectuoso no puede corregirse humanamente (v. 15).

Incluso una gran sabiduría y comprensión tienen sus desventajas. Comprender lo que sucede en el mundo puede traer desánimo y tristeza, porque la sociedad parece moverse en la dirección equivocada (vv. 17-18).

JULIO 24

Mateo 2:1-12

Este capítulo es una vívida ilustración de la oposición humana a la mano divina. Dios traía la bendición de la salvación al mundo en Cristo, pero Herodes intentaba encontrar al bebé y matarlo. ¿Entendió Herodes que al hacerlo se oponía al plan de Dios? Quizás no (1 Corintios 2:8-9), pero las fuerzas del mal actúan a través de las personas. Herodes, junto con Poncio Pilato, de hecho, se opusieron al Hijo de Dios (Hechos 4:27). El Señor, sin embargo, protegió al niño Jesús y les dijo a los magos que no volvieran con Herodes. Ten en cuenta que los líderes judíos fueron muy específicos en cuanto a que el Mesías nacería en Belén de Judea (vv. 5-6; véase Miqueas 5:2).

Amós 6

La complacencia es una terrible enfermedad espiritual (v. 1). Nos permite ir a la deriva sin pensar demasiado en nuestra condición o la del mundo que nos rodea. Estos israelitas estaban satisfechos de sí mismos, inconscientes de sus deficiencias o de los peligros de su estilo de vida. De hecho, aunque se sentían cómodos, vivían al borde del desastre. No supieron aprender del juicio de Dios sobre otros países que habían pecado (v. 2). La condición de los israelitas es evidente en los versículos 3-6. Eran ricos, sobrealimentados y autoindulgentes. En el versículo 6, el profeta describe su incapacidad para ver su condición desde la perspectiva divina. No sentían pena por el pecado en su mundo. Por tanto, el juicio era seguro (v. 7).

Eclesiastés 2

Salomón consideró la naturaleza fugaz del placer (vv. 1-3). Estaba vacío. Se dedicó a grandes proyectos (vv. 4-6) y adquirió riquezas (vv. 7-9). Nada de eso trajo paz interior (vv. 10-11).

Aunque Salomón llegó a comprender que es mejor ser sabio que necio, la muerte alcanzará tanto al sabio como al necio, y ambos serán olvidados (vv. 12-16). Considera su frustración en los versículos 17-23.

La respuesta a su dilema se encuentra en los versículos 24-26. Dios nos da el entendimiento para aceptar las cosas buenas que nos da y nos ayuda a encontrar satisfacción y disfrute en nuestro trabajo. La sabiduría predominante en el mundo actual es trabajar duro, ahorrar dinero, adquirir cosas y disfrutar de la vida, tal como había intentado hacer Salomón. Pero la realidad es que sin la sabiduría y el entendimiento que Dios da, todas estas cosas son como aserrín en la boca: no sólo sin sentido, sino también desagradables. La paz sólo puede venir del Señor.

JULIO 25

Mateo 2:13-23

Parece increíble que Herodes llegara a extremos tan tremendos de violencia para matar a un niño pequeño que pensaba que sería el futuro rey de los judíos (vv. 2-3, 16). Pensemos en el sufrimiento y la angustia en Belén por el asesinato de todos los niños menores de dos años. → Pero Dios protegió a Jesús y su familia. Específicamente, la protección de Dios es obvia al advertir a los magos que evitaran a Herodes después de haber visto a Jesús (v. 12), al dirigir a José a Egipto (v. 13) y en el momento del regreso a Israel (vv. 19-20). ¡La voluntad de Dios de que Jesús fuera el Redentor era un plan que ningún rey podía frustrar! ←

Amós 7-8

El corazón del verdadero profeta está lleno de preocupación por su pueblo. Amós demuestra esto en la oración intercesora en 7:1-6. Dios respondió a las oraciones de Amós. Todavía había una norma por la cual su pueblo sería juzgado: la Palabra de Dios (vv. 7-9). Para dejar esto claro, Dios le mostró a Amós una línea que muestra una verdadera verticalidad, utilizada en la construcción de muros y edificios, llamada plomada.

El mensaje de Amós llegaba a los líderes. Las noticias sobre su predicación llegaron a las altas esferas de los gobiernos religiosos y civiles (vv. 10-13). Cuando se le dijo a Amós que saliera del país y regresara a su casa en Judá, respondió con valentía y franqueza poco comunes: sin retroceder ni abandonar la asignación que le había encomendado el Señor (vv. 14-17).

¡Se había acabado el tiempo (8:1-3)! Una vez que la fruta esté madura, se debe utilizar. Israel era como una canasta de frutos maduros. Estaba maduro para el juicio. No hubo más tiempo para arrepentirse.

En los versículos 4-6 vemos las agendas personales de aquellos con poder—apenas podían esperar hasta que terminara el sábado para poder ganar dinero (v. 5)—y la lista de sus prácticas económicas opresivas, que pisoteaban a los necesitados y destruían a los pobres. Eran deshonestos (v. 5b), opresivos (v. 6a) e incluso cobraban dinero por paja sin valor (v. 6b).

¿Vio Dios y le importó lo que hacía la gente? ¿Dios ve y se preocupa ahora por lo que sucede en nuestras propias vidas y en el mundo que nos rodea? ¡Sí! Y el juicio vendría sobre el pueblo a que Amós predicaba (8:7-9:10). Lamentablemente, cuando las cosas hubieran ido lo suficientemente lejos, habría incluso hambre de verdad (v. 11).

Eclesiastés 3

En el ciclo de la vida se fijan tiempos para eventos importantes. Mientras lees los versículos del 1- 8, piensa en tu propia vida. Cada uno de nosotros ha nacido, pero también hay un tiempo fijado para morir. Cada uno de nosotros ha tenido momentos de felicidad, pero también momentos de tristeza. Si pensamos en nuestros amigos, puede que incluso haya un poco de humor aquí: ¿conoces a alguien a quien le guste ahorrar, pero nunca desperdiciar (v. 6b)?

También hay momentos más serios. Hay un tiempo de gracia con la oportunidad de volvernos al Señor, pero también hay un momento en que esa oportunidad llegará a su fin para cada uno de nosotros. Hay un momento en que Dios detiene su mano de juicio, pero hay un momento en que el juicio vendrá (vv. 15b, 17a; Hebreos 9:27-28).

En el versículo 11 encontramos una profunda idea teológica: Dios "puso en la mente humana la noción de eternidad". Dios ha puesto en lo profundo de nuestros corazones la comprensión de que hay algo más allá de nuestra vida terrenal. Dentro de cada corazón humano hay un ferviente anhelo de conocer a Dios y el propósito y significado de la vida. Inmediatamente después de esta declaración en el versículo 11, Salomón reafirma la verdad vista en 2:24-26 (vv. 12-13). El regalo de Dios a las personas es encontrar satisfacción y felicidad en su trabajo y relaciones mientras se relacionan correctamente con él.

JULIO 26

Mateo 3

Juan el Bautista fue parte integral del primer advenimiento de Cristo. Él fue predicho en las Escrituras como aquel que prepararía el camino para el Mesías (v. 3; véase Isaías 40:3). La madre de Juan, Elisabet, era pariente de María (Lucas 1:36), y por eso se conocían (véase Lucas 1:35, 39-56).

→ El ministerio de Juan el Bautista preparó el camino para el mensaje del reino al hacer que la gente tomara conciencia de la necesidad del arrepentimiento. Su predicación fue poderosa, directa y nunca transigente. El arrepentimiento que predicó exigía más que palabras. Requería fruto como se demuestra en vidas cambiadas (v. 8). Los que respondieron a Juan el Bautista estaban listos para recibir el mensaje adicional que Jesús traería acerca del reino. ←

El bautismo de Juan dio testimonio acerca de Jesús (vv. 11-12). Jesús enviaría el Espíritu Santo, reuniría a los que iban al cielo y enviaría a los injustos al infierno.

Amós 9

En el juicio que Dios dijo que vendría sobre Israel, no habría ningún lugar donde esconderse (vv. 1b-4). Repasa nuevamente las ilustraciones que Amós usó acerca del día del Señor en 5:19-20. Será completamente inútil intentar escapar. El ojo del Señor está sobre el pueblo para mal y no para bien (v. 4b). El poder de Dios será usado contra su pueblo (vv. 5-10).

☑ Y, sin embargo, todavía hay un futuro para estas personas. Después del juicio, que dejará sólo un remanente, Dios traerá a su pueblo de regreso a su tierra, y será una reubicación permanente (vv. 11-15). ¿Cuándo sucederán estos eventos? Sabemos que se ha cumplido parcialmente en la era de la iglesia con la inclusión de judíos y gentiles en la fe (véase Hechos 15:16-18). La bendición completa descrita en los versículos 13-15 se realizará con la segunda venida de Jesús. Hay esperanza en las promesas de los versículos 14 y 15. A partir de ese momento, el pueblo de Dios vivirá en su tierra con seguridad. ⇦

¿Qué lecciones podemos aprender de Amós? Ciertamente que a Dios le importa el comportamiento de su pueblo. No debería haber lugar para la complacencia en nuestras vidas. A Dios le preocupan los grandes rasgos de la rectitud y la justicia en nuestro mundo, y por eso nosotros también debemos preocuparnos. Llega un momento en que es necesario juzgar a una sociedad, y llegará. Debemos comprometernos a hacer de las prioridades de Dios la pasión de nuestro corazón.

Eclesiastés 4

El cuadro que Salomón pinta del mundo no es bonito. Sin embargo, el mundo de su época se caracterizaba por muchas de las mismas ambiciones, injusticias, soledad y frustración de nuestro mundo actual. ¡La gente no ha cambiado! Esta es también una imagen realista de nuestro mundo.

Nota la descripción del rey insensato en el versículo 13 y consulta 1 Reyes 11:1-6. Salomón está describiendo la trampa en que cayó más tarde.

JULIO 27

Mateo 4:1-11

En el momento de la tentación, Satanás apeló a las necesidades humanas de Jesús desafiándolo a convertir las piedras en pan (vv. 2-3). Recuerda que Jesús había estado ayunando durante cuarenta días. Al utilizar mal las Escrituras,

Satanás aprovechó la relación de Jesús con Dios al desafiar a Jesús a demostrar que las Escrituras eran verdaderas (vv. 5-6) y al mismo tiempo a probar que él era el Hijo de Dios.

La tercera tentación ofrecía lo que ya pertenecía a Jesús, pero que sólo se realizaría plenamente después de la cruz. Los reinos del mundo pertenecían a Jesús (Salmo 2:8-9) y quedarán completamente bajo su autoridad después de la cruz y cuando él regrese (Apocalipsis 11:15-18). No podía haber atajos para cumplir la perfecta voluntad de Dios, y Jesús desterró a Satanás de la escena.

En cada tentación, Satanás ofreció un camino fácil hacia algo que parecía deseable. La lección es que Dios da lo que es bueno y apropiado a sus hijos en su tiempo. Nos metemos en problemas al intentar tomar lo incorrecto o tomar lo correcto en el momento equivocado. Nota también que cada vez que Jesús fue tentado, recurrió a las Escrituras y las citó. ¡Hay poder en la palabra de Dios! Pablo identifica las Escrituras como la espada del Espíritu (Efesios 6:17). Necesitamos conocerlas, memorizarlas y meditar en ellas (véase Salmo 119:11).

Miqueas 1-2

El profeta Miqueas vivió y ministró en Judá y fue contemporáneo de Isaías y Amós. Su mensaje se refería tanto a Judá como a Israel. Fue una época de relativa paz y bienestar económico. Pero debajo del tejido de fuerza política y riqueza relativa, se escondía una decadencia interna. Esto era cierto tanto socialmente, cuando los ricos usaban su poder en desventaja de las clases más pobres, como espiritualmente, cuando adoraban ídolos (1:7). Los mensajes de Miqueas se dirigieron principalmente a las ciudades capitales de Samaria en Israel y Jerusalén en Judá, donde se concentraba el poder. Eran los centros de influencia.

Desde el principio (1:2), se afirma la soberanía de Dios. Las profecías que siguen dependen del hecho de que el Señor esté hablando desde su santo templo.

La imagen de la venida del Señor (vv. 3-4) recuerda a Génesis 18:20-21, donde el Señor vino para ver si los pecados de Sodoma y Gomorra eran tan graves como se informaba. Aquí los pecados de las dos capitales merecen no sólo control, sino también juicio.

El capítulo 2 articula la respuesta de Dios a algunos pecados específicos: el pecado de la adquisición injusta de tierras (vv. 1-2), propiedades (v. 8) y hogares (v. 9), y el de negarse a escuchar la verdad que Dios trae para el bien del pueblo (vv. 6-7), o para permitir que los niños pequeños lo escuchen (v. 9). De hecho, si alguien que dijera ser profeta viniera y profetizara la provisión de vino y sidra para el pueblo, sería bienvenido (v. 11).

☑ Sin embargo, en medio del pecado, no se olvida la relación del pacto de Dios con el pueblo; en el tiempo de Dios, restaurará al pueblo (vv. 12-13). Este cambio abrupto de la profecía del juicio inminente al cumplimiento de la relación de pacto en un futuro más lejano es un recordatorio de que las promesas del Señor son ciertas. Nota la referencia al Mesías en el versículo 13. Él será quien cumpla esta extraordinaria promesa al pueblo de Dios. ⇦

Eclesiastés 5

Observa la advertencia personal de Salomón en los versículos 1-7. Necesitamos comprender la majestad, la gloria y el poder de Dios, y no los obtendremos del mundo que nos rodea. La lectura cuidadosa de la Palabra de Dios moldeará nuestra comprensión de Dios y de cómo trata a las personas, tanto creyentes como no creyentes. Si tenemos ese entendimiento, nunca nos acercaremos a Dios de manera casual o descuidada.

Al leer los versículos 10-20, observa el contraste entre el amor al dinero mismo y la capacidad real de disfrutar los dones de Dios (vv. 18-20). Para aquellos que viven por el dinero y lo que éste les reportará, nunca hay suficiente (v. 10). Nota también la inutilidad de las cosas que adquirimos (v. 11). Recuerda que no llevaremos nada con nosotros a la tumba (v. 15). En cambio, para la persona que tiene la paz de Dios, hay un contentamiento genuino: un regalo del Señor. Incluso es fácil envejecer (v. 20). ¡Suceden demasiadas cosas importantes como para que el hijo de Dios se preocupe por la edad! Compara los versículos 18-20 con 3:12-14.

JULIO 28

Mateo 4:12-25

Cuando Jesús comenzó a predicar, como Juan el Bautista antes que él, su mensaje fue un llamado al arrepentimiento (v. 17). ☑ Mateo vincula el comienzo del ministerio de Jesús con el cumplimiento de las Escrituras del Antiguo Testamento (vv. 15-16; véase Isaías 9:1-2). La luz que ha amanecido (v.16b) era la del Mesías prometido. ⇦

Hubo una nota de autoridad en el llamado de Jesús a Pedro y Andrés y luego a Santiago y Juan. Cuando los invitó a venir con él, inmediatamente dejaron lo que hacían para seguirlo (vv. 18-22). Había algo notablemente convincente en Jesús.

Jesús predicó las buenas nuevas del reino (v. 23), buenas noticias porque el arrepentimiento y la fe nos relacionan con el Dios vivo de una manera nueva. Junto con las noticias de salvación, el Señor extendió la gracia de la sanidad y la liberación de la posesión demoníaca (vv. 23-24). ¡No es de extrañar que grandes multitudes lo siguieran!

Miqueas 3

Este capítulo trata de los resultados del pecado en la nación. Los líderes políticos aprovechaban todas las ventajas personales que su posición les permitía (vv. 1-4). Estos líderes sabían mejor (vv. 1-2). Actuaban como lobos despedazando un cordero. El resultado fue una gran injusticia hacia el pueblo. En cuanto a los líderes religiosos, decían lo que la gente quería oír, por un precio (v. 5). Debido a su pecado, el Señor no quiso hablarles a ellos ni a través de ellos (vv. 6-7).

En medio de este pecado (vv. 9-11a), estos líderes tuvieron la audacia de afirmar que el Señor estaba entre ellos y los protegería (v. 11b). Dios prometió que este tipo de comportamiento presuntuoso convertiría a Jerusalén en un montón de escombros (v. 12).

Este capítulo también se aplica a nosotros hoy. Las normas de Dios no se adaptan a nuestros impulsos personales. Necesitamos saber lo que Dios requiere de nosotros y luego obedecerlo. Es presuntuoso y peligroso no hacerlo.

Eclesiastés 6

Al comenzar a leer este capítulo, compara los versículos 1-2 con 5:18-20. Por un lado, se identifica que el contentamiento y la paz provienen del Señor. Sin embargo, los versículos 1 y 2 describen a una persona con todo lo que este mundo tiene para ofrecer, pero sin el contentamiento y la paz del Señor. ¡Qué diferencia y qué vida tan vacía! Como dice Salomón en los versículos 3-6, es mejor nacer muerto que sufrir la agitación y la insatisfacción de la vida sin Dios.

Sin esa paz de Dios, el versículo 7 es toda la historia de la vida. ¡Como aserrín en la boca! No hay alimento para el alma, e incluso lo que parece atractivo termina por no dar satisfacción ni plenitud. Sin perdón a través de Cristo, no hay paz (Romanos 5:1-2, 6-11). Piensa en el versículo 11 (sin Dios) como si representara la filosofía secular y compáralo con 1 Corintios 1:19.

JULIO 29

Mateo 5:1-12

Estos tres capítulos (5-7) contienen lo que se conoce como el sermón del Monte. El nombre proviene del texto del versículo 1, donde se registra que Jesús enseñó a los discípulos mientras estaba en la ladera de una montaña.

Las bienaventuranzas se encuentran en los versículos 3-12. Estos son versículos maravillosos que merecen nuestra consideración con oración. A medida que identifiques cada uno de estos rasgos de carácter, observa la promesa correspondiente que viene con cada uno.

Miqueas 4

☑ Los versículos 1-3 son idénticos a Isaías 2:2-4. Recuerda que los dos profetas eran contemporáneos. Éste es el cuadro de un reino de paz que el Señor establecerá en la tierra a su regreso. Él establecerá la verdadera adoración y justicia (vv. 2-3a). Dios mismo enseñará a la gente del mundo (vv. 2-3; véase Zacarías 14:16). Habrá paz entre las naciones (v. 3b), provisión y seguridad personal (v. 4) y verdadera espiritualidad (v. 5). Habrá un lugar para todos, incluso para los débiles (vv. 6-7). Israel será restaurado. Reunirá al pueblo disperso de Israel y Judá (vv. 6-8). Aunque el futuro más inmediato traería juicio (vv. 9-10), Dios tiene su plan y restaurará la fortaleza de Israel (v. 13). ⇦

Eclesiastés 7

Nuestro mundo piensa lo menos posible en la muerte. En los versículos 1- 4, el escritor nos anima a ver la muerte en nuestro futuro. ¿Suena esto morboso?

Ciertamente, al hombre o la mujer sin Dios, así parecería. Pero es el hecho de la muerte lo que nos ayuda a pensar de manera realista y considerar cómo vivir sabiamente. Ésta es también la perspectiva del Nuevo Testamento (2 Corintios 5:10; Hebreos 9:27).

Por la misma razón, el dolor debe ser una bendición, llevándonos a pensar con realismo (v. 3), entendiendo que incluso el dolor proviene del Señor (v. 14).

Piensa en la verdad del versículo 15. El escritor del Salmo 73 luchó con esto, pero llegó a la perspectiva correcta en los versículos 21-28. Isaías 57:1-2 habla del mismo tema y agrega el elemento de la misericordia y la gracia de Dios a lo que puede parecer la muerte prematura de uno de los hijos de Dios.

JULIO 30

Mateo 5:13-32

Comenzando con el versículo 13 y extendiéndose hasta el capítulo 7, Jesús da varios dichos breves que definen el estilo de vida y la ética de sus discípulos y del reino. ¡Hay suficientes desafíos en estos tres capítulos de Mateo como para mantenernos ocupados a la mayoría de nosotros toda la vida! Para nuestros propósitos aquí, un título simple para cada parte nos ayudará a concentrarnos. Quizás se te ocurra un título mejor para cada una de estas secciones.

Reconocer a Dios (vv. 13-16). La sal y la luz son cruciales para nuestra comprensión de nuestro lugar y el lugar de la iglesia en el mundo. La sal se utilizaba como conservante, especialmente para la carne, en una época sin refrigeración. La postura de los cristianos y de la iglesia sobre cuestiones de rectitud y moralidad marca una diferencia en nuestro mundo. Recuerda que, si solo se hubieran encontrado diez justos en Sodoma, la ciudad no habría sido destruida (Génesis 18:32). Los cristianos individuales, de los cuales se componen la iglesia, son los canales de luz para las buenas nuevas de Cristo. Individualmente y como iglesia, el pueblo de Dios debe marcar la diferencia.

Reconocer la Ley de Dios (vv. 17-20). El hecho de la gracia no invalida la ley de Dios. La gracia fue el vehículo a través del cual Abraham (y todos los demás en el período del Antiguo Testamento) recibió nueva vida (Génesis 15:6). Guardar la ley no trae salvación; más bien, la fe en el Señor Jesús y su sacrificio en la cruz sí la trae. Pero eso no significa que no debamos aplicar la ley moral de Dios a nuestras vidas. Lee atentamente los versículos 19 y 20 (véase Romanos 3:31).

Vivir en paz con los demás (vv. 21-26). El asesinato es obviamente un problema. También lo es la ira (v. 22). Nuestra relación con el Señor depende de hacer borrón y cuenta nueva con los demás (vv. 23-26). Lleva cuentas breves (vv. 25-26).

Sé puro y fiel (vv. 27-32). Aquí Jesús enseña que aquello en que permitimos que nuestra mente se detenga revela el estado de nuestro corazón. ¡Nuestra vida de pensamiento cuenta! De hecho, cuenta tanto que necesitamos una acción radical: no literalmente cortar partes del cuerpo, sino eliminar los pensamientos, las visiones y las acciones que nos llevan al pecado (vv. 29-30). Nota también la alta opinión que Jesús tenía del matrimonio (vv. 31-32).

Miqueas 5-6

☑ La profecía del Rey Mesías se encuentra en 5:1-5a: la primera venida, cuando nacerá en Belén (v. 2; véase Mateo 2:6) y la segunda venida, cuando gobernará con majestad (vv. 3-5a). El llamado del pueblo de Dios entre las naciones se encuentra en el versículo 3, y el reinado del Salvador y el cuidado de su pueblo en el versículo 4. Esta profecía es una extensión de la del capítulo 4. Está claro que el que sería el gobernante es en verdad el Mesías. En el resto del capítulo, observa la alusión a la dispersión del pueblo a muchas naciones, pero a la purificación de la sociedad después de la reunificación (vv. 10-15). Esta limpieza espiritual se considera una obra soberana del Señor. El mismo acto soberano de Dios en restauración y limpieza se ve en Ezequiel 36:24-38. ⇦

El capítulo 6 presenta la evaluación que Dios hace del pueblo y su misericordioso ruego para que se arrepienta. Este es un asunto serio para el pueblo: considerar la queja divina (vv. 1-2). Incluso las montañas están llamadas a escuchar lo que el Señor tiene que decir. El Señor llama al pueblo a recordar su bondad y provisión para ellos en el Éxodo y en el desierto (vv. 4-5). ¿Serán suficientes los sacrificios y las ofrendas (vv. 6-7)? No, el Señor quiere un cambio de corazón (v. 8). El Señor llama a su pueblo a una espiritualidad en que los sacrificios son sólo el comienzo de la relación con él y no el final. Sigue el mensaje del Señor en el resto del capítulo, observando sus cargos específicos y lo que el pecado le ha hecho a la tierra y al pueblo.

Eclesiastés 8

¡La sabiduría (comprender la naturaleza de la vida y nuestra relación con Dios) ilumina el rostro de las personas (v. 1)! Al confiar en la bondad y el poder de Dios, podemos ver el mundo que nos rodea bajo una luz diferente.

Salomón habla de la autoridad civil en los versículos 2-4. Es bueno tener un sano respeto por estos líderes y no involucrarse en una causa malvada.

Considera la verdad profunda en el versículo 8b. La maldad no liberará a quienes la practican. De hecho, se necesita el poder de Dios para la liberación (véase Colosenses 1:13; Proverbios 5:22).

Salomón nuevamente llama a sus lectores a disfrutar la vida bajo la mano del Señor (v. 15; véase 2:24-26; 3:12-13; 5:19-20). Este es el paso de fe que elige deliberadamente creerle a Dios y estar contento con lo que él da.

JULIO 31

Mateo 5:33-48

Sea honesto (vv. 33-37). Este es un llamado a la total honestidad en todo lo que decimos o insinuamos. Recuerda que Satanás es el padre de la mentira (Juan 8:44). Cualquier cosa que sea falsa, en cualquier grado, no proviene de Dios ni le agrada.

Responder de manera piadosa al mal (vv. 38-42). El mal está a nuestro alrededor. Nos tocan constantemente las mentiras y la injusticia. Aquí Jesús nos dice que respondamos de manera diferente a como lo hace el mundo. Esta es una oportunidad para demostrar la gracia de Dios a aquellos que necesitan ver cómo se ve en acción. Podemos confiar en Dios para los resultados.

Ama a tus enemigos (vv. 43-48). En relación con el párrafo anterior, Jesús nos llama a ver a los demás a través de sus ojos. Él murió por los impíos, ¡incluso por aquellos que lo odiaban y lo perseguían! Amar a nuestros enemigos será un testimonio poderoso para el mundo. El mundo quiere vengarse. Los hijos de Dios quieren o deberían querer, extender el amor de Jesús incluso cuando han sido maltratados.

Miqueas 7

Aquí el profeta habló desde su propia perspectiva (vv. 1-7). Su corazón estaba cargado con el pecado del pueblo. ¡Su mundo estaba tan impregnado de maldad que uno no podía confiar en amigos o familiares!

☑El resto del capítulo y el final del libro anticipan que Dios llevará al pueblo a través del juicio actual hasta el día en que el Señor hará algo nuevo en el mundo. Lee con la misma anticipación que lo hizo el profeta Miqueas en cuanto a lo que Dios hará por su pueblo y el mundo (vv. 11-20). ⇐

¡El mensaje de Miqueas no está desactualizado! Nos habla a nosotros y a nuestro mundo porque el Señor está preocupado por las mismas cosas ahora que en el día de Miqueas. El Señor desea hoy más que el caparazón de la adoración y la espiritualidad, así como deseaba más que los sacrificios en el día de Miqueas. Permite que Miqueas 6:8 hable a tu corazón. Recuerda que, independientemente de cómo miremos a los demás, el Señor ve nuestros corazones.

Eclesiastés 9

Al reflexionar Salomón sobre la vida, vio muchas cosas que decepcionaban y frustraban a la persona pensante. La única esperanza muy real es que los justos estén en las manos de Dios (v. 1). Todos enfrentaremos la muerte (vv. 2-6), y es aquí donde Salomón parece haber tenido una comprensión incompleta del futuro del hijo de Dios después de la muerte. Él vio claramente nuestra inclinación al pecado (v. 3b). Llama a los vivos a disfrutar la vida, estar contentos, ser felices con su cónyuge y trabajar duro para lograr sus metas (vv. 7-10).

Piensa en el ejemplo de una persona sabia en los versículos 13-18 y especialmente en su conclusión en el versículo 17. Las palabras sabias dichas en voz baja tienen un gran poder.

AGOSTO

HORARIO Y NOTAS DE LECTURA DE LA BIBLIA

Recita siempre el libro de la Ley y medita en él de día y de noche; cumple con cuidado todo lo que en él está escrito. Así prosperarás y tendrás éxito.

JOSUE 1:8

AGOSTO

1	☐ Mateo 6:1-18	☐ 2 Reyes 15	☐ Eclesiastés 10
2	☐ Mateo 6:19-34	☐ 2 Crónicas 26-27	☐ Eclesiastés 11
3	☐ Mateo 7:1-14	☐ 2 Reyes 16-17	☐ Eclesiastés 12
4	☐ Mateo 7:15-29	☐ 2 Crónicas 28	☐ Cantar de los Cantares 1-3
5	☐ Mateo 8:1-17	☐ 2 Crónicas 29-30	☐ Cantar de los Cantares 4-6
6	☐ Mateo 8:18-34	☐ 2 Crónicas 31-32	☐ Cantar de los Cantares 7-8
7	☐ Mateo 9:1-17	☐ Isaías 1	☐ Proverbios 1:1-7
8	☐ Mateo 9:18-38	☐ Isaías 2	☐ Proverbios 1:8-19
9	☐ Mateo 10:1-23	☐ Isaías 3-4	☐ Proverbios 1:20-33
10	☐ Mateo 10:24-42	☐ Isaías 5	☐ Proverbios 2:1-8
11	☐ Mateo 11:1-19	☐ Isaías 6	☐ Proverbios 2:9-22
12	☐ Mateo 11:20-30	☐ Isaías 7	☐ Proverbios 3:1-10
13	☐ Mateo 12:1-21	☐ Isaías 8	☐ Proverbios 3:11-18
14	☐ Mateo 12:22-50	☐ Isaías 9-10	☐ Proverbios 3:19-26
15	☐ Mateo 13:1-30	☐ Isaías 11-12	☐ Proverbios 3:27-35
16	☐ Mateo 13:31-58	☐ Isaías 13-14	☐ Proverbios 4:1-9
17	☐ Mateo 14:1-21	☐ Isaías 15-16	☐ Proverbios 4:10-19
18	☐ Mateo 14:22-36	☐ Isaías 17-18	☐ Proverbios 4:20-27
19	☐ Mateo 15:1-20	☐ Isaías 19-20	☐ Proverbios 5:1-14
20	☐ Mateo 15:21-39	☐ Isaías 21-22	☐ Proverbios 5:15-23
21	☐ Mateo 16:1-12	☐ Isaías 23	☐ Proverbios 6:1-5
22	☐ Mateo 16:13-28	☐ Isaías 24	☐ Proverbios 6:6-11
23	☐ Mateo 17:1-13	☐ Isaías 25-26	☐ Proverbios 6:12-19
24	☐ Mateo 17:14-27	☐ Isaías 27	☐ Proverbios 6:20-35
25	☐ Mateo 18:1-14	☐ Isaías 28	☐ Proverbios 7:1-5
26	☐ Mateo 18:15-35	☐ Isaías 29-30	☐ Proverbios 7:6-27
27	☐ Mateo 19:1-15	☐ Isaías 31-32	☐ Proverbios 8:1-11
28	☐ Mateo 19:16-30	☐ Isaías 33	☐ Proverbios 8:12-21
29	☐ Mateo 20:1-16	☐ Isaías 34-35	☐ Proverbios 8:22-36
30	☐ Mateo 20:17-34	☐ 2 Reyes 18; ☐ Isaías 36	☐ Proverbios 9:1-9
31	☐ Mateo 21:1-22	☐ 2 Reyes 19; ☐ Isaías 37	☐ Proverbios 9:10-18

AGOSTO 1

Mateo 6:1-18

Viva en verdadera justicia (vv. 1-4). Jesús habla de nuestras prácticas de dar, orar y ayunar. La verdadera justicia significa hacer estas cosas sólo para el Señor, en lugar de ser visto por otros.

Piensa detenidamente en el modelo de oración que Jesús dio a los discípulos (vv. 9-13). La sencillez de esta oración es sorprendente. Es una oración por la gloria del nombre de Dios, para que se haga su voluntad en la tierra, por las necesidades de la vida, por el perdón y por la protección de la tentación y el mal. Este es el modelo de oración que Jesús nos ha dado. Al reflexionar sobre tu vida de oración, ¿qué es lo que más destaca para ti?

Medita en las inspiradoras palabras del Señor acerca de perdonar a los demás en los versículos 14-15. Si no perdonamos a los que han pecado contra nosotros, Jesús dice que la realidad de nuestra salvación está en duda. Piensa en aquellos que te han hecho daño y quizás no los hayas perdonado. Jesús te llama hoy a ofrecer un perdón genuino desde tu corazón. Cuando perdonamos a los demás, vivimos a la manera de Dios y nos volvemos más como Jesús.

2 Reyes 15

Azarías, hijo de Amasías, rey de Judá, también era conocido como Uzías. Fue durante su reinado que el profeta Isaías comenzó su ministerio (Isaías 1:1). El texto aquí relata que Azarías tenía lepra; el Señor lo afligió porque imprudentemente intentó usurpar la función de sacerdote y quemar incienso delante del Señor (2 Crónicas 26:16-21).

Al leer este capítulo y seguir la sucesión de reyes en Israel, vemos los resultados devastadores de apartarse de los mandamientos del Señor. Esta fue una época de violencia e inestabilidad en el liderazgo del Reino del Norte de Israel. Dios comenzó el juicio prometido sobre ellos durante el reinado de Pécaj (v. 29).

Eclesiastés 10

No requiere mucho para estropear una hermosa reputación (v. 1). Una mala elección puede poner en duda una vida o un ministerio impecable. Necesitamos buscar continuamente su sabiduría.

Presta atención a la advertencia de Salomón en el versículo 20. Es sorprendente cómo algo que decimos en confianza llega a otras personas. Debemos tener cuidado con lo que decimos. Agrega a esta advertencia las pautas para el habla en Efesios 4:29. Prestar atención a estas dos advertencias no sólo nos mantendrá libres de problemas, sino que también traerá bendiciones a los demás.

AGOSTO 2

Mateo 6:19-34

Conoce y vive las prioridades de Dios (vv. 19-24). Al leer estos versículos, pregúntate: ¿dónde están mis tesoros? Jesús afirma inequívocamente que nuestros corazones estarán donde estén los tesoros. Si nuestros tesoros están guardados en el cielo, ¡piensa cuánto tenemos que esperar!

Los versículos 22 y 23 presentan un claro contraste. Si nos enfocamos en los valores eternos, especialmente la obediencia a Jesús, nuestro ser interior estará lleno de luz (véase Juan 8:31-32). El versículo 24 nos llama a examinar dónde yacen nuestros afectos. No hay forma de traspasar la valla, aunque a veces nos gustaría pensar que sí la hay.

Confía en la protección y provisión de Dios (vv. 25-34). Estos versículos son tan lógicos, pero a la vez tan difíciles de aceptar. Parece difícil confiar en el Señor en lo que creemos que son las dificultades de la vida. Permite que los versículos 31-34 se conviertan en una verdad liberadora para ti; ese es el deseo de Dios. Mira nuevamente Juan 8:31-32.

2 Crónicas 26-27

Uzías tuvo un reinado largo y comenzó bien. El sacerdote Zacarías, quien le enseñó el camino del Señor, influyó mucho en él (26:5). Dios le dio éxito siempre que siguiera sus preceptos (v. 5b); tuvo gran fama gracias a su ayuda (v. 15b). Sin embargo, cuando estuvo bien establecido y era poderoso, su orgullo lo llevó a tratar de usurpar los deberes del sacerdote (v. 16). Dios lo hirió con lepra, que tuvo hasta su muerte. Uzías ilustra nuestra tendencia a mirar a Dios en nuestra debilidad o necesidad, recibir su bendición y luego olvidar quién nos ha dado el éxito.

El reinado de Jotán (capítulo 27) fue mixto. El mismo Jotán siguió al Señor firmemente, pero el pueblo continuó en pecado (v. 2b). Como rey, su liderazgo no se extendió al cambio social. Fortaleció a la nación y prevaleció en la batalla.

Eclesiastés 11

El autor parece decir en los versículos 1-6 que, aunque no podemos saber qué tendrá éxito o qué fracasará, debemos ser generosos con los demás (vv. 1-2) y diligentes en lo que emprendemos (vv. 4, 6).

Considera la perspectiva del versículo 8. Disfruta la vida, pero recuerda que la vida no es para siempre. Disfruta de tu juventud, pero recuerda ser responsable ante el Señor (vv. 9-10).

AGOSTO 3

Mateo 7:1-14

Sé humilde (vv. 1-5). La persona humilde, que comprende su fragilidad profundamente arraigada, tiene cuidado de no criticar a los demás. Jesús advierte contra un espíritu crítico y destructivo: la persona a que le resulta fácil criticar los defectos de los demás. Cuidémonos de evitarlo en nuestras vidas.

Cree que Dios responde a la oración (vv. 7-12). ¿Entiendes el cuidado de los niños, que son vulnerables e incapaces de cuidar de sí mismos? Entonces comprenderéis el cuidado que el Señor siente por sus hijos. Sigue recordándote que Dios desea lo mejor para ti. Entonces cree que Dios te dará lo mejor, según le pidas. Pero pregunta (v. 7; véase Juan 16:24). Finalmente, extiende el mismo amor que Dios nos da a los que nos rodean (v. 12).

Toma decisiones correctas (vv. 13-14). ¿Qué es esta puerta de que habla Jesús? Es la puerta de la fe en Jesús, fe que se expresa en verdad, integridad y amor. La aleccionadora realidad que se encuentra en la declaración de Jesús es que la mayoría no encontrará esta puerta (v. 14). ¡Las puertas seductoras que ofrece el mundo engañarán a la mayoría! Jesús les dice a sus oyentes que estén seguros de que el camino que elijamos nos llevará a una relación genuina con el Señor. Necesitamos conocer la verdad de la Palabra de Dios y seguir esa verdad.

2 Reyes 16-17

Acaz se convirtió en rey de Judá después de la muerte de su piadoso padre Jotán, pero recuerda que en la época de Jotán, el pueblo había dejado de adorar al Señor (2 Crónicas 27:2). Acaz adoptó las prácticas de adoración paganas de los cananeos, que eran detestables al Señor (16:2-4). Cuando fue atacado por Aram e Israel, compró ayuda militar a Asiria en lugar de confiar en el Señor (vv. 7-9). Para empeorar las cosas, importó planos de un altar pagano de Damasco y construyó una réplica en el templo de Jerusalén (vv. 10-11). Aunque Dios envió a Isaías con una oferta de ayuda contra Aram e Israel (Isaías 7:1-12), Acaz persistió en su rebelión.

El desgarrador relato de la deportación del Reino del Norte en 722 a. C. se registra en el capítulo 17. Los hechos del exilio se registran de manera concisa en los versículos 1-6. Israel había estado subordinado al rey de Asiria y le pagaba un tributo anual. En un intento por cumplir con esta obligación, Oseas negoció con Egipto para formar una alianza y dejó de pagar el tributo a Asiria. Estos pocos versículos simplemente comienzan a describir el sufrimiento humano causado por el pecado del pueblo.

El origen de los samaritanos se ve en los versículos 24-41. Después de que la mayoría de los israelitas fueron deportados, el rey de Asiria repobló la tierra con no judíos, algunos de los cuales se casaron con los judíos que permanecieron en la tierra. Esto resultó en un grupo étnico y una religión con elementos de adoración a Dios mezclados con prácticas paganas. Estas eran las personas a que se hace referencia en el Nuevo Testamento como samaritanos.

Eclesiastés 12

Considera el versículo 1. Tenemos el desafío de recordar a Dios en la flor de la vida. Debemos hacerlo antes de que las debilidades de la edad dejen de lado el vigor de la juventud (vv. 2-5).

Finalmente, toma nota de la conclusión del libro. Los aguijones mencionados en el versículo 11 dan dirección para el cambio. La conclusión de Salomón se encuentra en los versículos 13 y 14. Para temer a Dios y guardar sus mandamientos, necesitamos un pensamiento bíblico crítico, que es la verdad de la Biblia en nuestra mente y la obra del Espíritu Santo para permitirnos aplicarla a nuestras vidas. Finalmente, recuerda que algún día todos estaremos delante de Dios (v. 14; véase 1 Corintios 3:13; 2 Corintios 5:10).

AGOSTO 4

Mateo 7:15-29

Aprenda el discernimiento espiritual (vv. 15-23). Estos comentarios tienen como objetivo proteger a los oyentes, y posteriormente a la iglesia, de las falsas enseñanzas. Pablo enfatiza la importancia de esto a los ancianos de la iglesia en Éfeso (Hechos 20:28-31) y en muchas de sus cartas. Nuestras acciones y relaciones siempre dan frutos, ya sean buenos o malos. Jesús nos dice que miremos el fruto. Esta es también una buena prueba para nuestra propia vida (véase 2 Corintios 13:5). ¿Cómo estás influyendo en la vida de otras personas? ¿Aquellos con quienes tratas se acercan más al Salvador? De estos versículos sabemos que nuestra influencia sobre aquellos a quienes tocamos nunca es neutral.

Después de la advertencia de Jesús sobre los falsos profetas, vienen sus palabras que invitan a la reflexión sobre aquellos que se presentarán ante él en el último día creyendo (erróneamente) que son salvos. Ésta debe ser la tragedia definitiva. Dos cosas van juntas con el verdadero conocimiento de Dios: la obediencia a sus mandamientos (v. 21b; véase Juan 14:21, 23-24; 1 Juan 2:3-6) y el fruto (vv. 15-20). Si hay uno, habrá el otro. Recuerda la amonestación de 2 Corintios 13:5. El autoexamen es un ejercicio saludable.

Construya sobre bases sólidas (vv. 24-27). Esto significa no sólo saber cuál es la verdad, sino también utilizarla para tomar decisiones diarias. Al estudiar la Palabra de Dios y aplicarla diligentemente, edificamos sobre una base segura. Recuerda que estamos construyendo para la eternidad.

2 Crónicas 28

El relato del rey Acaz en 2 Crónicas es paralelo al texto de 2 Reyes 16. Acaz fue el rey a quien Dios envió una palabra de esperanza y misericordia a través de Isaías, la cual él rechazó (Isaías 7-8). Acaz fue uno de varios reyes malvados en la historia de Judá. Abandonó descaradamente a Dios. Además, llevó al pueblo a la adoración falsa y la idolatría (vv. 2-4). Como resultado, Dios le trajo oposición. Aram (Siria) desde el norte (v. 5), Israel desde el norte (v. 5b) y Edom desde el sur (v. 17) lo oprimieron. Acaz acudió a Asiria en busca de ayuda en lugar de aceptar la ayuda del Señor (v. 16), con resultados desastrosos (vv. 20-21). A causa de esta dificultad, Acaz sólo se volvió más idólatra (vv. 22-25). El valle de Ben Hinón, donde Acaz sacrificó a sus hijos (vv. 2-3), estaba inmediatamente al sur de la ciudad amurallada de Jerusalén.

El único punto brillante en este relato es la misericordia que los israelitas extendieron a los prisioneros que fueron traídos a Israel desde Judá (vv. 8-15). En medio de la depravación de Acaz, los líderes del pueblo de Israel escucharon al profeta Oded quien dijo que no debían tomar al pueblo de Judá como esclavo.

Cantar De Los Cantares 1-3

Este breve libro, escrito en el lenguaje altamente poético del antiguo Israel, es una historia de amor de Salomón y su novia. El texto es rico en imágenes de palabras, que pueden resultarnos comprensibles, ya que el lenguaje del amor a menudo está repleto de ese tipo de ilustraciones. El texto identifica a la novia como la amada y a Salomón como el amante. Sigue la anticipación, el deleite de estar juntos y el anhelo que causa la separación.

AGOSTO 5

Mateo 8:1-17

Al final del capítulo 7 hay una transición desde el monte donde Jesús había estado enseñando a sus discípulos hasta el comienzo de su ministerio entre la gente.

La clave para entender el concepto del reino es la autoridad. Jesús vino a traer el reino de Dios a todas las personas. Al hacerlo, demostró su autoridad de varias maneras. En la lectura de hoy, sanó a los enfermos (vv. 3, 13, 15-16), demostrando su autoridad sobre los problemas físicos y los demonios.

Nota especialmente los versículos 5-9. El oficial romano entendía lo que significaba dar órdenes ya que tenía gente bajo su autoridad. Reconociendo la autoridad de Jesús, vino a pedirle que sanara a su siervo, entendiendo correctamente que Jesús sólo tenía que decir la palabra, dar la orden y se haría. La respuesta de Jesús fue notable (vv. 10-13). Reconoció la fe genuina del soldado, luego dijo que muchos, como este hombre, de fuera de la fe judía tradicional compartirían el reino, mientras que muchos de dentro, pensando que estaban seguros, se sentirían tristemente decepcionados en el infierno (v. 12). La tradición y el patrimonio no son suficientes.

➲ Estos ejercicios de la autoridad del reino cumplieron la profecía de Isaías (v. 17; véase Isaías 53:4a), demostrando que Jesús era el Mesías venidero prometido, y que es a través de la cruz que somos sanados. ☾

2 Crónicas 29-30

El relato de Ezequías en Crónicas es rico en detalles sobre las acciones del rey para hacer que la nación volviera al Señor. Su padre, Acaz, había despojado el templo de sus muebles y finalmente lo había cerrado. Ezequías no perdió tiempo en comenzar a cambiar las cosas, y sus instrucciones a los levitas demostraron una notable comprensión y perspicacia respecto de los problemas de la nación (29:3-11). Ezequías dirigió tanto la restauración del templo como el restablecimiento de la adoración (vv. 27-36).

Ezequías también invitó al pueblo de Israel a venir a Jerusalén para celebrar la Pascua (30:1-9). Aunque la invitación fue rechazada en gran medida, algunos respondieron. Lee la oración de Ezequías por los que no fueron purificados y el resultado en los versículos 18-20. Dios escuchó su oración (v. 27).

A pesar de la profundidad a que Acaz había llevado a Judá, es sorprendente lo que el liderazgo y la influencia de una persona lograron bajo el Señor.

Cantar De Los Cantares 4-6

Uno de los beneficios de tener este libro en las Escrituras es que nos asegura que Dios y la Biblia no son mojigatos respecto de los deleites del amor cuando se disfrutan en el contexto del matrimonio. Esta es una imagen de una pareja desinhibida que se entrega mutuamente con la bendición de Dios.

AGOSTO 6

Mateo 8:18-34

Jesús continuó demostrando la autoridad de su reino. Había sanado a los enfermos (8:16-17). Ahora calmó la tormenta (vv. 23-27), revelando autoridad sobre la naturaleza. Expulsó demonios (vv. 16, 28-34), lo que demuestra su autoridad sobre el mundo de los espíritus. Lo que sucedía ante los ojos de los discípulos fue tan sorprendente que les costó entender su importancia (v. 27).

Considera los hombres endemoniados descritos en el versículo 28. Observa el resultado en los versículos 33-34. Luego reflexiona sobre la actitud de la gente del pueblo. ¡Imagínate a alguien pidiéndole a Jesús que se fuera!

2 Crónicas 31-32

Estos cuatro capítulos, incluidos 2 Crónicas 29 y 30 de la lectura de ayer, revelan mucho sobre el extraordinario coraje y liderazgo de Ezequías. Nota estos ocho logros: *(1)* Reparó el templo e instruyó a los levitas a consagrarse (29:3-5). *(2)* Eliminó toda contaminación del santuario (29:5b). *(3)* Entendió el problema espiritual que enfrentaban, lo articuló claramente al pueblo y proporcionó liderazgo (vv. 29:6-9). *(4)* Hizo un pacto con el Señor y guio al pueblo a hacer lo mismo (vv. 29:10-11). *(5)* Restableció la adoración verdadera en la tierra (vv. 29:20-28). *(6)* Invitó al pueblo de Israel a unirse en adoración (30:1-9). *(7)* Dirigió la destrucción de los objetos de adoración paganos (31:1). *(8)* Proporcionó una adoración continua (vv. 31:2-19). ¡Qué legado tan notable!

¿Has pensado en el hecho de que Dios a veces prueba nuestros corazones? Vemos esto en muchos pasajes de las Escrituras. En Proverbios 17:3 leemos: "En el crisol se prueba la plata y en el horno se prueba el oro, pero los corazones los prueba el Señor." Santiago nos dice que "la prueba de su fe produce perseverancia." (Santiago 1:3). Aquí en 2 Crónicas encontramos este versículo que invita a la reflexión sobre Ezequías: "Sin embargo, cuando los gobernantes de Babilonia enviaron una embajada para investigar acerca de la señal extraordinaria que había tenido lugar en el país, Dios se retiró de

Ezequías para probarlo y descubrir todo lo que había en su corazón." (2 Crónicas 32:31).

Es en los pasajes paralelos de este evento que aprendemos sobre la señal a que se refiere este versículo. Antes de que el Señor sanara a Ezequías de su enfermedad, le había dado una señal: ¡hizo retroceder el sol (véase 2 Reyes 20:8-11)! Naturalmente, este extraordinario acontecimiento se observó no sólo en Israel, sino en todo el mundo. Esto llamó la atención de los babilonios, ya que habían sido líderes mundiales en astronomía durante más de mil años. Su investigación de este fenómeno aparentemente condujo al descubrimiento de que el rey Ezequías había pedido a Dios que hiciera retroceder el sol, y los príncipes de Babilonia enviaron enviados a su encuentro. Fue en esta reunión que "Dios se retiró de Ezequías para probarlo y descubrir todo lo que había en su corazón." (2 Crónicas 32:31). Ezequías era un hombre que amaba a Dios apasionadamente, pero no era perfecto y no pasó esta prueba. En cambio, prevaleció su orgullo. El Señor también prueba nuestros corazones. Que podamos decir con Job: "Él, en cambio, conoce mis caminos; si me pusiera a prueba, saldría yo puro como el oro." (Job 23:10).

Cantar De Los Cantares 7-8

Al leer la descripción que el amante hace de su amada en 7:1-9, observa su deleite desenfrenado en el cuerpo de ella. Él admira sus pies y de allí avanza hasta su cabeza. A sus ojos no se les escapa nada y no hay ningún indicio de inhibición. Compara sus descripciones con las de 4:1-7 y 6:4-9. Luego observa que ella sintió el mismo deleite al admirarlo (5:10-16).

En respuesta a su amante, ella le da su amor con la misma libertad que él le ha mostrado (7:9b-13). En contexto, se puede sentir la urgencia de este hombre y esta mujer de realizar su amor físico en la unión sexual. Sin lugar a duda, este es un regalo de Dios—para el momento adecuado de la vida. Vale la pena señalar que cuando esta joven cobra vida en respuesta a su amante, advierte a sus amigos que no permitan que esto suceda hasta que sea el momento adecuado (2:7; 3:5; 8:4). Al experimentar la fuerza de sus emociones, comprende lo difícil que sería manejarlas si no pudieran satisfacerse legítimamente (8:6).

AGOSTO 7

Mateo 9:1-17

Una mayor extensión de la autoridad del reino se revela a medida que continúa la narrativa del evangelio. En el proceso, los líderes religiosos confrontaron a Jesús con su incredulidad.

⮑Cuando trajeron al paralítico para que lo sanara, Jesús sanó primero el alma del hombre al declarar que sus pecados estaban perdonados. Los maestros de la ley captaron correctamente el significado de las palabras de Jesús: ¡Sólo Dios puede perdonar el pecado (v. 3; véase Marcos 2:6-7)! Sólo dos significados eran posibles: o Jesús era el Mesías, el Hijo de Dios, o se estaba tergiversando y blasfemando. Inmediatamente llegaron a la segunda conclusión. Observa cómo Jesús respondió a su pregunta silenciosa y se validó a sí mismo como el Hijo de Dios (vv. 4-7). ⮎

Jesús nuevamente confrontó las convenciones de los líderes religiosos cuando llamó a Mateo y luego fue a cenar a su casa (vv. 9-13). Ningún rabino habría tenido comunión con Mateo, un recaudador de impuestos. Piensa en la respuesta de Jesús (v. 13) y luego en cómo les explicó que el reino no podía limitarse a su interpretación rígida (vv. 14-17).

Isaías 1

Isaías profetizó y representó a Dios ante Judá durante los reinados de Uzías (Azarías), Jotán, Acaz y Ezequías. Su ministerio abarcó alrededor del 740-680 a.C., correspondiente al período sobre que hemos estado leyendo en Reyes y Crónicas.

Isaías, Jeremías, Ezequiel y Daniel son conocidos como los profetas mayores. Los otros doce libros proféticos, desde Oseas hasta Malaquías, se conocen como profetas menores, no porque sus mensajes sean menos importantes sino porque son más cortos.

El mensaje de los profetas es extremadamente útil para nosotros porque correlaciona los eventos registrados en Samuel, Reyes y Crónicas con cómo Dios veía al pueblo en ese momento y lo que tenía que decir acerca de su comportamiento. Lo que los profetas dijeron es relevante para nosotros, ya que los problemas del mundo actual son notablemente similares a los de entonces. La lectura cuidadosa de los profetas también nos ayuda a comprender con precisión cómo nos ve Dios. Los profetas llaman a la gente al arrepentimiento genuino. También revelan mucho sobre el Mesías, incluidos eventos relacionados tanto con su primera como con su segunda venida. Estas son algunas de las razones por que Dios incluyó los escritos proféticos en la Biblia (véase Romanos 15:4).

Al leer el capítulo 1, busca las descripciones del pueblo de Dios. A diferencia del buey o del asno, ¡no conocían a su amo (v. 3)! Esto a pesar de las bendiciones que Dios les había dado (v. 2). ¿Por qué no entendieron? Porque su pecado embotó su conciencia (v. 4).

Dios, a través de Isaías, le preguntó a Judá, ¿por qué someterse a más disciplina? Ya estás herido (vv. 5-6). Luego, la nación es retratada como un campo de melones, en el que sólo queda la choza del vigilante (vv. 8-9). La ilustración se refiere a un país invadido, las zonas rurales tomadas y sólo las ciudades fortificadas siguen en pie.

Nota cómo se sentía Dios acerca de sus prácticas religiosas (vv. 10-15). Ve también lo que Dios los llamó a hacer (vv. 16-17), su misericordiosa promesa de perdón y bendición (v. 19) y, a la inversa, la consecuencia de no escuchar (v. 20). Lee la descripción que Dios hace de la nación en los versículos 21-25a. ☑ Los versículos 25b-31 contienen la promesa de que, a pesar de sus pecados, Dios redimirá y restaurará la ciudad y la tierra, y la justicia será la regla. Esta restauración aún no se ha producido. El tipo de cambio profundo que aquí se describe sólo puede ser una obra soberana de Dios bajo el gobierno del Mesías. (Esta visión continúa en 2:1-5, que describe el reinado del Mesías). ⇦

Proverbios 1:1-7

Proverbios es parte del conjunto más amplio de literatura sapiencial de la Biblia que incluye Job, los Salmos, el Eclesiastés y el Cantar de los Cantares. Proverbios comprende una colección de sabiduría práctica para la vida presentada principalmente en declaraciones breves y memorables. Estas observaciones tienen que ver con la vida y las relaciones más que con Dios o su obra de salvación. Estas declaraciones son únicas porque a menudo se presentan sin contexto ni organización por tema. En lugar de profecías o promesas destinadas a aplicarse a cada situación, estas declaraciones son observaciones y principios sobre la vida destinados a ser memorizados y reflexionados fácilmente por aquellos que buscarían ser sabios aplicando el conocimiento a las situaciones de la vida.

Los primeros nueve capítulos de Proverbios están organizados en secciones, mientras que la mayor parte del resto del libro se compone de proverbios o dichos sabios individuales.

En este prólogo, observa los propósitos, beneficios y bendiciones de la sabiduría que se encuentra en este maravilloso libro.

AGOSTO 8

Mateo 9:18-38

⮑ Jesús continuó demostrando sus credenciales como Hijo de Dios. Sanó a la mujer que sólo se atrevió a tocar su manto (vv. 20-22). ¿Podría alguien excepto Dios hacer eso? Resucitó a la hija del gobernante de entre los muertos (vv. 25-26). ¿Podría alguien excepto Dios hacer eso? Sanó a los dos ciegos (vv. 27-30) y al hombre que estaba mudo debido a la posesión demoníaca (vv. 32-33). ¿Podría alguien más que Dios hacer eso? ⮐

Los acontecimientos registrados aquí presentan evidencia abrumadora del poder de Dios en Jesús. Sin embargo, observa la conclusión de los fariseos en el versículo 34. A pesar de la evidencia, no estaban dispuestos a considerar que Jesús era el Mesías prometido. En cambio, llegaron a la conclusión de que el poder que Jesús mostró procedía de Satanás. En los versículos 35-38, comprendemos el corazón de Jesús por los perdidos. Al observar a las multitudes, las vio acosadas e indefensas: ovejas sin pastor. Estaban sin protección y sin dirección. Nota que Dios es el Señor de la cosecha. Jesús pidió a sus seguidores que oraran para que los trabajadores fueran llamados a participar en esta gran cosecha. ¡Algunos irán al campo, pero todos tienen el llamado a orar! De hecho, todos nosotros participamos en esta cosecha con nuestro testimonio de la obra de Dios en nuestras vidas.

Isaías 2

☑ Los versículos 1-5 se refieren al fin de los tiempos, cuando el reino se establezca en la tierra y el Mesías reinará. Habrá hambre de conocer a Dios y todos le adorarán. Estos versículos corresponden a los de Miqueas 4:1-5 (véase Salmo 86:9; Zacarías 8:20-23; 14:16; Apocalipsis 15:4). ⇐

En el resto del capítulo 2 (vv. 6-22), el profeta habla del juicio de Dios sobre la nación a causa de su pecado. Judá se describe como una tierra de opulencia (v. 7) pero llena de prácticas paganas (vv. 6b, 8). El mensaje del Señor es que su juicio viene; los hombres orgullosos serán humillados (vv. 11, 17), y no habrá lugar donde esconderse. Nota el llamado al arrepentimiento y a confiar en Dios (v. 22).

☑ También parece haber una referencia al día del Señor: el gran juicio de Dios sobre las naciones en el momento de la segunda venida de Jesús. El mensaje del versículo 11 se repite en el versículo 17, enfatizando su verdad. Compara los versículos 10 y 19 con Apocalipsis 6:15-17, que también habla del juicio sobre las naciones cuando Cristo regrese. ⇐

Proverbios 1:8-19

Estos versículos se pueden dividir en dos secciones: *Aprende* y presta atención a lo que te han enseñado (vv. 8-9), y *no* permitas que otros te induzcan a pecar (vv. 10-19). La instrucción de los padres se presenta como algo hermosa que honrará a quienes recuerdan y observan lo que se les ha enseñado.

El mundo tiene muchas maneras de tentarnos a hacer lo malo (vv. 10-19). Sin embargo, el resultado de elegir el pecado es una vida destruida (vv. 18-19).

AGOSTO 9

Mateo 10:1-23

Cuando Jesús envió a sus discípulos a ministrar, los envió con el poder y la autoridad del reino que les demostraba (v. 1). Les estaba dando experiencia práctica para el momento en que ya no estaría con ellos. Este capítulo está lleno de ideas sobre el ministerio en el mundo, tanto el de ellos como el nuestro, y merece un estudio y una reflexión cuidadosos.

Jesús advirtió a sus discípulos sobre lo que enfrentarían (vv. 16-17). Los

discípulos son comparados con ovejas entre lobos. Las ovejas están completamente indefensas entre estos depredadores a menos que tengan protección.
Como cristianos seguimos un libro de reglas diferente al del mundo (v. 16b).
El cristiano debe ser abierto y honesto, mientras el mundo miente y se aprovecha según le conviene la situación. Esto es lo que Jesús quiso decir cuando
les dijo que fueran inocentes como palomas, pero astutos como serpientes:
sean absolutamente honestos como hijos del reino, pero comprendan que el
mundo tuerce la verdad y usa calumnias y violencia.

Isaías 3-4

El capítulo 3 predice la disciplina y el juicio de Dios sobre el pueblo.
Observa los resultados en el versículo 5, cuando se retira la gracia. En
los versículos 8 y 9, ve la evidencia del pecado entre el pueblo y dónde
reside la responsabilidad por el juicio venidero. La sociedad era totalmente
corrompida. El pecado era tan rampante que se lo exhibía abiertamente.
El pueblo había traído sobre sí mismo el desastre venidero (v. 9b). Al leer
el resto del capítulo, observa la visión de Dios sobre los líderes y los problemas específicos identificados. Los líderes habían aplastado al pueblo y
el rostro de los pobres (v. 15). Es algo terrible enfrentar el justo juicio del
Señor (vv. 13-14). Dios hace comentarios sobre las mujeres de Jerusalén en
los versículos 16-26. La riqueza huele a muerte y juicio cuando el pecado
controla a las personas.

☑Compara 4:2-6 con Ezequiel 36:24-38. La obra soberana de Dios en su
pueblo será algo totalmente nuevo. Los caminos viejos y pecaminosos serán un
recuerdo, y Dios estará presente con su pueblo. Para ilustrarlo, Isaías utiliza el
cuadro de la presencia de Dios con los israelitas en la liberación de Egipto (vv.
4-6). Ésta es la promesa del reinado milenario de Cristo el Mesías a su regreso
(véase 2:1-5). El milenio se aborda en las notas del 29 de diciembre sobre Apocalipsis 20. ⇦

Proverbios 1:20-33

La sabiduría aquí se presenta como una mujer que se ha acercado repetidamente a un pueblo obstinado. Mientras lees, escucha al Señor hablarte.

También tenemos muchas oportunidades de escuchar la sabiduría del Señor (vv. 20-21), y debemos escuchar con atención.

Nota el resultado de escuchar al Señor (v. 23), pero también el peligro de ignorar lo que sabemos que es la voluntad de Dios para nosotros (vv. 23-31). Existe el peligro de que creamos que Dios habla sólo a otros. Necesitamos prestar atención al modo de vida y a la seguridad (v. 33).

AGOSTO 10

Mateo 10:24-42

Jesús subrayó varios asuntos importantes cuando llamó a los discípulos y a nosotros al ministerio. Los trabajadores deben ser valientes (vv. 26-31) y debemos permanecer asombrados ante Dios (v. 28). No hay lugar para la timidez. La eternidad está en juego. Humanamente podemos sentirnos tímidos; Pablo también lo sintió (1 Corintios 2:1-3), pero con la presencia del Espíritu Santo podemos hablar con valentía (vv. 19-20; véase 1 Corintios 2:4). Desde una perspectiva eterna, ¿qué podemos hacer sino obedecerle con entusiasmo?

La fidelidad a Cristo es esencial (vv. 32-33). Qué aleccionador cuando Jesús dice que, si lo negamos, él nos negará.

Jesús también analiza las prioridades piadosas (vv. 37-39). Él no sugiere que seamos desleales a nuestras familias, sino que la obediencia a él debe ser lo más importante en nuestras vidas, incluso si eso significa la cruz.

Sopesa cómo estos tres temas deberían impactarnos o nos impactan en nuestra vida diaria.

Isaías 5

En los versículos 1-4, Isaías habla del papel de Dios en la historia de la nación, comparándolo con una viña que ha sido bien plantada y cuidada, una viña donde el jardinero debe esperar un retorno en términos de producción. El problema fue el mal fruto (v. 2b), y el resultado fue la eliminación de la protección (v. 5b), el juicio dirigido (v. 6a) y la bendición retenida (v. 6b). Nota la trágica consecuencia del pecado en el versículo 7b.

En los versículos 8-23, Isaías describe seis pecados específicos que Dios aborrece. *(1)* Adquisición inapropiada de tierras (vv. 8-10). La tierra pertenecía a Dios y fue entregada en fideicomiso (Levítico 25:23). En una sociedad agrícola, la tierra era poder económico. *(2)* Actividades de borrachera (vv. 11-17). Nota el estilo de vida de fiesta y la música (vv. 11b-12). *(3)* Espiritualidad falsa (vv. 18-19). *(4)* Normas confusas (v. 20). *(5)* Orgullo (v. 21). *(6)* Justicia denegada (vv. 22-23). La causa de estos problemas es evidente en el versículo 24b: El pueblo había rechazado la Palabra de Dios. Esto es algo en que debemos pensar. Como resultado, Dios traería juicio (vv. 25-30).

Proverbios 2:1-8

Un deseo decidido con sabiduría se describe en los versículos 1-4 (véase Jeremías 29:13). Necesitamos la mentalidad del Espíritu Santo para querer con todo nuestro corazón conocer a Dios.

Los resultados prometidos a quienes buscan a Dios con el corazón se encuentran en los versículos 5-8. Medita en estos versos. ¿Por qué alguien se conformaría con menos?

AGOSTO 11

Mateo 11:1-19

Después de que Juan fue encarcelado, sus discípulos vinieron a preguntarle a Jesús acerca de su ministerio. Es posible que Juan quisiera que sus discípulos vieran por sí mismos quién era Jesús, y esta era una manera de desviar su atención hacia él. O es posible que Juan se preguntara cuándo traería Jesús el reino prometido con su juicio al mundo y su bendición para su pueblo (Isaías 35:4-7; 61:1-2). Es posible que Juan estuviera buscando todas las bendiciones del Mesías durante su primera venida, sin entender el sacrificio en la cruz o la próxima segunda venida.

⊃ La respuesta de Jesús a los discípulos de Juan los refirió a la profecía de Isaías sobre el Mesías (Isaías 35:4-6; 42:1-9) y señaló que estaba cumpliendo literalmente esta profecía mesiánica. ⊂ Los discípulos de Juan habrían comprendido inmediatamente la importancia de lo que dijo Jesús. Luego Jesús añadió que aquellos que no se sintieran ofendidos por él serían bienaventurados. Los estaba llamando a la paciencia y la confianza.

Presta atención a los comentarios de Jesús sobre Juan. ¡Él fue el hombre más grande que nació! Esto alaba el carácter y los logros espirituales de Juan. También vemos que Juan era el Elías prometido (Malaquías 4:5) que prepararía el camino para la venida del Mesías (Malaquías 3:1).

Isaías 6

Isaías es una de las pocas personas registradas en la Biblia que tuvieron el privilegio de ver la gloria del Señor. Es significativo comparar la reacción de Isaías ante esta gloria con la de otros: Moisés y la zarza ardiente (Éxodo 3:5-6), Daniel en presencia del emisario de Dios (Daniel 10:4-11), Saúl (Hechos 9:3-9) y Juan (Apocalipsis 1:12-18). En cada caso, cuando la persona vio la gloria de lo eterno, tuvo una profunda comprensión de su propia pecaminosidad. Esta experiencia cambió la vida de Isaías. También seremos transformados cuando Dios toque nuestras vidas a través de su Palabra.

Isaías respondió al llamado divino. El Señor dejó claro que la tarea no sería fácil: el pueblo no escucharía. El resultado sería corazones endurecidos y oídos que no oían. Dios no decía que no quería que el pueblo respondiera a su llamado. Le decía a Isaías que la condición del pueblo era tal que no responderían, pero de todos modos necesitaban escuchar. Cuando Isaías preguntó cuánto tiempo debía hablar con el pueblo, el Señor respondió que debía continuar hasta que llegara el juicio (vv. 10-12). ☑Ten en cuenta que los escritores del Nuevo Testamento citan Isaías 6:9-10, aplicándolo como una profecía del ministerio de Jesús y la respuesta a su mensaje (véase Mateo 13:13-15; Marcos 4:10-12; Lucas 8:9-10; Juan 12:37-40). ⇦

Proverbios 2:9-22

El escritor continúa enumerando las ventajas de escuchar y responder al Señor: mayor comprensión y discernimiento (vv. 9-11) y evitar conductas que conduzcan al juicio (vv. 12-19). Si somos sabios, elegiremos el camino de la justicia (vv. 20-21).

AGOSTO 12

Mateo 11:20-30

En estos versículos Jesús afirmó que las personas serían responsables de la verdad a que habían sido expuestas. Las ciudades que Jesús mencionó habían oído el mensaje y visto la autoridad de Dios en Jesús. Eso debería haber sido suficiente para llevarlos al arrepentimiento. Pero ellos no respondieron, y Jesús dijo que serán juzgados por esto.

Teniendo esto en cuenta, ¿qué pasa con nuestras propias ciudades? Es sólo la misericordia de Dios que retrasa la caída de la mano del juicio sobre nuestro mundo. Tenemos la responsabilidad personal de compartir la verdad de Dios. Estos versículos explican cómo Jesús ve la falta de respuesta a la verdad.

⮑ La relación de Jesús con el Padre está claramente definida en el versículo 27. Todas las cosas fueron encomendadas a Jesús por el Padre. Jesús conocía al Padre y podía revelar a Dios a los hombres. Si deseamos conocer a Dios, necesitamos conocer a Jesús (Juan 1:18).

Regocíjate al leer los versículos 28-30. Al responder a los mandamientos de Jesús, experimentamos paz y gozo (la paz y el gozo de Dios), no cargas pesadas. Él es verdaderamente el Salvador. ⮒

Isaías 7

A principios del reinado de Acaz, con la amenaza tanto de Aram (Siria) como de Israel a sus puertas (2 Reyes 16:1-6), Dios le ofreció alivio (vv. 1-9). La única condición era confiar en Dios (v. 9b). Además, Dios se ofreció a darle a Acaz una señal de su intención. Pero Acaz rechazó la oferta (v. 12).

Isaías reprendió a Acaz por su arrogancia y dijo que Dios mismo daría una señal para conocer la próxima derrota de Israel y Aram por parte de Asiria. La señal fue el nacimiento de un niño cuyo nombre sería Emanuel (v. 14). Antes de que el niño hubiera crecido lo suficiente como para distinguir el bien del mal, la profecía se habría completado. De hecho, Asiria invadió muy pronto tanto a Aram como a Israel y unos años más tarde también devastó a Judá.

☑ Sabemos por el mensaje del ángel a José que esta señal (v. 14) también se aplica a la venida del Salvador (Mateo 1:22-23). Parece claro que la profecía de Isaías 7 también se aplica a la situación actual con Acaz. De modo que esta profecía tiene un doble significado: uno como señal para Acaz y el otro prediciendo el nacimiento de Jesús más de setecientos años después. ⇦

¿Quién era esta joven de los días de Acaz que tendría el niño? Posiblemente una niña o una joven que probablemente no sabía nada de la profecía, pero que posteriormente se casaría, tendría un hijo y lo llamaría Emanuel.

Proverbios 3:1-10

Este capítulo es un tesoro de sabiduría. Lee el texto y sigue el esquema simple de un llamado a prestar atención a la Palabra de Dios (es decir, buscar sabiduría, vv. 1-2), un llamado a relaciones de amor y fidelidad (vv. 3-4), un llamado a reconocer a Dios y confiar en él (vv. 5-6), un llamado a la humildad (vv. 7-8) y un llamado a recordar a Dios con lo que él ha provisto (vv. 9-10).

Todo esto comienza con prestar atención a las palabras que Dios nos ha dado. Si vivimos según la Palabra de Dios, nuestra vida será muy diferente de la norma del mundo. Nota las ricas bendiciones que se prometen a quienes escuchan y siguen su Palabra.

AGOSTO 13

Mateo 12:1-21

⮱ Jesús desafió específicamente a los líderes religiosos en su rígida interpretación de la Ley Mosaica (vv. 1-14). Sostuvo que no violó la ley al hacer la obra de Dios en sábado. No sólo cuestionó la interpretación de los líderes religiosos, sino que también cuestionó su práctica al revelar su inconsistencia (vv. 11-12). Además, Jesús dijo que él era Señor del sábado, es decir, Dios mismo (v. 8). ⮌ En lugar de aceptar las palabras de Jesús, los fariseos comenzaron a planear cómo destruirlo.

☑ Nota las características del Cristo (vv. 18-21) que se le atribuyen a Jesús, citadas de Isaías 42: su justicia (v. 18), su ministerio tranquilo (v. 19), su misericordia y comprensión (v. 20). y su reinado venidero (vv. 20b-21). ⇦

Isaías 8

Este capítulo fluye directamente del capítulo 7. ¿Es este niño que le nació a Isaías y su esposa el mismo que se predijo en 7:14? Es posible que no. El nacimiento del niño en el capítulo 7 presagiaría la destrucción de Israel y Siria. El capítulo 8 habla de los castigos divinos que vendrían no sólo a Israel y Siria (v. 4), sino también a Judá (vv. 7-8). Asiria sería su herramienta de juicio. El nombre del hijo de Isaías, Maher Salal Jasbaz, significa rápido para el botín, o ligero para los despojos, en referencia al juicio venidero de Dios a través de Asiria.

Sigue el pensamiento de Isaías en los versículos 6-10. Cuando las personas rechazan el camino del Señor, se vuelven de su paz (aguas que fluyen mansamente) a la angustia (poderosas aguas que fluyen). Este diluvio venidero arrasaría Judá y traería devastación.

Además, el Señor nos dice a quién temer (vv. 11-15). No tengas miedo de los hombres ni de sus alianzas. La palabra "conspiración" en el versículo 12 significa un tratado, posiblemente refiriéndose a la alianza entre Israel y Aram en el capítulo 7. En lugar de temer las amenazas externas, el pueblo fue llamado a temer y confiar en Dios (v. 13). El temor piadoso no es un temor tembloroso al desastre; es estar asombrado por el poder y la santidad de Dios. Sin embargo, un temor legítimo de Dios hará que lo reverenciemos y confiemos en él. Para los impíos, Dios es una roca sobre la cual serán destrozados (vv. 14b-15). ☑ Ten en cuenta que Pablo cita el versículo 14 y Pedro cita el versículo 14b, aplicando el pasaje a Jesús y la consecuencia de ignorar o desobedecer el mensaje del evangelio (véase Romanos 9:33; 1 Pedro 2:8). ⇦ Entonces, haz tu elección, le dice Isaías a Judá (y a nosotros); tener un sano temor de Dios con asombro y confianza, o esperar su juicio venidero.

☑ Los versículos 17b-18a se citan en Hebreos 2:13 con respecto a la relación de Jesús con los redimidos. Jesús declara su confianza en Dios el Señor y se presenta "con los hijos que Dios me ha dado". ⇦

Proverbios 3:11-18

Los versículos 11-12 hablan de disciplina. Pensamos en la disciplina como una acción para enderezar nuestra dirección cuando estamos fuera de rumbo. Esto suele ser cierto, pero no siempre. La disciplina puede ser una herramienta para fortalecer aún más lo que es bueno. Esto se aplica al atleta y al profesional que aprende las complejidades de su trabajo. El Señor trae disciplina a nuestras vidas para prepararnos mejor para vivir. (véase 1 Pedro 1:3-7). Puede parecer duro, pero la disciplina de Dios proviene de una mano de amor. Proporciona un cambio de dirección cuando necesitamos un cambio. Piensa en esto cuando las cosas no sean exactamente como te gustarías que fueran. Gracias a Dios por su amor y cuidado al darnos exactamente lo que necesitamos.

Considera los versículos 13-18 como un llamado a buscar sabiduría. Toma la voluntad de Dios como tu norma y camina con el Señor. El resultado que se describe en los versículos 17-18 son caminos placenteros, un camino pacífico, abundancia y bendiciones en la vida. Si esto es cierto, ¿por qué buscar otra cosa?

AGOSTO 14

Mateo 12:22-50

Al tratar de explicar el poder y la autoridad de Jesús sobre los demonios, los fariseos afirmaron que él usó el poder del príncipe de los demonios, Beelzebú (v. 24; 9:34). ➲ Sigue la lógica de la respuesta de Jesús. El corazón del reino es la autoridad, y Jesús dice que, si el poder de Dios expulsó a los demonios, entonces el reino de Dios había llegado (v. 28). ➲

Ahora mira el versículo 32. ¿Cuál es el pecado que no será perdonado? Los fariseos habían atribuido la obra del Espíritu de Dios (v. 28) a Satanás (v. 24).

La verdadera prueba de un árbol es su fruto (vv. 33-35). Jesús dijo que los fariseos demostraban de qué árbol eran por lo que decían (v. 34). Jesús advirtió que cada uno de nosotros somos responsables de nuestras palabras (vv. 36-37).

➲ Jesús dijo que conocerían su identidad por la señal que les daría: la señal del profeta Jonás (vv. 39-40). Así como Jonás estuvo tres días en el pez, Jesús dijo que estaría tres días en la tumba e implicó que después de ese tiempo emergería tal como lo había hecho Jonás. Al mismo tiempo, proclamó que era más grande que Jonás o Salomón, el hombre más sabio que jamás haya existido. ☚ Cada generación y cada persona es responsable de actuar según la verdad que se le ha dado (vv. 41-42).

Isaías 9-10

☑ Isaías 9:1-7 es una de las porciones proféticas más hermosas de la Biblia sobre la venida de Jesús. Algunas partes se cumplieron cuando Jesús vivió durante la primera venida (Mateo 4:15-16), pero ciertamente hay aspectos que no se cumplirán hasta la segunda venida (v. 7). Esto es crucial, ya que revela el carácter del reinado del Mesías. ☚

Mientras lees 9:8-10:34, busca las razones del juicio divino. Dios se sintió ofendido por el orgullo, la arrogancia del pueblo (9:9-10), la confianza en sus propias habilidades (v. 10) y sus malas lenguas (v. 17b). Los líderes y el pueblo estaban dispuestos a abandonar el camino de Dios (vv. 15-16). Las leyes injustas y opresivas hicieron que fuera fácil aprovecharse de los pobres (10:1-2).

Nota que 9:12b, 17b, 21b y 10:4b repiten la misma frase. Mira nuevamente el versículo que precede a cada una de estas frases y observa el significado de cada una.

¿Es Dios soberano sobre las naciones? ¡Ciertamente lo es! En 10:5-19 el Señor le habla a Asiria a través de Isaías. Dios mismo traería a Asiria contra Israel, Siria y Judá (vv. 5-6). Pero ciertamente éste no era el entendimiento del rey de Asiria. Para él, ésta era simplemente otra empresa militar nacional que pensaba llevar a cabo con la fuerza de sus tropas (vv. 7-11). Lo que el rey de Asiria no entendió fue que Dios también trataría con él (vv. 12-19).

Proverbios 3:19-26

Dios creó los cielos y la tierra en su sabiduría (vv. 19-20). Si seguimos a Dios en su sabiduría revelada, conservaremos el buen juicio y el discernimiento, y vendrán bendiciones.

Teniendo esto en cuenta, considera los versículos 21-26. El camino del Señor será vida para el creyente (v. 22). Será el camino de la seguridad (v. 23). Dará seguridad interior (v. 24). Dios será nuestra protección (vv. 25-26).

AGOSTO 15

Mateo 13:1-30

El evangelio de Mateo agrupa aquí una serie de parábolas. Cada parábola transmite una verdad espiritual diferente sobre el reino de los cielos.

El punto importante de Jesús en los versículos 11-17 es que las parábolas sólo eran inteligibles para algunos. Es posible oír la verdad, pero no aplicarla (vv. 13-15). Aquellos que responden a la verdad con fe reciben comprensión.

La parábola del sembrador (vv. 1-9, 18-23) ilustra cómo diferentes personas responden a la verdad del evangelio. La marca de la vida espiritual es su fruto. Los frutos sólo se obtienen con buena tierra y un campo libre de espinas. Las espinas (las preocupaciones de esta vida y el engaño de las riquezas) ahogan la Palabra de Dios (v. 22). Necesitamos evitar su trabajo inhibidor.

La parábola de la cizaña (vv. 24-30) muestra cómo Satanás ha intentado destruir la obra del reino. Al final, el Señor separará la cizaña y el trigo (v. 30). ⮑ Mirando hacia la explicación de Jesús de la parábola de la cizaña en los versículos 36-42, les dijo a los discípulos que él, el Hijo del Hombre, enviaría a los ángeles a recoger la cizaña para la destrucción y a los justos para recibir gloria (vv. 40-43). ☾

Isaías 11-12

Los capítulos 11 y 12, que son mensajes a Judá y Jerusalén, completan la sección inicial de Isaías. ☑ El carácter del Mesías y su reinado es el tema de 11:1-9 (véase 2 Pedro 3:13). Al referirse a una persona del sexo masculino en el Antiguo Testamento, era común referirse a esa persona con el nombre de su padre. Así, David se identifica con el nombre de su padre: Isaí. Sin embargo, en este pasaje Isaías se refiere al descendiente más lejano de David y del padre de David, Isaí: el Mesías.

Nota las características personales del Mesías (vv. 1-3a): El Espíritu del Señor dará poder a su ministerio y de él fluirán sabiduría y entendimiento, consejo justo, poder, conocimiento y temor de Dios. Sus juicios y decisiones no dependerán de la apariencia exterior sino del discernimiento de la verdad. Su carácter se aplicará a su reinado de manera práctica (vv. 3b-5). El efecto de su paz sobre toda la naturaleza será evidente (vv. 6-9). La naturaleza misma cambiará y todo estará a salvo. Finalmente, observa en el versículo 9b que todos conocerán al Señor. El conocimiento del Señor cubrirá toda la tierra.

¿Te imaginas la Tierra como un lugar de seguridad y justicia? Por eso 2 Pedro 3:13, con otras referencias, habla de la promesa de este cumplimiento como esperanza del creyente. Con el regreso de Cristo habrá verdadera justicia. En relación con esto, véase Tito 2:11-14.

La restauración del pueblo de Dios a la tierra se predice y se sitúa en el contexto del reinado del Mesías (vv. 10-16). Ten en cuenta que se refiere a una segunda vez. El primero puede referirse al Éxodo o a la restauración más pequeña de la tierra bajo Esdras y Nehemías alrededor del año 500 a.C. El versículo 13 dice que bajo el reinado del Mesías terminará la enemistad entre Israel y Judá. El apóstol Pablo usa el versículo 10 para referirse a los gentiles que vendrán a Cristo (Romanos 15:12). Finalmente, el capítulo 12 expresa el gozo y la alabanza del pueblo de Dios cuando llega este gran día. ⇦

Proverbios 3:27-35

Caminar con el Señor trae grandes bendiciones al creyente (vv. 17-26). Nuestra lectura de hoy nos muestra qué debemos evitar en este camino: errores comunes en el mundo real. Expresadas como acciones positivas, nuestras vidas demostrarán buena voluntad hacia los demás (v. 27), honestidad abierta (vv. 28-30) y evitación del engaño y la violencia (vv. 29-32). Dios detesta las actitudes y acciones pecaminosas que debemos evitar (vv. 32-34). Elige las bendiciones y el honor prometidos en los versículos 33b y 35a.

AGOSTO 16

Mateo 13:31-58

Las parábolas de la semilla de mostaza y la levadura ilustran cómo el reino crecerá e impregnará la sociedad. Desde la época en que Jesús vivió en la tierra, la iglesia ha crecido y ha afectado a las culturas de todo el mundo. Los gobiernos hostiles no han podido destruir la iglesia. Donde la iglesia es débil es por la falta de fe y obediencia de sus miembros.

Las parábolas del tesoro escondido y de la perla ilustran el valor del reino (vv. 44-46). Una vez apreciado el verdadero valor del tesoro o perla, el buscador lo abandonaba todo para adquirir el tesoro. Todo lo demás en la vida palidece en comparación con la riqueza de conocer a Dios y compartir su vida (Filipenses 3:7-10).

La parábola de la red (vv. 47-50) enseña que Dios decidirá el destino de todas las personas en el juicio final. Así, tanto en la parábola de la cizaña como en la parábola de la red, Jesús enseña que lo que hayamos sido durante la vida determinará si iremos al cielo (v. 43) o al infierno (vv. 42, 49-50). El asunto más importante que nosotros, como individuos, debemos resolver es que conocemos a Dios a través de la fe en el Señor Jesús. Muchos quedarán amargamente decepcionados porque no han tomado la decisión correcta (vv. 49-50; Lucas 13:22-27).

Isaías 13-14

Los capítulos 13-23 contienen profecías sobre las naciones del mundo. Aunque hay referencias a Judá, aquí el enfoque principal está en otras naciones.

Los capítulos 13 y 14 se refieren primero a todas las naciones de ese tiempo, pero también a la segunda venida de Cristo. ☑ Aquí nuevamente hay referencias al día del Señor. Esta frase, tal como se usa en el Antiguo Testamento, se refiere con mayor frecuencia al juicio mundial futuro cuando el Mesías venga en gloria y poder. Compara 13:9-10 con Mateo 24:29, donde Jesús habla de su venida en gloria y poder.

Babilonia se refiere al poder en el antiguo Cercano Oriente, pero también al sistema gubernamental y mundial del mal. Aunque el poder del reino de Babilonia fue quebrantado en los días de Daniel (Daniel 5), Apocalipsis 14:8; 17:3-6; y 18:1-24 hablan claramente de Babilonia en los últimos tiempos. Apocalipsis 18 habla particularmente del juicio que Dios traerá al sistema mundial en el momento del regreso de Cristo, y este sistema se identifica como Babilonia. De hecho, existen varios paralelos entre el lenguaje de Isaías 13 y Apocalipsis 18. ⇦

El capítulo 14 habla de la paz en la tierra después del juicio de Babilonia. ☑ Los versículos 1-8 hablan de que el Señor estableció a Israel una vez más en su tierra, y de que las naciones del mundo se sometieron a ellos. Esto se refiere al reinado mesiánico de Cristo durante el Milenio. ⇐Los versículos 9-11 examinan la bienvenida que recibe el rey de Babilonia en el mundo de los muertos. Se ha pensado que los versículos 12-14 dan alguna pista sobre cómo se rebeló Satanás y se refieren a su caída. Como el pasaje habla del rey de Babilonia, esto encajaría con la caracterización de Babilonia como el sistema mundial en contraste con el sistema de justicia de Dios. Compara 14:15-17 con Colosenses 2:14-15.

Proverbios 4:1-9

Nota todos los beneficios de adquirir sabiduría que prometen estos versículos. Repasa proverbios 2:2-12 y observa santiago 1:5. El Señor es generoso al darnos sabiduría cuando se la pedimos. ¡Qué regalo tan increíble!

AGOSTO 17

Mateo 14:1-21

El relato del asesinato de Juan el Bautista es notable. Piénsalo: este hombre de Dios tuvo el coraje de decirle al más alto funcionario romano de la región que vivía en pecado con su cuñada. Es aún más notable porque Herodes no era judío. Esto refleja la verdad de que la preocupación de Dios por el matrimonio y la moralidad se extiende a todas las personas.

Jesús necesitaba alejarse de la multitud cuando se enteró de la muerte de Juan el Bautista (v. 13). Una medida de la preocupación de Jesús por las personas es que recibió a quienes lo seguían en su soledad y con compasión curó a los enfermos. También alimentó a cinco mil hombres—además de mujeres y niños—multiplicando cinco panes y dos peces.

A veces necesitamos decir no a las exigencias de nuestro tiempo, pero necesitamos discernimiento del Señor para saber cuándo. En este caso, Jesús no rechazó a la gente, tal vez viéndola como se describe en Mateo 9:36, como ovejas sin pastor.

Isaías 15-16

El país de Moab es el tema profético de estos dos capítulos. Los moabitas surgieron de la unión incestuosa de la hija de Lot con su padre (Génesis

19:36-38). El país estaba al este del Mar Muerto, frente a Judá. Los pecados de orgullo, vanidad e insolencia se mencionan en el versículo 16:6. El juicio por el pecado en la vida de una persona o en la vida de otra nación nunca es algo en que debamos deleitarnos, porque todos somos pecadores. En cambio, los refugiados de la guerra merecen compasión (16:4). La excepción es Apocalipsis 18:20, donde a los redimidos se les dice que se regocijen por el juicio final sobre el malvado sistema mundial. En Isaías, sin embargo, observemos cómo el propio profeta se lamenta por el juicio venidero de Moab (15:5). Los lugares mencionados eran ciudades presentes en Moab en la época de Isaías.

☑ En 16:4b-5 ve la promesa del Mesías, viniendo a través de David, trayendo justicia y rectitud. Compara esto con 11:1-4. ⇦

Proverbios 4:10-19

El mensaje de Proverbios 4 y Romanos 12:1-2 es el mismo. En la lectura asignada para hoy, observa cuántas veces se insta al lector a no seguir el patrón de este mundo. Lo intrigante de este proceso de decisión y crecimiento es que tiene poco que ver con la educación formal. Cualquiera que permita que su mente sea informada por la Palabra de Dios demostrará una sabiduría poco común.

AGOSTO 18

Mateo 14:22-36

Aunque Jesús era verdaderamente humano, como Hijo de Dios no estaba sujeto a las mismas limitaciones que nosotros. La lección es que Pedro tampoco estaba sujeto a las limitaciones habituales, ¡siempre que sus ojos estuvieran puestos en el Señor! Considera las implicaciones de esto y luego lee Juan 14:12-14. En nuestras vidas, ¿comprometemos el poder del Espíritu Santo? ¿Qué más haría Dios en el mundo hoy a través de la ferviente oración y la fe de su pueblo?

Isaías 17-18

Damasco era la capital de Siria. Aram era la parte sur de Siria. En 17:3 se menciona a Efraín (Israel, también conocido como el Reino del Norte). Recuerda que en el capítulo 7 Israel y Siria se aliaron contra Judá.

En los versículos 3-6, el profeta dice que Israel compartirá el juicio de Siria, no será completamente destruido (v. 6) y que algunos se arrepentirán (vv. 7-8). Nota la verdad en el versículo 10a y las consecuencias que comienzan en el versículo 10b. No vale la pena olvidar o ignorar al Dios del cielo.

El país de Cus es hoy Etiopía. ☑Esta profecía prevé un tiempo en que el pueblo de Cus vendrá a Jerusalén para traer regalos al Señor (18:7; véase Isaías 2:3). ⇦

Proverbios 4:20-27

Se insta al lector a responder a la sabiduría de un padre. En el flujo del texto, esto también podría identificarse como la Palabra de Dios. Estas palabras son vida para quienes prestan atención (v. 22). Los versículos 25-27 son maravillosos para memorizar y meditar con frecuencia.

AGOSTO 19

Mateo 15:1-20

La pregunta planteada a Jesús al comienzo del capítulo (v. 2) resalta la diferencia entre religión y verdadera fe espiritual. Los fariseos y maestros de la ley tenían un sistema cuidadoso para guardar la ley que Jesús consideró inconsistente e inadecuado. De hecho, suplantó la intención de Dios en la ley (v. 3). En los versículos 8 y 9, Jesús señala el peligro de una forma religiosa sin sustancia. Los fariseos se centraban en las acciones externas más que en la actitud del corazón.

La pregunta de qué crea nuestra relación con Dios (la fe o las obras personales) es importante. El acto humillante de venir a Dios por fe, sin nada que ofrecer, sigue siendo la única manera posible de conocerlo (Juan 3:16, 36; Efesios 2:8-9). Es el método de Dios para plantar vida (v. 13).

Isaías 19-20

La notable profecía sobre Egipto en Isaías 19 espera un tiempo aún por venir, pero tal vez no en un futuro muy lejano. Es una profecía de juicio del Señor, seguida de un gran regreso al Señor por parte del pueblo egipcio.

En los versículos 1-14 se predicen tres juicios para el país. Los versículos 1-4 hablan de la guerra civil. Que ésta es la mano de Dios se ve en estas tres declaraciones: Incitaré a egipcios contra egipcios (v. 2), arruinaré sus planes (v. 3) y entregaré a los egipcios en poder de un amo cruel (v. 4). El segundo juicio es una crisis económica (vv. 5-10). Casi toda la economía de Egipto dependía del Nilo con sus inundaciones estacionales. Este juicio predice el secado del Nilo, con terribles consecuencias para la agricultura y la pesca. En tercer lugar, habrá una crisis de sabiduría y conocimiento entre los líderes del país (vv. 11-15). La mano de Dios los confundirá (v. 14).

☑Cinco bendiciones vendrán a la tierra (vv. 18-25). Cada una de estas bendiciones sigue la frase "en aquel día" en los versículos 18, 19, 21, 23 y 24. Tanto los egipcios como los asirios se volverán al Señor, y habrá una carretera entre los dos países, ¡tal vez a través de Israel! Estas profecías aún no se han cumplido y bien pueden referirse a los tratos soberanos de Dios con estas naciones en el momento del regreso de Cristo y el reinado mesiánico en Jerusalén. ⇦

Asdod (20:1) era la más importante de las cinco ciudades-estados de los filisteos que estaban sujetas a Asiria en ese momento. Asdod (y los otros filisteos) se rebelaron contra Asiria y recurrieron a Egipto en busca de ayuda. Eso fue un error. Con la rebelión de Asdod, llegó Sargón y una vez más estableció el dominio asirio sobre los filisteos. Isaías usó su ejemplo para advertir a los israelitas que no fueran a Egipto o a Cus en busca de ayuda, ya que Asiria también se llevaría a estos países (vv. 3-6).

Proverbios 5:1-14

Las Escrituras son claras acerca de las realidades del pecado: cuán atractivo parece el pecado y cómo, al final, muerde a la persona que lo permite. Proverbios 5-7 considera el pecado sexual. Aunque el texto habla de la tentación de los hombres, los mismos principios se aplican a las mujeres.

Hay un consejo práctico en los versículos 7-14: no te acerques al peligro. Si lo haces, puedes caer en pecado. Si nos permitimos llegar al lugar equivocado, podemos participar de acciones equivocadas con amargas consecuencias.

AGOSTO 20

Mateo 15:21-39

Contrasta la fe viva de la mujer cananea con la falta de fe verdadera de los fariseos y maestros de la ley (vv. 1-20). Este contraste ilustra la verdad que Jesús habló en Mateo 8:11-12. No confíes en los antecedentes familiares, la afiliación religiosa o la tradición para la salvación. ⮑ Fue significativo que cuando esta mujer cananea se dirigiera a Jesús, fuera como "Señor, Hijo de David" (v. 22). Ella entendió que Jesús era el Mesías prometido, y Jesús no la corrigió. Dejó que ella supusiera que él era el Mesías. Además, respondió a su fe, demostrando nuevamente que, si bien el Mesías y la salvación vendrían a través de los judíos, era y es para bendecir a todos los pueblos (véase Génesis 12:1-3). ⮐

Jesús es un modelo para nosotros en su uso del tiempo y las oportunidades. Mientras ministraba a las multitudes (vv. 29-30), satisfizo sus necesidades físicas y espirituales. Demostró su compasión al alimentarlos (vv. 32-39). Al mismo tiempo, Jesús enseñaba a los discípulos con el ejemplo a entender el verdadero ministerio.

Isaías 21-22

El capítulo 21 contiene tres breves profecías sobre Babilonia, Edom y Arabia. Cuando Isaías entendió la profecía sobre Babilonia, él mismo se angustió (vv. 3-4). Esta profecía probablemente predice la caída de Babilonia en manos de los medos y persas en el año 539 a.C. (véase Daniel 5).

Isaías habló fuertemente a su pueblo en el capítulo 22. Estas palabras (vv. 1-14) fueron escritas después de que el Señor liberó a Judá y Jerusalén, probablemente cuando Senaquerib sitió la ciudad (2 Reyes 18:13-19:36). Lo que fue tan doloroso para el profeta, y para el Señor, fue la actitud casual e impenitente del pueblo. Los versículos 9-11 muestran los desesperados preparativos para la batalla, pero el versículo 11b revela el corazón del pueblo. Dios los había llamado al arrepentimiento (v. 12), pero lo ignoraron (v. 13). Piensa en el significado del versículo 14. A veces el pecado tiene consecuencias irrevocables.

Sebna (v. 15) fue el secretario del rey bajo Ezequías (2 Reyes 18:17-37; Isaías 36). Dios estaba mirando el corazón de un hombre orgulloso (v. 16) y lo estaba pidiendo cuentas. Eliaquín (v. 20; 2 Reyes 18:18, 37) era el administrador del palacio a quien el Señor reconoció que tenía un corazón diferente. Isaías profetizó que Dios pondría a Eliaquín en el lugar de Sebna.

Proverbios 5:15-23

Estos versículos llaman a la fidelidad en el matrimonio. Ésta es la voluntad de Dios, y él conoce todos nuestros caminos: "Nuestros caminos están a la vista del Señor; él examina todas nuestras sendas." (v. 21; véase Salmo 139:1-12). Nota la aleccionadora advertencia que sigue: "Al malvado lo atrapan sus malas obras; las cuerdas de su pecado lo aprisionan. Morirá por su falta de corrección; perecerá por su gran insensatez." (vv. 22-23).

AGOSTO 21

Mateo 16:1-12

Los líderes religiosos acudieron a Jesús pidiéndole un milagro para probar su autoridad (v. 1). Él respondió que debían prestar atención a sus obvias enseñanzas y acciones, tal como mirarían las señales del clima, y sacarían conclusiones correctas (vv. 2-4). Eso debería ser suficiente para convencerlos de que Jesús tenía su autoridad de Dios.

Considera los versículos 5-12. La levadura de los fariseos y de los saduceos es su enseñanza (v. 12). Enseñaron conformidad con su visión de la ley y se perdieron el mensaje central de las Escrituras. Esta conversación es una continuación de la petición de una señal (v. 1), que Jesús rechazó. Su incredulidad y sus ideas preconcebidas bloquearon su comprensión de quién era Jesús (Juan 7:17). Jesús fue un paso más allá al identificar la levadura de los fariseos como hipocresía (Lucas 12:1). Esa definición coincide con lo que Jesús dijo en Mateo 15:7-9.

Isaías 23

Tiro y Sidón en la costa del mar Mediterráneo formaban parte de Fenicia. Este país marítimo estaba en la costa occidental de Galilea, extendiéndose al norte de Israel.

Lee la queja de Dios contra el pueblo en el capítulo 23. Una de las razones de la acción de Dios contra ellos fue su orgullo (v. 9). Las interrelaciones económicas entre las naciones eran importantes (vv. 3, 5). De hecho, los verdaderos príncipes del país eran los mercaderes (v. 8b). Sin embargo, no habría ningún lugar al que escapar de la lección de Dios. No podrían ir ni al oeste (v. 12b) ni al este (v. 13).

Proverbios 6:1-5

A veces nos comprometemos con obligaciones que son imprudentes. El mensaje de los versículos 1-5 es no comprometernos con tales obligaciones. Si más tarde descubrimos que nos hemos comprometido a algo imprudente o incorrecto, debemos tomar todas las medidas necesarias para liberarnos de esos compromisos.

AGOSTO 22

Mateo 16:13-28

⮎ Mientras Jesús estaba con sus discípulos en Cesarea de Filipo, Pedro dijo que creía que Jesús era el Cristo (el Mesías prometido), el Hijo de Dios, y Jesús reconoció que eso era cierto. En ese momento, en el contexto de la confesión de Pedro, Jesús comenzó a decirles a sus discípulos que lo matarían y resucitaría de entre los muertos. Esta nueva fase de su ministerio culminaría en el acto central de la redención: la muerte de Jesús en nuestro lugar. ⮎ Ten en cuenta que la obra de Dios en Pedro le permitió comprender la verdad acerca de Jesús (v. 17). Esta era la verdad sobre la cual se establecería la iglesia (Jesús como el Cristo, el Hijo de Dios, v. 18).

Piensa detenidamente en el discipulado tal como lo definió Jesús en los versículos 24-27. Esto no describe un tibio reconocimiento de que Jesús es el Salvador. Esta fe va al centro mismo de la vida. Seguirá a Jesús a dondequiera que le lleve el camino (v. 24), en lugar de elegir la seguridad o la conveniencia (vv. 22-23). Pone la voluntad de Jesús como la máxima prioridad. Espera con ansias la venida de Jesús (v. 27). ¿Cómo se compara tu fe? No se nos promete una vida libre de dificultades, pero la recompensa por nuestra fidelidad será incomparable.

Isaías 24

A los capítulos 24-27 a veces se les llama el pequeño apocalipsis. Las porciones apocalípticas de la Biblia hablan del juicio en el día del Señor y de la restauración de la tierra durante el reinado del Mesías en los últimos días. Estos eventos están relacionados con la segunda venida de Cristo. Lee toda la sección teniendo esto en mente.

☑ El capítulo 24 describe una destrucción mundial de proporciones sin precedentes. En la cronología de la redención, esto ocurrirá en el momento de la segunda venida de Cristo. Será un gran nivelador; el estatus no importará porque todos se verán afectados de la misma manera trágica (vv. 1-3). La razón de la devastación es la rebelión consciente contra las leyes de Dios (vv. 5-6). El tejido económico y social de la sociedad será destruido (vv. 7-13; véase Apocalipsis 18:22-23). No habrá escapatoria (vv. 17-18). El juicio de Dios también se extenderá a los poderes malignos en los cielos (vv. 21-22; véase Efesios 6:12).

Observa en el capítulo 24:13-16a que el juicio venidero será un tiempo de gran regocijo para el pueblo de Dios. Apocalipsis 18 es un paralelo con Isaías 24, y en Apocalipsis 18:20 Dios llama a su pueblo a regocijarse en el juicio que finalmente ha llegado a la tierra. ¡La justicia finalmente se establece! Dios está juzgando el pecado y establecerá su reino de rectitud y justicia en la tierra. Eso es motivo de regocijo (Isaías 24:23b). ⇦

Proverbios 6:6-11

La Biblia tiene mucho que decir sobre el valor de nuestro trabajo, las recompensas que trae e incluso que nuestro enfoque y dedicación a nuestro trabajo debe ser como si lo estuviéramos haciendo para el Señor mismo (véase Colosenses 3:23-24). Aquí estamos llamados a considerar el trabajo consistente y eficaz de la hormiga. También se nos advierte que dormir demasiado impedirá ver las recompensas que de otro modo se obtendrían del trabajo dedicado y fiel.

AGOSTO 23

Mateo 17:1-13

Para quienes acompañaron a Jesús al Monte de la Transfiguración, la apariencia alterada de Jesús, la presencia de Moisés y Elías, y la voz audible de Dios Padre proporcionaron más información sobre la identidad de Jesús y los eventos venideros de su muerte y resurrección. Es significativo que Moisés y Elías vinieran a hablar con Jesús y que su conversación fuera sobre la muerte de Jesús (véase Lucas 9:30-31). Moisés representó la ley; Elías representó a los profetas; y Jesús fue el cumplimiento tanto de la ley como de los profetas, redimiendo a todos los que creerían (véase Lucas 24:27).

☑ Cuando Jesús explicó su muerte y resurrección a los discípulos después de los acontecimientos en el camino a Emaús (véase Lucas 24:13-27), señaló que estas cosas habían sido claramente predichas por Moisés y los profetas. ⇦

Isaías 25-26

☑ Es útil ver los capítulos 24-27 como una unidad, que habla del fin de los tiempos y el juicio final. Este es el día del Señor, asociado con el regreso de Cristo en gloria. El capítulo 24 predice el terrible juicio en términos vívidos, similares a la descripción que se encuentra en Apocalipsis 18. El capítulo 25 mira hacia atrás en el evento, y el capítulo 26 nuevamente espera el juicio de Dios sobre las naciones. El capítulo 27 habla de todo Israel (Israel y Judá) en el contexto de ese juicio final.

Isaías 25:1-5 analiza en particular el gran juicio como un acontecimiento consumado. Se ve como algo maravilloso (v. 1; véase Salmo 46:8-11). La ciudad que simboliza las ciudades del mundo es un montón de escombros, y las fortalezas de los paganos no se levantarán más (v. 2). Los fuertes y los despiadados se verán obligados a honrar a Dios como Rey (v. 3; Apocalipsis 15:3-4; Filipenses 2:9-11). En contraste, el pueblo de Dios disfrutará de su protección (vv. 4-5).

En los versículos 6-9, Isaías habla de un tiempo en que el Señor Dios instituirá el nuevo orden del reino: el reino del reinado de Cristo y, finalmente, el reino eterno de Dios. Se preparará una lujosa mesa de banquete para el pueblo de Dios (v. 6; véase Mateo 8:11-12). ¡Tenemos mucho que esperar!

En el capítulo 26, piensa en los versículos 1-9 como el testimonio del pueblo de Dios mientras espera el nuevo orden. De lo que se habla aquí es anticipatorio, porque "*en aquel día* se entonará esta canción" (v. 1). Los versículos 3 y 4 son los que debemos memorizar y meditar con frecuencia. "Al de carácter firme lo guardarás en perfecta paz, porque en ti confía. Confíen en el SEÑOR para siempre, porque el SEÑOR, el SEÑOR mismo, es la Roca eterna."

☑ La referencia en los versículos 19-21 a una nueva vida debe entenderse como la renovación de Israel cuando Cristo regrese para juzgar a los impíos (v. 21; véase Ezequiel 36:8-37:14; Zacarías 12:10-13). ⇦

Proverbios 6:12-19

Los versículos 12-15 identifican el carácter engañoso de los malvados, junto con la calamidad resultante. Los siete pecados de arrogancia, engaño, violencia, malas intenciones, malas acciones, mentiras y disensiones se enumeran en los versículos 16-19. Como hijos de Dios, debemos mantenernos lo más lejos posible del engaño.

AGOSTO 24

Mateo 17:14-27

En Mateo 10, Jesús envió a los discípulos a ministrar. Les dio autoridad para expulsar a los espíritus malignos y curar a los enfermos. Sin embargo, cuando un hombre pidió a los discípulos que sanaran a su hijo, que padecía ataques epilépticos, no pudieron hacerlo (vv. 15-16). Jesús sanó al niño expulsando a un demonio que estaba causando las convulsiones. ¿Por qué los discípulos no habían podido sanar al niño? Jesús relacionó su incapacidad con la falta de fe.

Piensa en el versículo 20 según se aplica a nuestro ministerio de fe y oración. Al igual que los discípulos, nuestro ministerio confronta el reino de Satanás. Para hacer esto con poder, debemos aprender a orar con una fe que mueve montañas. Jesús dice que esto es eficaz y alcanzable en esta vida.

Isaías 27

☑ El capítulo 27 concluye la sección que anticipa el juicio final sobre el mundo y el establecimiento del nuevo orden del reino. Este capítulo promete el restablecimiento de Israel, usando la frase "en aquel día" tres veces (vv. 1, 2, 12) y la frase "días vendrán" una vez (v. 6). Dios sí tiene un lugar para su pueblo Israel en los últimos tiempos, cuando toda adoración que no sea del Dios verdadero será desterrada (v. 9). El Señor bondadosamente traerá a todo su pueblo de regreso a la tierra, uno por uno (vv. 12-13). Y "en aquel día," las naciones extranjeras vendrán y adorarán al Señor, el Mesías, el Rey, en Jerusalén (véase Isaías 2:1-5; Zacarías 14:16). ⇦

Proverbios 6:20-35

Estos versículos son una poderosa advertencia contra el pecado del adulterio (vv. 20-35). Si pones el pie en esta trampa, quedarás inevitablemente atrapado y las calamitosas consecuencias para la vida y las relaciones serán devastadoras, costosas y de gran alcance. Pero hay una razón aún mejor para elegir el camino de Dios: el Señor conoce todos nuestros caminos incluso si pensamos que nadie más los conoce (véase 5:21-23). Vivimos abiertamente ante él (véase Salmo 139:1-12; 2 Crónicas 16:9) y él se deleita en recompensar nuestra fidelidad.

AGOSTO 25

Mateo 18:1-14

Jesús usó la pregunta planteada por sus discípulos (v. 1) para enseñarles acerca de lo que es importante en el reino (vv. 3-4) y el valor de los niños pequeños (vv. 5-7, 10).

La humildad infantil es una condición para la entrada al reino e incluso se equipara con la grandeza (v. 3). Esto es muy diferente de la definición de grandeza que tiene el mundo. Un niño pequeño confía con fe incuestionable. Jesús declara en el versículo 4 que la fe y la humildad de un niño pequeño se consideran grandes en el reino de Dios.

Jesús usa palabras fuertes para enfatizar la responsabilidad que todos compartimos de no llevar a un niño a una conducta pecaminosa (vv. 6-8). Habrá consecuencias muy graves para cualquiera que lo haga.

Isaías 28

Los capítulos 28-33 muestran la condición del pueblo de Judá desde la perspectiva del Señor. A primera vista, el capítulo 28 parece estar dirigido únicamente al Reino del Norte, o Israel. Sin embargo, en contexto, el mensaje también es aplicable a Judá, ya que los principios también se aplican a ellos... y a nosotros.

El versículo 1 revela el efecto del alcohol en la nación y cómo el vino redujo su potencial tremendo. Los sacerdotes y los profetas eran borrachos (vv. 7-8). Al intentar instruir, enseñaron reglas (v. 10) en lugar de fe de corazón y compromiso con Dios. ☑ En medio de este comentario está la promesa de lo que Dios finalmente hará por los suyos, redimiéndolos en justicia y juicio (vv. 5-6). ⇦

En los versículos 10-13, se enseña que las Escrituras se vuelven una carga cuando se presentan sólo como un conjunto de reglas. Las mismas palabras que están destinadas a llevarnos a conocer a Dios se convierten en una sentencia de muerte para aquellos que simplemente abrazan sus reglas sin volverse al Señor (véase Romanos 3:19-20; 6:23). En los versículos 14 y 15, el orgullo y la insolente confianza en sí mismo marcan a la persona que siente que no necesita temer a la muerte ni al infierno. Ve lo que dijo el pueblo en el versículo 15b y lo que Dios dijo acerca de esto en el versículo 18. ☑ La piedra angular en el versículo 16 se identifica como Cristo en Romanos 9:33 y 1 Pedro 2:6. Romanos 10:11 cita el versículo 16b, relacionándolo con Cristo. Jesús es la piedra fundamental de la edificación descrita como la redención, pero para aquellos que se niegan a creer, él es una roca de tropiezo. Los versículos 16-19 presentan al Mesías como fortaleza y salvación para el creyente, pero juicio y muerte para los rebeldes. El versículo 19b describe a la persona que no acepta a Jesús en esta vida. Cuando finalmente conozca al Señor y comprenda la verdad (como todos lo harán), habrá terror absoluto para aquellos que no han aceptado a Jesús como Señor y Salvador en esta vida. Jesús advirtió que para esas personas será demasiado tarde para cambiar su destino eterno (véase Mateo 7:21-23; 24:30). ¿No debería esto obligarnos a ser intencionales y audaces al compartir el amor de Cristo con nuestra familia y amigos? ⇦

Hay una lección tanto para la iglesia como para israel en los versículos 23-29. Hay una secuencia en la agricultura (arar, plantar, cosechar, procesar) y el resultado es la comida. Una persona necia es como un granjero que sigue arando y arando, pero no planta, por lo que no obtiene cosecha. Dios quiere que seamos fructíferos y que progresemos en el camino hacia la madurez, trayendo frutos, gavillas y una cosecha.

Proverbios 7:1-5

Existe una manera práctica e infalible para evitar la participación sexual ilícita, pero debemos aplicarla fielmente. Aprende la Palabra de Dios, comprométete a la obediencia y sigue recordándonos la verdad (vv. 1-2), ¡tal como lo estás haciendo con las lecturas de las Escrituras de hoy! Haz lo que sea necesario para recordar su Palabra (v. 3). Haz de la sabiduría y del entendimiento (el mensaje de la Biblia, v. 4) tus amigos y fieles compañeros. Traerán la protección necesaria para una vida prudente (v. 5).

AGOSTO 26

Mateo 18:15-35

Las pautas para el conflicto entre creyentes se describen en los versículos 15-20. La clave es la comunicación directa y honesta, primero uno a uno y luego con los demás si el asunto no se puede resolver solo. Lo que Jesús describe es una solución gradual, incluyendo a toda la congregación si es necesario. En última instancia, se requiere la exclusión de la iglesia si todo lo demás falla y el delito está claramente establecido.

El versículo 18 se refiere a la autoridad de la iglesia. Mientras la congregación busca dirección en el Señor, Jesús promete dársela.

En la parábola del siervo despiadado (vv. 21-35), reflexiona sobre el significado de la historia y, en particular, la conclusión del versículo 35. Sabemos que el perdón del Señor está disponible con sólo pedírselo, basado en la gracia de Dios. Nota la promesa segura del perdón de Dios para nosotros que se encuentra en 1 Juan 1:9. El precio del pecado ya está pagado (1 Pedro 1:18-19). Pero Mateo 18:35 y 6:14-15 también revelan la verdad. Ambas referencias imponen una condición al perdón de Dios hacia nosotros: nuestro perdón gratuito hacia los demás. Efesios 4:32 también nos instruye a perdonarnos unos a otros. Por lo tanto, es necesario leer 1 Juan 1:9 teniendo en mente Mateo 6:14-15. Si tienes cuentas pendientes que necesitas saldar con otras personas, hazlo ahora.

Isaías 29-30

En el capítulo 29 el foco de la profecía se vuelve a Judá, y en particular a Jerusalén (Ariel). El pueblo observaba una forma de adoración caracterizada por el ciclo de fiestas en el versículo 1 y el honor verbal al Señor en el versículo 13. Sin embargo, esto era sólo formal. Como resultado, el pueblo quedó ciego y en el estupor espiritual (vv. 9-10).

La lección urgente es que, por sí mismas, las formas religiosas son aborrecibles para Dios. En cada paso en el camino hacia un mayor conocimiento bíblico o percepción espiritual que Dios nos da, debemos aplicar lo que aprendemos si queremos crecer. Parece que no hay término medio. A menos que lo apliquemos, el conocimiento o la percepción añadidos nos acusan.

☑ La liberación del Señor para la nación en los versículos 5-8 va más allá de la situación durante los días de Isaías y alcanza la futura gran liberación del pueblo de Dios cuando su juicio venga sobre todas las naciones. En ese momento, el Mesías será el poderoso libertador cuando las naciones ataquen al pueblo de Dios (véase Zacarías 9:14-17; 14:1-22; Joel 3:14-16). ⇐ El rechazo del pueblo al Señor se aborda en el capítulo 30. En lugar de confiar en Dios, la nación buscó ayuda militar en Egipto. Pero lo que es aún más trágico es que no querían el mensaje de Dios (vv. 10-11). "¡No nos sigan profetizando la verdad! Díganos cosas agradables, profeticen ilusiones." Dios respondió a esa actitud en los versículos 12-13. Todavía había un camino abierto para ellos en el versículo 15. Podrían haberse vuelto a él en arrepentimiento y tranquila confianza, pero se negaron.

☑ Nuevamente, la atención se centra en el futuro, cuando el Señor regresará para juzgar a los malvados y restaurar a su pueblo (29:18-24; 30:19-33). Compara el versículo 26 con Apocalipsis 16:8-9 y los versículos 25-28 con Lucas 21:25-28. Estas Escrituras dejan claro que el juicio venidero presentado en Isaías 30 está relacionado con la venida del Señor. Una visión dramática de este evento se encuentra en Apocalipsis 19:11-16. ⇐

Proverbios 7:6-27

Al leer el relato de los jóvenes en los versículos 6-23, considera el hecho de que la atracción y el impulso sexual son más fuertes en los hombres jóvenes porque es un momento de la vida en que el juicio no está completamente desarrollado (v. 7). Durante este tiempo, los jóvenes son especialmente vulnerables. La mentira del mundo es que la relación sexual casual es una parte perfectamente normal del crecimiento. La verdad es que la inmoralidad sexual es físicamente peligrosa y personalmente devastadora. Ora por tus hijos y los jóvenes de tu iglesia. Alienta esta aplicación de la Palabra de Dios (vv. 1-4) en sus vidas desde una edad temprana. Como familias y como iglesia, debemos hacer todo lo que podamos para incorporar la Palabra de Dios en las vidas de nuestros jóvenes.

AGOSTO 27

Mateo 19:1-15

Mientras lees los versículos 1-12, considera lo que Jesús dijo en Mateo 5:27-32. Luego observa la respuesta de los discípulos en el versículo 10. Su conclusión nos habla del mundo en los días de Jesús. Sin lugar a duda, Jesús estaba mejorando su visión de la norma divina sobre el matrimonio.

Históricamente, en todo el mundo los niños han tenido poco valor. Incluso hoy en día, muchos niños en todo el mundo son abandonados, abusados, ignorados y explotados. En los versículos 13-15, observa que Jesús bendijo a los niños y les comunicó lo valiosos que eran.

Como familias cristianas y como iglesia, tenemos la oportunidad de hacer lo mismo. Los niños son preocupación de Dios y les debemos bondad, provisión para las necesidades, una sólida preparación para la edad adulta y, lo más importante, la oportunidad de conocer a Cristo como Salvador.

Isaías 31-32

Isaías 31 se escribió durante la amenaza de Asiria a Judá y Jerusalén (véase 2 Reyes 18:13-37; 2 Crónicas 32:9-21; Isaías 36-37). En esta crisis, Judá recurrió a Egipto en busca de ayuda militar, en lugar de buscar ayuda del Señor (véase Isaías 30:1-5). Sin embargo, a pesar de su pecado, el Señor anunció su misericordiosa provisión para ellos. Prometió liberarlos personalmente (31:4-5). La victoria sobre los asirios se lograría sin poder militar y con los asirios en pánico (vv. 8-9). Veremos esto cumplido en los capítulos 38 y 39. En 31:6-7 se encuentra un llamado al arrepentimiento. Dios llamaba bondadosamente al pueblo a confiar en él en lugar de recurrir a un Egipto poco confiable.

El presente y el futuro de Judá son el tema del capítulo 32. La situación en la época de Isaías se describe en los versículos 6-14, mientras que el nuevo orden se describe en los versículos 1-5, 15-20. Observa en los versículos 6-8 la descripción del pueblo en los días de Isaías y la advertencia de Dios en los versículos 9-14. La maldad y la complacencia traerían la disciplina divina. ☑El contraste del nuevo orden es sorprendente (vv. 14-20). La rectitud, la justicia, la paz, la tranquilidad y la confianza serán introducidas en el tiempo del reinado del Mesías. ¡Qué maravillosa esperanza para todos los que conocen al Señor! ⇦

Proverbios 8:1-11

En este capítulo, la sabiduría se presenta hablándonos directamente en primera persona. Nota las características únicas de la sabiduría divina. Está disponible para todos (v. 4), independientemente de sus habilidades naturales o nivel de educación (v. 5). La sabiduría de Dios siempre busca la verdad y dice la verdad (vv. 6-7). La sabiduría vale más que las grandes riquezas (v. 10) o cualquier otra cosa que se pueda desear (v. 11).

Observa nuevamente el versículo 5 y compáralo con el capítulo 1:1-7. La sabiduría de Dios, que se encuentra en las Escrituras, nos ayuda a comprender tanto nuestra relación con Dios como cómo responder a las tentaciones del mundo con prudencia y sabiduría. ¿Cómo podemos darnos el lujo de descuidar las Escrituras?

AGOSTO 28

Mateo 19:16-30

La clave para entender la conversación de Jesús con el joven rico se encuentra en Mateo 6:19-21. Especialmente ten en cuenta 6:21. Aunque vivió con cuidado, se hizo evidente dónde estaba el tesoro de este joven.

Nota el fuerte control que las posesiones tienen sobre las personas (vv. 23-24). Se necesita la obra de Dios para liberarnos a una perspectiva eterna (v. 26), que nos permite amar y servir a Dios mientras tenemos las posesiones con la mano abierta. Refiriéndose una vez más a las palabras de Jesús en Mateo 6:24, la pregunta es ¿para quién o para qué trabajamos? ¿Qué es lo que nos motiva? ¿Es nuestra relación con el Señor Jesús la más importante?

A medida que el Señor evalúe los corazones de su pueblo, habrá algunas sorpresas cuando entremos al reino (vv. 28-30). ➲ Jesús dijo que, en la consumación de la era, él se sentaría como Señor en los cielos (v. 28). ☾ El tesoro que espera a quienes siguen a Jesús vale mucho más que cualquier cosa que podamos renunciar por su causa (vv. 21, 28-29).

Isaías 33

El capítulo 33 probablemente se escribió cuando Asiria amenazaba a Jerusalén, como se registra en 2 Reyes 18-19; 2 Crónicas 32; e Isaías 36-37. El versículo 1 probablemente habla de Senaquerib, rey de Asiria.

La realidad de la crisis es evidente en los versículos 7-9. El campo ya había sido conquistado y el ejército estaba junto al muro de Jerusalén. La oración del pueblo se relata en los versículos 2-4 y el mensaje de Isaías en los versículos 5-6. Dios es grande, así que ¡confía en y teme a él! Esta será la respuesta al peligro.

Compara los versículos 14-16 con el Salmo 15. La persona de Dios elige el camino de Dios. Además, esa persona recibe la bendición de Dios. La fe en el Señor siempre está ligada al comportamiento (véase Juan 14:23-24).

Probablemente haya un doble significado en los versículos 17-24. En un nivel describe la liberación de la amenaza del ejército de Senaquerib. ☑ El pasaje también parece anticipar el reinado del Mesías. El contraste con el estado anterior es dramático (vv. 18-19, hablando de los oficiales de Asiria), y la condición permanente de la ciudad y del pueblo será gloriosa. La paz permanente contrastará con las repetidas amenazas a la nación durante su antigua existencia. ⇐

Proverbios 8:12-21

En esta sección, la sabiduría una vez más habla en primera persona (como en 1:20-33). Es como si el Señor mismo estuviera hablando, hablándonos acerca de la sabiduría que está disponible para quienes la buscan. Con la sabiduría de Dios podemos actuar según el conocimiento y obtener un resultado piadoso (v. 12). Aplicar esta sabiduría es comprender la naturaleza maligna del mundo y alejarse del mal comportamiento, del orgullo, de la arrogancia y del habla engañosa (lo que no es natural para nosotros, v. 13). Compara el versículo 17 con 8:4, 35. La invitación está abierta a todos, y aquellos que encuentran esta sabiduría encuentran la salvación.

AGOSTO 29

Mateo 20:1-16

Compara Mateo 19:30 con 20:16. La parábola de los trabajadores ilustró la lección de Jesús después de que el joven rico se alejó de él. El punto es que la forma en que Dios mira los corazones de las personas es diferente de cómo lo hacemos nosotros. Tendemos a estar infectados con la visión que el mundo tiene de cosas como el dinero, el poder y la influencia. El recuento final incluirá algunas sorpresas definitivas.

Al leer y meditar en la Palabra de Dios, como lo estamos haciendo, podemos obtener su perspectiva sobre lo que es valioso (véase Romanos 12:1-2).

Isaías 34-35

Los capítulos 34 y 35 juntos describen el propósito de Dios en el juicio y la salvación. El mensaje del capítulo 34 es para las naciones del mundo. ☑ El lenguaje debe referirse al día del Señor. Que esto será verdaderamente catastrófico es evidente en el versículo 4 (similar en lenguaje a Mateo 24:29; Marcos

13:24-25; y 2 Pedro 3:10; véase Hebreos 1:11-12, donde el autor relaciona estos eventos con el Señor Jesús). Aunque Edom ocupa un lugar destacado en el capítulo, el destino de ese país es el prototipo de lo que le espera al mundo entero.

Isaías 35 es una profecía específica de la condición del mundo posterior a la venida de Cristo como Mesías y durante su reinado. Será un tiempo de curación para la naturaleza (vv. 1-2, 7), los hombres (vv. 3-6a) y la sociedad (vv. 8-10). Piensa en el canto y el gozo eterno (v. 10). ¡Qué día será ese! ⇐

Proverbios 8:22-36

La sabiduría estaba en el corazón mismo de la creación de Dios. Esta sabiduría de Dios es eterna (vv. 22-26) y existe antes de que se creara cualquier parte de nuestro mundo o universo. La belleza de los cielos, los mares y las montañas es el resultado de esta sabiduría (vv. 27-31). Por eso debemos prestar atención a esta joya que Dios ofrece a todos los que quieran escucharla. La alternativa es el camino de la muerte, y sólo hay dos opciones (vv. 32-36).

AGOSTO 30

Mateo 20:17-34

A Jesús no le faltaron oportunidades para enseñar sobre el contraste entre el reino y el mundo. La petición de la madre de Jacobo y Juan le dio a Jesús la oportunidad de ampliar lo que había enseñado inmediatamente antes.

En el mundo, el poder es lo que cuenta (v. 25). En el reino, el servicio y la servidumbre constituyen lo que cuenta (vv. 26-27), y Jesús mismo es el modelo y ejemplo (v. 28). Jesús no presenta esto como una opción: es una realidad de la vida en el reino. ⊃ Ten en cuenta que Jesús dijo que daría su vida en rescate (v. 28b). Jesús declaraba que era en verdad el Hijo de Dios, el Redentor. ℭ

⊃ Es significativo que cuando los dos ciegos llamaron a Jesús con la esperanza de recibir la vista (vv. 29-34), lo llamaron el Hijo de David, lo que significa que lo reconocieron como el Mesías (vv. 30-34). Si este no hubiera sido el caso, como persona de verdad e integridad, Jesús los habría corregido. En cambio, Jesús los sanó. ℭ

2 Reyes 18; Isaías 36

Ezequías era hijo de Acaz, un hombre y rey impío. Pero Ezequías puso su corazón en servir al Señor y tuvo gran influencia para bien en Judá. Cuando ascendió al trono, rápidamente se dedicó a restablecer la adoración de Dios. Invitó a los habitantes del Reino del Norte, Israel, a unirse a Judá en la adoración del Dios verdadero. Observaron la Pascua por primera vez en muchos años y destruyeron los altares utilizados en el culto pagano. Ezequías fue piadoso y guio al pueblo en la misma dirección (2 Crónicas 31:21).

Fue durante el reinado de Ezequías que el Reino del Norte, Israel, cayó en manos de Asiria (2 Reyes 17; 18:9-12). Siete años después, Senaquerib, rey de Asiria, se propuso agregar a Judá a su lista de naciones conquistadas (2 Reyes 18:13). Aunque Ezequías intentó apaciguar a Senaquerib con oro y plata, lo cual Senaquerib aceptó, Asiria continuó con el plan de tomar Judá y Jerusalén. Cuando Senaquerib llegó a las puertas de la capital, el resto del país ya había caído (18:13-16).

Este fue el escenario del enfrentamiento que los oficiales de Senaquerib tuvieron con los oficiales de Judá desde el muro de Jerusalén (18:17-37; Isaías 36:4-20). El comandante de campo leyó la carta de Senaquerib al pueblo y luego añadió su propio comentario sobre la inutilidad de intentar resistir al ejército de Asiria. Nota cómo tanto la carta como los comentarios de los oficiales asirios menosprecian al Señor y su capacidad para ayudar al pueblo. Senaquerib incluso afirmó que el Señor lo había enviado (2 Reyes 18:25). Nota también la oferta que Asiria hizo al pueblo: puedes ríndete a Asiria y vivir; o puedes quedarte donde estás hasta que yo venga y te lleve a otra tierra (18:31-32; Isaías 36:16-17). La situación era desesperada cuando los funcionarios de Judá llevaron el mensaje al rey Ezequías.

Proverbios 9:1-9

La invitación a participar de la sabiduría de Dios se presenta aquí como una convocatoria a una cena cuidadosamente preparada. Esta maravillosa oportunidad está abierta a todos. La condición: dejar tus formas simples. El beneficio final: además de los dones de comprensión y buen juicio, recibirás vida.

Contrasta al que responde a la invitación con el burlador. Nadie recibe gracias por corregir a alguien que está en sus caminos (vv. 7-8a). Una persona sabia, sin embargo, no sólo aceptará la corrección cuando sea necesaria, sino que amará a quien le da la amonestación.

AGOSTO 31

Mateo 21:1-22

☑ Cuando comenzó la última semana del ministerio de Jesús, las Escrituras se cumplieron cuando Jesús entró en Jerusalén (véase Zacarías 9:9) y las multitudes lo aclamaron como el Mesías (véase Salmo 118:26). ⇔ El relato del evangelio de esta última semana de la vida de Jesús nos lleva desde lo alto de Mateo 21 hasta lo bajo de la crucifixión y, finalmente, a la victoria de la resurrección.

Al leer el relato del arresto, juicio y crucifixión de Jesús, observando el poder del mal y la consumada injusticia del proceso, es vital mantener en perspectiva el plan eterno de Dios. Hechos 2:22-24; 4:27-28; y 1 Corintios 2:7-10 son importantes a este respecto. Dios obraba. ¡El resultado fue la salvación para todos los que creen!

2 Reyes 19; Isaías 37

Desde el punto de vista de Ezequías, ésta fue una crisis importante. Invocó al Señor tanto en oración como consultando al profeta Isaías. Éste animó al rey por parte del Señor (Isaías 37:5-7), pero Ezequías recibió otra carta amenazante del comandante de campo de Asiria.

Sigue los pasos que siguió Ezequías cuando recibió esta carta. Su respuesta debería ser un modelo para nosotros. Oró específicamente acerca de las amenazas del rey de Asiria y lo hizo públicamente (Isaías 37:15-20). Tenía la perspectiva correcta: sólo Dios puede liberar (vv. 18-20). También entendió las implicaciones de las amenazas de Asiria (el nombre de Dios estaba en riesgo) y tenía el motivo correcto (v. 20). Sigue la respuesta de Dios (vv. 22-35), la victoria de Dios (vv. 36-37) y la disposición final de Dios sobre Senaquerib (v. 38).

Tenemos mucho que aprender de Ezequías. Cuando se sintió abrumado por una derrota segura, acudió al Señor, le abrió su corazón y confió en que Dios intervendría milagrosamente. Al pensar en tu propia vida hoy, ¿cuál es el problema más desalentador o abrumador que enfrentas? ¿Seguirás el ejemplo eterno de Ezequías?

Proverbios 9:10-18

El mensaje y el resultado de aplicar la sabiduría mediante el conocimiento de Dios continúa. Mientras lees esta sección, revisa los versículos 1-9. El mensaje claro de los versículos 10-12 es que la sabiduría está vinculada a nuestra relación con el Señor. El contraste es entre la sabiduría (el camino de Dios) y la locura (el método del mundo).

Escucha los reclamos de cada uno; entonces haz tu elección. El camino de la sabiduría ofrece vida y entendimiento (v. 6). Es el camino del aprendizaje continuo (v. 9). Es la manera de conocer a Dios y entenderlo (v. 10). Es el camino a una vida más larga (v. 11).

Ahora escucha las afirmaciones de la locura. No hay problema para oír porque su llamado es fuerte (v. 13). Pero sus afirmaciones son engañosas y quienes escuchan llegan a un final terrible (vv. 17-18).

Que Dios nos ayude a ver más allá del atractivo y el brillo para evaluar la sustancia de cada uno y mantener nuestra visión clara.

SEPTIEMBRE

HORARIO Y NOTAS DE LECTURA DE LA BIBLIA

*Ábreme los ojos, para que contemple
las maravillas de tu Ley.*

SALMO 119:18

SEPTIEMBRE

1	☐ Mateo 21:23-46	☐ 2 Reyes 20	☐ Proverbios 10:1-9
2	☐ Mateo 22:1-22	☐ Isaías 38-39	☐ Proverbios 10:10-14
3	☐ Mateo 22:23-46	☐ Isaías 40	☐ Proverbios 10:15-21
4	☐ Mateo 23	☐ Isaías 41	☐ Proverbios 10:22-27
5	☐ Mateo 24:1-28	☐ Isaías 42	☐ Proverbios 10:28-32
6	☐ Mateo 24:29-51	☐ Isaías 43	☐ Proverbios 11:1-8
7	☐ Mateo 25:1-30	☐ Isaías 44	☐ Proverbios 11:9-16
8	☐ Mateo 25:31-46	☐ Isaías 45	☐ Proverbios 11:17-21
9	☐ Mateo 26:1-35	☐ Isaías 46-47	☐ Proverbios 11:22-31
10	☐ Mateo 26:36-75	☐ Isaías 48	☐ Proverbios 12:1-7
11	☐ Mateo 27:1-31	☐ Isaías 49	☐ Proverbios 12:8-14
12	☐ Mateo 27:32-66	☐ Isaías 50	☐ Proverbios 12:15-21
13	☐ Mateo 28	☐ Isaías 51-52:12	☐ Proverbios 12:22-28
14	☐ Gálatas 1	☐ Isaías 52:13-53:12	☐ Proverbios 13:1-6
15	☐ Gálatas 2	☐ Isaías 54	☐ Proverbios 13:7-13
16	☐ Gálatas 3:1-14	☐ Isaías 55	☐ Proverbios 13:14-19
17	☐ Gálatas 3:15-29	☐ Isaías 56-57	☐ Proverbios 13:20-25
18	☐ Gálatas 4	☐ Isaías 58	☐ Proverbios 14:1-9
19	☐ Gálatas 5:1-12	☐ Isaías 59	☐ Proverbios 14:10-18
20	☐ Gálatas 5:13-26	☐ Isaías 60	☐ Proverbios 14:19-26
21	☐ Gálatas 6	☐ Isaías 61	☐ Proverbios 14:27-35
22	☐ Efesios 1:1-14	☐ Isaías 62-63	☐ Proverbios 15:1-9
23	☐ Efesios 1:15-23	☐ Isaías 64-65	☐ Proverbios 15:10-17
24	☐ Efesios 2:1-10	☐ Isaías 66	☐ Proverbios 15:18-25
25	☐ Efesios 2:11-22	☐ Nahúm 1-2	☐ Proverbios 15:26-33
26	☐ Efesios 3	☐ Nahúm 3	☐ Proverbios 16:1-8
27	☐ Efesios 4:1-16	☐ 2 Reyes 21; ☐ 2 Crónicas 33	☐ Proverbios 16:9-17
28	☐ Efesios 4:17-32	☐ 2 Reyes 22; ☐ 2 Crónicas 34	☐ Proverbios 16:18-25
29	☐ Efesios 5:1-21	☐ 2 Reyes 23:1-30	☐ Proverbios 16:26-33
30	☐ Efesios 5:22-33	☐ 2 Crónicas 35	☐ Proverbios 17:1-7

SEPTIEMBRE 1

Mateo 21:23-46

Cuando se cuestionó la autoridad de Jesús (v. 23), él no respondió directamente. Más bien, respondió haciendo a los sacerdotes una pregunta que los colocó en una posición difícil. Tanto la pregunta de los sacerdotes a Jesús como la pregunta que él les hizo a ellos ir al meollo del asunto, que era la autoridad con que ministraban Jesús y Juan el Bautista. Si las autoridades religiosas admitieran que Juan el Bautista trabajaba con la autoridad de Dios, habrían tenido que aceptar la evaluación del Bautista sobre la identidad de Jesús como el Hijo de Dios, el Redentor (Juan 1:29). Por lo tanto, no estaban dispuestos a responder la pregunta de Jesús, porque la gente que escuchaba creía firmemente que Juan el Bautista era de Dios.

En lugar de responder directamente a su pregunta, Jesús contó dos parábolas, cada una dirigida a los líderes religiosos.

En la parábola de los dos hijos, Jesús señaló que eran como el hijo que dijo que haría el trabajo del padre, pero no lo hizo. Los publicanos y las prostitutas, sin embargo, fueron como el otro hijo que dijo que no haría el trabajo del padre, pero al final lo hizo, ya que respondieron al mensaje de arrepentimiento que trajo Juan el Bautista. Lee el mensaje de Jesús a los sacerdotes en los versículos 31-32.

⮑ En la parábola de los labradores, Jesús se comparó con el hijo que fue asesinado cuando iba a la viña para representar a su padre. Ten en cuenta que en el versículo 42 Jesús vinculó su parábola a una referencia específica en el Salmo 118:22-23. El significado era claro para los sacerdotes y fariseos, pero se les impidió actuar contra Jesús porque la gente creía que él era de Dios. ⮐

2 Reyes 20

Ezequías estaba gravemente enfermo y el profeta Isaías vino a decirle que se enfrentaba a una muerte segura. Ezequías se volvió al Señor en ferviente oración y suplicó ser sanado. Dios escuchó la súplica de Ezequías y le ordenó a Isaías que regresara al rey y le dijera que lo sanaría y agregaría quince años a su vida. ¡Qué respuesta tan notable!

Ahora Ezequías enfrentó una situación inusual. En Deuteronomio 18 el Señor había dado al pueblo instrucciones sobre cómo manejar a los profetas que anuncian una profecía que no se cumple. "Si lo que el profeta proclame en nombre del Señor no se cumple ni se realiza, será señal de que su mensaje no proviene del Señor. Ese profeta habrá hablado con presunción. No le temas." (Deuteronomio 18:22). El profeta Isaías había hecho dos pronunciamientos contradictorios y Ezequías quería saber cuál creer. Entonces le pidió a Isaías una señal de Dios.

El Señor fue muy misericordioso con Ezequías y le dio una notable elección de señales: "¿Quieres que la sombra avance diez peldaños o que retroceda diez?" en la escalinata de Acaz (2 Reyes 20:9). El Señor estaba ofreciendo mover el sol hacia adelante o hacia atrás en el cielo.

Ezequías era hombre de gran fe que conocía bien las Escrituras, pero ese día su teología no era perfecta. A ver si puedes detectar su error: "Es fácil que la sombra se extienda diez peldaños—respondió Ezequías—, pero no que vuelva atrás." (v. 10). Ezequías declaraba que a Dios le resultaría fácil mover el sol hacia adelante, y más difícil para él moverlo hacia atrás. ¿Captaste su error? Apuesto a que sí.

No debemos pensar que algo es difícil para Dios. Él hizo los cielos y la tierra de la nada, simplemente con hablar (véase Génesis 1:1-27). Cuando Sara dudó del pronunciamiento del Señor de que tendría un hijo en su vejez, el Señor preguntó: "¿Acaso hay algo imposible para el Señor?" (Génesis 18:14)? Cuando Moisés preguntó al Señor cómo podría proporcionar carne para todos los israelitas en el desierto, la respuesta fue: "¿Acaso el poder del Señor es limitado?" (Números 11:23)? Cuando el ángel Gabriel visitó a la joven virgen María con el anuncio de que daría a luz al Mesías, declaró: "Porque para Dios no hay nada imposible." (Lucas 1:37). Tenemos un Dios poderoso y compasivo. Podemos acudir a él con peticiones grandes y pequeñas. Él escucha cada oración y nada le resulta difícil. ¡Qué Dios tan maravilloso tenemos!

Proverbios 10:1-9

Proverbios 10-29 son los dichos de sabiduría recopilados que Salomón puso por escrito. Si bien los capítulos 1-9 estaban organizados por tema, los proverbios de estos capítulos son principalmente dichos independientes. Reflejan la sabiduría única e inusual que Dios le dio a Salomón (1 Reyes 3:10-12).

Es difícil analizar un capítulo de proverbios independientes. Una manera es buscar los rasgos de carácter que demuestra una persona sabia y piadosa.

El carácter se forma en el corazón de una persona y refleja lo que Dios ha hecho o no puede hacer debido a la dureza de corazón. La explicación del Nuevo Testamento para estas verdades del Antiguo Testamento se encuentra en pasajes que hablan de la condición de las personas sin la intervención de Dios (p. ej. Romanos 3:9-18; Efesios 2:1-2) y del cambio fundamental cuando Dios trae nueva vida a nosotros a través de la obra de Cristo (como en Juan 5:24; Efesios 2:4-10).

¿Es posible que alguien que no ama a Dios tenga integridad y se preocupe por los demás? Sí, lo es, al menos parcialmente. Pero recuerda que Dios está mirando la parte interior –el corazón– y no cómo nos parecen las cosas. Por el contrario, ¿vemos sólo buen carácter en aquellos que aman a Dios? Debemos admitir con tristeza que este no es el caso y entender que el cambio en el creyente es un proceso en que el Espíritu Santo aplica la verdad de Dios a nuestras vidas.

Recuerda que estas verdades de Proverbios, a menudo expresadas como marcados contrastes, reflejan el corazón. La persona impía que usted conoce puede no parecer tan mala como el texto implica, y la persona piadosa sin duda todavía tiene mucho que hacer. Mira, entonces, las verdades generales que el Señor tiene para nosotros en Proverbios, considéralas y aplícalas a tu vida. Estas verdades son ideas que podemos utilizar para identificar los cambios necesarios en nuestras vidas. Algunas verdades se resaltarán aquí, pero es posible que Dios le hable más claramente acerca de otras.

Concéntrate en el versículo 9. La persona íntegra camina con seguridad. Con tanta ansiedad e incertidumbre en el mundo, ¡qué atractivo es esto! El dinero y las posesiones no aportan seguridad; siempre existe el peligro de que podamos perder lo que tenemos. También hay una seguridad limitada en el empleo, ya que se pueden perder puestos de trabajo. Incluso en las relaciones humanas, las cosas van mal y las personas resultan heridas. Pero hay completa seguridad al conocer al Señor. Él es fiel y sus promesas nunca fallarán. Podemos confiar plenamente en él en cada aspecto de nuestras vidas.

SEPTIEMBRE 2

Mateo 22:1-22

➲ En la parábola del banquete de bodas (vv. 1-14), Jesús habló de la invitación al reino que se había extendido a los judíos. Específicamente, esto significaba que Dios los había invitado al banquete de su Hijo, el Mesías, y esto no pasó desapercibido para los líderes. Observa que en los versículos 5 y 6 los hombres malvados que rechazaron la invitación del rey mataron a los enviados que los habían invitado a la boda (véase Mateo 8:8-12). Debido a su rechazo, se les invitó a otros. ☾

Sin embargo, a un hombre no se le permitió quedarse para asistir al banquete y, de hecho, fue arrojado a las tinieblas exteriores. En aquel lugar será el llanto y el crujir de dientes (v. 13). La ropa de boda adecuada que le faltaba al hombre ilustra la vestimenta espiritual adecuada que necesitamos para presentarnos ante Dios. Necesitamos el perdón y la justicia que vienen por la fe en Jesús (véase 1 Corintios 1:30).

Isaías 38-39

Si sigues el plan de lectura, este relato de la enfermedad de Ezequías y los enviados de Babilonia te resultará familiar, ya que leímos un relato paralelo ayer en 2 Reyes 20, y es el mismo relato de 2 Crónicas 31-32 del 6 de agosto. Los acontecimientos de la vida y el reinado de Ezequías son los únicos acontecimientos históricos en el Antiguo Testamento registrados en tres lugares diferentes.

Aquí en Isaías 38, también encontramos un poema cargado de emociones que Ezequías dirigió al Señor después de recuperarse de su enfermedad. Siente su emoción en los versículos 10-16 mientras analizas su ferviente oración por la curación. Los versículos 17-20 registran palabras de júbilo y acción de gracias al Señor por restaurar su vida.

Proverbios 10:10-14

Un proverbio a menudo contrasta un comportamiento o característica con otro, como en los versículos 11-14. Mientras lees, observa los contrastes entre el discurso del justo y el del malvado. Lo que decimos refleja lo que hay en nuestros corazones.

SEPTIEMBRE 3

Mateo 22:23-46

Medita en los versículos 34-40. Amar a Dios con todo tu corazón, alma y mente es un desafío abrumador. Las palabras de Jesús en el versículo 37 están citadas de Deuteronomio 6:5, y los versículos que siguen (Deuteronomio 6:6-9) enfatizan el lugar que Dios y su Palabra merecen en nuestras vidas. Compara estos versículos con Josué 1:7-9 y el hombre descrito en Salmo 1:1-3. El Señor nos ha dado su Palabra para que podamos conocerlo y amarlo de esta manera.

Considera el segundo mandamiento que citó Jesús (véase Levítico 19:18). Si amamos a nuestro prójimo como a nosotros mismos, veremos que sus necesidades sean satisfechas. Nuestro amor por nosotros mismos se encarga de que tengamos comida para comer y ropa para vestir. Este es un amor práctico que llega a otros en sus necesidades.

➲ Jesús nuevamente usó las Escrituras para demostrar que el Mesías, el hijo de David, sería más que un simple descendiente humano de David (Salmo 110:1). Al utilizar esta referencia mesiánica, Jesús señaló que su afirmación de ser el Hijo de Dios y el Mesías (véase Lucas 19:38-40) se alineaba completamente con sus muchos actos públicos que demostraban que actuaba con la autoridad de Dios. ☾

Isaías 40

Los veintisiete capítulos restantes de Isaías se pueden dividir en tres secciones de nueve capítulos. Los capítulos 40-48 hablan del Dios soberano en su creación, revelación y promesa. Los capítulos 49-57 tratan sobre el Siervo del Señor, el Mesías. Los capítulos restantes, 58-66, hablan de los últimos tiempos, la obra del Espíritu Santo y Dios como Juez y Salvador. Ten en cuenta que el último versículo de cada una de las dos primeras secciones (48:22; 57:21) es idéntico.

¿Hay esperanza para el pueblo de Dios? ¡Seguro que lo hay! Hay esperanza para Israel y para todos los que ponen su fe en el Dios vivo. Al leer los versículos 1-11, nota el consuelo que proviene de comprender el propósito de Dios al traer la salvación y la ternura del Señor al cuidar de los suyos. ☑ Los versículos 3-5 prometen la primera venida de Jesús en el ministerio de Juan el Bautista (véase Mateo 3:3; Marcos 1:3; Lucas 3:4-5; Juan 1:23) y la segunda venida de Cristo, cuando el mundo entero será testigo de su poder y gloria (v. 5; véase Lucas 3:6). ⇦ A pesar de la fragilidad de la humanidad (vv. 6-8a), la verdad de Dios permanece para siempre (v. 8b), y Dios cuidará de los suyos (vv. 9-11).

Busca en los versículos 12-31 las muchas maneras en que se presenta a Dios como el Señor Soberano del universo. Lee este capítulo lentamente y haz una pausa para apreciar su magnífica belleza. Presenta a Dios tanto en su poder como en su gloria, y como el Dios bondadoso y compasivo que está profundamente involucrado en las vidas de su pueblo.

Proverbios 10:15-21

Presta atención cuando llegue la disciplina de la corrección (v. 17). No sólo marca una diferencia en nuestras propias vidas, sino que también se extiende a las vidas de los demás. El ejemplo es poderoso. Si tenemos actitudes o acciones incorrectas, esto afectará a otros también (v. 17b).

Los proverbios a menudo enfatizan la lengua: lo que decimos. Sigue las verdades de los versículos 18-21, especialmente el versículo 19. Es bueno escuchar atentamente y hablar con pensamiento y discreción. Compara estos versículos con Efesios 4:29-30 y Santiago 3:1-12. Nuestras palabras pueden y deben ser una bendición para quienes nos rodean (vv. 20a, 21a).

SEPTIEMBRE 4

Mateo 23

Jesús vio hipocresía en las vidas y enseñanzas de los líderes religiosos. Los matices de la hipocresía son tan sutiles y seductores que sólo la gracia de Dios puede librarnos. ¡No asumas que tú y yo somos diferentes de aquellos a quienes Jesús se dirigió! Lee atentamente lo que dijo Jesús.

Los versículos 1-12 introducen el capítulo y van seguidos de siete condenas de la hipocresía en la vida de los líderes religiosos. Compara el versículo 5 con Mateo 6:1, donde Jesús dijo a sus discípulos que no hicieran cosas buenas para ser vistos por otras personas. Compara los versículos 8-12 con 20:25-28. A los ojos de Dios, ¿cuáles son las marcas de grandeza? Compara el versículo 16 con Mateo 5:33-37. Jesús dijo: "Cuando ustedes digan "sí," que sea realmente sí; y cuando digan "no," que sea no. Cualquier otra cosa que digan más allá de esto proviene del maligno." (v. 37). Compara los versículos 23-24 con Mateo 5:17-20. Jesús afirmó la verdadera observancia de la ley. Habló del pecado de dar una falsa impresión de espiritualidad en los versículos 23-28. Recuerda: sólo la gracia de Dios puede librarnos de estos pecados. Permite que las lecciones de Jesús moldeen tus patrones de pensamiento y comportamiento.

⮑ Mientras Jesús lamentaba la incredulidad y la dureza del pueblo de Jerusalén (vv. 37-39), volvió a afirmar que ese mismo pueblo algún día lo reconocería como el Mesías (v. 39; véase Salmo 118:26). ⮐

Isaías 41

→ Esta porción habla de la obra de Dios en Israel y a favor de Israel. Esto se extiende desde Abraham (v. 8) hasta la plantación del pueblo de Dios en la tierra (v. 9) y la bendición de la tierra misma (vv. 18-19). Toma nota de la seguridad dada a Israel de que Dios no los ha abandonado y de su tierna misericordia en las promesas de restauración. ←

Dios desafía a todos los que confían en los ídolos a probar su poder (vv. 21-24). ¡Pídales que cuenten el pasado (v. 22) o el futuro (v. 23) o al menos que hagan algo (v. 23)! Los ídolos son inútiles, y los que confían en ellos son detestables (v. 24).

Proverbios 10:22-27

Observa el versículo 23 para conocer el comentario del Señor sobre la mala conducta. Necesitamos estar atentos a lo que vemos y lo que hacemos.

Como todos sabemos muy bien, los problemas suceden. Puede ser un trampolín hacia la madurez y una fe profunda, o puede arrastrar a las personas (v.

25; 1 Pedro 1:6-7). La forma en que respondemos a las pruebas puede ser una indicación de la madurez de nuestra fe. Recuerda que el Señor no permitirá que nos llegue nada que no podamos manejar con su ayuda (1 Corintios 10:13).

SEPTIEMBRE 5

Mateo 24:1-28

Al comenzar este capítulo, Jesús y los discípulos comenzaron a hablar del fin de los tiempos. Los discípulos le hicieron a Jesús dos preguntas pertinentes que también son de inmenso interés para cada uno de nosotros: "¿Cuándo sucederá eso y cuál será la señal de tu venida y del fin del mundo?" (v. 3)? La respuesta de Jesús a estas dos preguntas convincentes abarcará el resto del capítulo 24 y todo el capítulo 25,—un total de 94 versículos. Sigamos cuidadosamente la respuesta de Jesús mientras nos brinda lecciones, hechos, señales, parábolas y serias advertencias.

Jesús comienza advirtiendo que en los últimos tiempos la gente será engañada por enseñanzas falsas (vv. 4-5). Muchos serán perseguidos (v. 9), y algunos se apartarán de la verdad a causa de la persecución (vv. 10, 12). Compara estas palabras de Jesús con 2 Timoteo 3:1-5. Habrá una forma de religión incluso en tiempos de gran impiedad. Sin embargo, habrá poca tolerancia hacia la enseñanza de que Jesús es el mismo Hijo de Dios, el único camino de salvación. Nota la necesidad de perseverar frente a esta oposición (vv. 12-13).

¿Cómo podemos asegurarnos de que estamos preparados para afrontar los engaños y los peligros de una época así? Hay pasos que podemos tomar. Lee las Escrituras, como lo haces hoy, y ora por discernimiento para comprender la verdad. Aprende a obedecer lo que sabes que es correcto. Entonces Jesús se te revelará a ti progresivamente (Juan 14:21). Ora por la protección de Dios. Juan 10:27-29 lo dice bien. ¡Hay seguridad en las manos del Salvador!

Isaías 42

El capítulo 42 habla del Siervo del Señor. El Mesías, el siervo perfecto, se describe en los versículos 1-17. Entre los versículos 17 y 18 hay un cambio, y en los versículos 18-25 se llama a Israel el siervo imperfecto de Dios.

☑ Sigue el carácter y las características del Mesías en los versículos 1-4. Tendrá el Espíritu de Dios y traerá justicia a la tierra (v. 1). Su obra se hará en silencio (v. 2). Tratará con dulzura a los heridos (v. 3). Llevará a cabo la obra del Señor con fidelidad y persistencia, logrando todos los objetivos de Dios para toda la tierra (vv. 3b-4). Mateo atribuye todas estas cualidades a Jesús (véase Mateo 12:15-21). Nota el ministerio del siervo en los versículos 6-7. Piensa en cómo estas características coinciden con el ministerio del Señor Jesús. Parte de este ministerio se refiere al primer advenimiento, mientras que otros vendrán con el segundo advenimiento, como la justicia universal en el mundo. ⇦

En contraste, Israel fue un instrumento imperfecto en las manos del Señor (vv. 18-22). Israel estaba sordo al mensaje del Señor y ciego a la naturaleza del mundo y al poder de Dios (v. 20). Como resultado, el pueblo de Dios sintió su disciplina, pero ni siquiera entonces entendieron (vv. 23-25).

Proverbios 10:28-32

La mayoría de la gente daría casi cualquier cosa por una verdadera alegría. Se nos dice dónde encontrarla (v. 28). La única satisfacción verdadera es conocer al Señor. Fuimos creados con eso en mente. El gozo es lo que el Señor Dios ha diseñado para sus hijos; es un estado del ser, no una emoción. Está por encima de las circunstancias del día porque está arraigado en una relación genuina con el Dios vivo. Elige seguir al Señor con todo tu corazón y conoce ese gozo.

SEPTIEMBRE 6

Mateo 24:29-51

⮑ Después de la terrible angustia en el mundo que Jesús describió (vv. 21-24), habló de su venida nuevamente con poder y gloria (vv. 29-31). Cuando él venga, causará gran tristeza a aquellos que han sido engañados, porque entonces será demasiado tarde para volverse al Señor. Será el momento en que todos entenderemos la verdad acerca de Jesús, el Hijo de Dios (v. 30; Isaías 26:21, 29:5b-6; Apocalipsis 1:7). En ese momento, Jesús reunirá a los que lo conocen para que estén con él (v. 31). Nota la declaración de Jesús de que sus palabras como Hijo de Dios nunca pasarán (v. 35). ☾ La mayoría de las personas en el mundo no estarán en absoluto preparadas para este evento y el juicio que seguirá. Piensa en la desesperación que vendrá con este entendimiento. ¿Cómo cambia esto tu actitud hacia las personas no salvas que te rodean?

En los versículos 36-51, Jesús implora a sus oyentes a que estén preparados, alertas y listos para lo que viene. Los tiempos y el orden de los acontecimientos del final de los tiempos se abordan en las notas del 10 de febrero sobre Lucas 21.

Isaías 43

Esta porción habla tanto de consolar como de acusar a Israel. Las promesas a Israel se enumeran en los versículos 1-13. La fuerza de Dios protegerá (v. 2). ☑ La promesa de la reunificación de Israel de las naciones del mundo después del exilio se encuentra en los versículos 5-8. El poder soberano de Dios se declara en los versículos 10b-13. ⇦

El juicio sobre Babilonia es el tema de los versículos 14-15. Se recuerda la liberación histórica de Dios de Egipto (vv. 16-17); sobre esa base, Dios llamó a la nación a confiar en él para el futuro (vv. 18-21). Pero en cambio, y trágicamente, la nación no había confiado en Dios. Habían recurrido a prácticas pecaminosas (vv. 22-24). Dios les dijo que revisaran la evidencia de su bondad (vv. 25-26) y dijo que enfrentarían la desgracia por su infidelidad (v. 28).

Piensa en cómo se aplica este capítulo a nuestras vidas. Piensa en cómo Dios ha sido fiel en proteger y proveer. Ten en cuenta que Dios llama a su pueblo a recordar la bondad del pasado (vv. 16-17) y a confiar en él para el presente y el futuro (vv. 18-19).

Proverbios 11:1-8

Nota la preocupación de Dios por la verdad (v. 1), la importancia de la integridad (v. 3) y la verdadera riqueza—la justicia—que nos librará del juicio (vv. 4, 6).

Mira al versículo 4. Nota especialmente que la justicia libra de la muerte. Recuerda que Abraham recibió el don de la justicia por la fe (Génesis 15:6). Aquellos que se vuelven a Dios con integridad y obediencia como expresión de fe caminan en justicia.

Esta justicia que libra de la muerte (v. 4b) es don de Dios. Se da a los de fe (al igual que a Abraham) basándose en la muerte del Señor Jesús (Romanos 3:21-24). El Espíritu Santo ayuda a cada creyente a vivir en rectitud, siguiendo y obedeciendo a Cristo (1 Juan 2:3-6). Esto trae protección en el día de la ira. Como leemos hoy en Mateo 24:30-31, Jesús regresará con poder y gloria. Él reunirá a los creyentes, pero entonces la ira caerá sobre el mundo. ¡Asegúrate de estar entre los creyentes!

SEPTIEMBRE 7

Mateo 25:1-30

Estos versículos son una continuación de la advertencia de Jesús en el capítulo 24 de estar preparados para el momento desconocido de su regreso: "Pero en cuanto al día y la hora, nadie lo sabe," (24:36). Aquí Jesús da dos parábolas que contrastan a los que esperan con anticipación su regreso y a los que no.

La parábola de las diez vírgenes (vv. 1-13) transmite la verdad espiritual de que Cristo regresará en una hora desconocida y su pueblo debe estar listo. Los sabios viven anticipando el regreso del Señor, mientras que los insensatos no se preparan y quedan excluidos del reino de Dios (vv. 11-12).

La parábola de los talentos (vv. 14-30) transmite la verdad espiritual de que vivir en anticipación del regreso del Señor significa asignar intencionalmente los recursos que se nos han dado:—tiempo, habilidades, dones espirituales, posesiones, recursos financieros y duración de los días.—invertir estratégicamente en el reino de Dios. Hay una gran recompensa esperando a aquellos que administran bien lo que el Señor les ha dado (v. 29).

Al reflexionar sobre estas dos parábolas, ¿qué es lo que te destaca hoy?

Isaías 44

→ El establecimiento de Israel y la promesa de bendición se presentan en los versículos 1-5. Este es un acto soberano de Dios el Señor. ←

Contrasta a Dios (vv. 6-8) con los ídolos (vv. 9-20). Mira la descripción de cómo se hace un ídolo y la ridícula posición de la persona que lo adora. Es ridículo en la superficie porque es muy ilógico. Pero también es trágico porque termina en infamia y terror (vv. 9-11, 20). Sin embargo, muchos, incluso hoy, eligen ídolos.

→ La última parte del capítulo que comienza con el versículo 24 espera con ansias el regreso de Israel después del exilio en Babilonia. ¡Ciro, rey de Persia, es mencionado por su nombre más de trescientos años antes de que naciera (v. 28; véase Esdras 1:1-4)! Esto ha llevado a algunos a decir que Isaías no pudo haber escrito esto. ¿Es Dios lo suficientemente grande como para ver el futuro y compartir su plan con Israel antes de que sucediera? ¡Él es increíble! ←

Proverbios 11:9-16

Estos versículos ofrecen sabiduría sobre nuestro hablar. Observa las diversas formas en que podemos usar nuestra boca para bien o para mal. Y hay ocasiones en que el silencio es la mejor opción.

SEPTIEMBRE 8

Mateo 25:31-46

Estas aleccionadoras palabras de Jesús hablan del juicio final venidero ante su glorioso trono, cuando enviará a los injustos al castigo eterno y a los justos a la vida eterna (v. 46). A los justos les dirá: "Vengan ustedes, a quienes mi Padre ha bendecido; reciban su herencia, el reino preparado para ustedes desde la creación del mundo." (v. 34). A los injustos les dirá: "Apártense de mí, malditos, al fuego eterno preparado para el diablo y sus ángeles." (v. 41).

Aquellos que han puesto su fe en Jesús son bendecidos con una herencia gloriosa en el cielo con él. Esta es la promesa y bendición de Dios para todos los que quieran creer: "Porque tanto amó Dios al mundo que dio a su Hijo único, para que todo el que cree en él no se pierda, sino que tenga vida eterna." (Juan 3:16).

Oremos fervientemente por aquellos a nuestro alrededor que aún no creen, para que ellos también vengan a Jesús con fe, reciban su perdón y hereden el futuro glorioso prometido a todos los que lo aman.

Isaías 45

→ Aunque Ciro no conocía a Dios (vv. 4-5), el Señor decidió usarlo para cumplir sus propósitos divinos
(vv. 9-13). ← ¿Cómo podría ser esto? ¡Porque no hay otro Dios (vv. 14b, 18b, 21b)! Dios conoce todas las cosas—pasadas, presentes y futuras—y a menudo declara de antemano lo que hará (vv. 19-21). Este mismo Dios poderoso salvará a todos los que se vuelvan a él (v. 22). Incluso aquellos que no confían en él algún día doblarán la rodilla ante la orden de Dios (vv. 23-24). Filipenses 2:10 y Romanos 14:11 también hablan del día futuro cuando todos en el cielo y en la tierra doblarán sus rodillas ante Cristo y reconocerán que él es el Señor. Tenemos la oportunidad de elegir adorarlo ahora y disfrutar de las bendiciones de la salvación. ¡Qué regalo!

Proverbios 11:17-21

Cada uno de estos versículos contiene un contraste entre quienes siguen al Señor y quienes siguen su propio camino. Piensa en los caminos autodestructivos de los impíos (v. 17). Compara el versículo 18b con el versículo 30b. Vivir para el Señor y hacer nuestras sus prioridades debería consumirnos. Agrega este versículo 19 y revisa el Salmo 15. Regocíjate en la verdad del versículo 21 y en la vida que Dios ha dado a través de Jesús, su muerte y su resurrección.

SEPTIEMBRE 9

Mateo 26:1-35

Faltando sólo dos días para la Pascua, Jesús les dijo explícitamente a sus discípulos que sería crucificado (v. 2). Al mismo tiempo, los principales sacerdotes y los ancianos se reunieron para planear su asesinato (vv. 3-4). Los acontecimientos avanzaban rápidamente hacia la traición y crucifixión de Jesús.

Sin embargo, nada estaba fuera del control de Dios. ☑ Jesús sabía que lo que sucedía en el plan eterno de Dios. Entendió el cronograma (Juan 10:14-18; 12:27). Mientras Pedro predicaba a las multitudes en Jerusalén unas semanas más tarde, señaló que, mediante la muerte y resurrección de Jesús, Dios había cumplido las profecías de redención del Antiguo Testamento (Hechos 3:18). Jesús iba a convertirse en el Cordero Pascual celestial: el cumplimiento del prototipo de Éxodo 12. ⇦

Mientras lees estos versículos, imagínate en el lugar de los discípulos. Mira atentamente a las distintas personas que participaron en los acontecimientos que se desarrollaban. Los principales sacerdotes y los ancianos conspiraban para matar a Jesús. Simón el Leproso fue el último en acoger a Jesús en un hogar (v. 6). Una mujer lo ungió con perfume, un acto de amor generoso (vv. 7-9). Judas hacía malvados arreglos para traicionar a Jesús (vv. 14-16). Cuando los discípulos se reunieron con Jesús, instituyó la cena conmemorativa: la última vez que comería con ellos (vv. 17-30). Finalmente, escucha a Pedro decir que nunca negaría a su Señor (vv. 31-35).

Isaías 46-47

Bel y Nebo (46:1) eran dioses de los babilonios. Repasa cómo fueron hechos (vv. 6-7) y compáralos con el Dios vivo (vv. 8-13). Aquí está Dios, quien no sólo creó y sostiene el universo, sino que también da a conocer el fin desde el principio a través de sus profetas (v. 10). → La voluntad y el propósito de Dios son traer justicia y salvación a su pueblo, y él lo hará realidad (vv. 12-13). ←

El juicio de Dios sobre la Babilonia pagana es el tema del capítulo 47. Este poderoso pueblo del Cercano Oriente creía, en su arrogancia, que nada podía tocarlos (vv. 7, 8, 10). Pero en su falta de misericordia (v. 6b), orgullo (v. 7), amor a los placeres (v. 8), brujería (v. 9b), maldad (v. 10) y la máxima arrogancia de tomar el lugar de Dios (v. 10), no contaron con el Dios vivo y verdadero. A medida que leamos a Daniel en las próximas semanas, veremos que el mensaje sí les llegó; por un tiempo reconocieron a Dios, pero no duró. El juicio de Dios vendría. Compara este capítulo con Apocalipsis 18, porque esto no sólo se aplica a la nación antigua sino al mundo entero en el momento de la segunda venida de Cristo.

Proverbios 11:22-31

Considera el versículo 22 y el humor que a veces se encuentra en Proverbios para representar la verdad. La belleza exterior sin buen carácter no deja mucho. Al final, el anillo de oro (la belleza) se desvanecerá y el mal carácter permanecerá.

El principio de la generosidad se aborda en los versículos 24-26 y 28. Aferrarnos a lo que tenemos no traerá la bendición del Señor. Compara el versículo 24 con 2 Corintios 9:8 y observa el principio del versículo 25. Finalmente, recuerda la verdad del versículo 28. El ídolo del dinero nunca traerá paz interior y, en última instancia, conducirá a la muerte. Es absolutamente el lugar equivocado para poner nuestra fe.

SEPTIEMBRE 10

Mateo 26:36-75

Al leer una vez más el relato de la traición, el arresto y el juicio de Jesús, comprende que no todo en este mundo es justo. No estuvo en la vida de Jesús, y no estará en la tuya ni en la mía. Jesús indicó que así era (Mateo 24:9). Es más, los amigos más cercanos pueden decepcionarnos como Pedro decepcionó a Jesús en este capítulo. Lo importante cuando llega la dificultad es que estemos haciendo lo que el Señor quiere que hagamos. Nota que, aunque Jesús hacía exactamente lo que el Padre quería, sin embargo, estaba abrumado por la tristeza (v. 38). → Para poner las cosas en perspectiva, Dios usó la injusticia, la desilusión y el dolor para cumplir su propósito. ← Como pueblo de Dios, nuestro consuelo no es lo primordial. Las prioridades del reino lo son.

☑Nota especialmente el versículo 56. Jesús dijo que estos eventos eran exactamente aquellos que cumplirían la promesa de los profetas. ⇦ ➲ Jesús afirmó a los líderes religiosos que era en verdad el Mesías y que ellos personalmente lo verían en el futuro cuando viniera en gloria (vv. 63-64). ☯

Isaías 48

Isaías 48 es un poderoso recordatorio a los israelitas del inquebrantable compromiso de Dios con ellos, a pesar de su recurrente obstinación y pecado. Dios reafirma su soberanía y su poder, y llama al pueblo a volverse a Él. Dios les asegura que los librará, no por sus méritos, sino por su propio honor (v. 11).

Proverbios 12:1-7

Las Escrituras tienen mucho que decir acerca de la importancia de la disciplina y, de hecho, los beneficios de una vida disciplinada se destacan más de una docena de veces en los capítulos restantes de Proverbios. Así como en Proverbios se nos implora que busquemos la sabiduría, también se nos insta en numerosas ocasiones a abrazar la disciplina como una amiga valiosa. Hacerlo nos capacita para vivir apropiadamente, tanto para elegir lo que es bueno como para evitar lo que no lo es. ¡Hagamos de la disciplina nuestra amiga!

Nota el contraste entre la maldad y la justicia resaltado en el versículo 3. La vida de los malvados es inestable y temporal. Son los justos los que están estables y firmemente establecidos.

SEPTIEMBRE 11

Mateo 27:1-31

Concéntrate en la desesperación de Judas (vv. 3-5): tres versículos breves que dicen mucho sobre las consecuencias del pecado. El poder del mal se fortalece si le damos lugar al maligno. Judas conocía bien la verdad y tuvo todas las oportunidades para seguir a Jesús.

Párate con Jesús durante el juicio ante Pilato. ➲Nota la afirmación de Jesús de que él era en verdad el rey de los judíos: el Mesías (v. 11). ☾Observa a Pilato tratar de deshacerse de la responsabilidad que era exclusiva de él (vv. 24-26). Nota la crueldad de los soldados (vv. 27-31). Lo más importante es observar cómo Jesús respondió a las preguntas (26:63-64; 27:11) y se paró con dignidad ante la multitud hostil.

Isaías 49

El capítulo 49 comienza la siguiente sección de Isaías, que trata del ministerio del Siervo del Señor, el Mesías, Cristo el Señor.

Israel ha sido el siervo del Señor, identificado como tal en varios lugares de las Escrituras. Desde el llamado de Abraham en Génesis 12, la mano del Señor ha estado sobre su pueblo, trayendo al mundo el mensaje de justicia y redención de Dios. Romanos 9:4-5 aborda algunas formas en que esto se realizó. El pacto, la revelación de Dios a través de los acontecimientos en el Sinaí y en la ley, y el mensaje de los profetas son todos parte de este ministerio. El mensaje de Jonás a los asirios en Nínive ilustra cómo Dios usó a su pueblo para llevar el mensaje de justicia y perdón al mundo gentil. La venida del Mesías prometido, el Salvador, fue a través del pueblo de Dios, Israel.

Las Escrituras también hablan del Siervo del Señor en un sentido más estricto, refiriéndose a Cristo. Una ilustración de cómo ambos significados aparecen en yuxtaposición se encuentra en Isaías 49, donde los versículos 1-7 se refieren al Siervo del Señor como el Mesías venidero, mientras que los versículos 8-26 se refieren a Israel restaurado a la tierra prometida inicialmente a Abraham.

☑ El versículo 3 podría hacer parecer que todo este capítulo se refiere a Israel como nación como siervo. Sin embargo, el versículo 5 dice que el Siervo hará que la nación de Israel regrese al Señor, y el versículo 6 dice que el Siervo restaurará a Israel y traerá salvación a toda la tierra. Además, el versículo 7 dice que los reyes del mundo adorarán al Siervo. Este ministerio y posición obviamente se refieren al Mesías venidero.

Mientras continúas leyendo los versículos 8-26, pon la atención en cómo Dios consolará y restaurará a su pueblo. La dispersión del pueblo de Dios se considera historia (Israel bajo Asiria, Judá bajo Babilonia, v. 19a), y la restauración como un acto soberano del Señor (vv. 13-21). Ten en cuenta que esto se extiende incluso a los gentiles que traen al pueblo de Dios de regreso a la tierra (vv. 22-23). Entonces todo el pueblo reconocerá al Señor como el redentor, el Dios de Israel (v. 26). Esto también toca el ministerio del Mesías porque él estará en el trono y traerá justicia al mundo y liberación a los oprimidos (42:1-7; véase Isaías 2:1-5). ⇦

Proverbios 12:8-14

Los versículos 11 y 14 hacen una declaración sobre la ética del trabajo. A muchos de nosotros nos gustaría seguir un camino fácil para ganarnos la vida. Cuando se escribió esto, la economía era agrícola y no había manera de ganarse la vida sin trabajar duro.

Otro atributo del sabio que también traerá bendición es el uso prudente del habla (vv. 13-14). Observa ambas caras de la moneda. El necio y el malvado quedan atrapados en lo que dicen, mientras que el sabio es bendecido por el habla prudente. Compara el versículo 13 con Mateo 12:36-37.

SEPTIEMBRE 12

Mateo 27:32-66

Es imposible que el lenguaje humano exprese adecuadamente el significado de estos acontecimientos. La vida, muerte y resurrección de Jesús fue el momento crucial en la historia humana y el cumplimiento de tantas profecías del Antiguo Testamento, comenzando con la promesa hecha a Abraham en Génesis 12:2-3, de que, a través de su descendencia, todas las familias de la tierra serían bendecidas. Esta promesa a Abraham, y posteriormente reiterada a los descendientes de Abraham, Isaac, Jacob y Judá, señalaba a Jesús como el Mesías y Redentor venidero que necesitábamos tan desesperadamente para restaurar la relación con nuestro creador, que se rompió debido al pecado. La promesa hecha a David (también del linaje de Abraham, Isaac, Jacob y Judá) en 2 Samuel 7, de que uno de su propia descendencia gobernaría un reino eterno, nuevamente apuntaba a Jesús. Todo esto fue orquestado por Dios para nosotros, para que pudiéramos ser redimidos y adoptados en su familia para siempre. Y notaremos en breve, cuando leemos Efesios, que Dios había determinado estos eventos desde la fundación misma del mundo. ¡Qué Dios tan maravilloso tenemos!

Hemos visto en los evangelios que Jesús fue claramente identificado como el Hijo prometido de David y fue el cumplimiento de estas profecías. Gran parte de lo que veremos todavía en el Nuevo Testamento se centrará en estos acontecimientos. Las Epístolas se centran mucho en cómo debemos vivir a la luz de lo que Cristo ha hecho por nosotros. Pero también esperamos los Cielos Nuevos y la Tierra Nueva (Apocalipsis) y el futuro glorioso que disfrutaremos en la presencia de Dios mismo. Ya hemos vislumbrado estos eventos futuros en varios de los profetas, y habrá muchos más cuando leamos a Daniel y los profetas restantes.

Isaías 50

El destierro del pueblo al exilio se menciona en tiempo pasado en el versículo 1, aunque aún no había tenido lugar. Mira el motivo del cautiverio (v. 1b). Este es un comentario terriblemente triste sobre el pueblo de Dios. Dios podría haberlos liberado (v. 2b). Pero el pecado voluntario del pueblo hizo que su cautiverio y dispersión fuera una conclusión inevitable (Deuteronomio 28:58-68). Además, Dios levantó a Nabucodonosor y a los babilonios con el mismo propósito de juzgar a Judá (Habacuc 1:5-11).

☑La obra y el ministerio del Mesías se predicen en los versículos 4-9. El corazón comprensivo y el oído atento de Jesús durante su ministerio procedían del Señor Dios (vv. 4-5). Su sufrimiento se describe en el versículo 6 unos ochocientos años antes de que sucediera. Compara el versículo 7b con Lucas 9:51. Sin embargo, incluso en esta muerte, Jesús sabía que sería vindicado por el Señor Dios (v. 8a). ⇦

Los versículos 10-11 ofrecen una opción: ir a Dios en su camino a través de Jesús y recibir su bendición, o seguir tu propio camino y sufrir el tormento reservado para los rebeldes.

Proverbios 12:15-21

La verdad del versículo 15 parece obvia cuando se aplica a otros. Todos hemos conocido a personas que estaban comprometidas con un comportamiento que traería un desastre; sin embargo, parecían ajenos al peligro y seguros de que era el camino correcto. Es obvio cuando se trata de otra persona. ¡No es tan obvio cuando eres tú mismo! No escuchar a asesores confiables nos convierte en tontos.

Es importante escuchar y considerar los consejos de amigos de confianza. Sin embargo, puede haber ocasiones en que estés seguro de que el Señor te guía y procedas incluso si tus amigos te dan consejos diferentes. Puede que sea un viaje solitario, pero no el viaje de un tonto. El punto es, asegúrate de tener una base sólida para tu acción y que no sea sólo un capricho egoísta. Deberíamos intentar evitar esa debilidad de la naturaleza humana.

Los versículos 17-19 son palabras reveladoras sobre el uso y abuso de la lengua.

SEPTIEMBRE 13

Mateo 28

Ningún guardia, ninguna piedra, ninguna otra medida de seguridad pudo mantener a Jesús en la tumba. En el misterio de la redención, Jesús tuvo la autoridad de poner su vida y tomarla de nuevo (Juan 10:18). La resurrección desarmó para siempre al mal (véase Colosenses 2:15) y abrió el camino a la vida para todos los que creyeran. Romanos 1:4 afirma que la resurrección es la declaración al mundo de que Jesús es el Hijo de Dios.

El testimonio del ángel a las mujeres que fueron al sepulcro fue una poderosa declaración del Señor. Necesitaban ese mensaje para presentar el milagro de la resurrección. Después de la declaración del ángel, Jesús mismo se les apareció (vv. 8-10). Nota cómo le respondieron.

En los versículos 18-20 Jesús dio a los discípulos—y a nosotros—la misión clara de la iglesia hasta que él regrese. Al reflexionar sobre estos versículos, ¿qué tan bien se alinea tu vida con esta misión del Señor?

Recordarás de nuestras notas anteriores sobre la doctrina de la Trinidad (ver notas del 6 de enero) que hay un Dios que existe eternamente como tres personas distintas: el Padre, el Hijo y el Espíritu Santo. Vemos la doctrina de la Trinidad presente aquí en el mandato de Jesús: "Por tanto, vayan y hagan discípulos de todas las naciones, bautizándolos en el nombre del Padre y del Hijo y del Espíritu Santo," (v. 19). Nota que el Padre, el Hijo y el Espíritu Santo se identifican como personas distintas. Pero si bien son distintos, somos bautizados en su nombre (singular), en lugar de nombres (plural). Tenemos un Dios que existe eternamente como tres personas distintas: el Padre, el Hijo y el Espíritu Santo. Si bien es difícil de entender, ¡comprenderemos mucho más cuando nos encontremos con el Señor!

El Señor concluye con una promesa muy tranquilizadora para cada uno de nosotros: "Y les aseguro que estaré con ustedes siempre, hasta el fin del mundo." (v. 20). Dondequiera que vayamos y en cualquier desafío que enfrentemos, tenemos la promesa personal de nuestro Dios poderoso, misericordioso y compasivo de que él está con nosotros en cada momento. Nuestro Señor es fiel y siempre cumple sus promesas.

Isaías 51:1-52:12

El mensaje de 51:1-52:12 está dirigido al pueblo de fe de Dios. Hay aliento para los que van tras la justicia: Mirad a Dios, de quien tenéis vida; recibir el consuelo del Señor (51:1-3).

☑El Mesías habla en los versículos 4-8 acerca de futuros cambios catastróficos, pero también de consuelo. La tierra y los cielos serán quemados; se establecerá la rectitud y la justicia; y ya no habrá más temor de aquellos que amenazan al pueblo de Dios (v. 7). Se acerca el juicio para los impíos y el reinado de justicia del Mesías será duradero (vv. 7-8). ⇦

Todo este pasaje espera la liberación final del pueblo de Dios por el poder del mismo Dios que llevó a los israelitas a través del Mar Rojo en tierra seca (v. 10). El pueblo de Dios regresará a la tierra con gran alegría (v. 11). Israel, en ese momento, habrá apurado la copa llena de la disciplina del Señor y tendrá la bendición del Señor (vv. 17-23).

Sigue el llamado al futuro pueblo de Dios a dejar de sentirse oprimido y conocer el gozo de la liberación (52:1-12). ☑Los versículos 8-12 dicen que el Señor vendrá ante los ojos de todas las naciones. Aunque toda esta sección tiene connotaciones mesiánicas, es una referencia específica a la liberación que traerá Jesús, el Mesías (véase Zacarías 14:3-5; Apocalipsis 1:7). ⇦

Proverbios 12:22-28

Considera el versículo 22 y compáralo con Juan 8:44. Toda falsedad proviene del padre de la mentira: Satanás. Sombrear la verdad para verse mejor, o por cualquier otra razón, no proviene del Señor. Piensa en esto a medida que avanza el día. Agradamos a Dios y lo honramos con la verdad. Cuanto más comprometidos estemos con la verdad, más nos pareceremos a Jesús. La verdad y la rectitud van de la mano. Compara esto, entonces, con el versículo 28. El camino de la justicia es siempre el camino del Señor. ¡La justicia traerá vida eterna!

SEPTIEMBRE 14

Gálatas 1

La carta de Pablo a los Gálatas fue escrita a un grupo de iglesias de lo que hoy es Turquía. Los de Galacia eran en su mayoría gentiles, y habían acogido con satisfacción la refrescante sencillez del mensaje evangélico: la salvación sólo por gracia, mediante la fe. Algún tiempo después, estos jóvenes creyentes recibieron la visita de maestros que afirmaban que no bastaba con creer en el Evangelio. Les dijeron que los creyentes también debían observar elementos de la ley mosaica, incluida la circuncisión.

Este es el trasfondo de la carta de Pablo. En los versículos 6-9 aborda la cuestión central. Se habían alejado de una fe pura en la obra consumada de Cristo por una distorsión de la verdad. Cualquier afirmación de que la salvación requiere algo más que la gracia de Dios a través de la fe es una herejía. En su maravillosa carta, Pablo les hará volver a la sencillez, la esperanza y la libertad del Evangelio.

Isaías 52:13-53:12

☑ La sección de Isaías que leemos hoy está en el centro de los últimos veintisiete capítulos de Isaías y presenta al Mesías en su papel de portador de pecados y Salvador.

Al comenzar la sección, observa la frase "Miren, mi siervo prosperará; será exaltado, levantado y muy enaltecido." (52:13), y compáralo con Juan 3:14-15. Este versículo de Isaías, sin embargo, va más allá de ser "levantado" (en la cruz) y "reinará por los siglos de los siglos," (véase Apocalipsis 5:12; 11:15b). Esto abarca todo el alcance del ministerio de Cristo desde Salvador hasta Señor victorioso y reinante.

Piensa en la afirmación de que él fue desfigurado, y que la gente quedó horrorizada por su apariencia (v. 14). No parecía un rey en su primera venida, y especialmente en su sufrimiento, pero se hará evidente que él era y es el Hijo de Dios (v. 15; Apocalipsis 1:7).

La naturaleza universal de la obra redentora del Mesías se sugiere en el versículo 15. La frase "esparcirá a muchas naciones" (Biblia de las Américas 1986) describe la obra sacerdotal de traer expiación al mundo entero (véase Romanos 15:21). Este texto de Isaías, que profetiza el papel de Jesús como redentor, es absolutamente asombroso.

Juan citó 53:1 para explicar de las Escrituras la incredulidad del pueblo (véase Juan 12:37-38; Romanos 10:16). Cuando fue rechazado, todos apartaron de él el rostro (v. 3). Sin embargo, él cargó con nuestros pecados y dolores, fue aplastado por Dios por nosotros y llegó a ser nuestra expiación (vv. 4-6; véase Marcos 15:28; Romanos 3:23-26; 1 Pedro 1:18-21). La falta de defensa de Jesús ante los funcionarios religiosos y civiles en su juicio se refleja en el versículo 7 (véase Hechos 8:32). Él fue cortado y murió por nosotros (v. 8; véase Hechos 8:33). Fue puesto en la tumba de un hombre rico (v. 9). Jesús, hablando de su sufrimiento inminente, citó el versículo 12b y lo aplicó a sí mismo (véase Lucas 22:37). Todo esto era la voluntad de Dios (v. 10; Hechos 2:22-24). ⇦

Proverbios 13:1-6

¿Por qué se presenta tanta violencia en los medios? Nota el versículo 2b y compáralo con el Salmo 11:5. Para seguir el camino de Dios, no debemos amar la violencia, participar en ella ni elegir entretenernos con la violencia.

Escoger la justicia es una salvaguardia para la persona íntegra (v. 6; véase 12:28). El camino de la justicia es siempre el plan de Dios para nuestras vidas.

SEPTIEMBRE 15

Gálatas 2

El capítulo 2 detalla los crecientes dolores de la iglesia primitiva. Como ya notamos en Gálatas 1, cuando los gentiles recibieron el mensaje del evangelio, surgieron tensiones. Esto resultó en lo que se conoce como el primer concilio de la iglesia, convocado en Jerusalén (2:1-10; véase Hechos 15:1-29). Pablo acudió a ese concilio para describir cómo el Señor le había revelado que el evangelio se extendería a los gentiles. Se debatió vigorosamente la relación del cristianismo con los rituales y formas de culto judíos. Las conclusiones del concilio se encuentran en Hechos 15:24-29.

Incluso Pedro volvió a caer en el patrón legalista cuando visitó Antioquía, lo que resultó en acaloradas discusiones entre Pedro y Pablo (vv. 11-13).

El quid de la verdad está en el versículo 16. Nunca seremos salvos si guardamos la ley o *cualquier* conjunto de reglas. La siguiente verdad se ve en los versículos 20-21. Nuestra identificación con Cristo en su muerte y resurrección es la dinámica de la nueva vida (véase Romanos 6:5-14).

Isaías 54

El mensaje de esperanza triunfante y promesa a Israel en el capítulo 54 sólo fue posible gracias a la obra consumada de la redención. Ser estéril se consideraba vergonzoso en los tiempos del Antiguo Testamento (v. 1). Pero ahora, se promete descendencia a la nación (vv. 2-3). Esto cumple la promesa hecha a Abraham (Génesis 12:1-3) y a Jacob (Génesis 28:13-14). Esta fue la promesa de salvación para todos los pueblos del mundo (véase Romanos 4:11-12).

☑ Los versículos 4-8 prometen restauración a Israel y reconciliación con Dios; los versículos 9-10 reiteran la seguridad de la relación de pacto con el Señor; y los versículos 11-14 garantizan la belleza de Jerusalén (Apocalipsis 21:10-27). Finalmente, observa que en los versículos 15-17 Dios promete su fuerza y presencia a su pueblo. Escritos alrededor del año 800 a.C., estos acontecimientos aún están por llegar, pero se cumplirán cuando Jesús, el Mesías, regrese. ¡Todo esto se basa en la curación mediante la redención en Isaías 53! Jesús notó que su ministerio en la tierra cumplió el versículo 13 (Juan 6:45). ⇦

Proverbios 13:7-13

El versículo 9 nuevamente contrasta los justos y los malvados. Piensa en el mensaje del versículo 10. El orgullo nos ciega y obstaculiza nuestras relaciones. Escuchar consejos sabios requiere disciplina, pero puede suavizar los puntos difíciles. En el versículo 11 encontramos sabiduría práctica para manejar el dinero.

SEPTIEMBRE 16

Gálatas 3:1-14

Pablo se muestra incrédulo de que los cristianos a quienes escribe hayan sido arrastrados a prácticas falsas debido a una distorsión de la verdad. Usó el ejemplo de Abraham, quien recibió el don de la justicia mucho antes de que se diera la ley (véase Génesis 15:6). Los que se salvan son hijos de Abraham ya que reciben la salvación por la fe, como la recibió Abraham (véase Romanos 4:11). Pablo desarrolló esta verdad eficazmente cuando escribió a los cristianos romanos.

Los hechos son claros: si tratamos de entrar en el reino guardando la ley, llevando nuestra colección de buenas obras a Dios, seremos trágicamente decepcionados. Lee nuevamente el poderoso resumen de esta verdad en Romanos 3:19-20. Nadie puede ni será justificado por guardar la ley (v. 11). De hecho, nadie puede cumplir plenamente la ley. Pero Cristo abrió el camino a Dios al pagar la pena completa de la ley en nuestro nombre (vv. 13-14). Este don de justicia llega a todos los que tienen fe en Cristo (v. 14). Jesús nos redimió de la maldición de la ley al tomarla sobre sí (v. 13; véase 1 Pedro 2:24).

Isaías 55

☑ El capítulo 55 surge de la obra redentora del Mesías, porque contiene la amable invitación del Señor a todos, basada en el camino abierto por Jesús como portador del pecado (capítulo 53). Todo el Antiguo Testamento refleja la gracia de Dios, pero este pasaje es uno de los más explícitos y hermosos de la Biblia.

La oferta de Dios no requiere dinero y, por tanto, está disponible para todos (v. 1). Satisface (v. 2), trae vida al alma (v. 3; véase Hechos 13:34) y se da mediante el arrepentimiento y la fe (vv. 6-7). La forma en que Dios hace esto puede estar más allá de nuestro entendimiento (vv. 8-9), pero la palabra de Dios a todas las personas traerá resultados (vv. 10-11). Además, la bendición de Dios trae gozo tanto a la humanidad como a la naturaleza, y el nombre de Dios será honrado (vv. 12-13).

Lo que Dios ofrece es salvación, y este pacto de salvación viene a través de la promesa dada a David (vv. 3-5). Esta promesa llegó primero a través de

Abraham (Génesis 12:3) y luego a través de David (2 Samuel 7:15-16; véase Isaías 11). Tanto este pasaje como Isaías 11 hablan de la primera y segunda venida del Señor Jesús como Mesías. ⇦

Proverbios 13:14-19

Recuerda que la sabiduría de que habla Proverbios proviene del conocimiento de Dios, sobre lo cual leemos en los primeros capítulos del libro. La Sabiduría personificada de Dios llamó la atención de todos (Proverbios 1:20-33). Aquí, en el versículo 14, la enseñanza del sabio que conoce a Dios apartará a otros del camino de la muerte. Este es el elevado llamado de quien conoce al Señor. Compartir las buenas nuevas de salvación es presentar el camino de vida a quienes necesitan el mensaje.

El versículo 16 nos dice que prestemos atención a la verdad que conocemos. A medida que nos familiaricemos más con la Palabra de Dios, veremos más formas en que la aplicación de estas verdades nos mantendrá libres de problemas. Ignorar la verdad que conocemos expone nuestra necedad.

SEPTIEMBRE 17

Gálatas 3:15-29

Vuelve a leer los versículos 6-9, donde Pablo muestra que Abraham llegó a la salvación por la fe. Abraham fue el padre de la raza judía y, seguramente, si guardar la ley fuera necesario para la salvación, Abraham lo habría hecho. Pero eso no sucedió: Abraham recibió el don de la justicia por la fe (v. 6; véase Génesis 15:6). Luego, Pablo señala que este plan de fe era y es el método de Dios: Abraham es el padre de todos los que tienen fe, incluidos los gentiles (vv. 7-8).

Los judíos sabían que eran el pueblo del pacto. Eran hijos de Abraham, y el pacto vino por medio de él (v. 16). Pablo les llama la atención, sin embargo, que la promesa de Dios era para Abraham y su descendiente (singular), y ellos entendieron que este descendiente era el Mesías que vendría a través del linaje de Abraham. ¡Tanto Génesis 12:7 como 13:15 hablan de la promesa de Dios a Abraham que es tanto para él como para su descendiente! La palabra griega *semilla*, que es singular, se traduce del hebreo en las referencias anteriores. El hebreo puede leerse en singular o en plural, pero los judíos consideraban que la promesa se refería al Mesías. En cualquier caso, la promesa dada en Génesis le llegó a Abraham más de cuatrocientos años antes de que se diera la ley. La conclusión inequívoca es que la promesa no depende de la ley.

Entonces, ¿cómo encaja la ley en el plan de Dios (vv. 19, 21)? Íntimamente, ya que la ley nos muestra nuestra gran necesidad de la gracia. En los versículos 23-24 y en Romanos 3:20, Pablo muestra que la ley nos hace conscientes del pecado, preparándonos para ver nuestra necesidad ante Dios y la gracia del perdón por medio del Salvador. La ley nos muestra el estándar de Dios y nos lleva a Cristo (v. 24).

El mediador al que se refiere el versículo 19 probablemente fue Moisés. Dios usó a Moisés para dar su ley a los israelitas.

Considera un pensamiento más acerca de la ley y la fe. Sabemos que todas las personas, de todos los tiempos, que han recibido el don de la justicia de Dios a través de la salvación lo han hecho por la fe (3:9). ¿Cuál era entonces la función de los sacrificios en el Antiguo Testamento? Sabemos que la sangre de los animales no puede quitar el pecado (Hebreos 10:4). Por lo tanto, los sacrificios en sí mismos no quitaban el pecado de una persona. Sin embargo, la fe de la persona en Dios, demostrada en los sacrificios, podía efectivamente quitar los pecados, y fue confirmada de una vez por todas en el momento de la cruz y la resurrección (véase Romanos 3:25-26; Hebreos 9:15).

Isaías 56-57

En los primeros versículos del capítulo 56, observa las prioridades específicas que el Señor identifica para su pueblo (vv. 1-2). Esta porción continúa la invitación de Isaías 55 para todos los que vengan, incluidos aquellos que normalmente están excluidos de la adoración en el templo (vv. 3-8). Algunos extranjeros no podían unirse a los israelitas (Deuteronomio 23:1-8) y los eunucos, por ejemplo, estaban excluidos del culto (Deuteronomio 23:1). La redención abre el camino a la oportunidad universal de salvación. En el versículo 6 se enumeran seis marcas del extranjero piadoso. El templo será una casa de oración para todas las naciones (v. 7).

En los últimos cuatro versículos del capítulo, y continuando en el capítulo

57, Dios explica su visión del pueblo de Israel. Busca cómo Dios describe al pueblo. En medio de la impiedad, Dios a veces incluso permite que los justos mueran para protegerlos de un daño mayor. La muerte trae al creyente una paz que sólo Dios puede dar (vv. 1-2). Esto, por supuesto, está más allá de nuestra completa comprensión, pero para los justos es un gran consuelo saber que Dios tiene el control, incluso en circunstancias extremas.

Al leer los versículos 3-13, observa cuán profundamente el pueblo había sido infectado con la adoración pagana de las naciones que los rodeaban. Se involucraron en pecado sexual, sacrificios humanos e idolatría. El resultado se ve en el versículo 13. Cuando estés en problemas, Dios dice, mira a los ídolos y ve si te ayudarán. En contraste, el hombre que confía en Dios tendrá su bendición (v. 13b). De hecho, hasta el versículo 13a, parece que no hay esperanza. ¡Pero todavía hay esperanza! Los versículos 13b-21 contrastan a los piadosos y los impíos. Dios honrará la fe de quienes lo adoran, pero no hay paz para los impíos (v. 21; 48:22). Esta frase cierra esta sección de nueve capítulos de Isaías.

Proverbios 13:20-25

Se nos dice que elijamos cuidadosamente a nuestros amigos y mentores. El carácter y las prácticas de estos amigos nos afectarán (v. 20). Una amistad piadosa será una bendición para ambos individuos.

La maldad de la sociedad se refleja en el versículo 23. La experiencia demuestra que este proverbio es cierto. Todos conocemos (y es posible que hayamos experimentado) la deshonestidad y las estafas que roban a las personas el dinero que tanto les ha costado ganar. La injusticia también puede provenir de los tribunales. Recuerda que la verdadera justicia pertenece al Señor (Deuteronomio 1:17). Cuando defendemos la honestidad y la justicia, vivimos las prioridades divinas.

SEPTIEMBRE 18

Gálatas 4

En este capítulo, Pablo contrasta la esclavitud y la libertad para ayudar a los cristianos gálatas a comprender mejor por qué guardar la ley no trae salvación.

Un concepto clave se encuentra en los versículos 4-10. El Hijo de Dios vino en el momento adecuado de la historia para liberarnos de la esclavitud de los principios elementales del mundo (vv. 3, 9). El camino hacia esta libertad es la fe en Cristo y su obra consumada a nuestro favor. Por lo tanto, no necesitamos depender del sistema de intentar guardar todos los requisitos de la ley para lograr la salvación. Además, seguir otras formas de lograr la salvación cuestiona la eficacia de la obra de Cristo en la cruz.

Sobre esta base, Pablo expresa su preocupación por los cristianos en los versículos 21-31. Utiliza a Agar y Saray para señalar la diferencia entre nuestros propios esfuerzos y el método divino. Cuando Abraham no tuvo hijos para cumplir la promesa que Dios le había hecho, Saray le dio a Abraham su sierva para que les diera un hijo (Génesis 16:1-3). Ismael, sin embargo, no era el hijo que Dios le había prometido a Abraham. El hijo de la promesa vino a Abraham y Saray exactamente en el momento que Dios eligió (Génesis 18:10), así como el Hijo de Dios vino al mundo (v. 4).

La conclusión es que los gálatas (y todos los creyentes) deben abandonar todos los métodos autosuficientes que intentan obtener la salvación guardando la ley. En cambio, venimos a Dios en la libertad de la promesa de que la salvación sólo y siempre viene por la fe en el Hijo de Dios y su redención a través de la cruz.

Isaías 58

Este capítulo comienza una sección profética que aborda los últimos tiempos hablando de la obra del Espíritu Santo y el Señor como Juez y Salvador.

Al leer el capítulo 58, compara la condición del pueblo con lo que Dios quiere que sea. Muchas personas pasaron por las marcas de la vida espiritual sin un corazón para el Señor. Incluso en los días reservados para la adoración, el pueblo actuó malvadamente mientras simplemente observaba las formas y no adoraba con el corazón (vv. 3-5). A partir del versículo 6, el Señor deja claro lo que constituye la verdadera vida espiritual y las bendiciones que fluirán de ella.

Dios identifica claramente cuáles deben ser nuestras prioridades. Honrar al Señor eliminando la injusticia y la opresión y ministrando a los pobres son ejemplos. Quizás no vemos los resultados porque no prestamos atención a las cosas correctas.

Proverbios 14:1-9

"La sabiduría del prudente es discernir sus caminos" (v. 8). Todos deseamos una vida prudente. Un elemento esencial para lograr esa vida es evaluar (y reevaluar) lo que hacemos y cómo lo hacemos, y hacerlo a la luz de las Escrituras. Piensa en tu propia vida por un momento. ¿Hay algo que sabes que el Señor quisiera que cambiaras? Reflexionar sobre esto es aplicar Proverbios 14:8.

SEPTIEMBRE 19

Gálatas 5:1-12

La discusión aquí es sobre la esclavitud o la libertad (v. 1). Esta es una elección crucial, porque determina la diferencia entre la comunión con Cristo o el alejamiento de Cristo (v. 4). Lo único que importa por encima de todo es la fe que se muestra en el amor (v. 6).

Si deseas guardar la ley para ser salvo, debes recorrer todo el camino (vv. 2-3). ¡Guarda toda la ley y trata de alcanzar la salvación de esa manera! Eso, por supuesto, es imposible. Entonces Pablo ruega a los cristianos gálatas que no mezclen fe y obras, porque un poco de levadura (la idea del mérito a través de la ley) se mete en toda la masa (v. 9).

Habrá ajuste de cuentas para aquellos maestros que han confundido a las iglesias de Galacia (v. 10). El mensaje de salvación por la fe en la muerte expiatoria de Cristo en la cruz es ofensivo para muchos (véase 1 Corintios 1:23), pero es nuestra verdadera libertad (v. 1).

Isaías 59

Isaías aborda la amplia gama de iniquidades que separan al pueblo de Dios. Los versículos del 3-15 describen la violencia, las mentiras y la injusticia. Las personas son pecadoras en obra (v. 6b), intención (v. 7a), pensamiento (v. 7b) y corazón (v. 8). El trágico resultado es que no hay justicia en la nación (v. 9a), no hay luz para el camino (v. 9b), no hay perspicacia para entender el problema (v. 10a), no hay fuerza para vencer la terrible situación (v. 10b), y no hay ninguna liberación de la dificultad (v. 11b). Nota los cuatro pecados del pueblo que se encuentran en el versículo 13. ¿No suenan igual a los prevalentes hoy en día?

Ahora mira lo que Dios hará en esta situación imposible (vv. 16-21). ☑ El Señor traerá la salvación, en su propia justicia (vv. 16b-17a). La promesa de su venida se encuentra en los versículos 19-20, y todos verán su gloria. Esto se realizará finalmente cuando venga el Mesías para reinar con la verdadera justicia y rectitud. El juicio de Dios llegará a los malvados. Sólo aquellos que se arrepientan escaparán (v. 20). Pero los que tienen el Espíritu (v. 21) sentirán la presencia de Dios en medio de los problemas. Este pasaje tenía una promesa tanto cercana como lejana (desde el tiempo de la profecía). El juicio de Dios vino en el cautiverio babilonio en el año 586 a.C., y también vendrá al mundo cuando Jesús regrese (v. 19). ⇦

Proverbios 14:10-18

Todos hemos descubierto que la sabiduría humana es falible. Lo que parece un buen plan muchas veces no resulta tan práctica como parecía inicialmente. Peor aún, si confiamos en nosotros mismos para decidir los valores y metas morales, nuestra naturaleza humana caída nos desviará gravemente (v. 12).

SEPTIEMBRE 20

Gálatas 5:13-26

Aquí se destaca el contraste entre la vida en el Espíritu y la vida en el pecado. El llamado de Pablo a los gálatas es a vivir en el Espíritu, y evitar la tentación de satisfacer la naturaleza pecaminosa (v. 16). La naturaleza pecaminosa y la vida en el Espíritu no se mezclan: son mutuamente incompatibles (v. 17). Son como el aceite y el agua. Para evitar vivir según la naturaleza pecaminosa, debemos dejarnos guiar por el Espíritu (v. 18).

Los versículos 19-21 describen los actos pecaminosos a los que somos propensos. Los pecados sexuales incluyen la impureza y el libertinaje. La adoración incorrecta y las prácticas demoníacas malvadas incluyen la idolatría y la brujería. Los pecados en las relaciones incluyen el odio, la discordia, los celos, los ataques de ira, la ambición egoísta, las disensiones, las facciones y la envidia. Finalmente, los pecados de la autocomplacencia incluyen la embriaguez y las orgías. Nota el hecho aleccionador que Pablo enfatiza en el versículo 21. Aquellos que muestren este tipo de comportamiento no serán parte del reino de Dios.

En contraste, considera el fruto del Espíritu (vv. 22-23). El fruto del Espíritu no es lo mismo que los dones del Espíritu. El fruto del Espíritu es lo que debe ser evidente en la vida de cada cristiano, mientras que los dones se dan selectivamente a cristianos individuales (cada cristiano tiene al menos uno de los dones, 1 Corintios 12:7). Imagínate a la persona que vive este retrato de la obra del Espíritu Santo. Hay leyes contra muchas de las cosas enumeradas bajo la naturaleza pecaminosa, pero no hay leyes contra la persona amable y guiada por el Espíritu Santo (v. 23b). Pablo nos implora a seguir el paso del Espíritu (v. 25).

Isaías 60

☑ Isaías 60 describe un tiempo aún por venir en que Israel será establecido en justicia. Estos eventos esperan la segunda venida de Jesús el Mesías, cuando todos los pueblos lo reconocerán como Señor. Las naciones del mundo servirán al pueblo de Dios, trayendo sus riquezas a Israel (v. 5; y también ayudarán a renovar la tierra (v. 10). Será un tiempo de paz (v. 11). Jerusalén será reconocida como la ciudad del Señor (v. 14; véase Isaías 2:3). El odio que Israel ha soportado terminará (v. 15). Dios mismo iluminará la tierra (v. 19; véase Apocalipsis 21:23) trayendo gloria a su nombre (v. 21b). ¡Dios aún no ha terminado con su pueblo! ⇦

Proverbios 14:19-26

Los valores del mundo son obvios en el versículo 20. En contraste, vemos la prioridad de Dios en el versículo 21. Vivir según sus valores significa priorizar las necesidades de los demás (véase Filipenses 2:4). Vemos esto nuevamente en el versículo 31.

Recuerda también que no importa cómo se vean las cosas, el que confía en el Señor tiene una fortaleza segura (v. 26). ¡Esa es la verdadera seguridad!

Es fácil olvidar esta verdad vital, lo que provoca preocupaciones innecesarias e inútiles. ¿Realmente creemos que el Señor se preocupa por los suyos?

SEPTIEMBRE 21

Gálatas 6

En los capítulos 1-3, Pablo ha demostrado cuidadosamente que, como creyentes, ya no estamos bajo los gravosos requisitos de la Ley de Moisés. Ahora revela que estamos llamados a vivir bajo una ley aún más severa: "Ayúdense unos a otros a llevar sus cargas y así cumplirán la ley de Cristo" (v. 2). En los versículos 1-10 expone varias maneras prácticas de aplicar esta ley en nuestra comunión con otros creyentes.

Isaías 61

☑Este maravilloso capítulo incluye profecías que se relacionan tanto con la primera como con la segunda venida de Jesús. El capítulo 4 de Lucas registra el extraordinario relato del día en que Jesús anunció públicamente su ministerio. Jesús estaba en la sinagoga de Nazaret el día de reposo y fue elegido para leer del profeta Isaías. Desenrolló el rollo que contenía este capítulo y leyó el versículo 1 y la primera parte del versículo 2. Luego enrolló el rollo, se lo devolvió al asistente y se sentó. Con los ojos de todos en la sinagoga puestos en él, Jesús dijo: "Hoy se cumple esta Escritura en presencia de ustedes" (Lucas 4:21). ¡Qué maravilloso hubiera sido estar presente ese día! Jesús dejó de leer a mitad del versículo 2 porque su ministerio durante el primer advenimiento se extendió sólo hasta ese punto del texto. Cuando vuelva, juzgará a los impíos y consolará a su pueblo (vv. 2b-3). La tierra será reconstruida y el pueblo de Dios ministrará al mundo (vv. 4-9). Todo esto será el ministerio de Jesús en su segunda venida. Esto describe el período del reinado de Cristo sobre Israel y las naciones. Lee los versículos 10 y 11 como palabras de Cristo. ⇦

Proverbios 14:27-35

Un corazón pacífico da vida al cuerpo (v. 30). El contentamiento es la voluntad de Dios para sus hijos

(1 Timoteo 6:6). De hecho, sin satisfacción no hay paz. Piensa en el hecho de que la mayor parte de la publicidad está diseñada para descontentar a la gente y motivarla a comprar más en busca de la felicidad.

La paz genuina es obra del Espíritu Santo (Gálatas 5:22). Se basa en la obra redentora de Cristo (Romanos 5:1-2) y está presente independientemente de las circunstancias (Romanos 5:2b-5). En el fondo hay una relación correcta con Dios y una profunda convicción de que Dios vela por nuestros intereses y nos dará exactamente lo que necesitamos. Cualquier médico testificará que el individuo pacífico está sujeto a menos síntomas emocionales y físicos que la persona estresada.

La otra cara de la moneda está en 30b. Aquí está la persona estresada que envidia a los demás y cuyos deseos nunca se satisfacen. Este descontento crea estragos tanto en las emociones como en los síntomas físicos. Elije entre creer en Dios o seguir al resto del mundo en una búsqueda loca e infructuosa de satisfacción.

SEPTIEMBRE 22

Efesios 1:1-14

Éfeso era una ciudad en la costa de Asia que Pablo visitó en su segundo y tercer viajes misioneros. Hechos 19 da el relato de la primera visita de Pablo a Éfeso. Pasó tres meses presentando el evangelio en la sinagoga y, cuando hubo oposición, se mudó a un salón alquilado donde ministró diariamente durante unos dos años. De esto podemos suponer que la iglesia estaba bien establecida.

Efesios 1 está lleno de verdades teológicas significativas. Pablo habla de las bendiciones espirituales que tienen los cristianos en los versículos 3-14. Considera las siguientes cinco bendiciones: (1) Cristo nos escogió antes de crear el mundo (v. 4). ¡Dios conocía tu nombre antes de que se formara este mundo! El propósito específico de Dios al elegirte, como se ve aquí, es que seas santo e irreprensible ante él. (2) Dios nos amó y nos predestinó para ser sus herederos adoptivos por medio de Cristo Jesús (v. 5). (3) Cristo nos ha redimido del pecado (v. 7). (4) Dios nos ha revelado el misterio de su voluntad al traer la salvación al mundo y finalmente poner todas las cosas en el cielo y en la tierra bajo la autoridad de Cristo (v. 9). (5) Dios ha marcado a cada cristiano con su sello: el Espíritu Santo (vv. 13-14). ¡Qué cosas maravillosas ha hecho por nosotros!

Isaías 62-63

☑ Isaías, cuya visión le ha mostrado el futuro de Jerusalén y de la nación, proclama que no puede guardar silencio (62:1). ¡El futuro de Israel será glorioso! Dios una vez más se deleitará en la nación (v. 4; véase 59:1-15 para su condición anterior). El Salvador viene y traerá su recompensa (v. 11). El pueblo será redimido y la ciudad habitada (vv. 10-12). ¡Estas promesas nos dan una gran esperanza de lo que está por venir!

Los primeros versículos del capítulo 63 hablan de que el Señor vendrá con poder y fuerza, y traerá juicio sobre las naciones malvadas (vv. 1-6). En Apocalipsis 19:11-21, Juan ve la visión del Señor Jesús en el momento del juicio de las naciones. Nota la similitud en las descripciones del Señor vengador. ⇦

A pesar de los actos de gracia y bondad de Dios hacia Israel (vv. 7-9), el pueblo se rebeló (v. 10). Cuando Dios los disciplinó, recordaron sus días de bendición (vv. 11-14). Su oración en los versículos 15-19 le pide a Dios que los mire una vez más con favor.

Proverbios 15:1-9

Las dulces palabras y los halagos nunca curan. Las palabras engañosas aplastarán el espíritu. La lengua que trae sanidad habla la verdad con mansedumbre (vv. 1, 4).

Tres veces en este capítulo se describe lo que el Señor detesta. Detesta el sacrificio de los impíos (v. 8); en cambio, se complace en la oración de los rectos. Detesta el camino de los impíos (v. 9); por el contrario, ama a los que siguen la justicia. Y, mirando hacia el versículo 26, el Señor detesta los pensamientos de los malvados; en cambio, los pensamientos de los rectos le agradan. Dios ve el corazón interior (v. 3). Quizás podamos engañar a otros por un tiempo, pero Dios nos ve como realmente somos y conoce genuinamente nuestro corazón.

SEPTIEMBRE 23

Efesios 1:15-23

Mira cómo Pablo oró a favor de los efesios y las cosas específicas que aprende-mos acerca de Cristo y su gobierno, tanto ahora como en el futuro (vv. 15-23).

Pablo oró para que los cristianos de Éfeso tuvieran el Espíritu de sabidu-ría y entendimiento, como un don del Padre, para conocerlo mejor (v. 17). También oró para que pudieran entender la herencia que tenían como cris-tianos y el poder de la resurrección disponible para ellos como hijos de Dios (vv. 18-20). Esta oración es un maravilloso ejemplo para nosotros de cómo orar por los demás. Estos son los deseos de Dios para todos sus hijos.

Sigue cuidadosamente lo que Pablo escribe acerca de Cristo (vv. 20-23). ¡Él es el gran Rey! Compara estos versículos con Hebreos 1:1-4. Captura esta visión del Señor Jesús, alto y exaltado, el gobernante del universo entero. ¡Entonces regocíjate de que él se preocupa personalmente por ti!

Isaías 64-65

☑ Isaías anhela la realización de su visión de gloria (64:1-2; véase Zacarías 14:3-9; Malaquías 4:1). Cuando venga el Salvador, las montañas temblarán como en el Sinaí (v. 3). ⇦ En las circunstancias actuales, la esperanza está en espe-rarlo (v. 4; véase 1 Corintios 2:9) y recordar que estamos en su mano para sus propósitos (v. 8). Nota la conmovedora oración de Isaías a favor de su pueblo (vv. 8-12). ¿Qué siente Dios acerca de aquellos que casualmente se dedican a ser religiosos, pero no son genuinos? Lee 65:2-16 para conocer la respuesta. Pablo cita los versículos 1 y 2 en su carta a los Romanos y señala que Israel no respondería al Salvador, pero que el evangelio se extendería libremente a los gentiles (Romanos 10:20-21). A pesar de la ira de Dios por el rechazo de Israel, todavía hay esperanza (vv. 8-10). Mira, sin embargo, lo que Dios hará con aquellos que confían en la suerte (fortuna, v. 11a) y el destino (v. 11b) cuando deberían haber confiado en el Dios vivo (v. 12).

☑ Compara 65:17-25 con Apocalipsis 21. El cielo y la tierra serán rees-tructurados después del juicio que vendrá sobre las naciones (v. 17; véase 2 Pedro 3:10). Las personas tendrán vidas más largas que recordarán la era del Génesis antes del diluvio (v. 20). La naturaleza será pacífica (v. 25; véase Isaías 11:1-9). Esta época de orden mundial reestructurado con Jerusalén en el centro también se describe en Isaías 2:1-5. ¡Qué tiempos maravillosos están por venir! ⇦

Proverbios 15:10-17

Un mensaje claro sobre las prioridades se encuentra en los versículos 16 y 17. El valor de nuestras posesiones no define la calidad de nuestra vida. Esa cualidad sólo viene con la alegría y la paz. Si nos fijamos en seguir a Dios y sus prioridades, tendremos paz.

SEPTIEMBRE 24

Efesios 2:1-10

La vida y la muerte son los problemas aquí. La muerte espiritual es un hecho para todo ser humano (v. 1), aparte de la obra de Dios en nuestras vidas. Para ser aún más específico, todos los que están sin Cristo viven bajo la autoridad de Satanás (v. 2). Damos evidencia del control de Satanás mediante nuestras vidas pecaminosas (v. 3). Es una imagen deprimente. La muerte es donde todos estamos o hemos estado (vv. 1-3).

Si el relato terminara en el versículo 3, ¡no habría nada que esperar! En cambio, la gracia de Dios, descrita en los versículos siguientes, eleva nuestros corazones con alabanzas hacia él. Su gran amor, rica misericordia y gracia han hecho posible la vida espiritual (vv. 4-5). No sólo eso, sino que Dios ha elevado a los creyentes al mismo lugar que el Señor Jesús tiene en gloria (v. 6).

Considera los versículos 8-10 como una declaración definitiva sobre la fe, las obras y la salvación. La salvación es un regalo de Dios para cada creyente (v. 8). Está disponible para el pecador que está perdido en el pecado (v. 5). Además, la naturaleza de un regalo significa que uno no puede pagarlo ni ganarlo mediante buenas obras. De ser así, sería un pago por algo de valor y no un regalo. Específicamente, ningún cristiano puede jactarse de haber ganado la salvación (v. 9). La definición de gracia es un favor otorgado enteramente sin mérito por parte de quien lo recibe. Ten en cuenta, sin embargo, que las buenas obras siguen a la recepción de la gracia de Dios y son la voluntad de Dios para sus hijos (v. 10). Las buenas obras no nos traen la salvación, pero revelan el cambio en nuestras vidas que la salvación ha traído.

Isaías 66

¿Alguna vez te preguntaste qué clase de persona estima el Señor? Isaías nos da la respuesta en el versículo 2b: "Yo estimo a los pobres y contritos de espíritu, a los que tiemblan ante mi palabra". Hagamos nuestra oración que estas cualidades caractericen nuestras vidas.

En contraste con lo que el Señor desea en su pueblo, lee la descripción de lo que el Señor observó (vv. 3-6): Pueblo que se sacrificaba, pero tenía el corazón alejado del Señor; personas que no escucharon el mensaje de Dios; y personas que dijeron todas las cosas correctas, pero sin convicción. El juicio vendría sobre ellos (v. 6).

☑ El Señor cumplirá lo que ha prometido (vv. 7-16), lo que traerá gran gozo. Hay un futuro increíble para Jerusalén y el pueblo de Dios. Con el juicio que vendrá sobre las naciones (vv. 15-16, el día del Señor en la venida de Cristo), Jerusalén y el pueblo de Dios serán restaurados (vv. 12-14).

Finalmente, habrá juicio para los impíos (v. 17), pero el mundo finalmente verá la gloria del Señor (v. 18). El Señor reinará en la persona del Mesías, ¡y todos lo glorificarán (vv. 19-24)! ⇦

Proverbios 15:18-25

Algunas personas parecen sobresalir en provocar discordias entre amigos. Cuánto mejor es tener paciencia, escuchar a los demás y ayudar a calmar una situación difícil (v. 18).

Observa cómo el versículo 23 se alinea con el versículo 18. La palabra oportuna puede ser aliento o consejo correctivo. En cualquier caso, una palabra honesta, pronunciada con cuidado, tiene el potencial de ser una bendición.

SEPTIEMBRE 25

Efesios 2:11-22

La gracia de Dios en la salvación cambia profundamente a los cristianos. Uno de los mayores cambios es derribar las barreras culturales y sociales. Cuando esta carta fue escrita a los cristianos en Éfeso, uno de los muros más altos e impenetrables entre los pueblos era el que había entre judíos y gentiles. Los judíos, descendientes de Abraham, se consideraban hijos exclusivos del pacto (vv. 11-12). Cristo cambió eso (v. 13). Dios ha reunido *a todos* los creyentes en un solo rebaño, sin importar las diferencias nacionales, culturales o sociales.

Éste fue el plan de Dios desde el principio. Una de las primeras promesas bíblicas se encuentra en Génesis 12:3, donde Dios prometió a Abraham que a través de él (es decir, a través de Jesús, quien era su descendiente) todas las naciones de la tierra serían bendecidas. Pablo demuestra en el Antiguo Testamento que el plan de Dios para la salvación de todos los pueblos es evidente tanto en la ley como en los profetas (Romanos 9:25-26, 30-33; 10:11-13, 19-21). Consulta Efesios 1:4. ¡Dios conocía a los creyentes individuales antes de que existiera el tiempo! ¡Esto es increíble!

Nahúm 1-2

La profecía de Nahúm estaba dirigida a Nínive, la capital de Asiria, unos cien años después de la predicación de Jonás y el arrepentimiento de la ciudad. Mientras Dios usó a los asirios para castigar a Israel por su pecado, ahora Dios estaba responsabilizando a los asirios por los suyos.

Nota las verdades tranquilizadoras acerca de Dios en estos capítulos. Podemos aferrarnos a estas palabras en nuestras propias vidas.

Proverbios 15:26-33

Los contrastes entre los justos y los malvados son muchos. Observa los cuatro que se articulan en los versículos 26-29. Nota también los beneficios de la represión y la instrucción que se encuentran en los versículos 31-33.

SEPTIEMBRE 26

Efesios 3

¿Has considerado cómo llegó a ti el evangelio? Si eres gentil, te encontrarás en este capítulo, donde Pablo cuenta cómo Dios abrió el camino para que todos vinieran a él. Dios le dio a Pablo la responsabilidad de proclamar el evangelio al mundo gentil (vv. 1-6).

El misterio del que habla Pablo es doble. Primero, el misterio de cómo Dios traería salvación al mundo (v. 3) es el mismo misterio del que habla Pedro en 1 Pedro 1:10-12. Los profetas, que predijeron la venida de Cristo y su sufrimiento, no podían entender cómo ni cuándo se cumplirían sus profecías. También está el misterio de por qué los gentiles fueron incluidos en el gran plan de salvación (v. 6). Para los judíos esto era incomprensible: un verdadero misterio.

La intención de Dios (vv. 10-11) es que a medida que la iglesia lleve el mensaje de redención al mundo, su sabiduría sea clara para los gobernantes y autoridades en los reinos celestiales. Estas fuerzas no las vemos, pero son muy reales. La iglesia demuestra al universo la gracia y el poder de Dios. Como miembros de la iglesia, nuestra conducta como redimidos de Dios se refleja en la obra de Dios en nuestras vidas y en la reputación de Dios, ¡incluso en los reinos celestiales!

Lee la oración de Pablo (vv. 14-21), notando especialmente su deseo de que los cristianos de Éfeso sintieran el poder de Dios para fortalecer su carácter espiritual y comprender la inmensidad de la obra divina. ¿Qué podemos aprender de Pablo sobre por cuáles deberíamos orar?

Nahúm 3

Al comenzar este capítulo, Dios se queja, citando una ciudad de sangre, mentiras, saqueo y víctimas (v. 1). El poder militar y el comportamiento de Nínive se describen en los versículos 2 y 3, y la adoración maligna del pueblo en el versículo 4. Esta adoración incluía tanto brujería como hechicería.

Ten en cuenta que, a pesar de su aparente poder, la nación todavía caerá (vv. 8-13). De hecho, Dios les dice que sigan adelante y hagan todo lo posible para estar preparados, pero la destrucción aún está en camino (vv. 14-17).

Hay varias lecciones en esta profecía. Dios tenía una profunda preocupación por el pueblo de Nínive (véase Jonás 4:11). A Dios le importó lo suficiente como para enviar al profeta Nahúm a la ciudad después de haber enviado a Jonás anteriormente. Esta vez, sin embargo, el mensaje no fue escuchado. Aunque la nación parecía fuerte, esa fuerza no es nada para el Señor cuando la copa de la iniquidad está llena. El ángel del Señor mató a 185.000 soldados de Asiria en una noche cuando estaban acampados en Jerusalén (Isaías 37:36), y Asiria cayó en manos de los babilonios poco después de la profecía de Nahúm. Ninguna nación, ni siquiera el poderoso imperio Asirio, puede escapar del eventual castigo de la mano de Dios.

Proverbios 16:1-8

El libro de Proverbios tiene mucho que decir acerca del autoengaño. Una forma de engañarnos a nosotros mismos es mediante la racionalización. Lee el versículo 2. El hecho de que seamos capaces de racionalizar nuestro comportamiento no cambia la evaluación objetiva de Dios. Esto, junto con Proverbios 15:3, debería ayudarnos a pensar con claridad acerca de nuestra vida. Compara el versículo 2 con el versículo 25. Compara estos dos versículos con Proverbios 17:3. Hay maneras de probar muchas cosas en este mundo, pero solo Dios prueba el corazón, y todos estaremos delante de él algún día (2 Corintios 5:10). La mejor manera que tenemos de evaluar con precisión el pensamiento y la acción es a través del tiempo en la Palabra de Dios, ¡tal como lo haces hoy!

El versículo 3 contiene un principio eterno que debemos abrazar regularmente. Tenemos el desafío de poner todas nuestras actividades, planes, trabajo y recursos bajo la autoridad divina. Si estamos dispuestos a bañar todos nuestros planes en oración a medida que los hacemos, el Señor nos permitirá permanecer en su voluntad y tener éxito *desde su perspectiva*. Puede que eso no signifique éxito financiero, pero será un éxito desde la perspectiva del reino.

SEPTIEMBRE 27

Efesios 4:1-16

En los capítulos 1-3, Pablo se centró en la doctrina de lo que Dios ha hecho por nosotros a través de Cristo. Aquí, en el capítulo 4, pasa a cómo debemos vivir a la luz de la inconmensurable gracia de Dios para con nosotros. Nota las cualidades específicas que deben caracterizar nuestras relaciones (vv. 2-3) y las muchas cosas que nos unen como creyentes (vv. 4-6). Es el deseo apasionado del Señor que vivamos en unidad unos con otros (véase Juan 17:11) y crezcamos hasta convertirnos en creyentes maduros. Debido a esto, el Señor nos ha dotado a cada uno de nosotros con gracia (v. 7), y a algunos con dones de liderazgo (v. 11). En los versículos 12-16 vemos un hermoso cuadro de lo que Dios hará cuando ejercitemos estos dones.

2 Reyes 21; 2 Crónicas 33

En marcado contraste con la notable vida y legado de Ezequías, estos relatos paralelos detallan el desastroso y doloroso legado de su hijo Manasés, resumido en el versículo 2 de ambos capítulos: "...hizo lo malo ante los ojos del SEÑOR".

A pesar del horrendo pecado detallado en estos capítulos, cuando Manasés finalmente se humilló y clamó al Señor en arrepentimiento, fue escuchado con compasión (2 Crónicas 33:10-13). La Biblia revela un Dios como ningún otro, lleno de gracia y misericordia: "El SEÑOR es compasivo y misericordioso, lento para la ira y grande en amor." (Salmo 103:8). Nadie está fuera del alcance de la gracia de Dios. Eso incluye tanto a Manasés como a nosotros. ¡Qué Dios tan incomparable tenemos!

Proverbios 16:9-17

Reflexiona sobre la sabiduría eterna del versículo 9: "El corazón del hombre traza su rumbo, pero sus pasos los dirige el SEÑOR." Si bien debemos hacer planes después de orar, es el Señor quien en última instancia tiene el control (véase Proverbios 21:31). Podemos confiar plenamente en él, en sus tiempos y en que sus planes son siempre para nuestro bien.

SEPTIEMBRE 28

Efesios 4:17-32

Pablo continúa con instrucciones prácticas para nuestra vida, basadas en la incomparable gracia de Dios descrita en los capítulos 1-3. En los versículos

22-24, identifica las tres cosas que debemos hacer. Estos no son mandamientos únicos, sino que son parte del proceso continuo mediante el cual debemos crecer hacia la madurez en Cristo.

¿Qué significa "…ponerse el ropaje de la nueva naturaleza"? En los versículos 25-32, Pablo articula cualidades específicas que caracterizan la vida guiada por el Espíritu: veracidad; autocontrol; vida cuidadosa; integridad; generosidad; gracia; un corazón tierno; amabilidad; y perdón. A medida que estas cualidades prevalecen en nuestras vidas, reflejamos más la semejanza y el carácter de Dios.

2 Reyes 22; 2 Crónicas 34

Josías tenía sólo ocho años cuando subió al trono y su reinado afectaría profundamente la vida de la nación. A la edad de dieciséis años buscaba activamente al Señor, y a la edad de veinte años guiaba valientemente a su pueblo de regreso a Dios (2 Crónicas 34:3). Reflexiona sobre el convincente resumen de su vida, registrado de manera idéntica en el versículo 2 de ambos capítulos.

Un momento decisivo del reinado de Josías fue el descubrimiento del Libro de la Ley (34:14-18). También conocido como la Torá, el Libro de la Ley estaba compuesto por los primeros cinco libros del Antiguo Testamento. La Palabra de Dios es increíblemente poderosa y, al escucharla, Josías inmediatamente se arrepintió y buscó al Señor (vv. 19-21). Luego reunió a todos, grandes y pequeños, y el rey leyó personalmente en voz alta todas las palabras del Libro de la Ley. El pueblo se comprometió nuevamente a ser fiel al Señor, y Josías resueltamente limpió los ídolos de la tierra (v. 33). ¡Qué legado y ejemplo tan excepcional para nosotros!

Proverbios 16:18-25

Proverbios tiene mucho que decir sobre la selección y el efecto de nuestras palabras. ¿Qué ideas acerca del habla y las palabras se revelan en estos versículos?

SEPTIEMBRE 29

Efesios 5:1-21

Como hijos amados de Dios, Pablo nos implora que seamos imitadores de Dios. En el último versículo del capítulo 4, Pablo nos amonestó a perdonarnos unos a otros, "como Dios los perdonó a ustedes en Cristo" (4:32). Aquí nos llama a llevar "una vida de amor, así como Cristo nos amó" (v. 2). Los versículos 1 y 2 no sólo resumen nuestro elevado llamamiento a ser imitadores de Dios, sino que también preparan el escenario para los versículos que siguen. En ellos, Pablo contrastará caminar en amor con caminar en oscuridad.

En los versículos 3 y 4, Pablo describe gráficamente lo que significa caminar en oscuridad. Advierte fuertemente que aquellos que continúan practicando la inmoralidad sexual, la impureza o los que son codiciosos, "nadie que sea inmoral o impuro o avaro—es decir, idólatra—tendrá herencia en el reino de Cristo y de Dios." (v. 5).

En contraste, debemos caminar como hijos de la luz (v. 8). Este caminar se caracteriza por la sabiduría, la vida intencional, la llenura del Espíritu Santo, los cánticos de alabanza y acción de gracias y la sumisión unos a otros por reverencia a Cristo (vv. 15-21).

2 Reyes 23:1-30

Los versículos 4-24 narran las reformas valientes y de gran alcance que el rey Josías instituyó después de la lectura pública de las Escrituras.

Recuerda por un momento un relato anterior que leímos en 1 Reyes 13 del malvado rey Jeroboán mientras estaba de pie ante el altar en Betel. Cuando estaba a punto de ofrecer incienso no autorizado, fue confrontado por un valiente profeta, quien proclamó: "¡Altar, altar! Así dice el Señor: "En la familia de David nacerá un hijo llamado Josías, el cual sacrificará sobre ti a estos sacerdotes de altares paganos que aquí queman sacrificios. ¡Sobre ti se quemarán huesos humanos!". Aquel mismo día el hombre de Dios ofreció una señal: "Esta es la señal que el Señor da: ¡El altar será derribado y las cenizas se esparcirán!" (1 Reyes 13:2-3). Ahora, trescientos años después, Josías cumplió decisivamente esta profecía: "Derribó también el altar de Betel y el altar pagano construidos por Jeroboán, hijo de Nabat, que hizo pecar a Israel. Además, quemó el altar pagano hasta convertirlo en cenizas y prendió fuego a la imagen de Aserá." (v. 15). "Finalmente, mató sobre los altares paganos a todos los sacerdotes y encima de los altares quemó huesos humanos." (v. 20).

¿Por qué es importante tener esto en cuenta? Porque revela algo magnífico acerca de la naturaleza de Dios. Conoce todas las cosas—pasadas, presentes, futuras y posibles. Dios también es soberano sobre todas las cosas. Esto significa que Dios siempre cumplirá sus propósitos (véase Job 42:2). El Señor había anunciado al rey Jeroboán que un futuro descendiente de David—llamado Josías—sacrificaría sacerdotes malvados en el altar que Jeroboán había erigido, y luego derribaría ese altar. Leemos en el texto de hoy que esto se cumplió perfectamente, trescientos años después, por un descendiente de David llamado Josías. Dios sabe todas las cosas; es soberano sobre todas las cosas; nunca olvida; y Dios siempre hará lo que ha dicho y cumplirá lo que ha prometido. ¡Cuán bendecidos somos de tener un Dios tan maravilloso, omnisciente e incomparable!

Josías es un ejemplo extraordinario de lo que una persona puede hacer cuando está plenamente comprometida con Dios. Reflexiona sobre estas impactantes palabras: "Ni antes ni después de Josías hubo otro rey que, como él, se volviera al SEÑOR de todo corazón, con toda el alma y con todas sus fuerzas, siguiendo en todo la Ley de Moisés." (v. 25).

Proverbios 16:26-33

Muchos de estos versículos describen acciones que caracterizan a una persona malvada. En contraste, los versículos 31 y 32 describen cualidades que honran al Señor.

SEPTIEMBRE 30

Efesios 5:22-33

Esta sección continúa el tema introducido en el versículo 5:1: "…imiten a Dios". Aquí se aplica a las relaciones y roles en el matrimonio, siendo el modelo Cristo y la iglesia. Los maridos deben amar, cuidar y alimentar a sus esposas, como el Señor ama y cuida a la iglesia (vv. 25, 28-29). Dios establece un estándar increíblemente alto para los maridos. El ejemplo de sacrificio dado por el Señor se extendió hasta dar su vida por aquellos que llegarían a ser la iglesia. Las esposas deben respetar y someterse a sus maridos como al Señor (vv. 22, 24, 33). Por lo tanto, en un matrimonio bíblico, esposos y esposas tienen roles diferentes pero el mismo valor.

2 Crónicas 35

En el capítulo 34 fuimos testigos del rey Josías leyendo en voz alta las Escrituras a todo el pueblo (34:29-30). Las palabras de la Biblia son poderosas y efectivas (véase Hebreos 4:12), y cuando escuchamos con corazones humildes, naturalmente seremos atraídos al Señor en adoración. Eso es lo que vemos que sucede aquí en el capítulo 35. Escuchar las Escrituras precipitó la celebración de la Pascua más grande y ferviente en más de cuatrocientos años: "Desde la época del profeta Samuel no se había celebrado una Pascua semejante," (v. 18). Que nuestros corazones también se sientan atraídos hacia el Señor en adoración ardiente mientras escuchamos y meditamos en sus palabras.

El reinado de treinta y un años de Josías llegó a su fin cuando imprudentemente se involucró en un conflicto entre Egipto y Babilonia. El texto no revela cómo supo Josías que Necao, rey de Egipto, estaba hablando por orden del Señor cuando le advirtió a Josías que no se involucrara.

Proverbios 17:1-7

¿Has pensado que el Señor prueba nuestros corazones? Considera el versículo 3: "En el crisol se prueba la plata y en el horno se prueba el oro, pero los corazones los prueba el Señor." Reflexiona sobre la experiencia de Ezequías: "Dios se retiró de Ezequías para probarlo y descubrir todo lo que había en su corazón." (2 Crónicas 32:31). El Señor no sólo prueba nuestros corazones, sino que se deleita en animar y bendecir a quienes andan en sus caminos: "Yo, el Señor, sondeo el corazón y examino los pensamientos, para darle a cada uno según sus acciones y según el fruto de sus obras" (Jeremías 17:10; 2 Crónicas 16:9).

OCTUBRE

*Toda la Escritura es inspirada por Dios y útil para
enseñar, para reprender, para corregir y para instruir
en la justicia, a fin de que el siervo de Dios esté
enteramente capacitado para toda buena obra.*

2 TIMOTEO 3:16-17

OCTUBRE

1	☐ Efesios 6:1-9	☐ Habacuc 1	☐ Proverbios 17:8-14
2	☐ Efesios 6:10-24	☐ Habacuc 2	☐ Proverbios 17:15-21
3	☐ Filipenses 1	☐ Habacuc 3	☐ Proverbios 17:22-28
4	☐ Filipenses 2	☐ Sofonías 1	☐ Proverbios 18:1-5
5	☐ Filipenses 3	☐ Sofonías 2-3	☐ Proverbios 18:6-12
6	☐ Filipenses 4	☐ 2 Reyes 23:31-24:20	☐ Proverbios 18:13-18
7	☐ Colosenses 1:1-14	☐ 2 Reyes 25; ☐ 2 Crónicas 36	☐ Proverbios 18:19-24
8	☐ Colosenses 1:15-2:5	☐ Abdías	☐ Proverbios 19:1-7
9	☐ Colosenses 2:6-23	☐ Jeremías 1	☐ Proverbios 19:8-14
10	☐ Colosenses 3:1-17	☐ Jeremías 2:1-3:5	☐ Proverbios 19:15-22
11	☐ Colosenses 3:18-4:1	☐ Jeremías 3:6-4:31	☐ Proverbios 19:23-29
12	☐ Colosenses 4:2-18	☐ Jeremías 5-6	☐ Proverbios 20:1-10
13	☐ 1 Tesalonicenses 1	☐ Jeremías 7-8	☐ Proverbios 20:11-20
14	☐ 1 Tesalonicenses 2:1-16	☐ Jeremías 9-10	☐ Proverbios 20:21-30
15	☐ 1 Tesalonicenses 2:17-3:13	☐ Jeremías 11-12	☐ Proverbios 21:1-8
16	☐ 1 Tesalonicenses 4:1-12	☐ Jeremías 13-14	☐ Proverbios 21:9-15
17	☐ 1 Tesalonicenses 4:13-5:11	☐ Jeremías 15-16	☐ Proverbios 21:16-23
18	☐ 1 Tesalonicenses 5:12-28	☐ Jeremías 17-18	☐ Proverbios 21:24-31
19	☐ 2 Tesalonicenses 1	☐ Jeremías 19-20	☐ Proverbios 22:1-8
20	☐ 2 Tesalonicenses 2	☐ Jeremías 21-22	☐ Proverbios 22:9-16
21	☐ 2 Tesalonicenses 3	☐ Jeremías 23-24	☐ Proverbios 22:17-23
22	☐ 1 Timoteo 1	☐ Jeremías 25-26	☐ Proverbios 22:24-29
23	☐ 1 Timoteo 2	☐ Jeremías 27-28	☐ Proverbios 23:1-9
24	☐ 1 Timoteo 3	☐ Jeremías 29-30	☐ Proverbios 23:10-18
25	☐ 1 Timoteo 4	☐ Jeremías 31-32	☐ Proverbios 23:19-8
26	☐ 1 Timoteo 5	☐ Jeremías 33-34	☐ Proverbios 23:29-35
27	☐ 1 Timoteo 6	☐ Jeremías 35-36	☐ Proverbios 24:1-12
28	☐ 2 Timoteo 1	☐ Jeremías 37-38	☐ Proverbios 24:13-22
29	☐ 2 Timoteo 2	☐ Jeremías 39-40	☐ Lamentaciones 1:1-9
30	☐ 2 Timoteo 3	☐ Jeremías 41-43	☐ Lamentaciones 1:10-22
31	☐ 2 Timoteo 4	☐ Jeremías 44-45	☐ Lamentaciones 2:1-10

OCTUBRE 1

Efesios 6:1-9

En los versículos 1-3, se instruye a los niños a obedecer y honrar a sus padres. Esto no sólo es correcto (v. 1), sino que hacerlo "en el Señor" indica que cuando los hijos obedecen y honran a sus padres, de la misma manera están honrando y obedeciendo al Señor mismo. Honrar a los padres viene con una promesa: "para que te vaya bien y disfrutes de una larga vida en la tierra" (v. 3; véase Éxodo 20:12). El Señor se deleita en bendecir a los hijos que honran a sus padres.

Los niños no obedecen por naturaleza; se les debe enseñar a hacerlo. Esta es una de las tareas más desafiantes de la paternidad, y Pablo parece reconocerlo en el versículo 4: "Y ustedes, padres, no hagan enojar a sus hijos, sino críenlos según la disciplina e instrucción del Señor." Criar hijos requiere extraordinaria sabiduría, oración, paciencia, humildad y disciplina.

En los versículos 5-9, Pablo nos instruye sobre cómo ver nuestro trabajo para los demás. Se nos implora que abordemos nuestro trabajo como si lo estuviéramos haciendo, no para nuestro empleador, sino para el Señor mismo. Cuando lo hacemos, el Señor promete recompensarnos personalmente (v. 8; véase Colosenses 3:23-24).

Habacuc 1

Habacuc ministró en Judá unos veinticinco años antes de que la nación cayera en manos de Babilonia. Su profecía tiene la forma de una conversación entre él y el Señor. Se parece mucho a un diario de oración. Habacuc luchaba con los caminos de Dios que no entendía. Al igual que Habacuc, no siempre vemos cómo Dios actúa ni entendemos sus caminos. Al final, Habacuc decidió vivir por la fe, y el versículo 4 del capítulo 2 puede considerarse un versículo lema de esta profecía: "el justo vivirá por su fe".

Habacuc planteó una pregunta sincera al Señor (vv. 2-4). A la luz del pecado deplorable y persistente de la nación, Habacuc pregunta: "¿Hasta cuándo, SEÑOR, he de pedirte ayuda sin que tú me escuches? ¿Hasta cuándo he de clamar «¡violencia!», sin que tú nos salves? ¿Por qué me haces presenciar tanta iniquidad? ¿Por qué toleras la maldad?" (Vv. 1:2-3a). Habacuc quería saber ¿por qué?

La respuesta del Señor (vv. 5-11) No fue la que Habacuc esperaba ni tenía sentido para él. El Señor dijo que usaría a los despiadados babilonios para traer su juicio sobre Judá. Esta respuesta dejó perplejo a Habacuc y desencadenó un enigma teológico: ¿Cómo podría el Señor usar una nación aún más malvada que Judá—y la antítesis de un Dios justo y santo—para disciplinar al pueblo de Dios (1:12-2:1)? Una vez más, Habacuc le preguntaba al Señor, ¿por qué? Descubriremos la respuesta del Señor en el capítulo 2.

Proverbios 17:8-14

Medita en la sabiduría del versículo 10: "Penetra más un regaño en el hombre prudente que cien latigazos en el obstinado." Vale la pena reprender a una persona sabia porque escucha la corrección y la toma en serio. Intentar corregir a un tonto es inútil porque no responde ni siquiera a una reprensión prodigiosa.

OCTUBRE 2

Efesios 6:10-24

La Biblia frecuentemente advierte que estamos involucrados en una batalla espiritual que es invisible, intensa y poderosa: "Porque nuestra lucha no es contra seres humanos, sino contra poderes, contra autoridades, contra potestades que dominan este mundo de tinieblas, contra fuerzas espirituales malignas en las regiones celestiales." (v. 12). Por esta razón, se nos insta a estar constantemente vigilantes: "Practiquen el dominio propio y manténganse alerta. Su enemigo el diablo ronda como león rugiente, buscando a quién devorar. Resístanlo, manteniéndose firmes en la fe, sabiendo que los creyentes en todo el mundo soportan la misma clase de sufrimientos." (1 Pedro 5:8-9).

¿Cómo es que debemos resistir al diablo y sus fuerzas? ¿Qué recursos están disponibles para nosotros mientras nos involucramos en esta intensa batalla espiritual? Estas son las preguntas cruciales que Pablo aborda en los versículos 10-20. Identifica las siete poderosas armas que tenemos a nuestra disposición mientras nos enfrentamos a nuestros odiosos enemigos. Dios nos ha dado todo lo que necesitamos; debemos acordarnos de defendernos con estas armas indispensables.

Habacuc 2

¿Alguna vez te has encontrado anhelando profundamente que Dios responda una pregunta de *por qué?* Señor, ¿por qué permites que esto suceda? Señor, ¿por qué no escucho tu voz en esta situación tan desconcertante? ¿Por qué estoy experimentando esta prolongada temporada de sufrimiento? Queremos saber *¿por qué?* En el capítulo 1, Habacuc le había hecho a Dios una seria pregunta de *por qué*: Señor ¿por qué elegirías a los malvados babilonios como tu instrumento para disciplinar al tu pueblo? Para él no tenía sentido. Esperó una respuesta de Dios.

Aunque el Señor no respondió la pregunta específica del profeta, sí le aseguró que—en el tiempo de Dios—las fuerzas invasoras enfrentarían el juicio (vv. 3, 6-17). En lugar de la respuesta que Habacuc buscaba, el Señor le impartió a él—y a nosotros—una profunda visión de la vida. Para los justos, hay algo aún más vital y de mayor alcance que vivir con respuestas; es vivir por fe "el justo vivirá por su fe" (v. 4).

☑ El versículo 14 contiene una maravillosa promesa para el futuro: "Porque se llenará la tierra con el conocimiento de la gloria del Señor así como las aguas cubren los mares." Esto sucederá en el glorioso regreso del Señor, cuando toda rodilla se doblará ante Jesús como el Hijo de Dios, el Rey, el Mesías. ⇐

Proverbios 17:15-21

Varios de estos proverbios se refieren a los necios y a los malvados. Pero nota también la palabra acerca de la justicia en el versículo 15. Dios siempre actúa de acuerdo con lo que es correcto: "…todos sus caminos son justos. Dios es fiel; no practica la injusticia. Él es recto y justo." (Deuteronomio 32:4). Por eso, el Señor es un campeón de la rectitud y la justicia, y nosotros también debemos serlo.

OCTUBRE 3

Filipenses 1

Pablo visitó Filipos por primera vez en su segundo viaje misionero, alrededor del 49-50 d.C. (véase Hechos 16:11-40). En esa visita llena de acontecimientos, muchos llegaron a la fe y se estableció la primera iglesia en Europa. Pablo regresó en su tercer viaje misionero (véase Hechos 20:6), y es posible que también lo haya visitado otras veces. Él conocía bien a estos creyentes y oraba con frecuencia por ellos (1:3-4). Escribió esta carta desde la prisión de Roma, donde esperaba juicio por su fe. Aunque se enfrentaba a una posible sentencia de muerte, su confianza en el Señor se mantuvo firme. El corazón pastoral de Pablo es fácilmente evidente cuando comparte su testimonio personal, rica teología, aliento, gozo y amable amonestación. Esta breve epístola abunda en versículos que debemos memorizar.

Habacuc 3

Aquí nos encontramos con un profeta humillado que expresa una sentida oración de alabanza en forma de un canto poético. En él recuerda algunos de los actos poderosos de Dios a favor de su pueblo. Recordar lo que Dios había hecho en el pasado amplía su visión de Dios y puede hacer lo mismo por nosotros. Habacuc ahora se da cuenta de que para quienes viven por fe, saber quién es Dios es más importante que comprender cómo obra Dios. Ahora, en lugar de buscar respuestas, el profeta espera tranquilamente al Dios que realmente actuará en nombre de su pueblo.

Toma nota de los últimos tres versículos, donde el profeta expresa elocuentemente lo que significa vivir por fe. Donde sus ojos no ven esperanza, Habacuc pone su fe en el Dios de la esperanza (véase Romanos 15:13). En ausencia de respuestas de Dios, Habacuc abraza a Dios mismo. En nuestros tiempos de confusión o sufrimiento, Dios no suele dar respuestas tanto como se da a sí mismo. Él es nuestro Dios siempre presente, misericordioso, fiel y poderoso.

Quizás hoy estés enfrentando una situación difícil en que continúas esperando respuestas de Dios. Podemos aprender mucho del ejemplo de Habacuc. Lee lentamente los versículos 17-19 y sustituye la situación específica de

Habacuc por tu situación específica en el versículo 17. Luego, en respuesta, haz de los versículos 18 y 19 una oración ferviente al Señor desde su propio corazón.

Proverbios 17:22-28

¿Sabías que hasta un tonto puede considerarse sabio? Medita en las ideas que surgen de las palabras que se encuentran en los versículos 27-28.

OCTUBRE 4

Filipenses 2

En estos versículos, Pablo anima a sus lectores a trabajar juntos en amor por el propósito común de la iglesia. Sugiere cómo relacionarnos unos con otros (vv. 2-5) y señala los obstáculos que se deben evitar (v. 3a). Nota que Pablo no dice que todos deben estar de acuerdo en los *métodos* de trabajo, sino en la *meta* a alcanzar. Pablo les implora que abandonen las ambiciones y el orgullo personales y que consideren humildemente a otras personas como "superiores a ustedes mismos" (v. 3). Nuestras vidas deben caracterizarse por una postura de humildad, y nuestro modelo a seguir en esto no es otro que Jesús mismo (vv. 5-8). Piensa en la amonestación del versículo 12, "lleven a cabo su salvación con temor y temblor,". Si bien es cierto que el don de la salvación no es algo que podamos lograr mediante nuestros propios esfuerzos (véase Efesios 2:8-9), ¿qué estaría expresando Pablo aquí? Parece referirse al poder continuo de la obra de Dios en nuestras vidas: "Dios es quien produce en ustedes tanto el querer como el hacer para que se cumpla su buena voluntad." (v. 13). Nuestras vidas ante Dios deben caracterizarse por un profundo asombro y respeto mientras él obra poderosamente en nosotros.

Sofonías 1

Sofonías fue el mensajero de Dios a Judá durante el reinado del rey Josías. El mensaje de Sofonías trasciende los cambios superficiales de las reformas de Josías y se dirige al corazón del pueblo. Un rey puede brindar liderazgo y contexto para el bien, pero la integridad espiritual es una decisión personal.

☑ La frase clave de este libro es el "día del SEÑOR". Como en Joel, hay un significado más inmediato en la profecía, cumplida cuando Babilonia arrasó con la nación, pero también se aplica al juicio cuando regrese Cristo. Las acusaciones específicas que el Señor presenta contra Judá son la adoración idólatra (vv. 4-10) y la complacencia: la creencia de que Dios no ve ni se preocupa por su comportamiento (v. 12). Nota la descripción del día del Señor en 1:2-3, 14-18. ⇦

Proverbios 18:1-5

Nota en los versículos 2 y 4 el contraste del uso de palabras por parte de los necios y los sabios. En nuestras conversaciones, qué importante es primero escuchar y comprender antes de hablar. Al hacerlo, podemos responder con palabras de sabiduría y discernimiento. El versículo 5 es un llamado a ser justos en todos nuestros tratos con los demás.

OCTUBRE 5

Filipenses 3

Mientras lees los versículos 1-11, piensa en lo que Pablo escribió a los cristianos gálatas en Gálatas 3:1-5 y 10-14. La tensión por guardar la ley era un problema tanto en Galacia como en Filipos. En lo que respecta a las credenciales del judaísmo ortodoxo, el currículum de Pablo era impecable. Sin embargo, como cristiano, Pablo consideraba que su currículum ortodoxo no tenía valor en comparación con el valor del evangelio y su identidad como creyente (vv. 7-8). Su verdadera razón de vivir se expresa en los versículos 10 y 11.

Aquí hay un mensaje importante para cada uno de nosotros. ¿Dónde encontramos nuestra identidad? ¿Está en nuestros logros, nuestra riqueza, nuestra familia o nuestras profesiones? Todo esto debería palidecer en comparación con nuestra identidad como seguidores de Jesucristo. ¡Ésta es una identidad que perdurará por toda la eternidad!

Sofonías 2-3

Después de la acusación del Señor en el capítulo 1, Sofonías insta al pueblo de Dios a arrepentirse y regresar al Señor mientras aún había tiempo (2:1-3). Este fue un mensaje recurrente de los profetas y demuestra el corazón compasivo y misericordioso de Dios. El Señor desea apasionadamente que todas las personas se arrepientan y vengan a él con fe (véase 2 pedro 3:9).

Proverbios 18:6 -12

¿Has notado cuánto tiene que decir Proverbios sobre nuestras palabras? Nota las ideas que se encuentran en los versículos 6-8 y compáralas con Santiago 3:1-12.

Quizás creamos que podemos construir muros que nos protegerán del peligro. Las paredes pueden estar hechas de ladrillos, finanzas o relaciones. Nota la ilusión de seguridad en el versículo 11. El versículo 10 nos recuerda que la seguridad genuina y duradera se encuentra sólo en el Señor. ¡Este es un buen versículo para memorizar!

OCTUBRE 6

Filipenses 4

Evodia y Síntique eran personas importantes en la iglesia de Filipos (vv. 2-3). Pablo conocía su desacuerdo, cualquiera que fuera su naturaleza, y se tomó tiempo y espacio en su carta escrita a mano para agregar esta súplica a las dos mujeres. Si la dificultad era lo suficientemente pública como para que Pablo la supiera, probablemente era de conocimiento común en la iglesia y había impedido la obra. Quizás fue con esta situación en mente que Pablo escribió las palabras que se encuentran en el capítulo 2:1-11. Esas palabras ciertamente podrían aplicarse al desacuerdo.

Presta especial atención a los versículos 4-9. Si aplicas estos versículos a tu propia vida, ¿cómo cambiaría tu forma de pensar? ¡Qué diferencia haría si nuestro compromiso fuera meditar en cosas verdaderas, nobles, puras, hermosas y admirables! Esto se relaciona directamente con la amonestación que Pablo nos hace en Romanos 12:2: "sean transformados por la renovación de su mente". Esta es una disciplina para una mente y una vida genuinamente transformadas.

2 Reyes 23:31-24:20

El Señor había advertido repetidamente al pueblo que, a menos que dejaran su vida de pecado, haría que la despiadada nación babilónica los llevara cautivos. Dios siempre cumple sus promesas, y ese tiempo de cautiverio se acercaba. En 597 a.C., Babilonia convirtió a Judá en un estado vasallo, y la primera oleada de personas fue llevada en cautiverio a Babilonia (el actual Iraq). Esto incluyó a Daniel, Ananías, Misael y Azarías—hombres valientes y piadosos sobre quienes leeremos en los próximos días cuando cubramos a Daniel.

Proverbios 18:13-18

¿Alguna vez has intentado hablar con alguien sólo para escuchar una respuesta rápida antes de que sus palabras fueran siquiera consideradas? El versículo 13 proporciona un buen recordatorio de escuchar atentamente antes de hablar. En Filipenses 2:3 Pablo nos implora: "Con humildad, consideren a los demás como superiores a ustedes mismos." Esto comienza escuchando atentamente lo que los demás tienen que decir.

OCTUBRE 7

Colosenses 1:1-14

Colosas era una ciudad en Asia entre Éfeso y Antioquía. En la carta de Pablo a los creyentes allí, aborda el pensamiento herético en la iglesia que había depreciado la persona y obra de Cristo. Como resultado, la carta sirve como una presentación convincente de la obra y la suficiencia de Cristo.

Lee la oración de Pablo por la iglesia (vv. 9-14). Este es un buen modelo de cómo debemos orar por los demás. Nota su poderosa conclusión en los versículos 13 y 14: como cristianos hemos sido quitados del dominio de Satanás y llevados al reino de Cristo. Ya no respondemos ante el Maligno.

2 Reyes 25; 2 Crónicas 36

Sedequías, que había jurado lealtad a Nabucodonosor en el nombre del Señor (2 Crónicas 36:13), tontamente se rebeló contra él, precipitando el colapso total de Jerusalén. El rey y sus consejeros se habían endurecido más ante el pecado (v. 14) y, tal como había prometido, el Señor usó a los despiadados babilonios como el martillo en su mano (véase Habacuc 1:5-11). La caída definitiva de la ciudad tuvo lugar en el año 586 a.C. Nota en 2 Crónicas 36:15-21 el triste comentario de por qué sucedió esto.

Cuando los babilonios tomaron la ciudad, destruyeron las cosas más queridas por el pueblo. Aunque habían estado lejos del Señor, el templo seguía siendo muy importante para ellos. Es desgarrador leer sobre la destrucción del templo y la remoción de los elementos que habían sido el símbolo de la presencia de Dios.

Sin embargo, incluso ante el juicio, se muestra la fidelidad de Dios. Desde Moisés en adelante, profeta tras profeta había advertido al pueblo que Dios traería juicio y cautiverio si se alejaban de él. Ahora, por fin, Dios cumplía con su promesa. Esto debería ser un inmenso estímulo para nosotros. Todo lo que Dios ha prometido, lo hará. ¡Dios siempre cumple sus promesas!

Proverbios 18:19-24

Compara el versículo 19 con Mateo 5:23-26. El versículo 19 da una razón práctica para manejar disputas con otra persona cuando uno ha tenido la culpa. Puede resultar difícil o imposible para una persona ofendida ser racional mientras haya un conflicto sin resolver. El acto de pedir perdón a menudo disipará disputas importantes. Sin embargo, hay una razón más profunda para abordar el asunto. Ofender a los demás es también una ofensa al Señor. Sé rápido para pedir perdón y restauración, así como para extender el perdón a alguien que te haya ofendido (véase Mateo 6:14-15).

OCTUBRE 8

Colosenses 1:15-2:5

→ Pablo presenta aquí el gran plan de salvación de Dios. Jesús es el creador de todo (1:16). Esto incluye todo el universo, los cielos y todos los seres vivos, tanto de carne como de espíritu. Por su poder todas las cosas continúan existiendo (v. 17). Él es cabeza de la iglesia (v. 18). La plenitud de Dios habita en Jesús, y su propósito era "reconciliar consigo todas las cosas, tanto las de la tierra como las del cielo, haciendo la paz mediante la sangre que derramó en la cruz." (v. 20). ←

Todo lo anterior es enseñanza acerca de Dios: la teología. Ahora Pablo se vuelve específico y personal al aplicar esta verdad a los destinatarios de la carta. La redención mediante la sangre de Cristo ha marcado una diferencia para ellos. Ha cambiado su forma de pensar y ha traído santidad a sus vidas (vv. 21-22). Nota la condición que Pablo agregó en el versículo 23: "con tal de que se mantengan firmes en la fe". ¿Significa esto que permanecer en la fe depende de nuestros esfuerzos? Repasa lo que Jesús dijo en Juan 10:28. Dejó en claro que nadie podría quitar a su pueblo de su mano. Sin embargo, en Mateo 24:13 Jesús afirma: "pero el que se mantenga firme hasta el fin, será salvo". Quizás el apóstol Juan reúne estas dos ideas aparentemente contradictorias en 1 Juan 2:19. Habla de algunos que habían abandonado la comunidad de la iglesia, diciendo que se fueron porque en realidad nunca fueron parte del cuerpo de Cristo. Por tanto, continuar en la fe es la *evidencia* de la vida real en Cristo.

Observa en el capítulo 2:2-3 que todos los tesoros de la sabiduría y el conocimiento se encuentran en Cristo. El Señor Jesús es la respuesta a nuestra necesidad más profunda. Así que no dejen que nadie les engañe con otras ideas o argumentos plausibles (v. 4).

Abdías

La profecía de Abdías demuestra una vez más que el corazón misionero de Dios se extiende a toda tribu, nación, pueblo y lengua. Si bien el Mesías vendría a través del linaje de Abraham, el Señor le fue claro a Abraham que "¡por medio de ti serán bendecidas todas las familias de la tierra!" (Génesis 12:3). La salvación de Dios estaba disponible para todos (véase Juan 3:16). Debido a esto, gran parte del ministerio de los profetas del Antiguo Testamento se extendió a aquellos fuera de Israel, incluida esta profecía de Abdías a los edomitas alrededor del año 845 a.C. Los edomitas eran descendientes de Esaú. Al leer esta breve profecía, observa los asuntos específicos que fueron una afrenta al Señor.

☑ Pero Abdías proclama la venida del día del juicio, no sólo para los edomitas, sino para todas las naciones (v. 15). Éste será el *día del Señor*. Ten en cuenta que la liberación para el pueblo de Dios llegará al Monte Sión (Jerusalén, v. 17; véase Zacarías 14:3-4), y se establecerá el reino del Señor: el reino del Mesías en el momento de la segunda venida (v. 21). ⇦

Proverbios 19:1-7

Ocasionalmente podemos sentirnos tentados a culpar a Dios por las consecuencias de nuestras decisiones tontas o de nuestro pecado. Esto se expresa en el versículo 3. En otras ocasiones, podríamos ser acusados injustamente o maltratados por otros. Cuando esto suceda, considera manejarlo de esta manera: si somos parcialmente culpables de haber actuado mal, debemos admitirlo, tomarlo en serio y aprender de ello. Pero si no hay una base verdadera para las acusaciones o para cómo nos tratan, podemos confiar en que Dios lo solucionará (Proverbios 20:22; Romanos 12:17-21). Piensa en esto junto con el versículo 23. Aquellos que caminan en la luz, en el temor del Señor, pueden confiar plenamente en él. Esto nos da la base para una paz real.

OCTUBRE 9

Colosenses 2:6-23

Los versículos 8 y 16-23 dan una pista sobre la herejía que enfrentaba la iglesia. El versículo 8 parece indicar que alguna mezcla de filosofía religiosa secular o pagana se había infiltrado en la iglesia. En los versículos 16-23 parece que una vez más las normas judías habían sido presentadas erróneamente como necesarias para la salvación.

Teniendo esto en cuenta, presta atención a los versículos 9-15. Jesús es Dios encarnado (v. 9; véase Juan 1:14, 18; Hebreos 1:3). Como en el capítulo 1, Pablo se centra en la divinidad y plenitud de Cristo. Nosotros, como creyentes, estamos identificados con Cristo (vv. 10-12; véase Romanos 6:4-5), y eso nos ha traído vida y perdón (v. 13).

La victoria pública y completa de Cristo en la cruz se expresa bellamente en los versículos 14 y 15. ¡Esta fue la declaración pública que todas las fuerzas de Satanás entendieron! El punto crucial de la historia fue la muerte y resurrección de Jesús. Permite que estas poderosas verdades den forma a tu visión del mundo. Nuestra identidad como creyentes está completamente segura debido a la obra consumada de Jesús en la cruz.

En cuanto a las regulaciones judías, Pablo indica que eran simplemente una sombra de la realidad que vino en Jesús. Ahora que la realidad ha quedado clara, las sombras pueden desaparecer (vv. 16-17). A la luz de esto, Pablo implora a los creyentes a que abracen la libertad que tienen en Cristo (vv. 20-23).

Jeremías 1

A Jeremías a veces se le conoce como el profeta llorón porque ministró en Judá y Jerusalén durante los días más oscuros y finales antes de que el pueblo fuera llevado al exilio a Babilonia en el año 586 a.C. Su libro más breve, Lamentaciones, es un lamento desgarrador por una Jerusalén desierta y destruida.

El Señor llamó a Jeremías para ser profeta, habiéndolo elegido para esta tarea incluso antes de que naciera (v. 5). Jeremías argumentó que no estaba calificado para lo que el Señor le estaba pidiendo que hiciera (v. 6), pero el Señor le aseguró que no solo estaría con él sino que le daría las palabras que decir (vv. 9, 19).

¿Alguna vez te has sentido no calificado para hacer lo que el Señor te ha pedido que hagas? Quizás sea al compartir acerca de Cristo con un compañero de clase, colega o familiar. O tal vez sea en servir en su iglesia, o en ser enviado como misionero. ¡Las promesas del Señor a Jeremías se aplican a nosotros también! Él ha prometido que nunca nos dejará (véase Mateo 28:20; Josué 1:9). Se nos ha prometido que todo lo podemos en Cristo que nos fortalece (Filipenses 4:13), y hemos visto en Efesios 2:10 que, como sucedió con Jeremías, Dios ha preparado de antemano la obra que ha dado que hagamos. Estas son promesas asombrosas que deberían animarnos.

Si bien el mensaje pronunciado por Jeremías no siempre fue popular, él habló fiel y valientemente las palabras de Dios ante el pueblo y los reyes. Jeremías a menudo defendió la verdad y es un ejemplo asombroso para nosotros. También descubriremos algunas promesas verdaderamente maravillosas a medida que leamos este importante y memorable libro de profecía.

Proverbios 19:8-14

Hemos visto que Proverbios es un libro sobre los beneficios de la sabiduría. Aquí, en los versículos 8-13, encontramos varios beneficios más de una vida de sabiduría y el contraste con las consecuencias de una vida necia. ¿Puedes distinguirlos? Nota también lo que se dice acerca de una esposa prudente en el versículo 14. Si bien ciertas cosas pueden recibirse por herencia, una esposa sabia y atenta verdaderamente es un regalo del Señor. ¡Vale la pena orar por el regalo de un cónyuge sabio!

OCTUBRE 10

Colosenses 3:1-17

Basado en lo que Cristo ha hecho por nosotros y en nuestra rica identidad en Cristo, que Pablo ha expuesto tan bien en los dos primeros capítulos, pasa ahora a lo que esto significa para nosotros como creyentes. ¿Cómo es que deberíamos vivir? Estos versículos son sumamente prácticos y específicos. Aplicar estos versículos es vivir de una manera que agrada al Señor.

El tono de estas amonestaciones se establece en los primeros cuatro versículos. Meditar regularmente en estos versículos será un rico recordatorio de dónde debemos centrarnos a la luz de lo que Cristo ha hecho por nosotros. Te animo a que memorices estos cuatro versículos.

En los versículos restantes de esta sección, Pablo nos implora que hagamos morir una serie de cosas que ya no deberían estar en nuestras vidas (vv. 5-11), y que agreguemos intencionalmente otras cualidades que cambian la vida (vv. 12-17). ¿Puedes identificar y enumerar cada una? Con la ayuda del Señor, esto no sólo se puede lograr, sino que es su voluntad para nosotros. Oremos para que éstas lleguen a caracterizar nuestro caminar cristiano.

Jeremías 2:1-3:5

Al leer el capítulo 2, observa las quejas específicas del Señor sobre el comportamiento de Judá. Aunque el pueblo comenzó bien (v. 2), abandonaron la adoración verdadera y en cambio se dedicaron a una vida de idolatría. Los líderes del país, tanto políticos como religiosos, estaban alejando al pueblo del Señor (v. 8). Dios resume su acusación contra ellos en el versículo 13: abandonaron al Dios vivo y verdadero y se volvieron a ídolos inútiles que no podían satisfacer.

El Señor compara a Judá con una esposa infiel (3:1-3), pero aun así la nación mantuvo la audacia de suponer que él respondería a sus oraciones (vv. 4-5).

Proverbios 19:15-22

El Señor vela por los necesitados (v. 17). Debido a que esto es importante para Dios, también debe caracterizar nuestras vidas (véase Santiago 1:27). Está atento a este tema en el resto del libro.

Disciplinar a los niños hoy en nuestro mundo es un desafío para los padres (v. 18). Sin embargo, aquí está el consejo del Señor. No te rindas; afronta el curso con valentía. Recuerda el ejemplo de Elí en 1 Samuel 2:22-25 y 3:10-14. Aunque Elí les habló a sus hijos acerca de su pecado, podría haber hecho más. Su falta de disciplina apropiada provocó un desastre en su familia y comprometió su ministerio. Debemos dedicar oración concertada por nuestros propios hijos y los de nuestra iglesia.

OCTUBRE 11

Colosenses 3:18-4:1

Esta sección trata de las relaciones en el hogar y el lugar de trabajo. Estamos llamados a someter nuestras relaciones a la voluntad de Dios para darle gloria. Existen constantemente estándares altos para maridos, esposas, hijos, trabajadores y amos.

Jeremías 3:6-4:31

Como hemos visto en el ministerio de los otros profetas, Jeremías hace mucho más que señalar el pecado del pueblo. Llama al pueblo a hacer un arrepentimiento genuino y les revela la buena noticia de que el Dios compasivo y perdonador les da la bienvenida para regresar a él y a una vida de bendiciones (vv. 12-13, 19-20; 4:1-4). Esta es una imagen de nuestro Dios maravilloso, que no es diferente hoy. Él llama a todas las personas a arrepentirse genuinamente y a creer en él: "Porque tanto amó Dios al mundo que dio a su Hijo único, para que todo el que cree en él no se pierda, sino que tenga vida eterna." (Juan 3:16; véase Hechos 2:21; Joel 2:32).

☑ En 3:14-18, el profeta espera el regreso del Señor y su nueva obra en la vida de su pueblo (véase Isaías 2:1-4). Este es un vistazo del glorioso día futuro en que el Señor, el Mesías, gobernará en su trono en Jerusalén (v. 17). ⇐ ¡Ese día aún está por llegar!

Proverbios 19:23-29

Estos versículos contrastan las palabras y acciones de los sabios y los necios. Es aquel que vive en el temor del Señor quien está verdaderamente satisfecho (19:23). El temor del Señor conduce tanto a la sabiduría (véase Proverbios 1:7) como a una vida de satisfacción.

OCTUBRE 12

Colosenses 4:2-18

Las instrucciones finales de Pablo a la iglesia se encuentran en los versículos 2-6, donde aborda dos responsabilidades separadas pero relacionadas. La primera es la oración dirigida a la vigilancia y el agradecimiento, y les insta a no olvidarse de orar por el propio ministerio de extensión de Pablo. El segundo son las relaciones entre los cristianos y aquellos fuera de la iglesia. Pablo lo expresa muy bien: ¡Sé sabio en estas relaciones y aprovéchalas al máximo! Son importantes. Son oportunidades que Dios pone ante nosotros. Está orando y anticipando cada oportunidad.

Para completar el libro, Paul envía saludos a y de varias personas. Lo interesante de estos es la red de creyentes involucrados en la obra del reino. Estas personas se preocupaban unos por otros, oraban unos por otros y se ayudaban unos a otros. Fue un esfuerzo conjunto y se mantuvieron en contacto entre sí. Estos son buenos ejemplos para nosotros hoy.

Jeremías 5-6

En el capítulo 5, el profeta habla de la profundidad de la corrupción de la nación. Si sólo se pudiera encontrar una persona que actuara honestamente y con verdad (v. 1), se evitaría el juicio. La rebelión contra Dios fue tan generalizada que se extendió incluso a los líderes (v. 5).

El capítulo 6 describe el próximo asedio y caída de Jerusalén. El juicio llegaría a toda la ciudad, incluidos los niños y los adultos (v. 11), desde el menor hasta el mayor (v. 13a), incluidos los profetas y sacerdotes que habían hablado mentiras (vv. 13b-14). Sin embargo, incluso en esta última hora, el Señor bondadosamente llamó a su pueblo a volver a la verdad y encontrar un descanso genuino para sus almas (v. 16). ¡Este es el Dios maravilloso que tenemos! Vimos esto poderosamente demostrado en la parábola del hijo pródigo, donde fue el padre quien buscó fervientemente al hijo descarriado e indigno (véase Lucas 15:11-32).

Proverbios 20:1-10

En el versículo 5, el autor expresa lo difícil que es entender el corazón. Incluso nuestras propias motivaciones son a veces difíciles de entender, sin embargo, el versículo parece resaltar la importancia de los mentores piadosos. ¡Necesitamos consejos sabios de otros! El versículo 7 es un llamado a la justicia, y el versículo 10 a la honestidad total. Cuando nos dedicamos a esto, nos volvemos más como Cristo.

OCTUBRE 13

1 Tesalonicenses 1

El evangelio llegó a Tesalónica durante el segundo viaje misionero de Pablo, después de la visión que recibió con el llamado a Macedonia (Hechos 17:1-9). Se establecieron un testimonio y una iglesia sólidos. Aprendemos algo sobre el ministerio de Pablo (vv. 4-5) y el carácter de los cristianos y la iglesia (vv. 6-10). El versículo 8 es instructivo con respecto al testimonio de la iglesia. Tesalónica era una ciudad portuaria. Los creyentes cambiaron tan profundamente que la noticia se difundió por todo el mundo durante el primer siglo. ¡Qué testimonio tan asombroso del poder del evangelio para cambiar vidas! ¿Es de extrañar que Pablo estuviera agradecido al Señor por su fidelidad en sus vidas (vv. 2-3)?

Jeremías 7-8

El Señor ordenó a Jeremías que fuera donde estaría el pueblo (la puerta del templo) para proclamar la verdad (7:1-10:25). Es significativo que desde el principio haya una invitación amable para que el pueblo cambie y, por lo tanto, evitar las consecuencias del pecado (7:2-8).

El mensaje de Jeremías fue que, a pesar de una apariencia exterior de práctica religiosa, no había sustancia ni adoración genuina (vv. 22-26). El pueblo estaba sacrificando según las normas, pero no había obediencia de corazón a los mandamientos del Señor, y Jeremías se lamentó por el desastre que se avecinaba (capítulo 8:21-22). Qué fácil es para que esta misma realidad abra camino en la iglesia hoy (apocalipsis 3:15-17).

Proverbios 20:11-20

Proverbios tiene muchas palabras reveladoras y estos versículos nuevamente articulan muchas. Vemos en el versículo 15 que el carácter, incluso de los niños, se puede observar en lo que hacen. Varios de los proverbios de hoy resaltan la importancia de nuestras palabras: el conocimiento hablado es tan valioso como una joya preciosa (v. 15); el consejo sabio produce resultados valiosos (v. 18); y la calumnia no debe tener lugar en nuestras vidas (v.19). Recordemos hoy que nuestras palabras importan y pueden usarse para traer grandes bendiciones a quienes nos encontremos.

OCTUBRE 14

1 Tesalonicenses 2:1-16

Aquí se presenta uno de los mejores modelos para el trabajador cristiano cuando Pablo explica nuestra responsabilidad ante el mensaje del evangelio. Este mensaje nos ha sido confiado por el Señor mismo (v. 4) y nuestra responsabilidad es declararlo fielmente, incluso cuando no sea visto como popular. Es al Señor a quien debemos agradar, y él escucha nuestras palabras y ve todos nuestros caminos (vv. 4-5).

Pablo y Silas estaban tan atentos a las necesidades de la congregación que Pablo podía compararlos con una madre que cuidaba a niños pequeños (v. 7). Lo que compartieron no fue sólo un mensaje, sino sus vidas mismas (v. 8), Que entregaron día y noche. Qué ejemplo tan asombroso para nosotros. Es el modelo bíblico de discipulado y se basa plenamente en el mensaje del evangelio y la verdad bíblica. Implica compromiso y sacrificio. Y observa los poderosos resultados que se ven en la vida de los tesalonicenses (vv. 13-16). ¡Que Dios nos ayude a ser igual de fieles a nuestro llamado!

Jeremías 9-10

En estos capítulos Jeremías continúa su lamento iniciado en el capítulo 7. Estaba tan conmovido y agobiado por los pecados del pueblo que podía clamar día y noche (9:1). Su mensaje fue que, debido a los pecados impenitentes del pueblo, el Señor estaba sumamente disgustado con ellos.

Sin embargo, en medio de esta escena deprimente, el Señor pronuncia palabras maravillosas de esperanza y verdad, y en ellas describe en qué clase de persona se deleita (9:23-24). ¡Piensa en lo maravilloso que es que nuestro Dios grande, majestuoso y eterno se deleite en nosotros! Estas palabras son tan ciertas para nosotros hoy como lo fueron en los días de Jeremías. Lee estos dos versículos con atención mientras escuchas el corazón de Dios. Son versos maravillosos para memorizar.

Proverbios 20:21-30

Estos diez proverbios nuevamente expresan mucha sabiduría. El versículo 22 es una advertencia contra la venganza. Pablo aborda el mismo tema en Romanos 12:19: "No tomen venganza, queridos hermanos, sino dejen el castigo en las manos de Dios, porque está escrito: «Mía es la venganza; yo pagaré», dice el Señor." En cambio, el Señor dice "Amen a sus enemigos y oren por quienes los persiguen" (Mateo 5:44). El versículo 23 es un llamado a la honestidad total.

¿Qué importancia tiene la Palabra de Dios en nuestras vidas? Considera el versículo 27 y compáralo con el Salmo 119:105: "Tu palabra es una lámpara a mis pies; es una luz en mi sendero." (véase Salmo 139:23-24; Hebreos 4:12-13). Necesitamos esta percepción del Señor todos los días.

OCTUBRE 15

1 Tesalonicenses 2:17-3:13

La relación pastoral de Pablo con la iglesia se define aún más claramente a partir de 2:17 y continúa hasta el final del capítulo 3. Esta es la relación de un padre espiritual con sus hijos. Mira el lenguaje utilizado: sintió un intenso anhelo de estar con ellos (2:17; 3:1), y la iglesia era su esperanza, gozo, corona y gloria (2:19-20).

La ansiedad de Pablo se debía a su preocupación por su bienestar en el Señor. No quería que la persecución los desanimara ni los arrastrara la tentación (3:3, 5).

Tenemos mucho que aprender de las oraciones que nos modelan las Escrituras. Una de esas oraciones es la que hace Pablo aquí por los creyentes tesalonicenses, como se registra en el capítulo 3:11-13. Identifica las cosas específicas por las cuales Pablo oró. Éstas deberían ser también un modelo para nuestras propias oraciones.

Jeremías 11-12

Dios estableció su pacto con Israel después de darles la ley en el Sinaí (Éxodo 24:1-8). Este fue un acuerdo solemne de que el pueblo seguiría los decretos del Señor, confirmados con la sangre de los sacrificios rociada sobre el pueblo. Deuteronomio 27-28 describen las bendiciones de guardar la ley y las maldiciones por hacer caso omiso de ella. Aquí, a través de Jeremías, el Señor recuerda al pueblo los términos del pacto. Su condición, sin embargo, no era una desobediencia involuntaria sino un retorno deliberado a la adoración de ídolos (11:9-10). Por eso, el Señor planeó el desastre para el pueblo (v. 17).

En el capítulo 12, Jeremías planteó la misma pregunta ética que Habacuc le presentó al Señor (Habacuc 1:2-4). ¿Por qué prosperan los malvados (v. 1)?

El Señor respondió en los versículos 5-13. Él *veía* y *actuaría*. En su tiempo, Dios trataría con todos los que sean desobedientes, ya sean invasores o Judá misma. Pero observa la misericordiosa promesa de compasión de Dios para todos los que decidan temerle (12:14-17).

Proverbios 21:1-8

El versículo 7 se relaciona directamente con el pasaje de Jeremías 12 que acabamos de leer. Puede parecer que los malvados prosperan, pero al final serán barridos porque se negaron a honrar a Dios y a hacer lo justo (véase Salmo 1:4-6). El Señor todo lo ve, pesa los corazones y actuará a su tiempo.

El camino de los culpables es torcido (v. 8a), pero la conducta de los puros es recta (v. 8b).

OCTUBRE 16

1 Tesalonicenses 4:1-12

En estos maravillosos versículos, el apóstol Pablo elogia a los creyentes tesalonicenses por su caminar, amor y fidelidad cristianos (vv. 1, 9-10). Fueron un ejemplo asombroso para los creyentes en muchas áreas de su vida cristiana, y dos veces en estos versículos Pablo los instó a continuar haciéndolo cada vez más (vv. 1, 10). Si pudiera, estoy seguro de que hay áreas en nuestro propio caminar cristiano por las que Pablo también nos felicitaría, incluido el compromiso de leer las Escrituras este año. Nos dice: "¡bien hecho!"

Sin embargo, Pablo aprovecha la oportunidad para recordarles lo que significa vivir en la voluntad de Dios (v. 3). Es la voluntad de Dios que nuestras vidas se caractericen por la santidad, la pureza sexual, el amor fraternal y el trabajo fiel. Esta no sólo es la voluntad de Dios para nosotros, sino que también resultará en un buen testimonio ante los incrédulos (v. 12).

Jeremías 13-14

Los profetas a menudo usaban lecciones objetivas para revelar la verdad. En estos capítulos, el Señor ordenó a Jeremías que usara un cinturón (13:1-11) y tinajas de vino (13:12-14) para ilustrar el pecado del pueblo y advertir sobre el exilio inminente (13:15-27). Jeremías expresó que el hambre, la espada y la pestilencia en la tierra fueron el resultado de su pecado (14:1-12), tal como dios lo había prometido a través de Moisés (véase Levítico 26:14-39). Especialmente graves para el Señor eran los profetas mentirosos que engañaban al pueblo (14:13-22).

Proverbios 21:9-15

Estos proverbios nuevamente contrastan a los sabios con los necios y a los justos con los malvados. El versículo 13 es otro llamado a cuidar de los pobres. Hemos visto esto tantas veces. No es posible vivir una vida recta ignorando los gritos de los necesitados. Es la voluntad de Dios que respondamos a aquellos que no pueden cuidar de sí mismos (véase Santiago 1:27). Hacerlo muestra el corazón de Dios (véase Proverbios 19:17).

OCTUBRE 17

1 Tesalonicenses 4:13-5:11

¡Jesús viene otra vez (4:13-18)! Antes de su muerte y resurrección, Jesús prometió que volvería (Juan 14:3; Mateo 24:30-31). Esto fue confirmado después de la resurrección cuando Jesús fue llevado al cielo (Hechos 1:11). La promesa de la venida gloriosa del Mesías aparece incluso en las Escrituras del Antiguo Testamento (Zacarías 9:14). La promesa del regreso de Jesús y la certeza de la resurrección cambian la forma en que un cristiano ve la muerte. Nos lamentamos por la separación de la muerte, pero no como aquellos que no comparten la esperanza de la redención (v. 13).

A algunos en la iglesia de Tesalónica les preocupaba que aquellos que murieron antes del regreso de Jesús se perderían participar en la segunda venida. Estas palabras estaban destinadas a disipar ese miedo. De hecho, los que hayan muerto resucitarán primero, y luego los que todavía estén vivos serán arrebatados juntamente con ellos para encontrarse con Cristo (vv. 15-17). Entonces todos estarán con el Señor por la eternidad. ¡Qué maravilloso será esto!

Luego, Pablo aborda cómo será experimentar la segunda venida de Jesús. Creyentes y no creyentes lo experimentarán de maneras muy diferentes. Pablo se dirige a estos dos grupos por separado.

Al describir la experiencia de la segunda venida del incrédulo (5:1-3), Pablo usa el término día del Señor, un término usado con mayor frecuencia para describir el juicio de Dios (véase Joel 1-2). Vendrá de repente, inesperadamente (como un ladrón en la noche), y no habrá escapatoria (v. 3).

Para el creyente, sin embargo, la segunda venida no será como juicio, sino como el cumplimiento glorioso de una promesa (v. 9). No tenemos por qué temer, pero se nos ruega que estemos alertas, preparados (vv. 6–8) y que nos animemos unos a otros mientras anticipamos esta experiencia tan esperada de encontrarnos con nuestro Salvador (v. 11).

Jeremías 15-16

En medio del llamado de Jeremías al arrepentimiento hay una maravillosa expresión de su amor por la Palabra de Dios: "Al encontrarme con tus palabras, yo las devoraba; ellas eran mi gozo y la alegría de mi corazón, porque yo llevo tu nombre, Señor Dios de los Ejércitos." (15:16). Confío en que las Escrituras se estén convirtiendo en un mayor gozo y deleite también para nuestros corazones.

☑ También encontramos en estos versículos dos maravillosas promesas. Aunque se acercaba el exilio, Dios prometió traer a su pueblo de regreso a la tierra (vv. 14-15). Cuando lleguemos al capítulo 29, veremos que esto sucederá después de setenta años de exilio (Jeremías 29:10). Dios también declaró que en un día futuro traería a las naciones del mundo a Jerusalén para adorarlo (vv. 19-20). Estas naciones reconocerán al Señor como el único Dios verdadero (véase Isaías 2:1-5; Zacarías 14:16-21). Esta última promesa se cumplirá bajo el Mesías y su gobierno milenial. ⇦

Proverbios 21:16-23

Al leer este conjunto de proverbios, observa especialmente el versículo 21: "El que va tras la justicia y el amor halla vida, justicia y honra." Esta es una maravillosa promesa para memorizar y meditar con frecuencia.

OCTUBRE 18

1 Tesalonicenses 5:12-28

Pablo concluye su carta con una colección de instrucciones finales para la iglesia, comenzando con una advertencia de respetar y estimar mucho a quiénes tienen liderazgo pastoral sobre nosotros (vv. 12-13). Nota cada una de estas directivas y la poderosa bendición que se encuentra en el versículo 23.

Jeremías 17-18

En estos dos capítulos Jeremías identifica la raíz de su problema de pecado: "¡Maldito aquel que confía en los hombres, que se apoya en fuerzas humanas y aparta su corazón del Señor!" (17:5). Aquellos que confían en otra cosa que no sea el Señor no le agradan. Añade también esta idea: "Nada hay tan engañoso como el corazón. No tiene remedio. ¿Quién puede comprenderlo?" (17:9)? Este es un hecho de nuestra condición humana separados del Señor.

Pero nota el corolario de esto en el versículo 7: "Dichoso es quien no sigue el consejo de los malvados, ni se detiene en la senda de los pecadores, ni se sienta en la reunión de los burladores, sino que en la Ley del Señor se deleita y día y noche medita en ella. Es como el árbol plantado a la orilla de un río que, cuando llega su tiempo, da fruto y sus hojas jamás se marchitan. Todo cuanto hace prospera." (Salmo 1:1-3). Este es un cuadro maravilloso de aquellos que aman al Señor y crecen en su Palabra. Jeremías proclamó más que pesimismo y fatalidad. Les señaló la verdadera fuente de alegría y esperanza.

Proverbios 21:24-31

El versículo 30 es una maravillosa expresión de la soberanía de Dios: "De nada sirven ante el Señor la sabiduría, la inteligencia y el consejo." Ésta es la verdad que Job expresó al Señor al final de su prolongado sufrimiento: "Yo sé bien que tú lo puedes todo, que no es posible frustrar ninguno de tus planes." (Job 42:2). No hay absolutamente nada que pueda interponerse en el camino de Dios para lograr lo que ha determinado hacer. Es por esto que podemos tener plena confianza en que todas las promesas de Dios se cumplirán. ¡Alabado sea el Señor!

OCTUBRE 19

2 Tesalonicenses 1

En esta segunda carta a la iglesia en Tesalónica, Pablo, Silas y Timoteo elogian a la iglesia por su fidelidad y ejemplo notable frente al sufrimiento (1:3-4). Esto debe haber sido un gran estímulo para ellos.

En los versículos 5-10, Pablo vuelve a analizar la venida de Cristo. Como en su primera carta, Pablo describe el marcado contraste que les espera a creyentes e incrédulos en la venida del Señor. Al notar estas diferencias, reflexiona sobre lo importante que es que compartamos fielmente el Evangelio con los demás.

Finalmente, reflexiona sobre la oración ofrecida por estos creyentes (vv.

11-12). ¿Cuáles son las peticiones específicas que se encuentran en esta oración? ¿Ofrecerías esta misma oración por alguien hoy?

Jeremías 19-20

El Señor usó una vasija del alfarero para enseñarle al pueblo otra lección (cap. 19). Esta vez el sitio del mensaje es el valle de Ben Hinón, en las afueras de Jerusalén. De otros lugares del Antiguo Testamento aprendemos que este valle se usaba para adorar a Baal y realizar sacrificios humanos (vv. 4-5). Debido a que el pueblo decidió hacer estas cosas malvadas, el Señor aplastaría a Jerusalén tal como Jeremías rompió la vasija de barro en presencia del pueblo (vv. 10-13).

Jeremías enfrentó peligros como siervo del Señor (capítulo 20). Los líderes religiosos se sintieron especialmente ofendidos por el mensaje de violencia y destrucción (v. 8) que Jeremías seguía llevando. Después de golpearlo, lo pusieron en el cepo durante la noche (vv. 1-3a). Este fue un tiempo de prueba para el profeta. Deseaba no tener que predicar el mensaje que Dios le dio, pero no podía permanecer en silencio (vv. 8-9). Incluso sus amigos esperaron a que cometiera un desliz e hiciera algo incorrecto (v. 10). Deseó no haber nacido nunca (vv. 14-18). Sin embargo, él era la persona de Dios, colocada en la posición para una tarea específica, y no podía hacer otra cosa que la voluntad del Señor. Esto muestra el corazón ejemplar de Jeremías.

Proverbios 22:1-8

¿Es prudente pensar en el futuro para evitar el peligro? Dios espera que usemos el conocimiento y la comprensión que él nos ha dado (v. 3). Desde nuestra perspectiva del Nuevo Testamento, tenemos toda la Biblia y el Espíritu Santo para darnos guía. Si descuidamos estas bendiciones, lo hacemos bajo nuestro propio riesgo.

Considera el versículo 6. El principio es que, si guiamos a nuestros hijos en las Escrituras y los encaminamos teniendo en cuenta sus dones y habilidades, recorrerán un camino fructífero para toda la vida. Esto es más que enseñar la verdad a los niños. También debemos prestar atención a los dones particulares y la inclinación que cada individuo tiene de Dios. Los padres deben orar por el discernimiento para conocerlos a sus hijos y guiarlos con cuidado y humildad.

OCTUBRE 20

2 Tesalonicenses 2

Había preocupación en la iglesia sobre el momento de la venida del Señor y los eventos que la rodearían (vv. 1-2; véase 1 Tesalonicenses 4:13-18). Algunos temían que el Señor ya hubiera regresado y estaban confundidos acerca del estado de los creyentes que aún estaban en el mundo. Pablo aborda estas preguntas en este capítulo.

El término *día del Señor* se usa más comúnmente en la Biblia para referirse al juicio de Dios sobre los pueblos y naciones rebeldes en los últimos tiempos. Esta es la referencia, por ejemplo, en Isaías 13:6-13, 24. Pablo habla de este evento en 1 Tesalonicenses 1:7b-10 y de su relación con los no salvos en 5:1-3. Aquí Pablo dice que antes que venga el día del Señor, ocurrirá la rebelión y se manifestará el hombre de pecado (v. 3).

Pablo habla de los últimos días (2 Timoteo 3:1-5) como un tiempo de gran impiedad en el mundo, y Jesús dijo que sería un tiempo de gran maldad (Mateo 24:9-14). Estas referencias parecen corresponder a la rebelión del versículo 3.

El otro evento que Pablo dice que precederá al día del Señor es que el hombre de pecado será revelado (v. 3b). A esta persona se le llama el Anticristo en 1 Juan 2:18 y se la conoce como la bestia en Apocalipsis 13:1-8. El carácter del hombre de pecado se revela cuando se opone a Dios y se exalta sobre Dios (v. 4). Su venida será para hacer la obra de Satanás, y parecerá realizar señales milagrosas (v. 9) que convencerán a la gente de que es divino. Estas señales, sin embargo, no serán de Dios (v. 9).

Muchos (pero no todos) creen que la restricción actual del Anticristo es el Espíritu Santo en la iglesia. Habrá un momento apropiado para que esta persona malvada sea revelada, y será el tiempo de Dios. Ciertamente, de una forma u otra, la mano del Señor soberano frena a esta persona malvada y seguirá haciéndolo hasta el momento que Dios elija.

La realidad espiritual del mal y la obra de Satanás en el mundo hace que sea crucial que conozcamos y practiquemos la verdad del Señor (vv. 13-15). El creyente obtendrá la percepción a través del conocimiento de la Palabra de Dios y el discernimiento del Espíritu Santo.

Jeremías 21-22

Cuando el rey babilónico Nabucodonosor comenzó su asedio de Jerusalén, el rey Sedequías envió dos funcionarios a Jeremías para pedirle palabra y favor al Señor (capítulo 21:2). ¿Mostraría el Señor nuevamente misericordia y los libraría de los despiadados babilonios? ¿Te suena esto familiar? Muy a menudo, cuando se ignora al Señor, se le invoca sin embargo cuando surgen problemas.

La respuesta que Jeremías recibió del Señor fue triple, y no la que Sedequías buscaba: rendirse al enemigo (21:8-10); administrar justicia incluso a esta hora tardía (21:11-12); y saber que este castigo, aunque administrado por los babilonios, en realidad provino del Señor mismo (21:13-14). El Señor había enviado profeta tras profeta para advertirles que, a menos que regresaran a Dios, los enviaría al exilio. Dios siempre cumple sus promesas y ahora iba a hacer tal como lo había prometido.

El mensaje del Señor, que Jeremías dio fuera del palacio del rey, está contenido en el capítulo 22. El corazón del mensaje está en el versículo 3: abordar los problemas de la injusticia, la maldad y la violencia en la tierra. Los comentarios en el versículo 16 se refieren al padre de Joacaz, Josías. ¡Esta es una definición notable de lo que significa conocer a Dios! ¿Cómo aplicarías los principios de este mensaje hoy?

Proverbios 22:9-16

Estos versículos abordan una amplia variedad de temas sobre que también leemos en otras partes de Proverbios. Vemos advertencias sobre las peleas, la infidelidad y la pereza, así como estímulos para ser generosos, puros de corazón y sabios al criar a los hijos. ¿Cuál de estos te llama la atención hoy?

OCTUBRE 21

2 Tesalonicenses 3

Considera las peticiones de oración de Pablo en los vv. 1-2. Podemos pedir estas mismas cosas cuando oramos por los trabajadores del evangelio en todo el mundo. También expresó confianza en que Dios protegería y continuaría su obra en y a través de los cristianos de esa ciudad (vv. 3-5).

Los versículos 6-13 nos dicen cuál debe ser una ética de trabajo cristiana. Dios quiere que trabajemos para satisfacer nuestras propias necesidades. Además, hemos visto en muchos lugares de las Escrituras que el Señor desea que seamos generosos al compartir con los necesitados (véase Proverbios 19:17).

Jeremías 23-24

Esta palabra del Señor tiene dos partes. ☑ Primero, llegará el momento en que un rey de carácter completamente diferente reinará sobre una tierra restaurada (vv. 3-8). Este será un rey de verdadera justicia, un descendiente de David (vv. 5-6; véase Isaías 11:1-5). El pueblo que ha sido desterrado y esparcido será recuperado y regresará a la tierra. Será el momento en que Jesús el Mesías regresará para cuidar de su pueblo y traer verdadera justicia a este mundo (véase Miqueas 5:2-5). ⇦

La segunda parte se refiere a los sacerdotes y profetas que representan falsamente al Señor ante el pueblo. Es una gran responsabilidad presentar fielmente la Palabra de Dios, que es la obra a que los profetas fueron llamados. Sin embargo, en los versículos 13, 14, 17 y 25-27 leemos acerca de sus mensajes falsos. A lo largo del capítulo podemos ver claramente lo que Dios piensa acerca de aquellos que pervierten su Palabra y cuál será su fin.

En el capítulo 24 el Señor le da a Jeremías una visión de dos cestas de higos. Los higos buenos representaban a los que se habían exiliado en el año 597 a.C. con Joaquín, la primera oleada de exiliados a Babilonia. Aunque el Señor los había enviado al exilio, no había terminado con ellos. Los higos malos representaban a los líderes que estaban decididos a huir a Egipto y a los que permanecerían en Jerusalén hasta la caída de la ciudad en el 586 a.C.

Proverbios 22:17-23

Como hemos observado desde el principio de este libro, Proverbios es en gran medida un libro sobre una vida sabia. Al leer los versículos 17-21, observa los beneficios específicos de vivir una vida caracterizada por la sabiduría.

OCTUBRE 22

1 Timoteo 1

Timoteo era un joven creyente en Listra cuando Pablo lo encontró en su segundo viaje misionero. Su madre era judía y su padre griego. Pablo y Silas llevaron consigo a Timoteo, quien desde entonces fue para ellos su colaborador y compañero (Hechos 16:1-5). Pablo lo envió a viajes especiales para animar a las iglesias, y Timoteo se quedó en Éfeso para pastorear la iglesia allí (v. 3). 1 y 2 Timoteo son cartas que Pablo le escribió al pastor más joven sobre el liderazgo en la iglesia, dirigidas tanto a Timoteo como a la iglesia local.

Pablo le escribía a Timoteo mientras servía en Éfeso (v. 3), específicamente acerca de algunos que enseñaban falsa doctrina en la iglesia (vv. 3-7). Estos hombres probablemente eran judíos legalistas que estaban atrapados tanto en las tradiciones judías como en la Ley Mosaica. Gran parte de su enseñanza promovió la controversia, perdiendo el punto de crecimiento hacia la madurez y la promoción del amor en la confraternidad. Pablo discurría sobre ellos severamente (v. 7).

Pablo aborda una cuestión especialmente aleccionadora en los versículos 19 y 20: es posible naufragar en la fe. En este caso, Himeneo y Alejandro no lograron aferrarse a la fe y a la buena conciencia. Los comentarios de Pablo acerca de entregar a estos hombres a Satanás para que les enseñen a no blasfemar son similares a su lenguaje que llama a la disciplina de la iglesia en 1 Corintios 5:5, 13. En el caso del pecador de Corinto, la disciplina redentora de la iglesia finalmente condujo al arrepentimiento y la restauración de la comunión eclesiástica. Éste es el objetivo de la disciplina en la iglesia. Palabras tan fuertes y aleccionadoras como éstas deberían hacernos ser humildes y diligentes en nuestro propio caminar cristiano.

Jeremías 25-26

El mensaje de Jeremías a la nación en el capítulo 25 llegó en el año 605 a.C., unos diecinueve años antes de la caída de Jerusalén en el 586 a.C. Para entonces, Jeremías había estado predicando fielmente el arrepentimiento durante veintitrés años (vv. 3-4), aunque ni los líderes ni el pueblo habían respondido con cambios de opinión. Anteriormente, Jeremías había advertido repetidamente sobre el exilio, y ahora anuncia de parte del Señor que el próximo exilio a Babilonia durará setenta años (vv. 8-11). Cuando ese tiempo termine, Dios devolverá al pueblo a su propia tierra y luego castigará a los babilonios por su propia iniquidad (vv. 12-14).

Aunque el Señor en su justicia los envía al exilio por su pecado, él bondadosamente los restaurará. Sorprendentemente, ¡incluso les dice cuánto tiempo tendrán que esperar!

El profeta Daniel fue contemporáneo de Jeremías. Cuando lleguemos a Daniel, veremos que él lee esta profecía mientras está exiliado en Babilonia y aprende que su cautiverio duraría setenta años (véase Daniel 9:1-2). Esto impulsará a Daniel a ofrecer una poderosa oración de confesión colectiva (Daniel 9:3-19). Durante esta oración, Daniel será visitado por el ángel Gabriel, y la respuesta que Gabriel proporcione ocupará un lugar destacado en la profecía de Daniel sobre el fin de los días (9:20-27).

☑ La última parte del capítulo (vv. 30-38) se refiere al juicio final del Señor sobre todas las naciones, o sea, el día del Señor. ⇦

En el capítulo 26, el Señor le ordenó a Jeremías que se parara en el patio del templo y repasara públicamente todas las profecías que había pronunciado por orden del Señor. Como ocurrió con muchos de sus mensajes, esto también provocó una respuesta hostil, especialmente de los sacerdotes y profetas. Es interesante que, aunque los líderes religiosos querían matar a Jeremías (vv. 7-8), los líderes civiles no lo permitieron (v. 16). Invocaron el precedente de la historia durante los días de Ezequías, cuando el rey y el pueblo escucharon al profeta del Señor y cambiaron sus caminos.

Proverbios 22:24-29

Las malas compañías nos afectan (vv. 24-25). Una persona que se enoja fácilmente a menudo provoca ira en los demás. No elijas como amigo cercano el tipo de persona que se describe en el versículo 24. Esto no significa que no debamos trabajar y tratar de ayudar a aquellos que necesitan conocer a Dios. Pero cuando lo hagamos, debemos mantener los ojos abiertos y no caer en un comportamiento incorrecto.

¿Es una buena idea luchar por la excelencia? El versículo 29 dice que se necesitará un individuo hábil.

OCTUBRE 23

1 Timoteo 2

Este breve capítulo está lleno de instrucciones sobre el estilo de vida, la adoración y la vida de iglesia. Nota el llamado a la oración en los primeros versos. Hay instrucciones específicas de orar por las autoridades civiles, para que la iglesia pueda llevar a cabo su ministerio sin obstáculos. Nota el deseo del Señor en los versículos 3-4. Dios quiere que todos sepan la verdad y sean salvos.

Pablo analiza la autoridad en la iglesia en los versículos 11-15, particularmente en lo que respecta a las mujeres. En el capítulo 3, Pablo explica los requisitos tanto para los ancianos como para los diáconos, mencionando sólo a los hombres. Toda la enseñanza en la iglesia está sujeta a la autoridad del liderazgo. La cuestión no es si las mujeres pueden ministrar, sino bajo qué autoridad y en qué capacidad.

Observa que Pablo presenta su argumento sobre la base de dos puntos: primero, sobre el orden de la creación; y segundo, sobre la caída. Pablo no emite un juicio sobre el valor de hombres o mujeres, sino sólo sobre sus funciones específicas en la iglesia.

Jeremías 27-28

Jeremías permaneció fiel al llevar la advertencia de Dios al pueblo. Aquí, en el capítulo 27, llevaba un yugo sobre el cuello y los hombros para ilustrar el yugo de opresión que el Señor traía al pueblo a través de Nabucodonosor (27:2; cap. 28). Imagínate en el patio escuchando la conversación registrada en este capítulo. Jananías decía exactamente lo que la gente quería oír. Jeremías lo desafió y, de hecho, el Señor le dijo que regresara con Jananías y le diera el mensaje de Dios personalmente. Ve cómo se cumplió la Palabra de Dios en el versículo 28:17.

Proverbios 23:1-9

Los versículos 4 y 5 describen con precisión la inutilidad de trabajar duro para adquirir riqueza, ya que ésta no durará. Jesús dijo que demasiado énfasis en el dinero es incompatible con la vida en el Espíritu (véase Mateo 6:19-24). Si vivimos para el dinero, no vivimos para el Señor.

OCTUBRE 24

1 Timoteo 3

Pablo se refiere aquí a las altas calificaciones requeridas para aquellos que sirven como ancianos y diáconos en la iglesia local. Para servir en cualquiera de los dos cargos se requiere madurez en la fe, conocimiento de las Escrituras y buen carácter. Además, un anciano debe ser capaz de enseñar. Pablo ofrece una lista similar de requisitos para ser anciano en su carta a Tito (1:5-16). Servir en el liderazgo de la iglesia es un alto llamado, con responsabilidad ante el Señor y la iglesia.

Jeremías 29-30

El pueblo de Judá y Jerusalén fue llevado al exilio en varias oleadas, la primera tuvo lugar en el año 605 a.C. En esta ola inicial se incluyeron muchos sacerdotes, profetas y miembros de la nobleza, así como Daniel y sus tres amigos, Ananías, Misael y Azarías. Hasta este momento, el ministerio profético de Jeremías se ha centrado principalmente en aquellos que permanecieron en la tierra. Pero aquí, en el capítulo 29, Jeremías envía una carta a quienes ya vivían en el exilio.

En su carta, Jeremías insta a los exiliados a abrazar su nueva vida: construir casas, plantar jardines, dar hijos e hijas en matrimonio (29:5-6). ¿Por qué? Porque su vida en el exilio durará setenta años (v. 10). Pero después de esos setenta años, Dios ciertamente los visitará y cumplirá su promesa de traerlos de regreso a su propia tierra (v.10).

La carta de Jeremías debe haber sido un inmenso estímulo para los exiliados quienes creían que ¡Dios no los había olvidado! De hecho, Jeremías luego les dio cuatro de los versículos más reconfortantes que pudieran escuchar, comenzando con el versículo 11: "Porque yo conozco los planes que tengo para ustedes—afirma el SEÑOR—, planes de bienestar y no de calamidad, a fin de darles un futuro y una esperanza." ¡Qué palabras tan tranquilizadoras! Observa también los versículos 12-14.

☑ En el capítulo 30, Dios hace una sorprendente promesa de la preservación y futura restauración de Israel y Judá (30:3-10, 18-24). Ten en cuenta que esta restauración será bajo "David…su rey" (v. 9). Esto se refiere a una futura reunión bajo el Mesías, mucho más allá del tiempo del regreso del exilio. ¡Dios ciertamente tenía planes asombrosos para ellos (véase Jeremías 29:11)! ⇦

Proverbios 23:10-18

Todos nosotros, jóvenes y mayores, necesitamos sabiduría. Nuestros corazones deben permanecer abiertos a la instrucción del Señor y de los demás. Durante los años que tengamos niños en nuestros hogares, es nuestra responsabilidad brindarles la enseñanza y disciplina que necesitan.

OCTUBRE 25

1 Timoteo 4

En los versículos 1-5, Pablo nos advierte acerca de las enseñanzas falsas, que en realidad surgen de los demonios. Sus mentiras alejarán a algunas personas de adorar al Dios verdadero. Los mandamientos de los versículos 7 y 8 requieren disciplina. La verdadera piedad guardará tanto el presente como el futuro (v. 8).

Pablo describe importantes prioridades personales y ministeriales para el pastor en los versículos 12-16. Esto incluye la lectura pública de las Escrituras. Las palabras de las Escrituras son increíblemente poderosas y efectivas (véase Hebreos 4:12) y la lectura pública de las Escrituras y la escucha en comunidad de sus palabras han sido un factor destacado en algunos de los momentos más poderosos y decisivos de la historia del pueblo de Dios. Deuteronomio retrata uno de los últimos acontecimientos en la vida de Moisés: la lectura extensa de las Escrituras tanto a adultos como a niños antes de cruzar a la tierra prometida. En los días de Esdras, el pueblo de Dios quedó profundamente impactado por la experiencia de la lectura pública de las Escrituras. Al igual que con Moisés, esto incluyó a hombres, mujeres y niños, y precipitó un poderoso avivamiento. Tomemos en serio estas palabras de Pablo.

Jeremías 31-32

☑ Recordemos que Jeremías acaba de anunciar dos promesas que habrían parecido insondables a un pueblo que estaba bajo la dura mano de los opresores: después de setenta años, Dios los devolverá a su propia tierra; y se acerca el día en que restaurará la relación largamente rota entre Israel y Judá. Ahora, Jeremías revela una promesa aún más sorprendente del Señor: ¡hará un nuevo pacto con ellos! "«Este es el pacto que después de aquel tiempo haré con el pueblo de Israel», afirma el Señor. «Pondré mi Ley en su mente y la escribiré en su corazón. Yo seré su Dios y ellos serán mi pueblo." (31:33). El Señor promete una relación completamente nueva con su pueblo que no se parecerá a nada que hayan conocido jamás. El profeta Ezequiel habla de este mismo nuevo pacto y agrega otro detalle increíble: ¡El Señor pondrá su propio Espíritu dentro de ellos! (véase Ezequiel 36:24-32). Jesús será quien inaugura este nuevo pacto, y todos los que lo aman recibirán el don de su Espíritu que mora en nosotros. ¡Qué Dios tan maravilloso tenemos! ⇦

Los acontecimientos del capítulo 32 tuvieron lugar unos meses antes de la caída de la ciudad, cuando las rampas de asedio ya estaban colocadas. Jeremías fue encarcelado por su mensaje. Cuando la captura y destrucción de la ciudad era inminente, Dios le dijo a Jeremías que redimiera un pedazo de tierra en el territorio de Benjamín. Jeremías obedeció y ordenó a Baruc que colocara la escritura en un recipiente de barro donde estaría segura por un período prolongado, porque creía en la promesa del Señor de que habría un futuro para la tierra y la ciudad.

Considera la oración de Jeremías en el capítulo 32:17-25. Jeremías miró al Señor a pesar de que estaba confundido acerca de la compra. Nota la respuesta del Señor. Era cierto que la ciudad caería y el pueblo iría en cautiverio. ☑ Sin embargo, había un futuro (vv. 36-41), y el Señor realizaría el milagro de darle un corazón nuevo a su pueblo. Tendrían una devoción resuelta al Señor, y esta vez, su devoción perduraría (vv. 38-41). Esto sería inaugurado por la venida del Mesías. ⇦

Proverbios 23:19-28

Una persona con un corazón sabio es capaz de tomar decisiones sabias y saludables (vv. 19-21). La sabiduría nos da la disciplina para decir no a las malas decisiones que parecen atractivas.

El versículo 23 ensalza el valor de la verdad, la sabiduría, la instrucción y la comprensión. A medida que permitimos que la Palabra de Dios impregne nuestras vidas, crecemos en cada una de ellas.

OCTUBRE 26

1 Timoteo 5

Pablo pide que las relaciones en la iglesia se caractericen por el honor, la gentileza y la pureza (vv.1-2).

Las viudas en los tiempos del Nuevo Testamento a menudo no tenían a nadie que las mantuviera (vv. 3-16). Como tal, las Escrituras abordan la necesidad de cuidar a las viudas y a los huérfanos. Ten en cuenta que las viudas con necesidades genuinas deben quedar bajo la protección y provisión de la iglesia. Sin embargo, primero las familias debían cuidar de los suyos, y se animaba a las mujeres más jóvenes que enviudaban a volver a casarse.

Los ancianos de la iglesia deben ser cuidados y honrados por su fiel ministerio, incluso con una remuneración adecuada (vv. 17-20). Si un anciano cayera en pecado, Pablo pide una reprimenda pública para advertir a la iglesia que tal comportamiento es inaceptable.

Jeremías 33-34

La palabra del Señor a Jeremías mientras estaba confinado en el patio tiene profecías tanto para el futuro inmediato como para el futuro lejano (capítulo 33). Los versículos 4 y 5 indican que la derrota y la muerte pronto llegarán a la ciudad. ☑ Sin embargo, hay esperanza para el futuro de la ciudad y de la nación (vv. 6-26). Esto incluirá sanidad, limpieza del pecado y asombro en todo el mundo por lo que Dios hace entre su pueblo (vv. 6-9). La promesa de que esta restauración tendrá lugar bajo el Mesías se encuentra en los versículos 14-16. Estas profecías se cumplirán cuando el Señor regrese. Si lees estos versículos sin saber lo que se logró en la cruz, podrás entender por qué el pueblo judío en la época de Cristo buscaba un Mesías para restablecer sus fronteras políticas y liberarlos del dominio romano. ¡Eso aún está por llegar! Busca los detalles de paz y fe en la vida del pueblo de Dios (vv. 8, 16). ⇦

El Señor envió a Jeremías a Sedequías con el mensaje específico de que él, el Señor, entregaría la ciudad a los babilonios (34:1-7).

Proverbios 23:29-35

Estos versículos sirven como una adecuada advertencia sobre los peligros insidiosos y el engaño del alcohol. El atractivo inicial de la bebida (v. 31) puede conducir rápidamente a la adicción (v. 35b). Como Proverbios es un libro sobre una vida sabia, tomemos en serio esta advertencia.

OCTUBRE 27

1 Timoteo 6

Al finalizar esta carta, Pablo brinda varias instrucciones importantes al joven pastor Timoteo. Estos incluyen honor en las relaciones (vv. 1-2), advertencias contra aquellos que enseñan falsa doctrina (vv. 3-5), contra el amor al dinero (vv. 9-10) y un llamado a la piedad y al contentamiento (vv. 6-8). Estas son instrucciones y advertencias muy prácticas para nosotros.

En los versículos 11-16, Pablo implora a Timoteo que gaste sus mejores energías en lo que tiene valor eterno: "Tú, en cambio, hombre de Dios, huye de todo eso y esmérate en seguir la justicia, la devoción, la fe, el amor, la constancia y la humildad. Pelea la buena batalla de la fe; haz tuya la vida eterna, a la que fuiste llamado" (vv. 11-12a). Pablo llama a Timoteo—y a nosotros—a recordar las cosas que realmente son más importantes en la vida. Buscarlas tendrá valor tanto para esta vida como para la venidera.

Jeremías 35-36

Los descendientes de Jonadab, hijo de Recab, habían jurado vivir una vida nómada y no beber vino por orden de su padre (capítulo 35). Habían seguido cuidadosamente este voto a través de generaciones, y el Señor usó a los recabitas como lección objetiva para el pueblo de Judá. Cuando Jeremías les sirvió vino y les pidió que bebieran, ellos se negaron a causa de su voto. Mientras los recabitas guardaron el mandato de su antepasado, el pueblo de Judá no escuchó al Señor (vv. 12-17). Qué comentario más triste sobre la condición de sus corazones. Al mismo tiempo, qué buen recordatorio para nosotros de que el Señor siempre ve y toma nota de nuestra obediencia y fidelidad.

En el capítulo 36, el Señor le ordenó a Jeremías a que se comprometiera a escribir todas sus profecías para el pueblo (v. 2). Baruc, escriba y secretario de Jeremías, escribió los mensajes tal como Jeremías los dictaba y luego leyó el rollo en el templo (vv. 8-10). Algunos funcionarios escucharon a Jeremías y pidieron una lectura privada. Al oír los mensajes, tuvieron miedo y llevaron el rollo al rey para que lo leyera. Imagínate al rey mientras cortaba el rollo y lo quemaba mientras se leía (vv. 20-26). Qué arrogancia y desprecio por las palabras de Dios. Nota la palabra del Señor a Joacim después de que quemó el rollo (vv. 29-31).

Proverbios 24:1-12

Los versículos 2-7 identifican múltiples beneficios para una vida de sabiduría. ¿Puedes identificarlos?

OCTUBRE 28

2 Timoteo 1

Esta segunda carta a Timoteo fue escrita para animar al pastor más joven en su trabajo y fe mientras Pablo estaba encarcelado en Roma y acercándose al final de su vida (véase 4:6). La mayoría de los eruditos consideran que este es el último escrito de Pablo.

Pablo le recuerda a Timoteo "que avives la llama del don de Dios que recibiste cuando te impuse las manos. Pues Dios no nos ha dado un espíritu de timidez, sino de poder, de amor y de dominio propio." (vv. 6-7). El don para ministrar vino del Espíritu Santo, y este espíritu es de poder. El pleno potencial se realizaría cuando el mismo Timoteo avivara las llamas del fuego del Espíritu (v. 6). El Espíritu nos da a cada uno de nosotros un don (o varios dones), y debemos ejercer fe y diligencia para ver el fruto resultante.

Piensa en la verdad del versículo 7. La timidez en nuestro testimonio o en la realización de nuestra fe no proviene del Señor. Más bien, del Señor recibimos el espíritu de poder, con el cual vienen el amor y la disciplina. Es la voluntad del Señor que tengamos un abandono desinteresado al vivir para Jesús, permitiendo que nuestro testimonio sea escuchado en nuestras comunidades y en el mercado.

Nota los versículos 13 y 14. Debemos guardar el don y el potencial que el Señor nos ha dado, no manteniéndolo en privado sino viviéndolo con valentía por amor a Jesús.

Jeremías 37-38

Sedequías fue el último rey de Judá y la caída de Jerusalén se acercaba rápidamente. Aunque el rey no siguió el consejo de Jeremías que venía del Señor, le imploró que orara por la ciudad (37:3).

Jeremías fue profeta increíblemente valiente y fiel que soportó muchas dificultades para llevar a cabo la asignación que le había encomendado el Señor. En estos dos capítulos lo encontramos falsamente acusado (37:13-14), golpeado y encarcelado (37:15), amenazado de muerte (38:4) y arrojado a una cisterna (38:6). ¡Qué siervo de Dios tan maravilloso y ejemplo para nosotros!

En el capítulo 38:7-13 conocemos al valiente Ebedmélec. Mientras Jeremías languidecía en la cisterna, Ebedmélec se acercó al rey en la puerta pública y le alegó la injusticia del trato recibido por Jeremías (vv. 7-9). Debido a su súplica, el rey dio orden de liberar a Jeremías. ¡Una persona justa, armada con la verdad, puede lograr mucho!

Proverbios 24:13-22

¿Qué revelan los versículos 13 y 14 acerca de la dulzura y los beneficios de la sabiduría? Los versículos 17 y 18 nos enseñan cómo responder cuando un enemigo cae, y los versículos 19 y 20 revelan por qué es inútil tener envidia de los malvados.

OCTUBRE 29

2 Timoteo 2

Este capítulo es rico en ideas, teología e instrucciones tanto para Timoteo como para nosotros. En el versículo 2 Pablo define el discipulado efectivo. Esto es muy práctico y es lo que Jesús modeló para sus discípulos antes de enviarlos. En los versículos 3-7, Pablo desafía a Timoteo a aceptar el sufrimiento como un buen soldado. ¿Qué características de un buen soldado se identifican?

Gran parte del resto de este capítulo se centra en dónde debería estar el enfoque y la energía de Timoteo (vv. 15, 22) y qué deberían evitar él y los miembros de la iglesia (vv. 14, 16-19, 23-26). Si estamos comprometidos a vivir una vida piadosa de acuerdo con las Escrituras, tomaremos en serio cada una de estas instrucciones.

Jeremías 39-40

En 586 a.C., Jerusalén cayó en manos del rey Nabucodonosor y los babilonios. La vida de Sedequías se salvó, pero su familia fue asesinada ante sus ojos y él fue cegado, encadenado y llevado a Babilonia. Qué final tan triste e innecesario para el reino de Judá. El Señor había enviado bondadosamente profeta tras profeta para advertirles sobre el exilio a menos que volvieran a Dios. El Señor siempre cumple sus promesas y ahora el pueblo iba al exilio.

El capítulo 40 comienza el episodio final del pueblo que quedó en la tierra después de la caída de Jerusalén. A Jeremías se le dio la libertad de ir a Babilonia o quedarse en la tierra con Guedalías, quien había sido puesto a cargo de los que quedaban (vv. 1-6). Nota que incluso el comandante babilónico entendió por qué había caído Jerusalén (v. 3).

Lamentaciones 1:1-9

El libro de Lamentaciones se le ha atribuido a Jeremías mientras lloraba por la ciudad de Jerusalén en ruinas. La ciudad, que contenía el templo, había sido el vibrante centro de adoración y celebraciones del pueblo de Dios. Esta era la amada ciudad de David. Jeremías la había visto destruida y su gente asesinada o llevada a Babilonia. Había observado durante el asedio, sabiendo cuál sería el resultado. Había advertido fielmente sobre los peligros de no volverse a Dios, pero los líderes y el pueblo no lo habían escuchado. Y ahora los sonidos de alegría se habían acallado, los caminos estaban vacíos, y entre los pocos que quedaban, nadie estaba dispuesto o inclinado a mostrar misericordia (v. 9).

Hay beneficios al leer Lamentaciones de una sola vez. Hacerlo permite que este conmovedor lamento de Jeremías tenga su efecto pleno y poderoso.

OCTUBRE 30

2 Timoteo 3

Pablo advierte a Timoteo que en los últimos días la impiedad se acelerará y afectará incluso a aquellos que están dentro de la iglesia (vv. 6-9). Nota la aleccionadora descripción de los impíos presentada en los versículos 2-8. Lo central en este deslizamiento hacia la impiedad es el rechazo de la verdad (v. 8). Cuán importante es que las Escrituras sean fundamentales tanto en nuestras iglesias como en nuestra vida personal. A medida que estamos inmersos en la verdad de Dios, estamos equipados para identificar rápidamente aquello que no se alinea con las Escrituras.

Oportunamente, lo que sigue en los versículos 10-17 es una fuerte teología de las Escrituras. Esto debería ser un gran estímulo para tí a medida que dedica tiempo fielmente a la palabra de Dios. Los versículos 16 y 17 resumen muy bien el valor de las Escrituras: "Toda la Escritura es inspirada por Dios y útil para enseñar, para reprender, para corregir y para instruir en la justicia, a fin de que el siervo de Dios esté enteramente capacitado para toda buena obra." ¡Qué el Señor use su Palabra para lograr en nuestras vidas el efecto pleno que desea que tenga!

Jeremías 41-43

El asesinato de Guedalías por parte de Ismael tuvo lugar tal como lo había predicho Johanán (40:13; 41:1-3). Esto trajo inestabilidad al remanente que quedó en Judá y Jerusalén. No sólo temían a Ismael, sino que también temían que los babilonios regresaran enojados porque el hombre que habían dejado a cargo, Guedalías, había sido asesinado. La huida a Egipto parecía la ruta más segura hacia la supervivencia (41:16-18).

El pueblo hizo una pausa para pedirle a Jeremías que preguntara al Señor qué debían hacer, y prometieron hacer lo que el Señor les ordenara (42:5-6). Sin embargo, cuando Dios les dijo que se quedaran en Judá, ignoraron sus promesas y las advertencias del Señor a través de Jeremías, y partieron hacia Egipto, llevándose a Jeremías con ellos. Nabucodonosor vendría a Egipto, trayendo consigo la muerte. Tal como Jeremías profetizó, esto sucedió.

Lamentaciones 1:10-22

Estos versos están cargados de emoción. Intenta sentir el sufrimiento de la gente mientras lees el texto. Los tesoros se han acabado, la santidad del templo ha sido violada, hay hambre, el pueblo es despreciado y no hay consuelo.

OCTUBRE 31

2 Timoteo 4

Pablo continúa con el tema aleccionador presentado en el capítulo 3. En los últimos tiempos la gente no tolerará la enseñanza sana ni la predicación (vv. 3-4). Los oyentes querrán dictar lo que escuchan. El mensaje de Pablo es que el ministro debe estar preparado para predicar y enseñar la Palabra de Dios con toda la aplicación apropiada, incluso si eso significa que habrá oposición.

Los versículos 6-8 ciertamente se encuentran entre las palabras más conmovedoras y memorables que tenemos de la pluma del apóstol Pablo: "Yo, por mi parte, ya estoy a punto de ser ofrecido como un sacrificio, y el tiempo de mi partida ha llegado. He peleado la buena batalla, he terminado la carrera, me he mantenido en la fe. Por lo demás me espera la corona de justicia que el Señor, el Juez justo, me otorgará en aquel día; y no solo a mí, sino también a todos los que con amor hayan esperado su venida." (vv. 6-8).

Qué palabras tan poderosas. ¿Hay algo más importante que podamos lograr en la vida que poder decir?: "He peleado la buena batalla, he terminado la carrera, me he mantenido en la fe." (v. 7).

Jeremías 44-45

El capítulo 44 es una fuerte acusación del Señor contra el pueblo que se rebeló contra él, huyó a Egipto en busca de refugio y continúa adorando dioses falsos. Les advierte sobre un desastre inminente, pero se niegan a escuchar (v. 16). No temían al Señor y enfrentarían su juicio.

Lamentaciones 2:1-10

En nuestra lectura anterior del profeta Habacuc, aprendimos que si bien los despiadados babilonios serían el instrumento humano que el Señor usaría para juzgar a Judá, ese juicio fue decretado por el Señor y, en última instancia, provendría de él (Habacuc 1:5-11). Esto afirman estos versículos de Lamentaciones. Babilonia fue simplemente el instrumento que Dios usó. El Señor hizo tal como había dicho que haría. ¡Dios siempre cumple sus promesas!

NOVIEMBRE

HORARIO Y NOTAS DE LECTURA DE LA BIBLIA

Yo estimo a los pobres y contritos de espíritu,
a los que tiemblan ante mi palabra.

ISAÍAS 66:2B

NOVIEMBRE

1	☐ Tito 1	☐ Jeremías 46-47	☐ Lamentaciones 2:11-22
2	☐ Tito 2	☐ Jeremías 48-49	☐ Lamentaciones 3:1-20
3	☐ Tito 3	☐ Jeremías 50-51	☐ Lamentaciones 3:21-39
4	☐ Filemón	☐ Jeremías 52	☐ Lamentaciones 3:40-66
5	☐ Hebreos 1	☐ Ezequiel 1-2	☐ Lamentaciones 4
6	☐ Hebreos 2	☐ Ezequiel 3-5	☐ Lamentaciones 5
7	☐ Hebreos 3	☐ Ezequiel 6-7	☐ Proverbios 24:23-29
8	☐ Hebreos 4	☐ Ezequiel 8-9	☐ Proverbios 24:30-34
9	☐ Hebreos 5	☐ Ezequiel 10-11	☐ Proverbios 25:1-11
10	☐ Hebreos 6	☐ Ezequiel 12-13	☐ Proverbios 25:12-20
11	☐ Hebreos 7	☐ Ezequiel 14-15	☐ Proverbios 25:21-28
12	☐ Hebreos 8	☐ Ezequiel 16	☐ Proverbios 26:1-12
13	☐ Hebreos 9	☐ Ezequiel 17-18	☐ Proverbios 26:13-22
14	☐ Hebreos 10	☐ Ezequiel 19-20	☐ Proverbios 26:23-28
15	☐ Hebreos 11	☐ Ezequiel 21-22	☐ Proverbios 27:1-9
16	☐ Hebreos 12	☐ Ezequiel 23-24	☐ Proverbios 27:10-18
17	☐ Hebreos 13	☐ Ezequiel 25-26	☐ Proverbios 27:19-27
18	☐ Santiago 1	☐ Ezequiel 27-28	☐ Proverbios 28:1-10
19	☐ Santiago 2	☐ Ezequiel 29-30	☐ Proverbios 28:11-19
20	☐ Santiago 3	☐ Ezequiel 31-32	☐ Proverbios 28:20-28
21	☐ Santiago 4	☐ Ezequiel 33-34	☐ Proverbios 29:1-9
22	☐ Santiago 5	☐ Ezequiel 35-36	☐ Proverbios 29:10-18
23	☐ 1 Pedro 1:1-12	☐ Ezequiel 37-39	☐ Proverbios 29:19-27
24	☐ 1 Pedro 1:13-25	☐ Ezequiel 40	☐ Proverbios 30:1-10
25	☐ 1 Pedro 2	☐ Ezequiel 41-42	☐ Proverbios 30:11-17
26	☐ 1 Pedro 3	☐ Ezequiel 43-44	☐ Proverbios 30:18-20
27	☐ 1 Pedro 4	☐ Ezequiel 45-46	☐ Proverbios 30:21-28
28	☐ 1 Pedro 5	☐ Ezequiel 47-48	☐ Proverbios 30:29-33
29	☐ 2 Pedro 1	☐ Daniel 1-2	☐ Proverbios 31:1-9
30	☐ 2 Pedro 2	☐ Daniel 3-4	☐ Proverbios 31:10-31

NOVIEMBRE 1

Tito 1

Tito permaneció en la isla de Creta para asegurarse de que los conversos de la isla se establecieran adecuadamente en congregaciones y de que se estableciera el liderazgo (v. 5). Los requisitos para los ancianos son similares a los de 1 Timoteo 3. Ten en cuenta que los líderes tenían la responsabilidad de llevar a cabo la obra de Dios (v. 7), que incluye cuestiones de carácter y relaciones (vv. 6-8). La fidelidad a la Palabra de Dios es crucial para llevar a cabo estas responsabilidades (v. 9).

Jeremías 46-47

No sólo Judá, sino también otras naciones probarán la disciplina de Dios. Egipto (capítulo 46) y Filistea (capítulo 47) debían ser juzgados. Egipto sería el instrumento de juicio de Dios para Filistea, mientras que Babilonia disciplinaría a Egipto. El juicio de Egipto recaería sobre sus dioses, sus líderes y el pueblo (46:25). Hay una palabra de gracia para Judá: serían castigados, pero no destruidos. Dios los traería de regreso a su tierra y les daría descanso y seguridad (vv. 27-28).

En la lucha por dominar la zona, el ejército de Egipto marchó por la costa a través de Filistea y se enfrentó al ejército de Babilonia en la batalla de Carquemis, en Siria. Egipto derrotó a los babilonios, pero al año siguiente Nabucodonosor regresó para diezmar el ejército egipcio (v. 2) en Carquemis, enviándolos a huir hacia el sur. Este fue el principio del fin para los egipcios como fuerza en la zona y finalmente condujo al colapso del país, así como al de sus vecinos (véanse las notas del 19 de noviembre, Ezequiel 29-30).

Lamentaciones 2:11-22

Jeremías tenía todos los motivos para darle la espalda a su pueblo después de la forma en que lo habían tratado. Cuando les dio fielmente el mensaje del Señor, lo maltrataron, lo encarcelaron y casi lo matan. Sin embargo, lee su testimonio en el versículo 11. Sus ojos estaban llenos de lágrimas y estaba en tormento.

Al leer el versículo 14, recuerda la experiencia de Jeremías con Jananías en Jeremías 28. Este falso profeta le dijo al pueblo exactamente lo que querían escuchar, ¡pero era completamente falso!

Considera las palabras del Señor en Deuteronomio 8:19-20 mientras lees el versículo 17. Una y otra vez el Señor había advertido al pueblo que, si se alejaban de él, no los dejaría en la tierra. Ahora eso se había cumplido. ¡El Señor siempre cumple sus promesas!

NOVIEMBRE 2

Tito 2

Un tema que caracteriza este capítulo es el autocontrol. Este término aparece en los versículos 2, 5, 6 y 12. A pesar de la oposición que enfrentó Tito (v. 8b), Pablo lo animó a pasar a recibir instrucción apropiada, con el dominio propio piadoso como elemento necesario. Pablo habla a varios grupos diferentes de personas en la iglesia y el estilo de vida piadoso que Dios desea para cada uno.

Presta especial atención a los versículos 11-14. Estos son versículos en que debemos meditar regularmente. La gracia de Dios nos permite vivir vidas sobrias, rectas y piadosas en esta era presente, mientras esperamos ansiosamente la venida de Cristo.

Jeremías 48-49

Jeremías continuó su mensaje a las naciones que rodean a Israel, advirtiendo del juicio venidero por su impiedad.

Lamentaciones 3:1-20

No hay duda de que Jeremías sentía un profundo dolor emocional mientras escribía estas palabras. Aunque estuvo de acuerdo con el mensaje y las acciones del Señor, éstos eran su pueblo y su ciudad, y sufrió personalmente con ellos. Humanamente hablando, no tenía motivos para tener esperanzas. Todo parecía ser amargura y hiel (v. 19). Pero como veremos en los versículos que siguen, en medio de este dolor, Jeremías encontrará y expresará una tremenda esperanza.

NOVIEMBRE 3

Tito 3

En este capítulo, Pablo nos da más instrucciones sobre cómo debemos vivir y relacionarnos con los demás, y nos recuerda por qué debemos actuar de esta manera. Somos salvos de nuestra antigua forma de vida (v. 3), Salvos mediante la obra misericordiosa de Cristo a nuestro favor (vv. 4-6) Y salvos a una orientación y forma de vida totalmente nueva (vv. 7-8). Piensa en las formas radicales en que la salvación transforma nuestras vidas.

Jeremías 50-51

Jeremías ahora dirigió su atención a Babilonia. De todas las naciones, Babilonia sería la más importante para el pueblo de Jerusalén. Jeremías declara que Babilonia también caería bajo el juicio del Señor (50:2-3) porque había pecado contra él (v. 14b), se había opuesto a él (v. 24), lo había desafiado (v. 29), era una tierra llena de ídolos (v. 38), e hizo mal a Israel (51:24).

Jeremías declara que no importa cuán fuerte sea Babilonia, el Señor la derribará (51:53). Dios tiene sus propios métodos. Jeremías dice que el Señor emborracharía a los funcionarios, sabios, gobernadores, oficiales y guerreros de Babilonia (v. 57). Eso es exactamente lo que sucedió en la última noche de la existencia de Babilonia como nación (Daniel 5). Esa noche, mientras los funcionarios babilónicos estaban de fiesta, el ejército de los medos y los persas desvió el río, entró en la ciudad sobre el lecho de agua seco y la tomó.

☑Incrustada en esta profecía sobre Babilonia está la misericordiosa promesa de que Dios restaurará a su pueblo. El Señor promete un corazón nuevo entre su pueblo, uno que los unirá al Señor para siempre (50:4-5; véase Ezequiel 36:24-33). También prometió traerlos de regreso a la tierra y perdonar sus pecados (vv. 19-20; véase Jeremías 29:10-14). El Dios de Israel es fuerte y no se había olvidado de su pueblo (50:34; 51:5). Este primer regreso a la tierra se logró bajo el rey Ciro de Persia (Esdras 1:1-4; véase Isaías 44:28-45:13, escrito más de doscientos años antes de la época de Ciro). Estos pasajes se cumplieron parcialmente en el regreso a la tierra bajo Esdras y Nehemías, pero también en la restauración final cuando Dios quitará los pecados del pueblo y les dará un corazón nuevo (50:4-5, 19-20). ⇦

Lamentaciones 3:21-39

Estos versículos expresan algunas de las palabras más conmovedoras y cargadas de emociones que se encuentran en el Antiguo Testamento. ¿Qué causaría que Jeremías ensalzara poéticamente la fidelidad de Dios mientras su propia alma estaba siendo traspasada por la devastación total y el doloroso silencio de la otrora bulliciosa ciudad de Jerusalén? Fue porque Jeremías tenía completa confianza en el carácter inmutable y las promesas de Dios. El Dios que repetidamente había prometido devastación y exilio si el pueblo de él no se arrepentía, de hecho, había cumplido su promesa. Y este mismo Dios fiel e inmutable ciertamente cumplirá su promesa de restaurar al pueblo a la tierra después de setenta años de exilio. Jeremías poseía una creencia profunda y duradera de que Dios siempre cumple sus promesas. La esperanza de Jeremías no estaba arraigada en lo que sus ojos estaban viendo ese día, sino en su Dios fiel, inmutable, misericordioso y perdonador.

NOVIEMBRE 4

Filemón

Pablo le escribió esta breve carta a Filemón mientras estaba en prisión en Roma. El tema de la carta era Onésimo, un esclavo fugitivo que pertenecía a Filemón. En el pasado, Onésimo había sido un problema para Filemón (v. 11), pero ahora se había convertido y ayudaba a Pablo en prisión.

Pablo también había sido una bendición para Filemón, y sobre esta base apeló a Filemón para que perdonara al esclavo y lo tratara como a un hermano en Cristo. Dar la bienvenida a un esclavo fugitivo y tratarlo como a un hermano sería una acción radical que demostraría la eficaz obra de gracia de Dios en las vidas de ambos hombres.

Jeremías 52

Mientras lees el capítulo 52, imagina la carnicería y el esplendor destruido. El palacio había desaparecido. El templo había desaparecido. Los tesoros fueron llevados a Babilonia. La siguiente mención de estos tesoros se encuentra en Daniel 5, cuando se usaban para honrar a los dioses de Babilonia. Las columnas de bronce hechas con tanto cuidado fueron cortadas y llevadas a Babilonia. El versículo 27b dice: "Así Judá fue desterrado y llevado cautivo." Esto fue en cumplimiento de lo que Dios había dicho a través de sus profetas.

Esta imagen de destrucción total no es el final de la historia. Los versículos 31-34 hablan de un acontecimiento notable de restauración y esperanza. Dios movió el corazón del rey pagano de Babilonia para liberar a Joaquín de la prisión, darle ropa nueva, un nuevo estatus e incluso un asiento en su propia mesa. ¡Qué gracia tan asombrosa! Este Joaquín aparece en la genealogía de Jesús en Mateo 1:12.

Lamentaciones 3:40-66

Basado en el carácter, la fidelidad y la bendición del Señor, así como en la promesa divina de liberación y restauración (3:21-39), Jeremías pide el arrepentimiento colectivo ante el Señor (vv. 41-42). En cuanto a Jeremías, sus lágrimas continuaron fluyendo hasta que el Señor volvió a mirar a su pueblo (vv. 49-51).

Mientras lees los versículos 52-58, recuerda lo que sucedió cuando Jeremías fue arrojado a una cisterna para morir (Jeremías 38:1-13). El Señor lo libró de manera notable mediante la acción valiente de un hombre.

Finalmente, Jeremías pide al Señor que recuerde las acciones injustas contra él y que castigue a quienes lo habían perseguido (vv. 59-66).

NOVIEMBRE 5

Hebreos 1

El libro de Hebreos probablemente se escribió alrededor del año 60-70 d.C. La autoría de Hebreos es incierta, pero los destinatarios de la carta son judíos cristianos. El libro es rico en material relacionado con el culto judío, y el autor se extiende considerablemente para mostrar que Jesús fue el cumplimiento perfecto de las profecías mesiánicas del Antiguo Testamento.

La introducción del libro (vv. 1-4) describe magníficamente a Jesús como el Hijo de Dios, el resplandor de la gloria de Dios, que representa exactamente el ser de Dios (véase Juan 1:17-18). Jesús es el creador y sustentador del universo y de todas las cosas que hay en él por su poderosa palabra. Él es el Redentor que ha proporcionado el camino para la limpieza del pecado. Dios nombró a Jesús heredero de todas las cosas (véase Efesios 1:20-22), y ahora está sentado a la diestra de Dios. Difícilmente hay otro lugar en el Nuevo Testamento que diga tanto en tan poco espacio sobre el Señor Jesús en su exaltada posición.

☑ El texto se lanza inmediatamente después de la introducción a la discusión sobre la persona de Jesús. El resto del capítulo se compone de citas del Antiguo Testamento para mostrar cómo Jesús es el Hijo de Dios. Como tal, Jesús ahora es glorificado a la diestra del Padre (v. 13), es inmutable (vv. 11-12) y tiene autoridad eterna (v. 8). Él es el creador de los cielos y de la tierra (v. 10) y es adorado por los ángeles (v. 6). Recibirá a las naciones como su herencia (v. 13). Todo esto, documentado utilizando profecías mesiánicas del Antiguo Testamento, demuestra a los lectores que Jesús es en verdad el Mesías, el cumplimiento de la profecía del Antiguo Testamento. ⇦

Ezequiel 1-2

Joaquín tenía dieciocho años cuando comenzó a reinar y reinó sólo tres meses. Se rindió a Nabucodonosor y fue llevado a Babilonia en 597 a.C., junto con la mayoría de las personas importantes de la ciudad (véase 2 Crónicas 36:9-10).

Ezequiel, profeta y sacerdote, ministró a los israelitas que fueron llevados a Babilonia con Joaquín. Dio su primera profecía alrededor del año 592 a.C., durante el quinto año de cautiverio. Ezequiel tuvo una visión asombrosa que incluía cuatro criaturas vivientes (1:4-14; véase Apocalipsis 4:6-11), cuatro vehículos voladores (1:15-21; véase Ezequiel 10:9-22) y el trono de Dios (1:25-28; véase Apocalipsis 4:1-6). El capítulo 2 comienza con Ezequiel ante el Señor. El Señor le dio a Ezequiel instrucciones específicas cuando comenzó su ministerio entre los exiliados en Babilonia. Judá estaba a sólo unos pocos años de la destrucción total. Lo mejor de la población ya había llegado a Babilonia en cautiverio, pero el Señor todavía tenía un mensaje para el pueblo. La gracia del Señor permaneció constante a pesar de su infidelidad.

Lamentaciones 4

La descripción del desastre continúa, añadiendo más detalles. Una vez más, Jeremías señaló la razón: el pecado de los profetas, los sacerdotes y el pueblo (v. 13). Pero nota el rayo de esperanza que Jeremías tiene para el pueblo (v. 22a).

NOVIEMBRE 6

Hebreos 2

El mensaje de Hebreos llama a los creyentes a pensar correctamente y a vivir con cuidado. Hay una serie de advertencias para los creyentes en este libro que son directas y claras. La primera de éstas se encuentra aquí (vv. 1-4): presta mucha atención a la verdad que Jesús ha dado: es posible desviarse (v. 1). Recuerda que Dios castigó a quienes ignoraron la verdad en el pasado (v. 2; véase 1 Corintios 10:1-12). Compara esta advertencia en Hebreos 2 con las palabras de Jesús en Mateo 11:20-24. Si aquellos en el pasado no pudieron salirse con la suya con desobediencia y vida descuidada, ¿por qué deberíamos hacerlo nosotros?

El autor señala que, en la actualidad, aunque Dios ha puesto todo en manos de Jesús, algunas de las profecías del Antiguo Testamento sobre el Mesías aún no se han cumplido plenamente (vv. 8-9). Se ha obtenido la victoria de la cruz, pero el reinado final y visible con el completo sometimiento de Satanás aún está en el futuro. Este es el significado de la afirmación de que "todavía no vemos que todo esté sometido a él" (v. 8b).

Jesús compró la libertad para los del reino compartiendo su humanidad (v. 14). El texto hace la notable afirmación de que Dios hizo perfecto a Jesús mediante el sufrimiento (v. 10). Esto no puede referirse a la perfección moral, porque él ya era moralmente perfecto y sin pecado. Sin embargo, al convertirse en uno de nosotros, él se identificó perfectamente con la condición humana y pudo tomar sobre sí nuestro pecado y comprender nuestra experiencia como seres humanos en un mundo malvado (vv. 14-18). (véase también Juan 1:14; Filipenses 2:6-8.) Él nos ha hecho parte de su familia y ahora es nuestro hermano (vv. 11-12). ¡Ésta es una verdad asombrosa! ☑ Ten en cuenta que los versículos 12 y 13 utilizan pasajes mesiánicos del Antiguo Testamento para validar a Jesús como el Mesías. ⇐

Ezequiel 3-5

El libro de Ezequiel es rico en simbolismo y lecciones objetivas. A Ezequiel se le dijo que comiera el rollo que el Señor le dio. Esto sin duda representaba el mensaje que Ezequiel debía llevar al pueblo. Simbólicamente, debía digerir el mensaje y luego pronunciarlo fielmente. Era dulce al paladar, como se describe la Palabra de Dios en otros pasajes (véase Salmo 19:10; 119:103).

Llevar el mensaje al pueblo del Señor no debería haber sido difícil ya que él y el pueblo hablaban el mismo idioma (3:4-9). Sin embargo, aunque su idioma era el mismo, el corazón del pueblo estaba endurecido y obstinado (v. 7). Nota las advertencias que el Señor tuvo para Ezequiel, diciéndole que escuchara atentamente todo lo que Dios le decía. Luego lee la lección objetiva que el Señor le dio a Ezequiel (vv. 24-27) para ilustrar la dificultad que tendría, pero también cómo el Señor lo equiparía para la tarea (v. 27).

Piensa en la advertencia de Dios a Ezequiel en los versículos 16-21. Somos responsables ante el Señor y ante las personas que deberían escuchar el mensaje de gracia. Considera esto en relación con quiénes nos rodean.

La tarea de Ezequiel en el capítulo 4 fue dramatizar el castigo que vendría al pueblo de Judá y Jerusalén. El asedio de Jerusalén y el escaso suministro de alimentos que resultaría de ello fue parte de la lección. La misión nos parece extraña, pero sin duda debe haber enviado un mensaje claro a la gente.

Siguió otra lección objetiva (capítulo 5). Cuando terminó el asedio, a Ezequiel se le ordenó afeitarse el cabello, quemar un tercio dentro de la ciudad, esparcir un tercio con una espada alrededor del perímetro de la ciudad y esparcir el último tercio a los vientos. Sólo quedarían unos pocos mechones de cabello metidos en su prenda. Busca el significado de estos actos simbólicos (vv. 1-4, 11-12).

En los versículos 5-17 leemos sobre la rebelión del pueblo contra el Señor y el terrible juicio que experimentarán como resultado. El Señor había dado sus instrucciones claras, pero ellos lo habían desafiado (v. 7).

Lamentaciones 5

La oración de Jeremías al Señor en el capítulo 5 toca el corazón. Había vivido la rebelión del pueblo. Nada de lo que había dicho les llegó. Aun así, oró por su pueblo, suplicando la misericordia del Señor a favor de ellos. La condición actual de la gente era casi inimaginable. Lee la afirmación de Jeremías sobre Dios en medio de todo lo sucedido (v. 19). ¡Qué modelo de confianza en Dios y compasión por las personas!

NOVIEMBRE 7

Hebreos 3

Basándonos en la capacidad de Jesús para comprender la condición humana y su victoria como Hijo de Dios (capítulo 2), se nos pide que lo consideremos (vv. 1-6). Los lectores judíos de estas palabras habrían sentido una gran reverencia por Moisés, pero aquí se les dice que Jesús es mucho más digno de su honor. Nota la fuerte advertencia en los versículos 7-19. Como lo hace Pablo en 1 Corintios 10, el autor usa el ejemplo de los israelitas para ilustrar cómo es posible tener muchas de las bendiciones de Dios, pero perder una relación con él debido a la incredulidad y la desobediencia. Muchos de ellos murieron en el desierto después de haber salido de Egipto en lugar de entrar en la tierra prometida (v. 17).

La aplicación para nosotros individualmente y para la iglesia corporativamente se encuentra en los versículos 12-15. Debemos exhortarnos unos a otros para que nuestros corazones no se endurezcan y nuestras vidas no se vean afectadas por el engaño del pecado.

Ezequiel 6-7

Es el deseo apasionado de Dios que todos lo conozcan. Debido a esto, Dios levantó personas con el mismo propósito de darse a conocer. En Éxodo 9:16 Dios le dice al Faraón: "Pero te he dejado con vida precisamente para mostrarte mi poder y para que mi nombre sea proclamado por toda la tierra." Dar a conocer a Dios era un ministerio central de los profetas. En ninguna parte es esto más claro que a través del ministerio de Ezequiel, donde alguna forma de la frase recurrente "sabrán que yo soy el SEÑOR" aparece 58 veces en estos 48 capítulos. Esté atento a esta frase a medida que la encontramos, como lo hacemos varias veces aquí en los capítulos 6 y 7. Y recordemos hoy, al encontrarnos con otras, que el deseo apasionado del Señor es que su nombre y sus caminos sean conocidos por todos.

Proverbios 24:23-29

Aquí vemos los deseos del Señor respecto a la honestidad y la justicia. Nota también la advertencia en el versículo 29 de evitar la venganza cuando somos agraviados.

NOVIEMBRE 8

Hebreos 4

El autor continúa aquí las instrucciones del capítulo 3. Tomando en serio el ejemplo de los israelitas que no lograron encontrar la fe, debemos tener cuidado de no seguir su ejemplo (vv. 1-2). La clave para evitarlo es la fe con un corazón receptivo y atención a la Palabra de Dios (v. 12). Además, Dios ve todo acerca de nuestras vidas y somos responsables ante él (v. 13). Por lo tanto (v. 14), ¡aférrate firmemente a la fe en Jesús! Podemos acercarnos a él con confianza porque él nos comprende perfectamente.

Hay una paradoja—una aparente contradicción—en los versículos 9-11. Por un lado, el autor habla del descanso y seguridad que tenemos en la nueva vida, que viene por la fe. Es algo por lo que no podemos trabajar. Es un regalo y no el resultado de nuestras buenas obras (Efesios 2:8-9). Sin embargo, en el versículo 11 el texto nos llama a cada uno de nosotros a hacer todo lo posible para entrar en ese reposo. Jesús hace una declaración similar en Lucas 13:24 cuando les dice a los oyentes que hagan todo lo posible para entrar por la puerta angosta. En ambos casos, debemos estar seguros de que aquello en que confiamos (y cómo vivimos, en obediencia a Jesús) es el camino correcto hacia una relación con Dios. Esa es la fe en la persona y obra del Señor Jesús y su redención por nosotros a través de la cruz. Así es como entramos en su reposo (v. 1).

La aparente paradoja es que no podemos entrar en una relación con Dios presentando nuestras buenas obras (Efesios 2:8-9), pero las buenas obras de la obediencia siempre acompañan a la fe y son la evidencia de la fe (v. 6; véase v.1; Juan 2:3-6).

Ezequiel 8-9

Aunque Ezequiel estaba físicamente con los exiliados en Babilonia, en el capítulo 8 fue llevado en una visión al templo de Jerusalén (v. 3). El templo había sido profanado con ídolos y adoración de ídolos, y esto fue lo que el Señor le mostró a Ezequiel. Los ídolos eran una abominación para el Señor (v. 6), pero la visión posterior de los ancianos de la nación participando en la adoración pagana y de ídolos fue aún peor (vv. 9-13). Las mujeres lloraban por la muerte de un dios pagano (v. 14) y los ancianos adoraban al sol (v. 16). Por si esto fuera poco, la tierra se llenó de violencia (v. 17). Por tanto, el juicio estaba por llegar (v. 18).

Sin embargo, en medio del juicio hay misericordia para aquellos que no han participado en la idolatría y la violencia (9:14; véase Éxodo 12). Esto debería darnos un gran estímulo para seguir mirando al Señor independientemente de lo que puedan hacer los que nos rodean.

Proverbios 24:30-34

Aquí se nos recuerda el valor del trabajo duro. ¡Muchos de nosotros necesitamos este estímulo!

NOVIEMBRE 9

Hebreos 5

Un sacerdote representa a los demás ante Dios. Aarón y sus hijos fueron nombrados sacerdotes por el Señor, al igual que Jesús. En los versículos 5-9 vemos la reverencia y humilde sumisión de Jesús a Dios Padre. ¡Qué asombrosa humildad! (véase Filipenses 2:5-8). En los versículos 11-14 se identifica un problema en la iglesia. Había falta de crecimiento y la iglesia estaba formada por cristianos inmaduros que no entendían la justicia (v. 13). Ten en cuenta que el alimento sólido de la Palabra es asimilado por las personas que han practicado el aprendizaje de la sabiduría (v. 14). ¡Queremos ser así!

Ezequiel 10-11

Al leer estos capítulos, sigue el camino de la gloria del Señor y los querubines que lo acompañan. Recuerda que cuando Salomón dedicó el templo y terminó de orar, la gloria del Señor había llenado el templo (2 Crónicas 7:1-3). Ahora, la bendición de la presencia de Dios había desaparecido del templo. Qué visión tan increíblemente devastadora fue esta.

La primera sección del capítulo 11 describe el juicio venidero de Dios sobre la ciudad y el motivo de éste. Ezequiel teme que toda la nación sea destruida y, por eso, clama al Señor. La respuesta que recibe nos muestra la asombrosa compasión y gracia de Dios. ¡Mira todo lo que él promete y considera cuán misericordioso es nuestro Dios!

Proverbios 25:1-11

Compara el versículo 6 con Lucas 14:7-11. Es natural que busquemos honor para nosotros mismos, pero ese no es un camino sabio para seguir.

NOVIEMBRE 10

Hebreos 6

Este puede ser un capítulo difícil de entender, porque una lectura superficial del mismo parece sugerir que es posible que un creyente genuino pierda su salvación. Sin embargo, otras Escrituras indican claramente lo contrario, y la Biblia nunca se contradice. En Juan capítulo 10 Jesús declara, "Mis ovejas oyen mi voz; yo las conozco y ellas me siguen. Yo les doy vida eterna y nunca perecerán, ni nadie podrá arrebatármelas de la mano" (Juan 10:27-28). En su carta a los Romanos, el apóstol Pablo utiliza palabras diferentes para transmitir la misma verdad: "Pues estoy convencido de que ni la muerte ni la vida, ni los ángeles ni los demonios, ni lo presente ni lo por venir, ni los poderes, ni lo alto ni lo profundo, ni cosa alguna en toda la creación podrá apartarnos del amor que Dios nos ha manifestado en Cristo

Jesús nuestro Señor" (Romanos 8:38-39). ¿Cómo debemos entender este texto de Hebreos 6?

El siguiente esquema y la progresión lógica del texto son útiles para esta cuestión. En primer lugar, el problema de fondo de los creyentes hebreos era la inmadurez espiritual (Hebreos 5:11-14). En segundo lugar, esta inmadurez condujo a prácticas erróneas y antibíblicas en la iglesia, incluida la práctica de repetir el arrepentimiento y el bautismo con el fin de ser salvos varias veces (6:1-3). Tercero, en los versículos 4-6, el autor explica que es imposible ser salvo más de una vez, porque si eso fuera posible, sugeriría que el sacrificio de Jesús en la cruz fue insuficiente, haciendo necesario que Él muriera repetidamente. Tal afirmación sería antibíblica y vergonzosa (v. 6). Al contrario, el único sacrificio de Jesús fue completamente suficiente, una vez y para siempre (cf. Romanos 6:9-10). En cuarto lugar, se utiliza una ilustración (vv. 7-8) para demostrar que cuando se planta la buena semilla de la nueva vida en el creyente, seguramente se darán buenas cosechas. Si, por el contrario, la cosecha produce espinos y cardos, es que la tierra no se ha labrado correctamente y no se ha sembrado la semilla adecuada (cf. Mateo 7:15-20). En quinto lugar, la aplicación resultante es que la salvación genuina produce resultados efectivos, y el escritor confía en que, a pesar de la inmadurez presente, esos resultados se harán evidentes a medida que los creyentes crezcan en madurez y continúen diligentemente en la fe (vv. 9-12). Finalmente, esta esperanza y certeza de vida genuina está anclada en una promesa inmutable y segura, y en el juramento del Señor Dios mismo (vv. 17-20).

Puede resultarnos alarmante cuando alguien, de quien seguramente suponíamos que estaba bien cimentado en la fe, parece descarriarse o abandonar la fe. Sin embargo, no podemos ver el corazón como lo hace el Señor. El texto indica que cuando una persona se ha convertido de verdad, los claros resultados de la salvación serán evidentes continuamente en su vida y a lo largo de ella (cf. 1 Juan 2:19-20).

Ezequiel 12-13

El Señor ordenó a Ezequiel una vez más que cumpliera una profecía. Empacó sus pertenencias, esperó hasta el anochecer, luego cavó en la pared y se fue con los ojos cubiertos. Lee la interpretación del Señor (vv. 12-14) y luego lee 2 Reyes 25:1-7. La profecía se cumplió cuando Sedequías intentó abandonar Jerusalén cuando cayó en manos de los babilonios.

El Señor tuvo palabras fuertes contra aquellos que profetizaron falsamente, y Ezequiel anunció que el Señor se ocuparía de ellos (véase 13:13-16). También abordó las malas prácticas de la hechicería y la brujería (13:17-23). El Señor había prohibido expresamente a su pueblo cualquier participación en el mundo de los espíritus (véase Éxodo 22:18). Estas prácticas pertenecen al dominio de Satanás y debemos evitarlas.

Proverbios 25:12-20

¿Has pensado en la corrección necesaria de otra persona como un regalo de oro (v. 12)? Está integrado en nuestra naturaleza humana no complacernos con la crítica o la corrección. Nuestra reacción inmediata suele ser defensiva. Sería prudente ir más allá de la actitud defensiva y considerar lo apropiado de la reprimenda o la crítica. Si es necesario, y si lo tomamos en serio, ¡la acción correctiva nos traerá bendiciones!

Nota la amonestación en los versículos 16-17. Es aconsejable practicar la moderación, incluso en nuestra alimentación y en nuestras relaciones.

NOVIEMBRE 11

Hebreos 7

Jesús era un sacerdote de un orden diferente al sacerdocio aarónico. Melquisedec era el sacerdote de la antigua Salén, la ciudad que se convirtió en Jerusalén (Génesis 14:18-20) y vivió mucho antes que Aarón. Abraham—y Aarón a través de Abraham (Hebreos 7:4-10)—pagó un diezmo a Melquisedec de los bienes recuperados por Abraham al rescatar a Lot y su familia (Génesis 14:20). Melquisedec bendijo a Abraham y, a través de él, a los futuros sacerdotes de Aarón. Hablando en sentido figurado, Melquisedec era de un orden superior a Aarón, y Jesús era del orden de Melquisedec. Además, no hay ningún registro de los antepasados de Melquisedec ni de su descendencia. En sentido figurado, él no tenía principio ni fin de días. Jesús también se parece a él en esto: ha vivido desde la eternidad pasada, vive ahora y vivirá para siempre.

Debido a que Jesús es eterno, es nuestro sacerdote para siempre (v. 24). Él nos salva por completo (v. 25) y ora por nosotros, representando nuestras necesidades ante el Padre (v. 25). Él era sin pecado y es el sacrificio por nuestros pecados (vv. 26-27). Los sacerdotes bajo la ley murieron y desaparecieron, pero Jesús vive para siempre (v. 28). Imagínate: ¡Jesús mismo ora por nosotros hoy (véase Juan 17:20-21; Romanos 8:26-27, 34)!

Ezequiel 14-15

El Señor desprecia los ídolos, y en el capítulo 14 confrontó a los ancianos con esta cuestión. Un ídolo puede ser un objeto que se adora, pero los ídolos adoptan muchas formas. En la Biblia, la idolatría se define como cualquier cosa en nuestras vidas que es más importante que Dios. Si algo absorbe nuestro corazón y nuestra imaginación más que Dios es un ídolo. Jesús identificó las posesiones como un ídolo para algunos (véase Mateo 6:24; 19:16-22). Pablo mencionó el orgullo, el egocentrismo, la avaricia y la gula como ídolos para los demás (Filipenses 3:19). En nuestro caso, la idolatría puede ser una relación, una cuenta bancaria, nuestro tiempo, trabajo, lo que vemos o nuestro uso de las redes sociales. Si Jesús se sentara contigo hoy y hablara sobre la idolatría, ¿qué crees que diría?

El capítulo 15 compara al pueblo de Jerusalén con una vid inútil. Además de dar fruto, la madera de la vid sólo sirve como combustible. Ezequiel expresa aquí que el pueblo de Dios es como una vid infructuosa y se les advierte que a menos que regresen al Señor, se avecina un juicio de fuego.

Proverbios 25:21-28

Estos versículos revelan varias verdades. Observa en los versículos 21-22 que el Señor nos recompensará por preocuparnos por aquellos que nos han hecho daño. El versículo 27 es una advertencia contra el orgullo, y el 28 describe a aquellos que carecen de dominio propio. Pero recuerda los versículos que acabamos de leer de Tito 2:11-12. Debido a la obra misericordiosa y poderosa de la gracia de Dios en nuestras vidas, podemos vivir una vida autocontrolada, recta y piadosa en esta era presente. ¡Alabado sea Dios por su gracia en nuestras vidas!

NOVIEMBRE 12

Hebreos 8

El escritor continúa contrastando el ministerio de Jesús como sumo sacerdote con el sacerdocio establecido bajo Moisés. Repasa los últimos versículos del capítulo 7 que conducen a este capítulo.

El pacto del sacerdocio del Antiguo Testamento se llama aquí el antiguo pacto (v. 6). El tabernáculo y su mobiliario se describen como copia y sombra de las cosas celestiales que Jesús cumplió (vv. 5-6). Jesús, como sumo sacerdote, ha cumplido los requisitos de la ley y está sentado en la tienda verdadera (vv. 1-2). Cada parte de ese tabernáculo y su mobiliario era importante; presagiaron el cumplimiento perfecto que vendría en Cristo.

El texto dice que Jesús es el sumo sacerdote perfecto (7:26-8:2). Los judíos, inmersos en sus tradiciones, estaban en sintonía con este concepto, mientras que hoy en día generalmente no pensamos en estos términos. Un sacerdote se presenta ante Dios en nombre de otra persona. Necesitamos eso, porque no podemos acercarnos a Dios en nuestra condición pecaminosa. Jesús, la respuesta perfecta a ese problema, tomó nuestro lugar en la cruz y ahora continúa representándonos ante el Padre (7:25; 9:24; 1 Juan 2:1; Romanos 8:34). Jesús asegura el nuevo pacto con su propia sangre y lleva a todos los creyentes a una relación nueva e íntima con el Padre a través de él. ¡Qué Dios tan maravilloso tenemos!

Los versículos 8-12 son una cita de Jeremías 31:31-34 y contienen algunas hermosas promesas.

Ezequiel 16

En este capítulo Dios le da a Ezequiel otro cuadro poderoso de la nación de Israel. Al principio se la compara con un recién nacido abandonado que fue rescatado por el Señor. Luego, cuando ella maduró, él la limpió, la vistió y adornó, y entró en un pacto con ella (véase Éxodo 24). A pesar de todo este espléndido cuidado, rechazó a Aquel que la había rescatado y, en cambio, se dedicó a la prostitución repetida. Por su infidelidad, será juzgada. Sin embargo, la misericordia de Dios es grande y establecerá un pacto nuevo y eterno con su pueblo. ¡Qué Dios tan maravilloso!

Proverbios 26:1-12

Los versículos 6-11 nos dan un cuadro vívido de cuán ridícula es una persona necia. Luego, en el versículo 12 tenemos una sorpresa: ¡hay alguien aún más desesperado que un tonto! ¿Quién es?

NOVIEMBRE 13

Hebreos 9

Nótese en los versículos 6-10 que, aunque los sacrificios bajo el antiguo pacto se ofrecían repetidamente, no eran capaces de eliminar la culpa ni el pecado. Eran regulaciones temporales que funcionaban como un marcador de posición visible hasta la venida de Cristo (v. 10). Con Su propia sangre derramada, Jesús pudo lograr de una vez por todas lo que los sacrificios temporales del Antiguo Testamento no pudieron. Mediante Su sacrificio perfecto en nuestro favor, Él trajo la redención eterna, el perdón de los pecados y la limpieza de nuestras conciencias (vv. 11-14). Este don gratuito está disponible para todos los que ponen su fe en Jesús. Mediante este perdón y limpieza, Él nos capacita para servir al Dios vivo (v. 14; cf. Colosenses 1:13-14).

Fue durante el liderazgo de Moisés que los sacrificios fueron establecidos, y millones—incluyendo a Abraham—vivieron antes de que estos sacrificios fueran instituidos. ¿Cómo, entonces, fueron estas personas justificadas por Dios?

Aunque el sistema de sacrificios prefiguraba la necesidad de un sacrificio expiatorio perfecto, todos los que han depositado su fe en Dios—independientemente de cuándo vivieron—lo han hecho en base a la fe (cf. Romanos 4:1-13).

Ezequiel 17-18

La alegoría del capítulo 17 de las dos águilas trata sobre el cautiverio babilónico. La primera águila representa a Babilonia, y la punta del cedro que tomó el águila era Joaquín y los exiliados que fueron llevados a una ciudad de comerciantes (Babilonia, vv. 1-4). La semilla plantada representa al pueblo que quedó en Judá bajo juramento al rey de Babilonia (vv. 5, 13). Sedequías fue colocado en el trono por Nabucodonosor, pero éste recurrió a Egipto en busca de ayuda, rompiendo así su juramento a Babilonia (2 Crónicas 36:11-13). Egipto, entonces, es la segunda águila, y la vid vuelta hacia ella (vv. 7, 15). Como resultado, la vid se marchitaría (v. 9). Lee la explicación que el Señor da sobre la alegoría (vv. 11-15) y los resultados para Sedequías y el pueblo (vv. 16-21).

☑Pero nota la palabra de esperanza. De la copa del cedro se produciría una ramita tierna que crecería y traería bendición (v. 22). Este tierno ramito traerá nueva vida y esperanza al pueblo de Dios y se convertirá en hogar de aves de todo tipo (v. 23b). La ilustración se refiere a la bendición universal que vendrá a través del linaje de David, es decir, el Mesías. ⇦

Lee atentamente el capítulo 18, ya que establece el principio de responsabilidad personal ante el Señor por nuestras acciones. Hay perdón para los arrepentidos, sea cual sea el pecado (vv. 21-23). Hay muerte para el rebelde, a pesar de una historia de vida aparentemente justa (v. 24). El Señor quiere que tengamos vida (vv. 30-32). No se complace en la muerte de ni siquiera una persona (véase 1 Timoteo 2:4).

Proverbios 26:13-22

Estos versículos nos advierten contra la pereza, los chismes y las discusiones innecesarias. Se nos dan imágenes de estos rasgos y esto nos ayuda a comprenderlos y recordarlos. El versículo 15 es especialmente memorable.

NOVIEMBRE 14

Hebreos 10

La ley del Antiguo Testamento es un símbolo de lo que Jesús haría (vv. 1-4), y en su cumplimiento, el sacrificio duradero de Jesús limpia del pecado. La sangre de toros y cabras no podía lograr esto eficazmente; sólo el sacrificio perfecto de Jesús fue capaz de quitar perfecta y permanentemente el pecado (vv. 10, 14). El versículo 10 habla de haber sido santificado. Este sacrificio prepara a cada creyente para encontrarse con Dios a través de la limpieza del pecado cuando ponemos nuestra fe en Jesús. El versículo 14 habla del sacrificio que nos ha hecho perfectos para siempre (la misma idea que el v. 10), pero también del proceso de ser santificados. Esta es la obra continua de Dios en nuestras vidas a medida que crecemos en Cristo. Ambos aspectos de esto, el evento de la salvación y el proceso de santidad, son obra de Dios a través del Espíritu Santo y su gracia.

Gracias a lo que Jesús ha hecho, podemos acercarnos a Dios con plena seguridad (v. 22). ¡Qué regalo! Considera cada una de las formas en que somos llamados a actuar en los versículos 19-25. Jesús vendrá otra vez, y su venida es un incentivo adicional para la santidad (v. 25).

Ahora mira la advertencia que sigue (vv. 26-31, 35-39). Estas palabras son algunas de las más fuertes del Nuevo Testamento, pero son consistentes con muchas advertencias que Jesús dio a sus oyentes. Compara estos versículos con 1 Juan 2:3-6. Toda esta sección (vv. 19-39) nos llama a un nivel de compromiso cristiano que se extiende a cada aspecto de nuestras vidas. Es una advertencia para tomar en serio las palabras de Dios.

Ezequiel 19-20

El capítulo 19 es un canto de lamento por lo que le ha sucedido al pueblo de Dios. Leemos acerca de dos leoncillos (vv. 1-9), uno de los cuales fue llevado a Egipto y representa a Joacaz (2 Reyes 23:31-34). Joacaz estuvo en el trono sólo tres meses. El segundo cachorro de león era violento, pero quedó atrapado en una red y llevado a Babilonia. Esto representa a Joaquín (2 Reyes 24:8-16). La vid (vv. 10-14) es un símbolo de Judá. Aunque inicialmente estaba sano y bien regado, fue arrancado de raíz y luego se marchitó bajo el soplo del viento del este. Retrata la tierra devastada después de la caída en manos de los babilonios.

El capítulo 20 comienza con algunos ancianos de la nación en el exilio que acuden al profeta para consultar al Señor. El Señor da una larga respuesta, relatando sus tratos de gracia con la nación. Una y otra vez, el Señor aplazó el juicio merecido. Pero el pueblo continuó alejándose y el Señor declaró que no los escucharía.

El versículo 32 trae un cambio importante en el mensaje. Puede que el pueblo haya rechazado a su Dios, pero él nunca los abandonará por completo. ☑Mira la misericordiosa promesa de Dios (vv. 39-44). La mención de un tiempo posterior (v. 39) apunta al futuro cuando el Señor, bajo el Mesías, restablecerá a su pueblo en la tierra con un corazón completamente nuevo para servirle (vv. 41-43; véase Zacarías 12:10). ⇐El mensaje primordial del capítulo es la mano buena y justa de Dios en y sobre su pueblo, tanto en juicio como en gracia.

Proverbios 26:23-28

No se debe confiar en una persona maliciosa. Esa persona se ve bien y habla bien, pero hay daño en su suave conversación (v. 23). Esa persona finge ser alguien a quien le dan importancia (vv. 24-25). Es necesario exponer la maldad detrás de la máscara, y lo será cuando suficientes personas hayan resultado heridas (v. 26). Necesitamos ser perspicaces y cuidadosos al decidir en quién confiar.

NOVIEMBRE 15

Hebreos 11

Este notable capítulo debería ser una inspiración para nosotros hoy—y todos los días—en nuestro caminar con el Señor. En él nos encontramos cara a cara con muchos de los héroes del Antiguo Testamento. Muchos no tenían acceso a las Escrituras, algunos tenían acceso limitado a porciones del Antiguo Testamento, pero ninguno tenía las Escrituras completas que tenemos, ni sabía lo que tenemos el privilegio de saber sobre la obra terminada de Jesús en la cruz. Lo que sí tenían era una fe extraordinaria, definida en el versículo 1 como "la fe es tener confianza en lo que esperamos, es tener certeza de lo que no vemos." Poseían una esperanza inquebrantable de su futuro hogar en el cielo y el gozo puesto ante ellos (v. 16). Ellos nos modelaron lo que significa poner nuestras mentes y corazones en las cosas de arriba, tal como Pablo nos imploró que hiciéramos en Colosenses 3:1- 4. Estos héroes, muchos de ellos sin nombre, estaban tan completamente concentrados en su esperanza futura que se disponían a soportar el sufrimiento, la oposición, el maltrato, el rechazo e incluso la muerte.

Ten en cuenta que ni siquiera ahora han recibido lo que se les había prometido (13:39-40). De hecho, el versículo 40 revela que Dios ha provisto algo mejor para *nosotros*, que no deben ser perfeccionados hasta el momento en que nosotros también seamos perfeccionados. Por lo tanto, el capítulo 12:1 identifica a estos santos como una gran nube de testigos para nosotros a medida que completamos las carreras individuales que a cada uno de nosotros nos ha sido dada en esta vida. ¡Qué verdades tan asombrosas!

Observa que, con cada uno de estos héroes, el escritor destaca un único acto de fe que caracterizó sus vidas. Décadas de vida se resumen en una o dos frases y en un solo acto de fe ejemplar.

Este capítulo no sólo debería inspirarnos sino también desafiarnos. Si el escritor de Hebreos escribiera sobre nuestras vidas, ¿habría un acto de fe definitorio notable que destacaría? Si tuviera que resumir nuestro caminar cristiano hasta este momento en una o dos frases, ¿qué escribiría? ¿Qué le gustaría que dijeran sobre tu vida de fe? Usando el mismo modelo que el escritor usó en este capítulo, reflexiona sobre cómo podrías completar esta oración con tu propio nombre y acto de fe: Y por fe, _____ cuando _____, _____.

Ezequiel 21-22

El mensaje del Señor a Ezequiel para el pueblo no fue una buena noticia (capítulo 21). Debido a su persistente rebelión contra él, el juicio era inminente (v. 24). ☑Nota el mensaje especial al rey Sedequías (vv. 25-27). Ten en cuenta también que ningún hijo de David se sentará en el trono después del desastre venidero hasta que llegue aquel a quien pertenece por derecho (v. 27; véase Génesis 49:10). Esta es una referencia al Mesías, ¡aún por venir! ⇦

Proverbios 27:1-9

¿Qué preferirías sentir, besos o heridas (v. 6)? La respuesta obvia no siempre es la correcta. Depende de quién y por qué recibimos los besos o las heridas. Las caricias y los halagos pueden ser agradables, pero cuando un enemigo los da, la motivación es reducirnos. Por otro lado, las duras palabras de un amigo tienen como objetivo guiarnos hacia un rumbo mejor y más seguro.

Necesitamos sabiduría para evaluar la fuente y la motivación detrás tanto de los elogios como de las críticas.

NOVIEMBRE 16

Hebreos 12

Como notamos en la lectura de ayer, el capítulo 11 prepara el escenario para el capítulo 12. Estos versículos son un poderoso desafío para que dejemos de lado el pecado y cualquier otra cosa que nos impida correr fielmente nuestra propia carrera con resistencia. Se nos señala el ejemplo de Jesús, quien esperaba el gozo puesto delante de él. Esto nos ayudará a perseverar en nuestra propia lucha contra el pecado. Debido a que ama a sus hijos, el Señor nos disciplinará (vv. 5-6). Como hemos visto antes, la disciplina no siempre es para el pecado. El Señor puede usar las dificultades en nuestras vidas para ayudarnos a crecer (vv. 7-8; véase el sufrimiento prolongado de Job). Dios nos trae lo que necesitamos para ayudarnos a crecer y confiar plenamente en él.

A partir del versículo 14, hay tanto un mandato personal como una responsabilidad grupal de vivir en santidad con el propósito de garantizar que nadie en la comunidad se extravíe (vv. 15-16). Aquí está explícita la responsabilidad mutua. Una iglesia saludable caracterizada por un cuidado genuino unos por otros es un testimonio poderoso para el mundo que observa.

Ezequiel 23-24

El capítulo 23 contiene una ilustración memorable que involucra a dos hermanas: Aholá, que representa a Samaria (Israel), y Aholibá, que representa a Jerusalén (Judá). Si bien el Señor había advertido claramente a los israelitas que no adquirieran las prácticas de adoración falsas de los cananeos, lo habían hecho. El Señor llamó a esto prostitución espiritual, y por eso vendría el juicio.

Dios usó otra lección objetiva inusual para transmitir la verdad a los exiliados. La esposa de Ezequiel murió, y el Señor le dijo a Ezequiel que no se lamentara como de costumbre. Cuando su extraña respuesta a la muerte de su esposa generó dudas, debía decirles a los exiliados que así era como ellos también llorarían por el templo y el pueblo que fue destruido por los babilonios (vv. 20-24). Jerusalén, tal como la conocían, sería sólo un recuerdo, la noticia les llegaría a través de un fugitivo (vv. 25-27), y esto es precisamente lo que sucedió (véase Ezequiel 33:21).

Proverbios 27:10-18

Sé lo suficientemente sabio como para cambiar de rumbo cuando sea necesario (v. 12). Sea cual sea nuestro proyecto, es prudente seguir evaluando si es el mejor y más viable plan. A veces basta con un pequeño cambio. En otras ocasiones, se necesita un cambio radical. Una persona sabia mantiene los ojos abiertos y está dispuesta a ajustar el rumbo. Ésa es la aplicación de la sabiduría divina.

¿Has encontrado a alguien con quien puedas discutir (e incluso debatir) cuestiones de la vida? Una persona así es un regalo del Señor (v. 17). Con quién pases tiempo inevitablemente marcará una diferencia en tu forma de pensar y perspectiva. Elige sabiamente amigos y mentores y serás ricamente bendecido.

NOVIEMBRE 17

Hebreos 13

Estas palabras finales de Hebreos ofrecen algunos recordatorios útiles para mantenernos encaminados en la vida cristiana. Nota las advertencias sobre la hospitalidad (v. 2), el cuidado de los que sufren (v. 3), la pureza en el matrimonio (v. 4) y vivir con contentamiento (v. 5b). Una vida de contentamiento tiene sus raíces en la promesa de Dios de que él nunca nos dejará ni nos abandonará (véase Mateo 28:20b). Los versículos 15 y 16 hablan de alabar al Señor y hacer el bien, buscando satisfacer las necesidades de quienes nos rodean (véase Isaías 1:16-17). Estos son sacrificios que agradan a Dios. Finalmente, observa la poderosa oración de bendición que se encuentra en los versículos 20-21. ¿Qué tal si haces esta oración hoy como si fuera tuya?

Ezequiel 25-26

Aunque el Señor disciplinaba a Judá, no le agradó que las naciones vecinas se aprovecharan de su angustia. Sus pecados contra Dios fueron malicia (25:6), venganza (25:12) y regodeo por la destrucción de Jerusalén (26:2). El Señor los juzgaría en su tiempo.

Proverbios 27:19-27

Incluso antes de que el pecado entrara en el mundo en Génesis 3, el trabajo se presentaba como significativo, ordenado por Dios y encomendado por él para que lo hiciéramos (Génesis 1:28-30). Aquí, en Proverbios 27:23-27, se explica en detalle una ética de trabajo bíblica. El trabajo cuidadoso y metódico trae recompensas. Permite que estos cinco versículos hablen a tu corazón.

NOVIEMBRE 18

Santiago 1

Esta maravillosa carta fue escrita por Santiago, el medio hermano de Jesús. Se cree que es uno de los primeros libros del Nuevo Testamento. Está dirigido a los creyentes judíos que se encontraban dispersos en el extranjero. Gran parte de esta diáspora fue provocada por la persecución, incluida la de Esteban (véase Hechos 8:1). La carta aborda temas intensamente prácticos de la vida cristiana. En este primer capítulo, Santiago aborda la confianza en Dios, la tentación y la obediencia.

En Hebreos 12, notamos que el Señor usa las circunstancias, incluso las difíciles, para ayudarnos a hacer crecer nuestra fe. Santiago retoma este tema en los versículos 2-12. Específicamente, Santiago deja claro que cuando confiamos en Dios en las dificultades, perseverando en obediencia a él, nuestra vida espiritual madura. ¿Está Dios a cargo de nuestras circunstancias? Si es así, podemos superar tiempos difíciles, confiando en que Dios tiene el control. Hay un propósito en que Dios envíe pruebas a sus hijos, y hay bendición para el cristiano que responde apropiadamente (v. 12).

Hay diferencias entre las pruebas permitidas por Dios y utilizadas para su propósito, y la tentación (vv. 13-15). Dios nunca nos tienta a pecar. Observa cómo la tentación se convierte en pecado en estos versículos. Necesitamos recordar que como creyentes nunca estamos indefensos ante la tentación (1 Corintios 10:13).

Santiago hace una distinción práctica entre conocer la Palabra de Dios y aplicar su verdad (vv. 22-25). Seamos hacedores de la Palabra y no sólo oidores.

Finalmente, piensa en cuán práctica es la fe verdadera (vv. 26-27). Se extiende a lo que decimos, cómo respondemos a los necesitados y cómo nos abstenemos intencionalmente de pecar.

Ezequiel 27-28

El Señor a menudo advirtió a las naciones vecinas sobre un juicio inminente a menos que se apartaran de su propio pecado. En el capítulo 27, Ezequiel dirige sus palabras a la ciudad-estado pagana de Tiro. Aunque era una próspera ciudad portuaria, esta prosperidad no duraría. La riqueza y la influencia de la ciudad habían conducido al orgullo y al comercio deshonesto, y su gobernante había afirmado que era un dios (v. 2). Sidón, la ciudad hermana de Tiro, también estaba madura para la disciplina divina (vv. 20-23).

☑ Finalmente, Dios prometió restaurar a su pueblo de entre las naciones y vivirían seguros (vv. 25-26). Esto sucedió cuando regresó el resto de los israelitas después de los setenta años de exilio. Esta promesa además va más allá, hacia un tiempo futuro de seguridad y prosperidad bajo el Señor mismo. Esto sucederá cuando el Señor regrese al final de los tiempos para juzgar a las naciones e inaugurar su reinado eterno. ⇐

Proverbios 28:1-10

En estos versículos, fíjate en los muchos contrastes entre los justos y los malvados. ¿Qué beneficios se identifican para los que viven rectamente?

NOVIEMBRE 19

Santiago 2

Estos versículos advierten a los creyentes que no deben tratar a las personas de forma diferente por lo que son. Cuando lo hacemos, no agradamos al Señor. El ejemplo concreto que Santiago utiliza era frecuente en algunas iglesias de su tiempo, a saber, mostrar deferencia hacia los ricos en detrimento de los pobres. Debemos guardarnos de tratar a unos mejor que a otros, ya sea por su riqueza, su origen étnico o cualquier otra cosa.

Observe también la importante consideración de la fe y las obras en los versículos 14-26. Las vidas de los creyentes genuinos se caracterizarán por hacer buenas obras. A lo largo del Antiguo Testamento hemos visto el corazón de Dios por los pobres, las viudas, los extranjeros y los huérfanos en apuros. Se nos implora que cuidemos especialmente de los que son vulnerables e incapaces de valerse por sí mismos. Santiago acaba de tratar este tema en el capítulo 1:27 (cf. Isaías 1:17; Deuteronomio 10:18). Esta compasión por todos fue modelada continuamente para nosotros en la vida de Jesús. Tenemos el mandato de amar a nuestro prójimo, tanto si es como nosotros como si es diferente. Las buenas obras, por tanto, son uno de los distintivos esenciales de los creyentes, y cuando las hacemos, agradamos al Señor, cumplimos Su voluntad, demostramos nuestro amor por Él y nos conformamos más a Su imagen (cf. Apocalipsis 2:4-5; Mateo 22:37-39; Lucas 10:25-37).

Sin embargo, es muy importante que recordemos que las buenas obras no pueden traernos la salvación. Este asunto es uno de los que distinguen al verdadero evangelio de las sectas y otras religiones falsas, donde la gente es engañada por la falsa premisa de que es posible a través de las buenas obras ganarse el camino hacia Dios. Las Escrituras son inequívocamente claras en que la única manera de ser salvo y heredar la vida eterna es a través de la fe en la obra de gracia y suficiente de Jesús en la cruz. Pablo lo expresa muy bien en su carta a los Efesios: "Porque por gracia ustedes han sido salvados mediante la fe. Esto no procede de ustedes, sino que es el regalo de Dios y no por obras, para que nadie se jacte" (Efesios 2:8-9).

Ezequiel 29-30

Estos capítulos profetizan la derrota y devastación de Egipto por su propio pecado (vv. 6-9).

Por lo general, pero no siempre, el término *día del Señor* se refiere al último gran juicio que ocurrirá al final de los tiempos. Aquí (30:3) se refiere al severo juicio del Señor sobre Egipto bajo Nabucodonosor. El juicio involucraría a toda la región de norte a sur (v. 6) y las naciones circundantes (v. 5).

A lo largo de estos versículos vemos a Dios trabajando activamente. Él tenía un propósito y lo cumplió. Todos estos eventos ocurrieron entre el 586 y el 571 a.C. ¡El Señor cumplió su palabra, como siempre lo hace!

Proverbios 28:11-19

El pecado que se confiesa pierde su poder y dominio sobre el individuo (v. 13). Por otra parte, el pecado oculto exige un alto precio en forma de culpa. Si has pecado y lo has confesado, no queda nada de qué hablar. Las pequeñas charlas y los chismes pierden su poder. Más importante aún, la limpieza del corazón viene con el perdón.

El pecado oculto, por otra parte, tiene un poder insidioso. Tienes miedo de que se descubra el pecado, lo que llevará a que más falsedades cubran tus huellas. Más importantes son el dolor y el sufrimiento de las relaciones rotas, tanto con las personas como con el Señor. Revisa el corazón y el testimonio de David sobre el pecado oculto en su vida (Salmo 32:3-4). No importa cuáles puedan ser las consecuencias, el mejor camino es confesar tu pecado y restaurar las relaciones con los demás y con el Señor.

NOVIEMBRE 20

Santiago 3

Es una gran responsabilidad ser maestro en la iglesia (v. 1). ¿Eso significa que sería mejor no enseñar a otros incluso si tienes el don de enseñar? Definitivamente no. Pero sí significa que es de vital importancia que nuestras propias vidas se alineen con la verdad que estamos enseñando. Recuerda los comentarios de Jesús sobre la hipocresía (Mateo 23:1-33). Ser maestro es una gran vocación. La capacidad de ayudar a otros a comprender la verdad y responder a ella—ya sean niños, jóvenes o adultos—es una obra importante del reino. Esta advertencia, sin embargo, es real. Dios sujetará al maestro a la verdad que él o élla conoce y enseña.

Según este capítulo, el control de lo que decimos es la disciplina más difícil de todas (v. 2). Nota las tres ilustraciones que muestran que cosas relativamente pequeñas pueden ejercer una gran influencia (vv. 3-5). Esto es cierto acerca de lo que decimos (v. 6). Las palabras tienen el poder de cambiar el curso de la vida. Nota también cómo nuestro discurso es inconsistente si alabamos a Dios y maldecimos a otras personas (vv. 9-10). Santiago cuestiona los elogios dados en estas circunstancias (v. 11).

Los versículos 13-18 describen el contraste entre la sabiduría divina y la terrenal. Toma nota especial de la fuente y las características de la sabiduría divina (vv. 15, 17-18; véase Isaías 32:17). Los versículos 17 y 18 son versículos clave que debemos memorizar. Son como una brújula que nos mantendrá en la dirección correcta.

Ezequiel 31-32

La caída de Asiria es un ejemplo de lo que el Señor ha planeado para Egipto (capítulo 31). Asiria era como uno de los majestuosos cedros del Líbano (v. 3), pero fue destruida por Babilonia, una de las naciones extranjeras más despiadadas debido a su orgullo (31:10-12). El mensaje concluye diciendo que esto también sucederá en Egipto (v. 18).

El capítulo 32 también está dirigido a Egipto y su futura destrucción. Su fin será como el de otras naciones que han sido derrotadas antes que ella.

Proverbios 28:20-28

Varios de estos versículos hablan de dar. Dios claramente quiere que tengamos corazones generosos. Podemos pensar en esto en términos de algo más que dinero; podemos dar nuestro tiempo, esfuerzo y capacidades. Dios es un dador abundante y reflejamos su carácter cuando somos generosos.

NOVIEMBRE 21

Santiago 4

Este capítulo nos advierte contra una actitud orgullosa y las acciones pecaminosas que puede traer. Cuando pensamos que somos más importantes que los demás, lucharemos para salirnos con la nuestra (vv. 1-3) y desearemos las cosas del mundo (v. 4). Los versículos 7-10 describen el remedio.

Vivir la vida cristiana se caracteriza por someterse a la voluntad de

Dios: elegir hacer lo que Dios desea (v. 7; 2 Corintios 5:15). También se nos advierte sobre actitudes equivocadas hacia otros creyentes (vv. 11-12) y la arrogancia de suponer que podemos determinar el futuro (vv. 13-17). Observa cuántas de las trampas de Satanás se pueden evitar si tenemos un corazón humilde.

Ezequiel 33-34

La responsabilidad de alguien con un mensaje del Señor es clara (capítulo 33). Ezequiel era responsable ante el Señor de transmitir con precisión su mensaje al pueblo. Éste, a su vez, era responsable de escuchar. También tenemos la responsabilidad de comunicar el mensaje del Señor al mundo. Repasa 2 Corintios 5:14-6:2. La justicia de Dios es perfecta y él juzgará a cada persona individualmente (33:20).

Llegó un refugiado con la devastadora noticia de la caída de Jerusalén (v. 21; véase 24:26). El Señor habló a través de Ezequiel, ayudando a los exiliados a comprender el motivo de la caída; su pecado había provocado esto. Aun así, lee la visión del Señor acerca de los exiliados, incluso de aquellos que se reunieron alrededor de Ezequiel para escuchar (vv. 30-33).

Los pastores del capítulo 34 son los sacerdotes y las ovejas son el pueblo. El Señor tiene duras palabras para los pastores que se suponía debían cuidar de las ovejas pero que las descuidaron e incluso abusaron de ellas. Hay una aplicación obvia para cualquiera en la iglesia que tenga la responsabilidad de cuidar de los demás.

Pero este no fue el final. Nota lo que Dios hará por su pueblo (vv. 11-31). ☑ El Señor mismo intervendrá, reuniendo y cuidando las ovejas y colocando un pastor (Mesías, identificado como la simiente de David, v. 24) sobre ellas. Esto se cumplió parcialmente cuando Cristo vino y se completará cuando él regrese. Para nosotros hoy, la lección es la preocupación del Señor por sus ovejas y nuestra responsabilidad de cuidar de aquellas que le pertenecen. ⇦

Proverbios 29:1-9

Estos versículos contrastan a los justos con los malos, y a los sabios con los necios. Nota las cualidades específicas de la sabiduría y la rectitud.

NOVIEMBRE 22

Santiago 5

Al leer la advertencia a los ricos en los versículos 1-6, busca las razones específicas de la queja del Señor. El dinero, como tal, no era el problema, pero el método para adquirirlo y la forma en que se utilizaba sí eran cuestiones importantes. Nótate la falta de compensación justa a los trabajadores (v. 4). ¡Sus gritos llegaron al Señor! El dinero se atesoraba de forma inapropiada y se utilizaba para lujos excesivos y autocomplacencia.

Santiago insta a tener paciencia en circunstancias difíciles (vv. 7-12) y oración prevaleciente (vv. 13-18). Su afirmación de que la oración es poderosa cuando la ofrecen los justos debería animarnos a hacer lo que es importante: ¡orar! Ambas secciones de este último capítulo deberían moldear significativamente nuestras actitudes y vidas.

Ezequiel 35-36

Aunque Jerusalén había caído y el pueblo había sido llevado al exilio, el Señor ciertamente no se había olvidado de ellos ni de las promesas de la tierra y las bendiciones que había hecho a Abraham y sus descendientes. Las funciones principales de los profetas del Antiguo Testamento eran hablar las palabras de Dios (tanto al pueblo de Dios como a otros), llamar a la gente a Dios, enumerar las muchas bendiciones de Dios que recibirían con obediencia y advertir sobre las graves consecuencias de ignorar la promesa de Dios. Si bien hemos notado muchas promesas asombrosas anunciadas por los profetas relacionados con la primera y segunda venida de Jesús, debido a los pecados persistentes del pueblo, muchos de los mensajes entregados por los profetas han sido de desastre inminente. Pero ahora, en Ezequiel capítulo 36, encontramos una asombrosa promesa de Dios a su pueblo.

Antes de analizar esta asombrosa promesa, sería útil repasar un tema recurrente que hemos visto desde que el Señor se le apareció a Moisés y al pueblo en el monte Sinaí. Cuando la gente escuchó la Palabra de Dios o fue testigo de milagros asombrosos, a menudo precipitó un arrepentimiento genuino y un verdadero compromiso de seguir a Dios de ahí en adelante.

Sin embargo, a pesar de estos avivamientos, en poco tiempo el pueblo de Dios volvió una vez más a sus caminos pecaminosos. Recuerda las persistentes quejas de los israelitas en el desierto, a pesar de haber visto a Dios guiándolos en una nube durante el día y una columna de fuego durante la noche. Habían presenciado el cruce del mar Rojo sobre tierra seca. Posteriormente cruzaron el río Jordán sobre terreno seco durante la etapa de inundación. Pero en cada caso, casi de inmediato fallaron en sus compromisos y volvieron a caer en pecado. El período de los Jueces se caracterizó por este mismo patrón de avivamiento seguido de desprecio a Dios. Notamos en Esdras y Nehemías los poderosos avivamientos que se produjeron al escuchar la lectura de la Palabra de Dios. Sin embargo, al poco tiempo, el pueblo olvidó sus compromisos y volvió a caer en el pecado. Sus corazones una vez más se volvieron duros como una piedra. Este patrón revela una verdad profunda: ellos (y nosotros) no tenemos esperanza sin el Espíritu Santo. Es el Espíritu Santo que nos permite vivir una vida piadosa. No importa cuán sincero sea el compromiso que hagamos, o cuán duro intentemos vivir una vida que agrade a Dios, todos estamos desesperados sin el poderoso Espíritu Santo que mora en nosotros.

Aquí, en el capítulo 36, Ezequiel anuncia esta asombrosa promesa de Dios: "Les daré un nuevo corazón y derramaré un espíritu nuevo entre ustedes; quitaré ese corazón de piedra que ahora tienen y les pondré un corazón de carne. Infundiré mi Espíritu en ustedes y haré que sigan mis estatutos y obedezcan mis leyes." (36:26-27). Esta era la misma promesa que el Señor había anunciado a través de Jeremías (véase Jeremías 32:39-40).

Después de la ascensión de Jesús, el Espíritu Santo prometido vino en Pentecostés y mora en cada creyente genuino (véase Juan 14:15-17; Hechos 2:1-4; Romanos 8:9-11; Efesios 1:13-14). Es el Espíritu de Dios que nos permite vivir vidas piadosas en este siglo presente (Tito 2:11-12).

Si bien Dios ya nos ha prodigado el don de su Espíritu, ¿qué pasa con los judíos que aún no reconocen a Jesús como el Mesías? Tanto Zacarías como Pablo hablan de ese día venidero. ¿Cuándo sucederá esto? Pablo sitúa el tiempo después de que haya entrado el número completo de los gentiles (Romanos 11:25). Será el comienzo del reinado mesiánico de Cristo a su regreso y después de los juicios del día del Señor (véase Zacarías 12:10; 14:1-5, 9, 16). ¡Qué momento tan maravilloso para anticipar! ⇦

Proverbios 29:10-18

Estos versículos hablan de la justicia y la bendición que trae a un hogar y a un reino (o nación). No importa cuál sea nuestra posición en el mundo, nuestra respuesta a Dios y su palabra marcará la diferencia.

NOVIEMBRE 23

1 Pedro 1:1-12

En esta maravillosa carta, el apóstol Pedro escribió palabras de esperanza y perspectiva eterna a los cristianos que habían sido dispersos por la persecución. Muchos de estos creyentes estaban experimentando un sufrimiento significativo por su fe. Si bien Pedro abordará el sufrimiento más ampliamente en los capítulos 3 y 4, observa los beneficios de una respuesta piadosa al sufrimiento expuestos en los versículos 6-9. Sin embargo, aunque Pedro reconoce su sufrimiento, observa que su enfoque principal en estos versículos es recordarles a estos creyentes la asombrosa herencia que esperamos en Cristo Jesús. Su mensaje de aliento es tan relevante para nosotros como lo fue para los lectores originales. Meditar en las maravillosas promesas que tenemos en Cristo restaurará nuestra perspectiva y brindará la esperanza necesaria para las situaciones desafiantes y dolorosas que enfrentamos.

Ezequiel 37-39

La visión de Ezequiel del valle de los huesos secos ilustra la promesa del Espíritu de Dios vista en el capítulo anterior. ☑El Señor prometió traer a su pueblo de regreso a la tierra, limpiarlos, darles un corazón nuevo y prosperarlos, transformándolos radicalmente de los huesos secos de la incredulidad a una fe genuina y una relación viva y vibrante con su Dios y Mesías.

Lee la interpretación que el Señor hace de esta visión (vv. 11-14). Las tumbas (v. 12) pueden ser las muchas naciones que retuvieron a los israelitas durante la dispersión. A medida que el Señor llame al pueblo a regresar a la tierra, tendrán nueva vida y un nuevo corazón para el Señor. Además, Israel y Judá estarán unidos (vv. 15-17) por primera vez desde el reinado del rey Roboán, cuando diez tribus abandonaron Judá y llegaron a ser conocidas como Israel alrededor del 920 a.C. (véase 1 Reyes 12). Estarán unidos bajo un solo rey, el Mesías (David, v. 24).

Los capítulos 38 y 39 profetizan que Gog de la tierra de Magog atacará a Israel con otras naciones (38:3-16). Esto desencadenará el juicio de Dios sobre estas naciones (vv. 17-23). El resultado será la destrucción final de Satanás, junto con las fuerzas que ha reunido para la batalla, y todas las naciones sabrán que el Señor es Dios.

El resultado será el reconocimiento permanente del Señor por parte de Israel (v. 22). El Señor será celoso de su santo nombre (v. 25) y derramará su Espíritu sobre su pueblo (v. 29). ¡Qué maravillosa promesa!

Proverbios 29:19-27

Estos nueve proverbios breves abordan la ira, el orgullo, la confianza, la justicia, la rectitud y nuestras palabras. Observa el contraste entre orgullo y humildad en el versículo 23. El versículo 25 habla de la cuestión de encontrarnos preocupados, o incluso temerosos, de lo que otras personas piensan de nosotros o nos harán (v. 25). Este tipo de temor puede obstaculizar nuestro testimonio del Señor Jesús como Salvador. El miedo puede incluso hacer que sea difícil admitir que se es creyente. Pero la verdadera seguridad está en el Señor y podemos confiar en él completamente.

NOVIEMBRE 24

1 Pedro 1:13-25

Basado en el plan de salvación revelado que se menciona en los versículos 1-12, Pedro nos dice qué hacer (vv. 13-25). Al leer y considerar los versículos 13-16, verás las maneras específicas en que nuestras vidas deben moldearse para agradar al Dios vivo. La base de este tipo de vida se encuentra en el precio que Dios pagó por nuestra redención, la preciosa sangre de Jesús. (vv. 18-19). ¡Observa la sorprendente verdad de que la muerte de Jesús ha estado en el plan de Dios desde antes de la creación del mundo (v. 20)! Además, Dios nos eligió a ti y a mí incluso antes de la creación del mundo (véase Efesios 1:4). ¿No es una verdad asombrosa? ¿Podemos hacer algo menos que responder con todo nuestro corazón?

Ezequiel 40

Ezequiel 40 comienza la última sección del libro, que trata del templo, el regreso de la gloria de Dios, la división de la tierra de Israel y el restablecimiento de los sacrificios. Aunque leeremos los capítulos 40-48 durante cuatro días, colocaremos aquí las notas de toda la sección.

Esta es una de las porciones más desafiantes de la Biblia porque no está claro de inmediato dónde encaja este templo en la línea de tiempo de los eventos bíblicos. Otra dificultad es que Ezequiel menciona el sistema de sacrificios, y sabemos que la muerte de Jesús hizo innecesarios todos los demás sacrificios.

Lo que está claro es que el evento central de los capítulos 40-48 es el regreso de la gloria del Señor (Ezequiel 43:1-5). Ezequiel había sido testigo de la gloria del Señor saliendo del templo (Ezequiel 10), y ahora, en su visión, tenía el privilegio de ver la gloria de Dios llenando este nuevo templo.

Todo el libro de Ezequiel enfatiza la santidad de Dios, y esto es especialmente cierto en los capítulos 40-48. Algunos detalles de las dimensiones del templo y sus alrededores pueden parecernos extraños o irrelevantes. Sin embargo, a Ezequiel se le advirtió que captara correctamente cada detalle, e incluso si ahora no comprendemos el lugar de estos eventos en la historia bíblica, ¡algún día lo haremos! Leamos atentamente estos capítulos.

Proverbios 30:1-10

La siguiente sección de Proverbios fue escrita por un nuevo autor. En los primeros versos expresa su propia insuficiencia y su asombro por quién es Dios. El versículo 5 expresa una maravillosa promesa, y en los versículos 8 y 9 vemos el deseo del autor de permanecer cerca de Dios.

NOVIEMBRE 25

1 Pedro 2

Cada uno de nosotros tiene un lugar importante en el reino. Somos piedras individuales en la edificación (v. 5), edificadas sobre la piedra angular, Cristo

(v. 6). Somos un pueblo escogido, escogido por el Señor para su propio propósito (v. 4). Somos un pueblo llamado, llamado de las tinieblas a su luz (v. 9). Somos un pueblo extraño, ajenos a este mundo, pero ciudadanos del cielo (v. 11). Todo esto debe ser evidente en nuestra vida y comportamiento (v. 12).

Lee la sección sobre la sumisión (vv. 13-25) y medita sobre su significado en tu vida. Nota que Jesús es el modelo y ejemplo para nosotros.

Ezequiel 41-42

Ver notas del 24 de noviembre.

Proverbios 30:11-17

El autoengaño es un peligro tanto para nosotros como para los demás. Al leer los versículos 11-14, observa cómo el autoengaño es evidente de muchas maneras. Esta es una de las razones por las que es tan importante estar en la Palabra de Dios. Al hacerlo, regularmente nos llenamos de verdad. A medida que se lo pedimos, Dios nos revelará aún más cómo necesitamos ayuda (véase Salmo 139:23-24; Romanos 12:1-2).

NOVIEMBRE 26

1 Pedro 3

En los primeros versículos dirigidos a maridos y esposas (vv. 1-7), observa lo que el Señor ve como belleza genuina. Este tipo de belleza interior duradera no depende del atractivo físico. Nota que un espíritu humilde y apacible (v. 4) es de gran valor ante los ojos de Dios. En el versículo 7, se les implora a los maridos que honren y valoren a sus esposas.

Es la voluntad de Dios que haya unidad en la comunidad de Cristo (vv. 8-12). Nota las maneras específicas y prácticas en que se nos instruye a llevar a cabo esto (vv. 8-9). Nota las promesas que son nuestras como creyentes, que se encuentran en el versículo 12.

La sección sobre Cristo predicando a los espíritus después de su muerte es una de las más difíciles de interpretar en el Nuevo Testamento. ¿Quiénes son estos espíritus, cuándo sucedió esto y qué les dijo? Una posible comprensión es que después de su muerte en la cruz, Jesús cobró vida en el espíritu y proclamó su victoria a los ángeles caídos.

Ezequiel 43-44

Ver notas del 24 de noviembre.

Proverbios 30:18-20

El versículo 20 nos advierte sobre la naturaleza insidiosa del engaño del pecado. Jeremías también nos advirtió sobre esto: "Nada hay tan engañoso como el corazón. No tiene remedio." (Jeremías 17:9). Aquí, en el versículo 20, nos enfrentamos a la peligrosa realidad de que un estilo de vida de pecado produce dureza de corazón, incluida la asombrosa capacidad de racionalizar los caminos pecaminosos.

NOVIEMBRE 27

1 Pedro 4

En este capítulo, Pedro nos da instrucciones muy específicas y prácticas sobre cómo debemos vivir a la luz del pronto regreso de Jesús (v. 7). ¿Puedes enumerar cada una de las directivas específicas que describe en los versículos 7-11? ¡La Palabra de Dios es tan práctica! Nota también el propósito final al aplicar estos versículos: que Dios sea glorificado en Jesucristo (v.11). Pedro concluye el capítulo con una perspectiva piadosa sobre el tema del sufrimiento a causa de nuestra fe. Nuevamente recuerda a sus lectores la realidad del regreso de Cristo y el juicio venidero (vv. 7,13,17), Y cómo esta seguridad debería afectar sus perspectivas y acciones.

Ezequiel 45-46

Ver notas del 24 de noviembre.

Proverbios 30:21-28

Hemos notado desde el principio que Proverbios es un libro sobre la sabiduría: por qué es valiosa, cómo obtenerla y cómo vivir sabiamente en cada etapa de la vida (1:2-7). En estos versículos se nos recuerda la extraordinaria sabiduría demostrada incluso por las criaturas más pequeñas (vv. 24-28). ¡Tenemos mucho que aprender de ellos!

NOVIEMBRE 28

1 Pedro 5

Este último capítulo de la carta de Pedro tiene varias instrucciones importantes. El llamamiento de Pedro a los ancianos fue que sirvieran fielmente, teniendo en primer lugar en sus corazones las necesidades de aquellos bajo su cuidado. Instó a una actitud de siervo en esta responsabilidad, no por posición, dinero o por obligación, sino por el Señor (vv. 1-4).

Pedro también instó a los jóvenes a honrar a los mayores y animó a todos a demostrar una actitud de genuina humildad y sumisión.

Dios se preocupa por nosotros y podemos entregarle todas nuestras preocupaciones y pensamientos ansiosos (v. 7). ¡Qué estímulo debería ser esta verdad para nosotros cada día!

Presta especial atención a la verdad de los versículos 8 y 9: Satanás es real y es un adversario fuerte. No hay duda de que el poder del Dios vivo es suficiente para enfrentar al Diablo, pero cada uno de nosotros debe estar alerta a los peligros de sus planes (véase Efesios 6:10-18). Debemos resistirlo, manteniéndonos firmes en nuestra fe. Cuando nos dirigimos a Dios, ¡su poder es nuestro!

Ezequiel 47-48

Al terminar el libro de Ezequiel, observa el último versículo del libro (48:35). El nombre de la ciudad a partir de ese momento será "El Señor Está Allí". ¡No hay nada más precioso que la presencia de Dios, y él estará con su pueblo para siempre!

Proverbios 30:29-33

Considera la sabiduría de los versículos 32-33. Si somos culpables de orgullo o de planear algo malo, es importante escuchar la convicción del Espíritu Santo y detener nuestros pensamientos pecaminosos antes de hablar.

NOVIEMBRE 29

2 Pedro 1

Lee atentamente los versículos 3 y 4, ya que son el fundamento de lo que sigue. El camino hacia la madurez en la vida cristiana es un proceso más que un evento único. Si bien la salvación ocurre en el momento en que entregamos nuestras vidas a Cristo al creer en él, la madurez espiritual ocurre con el tiempo, a medida que crecemos en el conocimiento del Señor Jesús y aplicamos su Palabra en nuestras vidas. Proverbios 4:18 habla de este proceso de crecimiento: "La senda de los justos se asemeja a los primeros albores de la aurora: su esplendor va en aumento hasta que el día alcanza su plenitud." En este capítulo, Pedro nos desafía a ser altamente proactivos—en lugar de pasivos—en nuestro crecimiento cristiano. Observa que en el versículo 5 Pedro nos implora hacer todo lo posible para crecer más como Cristo. Él específicamente nos instruye a crecer en la fe, la virtud, el conocimiento y el dominio propio; continúa con la constancia, devoción a Dios, afecto fraternal y amor. ¡Esto es mucho en lo que concentrarse! Pero observa las promesas de recompensa por estos esfuerzos en los versículos 8-11.

En los versículos 20 y 21, Pedro nos señala una característica única de las Escrituras. La Biblia es muy diferente de cualquier otro libro. En ella encontramos las palabras exactas de Dios mismo. Pero si los escritores eran gente corriente, ¿cómo sucedió esto? Si bien los profetas y otros escritores bíblicos efectivamente registraron las palabras de las Escrituras para nosotros, Pedro afirma que estas palabras divinas en realidad les fueron dadas por el Espíritu Santo (vv. 20-21). ¡Qué sorprendente es que tengamos un Dios que se preocupa tanto por nosotros que nos dio y preservó sus mismas palabras!

Daniel 1-2

Joacim y su ejército cayeron ante Nabucodonosor en el año 605 a.C., y algunos de los israelitas fueron llevados a Babilonia en ese momento. Daniel y sus tres compatriotas, quienes fueron elegidos para recibir capacitación para el servicio real, fueron parte de esta primera deportación a Babilonia.

Observa la fe valiente de estos cuatro jóvenes y los resultados de su resolución de honrar a Dios. El Señor vio su fe y les permitió servir sin comprometer sus convicciones piadosas (vv. 8-16). El suyo fue un compromiso notable de hacer lo que creían que Dios querría que hicieran. ¡Sin la intervención del Señor, habría conducido a una muerte segura!

Su fe no terminó ahí. Dios respondió sus oraciones y le dio a Daniel la capacidad de conocer y explicar el sueño de Nabucodonosor (capítulo 2). Nota el valor de Daniel en presencia del rey (vv. 27-28, 45b).

Los gobiernos mundiales desde Nabucodonosor hasta la segunda venida de Cristo están representados en el sueño del rey. Estas grandes potencias mundiales se identifican más adelante en el libro como Babilonia, el imperio de los medos y los persas, el Imperio griego y el Imperio romano. Hoy todavía vivimos en la extensión del Imperio romano. ☑ La roca que destroza los reinos del mundo (vv. 34, 44-45) es el Señor Jesús en su segunda venida. ⇐

Proverbios 31:1-9

Este oráculo brinda consejos piadosos para cada uno de nosotros y especialmente para aquellos en posiciones de liderazgo. Debemos ser entregados a la justicia y a las necesidades de los pobres y necesitados. Este fue también el mensaje de Santiago: "La religión pura y sin mancha delante de Dios nuestro Padre es esta: atender a los huérfanos y a las viudas en sus aflicciones y conservarse limpio de la corrupción del mundo." (Santiago 1:27). ¡Palabras muy claras y prácticas!

NOVIEMBRE 30

2 Pedro 2

La advertencia en esta porción es sobre los falsos maestros que se levantan dentro de la iglesia y desvían a la gente (véase Hechos 20:29-31; Judas 4). Debido a que estos falsos maestros pueden parecer religiosos y conocer la Biblia, puede que no sea fácil para todos discernir la verdad del error. ¡Qué importante es conocer la Palabra de Dios! Pedro afirma que la falsa enseñanza es detestable al Señor, y quienes la practican cosecharán el juicio de Dios. El Dios de la verdad bondadosamente nos ha dado su verdad para que sepamos quién es él, cómo venir a él con fe, cómo confiar plenamente en él, amarlo con todo nuestro corazón y vivir una vida que le agrade. Como tal, cualquier distorsión de esta verdad es una abominación para Dios. En los versículos 4-10, Pedro señala ejemplos anteriores del juicio de Dios. Los ángeles fueron desterrados de la presencia de Dios cuando abrazaron la mentira, y ahora esperan su juicio final (v. 4). Dios trajo un diluvio en los días de Noé, y fuego y azufre sobre Sodoma y Gomorra. Dios también juzgará a los falsos maestros (vv. 9b-10a). Quizás estén en la iglesia organizada, pero no son del Señor.

Debería hacer reflexionar a la iglesia y a sus líderes ante el hecho de que herejías tan sutiles puedan infiltrarse en la iglesia y llevar a la gente por mal camino. Necesitamos permanecer alertas y medir siempre lo que se enseña según la norma inmutable de la Palabra de Dios.

Daniel 3-4

No sabemos cuánto tiempo pasó desde el capítulo anterior, pero después de que Daniel interpretó el sueño de Nabucodonosor, el rey reconoció que el Dios de Daniel era en verdad el Dios del cielo. Sin embargo, aquí leemos que el rey había dado la orden de que todos adoraran una imagen que él había construido. Los astrólogos que habían sido reemplazados por Daniel y sus amigos (2:48-49) presentaron acusaciones de que Sadrac, Mesac y Abednego se habían negado a adorar la imagen (vv. 8-12).

El testimonio directo y valiente de Sadrac, Mesac y Abednego es un modelo sobresaliente de la fe inquebrantable (vv. 16-18). Además, cuando el rey vio cómo los hombres eran liberados, quedó nuevamente impresionado por el poder de Dios (vv. 28-29).

El capítulo 4 en su totalidad es un documento judicial de Babilonia. ¡Es el asombroso testimonio del rey impío Nabucodonosor de que hay un Dios en el cielo! El Señor bondadosamente le dio tiempo a Nabucodonosor para arrepentirse después de su visión y de la explicación que Daniel dio de ella (vv. 8-27, 19-27). Pero cuando se acabó el tiempo, la ejecución del juicio sobre el rey fue rápida (vv. 28-33). Sin embargo, el Señor no tenía la intención de eliminarlo por completo, sino hacer que el rey lo reconociera. El Señor fue repetidamente misericordioso con este poderoso rey y dio a conocer su propio poder y gloria a muchas personas a través de estos eventos.

Proverbios 31:10-31

Hemos visto que Proverbios es un libro extraordinario que ensalza el atractivo y los beneficios de la sabiduría: cómo obtener sabiduría, por qué llevar una vida de sabiduría supera con creces el valor de las riquezas y cómo vivir una vida sabia. Los primeros versículos del capítulo 1 disipan cualquier ambigüedad acerca de que la sabiduría sea el tema principal: "Proverbios de Salomón, hijo de David, rey de Israel: para adquirir sabiduría y disciplina; para discernir palabras de inteligencia; para recibir la corrección que dan la prudencia, la rectitud, la justicia y la equidad;" (1:1-3). En total, la palabra sabiduría aparece 54 veces en los 31 capítulos de Proverbios.

A lo largo del libro, la sabiduría se presenta como la mujer más hermosa y atractiva a la que hay que perseguir: "Dichoso el que halla sabiduría, el que adquiere inteligencia. Porque ella es de más provecho que la plata y rinde más ganancias que el oro. Es más valiosa que las piedras preciosas: ¡ni lo más deseable se le puede comparar! Con la mano derecha ofrece larga vida; con la izquierda, honor y riquezas. Sus caminos son placenteros y en todos sus senderos hay paz. Ella es árbol de vida para quienes la abrazan; ¡dichosos los que la retienen!" (3:13-18).

Llegamos ahora a los versos finales de este tratado sobre la sabiduría. Lo que encontramos es una magnífica descripción de una esposa excepcionalmente talentosa, sabia, enérgica y consumada. Por lo tanto, muchos lectores han tomado estos versículos como modelo y plantilla para la esposa ideal. Otros han sugerido que se trata de una expectativa poco realista de una esposa. ¿Cómo, se preguntan, puede esta esposa y madre hacer por sí sola todo lo que aquí se describe y hacerlo con poco o nada de sueño? "No se apaga su lámpara en la noche" (v. 18b), y "Se levanta de madrugada" (v. 15). En total, son dieciséis logros admirables de esta esposa, comparados con el único logro de su marido: él se sienta a la puerta de la ciudad (v. 23).

¿Podría ser que estos versos, colocados como están al final de un tratado

sobre sabiduría, deban verse como un final y resumen, que ensalza las virtudes y el atractivo de la sabiduría? Hay mucho que decir sobre esta posibilidad.
Muchas o todas las virtudes destacadas en el capítulo 31 pueden identificarse
con la sabiduría, como se describió anteriormente en Proverbios. Estos versículos finales comienzan con: "Mujer ejemplar, ¿dónde se hallará? ¡Es más
valiosa que las piedras preciosas!" (31:10). En el capítulo 3 leemos que la sabiduría "es más valiosa que las piedras preciosas" (3:15). Aquí en el capítulo
31 leemos: "Sus hijos se levantan y la felicitan; también su esposo la alaba:"
(31:28). En Proverbios capítulo 3 leemos: "Los sabios son dignos de honra"
(3:35). Sería un estudio valioso comparar cada una de las virtudes del capítulo
31 con la enseñanza sobre la sabiduría en las secciones anteriores de Proverbios.

DICIEMBRE

HORARIO Y NOTAS DE LECTURA DE LA BIBLIA

Dichoso el que lee y dichosos los que escuchan las palabras
de este mensaje profético y hacen caso de lo que aquí está
escrito, porque el tiempo de su cumplimiento está cerca.

APOCALIPSIS 1:3

DICIEMBRE

1	☐ 2 Pedro 3	☐ Daniel 5-6	
2	☐ 1 Juan 1	☐ Daniel 7-8	
3	☐ 1 Juan 2	☐ Daniel 9-10	
4	☐ 1 Juan 3	☐ Daniel 11-12	
5	☐ 1 Juan 4	☐ Esdras 1-2	
6	☐ 1 Juan 5	☐ Esdras 3-4	
7	☐ 2 Juan	☐ Hageo 1-2	
8	☐ 3 Juan	☐ Zacarías 1-2	
9	☐ Judas	☐ Zacarías 3-4	
10	☐ Apocalipsis 1	☐ Zacarías 5-6	
11	☐ Apocalipsis 2	☐ Zacarías 7	
12	☐ Apocalipsis 3	☐ Zacarías 8-9	
13	☐ Apocalipsis 4	☐ Zacarías 10-11	
14	☐ Apocalipsis 5	☐ Zacarías 12-13	
15	☐ Apocalipsis 6	☐ Zacarías 14	
16	☐ Apocalipsis 7	☐ Esdras 5-6	
17	☐ Apocalipsis 8	☐ Esdras 7-8	
18	☐ Apocalipsis 9	☐ Esdras 9-10	
19	☐ Apocalipsis 10	☐ Ester 1-3	
20	☐ Apocalipsis 11	☐ Ester 4-6	
21	☐ Apocalipsis 12	☐ Ester 7-10	
22	☐ Apocalipsis 13	☐ Nehemías 1-2	
23	☐ Apocalipsis 14	☐ Nehemías 3-4	
24	☐ Apocalipsis 15	☐ Nehemías 5-6	
25	☐ Apocalipsis 16	☐ Nehemías 7-8	☐ Lucas 2:1-20
26	☐ Apocalipsis 17	☐ Nehemías 9-10	
27	☐ Apocalipsis 18	☐ Nehemías 11-12	☐ Deuteronomio 29:29
28	☐ Apocalipsis 19	☐ Nehemías 13	☐ 2 Timoteo 3:16
29	☐ Apocalipsis 20	☐ Malaquías 1	☐ Jeremías 15:16
30	☐ Apocalipsis 21	☐ Malaquías 2	☐ Miqueas 2:7
31	☐ Apocalipsis 22	☐ Malaquías 3-4	☐ Josué 1:8

DICIEMBRE 1

2 Pedro 3

En esta última parte de su carta, Pedro habla del fin de los tiempos. El mundo será anticristiano, y la gente se burlará de las normas del Señor (v. 3). Además, sugerirán que el Señor no vendrá ni juzgará el pecado (v. 4). Pero todas las profecías de Dios siguen siendo ciertas (v.7). El horario del Señor puede ser diferente al nuestro (vv. 8-9), pero su Palabra es segura; *Vendrá* un juicio catastrófico (v. 10).

Entonces, ¿cómo debemos responder (v. 11)? Debemos reaccionar con una vida cuidadosa, esperando la venida de Jesús y eligiendo vivir una vida santa (v. 14). Nota la advertencia del versículo 17 (los falsos maestros del capítulo 2) y el estímulo del versículo 18.

Daniel 5-6

Otros documentos históricos indican que Belsasar era hijo de Nabónido, el yerno de Nabucodonosor. Era el año 539 a.C., unos sesenta y seis años después de que Daniel y sus compañeros judíos fueran llevados a Babilonia. Daniel ya habría sido un hombre viejo en ese momento. Nabucodonosor había muerto veinticuatro años antes.

El banquete fue una celebración de los dioses babilónicos que Belsasar asumió que habían derrotado a Judá. Probablemente por eso se trajeron para la cena las copas de oro y plata del templo de Jerusalén. Mientras la gente en la cena bebía de las copas, alababan a sus dioses paganos (v. 4). ¡Pero ya bastaba de faltarle el respeto a Dios! La profecía acerca de Babilonia en Isaías 13:19 estaba a punto de cumplirse.

La mano que escribía en la pared aterrorizó a los presentes en el banquete. La reina madre sabía de Daniel y sugirió que lo llamaran para contarle su significado. Nuevamente vemos el notable coraje de Daniel al entregar fielmente el mensaje de juicio de Dios al rey y a la multitud de invitados sometidos, confundidos y asustados. Esa misma noche Darío tomó la ciudad. Los documentos históricos nos dicen que desvió el río Éufrates y marchó hacia la ciudad fortificada sobre el lecho seco del río, debajo de las puertas que guardaban el curso del río dentro y fuera de la ciudad.

¡Daniel no sólo sobrevivió al cambio, sino que fue designado para uno de los tres puestos administrativos más importantes de la nación (6:1-3)! Su valor fue bien reconocido por el nuevo rey. Al leer el capítulo 6, observa la consternación del rey por la trampa tendida a Daniel. Incluso cuando Daniel entendió las implicaciones del edicto, continuó orando como lo hacía habitualmente y dejó las ventanas abiertas para que cualquiera pudiera observar. El testimonio que resultó de la intervención de Dios a favor de Daniel fue una oportunidad más para que Daniel demostrara el poder de su Dios. Nota la alabanza de Darío a Dios como resultado de la fidelidad de Daniel (vv. 25b-27).

DICIEMBRE 2

1 Juan 1

El apóstol Juan escribió el evangelio de Juan, las tres epístolas de Juan y el libro de Apocalipsis. A Juan a veces se le conoce como el apóstol del amor, porque enfatiza una y otra vez la necesidad de que los miembros de la iglesia se amen unos a otros.

Jesús, como Palabra de vida (v. 1), es una figura histórica de que los testigos presenciales podrían dar testimonio. Juan fue uno de esos testigos oculares y afirmó que había visto, oído y tocado al Señor Jesús. Documentó lo que había visto y oído. Nuestra comunión como cristianos se basa en la fe común en el Padre y en Jesús su Hijo (v. 3).

En el Evangelio de Juan, los temas de la luz y las tinieblas están muy presentes. También aquí, Juan establece fuertes contrastes entre los temas de la luz y las tinieblas, y la verdad y la mentira. Como Dios es luz, debemos caminar en la luz. Puesto que Dios es verdad, la verdad debe caracterizar nuestras vidas. Identifica las características de los verdaderos creyentes que Juan enuncia en los versículos 5-10.

Andar en la luz no es un derecho a una vida sin pecado. Es, sin embargo, un compromiso apasionado con la obediencia. Cuando pecamos, la confesión trae el perdón (vv. 8-10), y por el Espíritu de Dios somos capacitados para vivir vidas piadosas en esta era presente (véase Tito 2:11-12).

Daniel 7-8

Mientras lees el capítulo 7, mira nuevamente 2:31-35. Ambas visiones cubren el período desde Nabucodonosor y el Imperio Babilónico hasta la venida de Cristo en gloria y poder. El capítulo 2 es la visión de un hombre imponente, mientras que el capítulo 7 es la visión de unas bestias temibles. La primera es la historia desde el punto de vista del hombre, la segunda desde una perspectiva espiritual. Ten en cuenta que en el capítulo 2, la parte más baja de la visión (el final del período del sueño) son los dedos de los pies: diez partes. En el capítulo 7, la bestia final tiene diez cuernos (v. 7).

Justo antes de que Daniel viera el trono del juicio de Dios (vv. 9-10), vio otro cuerno que hablaba con jactancia (v. 8), oprimió a los santos (vv. 24b-25) y será destruido por el Anciano de Días. (vv. 21-22).

Este cuerno final, que vendrá al final de los tiempos, es el Anticristo, quien intentará tomar el poder que pertenece al Señor y destruir a su pueblo (vv. 24-25; véase Apocalipsis 13:5-8). ☑Esta persona vil pero poderosa será destruida por el Señor en su venida (vv. 26-27; véase 2 Tesalonicenses 2:8). ⇦

El capítulo 8 es una visión del Señor sobre los reinos de Medo-Persia y Grecia. Los dos cuernos del carnero representan el poder compartido de los medos y los persas. El macho cabrío con el cuerno prominente, que destrozó al carnero, es Grecia, y el cuerno es Alejandro Magno. Después de la muerte de Alejandro, cuatro de sus generales (v. 8) asumieron el poder. Los versículos 9-12 y 23-25 hablan de una persona malvada que se cree que es Antíoco Epífanes, un rey seléucida que descendía de uno de los cuatro generales y llegó al poder entre los últimos escritos del Antiguo Testamento y el período del Nuevo Testamento. El texto afirma que él es destruido por el Señor (v. 25b), y su carácter y acciones son similares a las del Anticristo.

DICIEMBRE 3

1 Juan 2

Satanás todavía está activo y listo para acusarnos en nuestras propias mentes, plantando semillas de duda sobre la efectividad de la obra de Cristo. El

Señor Jesús nos representa poderosamente ante el Padre, basado en su sacrificio por el pecado. Recuerda que Job fue difamado por Satanás cuando éste le sugirió a Dios que Job era justo sólo porque era para su propio beneficio (Job 1:9-11; 2:4-5). Josué, el sumo sacerdote en tiempos de Zacarías, fue acusado por Satanás ante el Señor (Zacarías 3:1). En Apocalipsis 12:10 hay regocijo, "Porque ha sido expulsado el acusador de nuestros hermanos, el que los acusaba día y noche delante de nuestro Dios." La obra de Satanás contra los cristianos es real. Pero Jesús nos defiende ante el Padre.

Nota la verdad directa en los versículos 3-6. La vida espiritual se refleja en nuestras acciones. Obedecer a Cristo es esencial. Aquí no hay ambivalencia. Además, el versículo 6 nos implora que caminemos como caminó Jesús. La suya fue una vida de obediencia al Padre y preocupación por los demás, una vida consumida por el reino. Directamente relacionada con la verdad de los versículos 3-6 está la de los versículos 15-17. Como creyentes, estamos llamados a poner nuestros afectos en el Señor y no en el mundo.

Daniel 9-10

En el primer año de Darío (9:1), Daniel había estado en Babilonia unos cincuenta y ocho años. Había obtenido una copia de los escritos de Jeremías y se enteró de que el cautiverio duraría setenta años (v. 2; véase Jeremías 25:11; 29:10). Si la caída de Jerusalén en 586 a.C. fue el punto de partida, faltaban unos veintitrés años para completar la predicción de Jeremías.

Lee la oración de Daniel y siente su profundo amor por Dios y su identificación con los pecados de su pueblo. Daniel era un hombre de profundidad espiritual. Los setenta "sietes" del versículo 24 representan setenta períodos de siete años. Esta es la historia judía (v. 24). El punto de partida es el decreto del rey Ciro de reconstruir Jerusalén (Esdras 1:1-4). Aquellos que han calculado el tiempo desde ese decreto hasta el momento de la muerte de Cristo han encontrado que fueron 483 años, o sesenta y nueve sietes. ☑ El Ungido que es cortado después de los sesenta y nueve sietes (v. 26) es el Señor Jesús en su primera venida. ⇦ Desde el final del siglo sesenta y nueve hasta el período final de siete años antes de la segunda venida de Cristo no es principalmente la historia judía sino los "tiempos de los gentiles"

(Lucas 21:24). Luego, la "semana" final, dividida en dos períodos de tres años y medio (v. 27), completará el último capítulo de la historia mundial (y judía) hasta el reinado de Cristo. ☑ La mayoría de los eruditos bíblicos creen que este período final de siete años (o la última mitad del mismo, véase Apocalipsis 13:5-8) será la gran tribulación que terminará con la segunda venida de Cristo (Mateo 24:15-31). ⇦

La visión de 10:1 probablemente ocurrió alrededor del año 535 a.C., el tercer año de Ciro, cuando Daniel tenía unos ochenta y cinco años. La visión llegó después de tres semanas de ayuno y oración (vv. 2-3). Al leer la descripción del "hombre" (vv. 5-6), lee también Apocalipsis 1:13-15 y observa la similitud entre el hombre que vio Daniel y la visión de Jesús que tuvo Juan en el exilio en Patmos.

Esta visión es significativa por lo que cuenta sobre la batalla espiritual detrás del escenario. Mientras Daniel oraba, ¡hubo conflicto a nivel angelical (vv. 12-13, 20; véase Efesios 6:12)!

DICIEMBRE 4

1 Juan 3

El mundo incrédulo a menudo no comprende a los cristianos (v. 1). El mundo no puede entender la integridad, pero esto no debería sorprendernos. Tampoco entendió a Jesús (v. 1). Miramos hacia y esperamos la venida de Cristo, y esa expectativa nos ayuda a buscar la santidad (v. 3), sin importar lo que el mundo piense de nosotros.

¡Esta vida es sólo el comienzo! El milagro de la vida en el Espíritu es que cuando Jesús regrese, seremos como él: perfectos como él es perfecto (v. 2). Piensa en el versículo 3. Si ser como Jesús es la voluntad de Dios para cada uno de sus hijos, entonces debemos comenzar a vivir como él ahora, lo mejor que podamos y con su ayuda. Lo que Dios hará en nosotros cuando Jesús regrese debería ser un fuerte incentivo para vivir una vida santa ahora.

Hay una diferencia entre cometer un pecado, del cual todos somos culpables (1 Juan 1:8), y vivir descuidadamente en pecado. El mensaje de los versículos 4-10 es que la vida cristiana es incompatible con una actitud casual respecto del pecado o el pecado habitual. Compara el versículo 9 con Mateo 7:15-23. Nota cómo esto se relaciona con lo que el apóstol ha estado diciendo en los versículos 1-3.

El amor es un foco central de la fe (v. 11). ¡Dios es amor! Jesús nos dijo que amáramos incluso a nuestros enemigos (Mateo 5:43-44). Él nos llama a la norma de amor que demostró en el mundo (Juan 13:34). La naturaleza intensamente práctica del amor se muestra en cómo nos relacionamos unos con otros y con el mundo (vv. 16-18).

Daniel 11-12

Los capítulos 10-12 deben verse como una sola unidad que cubre el período desde la visión en 10:4 hasta la segunda venida de Cristo. Gran parte del capítulo 11 se refiere a la lucha por el poder en Oriente Medio. El versículo 3 se refiere a Alejandro Magno y la división de su reino después de su muerte (v. 4). Mientras lees, busca descripciones de los personajes. Los versículos 21-35 describen el malvado reinado de Antíoco Epífanes, quien trató de erradicar la práctica religiosa judía (véase 8:9-12, 23-25). Aunque algunos creen que los versículos finales del capítulo (vv. 36-45) también se refieren a Antíoco Epífanes, muchos otros creen que predicen el Anticristo al final de los tiempos. Para obtener otra descripción del Anticristo, consulta Apocalipsis 13:1-10.

Daniel 12:1-4 describe el fin de los tiempos, tanto la gran tribulación (12:1; véase Mateo 24:21) como la resurrección de los justos y los injustos. Nota que el rollo fue cerrado y sellado hasta el fin de los tiempos, y se nos da solo una parte de lo que recibió Daniel (v. 4). Nota en el versículo 4b la sugerencia de que al final de los tiempos, los viajes y el aprendizaje aumentarán.

Generalmente se cree que el "tiempo, tiempos y medio tiempo" (v. 7) representa tres años y medio, la última mitad de los setenta y "siete" (9:27). Al comienzo de este período final, el acuerdo entre el Anticristo e Israel se romperá (9:27), y el período terminará con la batalla en Armagedón y la segunda venida de Cristo. Los 1.290 días (v. 11) son tres años y medio más doce días. Para aquellos que sobrevivan a los días terribles, será un consuelo saber cuándo llegará la liberación final.

DICIEMBRE 5

1 Juan 4

Necesitamos discernimiento en un mundo de espíritus hostiles (v. 1). Juan da pautas para probar si un espíritu realmente proviene del Señor. Si el espíritu reconoce que Jesucristo, el Hijo de Dios, ha vivido aquí en la tierra, eso es evidencia de que el espíritu proviene del Señor. Esa es una admisión imposible de hacer para un espíritu falso. Esa pregunta es realmente el punto de inflexión de la verdad. Si alguien responde afirmativamente a esa pregunta, su estilo de vida debería demostrarlo (1 Juan 4:3-6).

Hay una verdad reconfortante en el versículo 4. El poder de Jesús es mayor que el poder de cualquier otro espíritu. Ése es nuestro poder de superación. Nota que el hijo de Dios tiene un punto de vista diferente al del mundo (vv. 5-6); por eso el mundo no puede entenderlos.

Nota cuidadosamente los comentarios del apóstol sobre el lugar del amor en la vida del creyente (vv. 7-21).

Esdras 1-2

Al comienzo del libro de Esdras leemos sobre un giro sorprendente de los acontecimientos. Ciro, el rey de Persia que gobernaba a los israelitas en Babilonia, ordenó que aquellos exiliados que estuvieran dispuestos regresaran a Jerusalén y reconstruyeran el templo. Tanto Jeremías como Isaías habían profetizado sobre este evento décadas antes (Jeremías 25:11; 29:10; Isaías 44:28; 45:13). Dos breves frases del capítulo 1 contienen la clave de estos acontecimientos. El versículo 1 afirma que el Señor conmovió el corazón de Ciro, rey de Persia. ¡El Señor soberano de las naciones estaba obrando! Luego, en el versículo 5, todos aquellos cuyo corazón Dios había movido se prepararon para dejar sus hogares en el exilio y regresar a Jerusalén. ¡Dios se movió en el corazón del rey y en su pueblo! Más de cincuenta mil personas regresaron en esta primera ola (2:64). Ciro no solo bendijo al pueblo para que regresara a Jerusalén, sino que también envió los objetos del templo de regreso con el pueblo (1:7-11; véase 2 Reyes 24:13; Daniel 5:2).

Reflexiona por un momento sobre lo asombroso que fue esto. Mucho antes de que los israelitas fueran al exilio—y más de 150 antes de que Ciro naciera— el Señor anunció a través de Isaías (véase Isaías 44:28; 45:13) que levantaría y usaría al rey pagano Ciro para devolver al pueblo del exilio. Nuestro asombroso Dios conoce todas las cosas—pasadas, presentes y futuras. Él es soberano sobre todos los pueblos, naciones y tiempos. Él utiliza a cualquiera que elija para lograr sus propósitos. Él siempre cumple sus promesas. ¡Alabado sea el Señor por nuestro Dios incomparablemente grande!

DICIEMBRE 6

1 Juan 5

Vale la pena señalar cuántas veces la Biblia dice que demostramos nuestro amor por el Señor mediante nuestra obediencia a él (vv. 2-3). Jesús afirmó esto en Juan 14:21 y Juan el apóstol lo dijo en 1 Juan 2:3-6. No hay manera de que podamos ganar la salvación, pero tampoco hay manera de evitar demostrar que amamos al Señor si tenemos una vida espiritual genuina. Juan nos recuerda que esta fe nos permite vencer al mundo (v. 4). Somos parte del reino de Cristo, vivimos dentro de un reino hostil del Maligno y desafiamos la autoridad de Satanás a través del poder de Jesús (vv. 19-20).

En los comentarios finales del apóstol, dice que ha escrito para que los creyentes sepan que *tienen* vida eterna; luego enumera seis hechos que los creyentes conocen y de los que pueden estar seguros. *(1)* Mientras oramos según la voluntad de Dios, sabemos que él nos escucha (v. 14). *(2)* Sabemos que tenemos lo que pedimos (v. 15). *(3)* Sabemos que los creyentes no continúan en pecado (v. 18). *(4)* Sabemos que somos hijos de Dios (v. 19). *(5)* Sabemos que el Hijo de Dios nos ha dado entendimiento para que podamos conocer a Cristo (v. 20). *(6)* Conocemos al que es verdadero y estamos en él (v. 20).

Dentro de esos seis "sabemos" hay comentarios sobre el ministerio de la oración (vv. 16-17). Ten en cuenta que estos versículos siguen inmediatamente después de lo que el apóstol dijo acerca de nuestra confianza en la oración (vv. 14-15). Juan parece hacer una distinción entre los pecados que atrapan al creyente, o que se cometen sin querer, y los pecados de aquellos que se rebelan contra la voluntad de Dios. Habla de orar por el hermano o la hermana, un acto de amor y nuestra responsabilidad directa. En contraste, incluso algunos en la iglesia tienen el espíritu del Anticristo (2:18-19). Su pecado lleva a la muerte. Judas también habla de los burladores que no tienen el Espíritu (Judas 18-19). Están fuera del reino, no son hermanos por quienes tenemos responsabilidad directa. ¿Significa esto que no tenemos motivos para orar por los incrédulos? En absoluto, pero oramos por los incrédulos de manera diferente: que Dios les dé la gracia del arrepentimiento de su pecado y que se vuelvan al Salvador.

Esdras 3-4

En nuestras recientes lecturas de Daniel y Pedro se nos ha recordado que, hasta el regreso victorioso de Cristo, estamos inmersos en una intensa batalla espiritual, a menudo invisible. Esto es verdad para cada creyente (cf. 1 Pedro 5:8; Efesios 6:10-17). Daniel se enteró—después de los hechos—de que esta intensa batalla espiritual se estaba librando en los reinos celestiales en el mismo momento en que él estaba dedicado a la oración y el ayuno intensivos. Aquí en Esdras 3-4 somos testigos de esta oposición espiritual que tiene lugar ante sus propios ojos. Aunque la voluntad del Señor era que este pueblo regresara a Judá después del exilio, se enfrentaron a una fuerte oposición para llevar a cabo la obra de Dios. Identifica los tipos específicos de oposición a los que se enfrentaron. ¿Qué enseñanzas podemos extraer de este relato para nuestras vidas?

DICIEMBRE 7

2 Juan

El apóstol se identifica a sí mismo como el mayor (v. 1), y se cree que Juan era, de hecho, bastante mayor cuando escribió esto. La dama escogida se refiere a la iglesia, y los hijos son los miembros (v. 1). *En casa* en el versículo 10 es probablemente la asamblea de la iglesia.

Nota el doble mensaje de los versículos 5-6. El apóstol del amor llama a los miembros de la iglesia a amarse unos a otros, pero luego vincula esto a nuestro amor por Cristo en obediencia. Si amamos a Dios, le obedeceremos. Obedecer a Dios es amarnos unos a otros.

La advertencia contra los falsos maestros en los versículos 7-11 todavía es actual para nosotros hoy. Durante el primer siglo, el engaño provino de los gnósticos que creían que el conocimiento, y no Cristo, era la clave para la salvación. Hoy podemos enfrentar un conjunto diferente de mentiras, pero la advertencia sigue siendo igualmente relevante para nosotros. ¡El mandato del apóstol es permanecer en las Escrituras (v. 9)—tal como lo estás haciendo hoy!

Hageo 1-2

Hageo profetizó entre los exiliados que regresaron a Jerusalén. Su mensaje se relacionaba con las obras del templo que habían sido detenidas por la carta de Artajerjes (Esdras 4:18-24). El desafío del Señor fue regresar al plan de Dios para ponerse a trabajar en el templo. No estaba bien descuidar el templo mientras el pueblo vivía en casas elegantes (1:2-4).

El pueblo respondió al llamado del Señor (v. 12), y el Señor los fortaleció en la obra (1:13-14; 2:4-5) y prometió su presencia (2:4). ☑En el contexto de este mensaje del Señor, el texto espera un momento en que el Señor vendrá y traerá un nuevo nivel de gloria a la tierra con su presencia en su segunda venida (vv. 6-7; véase también los vv. 20-22). ⇦

DICIEMBRE 8

3 Juan

Podemos suponer que Gayo era un amigo fiel del apóstol Juan, quizás un anciano de la iglesia. Estas palabras alientan la hospitalidad hacia los trabajadores del reino que viajan (vv. 5-8).

El apóstol también aborda un problema que había surgido. Diótrefes quería ser el líder máximo y su ambición perjudicaba a la iglesia. Ese tipo de ambición nunca proviene del Señor (véase las palabras de Jesús en Mateo 20:25-28). Los comentarios de Juan son moderados, pero está claro que tiene la intención de abordar el problema cuando visite la iglesia una vez más (v. 10). ¿Preferirías tener la reputación de Diótrefes (vv. 9-10) o de Demetrio (v. 12)? La reputación se basa en un comportamiento impulsado desde el corazón. Necesitamos que el Espíritu de Dios impulse nuestros corazones.

Zacarías 1-2

Zacarías fue escrito para los judíos que habían regresado a Jerusalén después del decreto de Ciro. Hageo y Zacarías eran contemporáneos, y este libro fue escrito durante la época de Esdras y Nehemías. Es uno de varios libros apocalípticos de la Biblia. El material apocalíptico habla del fin de los tiempos y utiliza símbolos y lenguaje simbólico. Daniel y Apocalipsis también son libros apocalípticos, y otros libros bíblicos tienen secciones apocalípticas. El libro comienza con un llamado al arrepentimiento (1:2-6).

En los capítulos 1 y 2, hay tres visiones que el profeta recibió del Señor. La primera visión (1:7-17) fue de un hombre montado a caballo entre árboles, con otros tres caballos de diferentes colores, tal vez con jinetes sobre ellos, ya que informan al jinete. El mensaje de la visión se refiere al bienestar de Jerusalén. Dios mostrará su misericordia a la ciudad, y una vez más rebosará prosperidad. La segunda visión es la de cuatro cuernos y cuatro artesanos (vv. 18-21). Los cuernos representan el poder o poderes que llevaron a Judá al exilio, mientras que los artesanos traen juicio sobre los cuernos y se ocupan de esos poderes. ☑La tercera visión del hombre con el cordel de medir (capítulo 2) se refiere al futuro de Jerusalén y de la tierra. Se refiere a un tiempo en que habrá tanta gente que no habrá muros, cuando el Señor mismo será un muro de fuego protector alrededor de la ciudad (vv. 4-5). Nota la promesa del Señor de vivir entre ellos (v. 10) y la promesa de que las naciones (gentiles) también se unirán al Señor (v. 11). La visión es de promesas y esperanzas increíbles (v. 13). Esta visión tiene aspectos tanto inmediatos como mesiánicos. El cumplimiento inmediato fue la restauración del templo, pero el cumplimiento más lejano será la venida de Cristo al final de los tiempos: Dios vivirá entre su pueblo; el Mesías recibirá a Judá como herencia (v. 12); y Jerusalén será su morada (véase Isaías 2:1-5). ¡Ese día glorioso está llegando! ⇦

DICIEMBRE 9

Judas

En esta breve carta, Judas advierte enérgicamente a los creyentes de los astutos designios de quienes pervierten el mensaje del Evangelio mediante falsas enseñanzas. Cualquier enseñanza que sea contraria a la verdad de la Biblia es una afrenta y una abominación a Dios, porque es a través de las Escrituras que conocemos el Evangelio y cómo llegar a Jesús a través de la fe. Por lo tanto, Dios tiene reservado un juicio decisivo y severo para aquellos que descarrían a la gente pervirtiendo el verdadero mensaje del Evangelio. Judas no tarda en denunciar mordazmente a estos herejes, que hablan con su propia autoridad y no con la de Jesucristo. Esta advertencia es tan pertinente hoy como lo era en tiempos de Judas. Al igual que los creyentes que Pablo encontró en Berea, es vital que nosotros y los líderes de nuestra iglesia vigilemos la verdad del Evangelio permaneciendo en las Escrituras: "Estos eran de sentimientos más nobles que los de Tesalónica, de modo que estuvieron muy dispuestos a recibir el mensaje y todos los días examinaban las Escrituras para ver si era verdad lo que se les anunciaba" (Hechos 17:11).

Judas nos implora que perseveremos firmemente en la fe hasta el regreso del Señor. ¿Cómo debe hacerse esto? Nos proporciona directivas claras y prácticas en los versículos 20-21: "Pero ustedes, queridos hermanos, edificándose sobre la base de su santísima fe y orando en el Espíritu Santo, manténganse en el amor de Dios, mientras esperan que nuestro Señor Jesucristo, en su misericordia, los lleve a vida eterna". Son palabras muy prácticas para memorizar y meditar a menudo.

Por último, tómate tu tiempo para reflexionar sobre la doxología que se encuentra en los versículos 24-25. No es otro que el propio poder de Dios el que, en última instancia, nos preservará hasta el glorioso día venidero, cuando con gran gozo nos presentaremos irreprensibles ante la presencia misma de Dios. ¡Asombroso!

Zacarías 3-4

Como se menciona en las notas de Esdras, el Josué de Zacarías es el Jesúa de Esdras. El capítulo 3 nos da una idea de las dimensiones espirituales de la reconstrucción del templo y la presión política que enfrentaron los constructores. Satanás acusó a Josué, el sumo sacerdote, de ser indigno (vv. 1-5). El Señor limpió a Josué y reprendió a Satanás. Dios le hizo una promesa a Josué (v. 7).

☑Josué y Zorobabel simbolizaban la venida del Mesías (el "Renuevo," v. 8). La piedra es el Mesías, la piedra angular del reino.

Los siete ojos de la piedra pueden simbolizar el conocimiento y la comprensión perfectos del Mesías. El número siete es muy significativo en la Biblia, ya que aparece más de 700 veces. En las Escrituras simboliza la culminación o la perfección. El primer siete aparece en el capítulo 2 del Génesis, donde simboliza ambas cosas. Tras completar la creación del mundo en seis días, Dios descansó en el séptimo. "Dios miró todo lo que había hecho y consideró que era muy bueno" (Génesis 1:31; cf. 2:1-3). Puesto que el libro del Apocalipsis trata de Jesucristo y de su plan decisivo de llevar a término la era actual e inaugurar su reinado en los Cielos Nuevos y la Tierra Nueva perfectos, no es de extrañar que el número siete aparezca cincuenta y cinco veces en sus páginas.

Luego, el profeta recibió una visión de un candelero con siete luces y dos olivos (capítulo 4). La visión era para animar a Josué y Zorobabel a seguir adelante con la reconstrucción del templo. ¡Dios está en el proyecto (vv. 6-9)! La obra no se haría con fuerza o poder humano sino por el Espíritu del Señor (v. 6). La "gigantesca montaña" (de oposición) que enfrentaron no fue nada para el Señor (v. 7). El candelero probablemente representa la luz del testimonio de que Dios es grande. Los dos olivos (vv. 3, 14), que representan a Josué y Zorobabel, son ungidos para servir al Señor.

DICIEMBRE 10

Apocalipsis 1

Este último libro del Nuevo Testamento es una revelación del conjunto final de acontecimientos cataclísmicos que tendrán lugar en la tierra antes de que el mal y los resultados destructivos del pecado sean desterrados definitivamente, y Jesucristo reine victorioso con su pueblo para siempre. El personaje central del libro es Jesucristo: "'Yo soy el Alfa y la Omega', dice el Señor Dios, 'el que es y el que era y que ha de venir, el Todopoderoso'" (1:8).

Las visiones del Apocalipsis le fueron reveladas al apóstol Juan cuando estaba exiliado en la isla de Patmos a causa de su predicación de Jesús. Se le ordenó que escribiera todo lo que viera en sus visiones, y que lo enviara a las siete iglesias presentes en Asia en aquel momento, junto con un mensaje específico del Señor para cada una de ellas.

El Apocalipsis es único entre todos los demás libros de la Biblia por su naturaleza casi totalmente apocalíptica. Los escritos apocalípticos difieren de otros géneros literarios en que abundan el lenguaje figurado y el simbolismo. Dado que Dios decidió revelar ciertos detalles de los acontecimientos futuros de esta manera, la interpretación inequívoca tiende a ser difícil de alcanzar. Resulta útil hacer referencia a otras Escrituras que abordan temas similares, como Daniel 7, Ezequiel 38-39 y Mateo 24. Sin embargo, incluso con la ayuda de otros pasajes de las Escrituras, la interpretación de las Escrituras puede resultar difícil. Sin embargo, incluso con el beneficio de otras porciones de las Escrituras, no esperes respuestas definitivas aquí a todo lo que leeremos en el Apocalipsis, incluyendo una cronología precisa de los acontecimientos que se desarrollarán.

Si hay muchas cosas en este libro que no son fáciles de discernir, ¿por qué entonces es importante que leamos el Apocalipsis? Juan ofrece dos razones de peso en los tres primeros versículos. "Esta es la revelación de Jesucristo, que Dios le dio para mostrar a sus siervos lo que sin demora tiene que suceder" (1:1). Nosotros somos los siervos de Jesucristo, y para Dios es importante que sepamos lo que pronto sucederá. Jesús ha elegido deliberadamente darnos estas palabras porque se preocupa intensamente por nosotros y sólo Él sabe lo que necesitamos. Ciertamente esto incluye la fuerte motivación que necesitamos para vivir vidas vigilantes, piadosas e intencionales de obediencia hasta el inminente y glorioso día en que nos encontraremos con Jesús. En segundo lugar, Jesús promete bendecir personalmente a quienes lean esta importante profecía: "Dichoso el que lee y dichosos los que escuchan las palabras de este mensaje profético y hacen caso de lo que aquí está escrito, porque el tiempo de su cumplimiento está cerca" (1:3).

Zacarías 5-6

El rollo volador (5:1-4) ilustra que la ley de Dios encontrará a quienes ignoran su verdad o se rebelan contra ella. Será imposible evitarla ya que entrará en el hogar de los desobedientes y traerá destrucción.

La mujer en una canasta (5:5-11; véase Apocalipsis 17:3-5) representa el mal y es llevada a Babilonia, probablemente no el país histórico sino el sistema mundial malvado que será destruido al final (Apocalipsis 18). La visión de los cuatro carros (6:1-8) representa la obra que los ángeles del Señor harían en el mundo. Los caballos nos recuerdan a Zacarías 1 pero también a Apocalipsis 6:1-8, donde se enviaron jinetes en caballos de colores similares para conquistar y traer muerte, hambre y guerra al mundo. La misión de los emisarios celestiales se cumplió, pues trajo descanso al Espíritu del Señor (v. 8). Esta visión puede representar la destrucción de los gobiernos mundiales por parte del Señor durante el día de su ira (el día del Señor). El hecho de que los carros salgan de dos montañas (probablemente representando el monte Sión y el monte de los Olivos) vincula los acontecimientos con Jerusalén.

☑ La visión de la corona de Josué es mesiánica. Josué era el sumo sacerdote, pero un sumo sacerdote nunca fue el rey. Se le identifica como el "Renuevo" que construirá el templo del Señor (véase Isaías 11:1-5, donde el Mesías es el Rey). En el libro de Esdras, Zorobabel construía el templo como líder del gobierno civil. Las dos posiciones de rey y sacerdote se combinan así en la "Rama". (Esto también aparece en el Salmo 110 mesiánico: cf. vv. 1-3 como rey, v. 4 como sacerdote.) Este sólo puede ser el Mesías (v. 13, sacerdote y rey), y la visión se refiere al escenario del reino mesiánico. En este sentido, observa que en 3:8, Josué y Zorobabel simbolizan lo que está por venir; el versículo también habla de "mi siervo, … al Renuevo," el Mesías que vendría.

La progresión en estas visiones es primero la limpieza de la tierra y del pueblo de Israel (capítulo 5; véase Ezequiel 36:24-32); luego, el juicio sobre las naciones (el día del Señor, 6:1-8); y finalmente, el reinado del rey-sacerdote, el Mesías (6:9-15). ⇐

DICIEMBRE 11

Apocalipsis 2

Junto con el abundante simbolismo que se encuentra en el Apocalipsis hay una impresionante muestra del incomparable carácter de Dios. El libro destaca Su poder abrumador, Su justicia perfecta, Su majestad, Su santidad, Su insuperable amor y gracia, y Su soberanía sobre todas las personas, las naciones, el tiempo y el mal. En el Apocalipsis se muestra con frecuencia la omnisciencia de Dios—Su conocimiento completo de todas las cosas: pasadas, presentes, futuras y posibles.

Es este conocimiento perfecto de Dios el que se destaca a lo largo de Sus cartas a las siete iglesias. Él conoce íntimamente a cada iglesia, y a cada persona dentro de ellas. Esto es evidente en el mensaje específico que envía a cada una: palabras de elogio, aliento, amonestación, advertencia, bendición y promesa. Busca cada una de ellas, ya que revelan lo que es importante para el Señor, tanto en nuestras iglesias como en nuestras vidas personales.

Zacarías 7

En el exilio, la práctica del pueblo era ayunar en el aniversario de la destrucción del templo cuando cayó Jerusalén (Jeremías 52:12-13). Ahora que el nuevo templo era una realidad, la gente se preguntaba si debían continuar con esa práctica (vv. 2-3). El Señor respondió a través de Zacarías que sus motivos al ayunar ignoraban otras cuestiones más importantes (vv. 8-10). El Señor estaba mucho más interesado en la justicia, la misericordia y la compasión que en su ayuno. Aprende, sugiere, del pasado (vv. 11-14). Si sus antepasados se hubieran preocupado por estas cosas, no habrían sido exiliados.

El mensaje del versículo 13 es aleccionador. Si somos insensibles al mensaje del Señor y no respondemos a su Palabra, es posible que él tampoco responda cuando lo necesitemos.

DICIEMBRE 12

Apocalipsis 3

Vuelve por un momento al capítulo 2 y observa el mensaje del Señor a la iglesia de Éfeso. Ellos fueron elogiados por el Señor en muchas cosas. El único asunto en el que los amonestó fue la debilidad de su amor por Él. Cuando habían recibido el evangelio algunos años antes, su amor y pasión por el Señor era claramente evidente por sus muchas buenas obras. Pero ahora, ya no estaban haciendo esas obras. Jesús estaba transmitiendo la verdad espiritual de que la fuerza de nuestro amor por Dios se refleja claramente en lo que le ofrecemos. Lo que hacemos le importa a Jesús.

Zacarías 8-9

☑ El capítulo 8 trata sobre el venidero reinado mesiánico y el reino milenario. Es el país restaurado que vive con la presencia y la bendición del Señor. Cuenta las bendiciones y las formas en que las cosas serán diferentes. Considera la norma de comportamiento del Señor (vv. 16-17). Compara los versículos 20-23 con Isaías 2:1-5. ⇐

La profecía del juicio de Dios sobre las naciones que rodeaban a Judá se encuentra en 9:1-8. Nota que el versículo 8 exime a Judá de este juicio mediante la intervención y protección del Señor. Estos reinos fueron destruidos cuando Alejandro Magno marchó a través del territorio en 333 a.C., haciendo exactamente lo que describe el texto, salvando a Judá y Jerusalén.

☑ A partir de 9:9 hay una profecía de la venida del Mesías, tanto del primer como del segundo advenimiento. El llamado es a regocijarnos por la venida del rey con justicia, mansedumbre y salvación (v. 9, primera venida; véase Mateo 21:4-5). Pero el versículo 10 dice que su gobierno se extenderá por todo el mundo. El Señor estará con su pueblo en la batalla, y la victoria será segura y completa porque el Señor aparecerá (vv. 14-15; véase Zacarías 14:3-4). El fin será la mano de Dios de victoria y bendición sobre su pueblo (vv. 16-17). ⇐

DICIEMBRE 13

Apocalipsis 4

El Señor ahora llamó a Juan al salón del trono del cielo. Qué escena tan impresionante se describe. Ezequiel y Daniel también tuvieron visiones similares (véase Ezequiel 1:26-28; Daniel 7:9-10). Medita en la gloria y majestuosidad del salón del trono. Nota las siete lámparas encendidas (v. 5; véase 1:20) y los cuatro seres vivientes (v. 6b-11; véase Ezequiel 1:5-28), y escucha su mensaje. Imagínate a los veinticuatro ancianos y observa sus roles.

¿Qué vamos a aprender? Dios es un Dios de asombrosa maravilla y gloria.

Recuerda que cuando Isaías (Isaías 6:5), Ezequiel (Ezequiel 1:25-28), Daniel (Daniel 10:7-8), Saúl (Hechos 9:3-9) y ahora Juan (Apocalipsis 1:17) tuvieron visiones de Dios o de Jesús, y quedaron profundamente afectados física y espiritualmente. Aunque el Señor bondadosamente nos invita a entrar en su presencia a través de la sangre de Cristo (Hebreos 10:19-22), debemos hacerlo con un profundo sentimiento de asombro y admiración. ¡Algún día tendremos el privilegio de experimentar lo que ellos han visto!

Zacarías 10-11

El relato de las ovejas y los pastores del capítulo 11 es una profecía alegórica del rechazo hacia Jesús en su primera venida. Aunque el Mesías cuidaba del rebaño (vv. 7-8), fue rechazado por el pueblo (v. 8b; cf. Juan 1:11). La relación entre el pastor y el pueblo se rompe finalmente con el pago de treinta monedas de plata, arrojadas a la casa del Señor y entregadas al alfarero (v. 13). Sería Judas Iscariote, más de quinientos años después, quien recibiría exactamente treinta piezas de plata por su traición a Jesús. Estas piezas de plata serían arrojadas a la casa del Señor y entregadas al alfarero para su campo (cf. Mateo 27:3- 10). Los dos cayados, la gracia (del Señor) y la unión (entre Israel y Judá), se rompieron cuando el pueblo rechazó al pastor de Dios.

Saber que esta profecía de Zacarías se cumplió con precisión quinientos años después nos sirve de recordatorio explícito del conocimiento completo y perfecto que Dios tiene de todas las cosas: pasadas, presentes y futuras. El gran amor de Jesús por nosotros es tan asombroso que Él sabía, incluso antes de poner los cimientos del mundo, que sería rechazado y asesinado por nosotros para cargar con la pena atroz de nuestro pecado, comprar nuestra salvación, restaurar nuestra relación rota con Él y prepararnos para una eternidad gloriosa con Él (cf. Apocalipsis 13:8; Juan 3:16). Las palabras del apóstol Pablo parecen especialmente aplicables aquí: "¡Qué profundo es el conocimiento, la riqueza y la sabiduría de Dios! ¡Qué indescifrables sus juicios e impenetrables sus caminos! ¿Quién ha conocido la mente del Señor o quién ha sido su consejero? ¿Quién primero dio algo a Dios, para que luego Dios le pague? Porque todas las cosas proceden de él, y existen por él y para él. ¡A él sea la gloria por siempre! Amén" (Romanos 11:33-36).

DICIEMBRE 14

Apocalipsis 5

El enfoque cambia en los versículos 1-5 a un rollo, y luego a un cordero a partir del versículo 6. El rollo tenía siete sellos que no se podían abrir. Esto fue motivo de gran preocupación para Juan hasta que se le enfocó al cordero—con las marcas de la muerte—en el centro del trono de Dios. No hay duda sobre la identidad del cordero. Él es el León de la tribu de Judá, la Raíz de David, y ha triunfado (v. 5). ¡Este es el Señor resucitado!

Mira el texto del cántico que cantan los ancianos (vv. 9-10). Jesús es el Santo. Él es el sacrificio. Él ha pagado el precio y ha elevado el lugar del pueblo de Dios. ¡Él es realmente digno!

¿Cuál es el significado del rollo sellado? ¿Por qué estaba tan bien cerrado que nadie podía abrir los sellos? Este es un símbolo de cómo Dios planeó la redención para la humanidad hacía mucho tiempo, pero el plan estuvo oculto hasta que Jesús pagó el precio de la sangre (1 Pedro 1:10-12, 18-20). El Señor Jesús, crucificado y resucitado, es la llave que abre el misterio de la salvación (Efesios 1:9-10). Específicamente, en este contexto, él es la llave que abre el misterio de los acontecimientos del fin de los tiempos. Debido a que él es santo (Apocalipsis 5:9a), abrió el camino mediante su sacrificio para que todas las personas vinieran a Dios (v. 9b). ¡Él es realmente digno de toda alabanza!

Zacarías 12-13

☑ El capítulo 12 habla de los acontecimientos que rodean la segunda venida de Cristo. Se hace referencia a la segunda venida de Cristo varias veces en este capítulo y en los siguientes. Jerusalén será el centro del conflicto (v. 3). Las naciones se reunirán para una confrontación con Israel (vv. 2-3). Pero el Señor hará de Jerusalén una copa de embriaguez que haga tambalear a las naciones, y una roca inamovible sobre la cual las naciones serán heridas. Este será un ataque contra Jerusalén y los campos circundantes (vv. 2-3; véase Joel 3:9-16). El Señor protegerá a Israel y confundirá a las demás naciones. A través de esto, los líderes de Israel reconocerán que el Señor está obrando a favor de ellos (v. 5). Después de esto, el Señor derramará su Espíritu sobre el pueblo (v. 10). Reconocerán a Jesús con las marcas de la cruz como el Mesías (v. 10b) y se arrepentirán con genuina contrición. No con un arrebato emocional nacional, sino tranquilamente, individualmente, habrá duelo y arrepentimiento (vv. 11-13). El apóstol Juan registra la perforación del costado de Jesús y lo relaciona con el versículo 10b (véase Juan 19:37).

Seguirá la limpieza de la tierra, y los ídolos y los falsos profetas serán desterrados (vv. 2-6). ⇐

La dispersión de las ovejas (vv. 7-9) se refiere a la dispersión del pueblo de Judá y Jerusalén después del rechazo del Salvador. Esto se cumplió en el año 70 d.C. cuando Jerusalén fue saqueada e incendiada por los romanos. ☑ El pasaje también se refiere a la dispersión de los discípulos en el momento de la muerte de Jesús (véase Mateo 26:31, donde Jesús relacionó esta profecía con el tiempo que rodeó su muerte). ⇐

DICIEMBRE 15

Apocalipsis 6

Los siete sellos que abrió el Cordero (seis en este capítulo) inician una serie de "sietes" que seguiremos durante varios capítulos. Hay siete sellos, siete trompetas, siete truenos y siete copas de la ira de Dios. Gran parte del mensaje del libro se presenta a través de estas sucesivas revelaciones.

Los cuatro jinetes del Apocalipsis se revelan cuando Jesús abre los primeros cuatro sellos (vv. 1-8). Cada uno de estos jinetes trae sufrimiento humano, consecuencia del pecado. Los seres vivientes alrededor del trono llamaron a estos jinetes (v. 1; véase 4:6-8). Los jinetes fueron liberados en el mundo para lograr conquistas, guerras, enfermedades, hambrunas y muerte. Compara esto con las palabras de Jesús en Mateo 24:6-8, donde habló acerca del "comienzo de los dolores" en el momento del fin,—los eventos que conducirán a su venida en gloria.

La apertura del quinto sello reveló las almas de las personas que habían muerto por su fe en el Señor y su testimonio de la verdad (vv. 9-11). Su reivindicación todavía esperaría un poco más. Otros se unirían a ellos primero. Nota los comentarios de Jesús en Mateo 24:9 cuando les dijo a los discípulos que en el tiempo del fin sus seguidores enfrentarían persecución y muerte.

La apertura del sexto sello desencadena cataclismos que sacuden al mundo (vv. 12-17; véase Isaías 13:9-11; 34:1-4; 51:6; Joel 3:14-16; Mateo 24:29). Jesús habló de estas señales celestiales en Mateo 24:29-31 y Lucas 21:25-27, indicando que coinciden con su venida en gloria. Estos eventos acompañan (o introducen) el día del Señor, cuando Dios juzgará a las naciones por su pecado y rebelión. Observa cómo los niveles de la sociedad se igualan. La posición de los poderosos o el dinero de los ricos no los protegen de este tiempo de juicio (vv. 15-17).

Zacarías 14

☑ El capítulo 14 trata de la liberación de Jerusalén mediante la aparición del Señor y el comienzo de su reinado milenario. La batalla final (v. 2) es el momento en que el Señor Jesús regresa para luchar contra las naciones, acompañado de acontecimientos catastróficos. Este es el día del Señor. El monte de los Olivos, al este de Jerusalén, se dividirá (v. 4) y las luces habituales del día y de la noche serán alteradas (vv. 6-7). Agua fluirá de Jerusalén (v. 8; véase Ezequiel 47; Joel 3:18; Salmo 46:4; Apocalipsis 22:1-2).

Respecto a la batalla final, toma nota de los versículos 12-15. Esto suena notablemente a un evento nuclear, con la carne de los guerreros pudriéndose mientras están de pie. Esta misma batalla se describe en Apocalipsis 19:11-21 desde una perspectiva espiritual.

Ten en cuenta que el Señor será rey sobre toda la tierra (v. 9), marcando así el comienzo de su reinado milenario. ¡Sólo hay un Señor! La justicia reinará. Los sobrevivientes irán año tras año a adorar al Señor en Jerusalén (v. 16; véase Isaías 2:2-3).

Finalmente, la frase CONSAGRADO AL SEÑOR caracterizará el reinado de Cristo (v. 20). ⇦

DICIEMBRE 16

Apocalipsis 7

Los acontecimientos ahora tienen lugar entre el sexto y el séptimo sello. La atención se centra en cuatro ángeles que impiden que el viento sople sobre la tierra, lo que simboliza el juicio. Un ángel selló en la frente a los fieles: 144.000

personas de las doce tribus de Israel. El número 144.000 puede simbolizar una gran cantidad de personas, o quizás un número completo. El sello significa que son propiedad del Cordero y protege de las plagas que son los juicios de Dios (véase 9:4), pero posiblemente no de la persecución del Anticristo.

Ahora observa una gran multitud de todas las naciones y lenguas del mundo reunidas alrededor del trono y el Cordero (v.9). Escucha sus palabras, las de los ancianos y las de los cuatro seres vivientes. Estas son personas que han pasado por la gran tribulación (Mateo 24:15-22; Apocalipsis 13:5-8) y son salvas mediante la sangre del Cordero (v. 14). Quizás estos sean los santos mártires que se unirían a los que estaban bajo el quinto sello (6:9-11). Toma nota especial de la relación íntima que estas personas vestidas de blanco tienen con el Señor Jesús (vv. 15-17).

Esdras 5-6

En respuesta al desafío del mensaje de Hageo, los exiliados que regresaron reanudaron la construcción del templo a pesar de los desafíos y obstáculos. El Señor los protegió (v. 5).

El gobernador medo-persa de la zona envió un informe justo al rey Darío, describiendo la posición de los judíos y pidiéndole dirección (vv. 6-17). En respuesta, sucedió algo sorprendente. → Se encontró el decreto anterior de Ciro que autorizaba la construcción del templo (6:1-2). Con este descubrimiento la situación se revirtió. No sólo se permitió a los judíos continuar con la construcción, sino que el rey ordenó que sus gastos se pagaran con cargo al tesoro del gobierno y que se proporcionaran animales para los sacrificios (vv. 8-10). ¡Qué desarrollo tan impresionante! ←

Este es un ejemplo notable de cómo obedecer al Señor en una situación aparentemente imposible trajo la protección e intervención de Dios en la política de un gobierno pagano que permitió que su obra continuara. Dios es soberano, incluso sobre reyes y naciones que no lo reconocen como Dios.

Bajo la predicación de Hageo y Zacarías, la obra se completó (vv. 14-15). Finalmente, se celebró la Pascua en el templo reconstruido (v. 19). Esta fue la primera vez desde el exilio que se celebró la Pascua, y se conmemoró con gozo y acción de gracias cuando el pueblo entendió cómo la protección e intervención del Señor lo habían hecho posible (v. 22).

DICIEMBRE 17

Apocalipsis 8

Cuando Jesús abre el séptimo sello, se hace silencio en el cielo durante aproximadamente media hora. ¡Observan que las oraciones de los santos son nuestras oraciones! Y son una ofrenda sobre el altar de oro delante del trono de Dios (vv. 3-4; véase Apocalipsis 5:8). ¡El Señor ve y escucha cada una de nuestras oraciones que se elevan como una ofrenda fragante ante él!

La apertura del séptimo sello presenta a los siete ángeles con las trompetas. El sonido de las primeras cuatro trompetas trae devastación sobre la tierra, los mares salados, el agua dulce y los cuerpos celestes. Recuerden esta secuencia, porque la volveremos a ver. Después de las primeras cuatro trompetas, un águila volando advierte sobre los ayes asociados con las últimas tres trompetas.

Esdras 7-8

El sacerdote Esdras había permanecido en Babilonia cuando los primeros exiliados regresaron a Jerusalén. Ahora, varios años después, él y varios cientos más llegaron a Jerusalén. Esdras rastreó su ascendencia en el sacerdocio a través de los sacerdotes que sirvieron al rey David (quinientos años) y a Aarón (mil años). Nota su compromiso con la Palabra de Dios (7:10).

El grupo llegó con la bendición y respaldo del rey de Persia y con una considerable reserva de tesoros. Dios había movido al rey a las generosas condiciones de su decreto (vv. 27-28). Viajar con objetos de valor era peligroso; el texto implica que el rey habría enviado un contingente de tropas con Esdras. Debido a que Esdras ya le había dicho al rey que Dios los protegería, el grupo pasó un tiempo en ayuno y oración antes de partir sin soldados para su protección (8:21-23). Esta fue la fe puesta a prueba.

DICIEMBRE 18

Apocalipsis 9

Suena la quinta trompeta, liberando el primero de los tres ayes. En la visión, una estrella que había caído del cielo a la tierra (v. 1) abre el abismo, liberando nubes de humo y langostas que atormentan a los que no adoraban a Dios (los que no tienen el sello, 7:3). El sufrimiento será tan severo que la gente buscará la muerte, pero no podrá encontrarla.

La descripción de las langostas (vv. 7-11) es similar a la de Joel 2:1-11. Ambas porciones tenían un aspecto espantoso y su llegada fue acompañada de un sol oscurecido.

La identificación de la estrella a la que se le entregó la llave del abismo no es segura. ¿Es este un ángel caído o un ángel del Señor que ha bajado para abrir el abismo? Si este es el mismo ángel que encontramos en Apocalipsis 20:1, seguramente sería un ángel del Señor. El ángel mencionado en el versículo 11, el rey de las langostas cuyo nombre es Destructor (Abadón y Apolión), es un ser demoníaco de alto rango, o el mismo Satanás. Las langostas del abismo podrían ser demonios encarcelados y liberados para este ataque a los hombres. ¿Por qué los secuaces de Satanás atormentarían a personas que ya están bajo el control de Satanás? Recuerda: Satanás no ama a la gente. Su objetivo es mantener a todos bajo su autoridad.

La sexta trompeta (que trae el segundo ay) nos lleva de regreso al salón del trono y al altar ante Dios. Los cuernos son símbolo de fuerza en la Biblia, y la fuerza de Dios ha frenado a los cuatro ángeles que habían estado listos para este mismo momento: el segundo ay. Al sonar la trompeta, se liberan tropas montadas que suman doscientos millones (v. 16). Mientras lees la descripción de estas tropas, mira nuevamente Joel 2:2b-9. Lo más probable es que se trate de hordas demoníacas desatadas contra la humanidad.

Nota la actitud impenitente de los que quedaron con vida (vv. 20-21). Esto indica la profundidad de la maldad en las personas y el dominio que el pecado tiene sobre ellas. Cuando una persona es liberada del pecado y llevada al reino del Señor Jesús (Colosenses 1:13-14), es verdaderamente un acto del poder y la gracia de Dios.

Esdras 9-10

Cuando Esdras llegó y se estableció, se hizo evidente un enorme problema entre los que anteriormente habían regresado a Jerusalén. Se habían casado con la población local, desobedeciendo las instrucciones de Dios (9:1-2; véase Deuteronomio 7:1-6). Esto era un problema porque los matrimonios mixtos mezclaban la adoración verdadera con las prácticas idólatras locales. Incluso los líderes y funcionarios del pueblo participaron en esta práctica pecaminosa (9:2b; 10:18-24).

Nota la profunda respuesta de Esdras cuando se dio cuenta de este pecado (9:3-5). Esto impulsó la ferviente oración de confesión colectiva de Esdras (vv. 6-15), arrepentimiento (10:1-2) y su resolución radical de regresar a los caminos de Dios (vv. 3-5). ¡El liderazgo piadoso de Esdras marcó una profunda diferencia!

DICIEMBRE 19

Apocalipsis 10

Ahora estamos entre la sexta y la séptima trompetas y el énfasis cambia a un ángel poderoso, envuelto en una nube y con piernas como columnas de fuego. Visualiza al ángel con una cara como el sol y un arco iris sobre su cabeza, con un pequeño pergamino en la mano. Un pie está en el mar y el otro en tierra. Mientras el ángel da un fuerte grito, Juan oye sonar siete truenos. Son inteligibles y el apóstol está a punto de registrar su mensaje, pero se le impide hacerlo: el mensaje está sellado. Sin embargo, sí tenemos el mensaje verbal del ángel poderoso. ¡Con el sonido de la séptima trompeta, se completará el misterio de Dios!

¿Qué podemos decir sobre el significado de los truenos? Algunas cosas acerca de los tratos de Dios con nosotros aún están por revelarse (v. 4). Daniel tuvo una experiencia similar cuando intentó comprender el mensaje que le trajo el ángel Miguel (Daniel 12:7-10).

Ester 1-3

El libro de Ester es un relato sorprendente de la soberanía de Dios sobre reyes, pueblos, naciones, acontecimientos y el mal. Dios siempre cumplirá sus propósitos soberanos (véase Job 42:2). El libro también muestra el amor y el cuidado inagotables de Dios por su pueblo. Seremos testigos de que Dios escucha y responde a la oración. ¡Esta es una historia verídica y sorprendente!

El escenario de este fascinante relato es el palacio del rey en la capital del vasto Imperio Persa. El drama del capítulo 1 prepara el escenario para todo lo que seguirá.

Se nos presenta a Ester en el capítulo 2. Ella era una joven judía que había quedado huérfana y fue criada por su primo mayor Mardoqueo, un judío devoto. El abuelo de Mardoqueo, Cis, había sido llevado a Babilonia en el año 593 a.C. Estos hechos tuvieron lugar más de cien años después. En el plan soberano de Dios, Ester es elegida para convertirse en reina. Toma nota del plan para dañar al rey descubierto por Mardoqueo (2:21-23), ya que este importante detalle se verá nuevamente en el capítulo 6.

El malvado plan para aniquilar a todos los judíos del imperio fue concebido por Amán, un alto funcionario de la corte del rey. Estaba furioso porque Mardoqueo no se inclinaba ante él. La respuesta de Mardoqueo fue que era judío; para él, inclinarse ante Amán sería idolatría (3:3-4).

DICIEMBRE 20

Apocalipsis 11

Todavía estamos en el interludio entre la sexta y la séptima trompetas. La atención se centra ahora en el templo de Dios. Los hechos ocurren mientras la ciudad santa es pisoteada durante cuarenta y dos meses. Esto parece corresponder al tiempo de Daniel 9:26-27, tal vez después de que el Anticristo rompe el pacto con Israel después de cuarenta y dos meses iniciales de paz (véase 13:5-8).

En el versículo 4 se identifican dos testigos, llamados los dos olivos y los dos candeleros (véase Zacarías 4:1-14, donde el candelero representaba la verdad y los olivos representaban a Josué el sumo sacerdote y a Zorobabel el gobernador). Estos dos testigos tienen la tarea de hablar la verdad durante los cuarenta y dos meses que el Anticristo tendrá autoridad (13:5-8). Su tarea es desafiante porque dan testimonio de la verdad de Dios cuando todo parece estar en manos del Maligno.

Ten en cuenta su extraordinario poder para prevenir la lluvia y convertir el agua en sangre. También sale fuego de su boca y destruye a quienes intentan hacerles daño. Esto recuerda notablemente a los ministerios de los profetas del Antiguo Testamento, Moisés y Elías, quienes realizaron estos mismos milagros (véase Éxodo 7:19-21; 1 Reyes 17:1; 2 Reyes 1:9-12). Moisés y Elías también estuvieron presentes en la transfiguración de Jesús (Lucas 9:30-31), donde hablaron con Jesús sobre los acontecimientos que estaban por venir. ¿Podrían ser estos testigos Moisés y Elías? No podemos decirlo, pero sí sabemos que,—como lo hicieron Moisés y Elías,—estos dos testigos hablarán con valentía la verdad de Dios frente al mal.

La atención ahora vuelve al trono cuando suena la séptima trompeta. (v. 15). El mensaje de las voces fuertes y de los ancianos es que ahora el Señor Jesús toma la autoridad que por derecho le pertenece y comienza a ejercerla. El arca del pacto se ve en el templo del Señor en el cielo (v. 19). Este será el momento de juzgar a los muertos (v. 18; véase 20:11-15) y recompensar a los santos (v. 18). ¡Este será un día glorioso para todos los que conocen al Señor!

Ester 4-6

Cuando se enteró del complot para matar a todos los judíos, Mardoqueo llamó la atención de Ester vistiendo cilicio. Considera el mensaje que le envió a Ester. Hay momentos en que el silencio no compra la paz (4:13-14). Mardoqueo también tenía un profundo sentido de la obra de Dios (v. 14b). Aunque hablar abiertamente representaba un grave peligro para Ester, abordó el desafío con oración y ayuno, y planeó intervenir con valentía.

Los capítulos 5 y 6 son el punto de inflexión del libro. Sigue el drama de los acontecimientos que rodearon las dos invitaciones a cenar, las acciones de Mardoqueo, de Amán y del rey insomne. El Señor estaba entretejiendo estos eventos aparentemente no relacionados en una hermosa historia de intervención divina.

DICIEMBRE 21

Apocalipsis 12

Ahora hay un interludio entre las trompetas y las copas de la ira de Dios. Asistimos al drama de la mujer, el dragón y el niño. Esta es una representación simbólica de la poderosa batalla espiritual que se ha librado y se libra en torno al cumplimiento y la realización de la redención. ¿Quién es la mujer vestida del sol, con la luna bajo sus pies y con una corona de doce estrellas? Probablemente no sea una sola persona, pero puede que represente más bien el plan de redención mismo. O puede ser que la mujer represente al pueblo fiel de Dios a través de los tiempos. Está revestida del resplandor de la gloria de Dios y parece estar relacionada con las doce tribus de Israel (v. 1).

No hay duda sobre la identidad del dragón. Es Satanás, y su agenda es destruir al niño varón que gobernará las naciones (v. 5, el Mesías; véase Salmo 2:9). Este intento de perturbar el plan de redención divina Dios se ha realizado varias veces en la historia del pueblo de Dios. Piensa en el ataque de Amán a los judíos sobre el cual hemos estado leyendo en Ester. El intento de Herodes de matar a Jesús fue otro de esos momentos. La cruz en sí fue un intento de acabar con Jesús, pero el plan soberano de Dios aseguró que él triunfaría en esta batalla espiritual preeminente y definitiva (véase Colosenses 2:14-15).

A lo largo de la historia, con nuestro limitado alcance de visión humana, vemos sólo una parte de esta intensa batalla espiritual en curso (véase vv. 7-12). En esta visión vemos los resultados de la batalla que se ganó en la cruz: el dragón arrojado del cielo (v. 10). Nota lo que se dice acerca de los hermanos vencedores (v. 11). ¿Es importante ser parte del ejército que ayuda a ganar la batalla? ¿Nuestro comportamiento personal hace alguna diferencia? ¡Rotundamente sí!

Mira también los planes del dragón después de ser arrojado del cielo (vv. 13-17). Ahora que el Mesías está fuera de su alcance, el Dragón ha centrado su atención en hacer la guerra contra el pueblo de Dios (v. 17). El versículo 12 revela que "¡El diablo, lleno de furor, ha descendido a ustedes, porque sabe que le queda poco tiempo!" El apóstol Pedro advierte claramente acerca de esta realidad: "Practiquen el dominio propio y manténganse alerta. Su enemigo el diablo ronda como león rugiente, buscando a quién devorar." (1 Pedro 5:8). En Efesios 6:10-18, el apóstol Pablo habla de la misma batalla y nos implora que empleemos las poderosas herramientas que tenemos a nuestra disposición. Necesitamos prestar atención a estas advertencias porque estamos inmersos en una furiosa batalla espiritual que es invisible, intensa y poderosa.

Ester 7-10

Sigue la dirección continua y específica de Dios en este asunto. Ester arriesgó su vida cuando audazmente señaló a Amán como la persona responsable del peligro de su pueblo (7:3-6a). El destino de Amán estaba sellado, pero se aceleró cuando rogó inapropiadamente a la reina por su vida.

Con Amán ahorcado (v. 10) y Mardoqueo ascendido (8:1-2), Ester nuevamente intercedió por su pueblo (vv. 3-6). El rey autorizó a Mardoqueo a emitir un decreto que daba a los judíos el derecho de protegerse y atacar a sus enemigos en todo el imperio el mismo día que había sido previamente designado para su destrucción. Jinetes veloces (v. 14) llevaron los documentos oficiales con estas directivas por todo el reino. Imagínate al transformado Mardoqueo cuando salió de la presencia del rey vistiendo vestiduras reales (v. 15).

Los judíos del imperio tenían permiso oficial para protegerse de sus enemigos y así lo hicieron. Este es el origen de la observancia anual de *Purim* por parte de los judíos. Piensa en Mardoqueo. Daniel ocupó el segundo lugar en el reino de los medos y persas a principios de su reinado después de que derrotaron a Babilonia. ¡Ahora otro judío devoto ocupaba el segundo lugar en el país bajo un rey diferente (capítulo 10)!

El libro de Ester tiene un profundo significado. Aunque estaban dispersos entre las naciones, los judíos, el pueblo de Dios, eran vitales para el desarrollo del plan de redención divina. En el momento adecuado, Jesús el Salvador nacería de una pareja judía y cargaría con los pecados del mundo en su muerte (Gálatas 4:4-5). El plan de Amán de destruir a los judíos habría frustrado el plan de Dios de que el Mesías viniera a través de un descendiente de David (Isaías 11). Mardoqueo sabía por las Escrituras que Dios no permitiría la destrucción de los judíos (véase 4:14), y también creía que Dios pudo haber colocado a Ester en la corte del rey para evitar que esto sucediera. La lucha era espiritual y la cuestión fundamental era la salvación. El intento de Herodes de destruir al rey recién nacido cuatrocientos años después fue parte de la misma batalla (Mateo 2:1-18). Los intentos de Satanás de destruir a Jesús tentándolo en el desierto y más tarde en su muerte fueron igualmente esfuerzos desesperados por destruir la misión y el ministerio de Jesús.

Tanto Mardoqueo como Ester tomaron medidas valientes con gran riesgo para ellos mismos. El Señor los bendijo ricamente a ellos y al trabajo de sus manos. ¡Qué nos comprometamos a hacer lo mismo!

DICIEMBRE 22

Apocalipsis 13

Antes de ver esta escena, conviene hacer unas palabras de explicación. Aquí debemos ver el plan organizativo del enemigo: la jerarquía de altos líderes demoníacos dedicados a llevar a la gente a adorar a Satanás. Satanás utiliza falsificaciones ingeniosas para alejar a la gente de Dios. Lo que vemos en este capítulo es una falsificación de la Trinidad.

Observa el dragón en la orilla y una bestia que sale del mar (v. 1). Esta bestia es distinta del dragón, porque éste le da su poder, trono y autoridad a la bestia (v. 2). La identidad del dragón es Satanás. La bestia es el Anticristo y es la falsificación del Señor Jesús. El carácter de la bestia se entiende por los nombres blasfemos y las similitudes con los animales salvajes, las mismas partes que los hacen peligrosos. Nota que una marca de la bestia es que una de sus cabezas había recibido una herida fatal pero ahora estaba nuevamente viva. Esta bestia, hablando con la autoridad del dragón (Satanás), blasfema contra Dios y calumnia a sus seguidores (vv. 5-6). Ten en cuenta también que la bestia recibe poder del dragón para hacer la guerra a los santos y conquistarlos (humanamente). Para comprender la naturaleza falsa de esta bestia, recuerda que Jesús vino con el poder y la autoridad de su Padre y que murió y resució de entre los muertos.

La autoridad del Anticristo se extiende por cuarenta y dos meses (v. 5; véase 11:2). Esto coincide con la profecía relativa a la última mitad de la semana setenta en Daniel (Daniel 9:24-27); después de que el gobernante malvado rompa el acuerdo con el pueblo y el país de Dios a la mitad de los "siete" (cuarenta y dos meses), perturbará la adoración de Dios (Daniel 9:27). Este es el período del que habló Jesús en Mateo 24:15-24. Es justo antes de que Cristo venga a juzgar a las naciones (Mateo 24:29-30). Nota nuevamente la agenda de la bestia: hacer la guerra a los santos (v. 7) y hacer que todos los pueblos de la tierra le adoren (v. 8).

Pero hay aún otra bestia (vv. 11-18). Esta segunda bestia, también llamada el falso profeta (véase Apocalipsis 19:20), actúa en nombre del Anticristo con señales milagrosas (vv. 13-15). El falso profeta es la falsificación del Espíritu Santo. Recuerda que el Espíritu Santo, obrando en nombre del Señor Jesús, vino con señales milagrosas y sella al pueblo de Dios para la redención final (Efesios 1:13b). El falso profeta engaña a las personas que creen en sus señales (v. 14). Él se encarga de la ejecución de todos los que no adoran al Anticristo (v. 15) y obliga a todas las personas a recibir una marca en la cabeza o en la mano derecha para poder comprar o vender (vv. 16-17, análoga a la marca del Espíritu Santo). Es el sello de propiedad, (véase Efesios 1:13-14).

Toma nota especial de los versículos 10b y 18. El Señor nos ha dado esta información para que no seamos engañados. Necesitamos sabiduría, resistencia y fidelidad. Los capítulos 12 y 13 nos ayudan a comprender la naturaleza del conflicto espiritual en que estamos involucrados. ¡No hay lugar para la complacencia! Recuerda que Jesús dijo repetidamente a sus seguidores que estuvieran preparados y alertas cuando habló de los acontecimientos del fin de los tiempos (Mateo 24).

Nehemías 1-2

Nehemías era copero del rey persa Artajerjes, varios años después de que la primera oleada de exiliados llegara a Jerusalén durante el reinado de Ciro. Cuando la noticia de ellos llegó a la capital de Susa y llegó a Nehemías, éste se entristeció profundamente al enterarse de la condición del pueblo y de la ciudad de Jerusalén, donde el muro y las puertas de la ciudad todavía estaban en ruinas. Esto impulsó a Nehemías a hacer cinco cosas (v. 4). ¿Que eran?

Después de orar (1:5-11; 2:4), y en respuesta a la pregunta del rey, Nehemías le contó lo que lo había entristecido y solicitó un permiso para visitar

Jerusalén y reconstruir la ciudad. Dios, fiel a su pueblo, conmovió el corazón del rey y la petición de Nehemías fue concedida. Nehemías pidió además cartas para los gobernadores del territorio de Israel, anunciando la autoridad de Nehemías por parte del rey y pidiendo materiales para la reconstrucción (2:7-9).

Nota la reacción de Sambalat y Tobías cuando supieron que alguien había venido a trabajar a favor de los judíos (v. 10). Cuando hacemos fielmente la obra del Señor, no deberíamos sorprendernos cuando surja oposición. Sigue a Nehemías mientras hacía su inspección secreta del muro y luego propuso a los judíos que reconstruyeran el muro y las puertas (vv. 11-18).

DICIEMBRE 23

Apocalipsis 14

Este capítulo comienza en el monte Sión con una voz y una música que proviene del trono (vv. 1-3). ¿Es este monte Sión la Jerusalén celestial (véase Hebreos 12:22) o la Jerusalén terrenal? No podemos decirlo con certeza. Es aquí donde los 144.000 previamente sellados se han reunido en la presencia del Cordero. Estos son los seguidores de Jesús: redimidos, puros y veraces (vv. 3-5). Cuando leemos acerca de los 144.000 que fueron sellados en el capítulo 7, esto fue una señal de la propiedad de Dios. Ahora han completado el curso y están con el Cordero.

Luego, presta atención a los tres ángeles y sus mensajes especiales (vv. 6-12). Todas las personas tendrán la oportunidad de escuchar estos mensajes de advertencia y verdad (vv. 6-7). El juicio es inminente, llama el primer ángel, por eso temed y adorad a Dios y dadle gloria. El segundo ángel anuncia que Babilonia ha caído, que ha llegado el juicio, que el sistema mundial se ha derrumbado (v. 8). Todo aquello en lo que la gente había confiado se ha ido. El tercer ángel anuncia las consecuencias de la lealtad a la bestia (el Anticristo) (vv. 9-12). El juicio se acerca y alcanzará a todos los seguidores de la bestia.

Toma nota del mensaje del versículo 13. Hay quienes morirán por su fe en Dios, y son bienaventurados.

La atención se centra ahora en la escena de la cosecha (vv. 14-20). Parece haber dos partes en la cosecha: la primera, realizada por alguien a quien podemos identificar como el Señor Resucitado. En esta cosecha (vv. 14-16; véase Daniel 7:13-14) no se menciona el juicio, y éste parece ser el Señor viniendo por sus fieles. Ten en cuenta que esto sigue inmediatamente después de la bendición de los que son fieles (vv. 12-13; véase Mateo 24:30-31). No hay duda de que la cosecha de los versículos 17-20 es de juicio. Este último evento no parece ser una resurrección de los muertos perdidos sino la cosecha del juicio para los impíos en la tierra.

¿Qué debemos aprender de este capítulo? Estamos inmersos en una intensa batalla espiritual, aunque en gran medida pase desapercibida. Las decisiones que tomamos en esta vida tienen consecuencias eternas. Sin embargo, tenemos un Salvador que está con nosotros en todo momento, que intercede por nosotros y que nos ha dado su Espíritu Santo para capacitarnos para vivir vidas fieles y piadosas en esta era presente (véase Tito 2:11-12).

Nehemías 3-4

Bajo la dirección y liderazgo de Nehemías, el pueblo avanzó rápidamente en la reparación del muro (capítulo 3).

Nuevamente hubo oposición concertada a la restauración de la ciudad, como anteriormente hubo oposición a la reconstrucción del templo. Sambalat y Tobías fueron los líderes en la organización de la oposición. Usaron intimidación (2:19), burla (4:1-3) y amenazas de violencia (vv. 7-8). La estrategia de Nehemías, por otra parte, fue la oración (v. 9), el estímulo (v. 14), la precaución prudente (vv. 16-18) y el trabajo duro y práctico (vv. 16-23). Es un excelente modelo para nuestro trabajo en la iglesia.

DICIEMBRE 24

Apocalipsis 15

Juan ve siete ángeles sosteniendo los siete juicios postreros en copas, listos para ser derramados sobre la tierra.

Sin embargo, antes de que se sirvan las copas, Juan nota a las personas de pie junto al mar de vidrio (vv. 2-4) que habían prevalecido en el tiempo de la bestia y su imagen (capítulo 13). Habían rechazado la marca en sus cuerpos y probablemente habían sido asesinados por ello. Ellos, como los 144.000 (14:2-3), tenían arpas y cantaban un antiguo cántico de Moisés (véase Éxodo 15:1-18; Deuteronomio 32). Su sufrimiento ha terminado y cantan este cántico de alabanza.

Los siete ángeles emergen del santuario vestidos con ropas blancas, limpias y relucientes, con cinturones dorados (vv. 5-8). Las copas de ira que les han sido dadas aún no han sido derramadas. El templo está lleno de humo y así permanecerá hasta que se completen los juicios de ira. Este humo proviene de la gloria y el poder de Dios (véase 1 Reyes 8:10-11). ¡Deberíamos quedarnos asombrados!

Nehemías 5-6

Como observamos anteriormente en nuestra lectura de Esdras, se puede esperar una oposición significativa cuando estamos comprometidos en la obra del Señor. Esta fue la experiencia de Nehemías, y puede ser la tuya también. Nehemías permaneció enfocado en su único propósito y, contra todos los pronósticos humanos, el muro se completó en cincuenta y dos días. Tenemos mucho que aprender del ejemplo de Nehemías.

DICIEMBRE 25

Apocalipsis 16

Al igual que con los otros juicios terribles, leemos aquí sobre el día del Señor. Es aquí, en presencia del trono, donde aparecen los ángeles. Observa la cambiante escena mientras vierten los cuencos de la ira.

Al igual que las trompetas (8:6-12), las primeras cuatro copas tocaron la tierra, los mares, el agua dulce de la tierra y los cuerpos celestes, en ese orden. En contraste con la cuarta trompeta, que oscureció un tercio de la luz del sol, la luna y las estrellas, la cuarta copa aumentó la intensidad del sol, causando gran sufrimiento en la tierra. Aun así, la gente no se arrepintió (vv. 9, 11; véase 9:20-21). El pecado y el mal tienen un control tenaz. ¡Esto también demuestra el poder de la redención!

Mientras se derrama la quinta copa, piensa en las tinieblas del malvado gobierno de Satanás (vv. 10-11). Con este juicio divino, el reino de la bestia se vuelve oscuro, tanto literal como espiritualmente (véase Éxodo 10:21-23). Con la sexta copa, observa el poder del engaño en el mundo (tres espíritus malignos, v. 13). Mientras Satanás llama a sus tropas, Dios mismo prepara el camino para la batalla final que dará paso al Rey celestial.

La advertencia en el versículo 15 viene entre la sexta y la séptima copa de ira (véase 1 Tesalonicenses 5:4). Es el anuncio de la venida de Cristo con la batalla de Armagedón (v. 16). Esa batalla debe estar ocurriendo en el momento del séptimo tazón. Compara esta porción con Mateo 24:29-31. Compara el versículo 15 con Mateo 25:1-13 con respecto a estar preparado para la aparición de Cristo. Mira nuevamente Zacarías 14:1-6. Aquí también está la batalla, el terremoto, la división de la ciudad. ¡Qué eventos tan maravillosos! Si alguna vez ha habido un momento para estar seguros de nuestro vestido de justicia del Señor, es ahora (v. 15). ¡Seguramente la venida de Cristo debe ser pronto!

Nehemías 7-8

Una de las primeras reglas de Nehemías fue que las puertas de la ciudad se cerrarían por la noche y no se abrirían hasta que el sol estuviera alto (7:1-3). Una vez terminadas las murallas de la ciudad, finalmente hubo una medida de seguridad en Jerusalén.

A Esdras, sacerdote y escriba, se le pidió que leyera la Ley de Moisés. Se paró en una plataforma elevada mientras leía para que todos pudieran verlo y oírlo (8:4a). Nota especialmente el versículo 8. Esta fue una lectura cuidadosa, que dio expresión y significado para el pueblo. La lectura pública de las Escrituras tuvo un impacto tan poderoso que hizo llorar a la gente. ¡La Palabra de Dios tiene poder! Después de la lectura, el gobernador Nehemías, con Esdras y los levitas, animaron al pueblo a disfrutar de la comida (vv. 9-10). Fue un día especial; fue probablemente la primera vez que la Palabra fuera leída de esa manera desde el exilio. ¡Valió la pena celebrarlo! En la Palabra de Dios, encontraron la porción que describía la fiesta de las Enramadas, por lo que celebraron durante siete días haciendo cabañas temporales para vivir (Levítico 23:33-43). Esdras leyó las Escrituras todos los días durante la celebración.

Lucas 2:1-20

¡Qué tu corazón se anime al leer una vez más sobre el nacimiento de Jesús, el salvador del mundo!

DICIEMBRE 26

Apocalipsis 17

Al comenzar el capítulo, volvemos al centro del escenario: el templo donde vimos a los ángeles con las copas. Uno de estos ángeles invita nuestra atención a otra visión y el foco cambia para resaltar esa visión.

Es realmente un espectáculo extraño: una mujer costosamente vestida está sentada sobre una bestia roja, que tiene siete cabezas y diez cuernos. Esto identifica a la bestia como el Anticristo (13:1-10). La mujer también es fácilmente identificada. Ella es Babilonia, el sistema mundial en sintonía con Satanás y su programa de seducir a todos para que lo sigan. La estamos viendo cómo la ve Dios: una persona vil, que todavía bebe del cáliz de la iniquidad. Está ebria con la sangre de los santos, aquellos que murieron por sus testimonios piadosos. Ten presente la agenda del Anticristo que trabaja con la autoridad del dragón y asistido por el falso profeta (capítulo 13).

Muchos han pensado que las siete colinas (vv. 9-11) se refieren a la ciudad de Roma, ya que hay siete colinas en la ciudad antigua. Sin embargo, es difícil encajar a los siete reyes en esta idea: cinco que lo fueron, uno que está en el momento de la visión y uno que está por venir. Otros han sugerido que tal vez los reyes o reinos que representan podrían ser los reinos sucesivos que fueron hostiles a los israelitas, como los egipcios, los asirios, los babilonios, los persas, los griegos, los romanos (v. 10) y el reino venidero del Anticristo. Los diez cuernos (v. 12) se referirían a la confederación de diez naciones en el tiempo del fin (Daniel 2:41-45).

Al final de los tiempos, el conflicto del Cordero será con esta bestia y las naciones alineadas con ella (vv. 12-14). El conflicto será con los poderes espirituales del mal (Efesios 6:10-18), con las naciones y sus reyes simplemente como líderes humanos sustitutos de estos poderes del mal. Ten en cuenta también que a medida que se acerca el fin, las fuerzas de Satanás se dividen.

Las naciones se vuelven contra la mujer, la arruinan y la dejan desnuda. En el versículo 17 aprendemos que Dios está orquestando estos eventos para cumplir sus propósitos.

Nehemías 9-10

La lectura de las Escrituras con un corazón abierto puede traer un cambio poderoso y, en este caso, la lectura de las Escrituras condujo a una profunda convicción y confesión de pecado (capítulo 9). Los levitas que habían sido limpiados y purificados estaban listos para guiar al pueblo en la adoración y la confesión. Lee atentamente la alabanza y oración al Señor, que recuerda la bondad de Dios para con el pueblo en el pasado y confiesa cómo ellos y sus antepasados habían ofendido al Señor. Dios ha sido más que justo, decían (v. 33). En efecto, estaban confiando en la misericordia del Señor. Pero también actuaron. Los líderes civiles y religiosos y los representantes del pueblo firmaron públicamente un acuerdo para seguir al Señor (9:38-10:27).

El fondo del acuerdo era significativo. Resolvieron seguir la Palabra de Dios (10:29). Prometieron no permitir matrimonios mixtos con los residentes paganos de la tierra (v. 30). Prometieron no hacer negocios en sábado y acordaron observar el séptimo año de descanso para la tierra (v. 31; véase Levítico 25:1-7). Asumieron la responsabilidad financiera de la obra de Dios (vv. 32-33) y asumieron la responsabilidad de la adoración (v. 34). Prometieron observar las normas relativas al diezmo, apoyando así a los sacerdotes y levitas (vv. 35-39). Éstas fueron reformas de gran alcance, lo que indicaba que realmente tomaban en serio seguir al Señor y su Palabra.

DICIEMBRE 27

Apocalipsis 18

Juan ve otro ángel, tan glorioso que la tierra queda iluminada. El mensaje del mensajero celestial es que Babilonia ha caído (v. 2). Las razones de la caída son obvias en los versículos 2 y 3. Este es el juicio anunciado en 14:8 y 17:1. La calamidad proclamada se refiere al sistema mundial de maldad representado por la antigua ciudad de Babilonia. Este es el juicio de Dios sobre el sistema engañoso y seductor que ha alejado a la gente del Dios vivo desde el jardín del Edén. Otra voz del cielo llama al pueblo de Dios a abandonar la ciudad y su maldad (v. 4). Este es un llamado urgente para que los cristianos se separen de todas las partes de este sistema malvado: de su forma de pensar (Romanos 8:5-8), sus patrones de pensamiento y sus prácticas (véase 1 Juan 2:15-16). Al leer los versículos 4-8, comprende por qué el juicio final de Dios llegará a este sistema.

Nota que esta gran catástrofe afectará a todas las clases de personas, incluidos los reyes de la tierra (vv. 9-10), los magnates de los negocios del mundo (vv. 11-17) y aquellos que transportan los bienes producidos por el sistema (vv. 17b-19).

Comprende que este acto de Dios afectará todos los aspectos de la sociedad. Los sonidos de la música desaparecerán (v. 22a). Los oficios serán destruidos; la industria quedará totalmente perturbada (v. 22b); la energía no estará disponible (v. 23a); y los tiempos de regocijo serán sólo un recuerdo (ver comentarios sobre el novio y la novia en el v. 23). El mundo tal como lo conocemos quedará desnudo, revelando su verdadero carácter (vv. 23b-24).

Ahora lee lo que Dios llama a su pueblo a hacer (v. 20). Esta sólo puede ser la reacción de aquellos que, a través del discernimiento de la Palabra de Dios y la aplicación de la verdad por el Espíritu Santo, han comprendido la verdadera naturaleza del mal en el mundo y se han separado de él. Ahora es el momento de actuar según el llamado del versículo 4. Lee nuevamente 1:3.

Nehemías 11-12

Imagínate el regocijo cuando la gente llenó Jerusalén para la dedicación del muro; esta descripción va desde 12:27 hasta el final del capítulo. Imagínate los coros marchando sobre la cima del muro y el servicio de dedicación. Este fue verdaderamente un momento para alabar a Dios, porque él había visto el proyecto completado a pesar de la oposición persistente y poderosa.

Deuteronomio 29:29

En estos últimos cinco días del año, revisaremos varios versículos que resaltan el inmenso valor de las Escrituras para nuestras vidas. Permite que esto anime mucho tu corazón mientras reflexionas sobre un año de lectura de la Biblia completa.

DICIEMBRE 28

Apocalipsis 19

La gente de la tierra lamentó la destrucción del sistema que les trajo riqueza y lujo (capítulo 18). Contrasta esta reacción con la de los santos y los seres celestiales (19:1-10), quienes entienden el pecado, la rectitud y la justicia perfecta de Dios. Nuestra profunda necesidad es también comprender los propósitos de Dios y trabajar activamente para verlos cumplidos. De hecho, esto es lo que pedimos en el Padrenuestro (Mateo 6:10): que la voluntad de Dios se realice en la tierra *de la misma manera en que se realiza en el cielo*. Se recuerdan los actos de justicia del pueblo de Dios (v. 8).

Ahora, al leer los versículos 11-21, ve cómo Jesús (el jinete) finalmente cumple la promesa del Salmo 2:9 (v. 15) y destruye a la bestia (Anticristo) y al falso profeta (v. 20; véase Apocalipsis 13).

Nehemías 13

A pesar de su contrición, arrepentimiento y promesas, tras el regreso de Nehemías a Persia, el pueblo volvió rápidamente a sus costumbres pecaminosas (v. 6). Este es un patrón que hemos presenciado a lo largo del Antiguo Testamento, demostrando la profunda necesidad del Salvador prometido y del Espíritu Santo que habita en el creyente. Identifica en el texto las formas específicas en que el pueblo se había desviado. Como líder dotado y piadoso, Nehemías abordó cada uno de ellos.

2 Timoteo 3:16

Anímate al reflexionar sobre los muchos beneficios de las Escrituras resaltados en este versículo.

DICIEMBRE 29

Apocalipsis 20

Hay seis referencias específicas en este capítulo a un período de tiempo de mil años (vv. 2, 3, 4, 5, 6, 7). Hay diferentes opiniones o convicciones entre los creyentes y los teólogos bíblicos sobre cómo debe entenderse este período de mil años—el milenio. Algunos han sugerido que la lectura más natural del texto se presta a un período literal de mil años, cuando después de Su regreso en poder y gran gloria, Jesucristo reinará físicamente en la tierra. Esto se conoce como una visión premilenial del regreso de Cristo. Aunque este es el punto de vista seguido en este libro, otros han propuesto argumentos convincentes para interpretaciones alternativas.

Dado que las porciones apocalípticas de la Biblia—incluidas vastas porciones de Isaías, Daniel, Zacarías y la mayor parte del Apocalipsis—abundan en lenguaje figurado y simbolismo, otros han sugerido que el período de "mil años" debe entenderse igualmente como una expresión figurada, simbólicamente indicativa de "un largo intervalo de tiempo". La mayoría de los que sostienen este último punto de vista consideran que el milenio es el intervalo entre el primer y el segundo advenimiento de Jesús. Algunos creen que el milenio está teniendo lugar actualmente en el cielo, mientras que otros consideran que está ocurriendo actualmente en la tierra. A lo largo de los siglos se han dado otras interpretaciones del milenio.

A diferencia del mensaje puramente indiscutible del Evangelio—sobre el que la Biblia es explícitamente clara—, el consenso sobre el significado del milenio ha permanecido esquivo precisamente porque no es una cuestión teológica sobre la que las Escrituras ofrezcan una claridad total. Si hubiera sido importante para el Señor que hubiera un entendimiento preciso y unánime sobre esta cuestión, nos lo habría dejado explícitamente claro. En la buena providencia de Dios, Él eligió no hacerlo.

¿Cuáles son, entonces, las implicaciones prácticas para nosotros en esta era, de sostener una posición milenaria sobre otra? Independientemente de la persuasión personal de cada uno, cada uno de nosotros comparte el idéntico llamado de Dios a vivir vidas vigilantes, piadosas e intencionales de fe y obediencia hasta el inminente y glorioso día en que veremos a Jesús. Ese mismo día habrá una revelación completa y un acuerdo unánime sobre todas las cuestiones relacionadas con el milenio.

Este capítulo revela muchas verdades asombrosas de cosas por venir que el Señor ha escogido intencionalmente revelarnos (cf. Apocalipsis 1:1): Satanás será apresado y atado durante mil años (v. 2); los creyentes volverán a la vida y reinarán con Cristo durante mil años (v. 4); Satanás será liberado temporalmente de su prisión cuando terminen los mil años (v. 7), y engañará a las naciones y las reunirá para la batalla (v. 8); Satanás y los que se reúnan con él serán consumidos por el fuego y arrojados al lago de fuego y azufre, y—junto con la bestia y el falso profeta—serán atormentados día y noche por los siglos de los siglos (vv. 9-10); todas las personas que hayan vivido alguna vez serán resucitadas y juzgadas según lo que hayan hecho en esta vida (vv. 11-13); la Muerte y el Hades serán arrojados al lago de fuego, junto con cualquiera cuyo nombre no se encuentre escrito en el libro de la vida (vv. 14-15).

Estas son verdades profundas y aleccionadoras que deben servirnos de fuerte estímulo para vivir vidas vigilantes, piadosas e intencionales de fe y obediencia hasta el día seguro y venidero en que nos encontraremos con Jesús.

Malaquías 1

Malaquías fue el último profeta enviado por el Señor en la era del Antiguo Testamento. Ministró a los exiliados que regresaron alrededor del 430 a.C. Siguiendo las palabras de Malaquías, habría silencio desde el cielo durante cuatrocientos años. Durante ese largo período, el pueblo de Dios tendría que aferrarse a las Escrituras del Antiguo Testamento mientras esperaba pacientemente al Mesías prometido desde hacía mucho tiempo. Como hemos visto, esta promesa se vio por primera vez en Génesis, y la hemos rastreado a lo largo del Antiguo Testamento, ahora hasta Malaquías. En este escrito veremos profecías de la primera y segunda venida de Cristo, y de la venida de Juan el Bautista.

El modelo del ministerio de Malaquías fue dar una serie de declaraciones del Señor, revelando los problemas del corazón y la desobediencia del pueblo. Dios, a través de Malaquías, escuchó entonces la respuesta del pueblo y les respondió. Es como si el pueblo le dijera a Dios: "¿Qué? ¿De qué estás hablando? ¿Cómo hicimos eso?"

Dios dijo: "Yo los he amado" (1:2). La gente preguntó: "¿Cómo nos has amado?" El Señor respondió que los había amado al elegirlos y cuidarlos (vv. 2-5). ¡La evidencia era inconfundible!

Dios dijo a los sacerdotes: "desprecian mi nombre" (v. 6). La gente preguntó:

"¿en qué hemos despreciado tu nombre?" Lo que le estaban dando a Dios no era lo mejor. Nuestra adoración debe ser genuina y de corazón. Dios ve y sabe cómo llegamos a él, y sabe cuándo no le estamos ofreciendo lo mejor que tenemos. Recordemos las palabras de David en 2 Samuel 24:24: "no voy a ofrecer al Señor mi Dios holocaustos que nada me cuesten." Si lo que ofrecemos a Dios significa poco para nosotros, también significará poco para él. Cuando ofrecemos a Dios algo que significa mucho para nosotros, también significa mucho para Él (véase Lucas 21:1-4; Juan 12:1-8).

☑ En contraste con las prácticas de los israelitas, el Señor declaró que llegaría el día en que Su nombre sería honrado entre todos los pueblos del mundo y que la gente en todo lugar lo adoraría (v. 11; véase Filipenses 2:5-11). ⇦

Jeremías 15:16

Confío en que estas palabras de Jeremías también describan nuestra experiencia en las Escrituras: "Al encontrarme con tus palabras, yo las devoraba; ellas eran mi gozo y la alegría de mi corazón,".

DICIEMBRE 30

Apocalipsis 21

Juan tuvo el privilegio de ver la Nueva Jerusalén descender del cielo (v. 2) y escuchar la proclamación de que desde ese momento Dios viviría con su pueblo. ¡Lee cuán increíblemente glorioso será esto (vv. 3-4)!

A los que vencen se les promete un lugar en la familia de Dios (v. 7). No habrá lugar en la ciudad para los malvados y los incrédulos (v. 8). ¡La oportunidad de conocer la gracia de Dios y convertirse en un vencedor está en el presente!

Lee la descripción de la nueva Jerusalén. ¿Es esta una representación exacta o una metáfora para describir algo maravilloso y hermoso? ¡Lo sabremos cuando lleguemos allí! La ciudad se describe en los versículos 22-27. Dios está con su pueblo; su gloria es la luz de la ciudad; no hay lugar para la impureza. Esta herencia está absolutamente garantizada para quienes han puesto su fe en el Salvador.

Malaquías 2

El capítulo 2 continúa el mensaje del capítulo 1. El pueblo no había adorado al Señor con su corazón, y los sacerdotes habían comprometido su enseñanza de modo que el pueblo tropezaba en su caminar con Dios (vv. 7-8).

También habían sido infieles en sus matrimonios, lo que provocó que Dios ya no aceptara sus ofrendas. Les dice qué hacer en los versículos 15 y 16.

El capítulo 2 concluye con Dios amonestando al pueblo que lo ha cansado con sus palabras (v. 17). Cuando preguntan "¿En qué lo hemos cansado?" el Señor les dice que han tergiversado la verdad, poniendo en boca del Señor palabras que él nunca ha pronunciado, y luego preguntando: "¿Dónde está el Dios de justicia?" (v. 17).

Este mensaje profético nos dice lo que es importante para Dios y lo que él desea de nosotros.

Miqueas 2:7

Que estas palabras del Señor describan nuestra experiencia de leer la Biblia: "¿Acaso no hacen bien mis palabras para el que camina en rectitud?".

DICIEMBRE 31

Apocalipsis 22

Al llegar al final de este poderoso libro, vislumbramos la vida en el reino celestial (vv. 1-5). El río de agua pura se prevé en el Antiguo Testamento en el Salmo 46:4; Joel 3:18b; y Ezequiel 47:1-12. El árbol de la vida, que una vez estuvo en el jardín del Edén pero que se perdió para la humanidad, está nuevamente disponible (v. 2). ¡Lo más emocionante es que Dios estará allí, cara a cara, con su pueblo (vv. 3-4)! ¡Este día verdaderamente viene (v. 6)!

Tres veces en este capítulo, Jesús nos dice que vendrá pronto (vv. 7, 12, 20). Este énfasis ciertamente está destinado a captar y mantener nuestra atención. ¡Jesús viene pronto! Nota las palabras que siguen inmediatamente en los versículos 7 y 12. Necesitamos leer el libro, meditar en él y guardar sus palabras. Entonces estaremos listos para su regreso.

Hemos descubierto que, desde la primera página hasta la última, la Biblia es un relato del asombroso amor de Dios por nosotros. En los primeros versículos del Génesis aprendimos que Dios nos creó a su imagen y semejanza, para que pudiéramos vivir en una vibrante relación de amor con Él. Sin embargo, ya en el tercer capítulo, el pecado había entrado de forma trágica en la experiencia humana, eliminando la posibilidad de una relación personal con un Dios santo. A partir de esa página, la Biblia es una historia sobre Jesucristo y su asombroso plan para redimirnos y traernos de vuelta a Él. Al derramar su propia sangre como castigo por nuestro pecado, Jesús ha abierto definitivamente el camino para que experimentemos una relación personal con Él por toda la eternidad.

¿Cómo ocurre esto? Jesús deja claro que este don de la salvación se recibe simplemente por la fe. "Porque tanto amó Dios al mundo que dio a su Hijo único, para que todo el que cree en él no se pierda, sino que tenga vida eterna" (Juan 3:16).

Jesús desea apasionadamente que todos vengan a Él. "¡Si alguno tiene sed, que venga a mí y beba! De aquel que cree en mí, como dice la Escritura, de su interior brotarán ríos de agua viva" (Juan 7:37-38). No es de extrañar, pues, que en esta última página de la Biblia, Jesús ofrezca por última vez el don de la vida a quien quiera recibirlo. "«Yo soy la raíz y la descendencia de David, la brillante estrella de la mañana». El Espíritu y la novia dicen: «¡Ven!»; y el que escuche diga: «¡Ven!». El que tenga sed, venga; y el que quiera, tome gratuitamente del agua de la vida" (Apocalipsis 22:16-17).

Malaquías 3-4

☑ Al comenzar el capítulo 3, el Señor responde la pregunta del pueblo en 2:17b, preguntándose dónde estaba el Dios de justicia. La respuesta de Dios no es lo que el pueblo tenía en mente. El pueblo no está preparado para su venida, pero él vendrá en juicio cuando ellos no lo esperan (vv. 1-4). Que esto se refiere a la venida de Cristo es obvio en el versículo 1 con el anuncio del mensajero que vendría delante de él. Jesús citó la referencia en 3:1 e identificó al mensajero como Juan el Bautista (Mateo 11:10). Malaquías no distingue entre la primera y la segunda venida. Habla de su primera venida con la venida de Juan el Bautista y luego pasa inmediatamente a la segunda venida, el día del Señor (vv. 2, 5; véase Isaías 61:1-2). ¿Por qué juicio? Dios enumera las razones en el versículo 5.

Cuando el Señor llamó al pueblo a regresar a él, nuevamente preguntaron cómo (v. 7b). Sigue las dos conversaciones entre el Señor y el pueblo en los versículos 8-15.

El capítulo 4 contiene tres reflexiones finales importantes. Primero, los versículos 1-3 hablan de la venida *del día del Señor*. Será un día de juicio terrible para aquellos que no aman a Dios, pero un día de regocijo insondable para aquellos que sí lo aman. ¡Tenemos mucho que esperar!

Segundo, el versículo 4 es un llamado a recordar las Escrituras. El pueblo no sabía que Malaquías sería el último profeta, ni que pasarían 400 años antes de la siguiente palabra del Señor. Lo que sí tenían era lo que el Señor ya se les había revelado—en las Escrituras. Mientras esperaban la venida del Mesías, se les imploraba que recordaran la Palabra de Dios. Esta misma advertencia es para nosotros también: atesorar las Escrituras mientras esperamos el regreso de Jesús.

Finalmente, Malaquías llega a su fin con la promesa de un profeta que preparará el camino para el Señor. Después de esta promesa, las siguientes palabras del Señor llegaron a través del ángel Gabriel al sorprendido sacerdote Zacarías, anunciándole que él y su esposa Elisabet serían los padres de Juan (véase Lucas 1:11-23). En Mateo 17:10-13 Jesús confirma que esta profecía hablaba de Juan el Bautista.

Permítanme dejar un pensamiento final mientras terminamos Malaquías y nuestra lectura de la Biblia. La gente en los días de Malaquías sabía que el Mesías vendría, pero no sabían cuánto tiempo tendrían que esperar. Se les dijo que vivieran una vida piadosa, que se aferraran a las Escrituras y que esperaran pacientemente a que el Señor apareciera. Para ellos serían 400 años. El Señor siempre cumple sus promesas y apareció, de repente, en el momento justo: "Pero cuando se cumplió el plazo, Dios envió a su Hijo" (Gálatas 4:4). De la misma manera, sabemos que Jesús ha prometido regresar por nosotros y para el *gran día del Señor*. Tampoco sabemos cuándo sucederá eso. A nosotros también se nos implora que vivamos una vida piadosa, que nos aferremos a las Escrituras y que esperemos pacientemente que el Señor aparezca. Seguramente el Señor aparecerá, de repente, en el momento justo. ¡Qué día tan glorioso será ese para todos los que lo amamos!

Josué 1:8

Que tomemos en serio estas palabras del Señor a Josué: "Recita siempre el libro de la Ley y medita en él de día y de noche; cumple con cuidado todo lo que en él está escrito. Así prosperarás y tendrás éxito." ¡Amén!

UNA POSDATA A MEDIDA
QUE TERMINA EL AÑO

Si ha seguido el plan de lectura, ha leído la Biblia completa. ¡Este es un logro asombroso! En el proceso has escuchado cada palabra que Dios nos ha dado para esta era. Hay mucho más acerca de él que algún día se nos revelará. Como hemos visto, Moisés captó muy bien este pensamiento: "Lo secreto pertenece al Señor nuestro Dios, pero lo revelado nos pertenece a nosotros y a nuestros hijos para siempre, para que obedezcamos todas las palabras de esta ley." (Deuteronomio 29:29). ¡Has leído todo lo que el Señor nos ha revelado!

Esta puede haber sido la primera vez que lees toda la Biblia, o quizás fue una de muchas. De cualquier manera, te animo a que mañana comiences nuevamente un nuevo viaje a través de la Biblia. Quizás te sorprenda de cómo cada vez que la Biblia se lee trae nuevas ideas sobre el Señor y su asombroso amor. Considera también invitar a un amigo a que te acompañe en este viaje. Si nunca has usado una versión en audio de la Biblia, considera hacerlo. Escuchar las palabras de las Escrituras es una experiencia muy poderosa y toda la Biblia se puede completar en 80 horas.

"Que el Dios de la esperanza los llene de toda alegría y paz a ustedes que creen en él, para que rebosen de esperanza por el poder del Espíritu Santo." (Romanos 15:13).

SOBRE EL AUTOR

Gordon L. Addington se graduó de la Universidad de Minnesota (BCE 1948, BS 1958 y MD 1958) y de la Trinity Evangelical Divinity School, obteniendo un BDiv en 1953 y un DMin en 1987. Fue diplomático de la Junta Estadounidense de Cirugía y miembro del Colegio Americano de Cirujanos. Gordon, con su esposa Bonnie y sus hijos, pasaron once años como misioneros médicos en Hong Kong bajo la Iglesia Evangélica Libre de América. De 1974 a 1990, practicó cirugía general en St. Paul, Minnesota y se desempeñó como instructor clínico de cirugía en la Facultad de Medicina de la Universidad de Minnesota.

Gordon tuvo un amor por la Biblia durante toda su vida. Creía apasionadamente en el poder de Dios y las Escrituras para transformar vidas. Tenía una fuerte convicción de que en la Biblia se encuentra cada palabra del Señor que él quiso que tuviéramos en esta era, incluyendo todo lo que necesitamos para acercarnos a Dios con fe, amarlo completamente, confiar plenamente en él y vivir vidas piadosas. Antes de asistir a la escuela de medicina, Gordon formó parte del personal de Inter-Varsity Christian Fellowship, la filial estadounidense de IFES. Enseñar la Biblia y cómo estudiar las Escrituras fue una parte destacada de su ministerio estudiantil. A lo largo de su vida matrimonial, Gordon y Bonnie dirigieron regularmente estudios bíblicos en su casa y en su vecindario. Dos de estos estudios bíblicos se convirtieron en iglesias vibrantes.

Gordon y Bonnie estuvieron casados durante sesenta y un años, criaron diez hijos y fueron bendecidos con cincuenta nietos y numerosos bisnietos. Vivían en White Bear Lake, Minnesota y eran miembros activos de la Primera Iglesia Evangélica Libre en Maplewood. Gordon terminó su carrera terrenal y se unió a la gran nube de testigos en 2012.